KB083571

신화와 정신분석

신화와 정신분석

신과 영웅들의 이야기에 숨겨진 인간 정신의 기원

이창재 지음

아름

개정판 서문

정신분석에서 '신화'는 '꿈'과 더불어 인간 정신을 입체적으로 음미하게 하는 핵심 통로다. 그런데 《신화와 정신분석》이 처음 출간된 지 10년이 흐른 지금, 신화를 통해 민족과 인류의 정신성에 깊이 접속하게 도와주는 텍스트는 여전히 드문 상태다. 정신분석가가 내담자의 무의식 탐색에 활용하는 꿈해석 이론과 기법을 신화 해석에 활용하면, 자기 삶에 영향 미쳐온 가문-민족-인류무의식이라는 '운명적 힘'을 다중으로 이해할 수 있다. 그와 더불어 정체 모를 힘들로 인해 막히고 압도당해온 영혼을 치유할 수 있는 길이 어느 순간 생생히 자각된다. 이것이 답답한 굴레에 갇혀 영혼의 해방과 성장을 간절히 바라는 새로운 세대의 독자들과 진지한 호기심을 지닌 연구자들을 위해, 기존 책의 구성과 내용을 전면 수정·보완하여 개정판을 출간하게 된 연유다.

《신화와 정신분석》은 단지 '신화'와 '정신분석학'을 일대일로 호응시켜 일차원적 해석을 전달하는 책이 아니다. 이 텍스트 속 낱말들과 그 사이의 여백에는 필자가 25년간 축적한 '무의식(X)' 연구와 인상 깊었던 임상체험, 정신분석학과 신화학-인류학-민속학-문학-철학을 잇는 다중 관점과 지혜들이 상호 작용하면서 인류무의식의 심연을 드러내는 율동이 출렁인다. 꿈을 통해 억압된 무의식에 접속할 때마다 '잠재된 또 다른 나'를 만나는 강렬한 체험을 하듯이, 이 책은 전 세계의 독창적 신화를 매개로 각 민족 내면 깊은 곳에 숨겨져 있는 민족정신의 섬뜩한 시련과 치열한 발달 흔적을 마주할 계기를 마련해준다. 이를 통해 각 민족의 바탕에 있는 자부심과 콤플렉스가 무엇인지 온전히 교감하게 되면 그때마다 독자의 정신 영역은 드넓게 확장될 것이다.

신화에 대한 정신분석적 해석을 통해 우리의 무의식에 담긴 태고의 흔적을 찾아 음미할 계기를 갖게 되면, 그로부터 얻어진 지혜는 나 자신뿐 아니라 내 민족, 인류에 대한 광대한 깨달음의 길을 열어준다. 이는 '무의식' 탐구에 집중해온 정신분석학만이 전해줄 수 있는 비급의 지혜다. 정치·경제·사회·문화 등 다양한 부문에서 복잡한 관계를 맺으며 살아가는 데 이 지혜를 자원으로 활용한다면 삶에 획기적 변화를 이루어낼 수 있을 것이다.

수많은 미디어에서 발산되는 현란한 자극들과 상업주의 문화의 거대 흐름에 정신이 취한 채 살아가는 현대인에게 '신화'는 무의식의 진실에 접속하여 비범한 에너지를 얻는 방법을 안내해주는 지혜의 보물창고와도 같다. 이 책이 그 심연 에너지를 치솟게 해 독자를 창조적 주체로 성장케 하는 각성의 마중물이 되기 바란다.

정신분석적 신화 해석의 경이로움

신화의 숨겨진 의미는 무엇인가? 이 주제로 신화학자들과 2년간 공동 연구를 진행했었다. 내가 맡은 역할은 고대의 신화를 현대의 정신분석 관점으로 해석하는 것이었다.

신화학자들 사이에서 오고가는 대화를 경청하며 나는 문화권을 넘어 전 세계 신화들 사이에 상당한 유사성이 있음을 여러 차례 확인했다. 인도 소왕국의 왕자가 불안에서 벗어나기 위해 고향을 떠나 7년간 고행하다 부처가 된 이야기는 수많은 민족의 영웅신화와 통했다. 몇몇 세부 사항은 달랐으나 어떤 고질적 문제를 해소하기 위해 고향을 떠나 시련을 겪은 끝에 조력자를 만나 비범한 능력을 얻고 집단의 구세주가 되었다는 뼈대는 동일했다. 또한 기독교 경전에만 존재하는 줄 알았던 창세, 홍수, 죽음과 부활 같은 사건들은 많은 민족들이 저마다 지닌 신화 속에서도 드러났다.

이런 유사성은 대체 어떻게 생겨난 것인가? 문명인이 믿는 고등 종교의 신화와 미개하다고 생각했던 원시 민족들의 신화가 이토록 유사하다는 것은 무엇을 의미하는가? 이런 의문이 드는 순간 비로소 나는 무심결에 내면화된 한국 문화의 특정 의미 체계와 '신神'에 대한 관념이 머릿속에서 무반성 상태로 있었음을 깨달았다.

그동안 나는 '신'이라는 명칭이 우주만물을 창조하고 피조물의 삶과 죽음에 절대적 영향을 미치는 무한 완전자이자 진리의 유일 근원을 의미한다고 단정해왔다. 이런 신 관념은 언제, 어떤 경로로 내 정신 안에 들어와 자리 잡은 것일까? 수많은 민족들의 신화에 등장하는 우주의 창조자이며 진리의 근원이라 칭송된 신들에 대해 그동안 왜 아무 관심과 가치를 느끼지 못했을까? 전 세계 민족들의 수많은 신과 신화에 대한 인류학 및 신화학적 연구 자료들은 어째서 국내 학계에서 오랫동안 주목받지 못한 것인가? 불교와 기독교가 인류사에 출현하기 전부터 존재해왔던 수많은 신과 신화에 대해 우리는 왜 그토록 무관심했던 것일까?

이 의문은 철학이나 정신분석학에만 의거해서는 온전히 답해질 수 없었다. 우리의 시야를 확장시키기 위해서는 우리가 태어나서 자라온 그 특정한 시대, 사회, 민족의 특성과 한계를 객관적으로 드러내줄 제3의 관점과 만나야 했다.[1]

신화 이해를 위한 근본 개념들

신화학자들은 각자 자신이 연구해온 신화들을 소개하면서, 시간적·공간적으로 멀리 떨어진 서로 다른 민족의 신화들 사이에 공통성이 있다는 말을 마치 신기한 발견을 한 듯이 뱉어냈다. "너무 똑같아요!" 하지만 신화학자들이 주목했던 '공통성'이 처음부터 나에게 온전한 의미로 다가왔던 것은 아니다.

당시에 나눴던 대화 속의 의미들이 종합되고 비로소 입체적으로 인식된 것은 제임스 조지 프레이저James George Frazer의 《황금가지》를 읽고 난 뒤였다. 신앙의 대상으로서 무수히 많은 신들이 존재했고 그중 일부만 현대인에게 알려져 있다는 것, 예수의 십자가 처형과 부활은 원시 인류가 지녔던 전형적인 죽음과 부활의 신화소라는 것, 부처의 고행과 해탈이 공포와 고뇌에서 벗어나고자 애썼던 원시 인류의 여러 영웅 표상들 가운데 하나라는 것은 나에게 커다란 전율을 안겼다.

더 나아가 프레이저는 세계 도처에서 목숨 바쳐 지키고 떠받들던 대상을 어느 순간 살해하는 '왕 살해', '신 살해' 풍습이 원시시대부터 근세까지 지속되어왔음에 주목하고 그 원인과 의미를 인류학 관점에서 묻고 추적한다. 절대적 존재로 경배하던 대상을 잔인하게 살해하는 풍습이 인류사에서 오래 존속된 까닭은 무엇인가? 이 수수께끼를 풀기 위해서는 무엇보다 원시 인류가 지녔던 '주술적 사고'의 원리와 특성을 알아야 한다. 주술적 사고에 대한 프레이저의 규명은 현대의 우리가 고대 인류의 풍습 및 '신화적 사고'와 '신화의 의미'를 이해하게 해주는 근본 토대로 기능한다.

정신분석의 창시자 프로이트는 프레이저의 이해를 토대로 고대인의 사고가 20세기 유럽 신경증자들의 사고나 어린이의 사고와 유사함에 주목했다. 인류의 무의식에 주목한 융은 신화적 사고를 집단무의식에 융합되어 살던 고대인의 상징적 사고로 본다. 과학적 합리성이 보편화된 현대에는 문명화 논리에 저항하는 기제로서 신화적 사고가 예술·꿈·신화 속에서 작동한다.

프레이저, 프로이트, 융의 관점은 각각의 타당성과 함께 한계를 지닌다. 우리의 시야를 현대정신분석학의 개념과 관점으로 확장한다면 원시 인류의 정신성에 대해 그들이 밝히지 못했던 요소들을 보충하고 이해할 수 있다. 가령 원시 인류의 신화적 사고는 자아심리학과 멜라니 클라인Melanie Klein이 규명한 '원시적 방어기제'가 작동되는 편집증자의 편집·분열적 사고, 경계선 인격자의 이분법적·양극적 사고, 그리고 도널드 위니캇Donald Winnicott이 규명한 주관현실-객관현실(환상과 사실)이 혼합된 유아와 예술가의 '중간 사고' 등과 유사하다. 그렇다면 프레이저로부터 시작해 프로이트와 융, 현대정신분석학을 모두 아우르는 다중 관점으로 신화적 사고와 신화의 의미에 대해 정신분석적 해석을 시도할 수는 없는 것인가?

인간 본질과 공명하는 신화 읽기

'신화를 이해한다'는 것은 단순히 각 민족의 옛이야기에 관심을 기울이는 차원이 아니다. 그것은 '현대'라는 독특한 문화와 생활환경에 적응하며 사는 우리가 오늘날의 사유 체계(과학적 합리성)와 전혀 다른 체계에 접속하여 인생의 본질과 목적, 현실의 곤경과 불안에 대처하는 방법 등의 주제를 거시적으로 음미하는 작업이다.

불교·유교·기독교 문화 속에서 살아온 한국인이 지난 수천 년간 지녀온 세계관은 수억 년의 생명체 진화사와 수백만 년 인류사의 거시적 틀과 비교한다면 매우 짧은 시기에 해당하는 특수 관점에 불과하다. 그러나 개인의 자아의식(지성)은 자신을 형성시킨 그 오래된 배경들의 정체와 힘을 결코 있는 그대로 의식하거나 통제할 수 없다. 우리는 단지 원시 인류가 남긴 유전자와 문화유산들을 통해 우리 자신의 뿌리와 소통하려 노력할 수 있을 뿐이다. 신화는 그것에 이르는 핵심 매체다. 나는 이 책을 통해 정신분석학의 관점 및 개념으로 그동안 명료하게 표현하지 못했던 신화의 무의식적 의미를 드러내려 시도했다. 인류와 개인 내부의 초시간적 무의식을 '지금 여기'에서 접속해 체험·소화하는 방법을 탐구해온 정신분석학적 사고는 원시 인류의 신화적 사고와 신기할 정도로 잘 공명한다.

정신분석 작업을 통해 신화 속에 투사되고 반영된 각 민족의 무의식, 즉 억압된 소망, 분열된 정신 요소, 불안과 방어 유형, 무의식적 환상, 대상관계 양태, 자기 상태를 생생히 지각하고 밝혀낼 수 있다. 신화의 주제 및 서술 관점이 어떻게 반복되고 변화되어왔는지 인류사의 거시적 차원에서 이해하게 되면 현재 우리가 지녀온 '신 관념'과 '인간 이해'가 어떠한 시대적·사회적 특수성과 한계를 반영하고 인류 차원의 공통성을 재현하는 것인지 조망할 수 있게 된다.

신화학자들이 주목하는 '신화소mytheme'[2]들을 정신분석의 관점과 개념으로 들여다보면 그 신화를 창조하고 믿어온 민족의 정신성, 즉 그들의 욕망과 세상을 지각하는 양태가 윤곽을 드러낸다.◆ 신화에는 원시 민족들이 생존 환경의 급격한 변화나 위기 속에서 체험했던 당혹감, 상처, 불안 또는 간절한 소망의 흔적이 상징으로 표현되어 있다. 시대에 따라 민족에 따라 신화의 겉모습은 무척 다르게 보이지만 인간이 낯선 타자들과 더불어 살아가면서 겪을 수밖에 없는 생존의 위기와 불안, 그에 대한 대처 방법을 다루고 있다는 점에서는 서로 매우 유사하다. 이것이 좀처럼 해소되지 않는 불안과 만성 고통의 무의식적 원인 및 치유 방법을 탐구해온 정신분석학이 신화의 잠재된 의미와 공명할 수밖에 없는 이유다.[3]

신화에는 또한 그 민족의 생명과 정신 안정을 위협하는 곤경들을 초인적 힘을 발휘해 해결한 영웅의 이야기가 그려져 있다. 거기에는 민족의 자존감을 높여주고 삶의 방향과 목표를 제시하는 이상적 대상이 후손들에게 남기는 메시지, 일종의 교훈이 담겨 있다. 그뿐 아니라 신화에는 각 민족의 특수한 정신성과 더불어 인류 차원의 보편적 정신성인 '집단무의식'이 반영돼 있다. 따라서 각국의 신화들을 선별해 정신분석학의 눈으로

◆ 신화의 전체 의미를 부분적으로 담고 있는 신화소의 대표적 예를 들면 다음과 같은 내용들로 이루어져 있다. 미래에 영웅이 될 아기가 '거친 환경'에서 태어나다. → 친부모에게 버림받은 뒤 양부모에 의해 양육되다. → 청소년기에 자신이 자란 고향을 떠나 모험을 시작하다. → 뜻밖의 역경을 겪고 쓰러지다. → 기인의 도움으로 살아나 비범한 능력을 습득하다. → 고향으로 돌아가 난제를 해결하다. → 영웅으로 칭송받다.

해석하면 개별 민족의 독특한 심리 상태뿐 아니라 인류 보편 정신의 본질에 접속할 수 있다.

꿈과 신화, 무의식에 이르는 통로

신화를 해석하는 데 필요한 정신분석의 근본 틀은 이미 프로이트와 융이 상당 부분 제공한 상태다. 이는 일차적으로 무의식에 접근하는 방법, 그리고 꿈을 해석하는 방법을 가리킨다.

자기 꿈의 의미를 직접 해석해내는 경험은 옛 민족이 집단으로 꾸었던 꿈이라 할 수 있는 신화의 의미를 이해·공감·해석하도록 도와주는 매개이자 모델이 될 수 있다. 임상 현장에서 분석가는 내담자로부터 꿈의 내용을 듣는다. 그리고 주목한 꿈 요소에 질문을 던져 몽자(꿈꾼 내담자)로 하여금 자신이 꾼 꿈의 요소 하나하나에서 연상 기억들을 떠올리게 한 뒤, 그것들을 하나로 꿰뚫는 심층 의미를 포착해낸다. 몽자의 자아의식이 그전까지 지각하지 못했던 무의식의 요소들과 다중으로 접촉하는 셈이다. 그 접촉된 무의식의 자료들은 몽자의 '꿈사고'와 '꿈소망'을 드러내는 생생한 정서적 언어로 표현된다. 이를테면 "어릴 적 그 대상에게 지녔던 분노 때문에 제가 중년이 되어서도 꿈속의 낯선 사람을 피하거나 칼로 찔렀던 것이군요."라는 식이다. 대부분의 사람들이 꿈을 꾸지만 적절한 안내와 이해가 없다면 이는 한갓 '의미 없는 개꿈'으로 치부된다. 하지만 꿈해석 경험이 풍부한 분석가의 안내를 받으며 단 한 번이라도 자기 꿈의 무의식적 의미를 자각하는 과정을 온전히 체험해본 사람은 꿈의 이면에 감추어진 의미와 자신의 심리 상태를 입체적으로 음미하고 해석해낼 수 있다.

정리하자면 꿈해석은 최근에 꾼 꿈을 매개로 몽자와 분석가가 '지금, 여기'에서 단 한 번도 온전히 대면하지 못했던 '심연의 무의식'을 향해 상호 소통하는 작업이다. 스스로 꿈을 해석하도록 도와주고 뜻밖의 심층 해석을 전해주기도 하는 꿈분석가와의 만남을 통해서 내담자는 꿈의 잠재된 의미를 생생히 체감할 수 있다. 난생처음 접해보는 분석가의 말에 몽자들은 "신기해요! 내 꿈에 그런 깊은 뜻이 있었다니!" 등의 강한 정서 반응을 보인다.

이에 비해 신화는 최근에 꾼 꿈이 아닌 수천수만 년 전 각 민족의 정신에 각인된 강렬한 체험들이 언어로 구현된 서사시다. 현대의 신화 분석가는 씨족, 부족, 민족의 생존에 거대한 영향을 미쳤던 체험을 신화로 표현해낸 최초의 주체와 결코 만날 수 없다. 많은 신화들은 역사 이전 시기에 생성되어 입에서 입으로 전해지다가 역사시대에 진입해 당대의 관점으로 해석되어 기록된 후 시대마다 당대인의 생존적 필요에 의해 변형을 겪어왔다. 그렇다면 '지금 여기의 나'는 나와 까마득히 멀어 보이는 타민족 신화의 본래 의미에 어떻게 접촉할 수 있는가?

이 곤란한 문제를 해결하기 위해서는 무의식의 특성 가운데 프로이트가 무엇보다 중요하게 여겼던 '무시간성'에 주목해야 한다. 의식과 달리 무의식에는 시간의 범주가 없다.[4] 따라서 수만 년 전에 경험된 자극일지라도 그것이 무의식에 저장되는 순간 세월의 나이를 먹지 않은 채 원형 그대로 보존된다. 그러다가 현재의 어떤 욕구나 자극이 촉발 작용을 하여 그 잠재된 무의식에 우연히 연결되면 '그것'이 다시 활성화되어 먼 과거의 경험 내용일지라도 마치 지금 여기에서의 경험인 양 생생히 공명된다.

가령 신경증자들은 중년이 된 후에도 유년기에 경험한 강한 흥분 자극과 감정에 반복해서 휘둘린다. 그로 인해 솟구치는 욕망과 불안은 증상으로 변장되어 표출된다. 신경증자는 겉으로는 '현재'라는 객관적 시공간에 살면서 사람들과 교류하고 있는 듯 보이지만 내면에서는 억압된 무의식의 욕구·환상·감정과 더불어 산다. 물론 보통 사람의 무의식에서도 어린 시절 겪었던 크고 작은 상처와 불안과 욕망이 역동하고 있다. '그것'은 안전하지 않고 불만족스러운 환경이 지속되면 뜻밖의 순간에 현재의 의식으로 치솟아 기존 생활을 뒤흔드는 실수나 증상을 일으킨다. 망각된 '그것'이 여전히 정신 내면에 현존하면서 삶을 좌우하고 있음을 섬뜩하게 자각시키는 것이다. '무의식'에 관한 인식은 이처럼 단순히 의식의 기준과 틀로 포섭하거나 예상할 수 없다.

신화에 대한 정신분석적 해석이란 우리 정신의 밑바닥에 있는 태곳적 민족무의식·인류무의식과 '지금, 여기'에서 교류하는 경이적 사건이다. 무의식에는 강력한 본능욕동과 감정, 환상, 내적 대상, 결코 잊을 수 없는 상처와 재난 흔적, 생존을 위해 유념해야 할 다중의 메시지가 들어 있다.

현대인은 고대 신화가 각 민족 구성원들에게 위기와 불안에 대처하는 방법, 인간의 본질과 삶의 목표 등을 안내해 흐트러진 정신을 응집시켜주는 최고의 치유적 서사였다는 사실을 쉽게 잊는다. 불교를 믿는 사람에게 불경이, 기독교를 믿는 사람에게 성경이, 과학자에게 첨단 과학 논문이 지니는 권위와 치유 기능을 고대인에겐 신화가 지니고 있었다. 이 책은 이러한 맥락에서 신화가 고대 인류에게 제공했던 정신의 안정화 기능을 재현해 현대인의 결핍을 보충하는 것을 목표로 하여 정신분석적 신화 해석을 수행할 것이다.

신화에서 인류의 보편 상징을 읽는 법

신화 속 상징을 이해하기 위해서는 어느 정도 인류학적·민속학적 지식이 필요하다. 가령 잉태 순간부터 현재에 이르기까지 정신에 자극과 긴장을 남긴 현실의 환경과 대상들은 꿈에서 다양한 모습으로 표현된다. 그래서 꿈을 온전히 해석하려면 몽자의 정신에 중대한 영향을 미친 과거와 현재의 환경·대상·사건에 관해 상세히 기억할수록 좋다. 분석가는 꿈을 해석하기 전에 먼저 내담자에게 꿈꾸기 전날 생활에서 강한 자극을 받은 사건이나 대상이 있는지 떠올려 표현하도록 권유한다. 현실에서 외부로 분출하지 못한 채 억제·억압한 자극과 긴장은 잠잘 때 꿈 생성 작업의 자료와 동력으로 사용되기 때문이다. 신화도 마찬가지다. 집단의 생존 및 안전과 직결된 집단무의식과 당대인이 경험한 내용들은 대부분 신화에서 보편 상징으로 표현된다. 따라서 그러한 상징이 그 시대의 민족 집단에게 어떤 의미로 통용되었는지, 그 민족의 삶에 깊은 영향을 끼친 생활환경, 중요한 사건, 풍속이 무엇인지에 관한 정보가 풍부할수록 신화의 의미를 온전히 이해하는 데 유리하다.

물론 이러한 민속학적 지식은 신화의 의미를 해석하기 위한 하나의 참고사항일 뿐 핵심은 아니다. 신화를 생성해낸 에너지 원천인 집단무의식은 인간의 유전 정보를 담은 DNA처럼 초시간적인 인류의 원형과 더불어 인류 역사의 주요 경험 흔적들을 함축하므로 결코 특정 시대의 민속학적 정보에 상징 의미가 국한되지 않는다. 게다가 당대 사회에서 억압하고 금지한 '소망'과 연관된 무의식은 결코 신화에서 보편 상징으로 표현되지 않는다. 무의식의 소망들은 세상 사람들에게 들켜서는 안 되는 것이기에 쉽게 알아볼 수 없도록 변형을 거치고 검열을 통과해야 외부로 표현될 수 있다. 따라서 무의식의 욕망들은 은유나 환유(압축과 전치)로 표현된다. 이런 은유나 환유의 의미를 포착하려면 개인의 직관과 상상력(자유연상), 무의식의 원초적 사고 원리들을 읽어내는 정신분석학적 지식이 필요하다.

가령 신화의 표면 내용을 매개로 신화를 창조한 집단의 무의식에 진입하려면 단서가 될 중요 신화소를 포착해내어 그 신화소의 상징 의미에 관심을 집중해야 한다. 아울러 독자의 내면에 잠재된, 원시 인류가 지녔던 신화적 사고(상징적·주술적·원시적 사고)가 활성화되도록 '심리적 퇴행'을 잠시 허용해야 한다.[5] 그러면 인류의 본능으로 유전되고 민족의 전통으로 전승되어 현대인의 정신 어딘가에 내재된 고대 인류의 정신성과 체험 흔적들이 활성화된다. 옛 민족들이 겪었던 생사를 좌우하는 중대 사건들, 공포에 떨며 필사적으로 대처하던 순간의 복잡한 감정, 절망감, 재난을 물리친 후의 감동 등이 단편적 이미지·생각·환상·기분으로 정신에 떠오르게 된다. 그것들은 아직 현대의 과학적 의식의 언어로 수용되거나 통합하기 쉽지 않다. 그러나 원시 인류의 정신성에 관한 정신분석의 심층 지식을 토대로 세세한 해석 과정을 거치면 그것들을 하나하나 연결시켜 옛 인류의 불안과 소망, 고난과 고난 극복의 지혜를 일종의 작품이나 영화처럼 재구성할 수 있다. 이 책에 담긴 신화 해석 사례들은 이러한 과정을 거친 것이다.

신화 해석 관점들과 이 책의 구성

이 책에서는 세 가지 분야의 관점을 혼합해 신화 해석을 시도했다. 첫째, 가장 중심이 되는 것은 정신분석 관점이다. 프로이트는 개인무의식을 명료화하는 데 초점을 두었고 융은 인류의 원형적 무의식이 신화에서 어떤 양태로 상징화되는지를 주목했다. 이 책에서는 서로 대립과 갈등을 빚어온 프로이트와 융, 그리고 현대정신분석 관점들이 어떻게 상호 보완되는지 구체적 신화 해석 사례를 통해 제시할 것이다.

두 번째는 인류학·민속학·신화학의 관점이다. 프레이저의 '주술적 사고', 레비-스트로스의 구체적이고 감각적인 '야생의 사고'◆, 심리학자 줄리언 제인스Julian Jaynes가 주목한 내면에서 들려오는 신의 목소리에 복종하던 원시 인류의 '양원적 정신bicameral mind', 일본의 문화인류학자 나카자와 신이치中沢新一의 '막힌 것을 소통시키는 매개 활동으로서의 신화' 등의 개념을 각국 신화 해석의 배경지식으로 활용했다. 신화인류학의 관점은 신화를 창조한 고대 인류의 세계관을 이해하는 데, 그리고 신화소가 과거의 생활 맥락에서 어떤 상징 의미로 사용되었는지 이해하는 데 필요한 지식을 제공한다.

세 번째는 신화학자 조지프 캠벨Joseph Campbell의 관점이다.[6] 캠벨이 정신분석을 흡수하여 신화의 심리적 의미를 이해하려 시도한 것은 정신분석 전문가인 프로이트와 융이 신화와 신화인류학을 흡수하여 정신분석의 경험 영역과 시야를 거시적으로 확장한 것만큼 혁신적인 일이었다. 전 세계 신화에 등장하는 영웅들의 정신이 발달해가는 과정을 정신분석학 개념을 참조하여 구조화한 캠벨의 관점을 영웅신화 해석에 반영했다.

1부에서는 신화 해석을 위한 정신분석 관점과 개념, 주요 정신분석학자들이 제공하는 '무의식의 유형'들을 안내한다. 또한 신화를 생성한 고대 인류의 '신화적 사고'가 어떤 심리적 특성을 지니는지에 대해 신화인류학자의 관점과 정신분석학자들의 관점을 비교하여 설명한다. 마지막으로는 상처 입은 초라한 존재가 영웅적 정신성으로 발달해가는 과정 중 정신분석학이 어떤 지점들에 관심을 집중하는지를 소개한다.

신화에 대한 정신분석적 해석은 텍스트의 이면에서 그 텍스트를 생성해낸 보이지 않는 힘과 '지금 여기'에서 실존적으로 접촉·직면·해석하는 활동이다. 이때 정신분석적 해석의 진실성은 해석자가 자기 자신과 타인의 무의식을 얼마나 심층적으로 직접 탐색해가며 생생히 공명해보았느냐에 달려 있다. 그동안 대면하거나 사용하지 못한 채 단절되어온 민족 고

• '추상적 사고'와 대비되며 오늘날 정신증자의 '콘크리트 사고'와 유사하다. 예를 들어 '자유의 여신상'을 볼 때 문명인이 '세계 각지에서 자유를 갈망하던 사람들이 세운 나라'를 떠올린다면 야생적 사고를 하는 사람은 '자유'라는 추상 관념을 전혀 이해하지 못한 채 여신상의 '거대한 크기'에 압도되고 감각적 지각의 관점에서만 반응한다.

유의 무의식 속 그림자·소망·에너지 등을 신화 분석가는 신화를 매개로 공감하면서 드러내야 한다. 그리고 독자는 신화가 불안과 대결해가는 과정을 담은 각 민족의 '심리적 현실'의 반영이며, 위기 극복의 지혜와 소망을 담은 소리임을 경청할 수 있어야 한다. 이 책의 1부는 이러한 '경청'을 위해 필요한 예비지식들로 구성했다. 독자가 이 부분을 이해하고 소화한 정도만큼, 전 세계 신화들의 표면 아래에서 역동하는 심층 의미들이 정신에 공명될 것이다.

2부에서는 본격적으로 전 세계 각 민족의 창세신화, 건국신화, 영웅신화 등을 구성하는 신화소들을 통해서 신화에 대한 정신분석적 해석을 시연한다. 가장 오래된 문헌 신화로 주목받는 수메르의 길가메시 신화에서는 오만한 권력자가 현자로 변화하는 과정을 정신분석의 관점으로 소화해내며, 원시시대부터 상호 밀접한 연관성을 지녀온 동아시아(한국, 중국, 일본) 신화에서는 각 민족 정신성 특유의 공통성과 차이점을 발견해낸다. 이집트의 오시리스 신화에서는 죽음불안에 시달리던 민족이 '죽음에서 영생 부활에 이르는 여정'을, 서양 신화의 대표 모델인 그리스 신화와 북유럽 신화에서는 고대인의 개인무의식과 집단무의식의 상징적 의미들을 현대 언어로 재현해내고자 했다.

3부에서는 2부에서 선별한 동서양 신화의 주요 내용을 다시 차근히 음미하면서 각 민족이 어떤 유형의 문제(곤경, 불안, 콤플렉스)들에 주로 시달렸고 그것을 어떤 힘으로 어떻게 해결했는지 비교하여 균형 있는 인식을 실현할 수 있도록 했다. 다양한 영웅신화들을 비교해보면 어떤 환경에서 태어나 어떤 고난을 어떻게 헤쳐나간 자가 훗날 민족을 구원하는 영웅의 능력을 발현하게 되는지, 상식의 눈으로는 보이지 않던 심층 지혜가 정신에 짙게 각인될 것이다. 또한 동아시아와 서아시아, 중부 유럽과 북유럽 문화들 사이에 어떤 공통성과 차이가 있는지 독자마다 고유의 깨달음과 정신 확장을 이룰 수 있을 것이다.

'무의식'을 발굴하고 해석하기 위해 필요한 정신분석 지식은 단순히 머리로만 이해할 수 있는 무엇이 아니다. 독자에게 신화의 무의식적 의미를 음미하기 위한 비법 하나를 소개하자면 그것은 바로 자신의 무의식에 잠재된 '아이의 마음'과 '원시인의 마음'으로 잠시 돌아가는 것이다. 신화를 통해 현재 내 삶에 암암리에 영향 미치고 있는 심연의 힘과 접속하려는 마음으로 상상력의 율동에 정신을 맡긴 채 조각조각 솟아나는 원시적 감정과 상징에 접속해보자. 그러면 원시 인류가 그대에게 속삭이는 소리가 들릴 것이고 뜻밖의 생경한 이미지들이 언뜻 떠오를 것이다. 그 소리와 이미지에 관심을 기울이다 보면 어느 순간 세계의 신화들이 묻혀 있던 진실에 공명하는 그대와 소통하려고 이러저런 영감과 기운을 솟아나게 할 것이다.

개인의 생명 에너지와 시간은 유한하건만, 음미할 인류의 신화들은 너무도 풍성하고 무궁무진하다! 이 텍스트 속 글자와 글자 사이에서 꿈틀대는 여러 유형의 '무의식'이 독자들로 하여금 신화의 깊고 너른 대양에 영혼을 흠뻑 젖게 하고, 옛 인류가 전하는 각성의 음성을 지금 여기에서 만끽할 수 있는 행운을 허락해주기 바란다.

차례

일러두기

- 이 책은《신화와 정신분석》(아카넷, 2014)의 전면 개정증보판이다.
- 본문에서 볼드체로 표시한 부분은 저자의 강조이다.
- 국립국어원의 한글 맞춤법에 따르는 것을 원칙으로 했으나, 정신분석 임상에서 관례적으로 사용되는 용어는 그에 따랐다.

I

신화 해석을 위한 정신분석의 기초

1

신화 속에서 역동하는 힘들의 의미

환웅은 곰이 변신한 웅녀와 결혼해 단군을 낳고, 이자나기는 목욕하다 왼눈을 씻으며 태양 여신 아마테라스를 낳고, 거인 반고의 죽은 몸에서 산과 강과 만물이 생성되었다.

빛의 신 발드르는 가녀린 겨우살이에 가슴이 관통당해 죽고, 페르세우스는 거울 방패에 비친 메두사의 목을 칼로 내리치며, 길가메시는 뱀에게 영생초를 도난당한 후 깊은 깨달음을 얻는다.

비합리적 상징 기호로 가득 찬 신화를 정신분석의 관점에서 해석한다는 말은 무슨 뜻인가? 정신분석은 불합리한 정신현상(꿈, 신화, 실수, 증상)에 숨겨진 의미를 드러내는 활동이다. 정신분석에서 '상징'이란 개인과 민족의 삶에 큰 영향을 미친 강렬하고 중요한 사건 내지 대상 체험들을 기억하게 하는 기호를 지칭한다.[1] 따라서 신화에 대한 정신분석이란 신화 텍스트 이면에 존재하는 저자(민족) 정신의 심층부로 들어가 그곳에서 역동하는 힘과 의미를 읽어내는 작업이다.

프로이트가 정신분석학을 창시한 이후 서양에서는 신화에 대한 정신분석적 해석이 꾸준히 수행되어왔다. 이러한 작업은 사회 구성원(나)에게 보이지 않는 영향을 미쳐온 민족과 인류의 광대한 무의식을 성찰하여 자신의 정체성을 파악하고 정신의 확장과 발달을 이루기 위한 한 가지 방편이 되었다. 그러나 국내에서 정신분석을 환자의 병 치료가 아닌 개인과 민족의 내면세계를 밝히는 심오한 소통 도구로 수용하기 시작한 기간은 매우 짧다. 한국 신화를 비롯해 동서양의 신화를 어떤 정신분석 관점과 개념에 의거해 분석해야 하는가에 대해 국내의 신화학계와 정신분석학계는 아직 통합된 관점을 지니지 못한 상태다.

이제 우리에겐 전 세계 신화의 심리적 의미를 해석하기 위한 주체적인 토대 마련이 필요하다. 그러한 맥락과 목적에서 첫 번째로 신화에 대한 정신분석적 연구가 국내외에서 어떻게 진행되어왔는지 살펴볼 것이다. 두 번째로 신화를 만들어낸 배경적 힘인 무의식에 대한 정신분석의 여러 관점들을 비교할 것이다. 세 번째로 신화를 만들어낸 원시 및 고대 인류의 신화적 사고가 어떤 특성을 지니는지 인류학과 정신분석학의 관점을 병행하여 살펴볼 것이다. 네 번째로 현존하는 여러 정신분석 학파의 관점과 개념을 두루 활용하여 각 민족의 신화들이 인생의 어떤 주제에 주목하는지, 신화의 심리적 의미가 무엇인지 드러낼 것이다.

옛 신화들이 21세기 한국인의 마음을 여전히 움직이게 하는 요인이 있다면 그것은 무엇인가? 대부분의 창세신화와 건국신화에는 태초에 발생한 '성스러운 가치를 지닌 큰 사건'과 그것을 주재한 어떤 '엄청난 힘', '위대한 존재'가 등장한다.[2] 그런데 각 민족의 창세 및 건국신화에는 왜 '태초'라는 시점이 강조되며, '태초의 사건'들은 왜 그토록 성스러운 동시에 괴상하면서도 친숙하게 느껴지는 것인가?[3] '태초의 사건'과 '위대한 존재'들의 본래 정체는 무엇인가? 만약 신화가 초시간적으로 존재하는 인류의 '보편 진실'을 상징하는 것이라면 인류가 신화 속 상징을 통해 표현한, 의식의 언어로 서술하기 힘든 '심리적 진실'의 본래 내용은 무엇인가? 신화에는 인류와 각 민족의 어떤 정신 내용과 정신구조가 반영되어 있으며, 어떤 정신작용들에 의해 신화가 창조된 것인가? 신화와 상징은 소수의 의지나 의식 활동에 의해 생성되고 보존되는 것이 아니다. 따라서 우리가 이러한 물음들에 답하려면 우선적으로 삶을 좌우하는 미지의 힘이자 정신분석의 핵심 주제인 '무의식'에 주목해야 한다.

2

신화를 해석하는 정신분석의 관점들

정신분석 역사상 중요한 최초의 신화 연구 업적은 주로 1906-1920년에 이루어졌다. 카를 아브라함Karl Abraham의 《꿈과 신화》(1909), 어니스트 존스Ernest Jones의 《햄릿과 오이디푸스》(1910), 융의 《리비도의 변환과 상징》(1912), 페렌치 산도르Ferenczi Sándor의 《오이디푸스 신화에 나타난 쾌락원칙과 현실원칙의 상징적 재현》(1912), 오토 랑크Otto Rank의 《영웅 탄생의 신화》(1909), 프로이트의 〈세 상자의 모티프〉(1913), 《토템과 터부》(1913) 등이 그것이다.

이 시기 프로이트의 제자들은 프로이트의 '지형학적 정신구조 모델'(의식, 전의식, 무의식)에 근거한 무의식론과 오이디푸스 콤플렉스, 리비도 발달론을 신화의 심층 의미를 드러내는 데 적용했다. 이에 비해 융은 리비도를 성욕동보다 광대한 인류의 보편적 생명 에너지로 해석했다. 그는 신화를 생성한 근본적인 힘은 개인의 억압된 무의식이 아니라 개인 내부의 인류 원형을 내포한 집단무의식이며, 그것이 신화를 구성하는 본질 요소라고 보았다. 융의 인류무의식 개념에 자극받은 프로이트는 꿈해석과 신경증 분석 경험 및 연구 성과를 말년에 집대성해 당시 유럽인들에게 큰 충격을 안겼던 '종교의 기원'에 관한 정신분석적 해석서《인간 모세와 유일신교》(1939)를 집필했다.

프로이트

프로이트는 신화가 꿈, 예술작품, 신경증 증상들과 더불어 무의식을 탐색하는 데 유용한 핵심 통로이자 열쇠임을 발견했다.[4] 신화의 이면에 잠재된 신화 창조자와 전승자(민족)의 심층 심리를 이해하기 위한 그의 관점과 전제는 다음과 같이 요약할 수 있다.[5]

첫째, 신화는 고대 인류의 무의식적 소망과 콤플렉스가 외부로 투사(외재화)된 결과물이다. 즉 신화는 역사적 사실에 대한 객관적 서술이라기보다 환상과 본능 표상과 정서로 구성된 내면세계의 표현물이다.

둘째, 신화는 억압된 무의식이 전의식의 검열을 통과해 의식으로 진입하기 위해 변장(압축, 전치, 상징화)되어 표현된 결과물이다. 사회 질서를 위해 억압해야만 했고, 반복해서 회귀하려 들기에 변장시켜야 했던 무의식의 핵심 내용으로 오이디푸스 콤플렉스를 들 수 있다.

셋째, 개체 발생이 계통 발생을 반복하듯이 영유아와 아동의 사고는 원시 인류의 상태를 반복 재현한다. 따라서 아이의 정신성이나 유년기의 욕동·환상·불안에 고착된 성인 신경증자와 정신증자의 무의식 내용물과 사고방식을 분석하면 신화에 투사·전치·상징화된 고대 인류의 심리 상태를 유추할 수 있다.[6]

넷째, 신화·꿈·증상 및 예술작품의 심리적 발생 과정과 발생 구조는 동일하다. 따라서 꿈과 증상을 분석하는 방법과 이러한 분석을 통해 발견된 정보는 신화의 숨겨진 의미를 해석하는 데 활용할 수 있다.

다섯째, 신화는 억압된 무의식의 소망을 의식에 상징으로 재현함으로써 현실에서 충족하지 못한 소망을 간접적으로 이루려는 목적을 지닌다.

융

융은 신화가 인류의 심층무의식을 이해할 수 있게 하는 가장 중요한 자료임을 선구적으로 밝혔고, 신화 분석의 중요성을 평생 동안 주장했다. 그는 현대인이 과학적 인과론을 잠시 내려놓고 원시 인류가 지대한 정성을 쏟아 신화로 표현해낸 상징의 의미를 온전히 이해·공감할 수 있다면 인류가 200만 년에 걸쳐 체험하며 깨달은 지혜와 원시 생명력을 담은 보물 창고인 신화로부터 현대인의 정신적 결핍을 보충해주는 뜻밖의 풍성한 에너지를 얻어낼 수 있다고 강조한다.[7]

융의 관점에서 보면 신화 속 등장인물들의 특성과 행동은 단지 억압된 소망이 변장된 개인무의식의 상징이 아니다. 그것은 그 민족이 정신의 균형과 발달을 위해 용기 있게 대면하거나 보충해야 할 정신 요소들이 무엇인지를 전달하는 초개인적 인류무의식의 상징이다. 가령 프로이트는 신화에 등장하는 신들의 근친상간을 인류 역사의 측면에서는 문명에 진입하던 시기부터 억압되어왔고, 개인의 정신발달사 측면에서는 아동기부터 억압되는 오이디푸스 소망의 상징으로 본다. 이에 비해 융은 (천부신과 지모신 사이에서 탄생한) 신들의 근친상간에 대해 그 민족이 의식에서 소외시켜온 인류무의식의 '양성성兩性性'(남성성과 여성성)을 자아가 대면하여 구체적 현실에서 통합해내야 활력을 상실한 민족정신이 균형을 회복해 성장할 수 있다는 표상으로 이해한다. 아울러 민족정신의 중심에 잠재된 '자기self'가 작동하여 기성세대(부모)-신세대(자식) 집단 간의 단절되었던 관계를 화합(대극 합일)하도록 매개하는 긍정적 상징으로 해석한다.[8]

이런 상징은 인간 내부의 대극적 요소들(자아상/그림자, 남성성/여성성)의 분열 상태가 계속되면 정신의 불균형이 심해져서 민족이 위기에 봉착할 수 있다는 인류무의식('자기')의 메시지일 수도 있다. 융의 작업은 융 학파 신화 분석가 에리히 노이만Erich Neumann의 《의식의 기원사》와 마리-루이제 폰 프란츠Marie-Louise von Franz의 민담 분석에 의해 보완된다.

자아심리학

프로이트의 후기 정신구조론(이드·자아·초자아)을 계승한 자아심리학자 제이콥 아를로우Jacob Arlow는 신화를 다음과 같이 정의한다. "신화는 집단 구성원들의 본능(이드) 충족 욕구, 초자아의 도덕규범 요구, 사회적 관계에 기여하라는 현실의 요구, 그리고 이 요구들에 대한 자아의 방어와 적응 등의 다중 목적을 지닌 '공유된 환상'◆이다."[9] 자아심리학의 눈으로 보면 개인은 문명화된 삶을 위해 유아기의 본능적 욕망과 환상을 포기해야 하며 이러한 욕망은 공동체가 수용할 수 있는 형태, 즉 신화로 변환되어 표현됨으로써 간접적으로 충족된다. 신화는 또한 곤경을 헤쳐 가며 힘든 과업을 수행해내는 영웅상을 통해 민족 구성원의 자아 기능을 확장시키고 공동체의 '이상적 자아' 모델을 제공함으로써 초자아 형성에 도움을 준다.

클라인

여성 정신분석가 클라인은 고대 신화에 자주 등장하는 괴기스러운 대상, 섬뜩한 사건, 패륜적 행동들의 심리적 의미를 구강기 유아의 원시적 심리 특성과 연관해 해석하는 새로운 관점을 제공한다. 그에게 고대 신화는 인류의 태초 시기이자 개인의 영유아기 정신 상태인 '편집·분열 자리'와 '우울 자리'의 독특한 경험 구조와 내용을 반영하는 상징물이다. 유아기의 강렬했던 심리 경험과 환상들은 무의식에 저장되어 있다가 성장한 후 집단의 상징 언어인 신화로 재현된다. 따라서 신화에는 유아기의 환상, 원시

◆ 사회가 학교와 매스컴을 통해 구성원들에게 교육하는 이념들(자유, 평등, 헌신, 종교 이데올로기)과 그것을 구현하는 신화들에는 구성원 간의 대립 충돌을 최소화하며 개개인이 지닌 '이드·초자아·자아'의 욕구와 기능을 적절히 만족시키는 '공유된 환상'이 담겨 있다.

적 초자아, 원초불안들이 투사 및 상징화되어 있다. 가령 일차적으로 유아기 편집·분열 자리에서는 파괴욕동과 박해불안, 양극으로 분열된 정신구조로 인해 '전적으로 좋은 대상' 환상과 '전적으로 나쁜 대상' 환상이 외부로 투사(외재화)된다. 그 결과 원시 인류는 외부대상을 생명을 보호해주는 선한 신과 생존을 위협하는 악한 괴물, 박해자와 구원자로 분열시켜 지각하기 때문에 신화에 신과 기괴한 대상들이 자주 등장한다. 그런데 위태로워 보이던 인물이 힘든 통과의례를 겪고 나서 영웅적 정신성을 이루어내면 대립되던 좋은 대상과 나쁜 괴물들은 ('우울 자리'에서처럼) 하나로 통합되어 위태롭게 지각되던 세상 환경이 안전한 환경으로 변화된다.

유아의 심리 상태에 고착된 편집증 환자 분석 이론을 토대로 클라인은 고대 그리스의 비극 작가 아이스퀼로스의 《오레스테이아 3부작》(《아가멤논》, 《제주祭酒를 바치는 여인들(코이포로이)》, 《자비로운 여신들(에우메니데스)》)에 등장하는 인물들의 심리 상태를 분석한다. 폭풍우 속에서 국가를 위해 바다의 신에게 딸을 희생 제물로 바친 총사령관 아버지(아가멤논), 죽은 딸의 복수로 남편을 죽인 아내, 아버지를 살해한 복수로 어머니를 살해한 후 섬뜩한 복수의 여신들에게 쫓기며 박해공포에 떠는 아들(오레스테이아)의 심리 상태가 전형적인 편집·분열 자리 유아의 심리이자 편집증자의 심리와 유사함을 드러낸다. 고대인의 작품에 선/악 양극으로 분열된 정신성을 반영하는 복수의 여신(원시 초자아)과 정의의 신(문명적 초자아)이 신화적 작품에 함께 등장하는 것은 원시적 정신성과 문명적 정신성이 공존하는 고대 그리스인의 상태를 반영한다.[10] 클라인의 관점과 개념은 프로이트가 정밀히 탐구하지 못했던 구강기 유아의 심리와 편집증 환자의 심리를 신화 해석에 반영했다는 점에서 주목된다.

대상관계론과 페미니즘

엄마 품에서 분리되어 아버지 세계로 나아가는 오이디푸스 시기(아동기)의 체험이 인간의 정신발달에 가장 중요한 의미를 지닌다고 강조한 프로이트학파의 견해는 19세기 말-20세기 전반기 유럽의 가부장적 사회 구조와 남성 중심적 세계관을 반영한 것이었다. 이러한 시각에 대한 비판으로 1970년대 이후에는 대상관계론의 관점을 응용한 페미니즘적 신화 분석이 대두되었다.

대상관계론은 출생 후 첫 3년간의 엄마-유아 관계가 개인의 정서·정신발달에 가장 중요한 영향을 미친다고 강조한다. 이 시기에 엄마가 유아에게 모성성이 풍부한 좋은 관계를 제공하지 못하면 아이는 '대상관계 욕구'의 좌절로 인한 만성적 박탈감을 지니게 된다. 그로 인해 헤라클레스처럼 돌연 부정적 대상표상(망상)에 시달려 중요 대상과의 친밀 관계를 반복해서 파괴하거나, 순舜 임금처럼 선한 행동만 하는 거짓자기false self로 반응하거나, 폭풍우를 일으키는 스사노오처럼 따스한 '모성적 대상'과의 융합 관계를 갈망하다 좌절되면 격노하는 원시적·유아적 정신구조에 고착된다.

타인(아기)의 정서에 섬세히 공감하는 모성적 대상관계와 모성성은 개인과 민족적 정신('자기self'와 '자아ego' 구조)의 최초 형성과 성장에 필수적이고 근원적인 힘으로 작용하며 평생 동안 영향을 미친다.[11] 가령 유아기에 불안과 본능욕구가 엄마의 정신에 담겨지는 긍정적 관계 경험이 과잉 좌절된 개인은 좋은 엄마의 모성 에너지가 결핍되어 대상과의 편안한 관계능력이 결여된다. 아울러 정신을 응집시키고 낯선 자극들을 소화해내는 핵인 '자기'와 '자아'가 취약해지기 때문에 그에게는 내부의 본능충동과 외부의 이질적 자극을 통제하거나 감당하는 일이 매우 어렵다. 또한 부정적 자극이 정신에 각인될 때마다 박해불안과 자기가 깨지는 원초불안에 시달리게 된다. 그 결과 원시 방어기제(분열, 투사, 투사동일시)에 의존해 정신을 보호하려 드는 기형적 정신구조가 형성되어 현실에서 타자와 온전한 상호 관계를 맺기가 힘들어진다.

반면 유아기에 엄마와의 관계에서 좋은 모성적 경험을 내면화한 개인은 자기가 견실히 구조화되어 외부의 낯선 자극이나 불안을 견뎌내면서 전인적으로 관계할 수 있는 정서적 힘을 지니게 된다. 유아기(전 오이디푸스기)에 '최초 대상인 어머니'와의 관계를 통해 내면화한 모성성과 좋은 엄마상은 아동기(오이디푸스기)에 아버지 관계를 통해 내면화되는 언어적 분별 활동과 결합하여 정신을 발달시키는 토대가 된다. 대상관계학파의 관점에서 신화는 유아기의 '모성적 무의식'과 엄마로부터 분리되는 '과도기 단계transitional stage' 경험의 상징적 재현물이다. 주관적 환상과 객관적 사실이 혼합된 신화 속의 신과 영웅은 유아의 어떤 공격에도 보복하지 않고 불안을 담아주며containing 함께 있어주는 '전능한 어머니'와 어머니의 대체물인 '과도기 대상transitional object' 기능을 재현한다. 즉 신화는 각 민족의 모성 결핍과 자기애 결핍을 보충하고 억압된 공격성을 창조적 활력으로 전환하는 역할을 한다.

인류가 탄생해 '최초의 나'가 형성되는 유년기(태초) 삶의 과정을 반영하는 창세신화로부터 사회 속에서 자아 정체성 확립을 위해 방황하는 격동기(사춘기)를 반영하는 영웅신화를 거쳐 성숙한 주체인 성인으로 고양되는 '변환신화'에 이르는 일련의 정신발달 과정에서 모성 에너지는 부성 에너지와 대등한 정신발달적 가치를 지닌 것으로 다루어져야 한다.

자기심리학

'자존감'의 정신적 가치를 강조하는 하인츠 코헛Heinz Kohut의 자기심리학 관점에서 보면 신화 속에 화려하게 등장하는 신과 영웅들은 각 민족이 지닌 '자기'의 안정과 활력을 위해 반드시 필요한 자기애self-love와 자존감selfesteem을 보충해준다. 즉 그들은 각 민족의 위축된 '거대자기grandiose self'에 힘을 실어주는 자기대상self-object 역할을 하는 것이다("나는 가장 강력한 신에게서 태어나 보살핌 받은 위대한 존재다!"). 나아가 신화 속 영웅들은 '이상적 자기애'를 보충해주는 '이상적 자기대상' 역할을 한다("위대한 영웅은 나의 조상이자 곧 나다.").

우리나라의 신화 연구

외국에 비해 우리나라의 정신분석적 신화 연구 역사는 상대적으로 짧고 단순하다. 국내에서는 1970년대부터 이부영을 중심으로 이죽내, 이유경 등의 융 학파 정신분석가들이 융의 관점에서 민담과 신화에 대한 해석을 시도해왔다.[12] 그리고 1960년대 후반부터 프로이트의 이론을 적용한 신화 해석 담론이 정신과 의사 김광일에 의해 생성되었다.[13] 김광일은 한국의 신화가 질서 있게 보이는 이유는 유교를 숭상하는 선비 계층에 의해 구전 신화가 문자로 최초 기록되는 과정에서 과도한 검열과 변형이 이루어졌기 때문이라고 본다. 그렇다면 변형된 결과물로부터 김광일은 한국 신화의 본래 의미를 어떻게 탐색하여 해석하는가?

> 하느님 환인의 서자인 환웅이 아버지로부터 세 보물을 물려받아 삼천의 무리와 더불어 세상에 내려와서, 곰이 변신한 여자인 웅녀와 결혼해 단군을 낳았다.

김광일은 위 신화소를 다음과 같이 해석한다.

> 환웅이 '서자'라면 권력에서 소외된 설움이 많았을 것이다. 그런 그가 하늘에 정착하지 못한 채 지상으로 내려온 것은 오이디푸스 욕구로 인해 형제들(삼천의 무리)과 단결해 아버지를 폭력으로 처치하고, 그의 힘(세 보물)을 탈취해 세상에 내려온

> 것으로 해석된다. 그리고 '곰'녀와 결혼했다는 표현에서 곰은 동북아시아의 토템 동물이며 또한 '원어머니原母'를 상징한다. 그렇다면 토템 동물과 신은 '심리적으로 동격'이므로, 신과 동격인 원어머니와 신의 아들이 결혼한 것이 되므로, 근친상간 욕구가 숨겨져 있다.[14]

위 구절은 고대 사회(고조선 초기)에서 통용되던 상징들의 의미에 대한 인류학적 검토 없이 오직 오이디푸스 이론만을 신화에 기계적으로 적용한 예다. 이 신화소는 융, 대상관계론, 자기심리학의 관점과 개념으로 각각 다르게 해석할 수도 있다.

김광일은 정신과 환자들이 드러내는 원시적 사고와 연관된 구체적인 임상분석 자료들을 정신분석적 상징 해석 관점의 근거 자료로 제시한다는 장점을 지닌다.[15] 그러나 그의 신화 분석은 프로이트 이후의 정신분석학 연구 성과를 반영하지 못했다는 시대적 한계를 지닌다. 그 이후에는 프로이트적 관점에서 신화를 해석한 후속 연구자들이 없다가 원로 정신분석가 조두영에 의해 민담 연구 및 예술작품 분석 글이 1990년대부터 출판된 상태다.[16] 그리고 이창재에 의해 프로이트와 융의 관점 및 현대정신분석 관점을 함께 반영한 통합적 신화 해석이 처음 시도되었다.[17] 그 밖에 몇몇 문학비평가들에 의해 프로이트와 융의 이론을 무의식에 대한 개인분석, 자기분석, 환자분석 과정을 거치지 않은 채 문학 텍스트 해석에 적용하려는 시도가 있었다.

어떤 정신분석 관점과 개념이 한국, 중국, 일본 신화의 무의식적 의미를 발굴하여 드러내는 데 가장 적합한가에 대한 논의는 아직 국내 신화학자나 정신분석학자들에 의해 논의되지 못하고 있는 상황이다. 융 이론가들이 프로이트의 이론을 숙지하여 통합하거나 프로이트 계열의 자아심리학을 공부한 국내 정신과의사 그룹이 융의 신화 이론까지 통합해내는 연구

환경은 아직 조성되어 있지 않다.

국내의 상황과 달리 오늘날 미국과 유럽의 정신분석연구소에서는 프로이트, 융, 그리고 현대정신분석(자아심리학, 클라인, 대상관계론, 자기심리학, 라캉) 등을 함께 교육하고 있다. 현대에는 다양한 관점의 고유 가치를 열린 마음으로 수용하는 포스트모던 가치관이 점차 확대되어가는 추세다. 이런 상황에서 이 책은 프로이트, 융, 현대정신분석의 관점을 다중으로 고려하며 신화를 분석하는 작업이 어느 정도 가능한지, 또한 각각의 이론들이 신화를 해석하는 데 어떤 장점과 한계를 지니는지 살펴보는 최초 시도라 할 수 있다.

3

신화를 창조한 무의식의 유형들

신화를 창조한 근원적 추동력은 어떤 유형의 힘들에서 기인한 것인가?

인간의 정신은 각기 다른 에너지, 특성, 작동 원리, 내용을 지닌 의식과 무의식으로 구성된다. 외부 세계에 대한 판단을 담당하는 의식의 지각 내용은 외부 환경의 변화에 따라 달라진다. 이에 비해 무의식은 외부 환경이나 시간의 변화와 무관하게 어떤 표상과 감정을 원상태 그대로 보존한다.[18] 따라서 우리가 옛 인류의 생각이나 시공을 초월해 반복되는 정신현상들의 내용과 특성을 이해하려면 의식의 표상보다 무의식의 내용과 메시지에 주목해야 한다.

앞서 말했듯 인류의 무의식은 주로 꿈·신화·예술작품·종교의례 등으로 표현된다. 특히 개별 민족이 오랫동안 지속적으로 이야기하고 수행해 온 신화나 의례 등의 경우 오래된 무의식이 당대의 집단의식(시대정신)으로 번역되어 민족 고유의 상징으로 드러난다. 그렇다면 한국·일본·중국·그리스·수메르·이집트 등의 신화를 분석하는 일은 각 민족이 지닌 무의식이 어떻게 같고 어떻게 다른지 이해하는 데 매우 중요한 통찰을 제공할 것이다. 이러한 분석을 위해 우선 무의식의 유형에 대해 알아보자.

억압된 무의식

프로이트는 자신이 주창한 지형학적 정신구조론에서 무의식을 크게 두 유형으로 구분한다. 첫째는 개인이 출생한 순간부터 외부 환경과 내부 욕동으로부터 받은 수많은 자극 가운데 당시의 자아가 감당하기 힘들어 억압한 무의식이다. 이 무의식은 주로 충격적 과잉 자극으로 구성된다. 가령 인간은 태어난 뒤 첫 3년 동안, 즉 전 오이디푸스기에 최초 양육자인 어머니와의 관계에서 본능욕동의 충족 및 좌절을 경험한다. 어머니에게 의존하여 마음껏 먹고 싸는, 즉 입과 항문의 쾌락이 과도하게 혹은 적절하게 충족되거나 좌절되는 고통을 경험하는 것이다. 이후 프로이트가 오이디푸스기라 부르는 아동기에 접어들면 아버지의 규범 요구로 인해 어머니와의 애착 관계를 포기해야 하는데, 이로 인해 아이는 정신적 혼란과 갈등을 겪는다.[19] 모든 인간은 공통적으로 이러한 과정을 거치지만 개별 인간의 생활환경은 제각각이다. 이 두 시기 동안 다중의 본능욕동이 아이에게 어느 정도로 충족되고 좌절되느냐에 따라 억압된 무의식은 개인마다 달라질 수 있다.[20]

둘째는 '자연적 본능instinct'과 '인간적 본능인 욕동drive'이다.[21] 편의상 이 두 기지를 혼합해 '본능욕동' 내지 '욕동'으로 표현하겠다. 욕동은 오랜 신화 과정을 거쳐 형성된 인류의 보편 요소다. 프로이트는 인간의 욕동을 생존욕동과 성욕동으로 분류하다가 말년에는 삶욕동과 죽음욕동으로 재규정한다. 이 욕동들로부터 본능표상, 환상, 감정, 온갖 행동과 증상 등이 파생된다. 욕동 표상이나 감정은 어느 정도 억제하거나 억압할 수 있지만 욕동 자체는 결코 완전히 억압할 수 없다.[22] 무의식이 의식에 미치는 지속적 영향력은 결코 완전히 억압될 수 없는 본능욕동 에너지에서 기인한다.

원시시대에서 현대에 이르는 동안 인류가 반복해서 겪은 강력한 체험

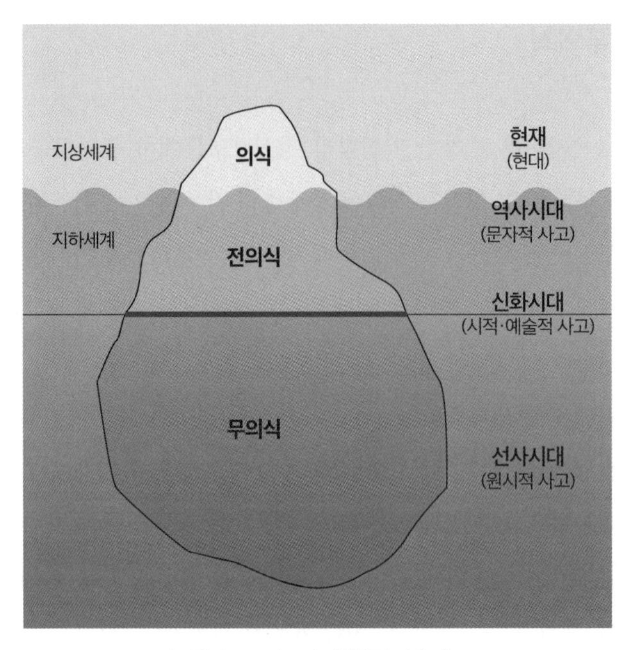

[그림 1] 프로이트의 지형학적 정신 지도

들은 자아에 의해 억압되어 무의식에 저장되었다가 그중 일부는 욕동에 흡수되어 유전된다.[23]

> 자아와 이드(원초아, 본능)의 차이를 지나치게 엄격한 의미로 받아들여선 안 된다. 자아는 유기체의 안전한 생존을 위해 이드(원초아)에서 특별하게 분화된 부분임을 유념해야 한다. 자아의 어떤 경험이 연속되는 세대를 통해 많은 사람들에 의해 충분한 강도를 갖고 자주 반복되면 이드의 자동 반응으로 변형되고 '유전'에 의해 보존된다. 따라서 인류의 이드(본능) 속에는 수많은 자아의 잔재물이 담겨 있다.[24]

자아에 각인된 현실의 충격 흔적이 본능에 흡수되어 유전되는 과정에서 동물과 차별되는 독특한 인간적 본능욕동이 형성된 것이다. 가령 어둠

속에서 야수나 적에게 공격당해 죽거나 치명상을 입는 경험이 반복되면 인간은 어둠에 대해 공포를 느껴 자동으로 회피하려는 욕동을 지니게 된다. 아들이 "어머니의 품에서 떨어져라."라는 아버지의 말을 거부하다가 아버지에 의해 살해당하거나 치명상을 입거나 집에서 쫓겨나거나 역으로 아버지를 살해하는 사건이 인류사에서 반복해 벌어졌을 경우 오이디푸스기 아동은 어머니와의 친밀 관계를 규제하는 아버지에 대해 강렬한 살해 욕구를 느낄 수 있다. 또는 아버지의 사소한 말 몇 마디에 본능적으로 거세공포를 느낄 수도 있다(이를테면 "말 안 들으면 자지를 떼어버릴 거야." 등의 말). 인간의 욕동은 또한 원상태로부터 다양한 양태의 에너지로 전환·표출되는 '전환성'을 지닌다. 이 전환성에 의해 본능욕동으로부터 여러 유형의 정신활동과 정신현상(영웅의 초인적 능력, 증상, 노동), 승화된 상징물(신화, 꿈, 예술작품)이 창조된다.[25]

본능욕동은 또한 파생물(표상과 감정)을 통해 외부로 분출하여 쾌락을 획득하려는 성향을 지닌다. 그런데 현실계의 냉혹한 압력에 의해 본능표상과 감정이 오랜 기간 과도하게 억압될 경우 내부에 축적된 긴장을 완화하기 위해 모종의 대리 분출 활동이 일어난다. 그 결과물 중 하나가 '원초적 환상'이다. '생물학적 계통발생이 개체발생에서 반복'되는 과정에서 원시 인류에게 수백만 년 동안 반복되었던 충격의 흔적들은 욕동에 보관되어 있다가 원초적 환상으로 자신을 드러낸다. 인류에게 보편적 영향을 미치는 주목해야 할 원초환상은 ① 아이를 잡아먹는 마귀(나쁜 엄마) 환상, ② 아버지를 살해하고 어머니와 결합하는 오이디푸스 환상이다. 오이디푸스 환상은 의식의 도덕관념과 충돌한다. 따라서 꿈과 신화, 예술작품 등을 통해 상징 이미지로 변형되어야 비로소 의식에 지각되는 내용물로 허용될 수 있다.[26]

무의식은 이처럼 선천적인 본능욕동과 원초환상들, 그리고 후천적으로 경험되었다가 자아가 감당하기 힘들어 억압한 과잉 자극과 공격환상·성환상 등으로 구성된다. 이 선천적 무의식(본능욕동)과 후천적 무의식(상처, 성환상)은 자아가 약해지거나 현재의 어떤 자극이 무의식의 특정 내용과 우연히 결합되어 갑자기 의식으로 치솟을 때 어렴풋이 지각된다. 보통의 인간은 자아의 방어막이 균열된 틈으로 위험한 본능욕동과 억압된 무의식이 한꺼번에 솟구치는 사태를 결코 감당할 수 없다. 그로 인한 엄청난 불안과 긴장에서 벗어나기 위해 자아는 무의식을 신화·꿈·증상 등으로 안전하게 변형시켜 외부로 표출한다.

프로이트가 말년에 제시한 '역동적 정신구조론'에 의거하면 신화의 생성 원인과 의미를 새롭게 조명할 수 있다.[27] 3원적 정신구조론에 의하면 인간의 정신은 각각 고유한 특성을 지닌 '이드·자아·초자아'로 구성된다. 이드는 쾌락원칙을 추구하는 삶 본능과 무자극 원칙을 추구하는 죽음 본능 그리고 오이디푸스 콤플렉스 등으로 구성되며, 그 자체는 전적으로 무의식적이고 대부분 선천적이다. 신화에 등장하는 괴물들은 대부분 이드의 표상이다. 아버지의 규범 요구를 내면화하고 동일시함으로써 유년기 후반에 형성되는 정신 조직인 초자아는 무의식과 의식 양쪽에 걸쳐 있다. 신화에 등장해 영웅이 가야 할 길을 안내하거나 과업을 완수하라고 명령하는 신들은 자아에게 이상적 목표를 안내하고 심판관 기능을 하는 초자아의 표상이다.

자아는 이드의 본능 충족 요구, 초자아의 이상적 규범 요구, 외부 세계의 현실 요구를 다중으로 고려하여 조정하고 통합하는 영웅적 역할을 수행한다. 자아는 이드로부터 분화되어 후천적으로 서서히 발달해가므로 의식의 부분과 무의식의 부분을 함께 지닌다. 자아의 여러 활동 가운데 특히 중요한 '방어작용'은 전의식의 영역에서 대부분 무의식적으로 작동된다. 신화 속 주인공이 여러 가지 힘든 통과의례를 거치면서 비범한 힘을 지닌 영웅으로 변환되는 과정은 곧 자아의 발달 과정을 표상한다. 자아 능력을 발달시킨 존재가 곧 정신 내부의 에너지 기관인 이드와 초자아를 균형 있게 활용해 냉엄한 현실의 난제들을 해결해내는 영웅인 것이다.

정신구조론은 여러 유형의 대상들이 이드·자아·초자아 각각에 미치는 영향과 이것들이 정신 내부에서 상호 대립하면서 관계 맺는 역동적 구조를 이해하는 데 도움을 준다. 이를테면 유년기에 관계하는 대상(어머니, 아버지)이 자아와 초자아의 형성 및 발달에 어떤 방식으로 어떠한 영향을 미치는지, 200만 년에 걸쳐 진화해온 선천적 본능욕동과 그것의 무절제한 분출을 금지하는 초자아의 강력한 도덕명령이 각각 자아에게 어떤 영향을 미치는지를 이해할 수 있게 해준다.

이 이론에 의하면 신화란 원시 인류의 본능무의식과 유년기의 억압된 무의식이 당대인의 (집단)의식과 타협하여 생성한 결과물이다. 동시에 이드·초자아 각각의 독특한 요구와 그것들 사이의 갈등 관계가 냉혹한 외부 환경에 대처하는 방어작용을 거쳐 자아에 의해 종합적으로 승화되어 표현된 것이다. 따라서 신화는 그 신화를 창조한 민족의 이드·초자아·자아의 상태와 당대의 외부 현실을 다중으로 반영한다.

집단무의식

프로이트는 유전된 본능욕동과 환상, 상처, 억압된 유년기 쾌락욕망과 경험 등을 무의식의 주요 내용으로 주목했다. 이에 비해 융은 유년기의 흔적들로 구성된 개인무의식의 범위를 넘어, 인류가 세상에 처음 출현할 당시부터 선험적으로 존재한 인류의 원형archetype들로 구성된 집단무의식에 주목한다.[28] 융은 프로이트가 개인 삶에 미치는 집단무의식의 거대한 작용을 성찰하지 못한 채 개인무의식의 힘에만 주목했다고 비판한다.[29]

융의 비판에 자극받아 민족의 집단정신성에 관심을 갖게 된 프로이트는 "개체발생은 계통발생을 반복한다."라는 당대 생물학 이론을 참고한다. 그리고 이 이론을 응용하여 선조들이 반복해서 겪었던 중요한 경험의 흔적은 본능에 흡수되어 후손에게 유전되고 문화를 통해 전승된다고 생각했다.[30]

융은 인간의 본능욕동이 개인사적 경험에 의해 변화되고 문화로 전승된다는 프로이트의 관점에 반대한다. 그는 인간의 불변하는 선험적 본질인 '원형'은 태초부터 존재해왔으며, 이 원형들은 본능을 통해 선험적으로 유전된다고 주장한다. 즉 원형은 플라톤의 이데아처럼 선험적인 것이기에 결코 경험에 의해 새롭게 생성, 변형되지 않는다. 인간 원형은 잡다한 경험들을 구조화하여 삶의 목적과 의미를 부여하는 선험적 형상(본질, 구조) 기능을 한다.

인간다움humanity의 본질인 이 원형에는 인간이 마땅히 실현해야 할 보편적이고 궁극적인 인생 목적과 정신의 전형적인 발달 과정이 내재해 있다.[31] 인간의 본래 목적은 내면의 개인무의식과 집단무의식을 단계별로 자아에 통합하여 자아의식이 무의식의 힘과 지혜를 현실에서 능동적으로 활용해가는 것이다. 융은 이를 '개성화 과정'이라고 명명한다. 인간의 근원적 욕구는 성욕동을 만족시키는 것이 아니라 개성화(자기실현)를 이루려는 욕구인 것이다.[32]

그런데 이 개성화 욕구는 현실에서 여러 요인에 의해 방해를 받는다. 가령 모든 인간은 사용하기에 편하고 자신 있는 우등 요소와 타인에게 드러내고 싶지 않은 열등 요소를 함께 타고난다. 또한 살아가는 과정에서 만족을 주는 좋은 경험과 더불어 감당하기 힘든 고통도 겪게 된다. 이때 열등 요소와 고통 경험들이 자아에 의해 소화되지 못한 채 분열·부인되면 무의식으로 들어가 의식이 통제하기 힘든 불합리한 에너지를 지닌 그림자, 콤플렉스로 변질된다. 그 그림자, 콤플렉스는 개인과 집단의 의식적 삶에 보이지 않는 부정적 영향을 미치며, 오랜 기간 방치되면 어느 순간 집단정신에 돌출해 큰 재난을 일으킨다.

민족의 무의식에는 태초부터 전승되어온 고유의 '원형 이미지'(영웅상)가 담겨 있다. 길가메시, 주몽, 바리데기, 예, 순, 스사노오, 오오쿠니누시, 오시리스, 페르세우스, 헤라클레스, 발드르, 부처, 예수 등은 무의식에 담긴 원형 에너지를 자아에 통합하여 자기실현에 성공적으로 활용한 영웅 표상들이다. 이들은 고향을 떠나 낯선 곳을 탐험하며 자아 경계를 확장하고, 괴물과 대결하여 이를 제거함으로써 정신의 발달을 방해하던 힘들의 속박에서 벗어난다. 또한 '자기'의 정체성을 현실 사회에서 실현해가는 개성화 과정을 거친다.

이들 영웅이 수행하는 개성화는 다음과 같은 단계를 밟는다. 첫 번째는 그동안 망각하고 외면해온 민족정신의 부정적 결함 요소인 그림자를 자아의식이 용기 있게 대면하고 변화시켜, 자아가 사용할 수 있는 에너지로 통합하는 단계이다. 그림자는 신화 속에서 주로 섬뜩한 괴물의 형상으로 나타난다.

두 번째는 사회적 얼굴이자 역할인 페르소나를 개개인이 형성하고 발달시키는 과정에서 경직된 사회적 성역할로 인해 소외되어온 본연의 성 에너지(남성 속의 여성적 요소인 아니마anima, 여성 속의 남성적 요소인 아니무스animus)를 대면하고 자아에 통합하는 단계이다.[33] 우리가 사회적 얼굴인 페르소나와 자기 자신을 전적으로 동일시할 경우 인간성의 절반은 자신의 본래성으로부터 소외되어 기쁨과 활력을 잃어버리게 된다. 집단무의식에서 역동하는 인류 공통의 원형인 '아니마-아니무스, 자기'는 민족 구성원들의 출생, 성 인식, 배우자 선택과 결혼, 직업 선택, 과업 도전, 재난과 투쟁, 병, 늙음, 죽음 등 중요한 '전형典型'의 배후에서 보이지 않는 영향을 미친다.[34] 신화 속 영웅이 매력 있는 이성을 만나 결합함으로써 새로운 힘을 보충하여 정신성의 중대한 전환을 이루는 신화소가 바로 아니마-아니무스와의 대면 단계에 해당한다.

세 번째는 자아가 인류의 원형 에너지를 담고 있는 '자기'에 접속하여 자기의 힘을 내면으로 흡수하는 단계이다. 영웅신화에서 이 단계는 주인공이 비범한 조력자를 만나서 그로부터 그동안 인식하지 못했던 인류의 심오하고 광대한 지혜를 전해 듣고 자기 것으로 소화해내는 과정에 해당한다.

마지막은 개인의 자아가 그렇게 얻어진 인류의 거대한 원형 에너지를 당대 집단이 풀지 못했던 현실 문제들을 해결하는 데 사용하는 '과업 실현' 단계이다. 인류의 원형 에너지를 흡수한 개인(영웅)은 지혜와 행동력을 발휘하여, 유한한 자아에 고착된 개인과 집단에게 대립·모순·갈등으로 지각되던 요소들을 하나씩 조화롭게 해결(통합)해나간다.

모권적 무의식과 모성적 무의식[36]

프로이트 이후 현대정신분석학계는 엄마가 유아의 정신발달에 미치는 영

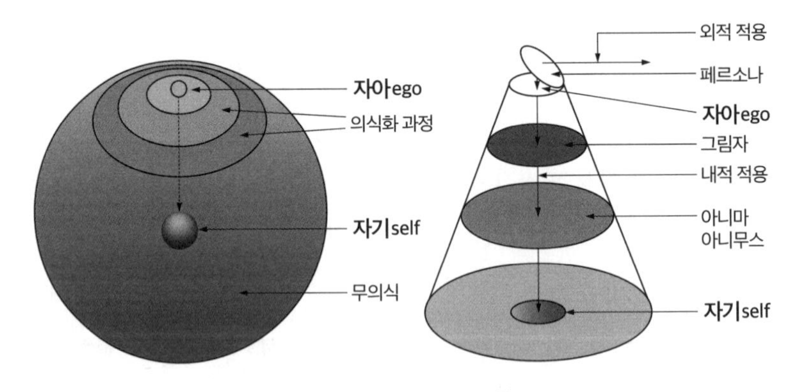

[그림 2] 융의 개성화 과정[35]

향에 대해 세밀히 탐구해왔다. 어머니는 모든 인류가 출생 후 최초로 관계하는 절대적 대상이다. 험난한 출산 과정을 거쳐 태어나 탯줄이 끊긴 아기는 처음 접하는 낯선 세상에 대해 심한 불안과 무기력을 느낀다.[37] 그 때 '생명을 낳으신(창조한) 분이며 구원자'인 어머니가 나타나 새로운 세상이 안전하며 무언가를 욕망할 만한 곳임을 아기가 느끼도록 해주어야 한다. 절박하고 무기력한 유아에게 어머니는 평생의 행복과 불행을 좌우하는 관계 흔적과 능력을 몸과 마음에 남기는 신적 존재다. 만약 어머니로부터 안전하고 포근한 정서적·신체적 돌봄과 느낌을 받지 못할 경우 아기는 원초불안을 견디지 못해 죽음욕동과 병리적 방어기제에 고착된다. 그 후유증으로 불안을 달래주는 절대적 힘을 지닌 환상적 대상을 평생 갈구하게 된다. 신화에서는 그 대상이 불안과 상처를 치유해주는 모신母神·여신·영웅으로 표상된다.

모권적 무의식: 파괴하고 집어삼키는 괴물

영아와 유아의 내면 심리에 주목하고 어머니와의 관계 경험이 아이의 정신발달에 미치는 영향을 탐구한 최초의 정신분석학자는 클라인이다. 그는 출생 후 5개월 사이 유아의 내면세계에 주목했다.

유아는 일차적으로 죽음본능과 삶본능 및 그 본능들에 의해 생성된 원초환상을 지닌 채 태어난다. 이 무의식적 환상들은 주로 유아가 관계한 최초 대상[38]인 젖가슴과, 엄마의 몸속 내용물과 연관된 여러 이미지像로 구성된다.[39]

갓 태어난 영아의 일차 과제는 정신 내부에서 역동하는 죽음욕동을 어떻게 처리하느냐다. 자아가 미성숙한 영아는 이 파괴욕동과 그로 인한 멸절불안을 스스로 처리할 수 없다. 영아에게는 이것을 대신 처리해줄 양육자의 도움(대리 자아 역할)이 절실하다. 이 시기에 엄마가 아기의 불안에 공명하며 그것을 해소해주는 좋은 젖가슴 체험을 안정적으로 제공하면 삶 욕동이 활성화되어 파괴욕동과 불안이 완화된다. 이 경우 유아는 기쁨을 주는 최초 대상을 내사introjection하여 '좋은 엄마상'이 내적 대상으로 자리 잡게 된다. 반면에 엄마가 유아의 욕구를 심하게 좌절시키고 일관성 없는 태도를 보이면 내부에서 파괴욕동이 솟구친다. 좋은 젖가슴 체험을 하지 못한 유아는 엄마가 몸속에 좋은 것들을 혼자만 소유하며 즐긴다고 오해한다. 그래서 엄마 몸속의 '좋음'들을 모두 파헤쳐서 마음껏 써버리고 싶은 탐욕, 박탈감을 주는 '좋음'들을 무차별적으로 파괴해 박탈감에서 벗어나려는 시기심이 활성화된다.

파괴욕동의 극단 양태인 시기심은 정신 내부의 좋은 대상들과 정신활동조차 파괴하므로 내면을 황폐하게 만들고 자아 기능을 마비시킨다. 이 상태를 감당하기 힘든 유아는 파괴욕동과 불안을 외부의 젖가슴이나 엄마 몸에 투사하거나, 파괴욕동을 담은 정신의 일부분을 엄마 몸에 투사동일시로 집어넣는다. 이런 투사와 투사동일시의 결과로 유아는 내부의 불안에서는 잠정적으로 벗어날 수 있지만 그 후유증으로 외부 대상을 섬뜩한 괴물로 지각한다. 즉 괴물(나쁜 엄마)로부터 잔인하게 공격당하는 극심한 박해환상과 박해불안에 시달리는 것이다. 그 박해 대상이 내사되어 내적 대상이 되면 가학적인 모권적 초자아로 자리 잡게 된다.[40] 아이의 내면에 엄마의 지시를 어길 때마다 잔인하게 징벌하는 '괴물 엄마'가 들어앉게 되는 것이다.

유아의 미숙하고 약한 자아는 파괴욕동의 화신인 이 가학적 내부 대상을 감당하기 힘들다. 그로 인해 원시 방어기제가 작동해 정신을 '좋은 대상' 영역과 '나쁜 대상' 영역으로 분열시킨다. 이 분열된 내면세계는 다시 각각 외부로 투사되어 애정으로 돌봐주는 '좋은 엄마상'과 박해하는 '나쁜 엄마상'을 생성한다. 출생 후 3개월 무렵의 유아에게 이 세상은 '전적으로

좋은 (신적인) 대상'과 '전적으로 나쁜 (악마적인) 대상'으로 분리되어 경험(부분지각)된다.[41]

이처럼 분열된 자아와 분열된 내적 대상, 시기심의 투사로 인한 박해환상과 박해불안, 가학적 초자아에 시달리는 영아의 정신 상태를 클라인은 '편집·분열 자리paranoia-schizoid position'라고 명명한다. 불안한 격동기인 이 최초의 마음자리는 엄마가 유아에게 좋은 돌봄 경험을 지속적으로 제공할 경우 파괴욕동과 불안이 완화되고 원시 방어기제가 덜 작동되어 자아가 현실을 보다 온전하게 지각하는 '우울 자리'로 넘어가게 된다.

우울 자리의 자아는 대상에 대한 나쁜 감정이나 불안을 분열과 투사 없이 견뎌낸다. 그 결과 엄마를 '천사/마녀'로 분열된 '부분대상'이 아닌 하나의 전체 대상으로 통합해 지각하는 능력이 형성된다. 유아는 나쁜 엄마상과 좋은 엄마상이 모두 동일한 엄마로부터 나온 것임을 자각한다.[42] 그와 더불어 자신이 편집·분열 자리에서 나쁜 대상(젖가슴, 엄마)을 향해 퍼부었던 잔인한 파괴 환상들에 대해 죄책감을 느끼게 된다("나 때문에 엄마

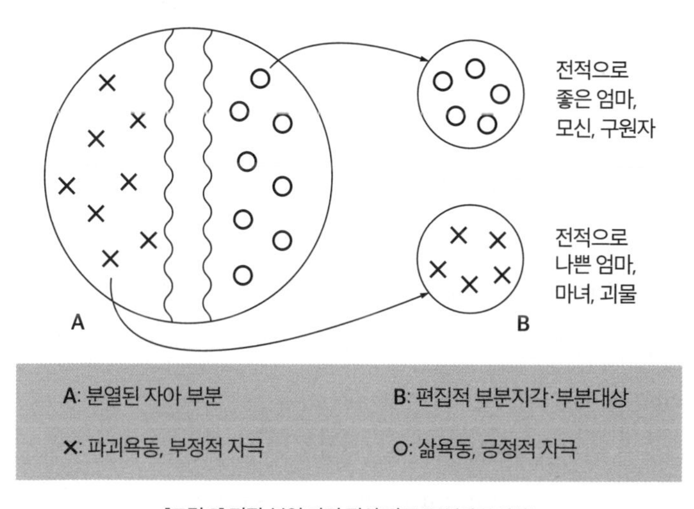

[그림 3] 편집·분열 자리 정신 지도 (분열된 무의식)

가 아프고 우울하신 거야. 난 나쁜 아이야!"). 그리고 자신이 완전히 통제할 수 없는 내부의 파괴욕동으로 인해 소중한 대상을 손상시킬지 모른다는 우울과 자책감에 젖는다. 이런 죄책감과 우울은 손상된 대상을 회복시키려는 마음과, 결함 있는 자기 자신을 가혹하게 책망하는 '모권적 초자아'를 강화시킨다.[43]

우울 자리는 어머니의 사랑으로 좋은 내적 대상들이 축적되고 손상된 대상을 회복시키려는 삶욕동이 증대되면서 오이디푸스 단계로 발달해가지만, 모권적 초자아는 사라지지 않는다. 오이디푸스기에 형성되는 '부권적 초자아paternal superego' 뒤편에 자리 잡아 정신의 한 핵을 구성한다. 그리고 모권적 무의식과 그것에 연결된 박해 및 우울불안은 나쁜 대상관계를 경험할 때마다 재활성화된다. 따라서 인간은 가학적인 모권적 초자아에서 기인한 불안을 통제하기 위해, 그것을 외부로 투사하거나 안전한 상징 대상으로 가시화한다.[44] 헤라클레스를 괴롭혀 광기를 유발한 헤라 여신, 페르세우스가 살해한 메두사, 남동생과 자식들을 잔인하게 죽인 메데이아 등, 신화 속에 등장하는 마녀나 괴물의 상당수는 불안한 생존 환경과 편집·분열 자리에서 '좋은 엄마' 관계 경험의 과잉 결핍으로 인해 생성된 박해 환상과 가혹한 모권적 무의식의 괴력을 상징한다.

모성적 무의식: 공감하며 품어주는 여신

클라인이 주목한 유아의 '분열된 무의식'에는 죽음본능과 그것에서 파생된 가학적 환상들이 역동한다. 이에 비해 위니캇이 발견한 무의식에는 유아의 타고난 공격성과 불안을 공감해주고 안아주는 어머니의 애정과 힘이 출렁인다.

위니캇에 의하면 유아는 타고난 개성을 온전히 발현하고픈 '참자기true self' 욕구를 지닌다.[45] 참자기가 형성되고 발달하기 위해서는 '촉진적 환경'

인 '보통의 좋은 엄마'와 관계 맺는 경험이 필요하다. 유아에게 엄마는 '자기'의 형성과 발달을 전적으로 좌우하는 절대적 환경이다.[46] 엄마가 유아에게 어떤 환경이 되어주느냐에 따라 삶에 대한 태도와 유아의 참자기가 발현되느냐 포기되느냐가 결정된다. 엄마는 또한 타고난 개성을 한껏 드러내고 싶어 하는 유아의 권리를 수용하느냐 박탈하느냐를 좌우하는 '대상'이다. 그렇다면 참자기의 발현을 촉진하기 위해 유아에게 필요한 환경과 대상관계의 구체적 특성은 무엇인가?

엄마는 유아에게 안아주기holding, 거울 반응mirroring, 침범하지 않고 지켜보기, 버텨주기, 자아 지원 등 헌신적 '환경'과 '대상관계'를 제공한다.[47] 만약 이러한 요소 중에서 몇 가지가 결여되면 유아는 '거짓자기false self', 즉 내부로부터 솟아나는 본능의 활력과 느낌 및 자기주장을 포기한 채 항상 자신의 안전을 첫 번째 과제로 삼아 외부 환경의 요구에 순응하며 살아가는 가짜 인격을 갖추게 된다.

먼저 주목할 것은 '안아주기'다. 유아는 포근하게 안아주는 환경을 제공받지 못할 경우 자기를 둘러싼 세계에 안전하게 의존할 수 있다는 느낌을 갖지 못한다. 그로 인해 유아는 작은 고통 자극을 받아도 멸절불안에 시달리며 '자기'가 파편화되는 경험을 한다. 이때 유아는 진정한 자기를 발현하는 대신 생존을 위해 '환경'(절대적 어머니)의 기분을 살피게 된다. 그다음 중요한 것은 '거울 반응'이다. 엄마는 유아가 어떤 존재이며 어떤 상태에 있는지 눈빛과 얼굴 표정으로 거울처럼 있는 그대로 반영해주는 존재다("세상에서 가장 소중한 나의 아기야. 너 지금 뭔가 불편하구나. 배고프구나, 심심하구나, 기분 좋구나…." "이 하찮은 것아, 왜 자꾸 울어대서 엄마를 귀찮게 하니. 더 울면 내다버릴 거야!"). 만약 엄마가 유아의 존재 자체에 대해 원치 않는다거나 무관심한 얼굴을 보이면 유아는 마치 바리데기 신화 속의 '바리'처럼 자기 자신을 하찮은 존재로 느낀다. 또한 엄마가 유아의 욕구와 마음을 있는 그대로 반영하지 못한 채 자신의 욕망을 유아에게 투사하고 강요하면 아이는 자기 상태와 어긋나는 '왜곡된 거울'로 인해 자기가 어떤 존재인지에 대해 혼란을 겪는다.[48] 자기 상태를 온전히 반영해주는 거울 대상mirroring object을 갖지 못한 유아는 대상의 욕망이 곧 자신의 욕망인 줄 착각한다. 이런 경우 역시 생존을 위해 대상의 욕망에 순응하는 거짓자기가 된다. 포근하게 안아주고 아이의 욕구를 존중해주며 있는 그대로 반영하는 경험을 제공해야만 유아의 참자기가 발현되는 것이다.

참자기가 발현되기 위해 필요한 또 다른 요소는 타고난 공격성이 최초 환경인 엄마와의 관계 속에서 표현될 때 온전히 존중받고 수용되는 경험이다.[49] 유아는 깨물고 울부짖고 버둥거림으로써 공격성을 표출한다. 엄마는 이것을 유아의 자연스런 욕구 표현으로 이해하고 수용하며 보복하지 않고 버텨주면서 사랑으로 되돌려주어야 한다. 그래야 유아가 자기로부터 나온 모든 것들을 소중한 것으로 느껴 자존감을 지닐 수 있다. 자기 욕구를 그대로 표현해도 보복당하지 않는다는 안전감, 자기 자신이 절대적 존재에 의해 존중받는 '대단한 존재'라고 느끼는 자기애 상태를 유아기에 충분히 맛보면 유아의 공격성은 파괴 충동이 아닌 창조적 자기표현 욕구로 전환된다. 이 창조적 활동 에너지에 의해 개인의 '진정한 자기'가 성장할 수 있다. 신화에서 어떤 낯설고 거친 환경에 처해도 공격성을 당당히 표출하며 자신을 드러내고 위대한 과업을 이루어내는 영웅들은 원시 인류의 참자기가 외부로 발현된 상징적 표상이다. 권력자의 명령에 순종하며 거짓자기의 삶을 살던 이들에게 신화는 포기되었던 참자기를 다시 발현할 수 있도록 영웅이나 신과의 안전한 '동일시 관계'를 제공했던 것이다. 험난한 통과의례를 겪으며 곤경에 빠진 상황에서도 문제를 창조적으로 해결해나가는 영웅들의 능력은 바로 이 참자기의 창조성에서 비롯된다. 영웅이 위기에 처해 쓰러졌을 때 어딘가에서 나타나 에너지를 보충해주는 조력자는 모성적 초자아의 표상이다.

유아기에 경험하는 '엄마-유아'의 정서적 유대 관계는 정신의 핵심 구조를 이루며 이후의 중요한 대상관계에서 계속 반복된다. 이 '모성적 엄마-아이' 관계가 과도하게 좌절될 경우 그 개인 및 민족의 무의식은 결핍된 모성성과 포기된 참자기, 좌절된 공격성에 대한 보상 및 보충을 평생 갈망하게 된다. 이런 결핍을 위로하고 채워주는 모성적 무의식은 주몽의 어머니 유화, 실의에 빠진 예에게 영생초를 선물한 서왕모, 죽은 오오쿠니누시를 살린 조개 여신, 오시리스를 부활시킨 이시스 여신, 발드르를 살리려 애쓴 프리그 여신 등으로 표상된다.

자기애 무의식

신화는 그 민족에게 자존감을 보충해 정신을 응집시키는 기능을 한다. 신화는 그 민족의 자기애 무의식이 생성해낸 산물이자 곤경에 처한 당대 민족의 손상되고 결핍된 자기애 상태가 은폐된 양태로 반영되어 있다.

자기심리학의 창시자 코헛은 인간의 자존감이 어떤 요인에 의해 어떤 과정을 거쳐 형성 및 강화되는지에 주목한다. 그의 연구는 '자기self', '자기애self-love', '자기대상self-object' 개념으로 명료화된다.[50] 자기는 수많은 내·외부의 자극을 처리하면서 정신을 응집시키고 연속성과 정체성을 안정적으로 유지하는 정신의 핵이자 마음의 그릇이다. 이러한 자기가 성숙하게 구조화되면 부정적 환경에서도 정신이 좀처럼 흔들리거나 깨지지 않으며, 반대로 자기가 취약하면 작은 부정적 자극에도 불안을 겪을 수밖에 없다. 코헛의 이 새로운 개념은 개인주의와 자본주의가 심화되는 사회 환경 속에서 출현했다. 수많은 전통 가치들이 자본의 논리에 의해 급격히 해체되고 개인의 정체성이 심각하게 위협받아 자기애 장애가 빈번히 발생하는 상황에서 '자기'라는 개념이 등장한 것이다.

자기가 온전히 발달하기 위해서는 '자기애'가 충족되어야 하며, 이는 일차적으로 유아의 존재 자체와 그의 특성 및 행동을 존중하고 사랑해주는 엄마와의 관계를 통해 가능해진다. 이 세상이 마치 나를 위해, 나를 중심으로 존재하는 듯한 '전능한 나' 환상을 만끽하는 이 상태를 코헛은 '거대자기grandiose self' 상태라 칭한다. 이차적으로 자기애는 유아가 이상화하여 동일시할 수 있는 '강력하고 위대한 부모' 경험으로부터 형성되고 충족된다. 이 '이상적 자기대상 경험'을 통해 유아의 정신 안에 '이상화된 자기'가 형성된다. 고통스러운 자극이 밀려들어도 정신이 파편화되지 않는 응집력과 통합력은 바로 이런 거대자기와 이상화된 자기, 그리고 거대 자기대상과 이상적 자기대상이 정신의 내·외부에 얼마나 안정적으로 확립되었느냐에 좌우된다.[51]

만약 현실에서 자기대상이 결핍되거나 손상될 경우 그 개인과 민족은 결핍된 자기애와 분열시킨 불안정한 자기 상태를 보충하기 위해 평생 자기대상을 갈망하며 찾아 헤매게 된다. 그로 인해 정작 현실 대상들과 전인적 '대상관계'를 맺지 못하는 심각한 장애가 발생한다. 절망에 빠진 주몽·오호나무치·예에게 나타나 용기와 힘을 준 유화·조개 여신·서왕모 등은 그 민족에게 자존감을 제공한 어머니 신이자 거대 자기대상이다. 그리고 신화에 등장하는 비범한 신들과 곤경을 헤쳐 가는 영웅들은 각 민족이 내면에 영원히 소유하고 싶어 하는 이상적 자기대상 모델이다.

대타자 무의식

신화는 개인이 창조한 것이 아니라 민족 집단이 생성한 것이다. 따라서 신화 해석을 위해 우리는 개인무의식의 차원을 넘어 '상징계 무의식'에 주목해야 한다. 20세기 프랑스에서는 문화와 사회 제도가 사회 구성원의 정신에 미치는 영향력에 대한 연구가 활발히 진행되었다. 프랑스 정신분석가 자크 라캉은 프로이트의 무의식론을 구조주의 철학(루이 알튀세르) 및 인류학(클로드 레비-스트로스) 이론과 독창적으로 결합했다. 구조주의는 인간의 정신에 영향을 미치는 핵심적 힘을 '구조'로 본다. 구조란 인간을 둘러싸고 있지만 보이지 않는 거대한 사회 문화적 의미 체계이며, 보이지 않기 때문에 의식이 대결할 수도 규정할 수도 없는 '타자'들의 무수한 욕망과 요구들로 엮인 관계망이자 에너지 율동(패턴)이다. 라캉은 우리 삶을 에워싸며 '그것'이 요구(욕망)하는 양태로 우리 삶을 반복하게끔 유도하는 구조 율동을 '거대한 타자'(상징계, 언어 체계)라고 표현한다.

인간은 태어나기 이전부터 그리고 '나'라는 정신성이 생겨나기 이전부터 이미 거대한 타자인 특정한 상징적 체계에 둘러싸여, 자신도 모르게 그것이 요구하는 양태의 삶을 살도록 한계 지워져 있다. 사회적 존재인 인간은 이 '대타자'의 요구와 특성을 정신에 내면화하지 않을 수 없다. 가령 오이디푸스기에 아버지의 이름으로 상징되는 '규범적 언어 구조'를 정신에 내면화함으로써 비로소 본능의 즉각적 만족을 포기하고 상징계의 요구에 부응하는 (결여를 지닌) 욕망의 주체가 된다. 아울러 주관적 상상계에서 벗어나 언어를 매개로 타자와 상징적 의미 소통 방식으로 교류할 수 있게 된다. 정신 내부에 안정된 '상징계 구조'가 형성되는 과정에서 그 민족의 전통적 가치·규범과 의미 체계를 담고 있으며 끊임없이 새로운 의미를 생성해내는 '언어'가 중요한 매개 역할을 한다. 민족 고유의 '정신구조'는 무심결에 그 민족의 언어 체계처럼 구성되기 때문이다."[52]

각기 고유한 언어와 문화(상징계)를 지녀온 수메르, 한국, 중국, 일본, 이집트 그리고 서양 민족의 무의식 구조가 어떤 유사성과 차이성을 지니는지 이해하려면 이 대타자 무의식, 언어적 무의식에 주목해야 한다. 그 사회의 고유한 의미들을 생성해내는 언어 체계는 아기가 관계하는 최초 타자인 어머니의 몸짓과 표정, 그리고 아버지의 말 등을 통해 아이에게 전달된다. 아이는 어머니와 아버지가 몸과 정신에 각인시키는 '언어'를 통해 자기 자신과 세상에 대해 어떤 의미와 가치를 구성하며 목표와 욕망을 갖게 된다.

어머니는 아이의 무의식 구조 형성에 지워지지 않는 흔적을 남기는 최초의 대타자, 영원한 '욕망의 근원이자 모델'이다. 이에 비해 아버지는 상징계 언어를 아이의 정신에 내면화시켜 타자와 상징 의미들로 의사소통할 수 있도록 언어적 '정신구조'를 형성해주는 상징적 대타자다. 어머니와 아버지 각각의 대타자 역할과 기능이 부재하거나 심각히 손상되면 아이와 그 민족은 타자와 상징적 의미 소통을 할 수 없는 정신증 상태에 머물거나 멸망하게 된다.

각 민족의 신화에는 그 민족의 정신구조 형성에 심대한 영향을 미친 대타자들이 독특한 상징 이미지로 등장한다. '그것'은 집단 구성원의 삶에 의미와 가치를 생성해내는 근원에 위치하며, 드러나지 않는 삶의 안내자이자 명령자이며 심판자다.

가령 헤라클레스가 힘든 과업을 성취하고 휴식하려 할 때마다 광증이 일어나 끊임없이 과업을 수행하게 되는 배후에는 그로 하여금 그런 유형의 삶을 살 수밖에 없게 만드는 그 시대 그 민족이 지닌 상징계 무의식의 구조 율동이 존재한다. 신화에 등장하는 대부분의 영웅들은 태어나기 전부터 복잡하게 꼬인 부모들의 인생 구조 속에서 태어나 평생을 대타자 무의식의 구조적 힘과 요구에 이끌려 어려운 과제들을 해결하려 애쓰는 삶을 살게 된다. "아, 나는 대체 평생 동안 누구의 요구와 욕망을 실현해주는 삶을 살아온 거지?"

4

원시 인류의 신화적 사고

신화는 언어(말과 문자)로 된 구성물이며, 언어는 생존과 연관된 다양한 경험을 소화해내는 일종의 의미 체계다. 따라서 어떤 민족이 신화를 가지고 있다는 사실은 이미 재난에 대처하는 집단 구성원 공동의 의미 체계와 사유구조(사유 틀)를 갖추었음을 뜻한다. 그러므로 고대 신화의 의미를 현대인이 온전히 이해하려면 신화적 사고가 현대인의 과학적 사고와 어떻게 같고 어떻게 다른지 이해해야 한다.

주술적 사고와 '왕 실해'

원시 및 고대 인류의 사고 특성을 신화와 연관지은 최초의 연구 문헌은 인류학자 제임스 조지 프레이저의《황금가지》다. 그는 전 세계 원시 인류의 풍습을 연구하면서 다수의 민족들이 집단의 왕을 신으로 숭배하다가 그 대상이 병약해지면 즉시 살해하는 풍습을 지녔던 사실에 주목한다. 수수께끼 같은 이 풍습이 세계 도처에서 오랜 세월 존속한 원인과 그 의미는 무엇인가? 이를 규명할 수 있다면 "인류란 어떤 존재인가?"에 대한 의

문이 상당 부분 풀릴 수도 있다.[53]

프레이저는 그 수수께끼를 푸는 단서를 '황금가지'에서 찾았다. 황금가지란 신성한 대상으로 경배된 참나무神木에 기생하면서 노란 빛을 내는 약용 식물인 겨우살이를 지칭한다. 유럽에서는 "황금가지를 꺾으면 신성한 참나무 숲에 있는 신전을 지키던 사제·왕과 집단의 생명력이 위태로워진다."는 믿음이 문명 이전 시기에 오랜 기간 존속했다. 그 믿음은 북유럽 신화에서 빛의 신 발드르가 어떤 무기로도 상처 입힐 수 없는 엄청난 방어 능력을 지녔음에도 불구하고 로키가 꺾은 겨우살이 가지에 몸을 관통당해 죽었다는 신화소와 연관된다. 그런데 그런 신화소에 대한 믿음이 원시 인류에게 두루 전파되고 수용되어 오래 유지된 까닭은 무엇인가?

이 의문을 풀어가는 과정에서 프레이저는 원시 인류의 풍습이 그들이 지녔던 주술적 사고와 불가분의 관계에 있음을 발견한다. 문명인의 합리적·논리적 사고와 대비되는 이 사고는 '자연 만물에는 고유한 생명 에너지를 지닌 정령精靈(아니마anima, 영혼)이 깃들어 있다'고 믿는 애니미즘animism(정령신앙)을 토대로 한다. 동물과 식물은 물론이고 땅과 바다, 강, 숲, 바람, 별 등 만물에 깃든 정령의 존재를 느꼈던 고대 인류는 인간의 영혼이 자연계에서 특별한 최고 위치에 있다고 생각하지 않았다. 그들은 자연의 지배자 또는 관리자가 되기를 자처하지도 않았으며, 다만 자신을 자연을 구성하는 일부로 여기면서 자연의 힘 있는 대상들과 조화롭게 공존하려 했다.

하지만 이러한 정령신앙이 주술적 사고와 결합하면 자연을 통제하려는 인간 중심적 사고로 변질된다. 주술은 인간이든 신이든 모든 존재가 결국 만물을 통제하는 법칙과 힘에 따른다는 전제에서 출발한다. 의례와 주문을 통해 그 힘을 조종할 줄 아는 사람, 즉 주술사는 심지어 신들마저 자기 명령에 따르도록 할 수 있는 권능을 지니고 있었다.[54]

이 주술 법칙의 핵심은 "유사는 유사를 낳는다(유사성을 지닌 대상들끼리는 영혼이 서로 닮거나 감응한다)"는 유사(모방)법칙, "두 대상이 가까이 접촉하면 영혼이 서로 전염된다"는 인접(접촉, 전염)법칙이다. 이 두 법칙은 인간을 포함해 자연의 정령들은 서로 감응한다는 의미로 '공감주술sympathetic magic'이라 지칭된다.[55] 인간 사회의 의식 표면 아래에는 이런 주술의 효능에 대한 믿음, 공감주술 체계와 그 주술의 효력에 대한 믿음이 존재한다.[56]

원시 인류는 어떤 유사성을 지닌 대상들이나 가까이 접촉한 대상들 사이에는 '주술법칙'(공감주술)이 작동된다고 믿었다. 그리고 주술사는 집단과 개인의 생존에 큰 영향을 미치는 대상(자연의 신령들)에 접속하여 주술을 통해 자신이 원하는 바를 요구하고 문제를 해결하는 신통력을 지닌 존재라고 믿어졌다. 가령 가뭄이 계속될 때 정성 담긴 제물을 바침과 동시에 빗물이 하늘에서 땅으로 쏟아지는 것과 유사한 움직임을 재현하면서 주문을 외우면 주술법칙에 의해 하늘에 있는 비의 정령이 감응하여 비를 내려줄 것이라고 생각했다. 그래서 소나무 가지에 물을 뿌려 물방울이 비처럼 땅으로 떨어지게 하거나 들판에 나가 남성이 땅에 누운 여성 위에서 성교하여 정액을 위에서 아래로 분출하면 하늘에서 비가 뿌려져 땅을 적실 것이라고 믿었다.

원시 인류는 또한 곰의 가죽을 몸에 걸치고(인접법칙) 곰의 행동을 흉내내면서(유사법칙) 주문을 외우며 소망을 빌면 공감주술에 의해 인간의 영혼과 육체가 곰처럼 (강인하게) 변한다고 믿었다. 야수보다 힘이 약하고 병과 상처로 단명했던 원시 인류는 공감주술을 활용하면 호랑이, 곰, 사자, 독수리, 코끼리, 뱀 등 그들이 갖고 싶은 힘을 지닌 대상으로 영혼이 변형될 수 있었다.

가령 한국의 주몽 신화에는 처녀 유화와 성관계를 맺은 해모수가 유화의 아버지인 하백과 동물로 변신하여 힘을 겨루는 장면이 있다. 이 변신술 시합은 자연 대상에 깃든 정령들의 기운과 교감하는 모방주술 능력을 반영한다. 또한 그리스 신화에는 얼굴은 사람인데 몸은 빠르게 달리는 말이나 힘센 사자 모습을 한 카이론, 스핑크스 등의 혼합 형상이 등장한다. 이는 모종의 유사성(유사법칙)을 지닌 대상들 사이엔 영혼이 서로 옮겨감으로써 인간과 인간이 닮고 싶은 힘 있는 자연 대상들의 영혼이 하나로 혼합된 상태를 반영하는 표상이다.

인접법칙에 근거한 전염주술의 예로 머리카락·손톱·탯줄처럼 신체에서 떨어져나간 부분과 그것들의 주인 사이에 주술적 공감 관계가 존재한다는 믿음을 들 수 있다. 가령 내 신체의 일부를 함부로 방치하면 그것을 소유한 외부 정령의 악의적 주술에 의해 당사자의 영혼이 지배·손상당할 수 있다. 그리고 한 번이라도 가까이 접촉했던 대상들은 정령 기운이 상대방 속으로 침투되어 서로 밀접히 연결(결합)된다. 따라서 집단의 정신성을 보호하기 위해 구성원들은 결코 낯선 이방인과 가까이 접촉해서는 안 되며, 지도자일수록 이러한 금기를 더욱 엄격히 지켜야 한다.[57]

프레이저는 또한 "영혼이 죽음을 초래하지 않고도 몸을 잠시 떠나 있을 수 있다."라는 원시 인류의 믿음에 주목했다. 원시 인류는 자신의 영혼과 생명을 가장 안전한 외부 대상에게 대신 맡기는(외재하는 영혼) 독특한 생존 전략을 취했다("저의 덧없는 생명을 기꺼이 영생하는 신께 맡깁니다. 부디 제 생명을 받아주세요!").[58] 가령 마법사는 자신의 생명을 아무도 모르는 비밀 상자 속에 숨겨둠으로써 좀처럼 죽지 않는 존재가 된다. 그 상자가 외부의 적에게 발견되어 파괴되지 않는 한 마법사의 생명은 영원히 안전하다. 프레이저가 주목한 황금가지(겨우살이)는 집단이 자신의 생명을 보관해둔 비밀스런 외부 대상에 해당한다. 그래서 황금가지가 외부인에 의해 꺾이는 것이 집단 생명의 수호자이자 주술사인 샤먼 왕과 집단 구성원의 목숨에 그토록 치명적 의미를 지니는 것이었다. 원시 인류는 또한 자신의 죄,

나쁜 기운, 근심 등을 특정 대상에게 옮겨 대신 떠맡게 하면 병과 곤경에서 벗어날 수 있다고 믿었다. 가령 환자의 얼굴을 특정 나무의 잎사귀로 때려 병 기운을 잎사귀로 옮긴 뒤 그 잎사귀를 내다 버리면 병이 치료된다. 신성한 강물에 머리를 담그면 머릿속에 각인된 죄가 강물로 옮겨 가 해소된다. 또한 재앙을 연에 실어 저 멀리 떨어진 곳으로 날려 보낼 수 있다고 믿었다.[59]

그렇다면 위에 언급된 주술적 사고와 자신의 생명을 외부의 안전한 대상에게 맡겨야 한다는 믿음을 토대로 고대 인류의 왕 살해 풍습을 해석해보자. 그들은 왜 신처럼 경배하던 왕이 병약해지거나 주술력이 약해지면 곧바로 살해한 것인가?

프레이저는 집단의 생명력을 안전하게 지키려는 마음과 주술적 사고에서 열쇠를 발견한다. 원시 인류는 자신이 닮고 싶고 숭배하던 왕이 병약해지면 유사법칙에 의해 집단 구성원들이 곧바로 병든 상태로 변질될 것을 두려워했던 것이다. 그리고 인접법칙에 의해 집단의 중심에 병든 존재가 위치하면 그와 가까이에서 생활하는 이들에게 그의 병이 전염되고 전염된 자들이 또 다른 전염원이 되어 집단 전체가 멸망하리라 생각했다. 그리고 왕을 살해한 가장 중요한 이유는 전적으로 안전하다고 생각하여 자신의 영혼과 생명을 대신 맡겨둔 그 대상(왕)이 갑자기 죽으면 모방법칙에 의해 자신의 생명과 영혼도 소멸될지 모른다는 공포 때문이다. 자신의 생명을 안전히 유지하기 위해 강력한 외부 대상(왕, 토템)에게 생명과 영혼을 맡기는 원시적 심리기제와 주술적 사고가 왕 살해 풍습을 그토록 오랜 기간 유지한 핵심 원인이었던 것이다.

집단이 지닌 생명력을 왕성히 구현하며 집단의 난제를 해결해주는 주술력을 지닌 왕과 제사장(샤먼 왕)에 대한 헌신적 경배, 구성원들의 나쁜 기운을 대신 맡아서 처리해줄 희생양 또는 대속자를 필요로 하는 풍습과

의례ritual는 각 민족의 신화와 결합되어 집단정신의 안정에 지대한 영향력을 발휘한다. 가령 예수가 십자가에서 처형된 사회적·심리적 배경에는 경배되다가 살해되고 다시 부활한 신들(오시리스, 탐무즈, 디오니소스, 오르페우스, 발드르 등)을 기념하며 재현하는 고대인의 신 관념과 신화적 사고, 왕 살해와 신 살해 풍습이 깔려 있다.

프레이저는 서양의 문화와 종교 전통의 배후에 고대의 신화와 주술적 사고가 여러 양태로 교묘히 혼합되어 있음을 드러낸다. 현대인의 내면 깊은 곳에 원시 인류의 주술적 사고와 신화 흔적이 여전히 작동되고 있음을 규명한 것이다.

신경증적 사고와 '아버지 살해'

프로이트는《토템과 터부》에서 프레이저의《황금가지》에 나온 원시 인류의 풍습과 사고에 대한 인류학적 해석을 관심 있게 요약한다. 원시 인류는 만물에 인간에게 호의적인 정령과 악의적인 정령이 깃들어 있고 그 정령들이 인간 생존에 유익하거나 해로운 자연현상들의 원인이라 생각했다. 정령들은 본래의 거처(몸)를 떠나 다른 대상에게로 이주할 수 있고 몸으로부터 어느 정도 독립되어 있다. 이런 정령 신앙(애니미즘)은 개인의 삶에서 일어나는 사건과 전체 세계의 움직임을 하나의 관점에서 파악할 수 있게 하는 독특한 사고 체계로, 신화는 애니미즘의 사고에 근거해 구성된다.

애니미즘에는 사람·동물·사물과 거기에 깃든 정령들을 집단 생존에 유익한 양태로 이용하기 위해 인간이 어떻게 해야 하는가에 관한 처방이 담겨 있다. 이는 '마술'과 '주술'로 구성된다. 마술은 인간을 다룰 때와 같은 조건으로 자연의 정령을 다루는 기술이다. 예를 들어 마술은 살아 있는 사람에게 통한다고 여겨지는 수단을 통해 이승과 저승의 정령들을 달래고 화해시키고 호의를 갖게 하고 길들이고 힘을 빼앗고 자기 의지에 복종하게 한다.[60] 주술은 '특별한 수단'을 사용해 자연의 진행을 인간의 의지에 복종시키고 적과 위험으로부터 자신을 보호하거나 적을 해치는 기술이다.[61]

프로이트는 프레이저가 정리한 유사(모방)법칙과 인접(전염)법칙을 정신분석의 관점과 개념으로 재해석한다. 그는 주술적 사고의 원리가 정신 내부에서 작동하는 무의식의 '1차 과정primary process 사고' 내지 '연상 작용의 두 원칙'과 같다고 주장한다.[62] **주술이란 관념 연상이 정신을 전적으로 지배하는 상태, 즉 관념적 결합 관계를 실제적 결합 관계로 착각**하는 것과 같다.[63] 원시 인류는 자기 내면의 주관적 관념 질서를 객관적 자연의 질서로 오인하고 자기 생각에 대한 통제가 곧 외부 사물들에 대해서도 동일한 힘을 발휘할 것이라 생각했다.[64]

프로이트는 주술 원리를 계속 작동하게 만드는 내적 추동력이 원시 인류의 억압된 소망에서 기인한다고 본다. 원시 인류는 현실에서 좌절된 소망을 주술적 사고를 통해 일종의 환각으로 충족했던 것이다. 주술적 사고는 아이들이 놀이를 통해 누리는 환각적 만족 경험과 유사한데, 이는 환상적 사고 활동이 자신의 소망을 충족시켜주는 방법에 대한 과대평가의 산물이다.[65] 즉 사유와 실재 사이의 관계에서 사유의 힘에 대한 과대평가다. 현실에 대한 생각(심리적 현실)이 현실 자체보다 더 중요하게 간주되는 것이다. 또한 관념들 사이에 성립하는 관계는 당연히 현실 대상들 사이에서도 성립한다고 전제된다.[66]

프레이저는 인류의 정신이 애니미즘 시대로부터 종교 시대, 과학 시대로 발전해왔다고 구분했다. 이에 대해 프로이트는 이 구분 각각이 개인 정신의 발달 과정인 '자기애 단계', 부모를 이상화하는 '동성애 단계', 외부 세계 일반을 향해 대상 리비도를 집중하는 '대상애 단계'와 대응한다고 본다.[67] 자기애 단계의 핵심 특성은 사유의 전능, 즉 자신이 뭔가를 간절히 생각하면 그것이 현실에서 이루어진다고 믿는 데 있다. 애니미즘적 사고의 기술인 '주술'은 자기애적 사고의 특징인 '사유의 전능' 원리를 기반으로 한다.[68] 그래서 주술만 익히면 우주도 신도 마음껏 통제할 수 있다고 자아중심적으로 생각한 것이다.

주술적 사고에 담긴 '사유의 전능' 특성은 오늘날 강박신경증자의 사고 특성과 유사하다.[69] 가령 강박신경증자는 자신이 어떤 사람을 '생각하면' 마치 주문으로 불러낸 것처럼 그 사람을 곧 만나게 된다고 생각한다.[70] 또한 자신이 어떤 사람을 미워하거나 저주하면 그 자신 또는 소중한 대상에게 재앙이 생기게 될 것이며, 그 불행에 대한 책임이 자신에게 있다고 자책한다.

신경증 증상의 발생을 결정짓는 것은 객관적 사실이 아니라 그에게 체험된 심리적 현실, 즉 생각의 현실이다. 신경증자는 '심리적 화폐'가 매우 가치 있게 통용되는 별난 생각의 세계에 살고 있다. 이들에게는 집중적으로 사고된 것, 열정적으로 상상된 것만이 삶에 중요하고 영향력을 미치며 그것들이 외부 현실과 일치하느냐 않느냐는 부차적이다. 이처럼 마음에서 일어난 일들을 현실보다 과대평가하는 정신현상은 신경증자의 금지되어 억압된 무의식적 소망과 환상에서 기인한다. '그것'은 신경증자의 강박적 사고와 자기처벌적 행동에 반복해서 영향력을 발휘한다. 그래서 신경증자는 마치 금기를 어긴 후 죽음공포에 떠는 원시 인류처럼 금지된 환상을 지닌 것에 대한 무의식적 죄의식과 두려움 때문에 자신의 소망과 생각을 외부 세계에서 충족시키는 행동을 매번 유보한다.

강박신경증자의 강박 의례 행위들은 본래 자신에게 닥칠지 모를 재앙을 막으려는 주술적 본성을 지닌다.◆ 그 재앙의 내용은 주로 누군가의 '죽음'이다. 악령이 존재한다고 믿는 애니미즘도 죽음이 인간에게 주는 어떤 인상으로 소급된다. 이를테면 악령이 산 자의 몸에서 혼을 빼내어 데려가는 이미지 등이다. 하지만 강박 의례 행위가 '유사법칙'을 따르는지 여부는 판단하기 어렵다.[71]

프로이트가 보기에 인류 최초의 세계관인 애니미즘은 '심리적 세계관'이다. 원시 인류는 투사가 강해서 자신의 주관적 감정과 생각을 마치 객관적 외부 현실과 동일한 것인 양 지각했다. 주관적 지각과 객관적 실재 인식의 구분이 모호했기 때문에 자신의 고유한 심리 상태를 신화적 사고와 신화를 통해 외부로 옮겨놓고는 그것을 객관적 진실인 양 발견할 준비가 되어 있었다. 따라서 애니미즘이 외부 세계에 대해 서술하는 내용을 역으로 해석하여 원시 인류의 내면세계를 이해하는 데 적용하면 원시 인류의 심리 상태를 파악할 수 있다.

신과 악령은 원시 인류의 내적 감정을 외부로 투사하여 생성된 '심리적 대상'들이다. 원시 인류는 자신의 욕동과 감정의 여러 요소들을 환상작용을 통해 인격화하고 투사 작용으로 외부 세계에 위치시킴으로써 자신의 내면 상태를 자기 밖에서 다시 발견한다.[72] 외부로 '투사'하는 정신 활동은 인간의 불안과 심리적 부담을 경감시키는 이점을 지닌다. 가령 편집증적 정신구조를 지닌 인간은 정신을 '전적으로 좋은 영역'과 '전적으로 나쁜 영역'으로 분리하고 각각을 외부 세계로 투사함으로써 내적 긴장을 해소한다.[73]

프로이트는 인류학의 발견 내용을 정신분석의 관점과 개념으로 재해석하면 고대의 신령들뿐 아니라 신 일반과 종교의 본질에 관한 거대한 지혜를 얻을 수 있다고 생각했다.[74] 그는 고대 인류의 왕 살해, 신(토템) 살해

◆ 가령 하루에 몇 시간씩 비누로 '손을 씻는' 강박 행동을 십수년간 반복하는 신경증자는 그 의례를 반복해야 죄책감과 불안과 불길한 생각에서 벗어난다. 두려운 처벌을 피하려고 그가 계속 씻어내려는 '그것'은 무의식의 금지된 소망, 환상, 증오감이다.

풍습에서 살해당하는 왕과 신의 정체가 무엇인지 정신분석의 관점에서 물음을 던진다. 그리고 그는 프레이저가 부각시킨 토템과 토템에 연관된 원시 인류의 터부에 주목한다.

원시 인류에게 토템이란 집단 구성원의 영혼이 안주할 수 있는 신성한 대상, 생명을 위협하는 온갖 위험들로부터 보호해주는 수호신을 의미했다. 원시 인류는 자기 영혼과 생명을 그 토템(신)에게 맡기면 자신이 질병과 외부의 적들로부터 피해를 입지 않는다고 믿었다. 그래서 토템을 보호하기 위한 금기에 각별히 주의를 기울였다.[75] 그런데 원시 인류는 왜 자신이 목숨을 바칠 각오로 지키고 떠받들던 토템 신을 연중 특정 기간에 살해하는 집단 의례를 행한 것인가?[76] 이 상반되는 태도의 의미는 무엇인가? 서양의 고대 신화에는 경배받다가 살해당하는 신·왕·영웅(오시리스, 발드르, 아도니스, 디오니소스, 오르페우스, 예수)이 등장하는데, 이들의 정체는 무엇이고 살해당함의 심리적 의미는 무엇인가?

프로이트가 정리한 토템과 연관된 근본적 금기는 다음과 같다. "토템 동물을 살해하거나 먹지 말라, 같은 토템을 섬기는 구성원끼리는 성관계나 결혼을 하지 말라." 프로이트는 원시 인류가 그들 정신에 절대적 영향을 미친 이 두 가지 금기를 어겼을 때 심리적·사회적으로 죽음의 벌을 면치 못했던 현상의 심리적 원인을 탐색한다. 토템 신은 원시 인류의 내면 감정과 생각이 외부로 투사된 형성물일 가능성이 높다. 그렇다면 원시 인류가 신으로 떠받들며 최고의 권위를 부여한 그 원대상은 누구인가? 그리고 고대 인류는 왜 그토록 강렬한 공포와 죄책감을 가지고 그 토템을 절대적 신으로 섬기며 금기를 엄격히 준수했던 것인가? 대체 원시 인류가 죽이고 싶었거나 죽였던 대상이 누구이기에 토템 살해에 대해 그토록 강력한 금기가 형성된 것인가?

원시 인류의 강렬한 공포와 죄책감과 금기에 대한 단서는 오늘날 강박

신경증자의 사례에서 발견할 수 있다. 이들은 엄격한 금기와 억압, 방어, 경직된 초자아를 지녔으며 초자아 불안과 죄책감에 시달린다. 수많은 임상 자료를 통해 드러난 바에 의하면 강박신경증자가 억압하는 무의식의 그것은 바로 아버지에 대한 살해 욕구와 살해 환상, 그리고 이성의 부모에 대한 성적 환상이다. 이를 참고한다면 두 가지 금기와 연관된 토템의 심리적 정체는 '아버지'로 추정된다.[77]

그렇다면 왕 살해 풍습의 심리적 원인은 무엇일까? 프로이트는 원시 인류의 무의식에 억압되어 있던, 왕(씨족장)의 자리에서 절대 권력을 행사하던 최초 아버지에 대한 양가감정(애증)과 유년기 오이디푸스 욕구 때문에 이러한 풍습이 발생했다고 본다. 셈족과 라틴족은 신을 제물로 삼는 행사를 거행했는데, 그 신은 아들들에게 살해당한 원아버지를 상징한다. 이런 행사가 매년 공적으로 엄숙히 거행된 이유는 실제 일어났던 아버지 살해 사건을 모두에게 상기시켜 원죄에 대한 죄책감을 활성화하기 위해서였다.[78] 죽은 아버지는 죄책감을 느끼는 아들들에 의해 극도로 이상화되어 불멸성을 지닌 위대한 신으로 추앙된다. 아버지에 대한 좋았던 기억과 두려운 감정이 투사되어 형성된 불멸의 신 표상이 그 민족의 내면에 자리 잡음으로써 권력을 휘두르던 생시의 아버지보다 죽은 아버지가 더욱 강력한 힘을 발휘하게 되는 것이다.

프레이저가 주목한 왕 살해, 신 살해 풍습의 심리적 뿌리를 프로이트는 억압된 오이디푸스 욕구와 연관된 무의식의 '아버지 살해 소망' 충족, '가족사와 연관된 보편적인 개인 무의식'으로 해석했다.[79]

원시 인류가 자신의 영혼을 맡기던 신성한 외부 대상은 본래 원시 씨족사회에서 절대 권력을 지녔던 씨족장(원아버지, 샤먼 왕)이었다. 최초 아버지 살해(왕 살해)가 행해진 이후, 죽은 아버지는 토템 신이 되어 '육신은 죽었지만 영혼은 영원히 살아계신 좋은 아버지'의 기억표상을 상징하게 되었다. 토템(아버지, 신, 왕, 신성한 동식물) 살해를 금지하는 금기 의식이 매우 엄격했던 이유는 아들들에 의한 아버지 살해 욕구와 행위 흔적이 정신 내부에 억압되어 영향을 미치고 있었기 때문이다. 그러한 영향은 현재까지도 유효하다.

편집증적·경계선적 사고와 '나쁜 어머니 살해'

이상화하던 왕이 병들거나 노쇠했을 때 기존 왕을 즉각 살해하고 강한 생명력을 지닌 왕으로 대체했던 현상의 심리적 이유에 대해 프레이저는 '집단의 생명력을 안전하게 유지(보호)하기 위해서'라고 이해했고, 프로이트는 아버지(왕)의 자리를 차지하고 싶은 억압된 오이디푸스 욕구를 지닌 젊은 세대의 무의식적 소망이 행동으로 나타난 것이라고 해석했다. 하지만 두 가지 설명은 무언가 부족하다. 게다가 프로이트는 주술적 사고를 구성하는 인접 원리가 어떤 심리기제와 연관되는지에 대해 명료하게 밝히지 않았다. 그렇다면 프레이저와 프로이트가 미처 해명하지 못한 이 원시적 정신작용의 정체는 무엇일까?

우선 프레이저는 "감염주술이 인접성에 따른 관념들의 결합, 즉 한번 접촉한 사물은 항상 접촉하고 있는 것으로 상정하는 오류에 근거한다."라고 주장했다.[80] 이 주장에는 프레이저의 연구가 지닌 시대적 한계가 담겨 있다. 즉 그는 원시 인류의 정신 기능과 정신성을 정신분석의 눈으로 이해하지 못했기 때문에 주술적 사고를 단순히 미개한 정신성에서 기인한 오류로 취급한 것이다. 정신분석학의 관점에서 접근하면 원시 인류의 사고 양태는 외부 대상과의 관계에 대한 당대의 생생한 '경험적 지식'을 반영한 것임을 알 수 있다. 가령 한번 접촉한 사물을 항상 접촉하고 있는 것으로 상정하는 인접법칙은 원시적 방어기제인 내사동일시에서 기인한 임상적 현상(경험적 현실)과 일치한다.

오늘날에도 원시적 정신성을 지닌 사람에게서는 중요 외부 대상을 접촉할 때마다 자동적으로 내사 및 내사동일시 작용이 왕성히 일어난다. 그 작용으로 인해 접촉한 외부 대상이 지닌 특성과 기운이 정신 내부로 흡수되어 내적 대상 내지 내적 구성 요소로 남는다. 또한 접촉한 대상이 자신에게 영혼의 기운('자기'와 욕동의 미세 조각)을 흩뿌리기 때문에 그것이 정신 내부에 침투되어 어떤 기운과 기분으로 계속 남아 영향을 미침을 생생히 경험한다.[81] 즉 원시 인류에게는 영적 기운, 본능욕동(생명 에너지), 감정의 일부분을 미세하게 쪼개서 외부 대상에게 쏘아 집어넣는 원시적 소통 수단이자 방어기제인 '투사동일시projective identification'가 강하게 작동되었다.[82] 그들은 이를 통해 타자와 소통하거나 타자의 영혼을 자신의 의도대로 조정하려 했기에 원시 인류끼리는 가까이 접촉하는 순간 늘 모종의 '공감주술 작용'이 일어난 것이다.[83]

자기 영혼과 본능욕동의 상당 부분을 투사동일시로 집어넣어 맡겨둔 중요한 외부 대상의 경우 설령 그가 멀리 떨어져 있을지라도 어떤 위태로운 상태에 처하면 나에게 그의 현재 심신 상태가 함께 공명된다. 갑자기 가슴이 두근거리거나 나쁜 꿈을 꾸면 가족에게 무슨 일이 생긴 것은 아닌가 싶어 안부 전화를 거는 일은 요즘도 흔하다. 정신분석학이 제공한 원시적 방어기제 및 정신성의 특성을 이해하면 원시 인류의 모방주술과 전염주술을 비과학적인 '사유 전능화의 오류'로만 바라보는 일방적인 관점에서 탈피할 수 있다.[84]

프로이트가 초점을 맞춘 오이디푸스 욕구는 아버지가 어머니의 사랑을 독차지하고 아들에게 본능 통제 교육을 시키기 위해 어머니에 대한 애착 행위를 금지시키는 순간 강력히 발동된다. 그런데 기존 왕이 병약해진 상황은 이와는 다르다. 아버지가 병약해진 상황은 그동안 억압되었던 오이디푸스 욕구가 자동으로 활성화되어 회귀하는 최적의 상황이라고 보기 어렵다. 만약 오이디푸스 욕구가 제1의 욕구였다면 왕(아버지)의 병약해짐은 원시 인류에게 불안감이 아니라 과도한 억압 상태에서 벗어날지 모른다는 기대와 안도감과 해방감을 주었을 것이다.

집단 전체가 금세 견딜 수 없이 불안해졌던 현상의 원인은 일차적으로 현대인과 달리 고대인의 정신에서 원시 방어기제인 내사·내사적동일시 작용이 왕성했기 때문이다. 아기가 젖가슴을 본능적으로 빨고 젖을 삼키듯 엄마의 정서와 심신 상태도 원초적으로 흡입(내사)하여 보호자와 융합한다. 그때 아기는 자신과 엄마가 분리되지 않은 하나의 존재라고 지각한다. 발달심리학자와 정신분석가는 생후 최초 시기의 심리 상태와 최초 인류(원시인)의 심리 상태가 유사할 것으로 추정한다.

원시 인류는 유아처럼 정신을 둘 또는 여럿으로 분리(분열)해서 감당하기 힘든 부정적 감정과 상처, 부정적 자기표상 및 대상표상을 정신의 특정 부분으로 몰아넣고 심리 내적intra-psychic으로 봉쇄한다. 그리고 기분 나쁜 경험지각과 정서(공포, 분노, 수치)로 가득 찬 정신의 그 나쁜 부분을 낯선 외부 대상에게 배설하듯이 쏟아 넣는다(투사, 투사동일시). 그 결과 그 대상은 접촉하면 자신이 오염되어 위험해질 '전적으로 나쁜 대상'(괴물)으로 지각된다. 그래서 공포와 파괴욕동에 함입되어 그 대상을 즉시 살해한 것이다. 반면에 원시 인류는 분열된 정신구조에서 삶욕동에 접촉된 좋은 부분을 힘 있는 안전한 대상(왕, 신, 토템)에게 생명을 바치듯이 집어넣어 맡김으로써 전적으로 좋게 지각되는 그 대상을 가까이서 내사하며 지냈다.

클라인학파와 자아심리학은 경계선 인격자[85]에게 이런 원시적 정신현상과 정신작용이 빈번히 일어나고 강하게 작동됨을 주목했다. 분열과 투사, 투사동일시[86]는 자아 기능이 최초 작동되는 유아기에는 정상적인 방어기제다. 그런데 이것이 반복해서 작동되면 대상(양육자)이 지닌 좋은 요소와 나쁜 요소를 두루 지각하여 통합하는 자아 기능이 미성숙하게 된다. 그 결과로 대상에 대해 통합된 안정된 표상, 즉 '대상 항상성$_{\text{object constancy}}$'이 결여되어 대상이 현재 상황이 변함에 따라 '전적으로 좋은 대상표상'과 '전적으로 나쁜 대상표상'으로 오락가락 지각된다. 서로 모순되는 두 대상표상을 자아가 통합하지 못할 경우 경계선 인격자처럼 대상에 대해 돌변하는 모순적 태도를 취하게 된다. 즉 대상이 좋은 대상으로 지각될 때는 극도로 경배하는 태도를 취하다가 자신을 해치는 나쁜 대상으로 지각될 때는 극도로 불안해하며 돌연 적대적 태도를 드러내는 것이다. 실제 임상 현장에서 경계선 인격자는 분석가를 대하는 데 있어서 하루는 좋은 대상으로 지각해 공경하고 다음 날은 나쁜 대상으로 지각해 적대적 태도를 보이곤 한다. 경계선 인격자의 이런 태도는 영유아기의 심리 내적 분열과 투사로 인해 생성된 대립적 대상표상들이 자아에 의해 통합되지 못한 채 외부의 대인관계에서 재현된 결과다.[87] 경계선 인격자는 대상이 드러내는 상반된 모습에 대한 자아의 통합 및 종합 기능이 미성숙하며 스트레스를 감당하는 능력이 약하다. 그래서 어떤 대상을 이상화하며 경배하다가도 그 대상이 부정적 특성을 드러내면 엄마로부터 분리되는 불안과 엄마에게 삼켜지는 불안에 시달리는 1-3세 유아처럼 정신이 갑자기 불안해지는 것이다.[88]

원시 인류가 구세주로 경배하던 왕을 쇠약해졌다는 이유로 살해하는 행위는 안정된 자아 정체성과 대상 항상성을 지니지 못한 경계선 인격자가 임상에서 드러내는 양극적·분열적 태도와 상당한 공통성을 지닌다. 즉 내면에서 작동되는 분열과 투사기제로 인해 원시 인류에게 힘 있는 왕(전적으로 좋은 대상)과 쇠약해진 왕(전적으로 나쁜 대상)은 동일한 인물이 아니라 전혀 다른 별개의 대상으로 지각(환상화)된 것이다. 경계선 인격자는 믿고 의존하던 대상이 무기력해지면 자신을 손상시키는 나쁜 대상으로 지각된다. 그래서 극도로 실망하며 관계를 단절하거나 그 대상에게 격노하고 힘 있는 새 대상을 찾는 행동을 반복한다. 바로 이 점이 열렬히 숭배하던 왕(신, 토템)을 살해했던 원시 인류가 경계선 인격구조를 지녔을 것이라고 추정하는 이유다. 매일매일 살기 위한 투쟁을 벌여야 했을 고대의 열악한 생존 환경에서는 힘 있는 보호자 곁에 있으려고 집착하는 경계선 인격구조가 현실에 적응하는 가장 적절한 형태였을 수 있다.

프로이트는 신경증자의 무의식에만 주목했기에 프레이저가 부각한 왕 살해 풍습과 주술적 사고를 현대인의 내면에서도 작동하는 영아기의 원시적 방어기제들과 연관시켜 세세히 음미하거나 해석하지 못했다. 이런 발견과 해석은 프로이트 이후에 출현한 자아심리학과 클라인학파가 원시적 심성을 지닌 비신경증(정신증, 경계선 인격) 환자들에 대한 정신분석 작업을 해낸 이후에야 가능했다. 신화 해석에 프로이트 이론과 더불어 현대 정신분석학의 관점을 보충해야 하는 이유는 이 때문이다.

자신의 생명과 영혼을 가장 힘 있고 안전한 대상에게 '맡기고', 나쁜 기운은 희생양에게 '떠넘겨' 처리하는 원시 인류의 심리적 생존술은 현대정신분석학이 주목해온 원시적 방어기제(분열, 투사, 투사동일시, 내사, 내사적동일시, 원시적 이상화, 평가절하)에 해당한다. 프레이저는 오늘날 경계선 인격구조에서 왕성히 작동되는 이 원초 방어기제를 미처 이해하지 못했기에 주술적 사고를 단지 '미개한 비과학적 오류'로 규정할 수밖에 없었다.[89] 하지만 현대정신분석학의 관점을 통하면 투사 및 투사동일시의 과도함으로 인해 자연 만물이 자신과 유사한 영혼을 지닌 대상으로 지각되었고(인격화), 원시적 이상화 작용으로 인해 인간의 생존을 좌우하는 자연의 힘들과 주술을 행하는 사먼 왕이 전능한 신으로 지각된 것(신격화)임을 이해할 수 있다. 원시 인류는 오래 살고 싶어서 안전하다 여겨지는 특정 자연 대상(겨우살이, 토템 동물)이나 왕에게 자기 정신과 생명의 주요 부분을 맡겼고

(투사동일시),[90] 나의 '좋은 부분'이 투사되어 '전적으로 좋은 대상'(신)으로 지각되는 그 왕을 내사(흡입)하고 동일시(융합)함으로써 자신을 신과 닮은 대단한 존재로 자부하며 살 수 있었다.[91]

이처럼 전 세계 도처에서 오랜 세월 존속했던 왕 살해 풍습의 수수께끼는 프로이트의 신경증적 사고보다 자아심리학 및 클라인이 임상 활동에서 규명해낸 영유아 심리와 경계선 인격의 방어기제와 연관해 해석함으로써 온전히 풀어낼 수 있다.

상징적·분열증적 사고와 '어머니 살해'

융에 의하면 신화는 고대 인류의 무의식이 '변장된 것'이 아니라 '상징으로 표현된 것'이다.[92] 이 상징의 의미는 본능과 집단정신에 융합해 지내던 원시 인류나 현대의 정신증자에게는 직관적으로 지각된다. 그러나 과학적 의미 체계를 내면화한 현대인의 정신은 내부의 원시적 심성과 단절되어 있다. 그러므로 옛 풍습들의 상징적 의미를 연구한 민속학·인류학 지식의 도움을 통해야 비로소 신화의 상징 의미와 '신화적 사고'를 이해할 수 있다.

융은 신화적 사고가 꿈 사고, 예술적 사고와 유사하다는 프로이드의 관점에 동조한다. 그러나 신화적 사고가 '자기애 단계'에 고착된 미성숙한 유아적 사고이며 병리적 사고라는 프로이트의 주장은 강하게 비판한다.[93] 신화적 사고는 고유의 성숙한 목적을 지닌다. 신화에는 안전하지 않은 원시 환경에 심리적으로 적응하려는 목적, 정신의 균형과 전체성(본질)을 실현하려는 인류의 선천적 목적이 담겨 있다. 자아의 현실 적응 목적과 '자기'(집단무의식)의 자율적 발달(개성화 실현) 목적이 함께 담겨 있는 것이다. 따라서 신화를 결코 미성숙하고 병리적인 사고의 결과물로 판단해선 안 된다.

신경증자는 남녀 사이의 '성 차이'를 지각한 이후 오이디푸스기(남근기)를 거치는 과정에서 겪는 불가피한 상처와 갈등에 고착된 인격이다. 신경증자의 과제는 남근기 감정(오이디푸스 욕구)의 해소다. 신경증자의 문제와 소망 및 불안 유형은 늘 생존불안에 시달리던 원시 인류의 일차적 문제 내지 심리 상태와 매우 다르다. 가령 신화 속 주인공(바리데기, 순, 스사노오, 헤라클레스 등)이 지닌 문제·소망·불안은 신경증자의 그것과는 다르다. 신경증자의 정신은 억압된 오이디푸스 콤플렉스와 연관된 개인무의식에 휘둘릴 뿐, 원시 인류로부터 유전된 집단무의식에 휘둘리지는 않는다.[94]

원시 인류의 정신 특성을 굳이 현대인의 인격 유형과 비교한다면 신경증자가 아닌 정신분열증자와 유사하다. 분열증자의 내면세계에서는 원시 인류가 현실에서 경험했던 주요 사건과 괴물들, 신 그리고 신의 목소리가 환상과 환각으로 재현된다. 그의 연약한 자아가 힘센 외부대상과 집단무의식의 강력한 에너지에 함입되어 지배당하고 있기 때문이다.

원시 인류와 분열증자의 일차 관심은 남녀의 성 차이를 지각하기 이전인 영유아기의 생존과 안전 욕구, 전적으로 신뢰할 만한 모성적·부성적 보호자와의 융합 관계 및 그것의 박탈과 연관된 원초불안이다.[95] 이들에게 성욕동과 성쾌락은 결코 일차 욕구나 간절한 소망이 아닌 것이다. 그들은 멸절불안, 버림받거나 징벌당하는 불안공포 문제로 고통받는다. 원시 인류는 이 결핍을 보충하고 공포에서 벗어나기 위해 신화를 창조하여 신화 속 영웅의 모습을 내사하며 경배해온 것이다.

정신분열증자의 사고와 원시 인류의 사고가 일치함은 민속학 자료와 임상 자료의 비교를 통해 확인되지만[96] 다음의 점에서는 양자가 확연한 차이를 보인다. 분열증자는 '현대'라는 독특한 문화적·사회적 현실에 적응하지 못하여 현실과의 모든 관계에서 철수한 채 원시적 환상 세계 속으로 퇴행해 고착하는 병리성을 지닌 자다. 이에 비해 원시 인류는 당대 사회에서 통용되던 신화적 사고를 통해 현실에서 나타난 문제에 능동적으로 대처하고 현실 적응 및 정신의 응집과 발달이라는 두 유형의 목적을 추구하는 자기실현적 삶을 살았다고 볼 수 있다.

프로이트는 이런 점들을 인식하지 못한 채 생명 에너지와 다양한 의미를 지닌 원시 인류의 '리비도'를 쾌락과 연관된 성욕동으로만 좁게 해석했다. 원시 인류의 중심 문제와 금기 의식을 성 차이 인식 이전의 전오이디푸스기 차원에서 조명하지 못하고 대부분 오이디푸스 콤플렉스와 연관지었다는 면에서 그의 해석은 한계를 지닌다.[97]

신화에는 각 민족이 정신의 균형과 발달을 위해 집단의식에 노출·대면시켜서 통합해야 했거나 미래에 실현해야 할 원형들이 등장인물의 형상이나 사건으로 상징화되어 있다. 가령 신화와 인류사에 등장한 근친살해와 근친상간은 금지된 오이디푸스 욕구를 충족하려는 의미가 아니다. 그것은 새로 등장한 영웅을 매개로 집단정신의 내면에서 미분화되거나 분열(단절)되어 있던 부성성과 모성성, 기성세대와 신세대, 남성성과 여성성(아니마-아니무스)에 자아의식이 접속하여 이들을 서로 조화시켜 새로운 차원으로 통합해내는 상징 행위다.[98]

따라서 신화 속의 왕 살해 및 아버지 살해는 개인의 억압된 소망을 충족하는 차원보다 초개인적 차원의 의미를 지닌다. 가령 집단 내부의 구세대와 신세대 사이에서 생명력(리비도)의 소통이 단절되면 집단의 삶이 침체되거나 구성원들에게 재앙이 생기는 위기가 발생한다. 이러한 국면은 영웅에 의한 왕 살해 및 아버지 살해 또는 부정적 모성성의 상징인 괴물(거대한 뱀, 용, 메두사) 살해를 통해서야 전환된다. 그런 과정을 거쳐야만 집단의 마비된 생명력이 순환되고 정신성의 고양을 이룰 수 있다.[99]

신화 속 '괴물 살해'는 주로 부정적 모성성과의 대결을 의미하고 '왕 살해'는 부정적 아버지성과의 대결을 의미한다. 모성은 본능의 힘을, 부성은 문화의 힘을 대변한다. 따라서 왕 살해는 변화된 현실 환경에 부적합해진 낡은 통치 체계, 제도, 권위, 규범, 가치, 이념과의 대결을 상징한다. 살해되는 왕은 옛것을 대표하고 그와 싸우는 자는 새로운 힘을 대표한다.[100]

프로이트, 융, 현대정신분석의 상호 보완

융에 의하면 현대인의 정신은 과학적 합리주의에 경도되어 있기 때문에 원시 심성 및 신화적 사고와 단절되어 고대인의 상징을 이해할 수 없다.[101] 그러나 원시 심성은 현대인의 집단무의식에 내재되어 있으며, 말소된 것은 아니다. 따라서 현대인도 민족의 신화와 자신의 꿈을 매개로 자기 내부에서 역동하는 집단무의식에 관심을 기울이면 원시 심성과 신화적 사고에 접촉하여 신화의 상징 의미를 이해할 수 있게 된다.

프로이트의 눈으로 보면 개인의 경험은 억압되어 망각된 무의식과 자아의식에 최근에 침투한 자극이 혼합되어 구성된다. 가령 개인무의식의 욕동들은 내부 압력을 행사하여 현재의 우리로 하여금 원시 인류가 겪었던 경험을 암암리에 반복하게 만든다. 그렇다면 우리의 현재 경험에는 이미 원시 인류의 정신성과 체험이 반영된 요소가 들어 있는 셈이다.[102]

프로이트에 의하면 신화의 일차 목적은 현실에서 좌절되고 억압된 소망들을 안전한 매체를 통해 표현함으로써 간접적으로 충족하는 것이다. 이에 비해 융과 클라인은 분열되어 제대로 발달하지 못한 정신 요소들을 자아가 발견해내 통합·보충하여 정신성의 전체적 균형과 발달을 이루는 데 기여하는 것을 신화의 목적이라고 본다. 두 관점은 서로 다르다. 그러나 현대의 신화 해석자에게 그 다름은 양립할 수 없는 모순이라기보다 신화의 의미를 다중 관점으로 음미하게 하는 동력이다.

프로이트, 융, 현대정신분석 관점은 상호 대립 요소와 보완 요소를 함께 지닌다. 가령 '원시인의 정신성'을 전오이디푸스기에 고착된 정신분열증자의 심리와 연관지어 해석하는 융의 관점, 편집증자와 연관해 해석한 클라인, 경계선 인격의 원시 방어기제와 연관해 사고한 자아심리학 등은 오이디푸스기(아동기)에 고착된 신경증자의 심리와 연관짓는 프로이트와 외견상 대립한다. 그러나 인간의 정신이 ① 영유아의 자폐적 분열증 상태로부터 ② '엄마로부터의 분리' 문제로 갈등하는 '경계선 상태'를 거쳐 ③ 오이디푸스 콤플렉스를 지니게 되는 아동기의 신경증 상태로 전개된다고 보는 발달심리학의 관점을 고려한다면 이들 관점은 인간을 이해하는 데 상호 보완적으로 활용될 수 있다. 개인과 민족의 정신 내부에는 편집·분열 요소, 경계선 요소, 신경증 요소가 함께 내재되어 있기 때문이다.[103]

5

정신분석의 눈으로 읽는 영웅신화

지금까지 신화 해석을 위해 어떤 정신분석 관점과 개념들이 유용하며, 그것들을 구체적으로 어떻게 적용할 수 있는지 살펴보았다. 이번에는 앞의 연구를 토대 삼아 집단을 구원하는 영웅의 정신성이 형성되기 위한 심리적 조건을 옛 인류는 어떻게 생각했고, 이를 신화에서 어떻게 표현했는지 정신분석의 관점과 개념으로 음미해보자.

이를 위해서는 앞서 설명한 무의식 유형들과 신화적 사고 외에 또 다른 유형의 정신분석 개념이 필요하다. 영웅의 정신성이 형성되는 과정을 이해하는 데는 무엇보다 프로이트의 2단계 심리성적 발달psychosexual development 개념이 유용하다.[104]

성욕동과 정신성의 2단계 발달 과정 중 첫 단계는 유년기[구강기(유아기), 항문기(아동 초기), 남근기(오이디푸스기)]이고, 두 번째 단계는 사춘기[생식기(청년기)]이다. 개개인이 집착하는 욕동 유형(구강욕동, 항문욕동, 남근욕동)과 자아 구조(성격, 방어기제)의 틀은 유년기에 형성된다. 그 후 성욕이 잠잠한 소년기[잠복기]를 거쳐 사춘기가 되면 유년기에 좌절되고 억압된 욕동들이 무의식에서 의식 표면으로 솟구치며 결핍된 그것을 보충·해소해달라고 요구해댄다. 사춘기에 '유년기 부모'에게서 채우지 못했던 성욕동 만족과 이상적 대상과의 동일시 경험을 제3의 대상으로부터 보충하면 유년기 정신성의 결함이 회복되고 정신구조가 확장되어 새로운 정신 및 정서 발달을 이루게 된다.

정서와 자아 기능의 2단계 발달 과정은 개인이 건강한 인간이 되느냐 평생 아픈 자가 되느냐를 좌우하는 핵심 기표다. 이 원리를 심층 이해해야 원인 모르게 밀려든 심신 재난(정신질환)의 발생 과정을 이해할 수 있고, 그 난관을 극복하는 방법을 모색할 수도 있다. 그리고 신화와 꿈이 의식의 의도와 무관하게 무의식으로부터 홀연 발생되는 구조와 과정을 이해할 수 있다. 이 2단계 발달 이론은 지형학적 정신구조론, 리비도 발달론, 원초환상, 사후작용deferred action, 유아성욕과 소망 충족 개념 등과도 밀접히 연관되어 있다.

동서양 신화 속 여러 민족무의식 사이의 공통성을 발견하는 데는 융의 집단무의식과 원형 개념이 유용하다. 이 책에서 '집단'은 인류와 더불어 민족을 지칭하는 의미로 사용했다. 선조의 무의식적 욕망과 그들이 겪은 큰 사건, 당대의 사회 제도와 문화적 가치관이 신세대 영웅의 정신에 미친 영향력을 해석하는 데는 라캉의 대타자(문화) 무의식, 프로이트의 민족무의식 개념이 유용하다. 그리고 유아기 어머니와의 관계 체험이 영웅의 정신 형성과 발달에 미친 영향은 ① 위니콧의 '보통의 좋은 엄마', '촉진적 환경', '참자기' ② 코헛의 '거대자기', '자기애' ③ 클라인의 '편집·분열 자리', '우울 자리', '박해불안', '무의식적 환상' 개념을 활용했다. '아버지성'이 영웅의 정신발달에 미친 영향은 ① 프로이트의 '오이디푸스 콤플렉스', '동일시 대상'(자아 이상), '초자아' ② 라캉의 '아버지의 이름'(대타자, 상징계) ③ 코헛의 '이상화 자기대상' 개념을 활용했다.

사실과 환상의 교묘한 복합물로서의 신화

욕동과 정신의 심리성적 2단계 발달론은 신화 속 영웅의 유년기 애정 관계 체험 양태가 사춘기 이후 겪게 되는 통과의례 과정을 비롯해 영웅적 정신성의 형성과 발달에 미치는 영향을 이해하는 틀을 제공한다. 나아가 원시 인류에게 일어난 사건들(1단계)이 오랜 잠복기를 거쳐 현대의 사건(2단계)에 보이지 않는 영향력을 미치게 되는 원인과 구조를 거시적으로 이해하는 데에도 매우 유용하다.[105]

개인의 정신발달 과정은 상당 부분 인류의 계통발달 흔적(유전자 정보, DNA)을 담고 있는 본능의 힘에 의해 추동된다. 각 민족이 해결하지 못한 채 오랜 기간 무의식으로 분열시켰거나 억압해온 옛날의 문제는 현 시대의 유사한 문제와 결합될 경우 갑자기 활성화되어 의식계로 치솟아 집단정신을 불안정하게 만든다. 이것은 마치 잠복한 병인病因에 작은 촉발 원인이 우연히 덧붙여져 원인을 알 수 없는 심각한 증상이나 치명적 실수가 갑자기 발생하는 것과 같다. 일상의 의식계에 적응해 살던 보통 사람들은

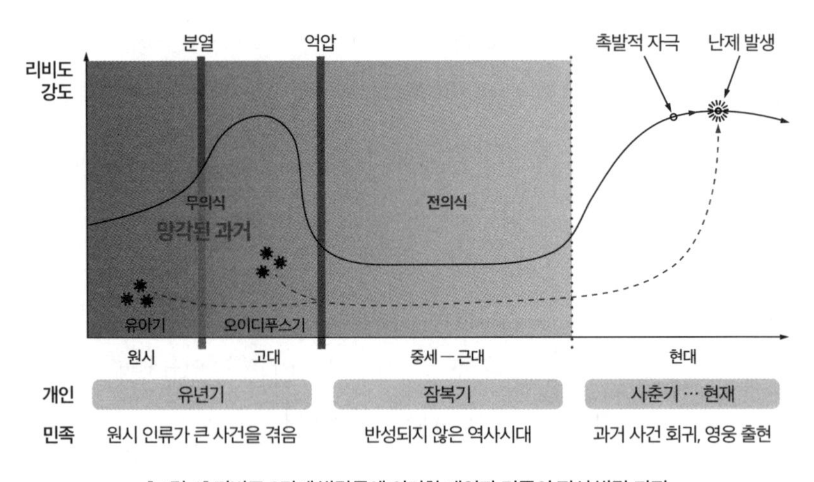

[그림 4] 리비도 2단계 발달론에 의거한 개인과 민족의 정신 발달 과정

이런 곤경의 원인과 정체를 알 수 없기 때문에 해결할 수도 없다. 그래서 집단에는 불안과 긴장이 고조된다. 이런 위기 상황에서 '집단 문제'의 뿌리를 용기 있게 대면하여 창조적으로 해결하는 영웅이 경이롭게 출현한다.

신화 속 영웅의 정체는 무엇인가? 그의 특성과 행적은 그 신화를 생성한 민족과 인류에게 무엇을 의미하는가? 그리고 집단을 위기에서 구하고 부활시키는 영웅의 비범한 정신성은 어떤 심리적 성장 과정을 통해 형성된 것인가? 영웅이 발현시킨 비범한 에너지는 무엇에서 유래한 것인가?

프로이트는 신화가 순수한 사실도 순수한 환상만도 아닌, 사실과 환상의 교묘한 혼합물이라고 본다.[106] 신화적 사실에는 '외부적 사실'과 더불어 '심리적 사실'이 반영되어 있다. 즉 불안정한 생존 환경으로 인해 좌절되고 억압할 수밖에 없었던 원시 인류의 본능욕동들이 환상을 통해 좌절된 욕구를 실현하려 신화를 생성한 부분이 있다. 종교적 서사시로 활용되던 각 민족의 신화가 사람들의 마음에 오늘날까지 공명되는 까닭은 억압된 무의식의 감격스런 '사실'과 간절한 '소망'이 신화 속에 함께 담겨 있기 때문이다.

이에 비해 융의 목적론에 의하면 작은 도토리가 울창한 참나무로 성장하듯 인류도 태초부터 내재된 목적(원형)을 집단무의식에 보편적으로 지니고 있다. 이 집단무의식(자기)은 각 민족을 통해 시대마다 고유의 문화와 신화를 생성시켜 당대 인류의 정신이 어떤 자기실현 단계(개성화 과정)에 머물러 있는지를 드러낸다. 아울러 정신의 균형과 발달을 위해 당대의 인류가 대결하고 성취(통합)해야 할 정신적 과제가 무엇인지를 상징으로 전해준다.

비교신화학자 캠벨은 전 세계 신화를 비교·분류하고 해석하면서 프로이트와 융, 클라인의 개념을 조화롭게 사용하는 선구적 모델을 보여준다.[107] 이 책에서도 신화를 생성시킨 무의식이 다중의 유형과 심층을 지님을 고려하여 무의식을 해명하는 여러 정신분석학자의 개념들을 맥락에 따라 다양하게 활용할 것이다.

신화의 주인공들은 보편적으로 몇 단계 과정을 거쳐 영웅으로 변환된다.[108] 그렇다면 어떤 인간을 영웅이 되게끔 하는 과정과 핵심 조건은 무엇인가?

영웅 탄생 이전의 조건

개인의 정신성은 탄생 이전의 조건들에 의해 이미 상당한 영향을 받는다. 영웅일수록 탄생 이전의 조건이 평범하지 않다. 프로이트는 민족정신의 2단계 발달론에 기초해 이를 다음과 같이 설명한다.

먼 옛날에 한 민족, 조상, 부모가 감당할 수 없었던 '큰 사건'이 있었다(1단계). 그것은 억압되어 잠복된 상태로 무의식에 머물거나 본능에 흡수되어 후대로 유전된다. 사람들은 과거에 골치 아픈 큰 사건이 있었는지 잘 모르는 채 오랜 기간 문제없이 지낸다(잠복기). 그러다 오래된 무의식을 자극하는 유사한 사건이 현대에 발생하면 잠복해 있던 무의식이 돌연 거대한 힘과 섬뜩한 모습으로 자체를 의식 세계에 드러낸다(2단계, 난제 발생). 그 경우 민족의 정신과 정서는 강한 불균형 및 불안 상태에 처하며, 이를 해결해줄 강력 한 대상을 열망하게 된다. 그때 비범한 능력을 지닌 영웅이 출현해 집단의 문제를 해결한다.[109]

이 관점에서 본다면 영웅이 해결한 당대의 문제는 옛 선조가 풀지 못한 채 묻어둔 무의식이 오랜 잠복기를 거쳐 변형된 모습으로 갑자기 회귀한 결과물이다. 즉 당대에 지각된 문제는 표면적인 것이고, 문제의 근원은 무의식에 있던 '오래된 무엇'이다. 현재에 드러난 문제에는 먼 과거의 수많은 문제와 원인들이 압축·전치·상징화되어 있다. 따라서 과거의 문제들과 무관하게 평온히 살아온 일반 대중은 예기치 않게 출현한 현재의 문제를 해결하는 영웅이 될 수 없다. 반면에 영웅의 삶은 탄생 이전 순간부터 이미 운명적으로 죽은 타자들과의 관계 속에 기구하게 얽혀 있다.

융은 재난 상황에서 "집단정신의 균형을 회복하고 정신의 발달을 성취하라."는 선험적 과제를 영웅에게 부과하는 보이지 않는 거대한 힘의 정체를 집단무의식이라 칭한다. 프로이트는 이를 전승되는 민족무의식으로 보며, 라캉은 이를 '대타자Autre, Other' 무의식이라고 표현한다. 대타자란 아기가 태어나기 이전부터 주체 '밖'에서 주체(아기와 부모)를 에워싸며 주체의 정신구조와 욕망 형성에 큰 영향을 미치지만, 보이지 않고 의식되지 않는 거대한 타자성을 지칭한다.[110] 대타자란 공동체 구성원들을 둘러싸며 그들을 서로 관계하게끔 하고 특정 방향으로 나아가도록 하는 일련의 상징적 규범·의미 체계, 상징계 문화를 의미한다. 이처럼 '눈에 보이지 않는 타자'들이 남겨놓은 비가시적 유산과 요구에 후대인들의 삶은 암암리에 영향을 받는다. 장차 영웅이 될 인간의 정신구조 속에는 특히 "집단을 위해 자신을 헌신하라."라는 대타자의 의미작용, 민족무의식, 인류무의식이 강력하게 추동된다.

유년기 콤플렉스

유년기는 정신의 구조와 욕망 유형(성격)과 정체성을 구성하는 내적 대상들이 형성되는 중요한 시기다. 이 시기는 최초의 관계 대상이며 양육자인 어머니에게 절대적으로 의존하는 유아기, 어머니로부터 분리되어 아버지 세계로의 입문을 요구받는 아동기로 구분된다. 아동기의 아이는 남녀 간 성 차이를 지각한 이후 이성의 부모에게 '최초의 성적 대상'(연인) 감정을 느끼게 된다. 그러나 이 욕망은 무섭고 엄한 '아버지의 요구'에 의해 운명적으로 좌절되어 오이디푸스 콤플렉스를 남긴다. 거대한 힘을 지닌 듯이 느껴지는 아버지와 자신을 동일시해 내면화함으로써 생긴 초자아는 오이디푸스기의 복잡한 감정·상처·불안 등을 무의식으로 억압·망각·잠복시킨다.[111] 그리고 바로 이 억압으로 인해 유년기에 경험했던 대상관계 흔적 및 강렬한 감정과 욕구와 좌절 흔적은 무의식에 보존되어 개인의 삶에 영속적 영향력을 미친다. 유년기에 아이가 어떤 양육 대상(어머니), 성적 대상(이성의 부모), 동일시 대상(아버지, 동성의 부모)을 내면화했느냐에 따라 전통과 현실과 새로운 세계를 대하는 개인의 태도 및 욕망이 매우 달라진다.[112] 유년기의 최초 대상들은 무의식에 억압됨으로써 원인도 모른 채 개인이 타자 속에서 다시 만나고 싶어 하는 영원한 심리적 욕망 대상이 된다. '그것'은 무의식의 대상이기에 그 욕망은 의식의 세계에선 결코 온전히 충족될 수 없다.

영웅의 경우 최초 대상들과의 관계에서 유난히 큰 결핍과 박탈을 겪는다. 대부분의 신화 속 영웅은 부모(사회) 또는 부모 중 한쪽(사회의 주류)으로부터 버림받는다. 이 상처를 보상받지 못하거나 대면하여 극복하지 못할 경우 그 개인은 영원히 불행해질 수밖에 없다. 그래서 영웅은 유년기 결핍을 보충하여 고통에서 벗어나고자 어릴 적부터 필사적인 노력을 기울인다. 그러한 과정에서 자아 기능이 유독 활성화되며 새로운 세계로의 모험과 시련을 끊임없이 거친다. 영웅의 비범한 힘은 이처럼 오래된 고통의 뿌리 및 시련과 대면·대결하는 지난한 과정을 거쳐 형성된다.

청년기 통과의례

청년기란 억압된 무의식의 욕구·상처·불안이 의식에 불쑥 회귀하여 보상하거나 해소해달라고 요구해대는 시기다. 뜻밖의 재난이나 고통 증상으로 표출되는 알 수 없는 무의식의 요구를 회피하지 않고, 그것의 정체를 직면·대결하여 의식에 통합해야 비로소 영웅은 자신에게 잠재된 무의식의 에너지를 사용할 수 있는 비범한 힘을 지니게 된다. 영웅의 경우 그가 대면하고 풀어야 할 과제는 한편으로는 집단과 대타자가 고통받아온 오래되고 뿌리 깊은 문제와 연관된다. 영웅은 그 민족이 풀지 못한 채 오랫동안 방치·회피해온 문제를 용기 있게 대면하고 대결하여 그들을 고통의 굴레로부터 해방시켜야 한다. 집단의 문제를 풀기 위해서는 먼저 실존 차원에서 자신의 문제를 해결하기 위해 오랜 기간 애써온 경험 흔적들이 필요하다. 민족과 대타자의 무의식은 이미 개개인의 정신 속에 스며들어 있기 때문에 '나'의 문제와 나를 둘러싼 환경인 '가족-사회-민족'의 문제는 엄격히 분리되지 않는다. 그런데 나의 문제를 심층적으로 대면하고 대결해본 경험이 있어야만 집단의 문제를 풀 수 있는 능력 또한 지닐 수 있다.

기성 사회에서 존중받지 못하는 '불행한 개인'에서 '민족의 영웅'으로 변신하기 위해서는 반드시 그 자신의 유년기 무의식과 사춘기의 좌절 및 불안을 극복해내야 한다. 개인무의식의 오랜 부정적 굴레로부터 벗어나고픈 절실한 욕구와 노력은 집단의 당면 문제들을 해결해나가는 험난한 과정과 묘하게 연결된다. 가령 신화 속 영웅이 직면하는 위기와 불안, 괴물, 여신과 남신, 유혹하는 여성, 시험하는 마성 인격 등은 일차적으로 유년기의 최초 대상들과 연관된 무의식적 상처·불안·환상(내적 대상)을 상징한다. 영웅은 그것과 접촉해 대결하고 처치함으로써 자신이 고착되어 있는 개인무의식의 문제와 더불어 집단의 문제를 극복한다. 따라서 각 민족 신화의 영웅이 요구받는 통과의례 유형에 주목하면 그 민족 고유의 무의식적 결핍·욕망·불안·환상이 무엇인지 드러난다.

비범한 타자들의 정체

영웅은 결코 혼자만의 타고난 힘으로 형성되는 것이 아니다. 보통 사람은 결코 감당할 수 없는 집단의 난제를 해결하려면 그의 결핍을 보충하고 잠재된 무의식의 에너지를 활용할 수 있도록 도와주는 비범한 '타자의 힘'이 필요하다. 신화에서 조력자는 동물, 여성, 동료, 노부부, 기인, 신·여신 등 상징적 모습으로 등장한다. 이 조력자들의 정체는 무엇이며 정신적 역할과 의미는 무엇인가?

조력자는 유년기 최초 대상들이 지녔던 결함을 보충해주는 성질과 힘을 지닌 새로운 대상을 의미한다. 즉 조력자는 제2의 모성적 보호자, 제2의 성 대상, 제2의 동일시 대상이다. 이러한 조력자가 신화 속 영웅에게 어떤 심리적 의미와 가치를 지니는지 규명하면 그 민족에게 결핍되고 필요한 대상이 무엇인지를 이해할 수 있다.

가령 수메르 신화에서 길가메시에게 신과 인간의 관계에 관한 태초 이야기를 전해주고 불로초의 위치를 알려준 영생하는 현자 우트나피쉬팀은 당대 수메르 민족이 절실히 필요로 했던 이상적 아버지의 상징이다. 그를 만남으로써 길가메시는 어머니의 울타리 속에서 거대자기 환상에 도취해 살던 자기애 인격으로부터 탈피해 '깨달은 자'로 전환된다. 길가메시 신화에서 우트나피쉬팀이 핵심 역할을 한다는 것은 고대 인류에게 지혜와 영생에 대한 갈망이 컸다는 의미다.

이에 비해 중국 신화에서 억울함을 풀어주거나 보상해줄 대상이 없어 방황하던 예에게 영생초를 건네준 서왕모는 모성적 어머니와 치유자의 상징이다. 이것은 예 신화를 창조한 민족들이 예처럼 권위자와의 관계에서 박탈감을 심하게 겪었기에 모성적 보호자의 돌봄을 갈망하는 유아기 정신성에 고착되어 있거나 모성적 에너지를 보충하고 싶어 한다는 의미다.

프로이트는 최초의 성 대상과 연관된 오이디푸스 콤플렉스를 극복하게 하는 제2의 성 대상의 심리적 가치에 주목한다. 개인과 집단의 성욕동이 과도하게 억압되면 무의식에서 치솟는 성욕을 방어하는 데 자아 에너지가 과잉 지출되어 큰 과업을 수행할 수 없게 된다. 또한 성적 대상관계가 너무 결핍되면 이드(리비도) 에너지의 외부 분출이 꽉 막혀 정신의 불균형과 불행감을 초래한다. 성 대상과의 만족스런 결합은 정신의 균형을 회복하고 충만케 하는 데 중요하다. 일본의 오오쿠니누시, 중국의 순은 이상적 여성과의 결합과 도움을 통해 영웅으로 도약하는 힘을 얻는다.

반면 성욕동이 과도하게 충족되면 생명 에너지가 고갈되고 새로운 성 취욕과 호기심이 줄어들어 자아 기능이 약해지기에 역시 큰 과업을 실현할 수 없으며, 뜻밖의 파국을 맞기도 한다. 오이디푸스와 테세우스의 말년이 유독 비극적인 것은 금지된 성욕의 과잉 충족과 연관된다. 프로이트는 또한 유년기의 아버지보다 더 강하고 위대한 아버지 역할을 하는 이상화 대상의 심리적 가치를 강조한다.[113] 이에 비해 대상관계론에서는 위기에 처한 아이를 품어주고 보호해주며 치유해주는 어머니 같은 조력자의 힘을 중요시한다.

개인과 민족에 따라 결핍된 요소와 대상이 다른데, 어떤 민족에게는 생존과 직결된 박해불안과 사기애 상처 등이 우선적 문세일 수 있다.[114] 그 경우 매력적인 성 대상보다 편안하게 돌봐주는 모성적 대상이나 비범한 힘을 지닌 대상을 조력자로 만나야 그를 동일시하여 무의식과 의식을 통합할 수 있다. 융 학파의 관점에서 보면 비범한 지혜와 힘을 전해주는 조력자는 영웅(민족)의 정신 속 집단무의식에 존재하는 '자기' 에너지의 상징이다.[115]

과업 성취

영웅이 성취한 과업은 여러 차원의 의미와 가치를 지닌다. 과업 성취는 일차적으로 오랫동안 개인과 집단을 괴롭혀온 난제와 치열하게 대결하여 불안과 재난에서 벗어나도록 하는 것을 의미한다. 이를 개인 차원으로 보면 개인무의식의 문제(신경증 증상, 성격 결함)를 극복하여 잠재된 개성을 온전히 발현한다는 의미를 지닌다. 그리고 영웅이 속한 민족이 오랜 세월 회피해온 부정적 요소(그림자, 콤플렉스)를 자아의식에 통합하여 민족의 정신을 새롭게 발달시킨다는 의미, 당대 인류의 정신성이 지닌 시대적 한계를 넘어 새로운 단계로 고양한다는 의미도 있다.

영웅이 대면했던 과업들은 그의 탄생 이전 세대에서부터 꼬여온 어떤 문제가 오랜 잠복기를 거쳐 뜻밖에 회귀한 무엇이다. 즉 과업에는 당대 사회와 민족이 해결하지 못한 문제 유형이 담겨 있다. 영웅의 과업이란 부모·선조·민족·인류의 오래된 심리적 짐으로부터 자신과 집단을 해방시키는 것이다. 가령 그는 새로운 국가나 사회 제도를 창시함으로써 유년기의 아버지·권력자·전통의 부정적 측면에 갇혀 있는 집단 구성원의 생명에너지를 해방시킨다.[116]

모든 영웅신화에는 그 영웅이 겪은 험한 통과의례의 주제와 과정이 드러난다. 테세우스의 미궁 괴물과의 대결, 페르세우스의 메두사와의 대결, 바리데기와 프시케에게 주어진 권위자의 힘든 요구 등이 그것이다. 각 민족의 영웅에게 주어진 이런 통과의례 속에는 당대 사회 집단이 생존을 위해 영웅에게 바랐던 능력과 해결하고픈 난제가 담겨 있다.

영웅의 최후

영웅의 진정한 과업은 그의 최후를 통해 완성된다. 혹자가 집단의 발전에 진정으로 기여하려면 그는 집단의 에너지를 자신의 개인적 이익을 위해 사용해서는 안 된다. 나아가 자신보다 더 유익한 새 영웅이 출현할 경우 집단을 위해 기꺼이 자신의 권력과 명성을 물려주고 사라지는 길을 택해야 한다.[117] 이를 거부하면 영웅은 비극적 최후를 맞게 된다.

신화는 영웅의 최후 모습을 명료하게 진술하지 않는다. 집단은 영웅의 위대한 힘과 업적만 기억하고 싶어 할 뿐, 최후 모습을 떠올리고 싶어 하지 않는다. 집단을 위해 혼신의 에너지를 쏟았던 영웅의 최후는 어떠할까? 그것은 숭고하고 행복한 모습일까? 이 물음은 인간 일반, 자연 생명체 일반의 마지막 상태는 어떠한가와 연결된 주제일 수 있다.

영웅은 자신이 기성 권력자(왕, 아버지)를 제거했듯이 후대 영웅(아들)에게 거세당함으로써 아버지의 운명에 동참하며 아버지와의 화해를 이룬다. 이런 화해 속에서야 집단정신의 세대 간 연속성과 조화로운 통합이 이루어진다. 영웅은 집단을 위해 기꺼이 죽음으로써 집단의 정신 속에서 영원한 부활의 모델이 된다.[118] 이것이 집단을 위하는 영웅의 진정한 역할이다. 따라서 영웅의 최후가 각 민족 신화 속에서 어떤 양태로 묘사되었는가를 보면 해당 민족의 세대 간 단절과 분열 내지 통합 상태를 추정할 수 있다.

깊이 있고 풍요로운 신화 읽기를 위하여

신화마다 그 민족이 대면하기 불편한 부정적 사실이나 무의식적 소망을 집단정신이 검열하여 변형시킨 정도가 다르다. 신화는 민족의 무의식을 상징화하거나 변형시켜 표현한 결과물이다. 따라서 신화의 본래 의미는 상징의 민속학적 의미와 더불어 **변형 원리**를 숙지한 만큼 드러난다. 권력 구조가 격변하여 전통과 단절된 생활을 하는 민족에게는 옛 신화 속 상징들의 의미가 모호하게 지각된다. 검열(완곡화, 암시, 삭제, 윤색, 재구성)로 인한 원본 왜곡이 심한 신화일수록 그 민족에게 금지·억압된 욕구의 강도와 방어 강도가 크다는 증거다. 그리고 방어 강도가 큰 민족일수록 숨겨진 콤플렉스가 많고, 사유 범위와 경험의 영역이 좁아져 정신의 발달 가능성이 낮아진다.

검열하는 초자아의 시선을 교묘히 피해 무의식의 욕구를 충족하려면 무의식은 자체를 결코 있는 그대로 의식에 드러내서는 안 된다. 무의식을 의식의 언어로 전환시키는 변형 작업이 가장 다채롭고 보편적으로 드러나는 정신현상은 꿈이다.

신화에 대한 정신분석적 이해는 꿈에 대한 이해와 대부분 동일하다. 가령 꿈해석 지식을 습득한 독자는 신화의 발생 구조를 고려하면서 표면 내용으로부터 신화의 발생 과정을 역으로 추적하여 그것의 이면적 의미에 접속할 수 있다. 거기에는 오래 외면해온 그림자와 콤플렉스를 대면하여 현재 정신의 균형을 이루고픈 욕구도 있고, 오랜 세월 억압해온 무의식의 금지된 소망을 초자아 불안 없이 충족하려는 욕망도 있다.

신화는 개인의 사적인 꿈이 아닌, 민족과 인류가 꾸는 꿈이다. 금지·억압된 소망을 간접적으로나마 충족하고자 무의식이 의식과 타협하여 창조한 결과물이라는 점에서 신화와 꿈은 동일한 발생 구조와 원리를 지닌다. 단지 개인이 지각하는 꿈보다 집단이 기억하는 신화에 의식 활동의 반영 비율이 더 높다는 차이가 있을 뿐이다. 게다가 역사의 흐름 속에서 각 시대 권력 주체와 신화 전달자들에 의한 의도적 내용 검열과 변형이 다중으로 이루어졌을 것임을 감안해야 한다. 꿈에서 변형을 많이 거쳐 괴상하고 모호하며 비현실적이고 불합리한 느낌을 주는 요소일수록 무의식의 단서를 많이 내포한다. 신화 내용 역시 꿈에서처럼 압축, 전치, 상징화, 2차 가공, 반대로 대체, 모순의 병존, 동일시, 검열 등을 거쳐 형성된다. 정신분석가는 의식의 검열을 거친 결과물 속에서 아주 사소한 단서를 찾아내어 무의식의 본래 의미를 추적해가는 전문가다. 프로이트는 정신분석 과정을 고고학적 복원 작업에 비유한다. 정신분석이 130여 년간 축적해온 '원상태 복원' 비법을 신화 해석에 활용한다면 황당하고 유치해 보이는 신화 속에서 각 민족의 깊은 심리적 현실을 밝혀낼 수 있다.

해석자가 인류무의식에 대한 체험적 인식을 축적하여 신화의 무의식적 의미에 다중으로 접근하는 만큼 신화 해석은 깊이 있고 풍요로워진다. 신화적 상징들을 온전히 이해하려면 과학적 사고를 잠시 내려놓고 신화를 생성시킨 원시 및 고대 인류의 마음에 공감하려는 노력을 기울여야 한다.[119]

정신분석, 신화 해석의 탁월한 안내자

지금까지 살펴본 바와 같이 정신분석의 눈과 개념을 활용하여 신화를 해석하는 데 필요한 예비지식들을 요약하면 다음과 같다.

첫째, 프로이트와 융으로부터 현대정신분석학에 이르는 다양한 정신분석 관점과 무의식 개념들은 현대인뿐만 아니라 원시 인류와 고대 인류의 정신성, 신화적 사고(주술적 사고)의 특성을 이해하는 데 다각도로 도움을 준다.

둘째, 신화적 사고에 대해 인류학과 정신분석학 등 복합 관점에서 접근할수록 신화의 의미를 보다 전체적으로 조망할 수 있다.

셋째, 탄생 이전의 환경에서 출발해 유아-아동-청소년-성인에 이르기까지 인간의 정신성이 어떤 과정을 거쳐 영웅적 정신성으로 성장해나가는지를 이해하는 데 정신분석학은 독보적인 안내 지도를 제공한다. 이를 바탕으로 창세신화와 영웅신화의 심리적 의미에 대한 심층 이해가 가능해진다.

넷째, 각 정신분석학파의 고유 관점과 개념을 활용하면 신화에 등장하는 인물, 기괴한 대상, 사건들의 심층 의미를 해석하는 데 각기 다른 도움을 얻을 수 있다. 여러 정신분석학파의 관점과 개념을 신화 해석에 다중으로 적용할수록 신화 속 상징의 무의식적 의미들이 다중 차원에서 드러난다. 그리고 신화의 배후에서 작동하는 각 민족의 무의식 유형과 정신구조 유형이 어떤 점에서 동일하고 다른지 종합적 비교 분석을 하는 데 유익하다.

수많은 정보가 국경 너머로 상호 연결되는 네트워크 속에서 끊임없이 교환되고 있는 오늘날 정신분석학은 더 이상 서양의 학문으로 분류될 이유가 없다. 정신분석학이 한국인들에게 아직 낯설게 느껴지는 것은 이 책에서 소개한 여러 무의식 유형들에 대해 온전한 이론적 안내와 정서적 인식이 아직 이루어지지 않았기 때문이다. 신화에 대한 정신분석학적 연구의 역사는 그리 오래되지 않았다. 주요 정신분석 이론과 임상 치료법을 두루 체험하고 소화하여 활용하는 해석가의 정신분석적 신화 해석 관점은 이미 동양-서양이라는 전통적 지평에 얽매여 있지 않다. 무의식에 관한 다중의 소화된 배경지식을 갖고 있다면 각 민족 신화에 대한 해석의 선구적 안내자는 우리 자신일 수 있다.

II

신화와 정신분석

MYTHOLOGY AND PSYCHOANALYSIS

1장

수메르 신화

1

길가메시

오만한 자가 현자로 변모하는 과정

'인간의 근본을 깨달은 현자' 길가메시는 기원전 3000년경 4대 문명 발원지 중 하나인 고대 메소포타미아 남부 도시 우루크에 실존했던 왕이다. 입에서 입으로 전해지던 길가메시 신화는 기원전 2100년경 인류 최초의 문자언어인 수메르어로 기록되었고 기원전 19세기에는 바빌로니아어로도 기록되었다.

길가메시 신화는 페니키아, 크레타, 그리스, 로마를 거쳐 기독교 신화의 뿌리가 된다. 길가메시 신화 속 대홍수는 '노아의 방주'의 원형이며 동양의 홍수 신화에도 영향을 미쳤을 것으로 추정된다. 그렇다면 그리스 신화와 기독교 신화의 뿌리인 길가메시 신화는 21세기 한국인에게 어떤 심리적 의미를 전하는가?

엔키와 엔릴: 수메르의 권력 계보

지혜의 신 엔키는 신들의 아버지 아누(안)와 남무 여신 사이에서 태어난 장자다. 그런데 아누의 정실이 낳은 엔릴 때문에 그는 서자 취급을 받는다. 배다른 형제

엔키와 엔릴 사이에 왕위를 놓고 싸움이 벌어졌다.[1]

아누의 장자 엔키 / 아누의 불행한 서자 엔키 / "나는 신들의 맏형이다." / "나는 거룩한 아누의 장자로 태어났다."/ 광대한 지혜의 최고봉 엔키 / 넓은 귀의 구세주 엔키 / 그는 최초로 신들을 몰고 내려온 큰 신이었다. / 하강한 신들은 모두 합해 300이었다.
천신계의 적통자 엔릴 / 삼천육백, 만신의 실권자 / 한번 내린 명령은 절대 뒤엎지 않는 자 / 그의 권능과 왕권은 완벽하다! / 바람의 신, 50의 제왕.[2]

수메르의 큰 신들에게는 신들의 서열을 나타내는 숫자가 있었다. 최고 위치를 상징하는 60은 신들의 대부인 '아누'(안)만의 고유 숫자다. 50은 권력을 움켜쥔 '실권자' 엔릴의 것이다. 50이라는 숫자를 붙이면 가장 강력한 신이라는 뜻이 된다. '인간의 구세주' 엔키를 상징하는 숫자는 40이다. 수메르인은 병마가 찾아들면 40일간 몸을 정결하게 했다. 모세와 이스라엘인은 40년간 황야를 방황하다 이스라엘에 정착했고, 예수는 40일간 광야에서 외쳤다. 30은 달의 신 난나, 20은 태양신 우투(샤마시)에게 할당되었다.[3]

유프라테스강과 티그리스강 사이에서 밀과 보리를 경작하며 살던 수메르인은 자연과 조화로운 삶을 추구했다. 이들의 신은 대부분 온순하며 중요한 문제는 신들의 모임에서 민주적으로 결정한다. 그런데 신들조차 해결하기 쉽지 않은 문제가 있다. 왕좌를 놓고 '적자'와 '서자인 장자' 사이에 싸움이 일어난 것이다. 아누의 적자인 엔릴계係가 실권을 차지하고, 장자이지만 서자인 엔키계는 주류에서 밀려나 늪지·물·바다에 거주한다.

엔릴은 바람(폭풍)의 신이다. 그의 입에서 나오는 바람은 절대명령, 신명, 거룩한 말씀이 되어 신들을 복종하게 한다. 그는 신들의 왕이다. 이에

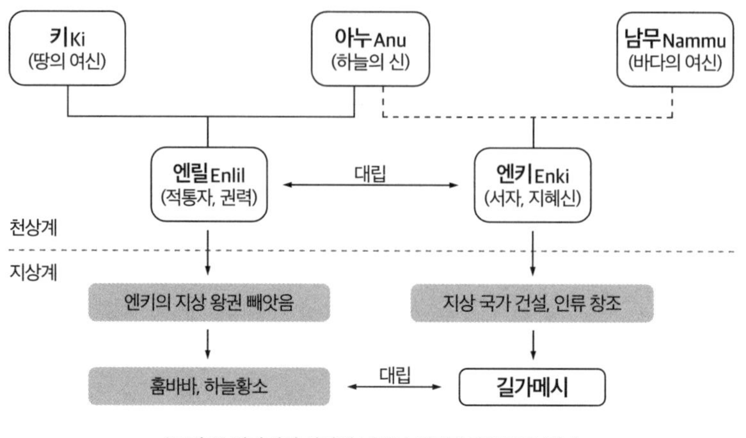

[그림 5] 길가메시 신화에 나타난 대타자들의 갈등 흔적

비해 엔키는 (그리스 신화의 프로메테우스처럼) 지혜의 신이다. 힘은 폭풍신이 더 강하지만 집단을 통치하고 유지하는 데는 지혜신의 도움이 필요하다. 신들의 아버지 아누, 명령하고 심판하는 엔릴, 인류를 창조하고 구원하는 엔키는 후대에 등장한 여러 민족들의 신 표상에 다양한 비율로 차용되고 혼합된다.

형제간의 분열은 그리스 신화의 제우스와 포세이돈, 히브리 신화의 이삭과 야곱, 이집트의 오시리스와 세트, 그리고 일본 신화의 아마테라스 계열과 스사노오·오오쿠니누시 계열 간 대립 등으로 재현된다. 양쪽을 매개하는 제3의 인물(영웅, 예지자)이 등장하지 않는 한 이 대립과 갈등은 해소되기 어렵다.[4]

고대 사회에서 왕은 백성의 생명력을 안전하게 맡아 이를 순환시키는 역할을 했다. 생명력 자체가 모든 가치의 근본이자 신비로운 신(성)으로 간주되었기에 백성의 생명을 책임지는 왕은 신의 대리자 내지 신 자체로 간주되었다. 신화 속의 신은 때로 인간 집단의 왕을 가리킨다.

고대인은 인간의 활동과 자연현상 사이에 유사성이 있다고 믿었다. 따라서 인간 중 가장 강한 생명력을 지닌 왕이 여러 여성과 결합하여 많은 자손을 낳게 하면 자연계 동식물의 수태 능력이 활성화되어 인간이 먹을 식량이 풍성해진다고 믿었다. 왕의 자손이 많다는 것은 곧 공동체와 자연계의 생명 에너지가 잘 순환되고 있다는 징표다. 하지만 불행하게도 수많은 자손들 가운데 왕의 자리를 계승할 사람(적자)은 오직 한 명뿐이다. 서자들은 아무리 능력이 뛰어나도 자신의 힘과 능력과 욕망을 온전히 발휘하거나 인정받을 수 없었다.

개인이 집단 내 어떤 위치로 태어났는가는 이처럼 그의 일생과 정신구조를 좌우한다. 인류 최초의 문헌 신화인 《길가메시 서사시》에는 서두부터 신들 사이의 권력 갈등이 드러나고 서자의 억압된 소망이 암시된다. 무의식에 자리한 그것은 보이지 않는 힘으로 신화 속 인물들의 행위에 모종의 영향을 미친다.

땅에 내려와 땅의 최초 지배자가 된 것은 엔키였다. 그는 최초의 도시 에리두를 세워 지상의 아버지로 칭송받았다. 그러던 중 천상에서 처녀 수드를 강간한 죄로 귀양차 강림한 엔릴이 땅의 신인 엔키에 대해 통제권을 갖게 된다.

고대인에게 세상은 넓게 보면 하늘-지상-지하의 세 영역으로 구분 된다. 노예제도가 있던 고대 사회에서 권력은 곧 생사와 삶의 질을 좌우하는 요소였기에 신화는 권력의 계보에 대한 설명으로 시작되는 것이 일반적이다. 고대인은 하늘이 지상보다 권력 위계가 높다고 평가했다. 하늘나라(높은 지대에 위치한 성)에는 신성한 존재들이 거처하고, 지상(낮은 지대의 마을)에는 일반 백성이 거주한다. 하늘에 사는 신족·왕족이 잘 지내면 모방(유사)법칙에 의해 지상의 백성도 평안히 지낼 수 있다.

길가메시 신화에서도 이러한 위계가 드러난다. 일반적으로 신이 왕보다 강하고 귀하지만, 힘센 영웅의 경우 때로 신족을 제압하기도 한다. 왕은 하늘 신들의 뜻을 지상 백성들에게 전하고 실현하는 존재다. 수메르 신들은 금기 규칙에 속박되고 처벌받으며 도시를 세워 노동도 한다. 이런 신화소 내용으로 보아 수메르인에게 신이라는 명칭은 강한 생명력을 지닌 정복 민족, 귀족, 통치자 가문 등의 의미와 혼용된 것으로 추정된다.

고대에 '처녀'는 신과 결혼한, 신에게 몸을 바친 성스러운 여사제를 의미했다. 통치자의 허락 없이 여사제와 성관계를 맺어서는 안 된다. 금기를 어긴 대상과 접촉한 대상은 인접(전염)법칙에 의해 영혼이 오염되기 때문에 그 역시 금기 대상으로 전락한다. 그 경우 집단 구성원 전체가 전염되지 않으려면 그를 죽이거나 집단으로부터 격리·추방해야 한다. 금기를 어긴 엔릴이 하늘에서 추방되어 피정복민이 거주하는 지상으로 온 이유는 그 때문이다.

하늘에서 땅으로 내려오는 신(들)의 이주 이유를 이처럼 적나라하게 드러낸 신화는 드물다. 대부분의 신화는 하늘에서 땅으로 이동해 온 신들의 동기를 매우 성스러운 것으로 묘사한다. 하지만 대부분 강림(민족 이동)의 실제 원인은 이처럼 현실적인 사정 때문인 경우가 많다. 이를테면 '죄에 대한 벌'이거나 기존 왕국에서 얻지 못한 새로운 권력을 소유하기 위함이다.[5]

귀양 온 하늘신이 기존에 먼저 자리 잡았던 지상신에 대한 통제권을 가졌다는 사실은 하늘신을 지상의 신보다 우월한 존재로 간주했던 당대인의 사고를 반영한다. 엔릴이 지상으로 오자 하늘의 통치권은 아누가, 지상의 통치권은 엔릴이, 바다의 통치권은 엔키가 가지게 된다.[6] 지상 나라를 개척한 공이 있음에도 엔키가 부당하게 권력의 중심에서 밀려난 느낌을 준다.

당시는 인간이 없고 신들이 노동하던 시대였다. 엔키의 묘책에 따라 신들의 노동을 대신하는 인간을 창조한다.

인간이 생명 에너지 자체이며 생명력을 주관하는 신에 의해 창조되었다는 생각은 고대 메소포타미아에서 광범위하게 드러난다. 길가메시 신화에는 특이하게도 인간이 '신들의 노동을 대신하기 위해 창조된 존재'라는 해석이 존재한다. 이 경우 노동은 비록 힘들지만 신들이 수행했던 신성한 활동으로 지각될 수 있으며, 신과 인간은 노동을 매개로 유사성을 지니게 된다. 일방적 지배/피지배 관계가 아니라, 신도 인간의 노동과 생산물에 의존하기 때문에 서로 영향을 주고받을 수밖에 없는 관계라고 본 것이다.[7]

신과 인간 사이에서 태어난 영웅

길가메시의 어머니는 들소의 여신 닌순이며, 아버지는 루갈반다 왕이다.

길가메시는 여신을 어머니로 두었으나 반신반인이기에 죽음의 굴레를 벗어날 수 없다. 루갈반다 왕은 우루크 왕조의 세 번째 왕이다. 수메르 열왕기에는 우루크의 제사장(샤먼 왕)으로 기록되어 있다.

길가메시 신화에는 유독 어머니 닌순 여신의 영향력이 강하게 부각된다. 아버지의 힘이 어머니보다 약할 경우 아이는 어머니 애착으로부터 분리되지 못하며 아버지 에너지가 결여된 인격이 된다. 이 경우 무엇이든 다 들어주고 통제하는 어머니의 세계에 갇혀 본능욕구를 억제하고 상징계의 규범을 지키라는 아버지의 말씀을 온전히 내면화하지 못한다. 그 결과 자기 욕구를 제멋대로 표출하는 자기애(과대자기) 성격을 지니게 되거나 결혼을 회피하고 어머니와 더불어 지낸다.

대부분의 동서양 영웅신화는 아버지가 신이고 어머니가 인간인 데 비해 길가메시 신화에서 이 관계가 역전되어 있다는 것은 당대 수메르 사회

왼손에는 사자를, 오른손에는 뱀을 쥐고 있는 길가메시

대부분의 동서양 영웅신화는 아버지가 신이고 어머니가 인간인 데 비해 길가메시 신화에서 이 관계가 역전되어 있다는 것은 당대 수메르 사회에 어머니와 여신을 가족과 사회의 중심으로 삼는 모계제 요소가 있었음을 반영한다. 또한 길가메시가 반신반인으로 표현된 것은 신과 인간을 매개하여 집단을 안전하게 지켜주는 왕이 될 조건을 지녔음을 의미한다. 아울러 온전한 신이 아니기에 최고의 자리에 영원히 머물 수 없고 죽을 수밖에 없는 본질적 결함을 지닌다.

에 어머니와 여신을 가족과 사회의 중심으로 삼는 모계제 요소가 있었음을 반영한다. 또한 길가메시가 반신반인으로 표현된 것은 신과 인간을 매개하여 집단을 안전하게 지켜주는 왕이 될 조건을 지녔음을 의미한다. 아울러 온전한 신이 아니기에 최고의 자리에 영원히 머물 수 없고 죽을 수밖에 없는 본질적 결함을 지닌다. 과대자기를 지닌 인간은 무의식에 예민한 과소자기를 지니고 있기에 자신이 어떤 결함을 지녔다는 사실을 견디지 못해 부인한다. 그리고 자신이 대단한 존재라는 '조적 환상'을 만들어 내 불안으로부터 자신을 방어한다.[8]

'들소'는 사막과 초원지대에서 식량(젖과 고기)을 풍요롭게 제공하여 인간 생명을 지켜주는 수호신의 상징이다. 들소가 식량을 제공한다는 유사성을 매개로 젖과 음식을 제공하는 어머니와 결합·동일시·인격화된 것이 바로 들소 여신이다.

지배적 모성성·미약한 부성성과 폭정

성장해 왕이 된 길가메시는 백성들에게 성벽과 신전을 쌓는 힘든 노동을 강제한다. 그는 자주 젊은이들과 힘을 겨루며 자기 힘을 뽐냈고, 밤에는 결혼할 여성들에게 초야권을 행시하여 오랜 기간 부부가 함께 있지 못하도록 만들었다. 백성들은 길가메시의 폭정에 대해 신들의 아버지인 아누에게 호소한다. 신들의 어머니이자 창조의 여신 아루루는 진흙을 광야에 뿌려 길가메시에 맞설 야만인 전사 엔키두를 창조한다.

명성욕과 권력욕이 크고 자신의 능력을 외부에 자랑하고 싶어 하는 것은 과시적·외현적 자기애 성격의 특성이다. 외현적 자기애를 지닌 사람은 타인으로부터 대단히 가치 있는 존재로 칭송받는 확인 경험을 해야만 자존감이 유지된다. 자기가 소유한 권력으로 타인의 삶을 좌지우지하면서 길가메시처럼 자신이 대단한 존재임을 타인들로부터 과도하게 확인하려 든다. 자기애 성격구조를 지녔기에 길가메시는 도시 전체에 성벽을 쌓고 신전을 세우는 타인의 고된 노동과 고통에 둔감하다.

결혼하는 여성과 왕이 첫날밤 성관계를 맺는 관습은 신성한 기운(마나)을 가진 왕과 평범한 여인이 접촉하면 여인의 심신이 온갖 재앙으로부터 보호되고 왕성한 생식 능력을 지니게 된다는 주술적 사고에 근거한다. 왕은 집단의 생명을 수호하는 왕성한 생명력의 화신이기에 초야권을 행사할 수 있는 유일 존재다. 그런데 길가메시는 자신의 본능 충족을 위해 초야권을 제멋대로 행사해 원성을 산다.

백성들은 하늘의 아버지신에게 고통을 호소하지만 해결책은 어머니신이 제공한다. 이는 고대 우루크인의 정신성이 주로 전오이디푸스기 모성성의 위력에 종속되어 '아버지 말씀'의 힘이 미약하다는 징표다. 가령 어머니가 아기를 초기 3년간 안정적으로 돌볼 수 없는 열악한 원시 환경에서는 집단 차원에서 모성 에너지가 결핍된 자기애 인격, 경계선 인격, 편집·분열 자리에 고착된 편집증적 성격구조가 형성될 수 있다.

모성성의 결핍 또는 과도하게 돌봄 받은 문제를 지닌 인간과 집단은 모든 것을 완벽히 충족시키며 안전히 보호해주는 이상화된 어머니 환상을 지닌다. 이 무의식적 환상이 외부로 투사되면 모성신을 숭배하게 된다. 이때 창조의 여신 아루루는 피조물의 비뚤어진 성격을 전환·치유·처방하는 능력을 지닌 존재로 표상된다. 이는 모성성의 결핍 또는 과잉 돌봄(지배)이 만병의 근원이고, 이 문제를 해결해야만 심신의 병리적 불균형이 해소되어 정신이 발달된다는 원시적 직관과 원초적 사고에서 기인한다. 여신이 '진흙'으로 인간을 창조함은 중국의 창조여신 여와女媧◆의 행위와 유사하다. 그리스 신화(프로메테우스)와 기독교 신화(야훼)에서는 여신이 아닌 남신이 진흙으로 인간을 창조한다.

엔키두의 등장

엔키두는 전쟁의 신처럼 강함을 지녔고 동물의 수호신처럼 털로 덮여 있었다. 그는 곡식처럼 풍요롭게 자라나는 긴 머리를 가졌다. 인간과 국가에 대해서는 아무것도 몰랐고, 영양처럼 풀을 뜯어 먹고 소와 함께 웅덩이 물을 마시며 짐승들과 물장난을 쳤다.

엔키두는 전쟁의 신과 같은 전투력과 함께 여린 피부를 보호하는 에너지의 상징인 '털'을 지녔다. 긴 머리카락은 강한 남근적 생명력의 전치다. 엔키두는 문명에 의해 순화(거세)되지 않은 원초본능의 힘을 구현한다. 자연 정령들(영양, 소 등)과 소통해 자연의 기운과 메시지를 직관하고 자기 것으로 사용할 수 있는 능력을 지닌 자다. '물장난'은 마르지 않는 생명력이 활기차게 출렁이는 모습을 연상시킨다.

사냥꾼은 무시무시한 기운을 발하는 엔키두를 발견하고는 놀라 아버지에게 고했다. 사냥꾼의 아버지는 엔키두의 존재와 "어지의 힘으로 그를 정복하게 하라."는 말을 길가메시에게 전하게 한다.

동물(자연 정령)들과 더불어 동물적으로 존재하는 엔키두의 기운에 문명의 척후병인 사냥꾼이 당황한다. 공격적 야성을 순화하려면 여성(성욕동)

◆ 중국 신화에서 인간을 창조한 여신. 주로 뱀 모양의 여신 여와와 남신 복희가 서로의 꼬리를 틀고 있는 모습으로 그려진다. 동한 시대의 학자 응소應劭가 편찬한《풍속통의風俗通儀》에 따르면 여와가 황토로 사람을 빚고 결혼 제도를 만들었다고 서술하고 있다.

과 결합시켜야 한다는 생각은 고대 인류의 오랜 경험에서 비롯된 것이다. 공격욕동이 성욕동과 분리되면 무시무시한 파괴성이 발현되지만, 성욕동과 결합하면 중화되거나 생산적 욕동으로 전환(승화)될 수 있다.

> 길가메시는 신전 여사제 샤마트에게 야만인 엔키두를 맡긴다. 그녀가 물가에서 옷을 벗고 진한 매력을 드러내자 엔키두가 다가온다. 일곱 날 여섯 밤 동안 사랑을 나누자 엔키두가 변한다.
> 그는 예전처럼 민첩하게 뛰어다닐 수 없게 되었지만 이해력은 사람처럼 넓어졌다. 샤마트가 그에게 말했다. "당신은 왜 숲에서 짐승들과 광야를 배회하고 다녀야만 하죠? 내가 당신과 우루크로 가서 하늘의 신 아누와 사랑의 신 이슈타르 신전으로 안내할게요. 우루크에는 사나운 황소처럼 힘 센 길가메시가 있어요. 그를 응징하겠다는 계획을 버리세요. 태양신 샤마시가 그를 사랑하고, 아누, 엘릴, 엔키가 그를 지혜롭게 만들었지요. 길가메시는 우루크에서 당신에 대한 꿈을 꾸고 있을 거예요."

길가메시로 대변되는 문명 집단에 야수성을 지닌 엔키두(원시적 이방 부족)의 출현은 위협적 사태인 동시에 집단에 새로운 에너지를 보충할 수 있는 기회일 수도 있다. 고대 사회의 신전에는 제사를 주관하는 여사제들과 여성 봉사자들이 있었는데, 그들은 신에게 바치는 제물 비용을 마련하기 위해 신전에서 이방인에게 몸을 팔았다. 또는 공공 제례 때 집단의 생식력을 순환시키기 위해 직접 왕성한 생명력을 지닌 대상과 성관계 맺는 주술을 행했다.[9] 이들은 자신의 몸과 영혼을 매개로(전인적 성 접촉을 통해) 개인과 개인, 집단과 집단, 집단과 자연계 사이의 막힌 소통을 풀어주는 매개자이자 신성한 치유의 비밀을 아는 비범한 주술사이며 심신의 치료자인 동시에 몸을 파는 봉사자다. 이들과의 결합은 자아가 외면해온 무의식의 원시 욕동들을 자아에 통합하여 욕동을 조절하고 정신발달을 이루는 효력을 지닌다. 성숙한 영혼을 지닌 이성과의 만족스러운 성 접촉과 대화는 인접(전염)원리에 의해 본능에 이끌리는 원시 심성이 현실을 상징 의미로서 이해·대면하도록 함으로써 현실자아를 발달시키는 계기가 된다.

엔키두에게 성적 만족과 문명적 언어 소통을 함께 제공한 여사제 샤마트는 엔키두의 원초 공격성을 중화하고 원시 정신성을 상징계와 소통하는 정신성으로 전환시킨다. 원시인이 문명인으로 전환되기 위한 조건이 이 신화에서는 성적 매력과 지혜를 함께 지닌 신성한 여성과의 일곱 날 여섯 밤 사랑 행위로 상징화된 것이다. 프로이트와 자아심리학 관점에서 볼 때 유아성욕의 적절한 충족은 리비도 발달에 기여하여 유연한 정서를 갖게 한다. 또한 새로운 대상과 친밀 관계 속에서 나눈 언어적·비언어적 소통은 외부 세계에 대한 긍정적 내적 표상을 형성시켜 자아의 대상관계 능력과 자아 발달에 기여한다. 그러나 성욕 충족이 과대하면 퇴행과 고착을 유발해 도리어 방해가 된다. '일곱 날'이라는 한시적 기간은 고대 수메르인에게 정서 발달과 자아 발달을 위한 최적 기간을 상징한다.

여사제와의 정신적 융합과 열정적 쾌락 체험이 욕동 발달과 자아 발달의 효율적 매개가 된다고 믿은 근거는 주술적 사고의 인접원리에 있었다. 누가 어떤 영성을 지닌 대상과 접촉하느냐에 따라 그의 영혼은 고양되거나 파산되는 격심한 변화를 겪을 수밖에 없다. 고대인에게는 생생한 경험적 진리였던 인접(접촉)법칙을 현대정신분석의 개념으로 번역하면 '투사동일시'와 '내사동일시' 작용에 의해 서로 접촉한 두 정신성 사이의 상호반응(타자 점유, 동화, 함입, 지배, 조종, 정서적 소통) 상태를 의미한다.

신성한 창녀(여사제) 샤마트는 자기 영혼의 일부를 투사동일시를 사용해 접촉한 대상의 영혼에 집어넣어 자신이 원하는 상태로 상대를 변환시키는 비범한 능력을 지녔다. 그녀는 문명 에너지와 원시 에너지(자연 생명력), 현실(길가메시)과 본능(엔키두)의 대립되는 요구를 조화롭게 중개하는 당대 집단정신이 지녔던 문화적 인생 관리술의 표상이다. 샤마트와의 친밀한 성 접촉과 소통 체험으로 문명과 접속한 엔키두는 과연 자신의 본질을 실현한 것인가 아니면 정체성을 상실한 것인가?[10]

길가메시의 꿈

> "내가 한밤중에 백성 사이를 자신만만하게 걸어가고 있었다. 하늘의 별들이 나타났고, 별 하나가 내 위에 떨어졌는데 하늘 신 아누의 기운과도 같았다. 그걸 들어 올리려 했으나 너무 무거웠다. 우루크의 백성들이 그 별 주위에 모여들어 경배한다. 나는 사랑에 빠져 여인을 대하듯 그 별을 껴안는다. 가까스로 별을 들어 어머니의 발 앞에 놓았고, 어머니는 그것을 나와 같은 위치에 두셨다."

꿈에서 깬 길가메시는 어머니에게 꿈의 내용에 대해 말한다. 닌순은 그 유성이 길가메시의 친구가 될 자이며 매우 소중한 동료가 될 것이라고 풀이한다.

고대인은 꿈이 강력한 정신 에너지를 지닌 신(정령)이 그 민족에게 전해주는 신성한 메시지라고 믿었다. 새 별이 신들의 세계인 하늘에서 지상으로 떨어지기 전까지 길가메시는 우루크의 유일한 별이었다. 별은 영원한 생명력, 신성, 영웅, 지혜, 자기, 죽음, 위대한 이상 등을 상징한다. 하늘에서 별처럼 빛을 발하며 떨어진 운석은 신성한 하늘 세계와 접촉했던 대상이기에 신성하다.

주목되는 '별'이 지상에 떨어지면 대체로 기존 영웅이 사라지고 새로운 영웅이 출현하는 것을 상징한다. 영웅의 탄생은 밝은 새 별이 하늘에서 땅으로 강림한 듯 지각되고, 새 별은 집단 구성원의 불안을 진정시켜줄 구원자를 뜻한다. 이집트에서는 사후의 영혼을 별과 새로 상징화한다. 별은 영원불멸의 영혼을 뜻하며, 왕과 영웅은 죽으면 별이 되어 태양신을 따라다니게 된다. 죽은 자의 목표는 생동감 넘치게 움직이는 별이 되는 것이다.

꿈에 새로운 별이 출현하기 전까지는 길가메시에게 진정한 관심을 쏟을 만한 가치 있는 대상이 현실에서 지각되지 않았다. 그는 왕의 권능을 마음껏 표출하고 누리는 과대자기 상태로 지냈다. 그의 등 뒤로 떨어진 별은 왕 살해 임무를 지닌 도전자의 상징이거나 길가메시의 삶이 새로운 국면으로 접어들게 되리라는 메시지다. 전능하고 유일한 지배자로 살던 그의 시간이 이제 끝났다는 암시가 새로운 별을 경배하는 백성들의 모습에 담겨 있다. 변화된 환경에서 그는 더 이상 기존의 오만한 태도를 취할 수 없다. 그 별을 적으로 판단해 죽이거나, 그 별과 동료가 되거나 해야 한다. 그 운석을 자신과 '같은 위치에 둠'은 자신과 동등한 존재로 대한다는 의미다.[11]

'별을 들어 올림'은 별을 자신의 힘으로 통제하려는 욕구의 표현이다. 그러나 운석이 무거워 들어 올리는 데 실패한다. 이는 자아전능 감정에 도취되어 살던 길가메시 왕이 자신의 한계를 처음으로 자각한 순간을 의미한다. 새 별을 제압하여(들어 올려) 백성의 존경을 받는 일은 지금의 길가메시로서는 불가능하다. 그러나 새로운 힘을 보충한다면 가능할 수 있다. 이제 그에게는 보다 강한 능력, 신적인 힘을 흡수하기 위한 모험이 필요하다.

우루크 성벽에 도끼 하나가 나타났다. 사람들이 몰려왔고, 나는 이 도끼를 어머니 발밑에 놓았다. 어머니는 그것을 내 곁에 두셨다.

다시 잠에 빠졌다가 깨어난 길가메시가 어머니에게 해몽을 부탁하자 닌순이 말한다. "그는 너와 친구 될 몸이며, 하늘의 유성과 같은 힘을 가졌다. 네가 본 도끼는 친구이고, 너는 그를 아내처럼 사랑해 껴안을 것이다."[12]

고대 인류에게 '도끼'는 인간을 적으로부터 지켜주는 힘을 지닌 귀한 무기다. 도끼는 또한 타자의 몸속으로 침투하는 남근의 힘과 남근을 거세하는 파괴적 힘을 함께 지닌다. 그 힘을 소유하고 사용하는 자는 대단한 과업을 성취할 수도 있다. 그래서 길가메시는 그를 곁에 둔다. 프로이트는 꿈에 두 대상이 가까이 인접하면 성관계하고 있는 표상으로 해석한다. 자기애 성격자 길가메시는 도끼의 힘을 지닌 엔키두를 '쌍둥이 자기대상'으로 느낀다. 쌍둥이 자기대상이란 주체가 자존감을 유지하는 데 필요한 대상이며, 자신과 동등한 힘과 주체성을 지닌 친구(또 다른 나)를 의미한다. 인간의 '자기'가 강한 응집력과 통합력을 지니려면 자신을 귀한 존재로 존중해주는 '과대 자기대상' 및 자신이 이상화할 수 있는 '이상화 자기대상'과 더불어 자신과 동등한 가치를 지녔다고 느껴지는 '쌍둥이 자기대상'(제2의 자아)이 필요하다.[13]

도끼와 운석을 어머니 '발밑에 놓음'은 어머니 가까이에 위치한 것이고, 꿈에서 인접·접촉한 대상이 매우 밀접한 관계가 있음을 의미한다. 즉 부모-자식 관계 내지 상하 관계가 된다는 뜻이다. 어머니가 그 도끼를 길가메시 '곁에 둔'[14] 것은 동등한 형제로 만든다는 의미다.

여기서 두 대상 사이의 관계와 위치(위계)를 설정해주는 역할을 어머니가 하고 있음이 주목된다. 신의 메시지인 꿈을 해몽하는 자가 어머니라는 것은 아버지가 아닌 어머니가 길가메시의 인생 방향을 안내하는 대타자 역할을 한다는 증거다. 이는 당대 사회가 모계제 특성을 지님을 반영한다. 길가메시 신화에서는 어머니신의 위상과 역할이 막대하다.

전능하게 느껴지는 어머니를 과잉 애착한 자기애인격 남성은 성장 후에 여성을 자신의 존재 가치를 과시하는 쾌락 수단으로 이용할 뿐(초야권 행사), 현실의 여성과 진정한(동등한) 관계를 맺기 어렵다.

길가메시와 엔키두의 만남

우루크에 간 엔키두가 초야권을 행사하러 가는 길가메시의 길을 가로막자 싸움이 벌어져 문과 벽들이 흔들렸다. 둘은 싸움을 멈추고 친구가 될 뜻을 품고 있었음을 인정한다.

엔키두와 길가메시는 각기 다른 힘을 대변한다. 이들의 만남과 대결, 그리고 친구 됨은 두 유형의 힘이 조화로이 결합하여 증폭된 새로운 힘의 탄생을 의미한다. 이는 또한 서로 다른 두 부족 집단의 결합을 뜻할 수도 있다. 적대자가 협력자나 조력자 관계로 전환되는 경우 기존 삶의 양태와 흐름은 완전히 달라질 수밖에 없다.

길가메시는 엔키두에게 삼나무 숲의 거인 훔바바를 처치하러 떠나자고 제안한다. "나는 신이 정해놓은 운명대로 살지 않겠어. 내 이름을 선대왕들처럼 돌판에 새기지 않을 거야. 삼나무가 가득한 그곳으로 가서 그곳에 내 이름을 새길 거야." 엔키두는 이 말을 듣고 두려움에 떤다.

길가메시는 백성들에게 경배받는 가장 큰 별이 되기 위한 모험으로 훔바바 살해를 계획한다. 여러 도시국가 중 하나를 통치하고 있을 뿐인 길가메시가 광대한 전 메소포타미아 지역을 아우르는 제사장(사제 왕)에게 도전하려는 것이다. 이 대결에서 승리할 수만 있다면 그는 그 누구도 감히 경쟁할 수 없는 '별 중의 별'로 떠오를 것이다.

길가메시로 하여금 당대 인류가 바라는 안전한 생명 유지의 길이 아닌 위험한 모험을 선택하게 한 추동력은 무엇일까?[15] 이는 지상 국가를 건설한 최초 왕이며 인간의 창조주인 엔키의 소망이 집단무의식에 잠재해 있다가 길가메시에게 전해진 것일 수 있다. 즉 능력은 탁월하나 서자라는 이유로 신들의 왕이 되지 못하고, 지상 국가의 통치 권한마저 엔릴에게 빼앗긴 엔키가 우루크의 왕 길가메시로 하여금 자신의 대리자가 되어 신들의 왕인 엔릴을 제압하도록 추동한 것이다. 이 경우 신전을 지키는 거인 훔바바는 엔키의 경쟁자이면서 동시에 아누의 적자 엔릴의 대리인이다.

당대 상징계의 중심에 위치하던 훔바바를 처치한다는 것은 새로운 최고 권력자가 될 수 있다는 의미다. 새로 등장한 존재가 신전에 자기 이름을 새겨 그곳의 주인임을 공표하려면 그 위치에 걸맞은 힘과 정신력을 갖추어야 한다. 그렇지 않으면 큰 위기가 닥칠 수도 있다. 과연 길가메시는 훔바바와 대결해 그의 자리를 차지할 내적 준비가 된 것일까?

훔바바는 신들의 왕 엔릴이 임명한 신성한 숲의 수호자이며 무시무시한 후광을 지니고 있다. 그를 쳐다보는 것만으로도 위태롭고 그의 음성만 울려도 홍수가 밀려들 듯하다. 그가 지키는 숲에 들어가면 누구든 병으로 쓰러진다. 이런 죽음을 향한 원정을 강행하는 자는 자아가 팽창ego-inflation한 상태이거나 과대자기 욕구에 함입된 자다. 이때의 길가메시는 자기애적 명성욕에 집착하여 현실자아 기능이 축소된 상태이기에 미래의 비극을 전혀 예견하지 못한다. 자신을 도울 든든한 무기(도끼)이자 친구(동맹집단)인 엔키두를 얻자 길가메시의 자아는 급격히 팽창하여 세상에서 두려울 것이 없는 과대자기 상태로 변질된 것이다.[16]

명성은 고대 사회에서 권력의 표상이다. 자립적 영혼을 지니지 못한 채 집단무의식 및 지도자의 권위와 정신성에 의존·융합되어 살던 고대인에게 가장 큰 명성을 지닌 대상은 집단 모두가 목숨 바쳐 보호하고 숭배해야 할 이상화 대상으로 경배되었다. 이제 도시국가의 왕 길가메시는 메소포타미아 전역에서 가장 힘 있는 존재(대타자, 아버지)로 경배되는 자리를 소유하고 싶어 한다. 자신보다 더 큰 힘을 지녔다고 알려진 존재는 숲의 왕 훔바바다. 권위 대상과 힘의 우열을 겨루는 대결을 통해 왕의 자리를 차지하는 것은 고대 인류가 공인해온 관습이다. 고대인들은 동물 세계에서처럼 힘의 우열에 따라 존재의 위계를 정했다. 그렇다면 길가메시의 행위는 어떤 면에서는 금기(터부)를 어기는 행위(부친 살해)이고, 어떤 면에서는 공인된 행위(왕 살해)라는 양면성을 지닌다.

> 우루크의 고문관들은 그들의 계획이 무모하다고 충고했으나 결국 동의하고 조언을 해준다. "길가메시여, 너무 자신의 힘만 믿지 마십시오. 삼나무 숲으로 가는 길을 잘 아는 엔키두를 앞장세우십시오." 또한 둘은 위대한 여신 닌순에게 조언을 구했다. 닌순은 엔키두가 친구 길가메시를 보호할 수 있도록 태양신 샤마시에게 제사를 올렸다.
> 삼나무 숲에 도달하자 그들은 경탄했다. 숲의 정상을 황홀히 쳐다보고 또 쳐다보았다.

중요한 결정에는 반드시 신들의 아버지 아누와 그의 후계자 엔릴의 명령이 떨어져야 한다. 아울러 사제 집단의 동의도 필요하다. 길가메시는 이 모험이 위대한 엔릴의 명령에 따라 시작되기를 기원한다. 그러나 신의 응답이 없다.

훔바바는 엔릴의 임명에 의해 신전을 지키는 수호자이자 샤먼 왕이다. 아울러 인간에게 생명 원기를 제공하는 동시에 생명력을 보관하고 있는 신령한 숲을 지키는 존재다. 고대인들은 큰 나무에 생명 원기가 담겨 있다고 믿었다. 그 숲이 이방인에 의해 침범당하면 숲을 지키는 수호자도 민족의 생명도 위태로워진다.

보통 사람은 신전 숲에 접근하는 것이 금지되어 있으며, 함부로 접근하는 자는 샤먼 왕과 가혹한 신령(원시 초자아)의 징벌에 의해 살해된다.[17] 장로들이 길가메시를 만류한 이유는 자연계와 공동체가 현재 큰 탈 없이 안정적으로 유지되고 있는 상태였기 때문이다. 숲의 샤먼 왕이 노쇠하거나 병이 들어 집단의 생명 원기를 적이나 악령에게 빼앗길 위험이 있을 경우에야 관례에 따라 사제들이 의논하여 기존 왕을 살해하고 새로운 왕을 자리에 앉힌다. 그러나 과시욕과 명성욕이 강한 길가메시는 훔바바보다 자신이 더 강한 존재임을 과시하고 싶어 재난이 없는 시기임에도 그와 대결하려 한다.

길가메시가 삼나무를 베자 거인 훔바바가 나타나 비웃는다. "아버지를 모르는 물고기 자식 같은 엔키두야. 어머니 젖을 먹지 못한 거북이와 자라의 자식아! 길가메시는 천치 친구의 충고를 받았구나. 길가메시, 그대는 아직 어리다."
훔바바의 거대한 모습에 길가메시는 두려움에 떨었다. 그러나 샤마시 신이 일으킨 사나운 비바람이 훔바바를 강타하자 훔바바는 무기력해져 살려달라고 간청한다. 길가메시는 훔바바가 지닌 일곱 영광과 광채가 사라질 것을 염려해 그를 제거하지 못하고 주저한다. 그러자 엔키두가 "아무리 강한 자라도 판단을 잘못하면 남에게 짓밟히고 마니, 저 포로를 죽여야 한다."라고 설득한다.
훔바바를 처치하자 광채가 사라지고 신들의 비밀 성소가 열렸다.

'삼나무를 베자' 훔바바가 나타났다. 삼나무는 고대인들이 자신의 생명력을 보관해두는 가장 안전한 우주목(신의 나무)이었다. 이 우주목을 숲지기는 목숨을 걸고 지키는데, 삼나무가 누군가에 의해 베어졌다는 것은 그 숲을 지키던 샤먼 왕에게는 위기의 전조이며 민족 집단과 자연계 질서에 큰 변혁이 일어남을 암시한다.

홈바바는 침입자들의 어리석음을 비난한다. 특히 길가메시에게 '너는 아직 어리다'라며 그의 정신성이 아이 상태, 즉 아버지를 적대시하는 오이디푸스 콤플렉스에 머물러 있음을 지적하고 조롱한다. 길가메시는 홈바바를 두려워하는 모습을 보인다. 그것은 홈바바가 백성들에게 규범을 제시하는 아버지 자리에 있는 자이기 때문이다. 길가메시는 아이의 눈에 무섭게 보이던 '거대한 아버지 환상'을 경험한다. 그러나 어머니 닌순 여신으로부터 모성 에너지를 듬뿍 받아 전능환상과 거대자기를 지닌 길가메시는 거인에 의해 거세당하는 공포를 이겨내고 치열하게 싸운다. 그런 그를 도와 태양신 샤마시는 홈바바의 입속과 신체에 폭풍을 불어넣어 꼼짝 못하게 만든다.[18] 집단이 경배하는 신(태양신)의 도움으로 숲의 왕을 살해한 것이라면 금기를 어긴 자가 아니라고 당당히 과시할 수 있다.

숲지기는 지모신의 상징인 우주목과 여신 신전을 지키며 자연 생명력의 보존과 순환을 위해 때로 여신의 배우자 역할을 하기도 한다. 아동심리 관점에서 접근하면 성스러운 신전은 가족의 집을 상징하고, 여신은 유아의 어머니를, 여신을 지켜주는 샤먼 왕은 아동기의 아버지를 의미한다고 볼 수 있다. 그렇다면 홈바바 살해는 부모의 은밀하고 금지된 영역에 침입하여 아버지를 살해하고 어머니의 보금자리에 자신의 이름을 새기는 어린아이의 소망을 표상한다. 바로 이런 무의식적 동기 때문에 길가메시는 결정적 순간에 살려달라고 애원하는 거인 홈바바(아버지)를 죽여야 할지 살려야 할지 갈등한다.

이 갈등은 길가메시에게 금기 규칙(엔릴의 명령, 아버지의 말씀)을 존중하여 홈바바를 죽이지 말라는 강력한 '신의 목소리'가 내면에서 들렸기 때문일 수 있다.[19] 위급한 상황일수록 원시와 고대의 인류는 늘 내면에서 들리는 신의 목소리에 따랐다. 신은 또한 가장 가까운 인물로 변신하여 자신의 뜻을 전하기도 한다. 엔키두의 입에서 나온 말은 묘하게도 야수성을 지닌 전사가 아니라 지혜로운 예언자의 특성을 담고 있다. 길가메시는 소중한 동료 엔키두가 전하는 '지혜의 목소리'에 힘입어 훔바바를 살해한다.

조력자인 태양신 샤마시와 엔키두의 도움으로 길가메시는 훔바바를 살해하고 자신의 이름을 신전에 새긴다. 함부로 들어가서는 안 되는 금기 영역에 침입해 자신의 이름을 새긴 것은 길가메시가 옳고 그름의 분별과 규범을 망각한 과대자기 상태에 취해 있기 때문이다. 이는 마치 자신이 대타자(아버지)의 자리를 차지한 유일 존재인 듯 여기는 극도의 자만Hybris 상태다.

이슈타르 여신의 청혼

우루크로 돌아와 몸을 씻고 새 옷과 장식 띠를 갈아입자 여신 이슈타르가 나타나 길가메시에게 청혼한다. "길가메시여, 그대가 지닌 육체의 아름다움을 내게 주세요. 내 연인, 남편이 되어주세요! 그대가 내게 오면 그대의 암염소는 세 쌍둥이를 임신할 것이고, 암양은 쌍둥이를 임신 할 것이며, 멍에를 진 그대의 황소는 필적할 상대가 없을 것입니다." 길가메시는 과거에 그녀가 유혹했던 남자들의 비극적 최후를 열거하며 거절한다.

샤먼 왕을 살해하는 순간 그 대상이 지녔던 신성한 기운(일곱 광채)은 살해자(접촉자)인 길가메시에게 전부 옮겨간다. 샤먼 왕의 신적 에너지를 흡수한 길가메시는 생명력과 남성적 매력이 최상에 달하게 된다. 상징계 전체에서 가장 무게 있고 가치 있는 자리를 차지한 주인이 된 자. 지상 최고의 강자로 이름을 새긴 인간은 누가 보아도 매력적인 존재다. 신들조차 길가메시에게 경탄한다.

엔키두의 조력을 통해 거인 훔바바의 괴력과 후광을 자기 것으로 소유해 자존감이 절정에 오른 바로 그 순간, 홀연 여신 이슈타르가 그 앞에 출현한다. 고대 여러 국가에서 수호신으로 숭배된 이슈타르는 사랑과 다산, 전쟁의 여신이다. 그녀는 가장 강한 생명력을 지닌 영웅 앞에 나타나 그와 결혼하는 역할을 규칙적으로 수행한다. 고대의 여신과 여사제는 가장 강한 대상과 성관계를 맺음으로써 자연의 왕성한 생식 활동에 참여한다. 이를 통해 자연계의 생식력과 생명력이 활성화되면 가축과 인간의 임신·출산이 원만히 이루어지고 농작물을 풍성하게 수확할 수 있다고 믿었던 것이다.

이슈타르 여신과 관련해 한 가지 더 주목해야 할 점은 고대에는 열매 맺은 식물이나 곡물(정령)을 인간이 수확하는 것을 마치 동물의 목숨을 거두어가는(죽이는) 것과 유사한 행위로 간주했다는 사실이다. 인류는 식량을 제공하는 식물이 죽은 후 이듬해에 다시 살아난다고 믿음으로써 보복당하는 불안과 죄책감에서 벗어날 수 있었다.

죽음과 부활, 자연 생명력의 영원회귀는 석기시대부터 신화시대까지 이어진 보편적 생각이었다. 가을·겨울에 죽었다가 봄에 다시 살아나는 식물(곡물)의 생명 현상이 중단되지 않고 영원히 반복되기 위해서는 아기를 낳듯이 곡식을 낳는 대지의 모신에게 감사의 제물을 바쳐야만 한다. 인간이 지닌 가장 소중한 것을 바칠수록 신들이 더 감응한다. 그래서 여신과 결혼 의례로써 성적 결합을 한 신성한 대상(샤먼 왕, 숲지기, 애인)은 엄숙한 제례에서 식물처럼 살해당해 그 피와 육신이 대지(자연 정령들)에 뿌려졌다. 인간 제물이 많이 바쳐질수록 그 민족 집단은 매년 자연신(지모신)으로부터 풍성한 열매를 선물 받아 생명을 유지할 수 있다.[20] 길가메시가 훔바바를 처치해 가장 강한 존재가 된 시점에 이슈타르가 출현하여 청혼한 것은 바로 이런 이유 때문이다.

여신과의 결혼은 절정의 생명력과 죽음에 동시 접속함을 의미한다. 길가메시는 자연신에게 바쳐질 인간 제물이 되고 싶지 않았기에 결혼을 거부한다. 그런데 여신의 청혼을 감히 인간이 거부해도 되는 것일까?

바로 여기에 다른 신화와 구별되는 길가메시 신화만의 특징이 있다. 여신이든 남신이든 신의 청혼을 받은 인간은 그것을 거부할 경우 반드시 비극적인 운명에 처할 수밖에 없다. 그럼에도 신화 속 길가메시는 여신의 요청을 거부할 뿐 아니라 여신의 문제점까지 열거한다.

이러한 이례적인 신화소를 해석하기 위해 우리는 신화심리학자 줄리언 제인스의 관점을 참고할 필요가 있다. 그에 의하면 기원전 8000년경부터 기원전 3000년경 사이의 인류는 신의 목소리를 청취하는 두뇌(신의 영역)와 감각지각에 반응하는 두뇌(인간의 영역)라는 서로 다른 특성의 양원적 정신(뇌)구조를 가지고 열악한 당대 환경에 적응하며 살아갔다. 정신의 내부와 외부에서 들리는 지혜로운 안내와 명령에 충실히 따르면 인류의 정신은 불안에서 벗어날 수 있었다. 고대 인류의 신화와 신앙과 제례는 이런 양원적 정신구조에 의해 유지되었으나 기원전 3000년경 이후 시대 환경이 급변하자 그것에 적응하는 인간의 정신구조 양태도 변화하기 시작했다. 당시에 이루어진 가장 중요한 변화는 스스로 사유하고 판단하는 기능인 '의식'의 출현이었다.[21] 자연스럽게 신의 목소리에 대한 복종과 신뢰에도 심대한 변화가 일어났다. 제인스의 말을 참조하면 길가메시가 이슈타르 여신에게 한 말과 태도는 신의 소리가 더 이상 절대적 권위와 힘을 지니지 못하며, 현실 사태를 비판적으로 지각하는 의식의 판단력이 어느덧 정신에서 상당한 비중을 차지하게 되었음을 드러낸다.

그렇다면 이슈타르 여신(모계제 여왕, 여사제)의 청혼을 거부하게 된 심리적 원인은 무엇인가? 길가메시가 어머니 닌순 여신에 대한 애착을 가득 지니고 있어서 어머니 외의 여성들에 대해 긍정적 가치를 느낄 수 없었기 때문일 수 있다. 어머니가 아버지보다 큰 힘을 지닌 경우 자식은 어머니를 과대 이상화하고 자기 자신을 어머니가 가치 있게 느낄 만한 대상으로 만들기 위해 부단히 노력한다. 그가 결혼할 연령에 도달하면 예비 신부와 결혼해도 좋은지 어머니에게 묻는다. 어머니가 반대하면 그 여성은 아무 가치 없는 존재로 지각되어 가차 없이 버려진다.

명실공히 최고의 위치에 올라 백성들의 삶의 모델인 '아버지'가 될 준비가 되어 있음을 보여야 하는 상황임에도 길가메시는 아직 결혼의 가치를 진정으로 느끼지 못한다. 그에게 여자는 단지 성적 쾌락의 충족을 위해 필요한 수단일 뿐이다. 이것은 왕의 초야권 행사만으로도 충분하다. 자기애 인격구조를 지닌 자에게는 자기 자신과 자신이 이상화하고 융합해온 어머니가 가장 중요하다. 결혼이 그에게 가치를 지닐 수 있는 유일한 경우는 자신의 존재 가치가 크게 고양된다는 확신이 설 때뿐이다. 길가메시에게 이슈타르는 이미 정상에 오른 자신의 존재 가치를 파괴할 대상으로서 지각된다.

길가메시가 이슈타르의 옛 연인들의 비극적 죽음을 문제 삼은 것은 신들에게 자신을 제물로 바치는 희생 제의와 왕 살해 관습을 거부하는 것과 같다. 청혼 거부는 왕의 힘이 생생할 때 살해될수록 그 왕성한 생명 기운이 집단 전체와 대지에 접촉·전파되어 십난의 생명력이 고양된다는 고대의 주술적 믿음에 위배된다. 이는 길가메시 신화가 형성되었을 당시의 상황이 농경 문화의 정착과 더불어 왕 살해 관습 양태의 변화를 요구하는 새로운 시대정신이 혼재된 과도기였음을 반영한다.

이슈타르의 청혼을 거절한 또 다른 이유는 길가메시가 엔키두에게 열정적 우정을 느끼고 있기 때문일 수 있다. 강한 어머니와 상대적으로 약한 아버지에게 양육된 남아는 아버지처럼 살고픈 욕구가 미미하다. 또 어머니의 기분을 맞추려 어릴 적부터 에너지를 소모했듯이 결혼하면 배우자에게 자신의 생명 에너지를 소모해야 할지 모른다는 피해의식을 지닌다. 그래서 성인이 된 후에도 여성과의 친밀 관계와 성적 결합을 회피하고 동성 친구와의 우정에 몰입하곤 한다. 엔키두와 연합하여 지상 최고의 강자로 등극한 길가메시의 마음에 엔키두를 능가할 만큼 가치 있는 대상이 지각되지 않는 것이다.

닌순 여신은 엔키두에게 부적 목걸이를 걸어주며 말한다. "그대를 양자로 받아들이겠노라."

길가메시 신화에서 엔키두의 존재는 어떤 의미를 지니는가? 이에 대해서는 여러 해석이 가능하다. 집단무의식 차원에서 볼 때 엔키두는 당대의 우루크 민족이 길가메시가 지닌 명령하는 힘, 지혜의 힘과 더불어 보충하고 싶은 강력한 본능 에너지를 표상한다. 엔키두의 도끼는 칼, 화살과 더불어 강력한 전투력을 지닌 수호자의 표상이다.

집단을 이끌 이상적 지도자는 지혜와 전투력을 함께 지니고 있어야 한다. 지혜와 전투력이 대립 관계에 있거나 분리되어 있으면 그 집단과 구성원은 정신의 균형을 유지하기 어렵다. 이 점에서 길가메시와 엔키두의 결합은 집단정신이 험난한 세상을 향해 든든한 자신감을 지니는 초석이 된다.

엔키두는 또한 길가메시가 위대한 영웅이 되는 여정을 이어갈 수 있도록 그를 대신해서 죽는 대리 왕(희생양)이기도 하다. 닌순 여신이 엔키두에게 왕족의 일원이자 자신의 또 다른 아들임을 상징하는 부적 목걸이를 걸어준 것은 엔키두가 길가메시와 동등한 존재, 즉 대리 왕임을 상징화하는 의례다. 왕을 대리하는 자는 왕과 가깝거나 유사한 특성을 지닌 인물이어야 하기 때문이다. 고대 관습에 의해 엔키두는 길가메시를 잠시 대리할 왕으로 선택되어 전쟁과 사랑과 갱생을 주관하는 이슈타르 여신에게 살해당해야 한다. 자상한 모습의 들소 여신인 닌순, 매력적인 이슈타르 여신은 고대 수메르인에게 삶의 방향과 행위 규범을 제시하던 대타자(관습, 운명)의 표상이다. 엄격한 금기와 징벌 규칙을 내포한 관습의 힘이 고대 인류에게는 너무도 절대적이고 무시무시하기에 부드러운 여신의 모습으로 변장해 출현한 것이다.

이슈타르의 분노와 몰락

> 길가메시의 거부에 격분한 이슈타르는 하늘로 올라가 신들의 아버지 아누에게 길가메시를 칠 하늘황소를 빌려달라고 요구한다. 자신의 요구를 들어주지 않으면 "지옥으로 가 죽은 자들을 불러일으켜 산 자들을 잡아먹게 하겠다. 그렇게 해서 죽는 자의 수가 태어난 자의 수보다 많아지게 하겠다."라고 위협한다.

이슈타르는 모계제 사회의 중심에 있던 여신, 전쟁과 사랑과 다산의 여신, 우루크의 오래된 수호신이다. 이슈타르는 집단에서 숭배받던 자신의 위상이 위태로워지자 분노한다. 이슈타르가 청한 '하늘황소'는 저승 여신 에레슈키갈의 남편이다. 저승 여신의 남편이 어떤 까닭으로 천상계에 있는지는 드러나 있지 않다. 그러나 정반대인 것은 서로 통하거나 서로 대체될 수 있다는 무의식 및 꿈의 원리에 의해 지하계 여신과 천상계 남신은 서로 연결·대체되는 대상일 수 있다.

강인한 생명력을 지닌 황소는 주요 신들의 분신 동물이다. 제우스와 포세이돈, 유대의 바알Baal 신 등은 종종 황소로 변신한다. 농경 문화에서 황소는 식량 생산에 큰 기여를 하며 인간에게 고기를 제공한다. 황소는 생명력과 생식력의 상징이자 인류의 수호신으로 경배되었다. 즉 이슈타르는 드높은 부성적 권위와 힘을 지닌 황소 신을 통해 신세대 왕 길가메시를 제압하려 한 것이다.

'높은 하늘'은 영혼을 다루는 사제 집단이 접촉하는 영역이다. 그렇다면 하늘황소는 집단의 안위를 위해 현재의 왕이 적합한 존재인지 없애야 할 대상인지 여부를 심판하던 사제를 상징할 수도 있다. 하늘황소를 하늘에서 빌려옴은 왕 살해 여부를 심판하던 사제 집단의 힘으로 길가메시와 엔키두를 심판하겠다는 의미일 수 있다. 이슈타르가 하늘신들에게 한 위협의 말은 일본의 지하계 여신 이자나미가 자신을 버리고 도망치는 창조신이자 배우자인 이자나기에게 한 위협과 유사하다. 하늘황소가 지상에 출현하면 무의식이 의식에 갑자기 회귀할 때처럼 인간계에 섬뜩한 재난이 일어난다. 하지만 지상에 내려오지 않더라도 분노한 이슈타르에 의해 병들어 죽는 재난을 피할 수 없다. 이와 같은 신화 속 이야기는 다발적으로 일어나는 죽음과 재난에 대한 고대인의 불안을 완화해준다.

> 이슈타르가 불기운을 내뿜는 하늘황소를 몰고 우루크에 도착하자 황소의 콧김에 땅이 갈라지면서 그 틈 아래로 우루크 청년들이 떨어진다. 숲은 말랐고, 하늘황소가 강물을 마시니 강 수위는 일곱 척이나 낮아졌다. 엔키두가 하늘황소의 뿔을 움켜잡자 황소는 엔키두 얼굴에 거품을 내뿜고 굵은 꼬리로 자신의 배설물을 때렸다. 엔키두가 하늘황소의 두꺼운 꼬리를 꽉 붙잡자 길가메시는 칼로 목, 뿔, 힘줄 사이를 찔러 죽인 뒤 심장을 도려내어 태양신 샤마시에게 선물로 바친다.

사막지대의 강들 사이에 세워진 도시국가 우루크의 왕이 해결해야 할 중요 과제는 홍수와 심한 가뭄을 막는 것이었다. 황소가 내뿜는 열기는 태양 에너지와 파괴욕동과 분노를 연상시킨다. 불기운을 내뿜는 하늘황소는 고대 우루크인들이 느꼈던 가뭄 공포의 원시적 환상이 표현된 것이다. 무시무시한 열기로 생명체가 죽어갈 때 원시 인류는 하늘신인 하늘황소가 분노하는 모습이 (환각으로) 보였을 것이다.

'황소의 콧김에 땅이 갈라지고, 숲이 마르고, 황소가 강물을 마시니 강 수위가 낮아졌다'는 것은 자연현상을 인격화·신격화해 지각했던 원시 인류의 정신에 나타난 환각 이미지로 볼 수 있다. 열기를 내뿜어 생명체들을 파괴하는 하늘황소는 자신의 말을 듣지 않는 자식(인류)을 잔인하게 처벌(거세)하는 무서운 아버지의 상징이기도 하다. 인간이 신의 뜻에 조화롭게 부응할 때는 자연과 사회 집단에 좋은 일들이 생기고 자상한 신들이 등장한다. 그러나 신의 창조물인 인간이 오만해져 자신의 본질을 망각하고 금기를 어길 때 인류를 돌봐주고 지켜주는 신들은 하늘황소를 보내 무서운 재난을 일으킨다.

하필 황소가 무시무시한 힘의 표상으로 등장한 이유는 무엇인가? 이는 고대 수메르인의 생존에 가장 필요한 대상이 소였기 때문일 것이다. 농사에 소를 처음 이용하던 시기에는 소가 가장 힘 있고 신성한 대상으로 지각되었다. 힌두교에서 소가 신으로 경배되는 것도 이 때문이다. 소가 생존에 꼭 필요하지 않은 민족 또는 현대인에게 소는 결코 집단의 생존을 좌우하는 괴력을 지닌 대상(환상)으로 출현하지 않는다.

'뿔'과 '꼬리'는 남근의 상징이다. 남근을 손으로 꽉 움켜잡음은 상대가 지닌 힘의 근원을 제압했다는 의미다. '심장을 도려냄'은 대상이 지녔던 강력한 생명 기운을 내 것으로 만들었다는 뜻이다.

이슈타르는 분노해서 저주를 퍼부었다. "길가메시가 나를 욕하고 하늘황소를 죽였다!" 이 말에 엔키두는 황소의 오른쪽 허벅다리를 베어 이슈타르의 얼굴에 던지며 말한다. "당신의 팔에 황소의 내장을 매달아놓으리라." 이슈타르는 신전 여인들을 모아 하늘황소의 허벅다리를 애도하게 했다.

이슈타르가 던진 저주의 말은 마치 "어머니를 모욕하고 아버지를 죽였다."라는 말로 들린다. 농경 사회로 진입한 우루크에서 하늘황소는 집단의 생존에 크게 기여하는 신성한 토템 동물이었을 것이다. 그렇다면 하늘황소를 죽인 길가메시는 금기를 어긴 셈이며 천벌을 면하기 어렵다. 그런데 여신의 저주에 대한 엔키두의 반응이 매우 인상적이다.

이슈타르의 얼굴에 던진 '허벅다리'는 남근의 상징이다. 힘을 상실한 죽은 남근을 상대의 '얼굴'에 던짐은 곧 그것에 접촉된 대상의 명성과 권위가 땅에 떨어졌음을 상징한다. 이슈타르의 팔 위에 매달아놓겠다고 한 '황소의 창자'는 힘이 거세되어 늘어진 남근이다. 무기력하게 거세된 남근을 신체에 매단(접촉한) 여신은 더 이상 사람들의 존경을 받지 못한다. 거세되어 무기력해진 존재의 말과 행동은 그 누구의 관심도 받지 못한다. 이제 여신이 왕과 백성의 생명을 좌우하던 시대는 지나간 것이다.[22]

사랑과 수태의 여신 이슈타르는 여사제들로 하여금 하늘황소의 권위와 힘의 상징인 신성한 허벅다리(남근)가 거세된 것을 애도하게 한다. 제례 때 토템을 살해하는 것은 희생 제물의 죽음 후 부활을 기원하는 의미다. 이것을 프로이트의 관점에서 해석하면 딸(여사제)들이 아들들(길가메시, 엔키두)의 반란에 의해 살해된 원시 아버지를 애도하는 것으로 볼 수 있다.

> 길가메시는 우루크의 장인匠人들을 모아 황소의 뿔을 보여주며 그 뿔을 장식하게 한 뒤 아버지 루갈반다에게 바쳤다. 두 영웅은 유프라테스강에서 손을 씻고 우루크 거리에서 승리의 행진을 했다. 길가메시가 말했다. "가장 용감하고 담대한 자는 누구인가? 그는 길가메시다. 우리가 화가 나서 하늘황소 뒷다리를 이슈타르에게 던졌으니 이 거리에서 그녀를 즐겁게 하는 자는 아무도 없다." 그리고 그는 축제를 열었다.

살해한 권위 대상의 상징(하늘황소의 뿔, 남근)을 장식하여 아버지에게 바치는 것은 죽은 아버지의 명예를 세워주며 아버지와 화해하는 행위인 동시에 이슈타르로 대변되는 모계제 여신보다 아버지신이 이후 시대의 중심(남근)에 위치함을 상징한다. 즉 사회 제도가 모계제에서 부계제로 넘어갔다는 징후다.

황소는 또한 고대 농경 사회에서 신성한 토템 동물이었다. 토템은 조상이 같은 친족을 의미하기에 토템 동물을 죽이는 것은 금기다. 생존을 위해 불가피하게 토템 동물을 살해해야 할 경우 죽이기 전에 경의를 표하고, 죽인 후에는 극진한 제사를 올려야 죽은 정령에게 보복당하지 않는다. 즉 하늘황소를 죽인 후 그 뿔을 아버지에게 바친 길가메시의 행동은 토템 살해의 죄와 죄책감을 벗음과 동시에 징벌당하는 재앙을 막으려는 몸짓이기도 한 것이다.

프로이트는 아버지에게 물건을 바치는 것을 큰 죄(원죄)를 저지른 것에 대한 속죄의 표시로 해석한다. 그 죄에 대한 공포와 죄책감 때문에 죽은 아버지가 때로는 산 아버지보다 자손의 정신에 더 큰 힘을 발휘한다. 죽은 아버지와의 화해는 정신성의 안정을 위해 반드시 필요하다.

신성한 강에 '손을 씻음'은 씻기 힘든 죄를 정화하고자 하는 의례다. '승리의 행진'은 자신이 낯선 권력자들(훔바바, 이슈타르, 하늘황소)과의 대결에서 승리해 명실상부 최고의 왕이 되었음을 알리는 메시지다. 이 부분이 길가메시의 명성과 외현적 자존감이 최고로 팽창된 절정이자 무의식이 자태를 불쑥 드러내는 비극의 문턱이다.

엔키두의 꿈

하늘의 신인 아누, 엔릴, 에아, 샤마시가 모여 상의하고 있었소. 누군가가 "그들이 하늘황소와 삼나무 숲을 지키던 훔바바를 죽였어. 그들 중 한 명은 죽어야 해." 라고 말했소. 그때 신들의 왕 엔릴이 "길가메시를 죽게 해선 안 돼."라고 답했소.

꿈속에서 하늘신들의 목소리가 엔키두에게 생생히 들린다. 정령들이 타자의 정신과 신체 속으로 들어가고 나오며 영향을 미친다고 믿었던 고대인은 꿈을 신성한 정령이 몽자의 정신에 들어와 미래를 알려주는 신령한 메시지라고 믿었다. 고대인의 꿈은 금지된 욕망에 대한 억압과 변장이 별로 없고 직설적이므로 꿈 내용에서 그것의 의미가 직관적으로 이해된다.

그렇다면 엔키두가 꾼 꿈의 의미는 무엇인가? 함부로 접촉하거나 죽여서는 안 되는 금기 대상을 죽인 자는 신의 이름으로 반드시 처벌받아야 한다는 것이다. 이는 금기에 민감했던 고대인에게 피할 수 없는 심리이자 신의 목소리다. 자기 의지로 혁신적 행동을 한 사람일지라도 준엄한 심판자인 초자아가 내면에서 행하는 심리적 처벌(심판)을 피할 수는 없다. 이것이 바로 인간의 본질이다.[23]

'신들의 회의'는 누구도 거스를 수 없는 절대 권위와 힘을 지닌다. 이는 아이의 미래를 좌우하는 부모의 회의, 왕 살해 여부를 결정하는 사제·원로 집단의 회의를 의미할 수도 있다. 그 회의에서 처벌 결정이 내려지면 그것은 곧 누구도 바꿀 수 없는 운명이 된다. 죄목과 형벌의 강약에서 범죄의 내용과 질을 읽을 수 있는데, 신들이 결코 용서할 수 없는 가장 큰 죄는 신을 모독하거나 토템 대상을 살해하는 행위다. 금기를 어긴 자에게 내려지는 형벌은 죽음이다. 신들의 회의에서 논의된 죄목은 훔바바 살해와 하늘황소 살해다.

길가메시와 엔키두의 죄는 대부분 신과 인간의 관계와 연관된 것이다. 그들은 신전이 있는 성스러운 숲을 함부로 침범해 신들이 임명한 샤먼 왕 훔바바를 살해했고, 생명체의 생식을 주관하는 여신의 말씀(결혼 요구)을 경시하며 거절했으며, 하늘 신들의 전령인 하늘황소를 살해했다.

하늘황소 처치는 갑자기 출현한 재난(가뭄, 괴물 출현)을 길가메시와 엔키두 두 부족이 힘을 합쳐 극복했다는 의미인데 왜 길가메시와 엔키두 중 하나가 죽어야만 하는가? 여기에 미묘한 무엇이 있다. 하늘황소는 신과 다르지만 신이 인간과 관계할 때 사용하는 어떤 힘과 연관된다. 이슈타르가 하늘신에게 하늘황소를 빌려달라고 한 것은 신을 모독한 인간 집단에 재난을 내려 심판하기 위해서였다. 심판하는 힘은 아버지의 힘이다. 하늘황소가 출현한 것 자체가 이미 수메르인에게 분노한 신의 심판이었던 것이다. 하늘황소가 나타나기 전에 그는 이미 죄를 저질렀고, 하늘황소를 죽임으로써 또 다른 죄를 저지른 셈이다.

길가메시의 의식은 이런 사실을 잘 모른다. 신화를 생성해낸 민족 역시 이런 사실을 어렴풋이 알지만 상세히는 모른다. 당대의 집단무의식은 집단을 위해 길가메시가 필요하다고 판단했기에 길가메시 대신 엔키두를 대속자로 선택했다. 민족의 운명을 좌우하는 '신들의 회의'란 고대인의 정신성을 외부와 내부에서 명령하고 조종하는 집단무의식[X]의 여러 힘으로 추정된다. 인간은 이를 '운명의 소리', '신의 소리', '무의식의 소리'라고 칭한다. 인간에게는 아직 그 소리를 무시하거나 거부할 힘이 없다. 그것을 거부하고 외면할수록 인간은 그 소리의 거대한 파동에 의해 더욱더 깊은 불행에 시달리다 짧은 삶을 마감할 뿐이다.

열악한 생존 환경으로 인해 경계선 인격구조를 지녔을 것으로 추정되는 고대인의 정신은 '전적으로 좋은 부분'과 '전적으로 나쁜 부분'으로 분열되어 있다. 이런 구조를 지닌 자는 자신의 좋은 정신 부분을 오직 한 대상에게만 줄 수 있다. 두 자식, 두 왕 모두에게 좋은 마음을 쏟아 넣을 수 없기에 숭배하는 수호신도 통치하는 왕도 오직 하나여야 한다.

그 말에 길가메시는 한없이 눈물을 흘렸다. 엔키두는 자신의 운명을 저주했고, 그를 타락시켰던 샤마트를 저주했다. 태양신 샤마시가 나타나 엔키두가 행한 여러 위업들을 일깨우는 말을 하자 샤마트에 대한 분노가 축복으로 바뀐다.

유일한 쌍둥이 자기대상인 엔키두의 죽음은 길가메시에게 상실감과 욕망의 마비를 일으킨다. 이제 길가메시는 삶의 기쁨, 활기, 의미를 더 이상 느낄 수 없다. 자기애 인격자에게 자기대상의 죽음은 자기가 산산조각 나는 불안을 일으킨다. 이는 정신의 공허와 붕괴를 가져오며, 결코 스스로 해결할 수 없고 강력한 타자의 도움을 받아야 한다. 이것은 심각한 위기의 순간인 동시에 새로운 성장을 위한 계기이기도 하다.

정신분석 관점에서 보면 엔키두의 죽음은 균형을 이루는 자기의 두 부분 중 한 부분이 소멸되어 정신의 균형이 깨진 상태, 즉 자기 불안 상태를 암시한다.

길가메시 신화의 핵심은 지금부터 전개된다. 훔바바 살해, 여신과의 대립, 하늘황소 살해, 친구 상실의 충격, 우울과 비탄, 죽음공포 등은 모두 그로 하여금 '심오한 깨달음'에 이르게 해주는 보조 장치일 뿐이다.[24] 이 신화의 핵심 주제는 죽음불안에 시달리는 민족을 구원하기 위해 영웅이 거쳐야 하는 통과의례가 무엇인지 밝히는 것이다.

엔키두의 죽음

병든 엔키두는 죽어서 지하계로 가는 꿈을 꾸고 점점 여위어갔다. 엔키두가 죽자 길가메시는 비탄과 공포와 허무에 빠진다. 광야에서 방황하던 그는 대홍수에서 살아남아 영원한 생명을 얻은 우트나피쉬팀이 사는 곳(딜문)으로 가고자 결심한다. 그 여행은 위험으로 가득하다.

죽은 자의 세계를 꿈꾸는 신화소는 당대 수메르 문화에 내재된 죽음불안의 표현이다.[25] 가까이 접하면 전염된다는 주술 원리에 의해 죽음세계와 접촉한 사람은 꿈일지라도 죽음을 면하기 어렵다.

유일하게 동질적 가치감을 느끼던 대상인 엔키두의 죽음으로 길가메시는 공허함을 느낀다. 친구의 죽음을 유한한 인간의 운명으로 수용하지 못한 채 우울 상태에 빠진 길가메시는 광야(황량하게 지각되는 세상)에서 방황할 수밖에 없다. 방황은 어떤 충격으로 인해 자기 자신에 대한 환상과 방어막이 깨지고, 현실자아의 눈으로 현실과 자신을 있는 그대로 처음 직면하여 당황하는 체험이자 정신현상이다. 즉 자신의 한계와 결함을 부인하지 않고 주체적으로 정리하려 드는 과도기 현상이며 자아 통합을 이루어내려는 치열한 몸짓이다. 광야에서의 방황은 정신의 균형과 삶의 목적과 방향감각의 상실을 있는 그대로 음미하는 진실과의 소통 시간이다. 자기애 인격자는 자신에 관한 진실과 직면할 때에야 비로소 수직 분열되었던 정신요소와 정신구조를 하나로 통합하고 비약적인 정신발달을 이룰 수 있다.

길가메시는 만백성의 경배를 받는 자랑스러운 순간에 가장 소중한 대상을 잃는다. 그는 만인이 우러러보는 별 중의 별이 되고자 했던 자신의 욕망이 덧없는 것일 뿐이라는 사실을 깨닫는다. 자아전능 환상이 깨지고 자신 또한 죽음을 피할 수 없는 보통의 백성과 다를 바 없이 무기력한 존재일 뿐이라는 깨달음이 진하게 밀려든다. 자만심에 도취된 상태에서 갑자기 바닥으로 추락해버린 듯 곤혹스러운 감정이 올라온다. "세상에서 가장 강하고 위대한 왕이자 자신이 영원불멸하는 존재라 착각하는 자기도취자여. 너는 죽어 먼지가 될 한갓 '인간'일 뿐이야."

지상세계의 최고 강자로 군림해 추앙받고 싶어 하던 길가메시의 욕망은 돌연 무의미해진다. 이제 그에게는 영원한 생명이 유일한 가치와 관심사로 다가온다. 그는 영생의 비밀을 알고 있다고 알려진 인물을 찾아가는 위험한 여행을 시작한다. 자기애 환상과 자만심에 도취해 살던 기존 정신 세계에서 벗어나 이제야 진정한 가치를 찾기 위해 다른 세상으로 향하려는 것이다.

삶에 활력을 주던 소중한 대상을 상실한 사람이 우울 상태를 벗어나려면 인간에게 죽음이 어떤 의미를 지닌 것인지에 대해 주체적으로 자기 정리를 해야 한다. 죽음을 정리하는 일은 결코 머릿속으로만 이루어질 수 없으며 그것을 깊이 체득한 대상과 직접 접촉하는 과정을 거쳐야 한다. 그런데 영생의 비밀을 아는 인물은 보통 사람은 쉽게 만날 수 없는 이방 세계에 거주한다. 그곳에 가려면 죽음공포를 무릅쓰는 용기와 간절한 열정이 필요하다.

자기애 성격자가 자기 인생의 실상을 전체적으로 성찰하는 현자로 변화하려면 분열된 과대자기와 과소자기 요소에 의해 좌우되던 기존 정신이 죽었다가 변형되어 재탄생하는 통과의례를 거쳐야 한다. 이는 마치 무의식의 심연을 탐색해가는 정신분석의 과정과도 같다. 현자 우트나피쉬팀은 죽음의 바다 건너 저편에 있는 자다. 그를 만나기 위한 여정을 감당하지 못하면 모든 안전장치를 상실한 비참한 자가 될 수도 있다.

가장 깊은 깨달음은 자신에게 기분 좋은 것만 지각하는 조적방어manic defense가 깨진 뒤 자기 자신과 외부 실재를 환상의 방어막 없이 적나라하게 대면하는 상태에서 온다. 바닥으로 곤두박질친 그 순간 세상의 모든 것이 예전과 전혀 다른 질감으로 지각되고 일상의 모습과 전혀 다른 괴이한 실재가 섬뜩한 정서와 더불어 강렬하게 밀려든다("이것이 그동안 느껴온 일상의 배후에 숨겨져 있던 인생의 진면목이란 말인가! 기존의 어떤 의미로도 채워지지 않는 '나 자신'의 실상이란 말인가!").

오이디푸스가 자신의 태생과 욕망의 실상The Real을 자각한 순간, 충격을 못 견뎌 자기 눈을 찌르기 직전의 순간, 자신을 존경하던 백성들로부터 돌연 욕설과 돌팔매질로 모욕당하며 쫓겨나던 순간 엄습한 '그것', 그리고 엔키두가 죽은 순간 길가메시를 덮쳐왔던 말로 형용하기 힘든 그 '실재'란 무엇일까?

무릇 일상의 방어 기능이 무기력해져 내면과 외부의 낯선 자극들이 정신의 안과 밖에서 밀려드는 사태는 치명적인 위기가 닥칠 수 있다는 경보다. 그 상태는 아울러 정신이 획기적으로 바뀌고 도약할 수 있는 절호의 '기회'가 주어졌다는 징후이기도 하다. 방황하던 길가메시는 영생의 비밀을 알고 있는 현자를 찾는 모험을 시작한다.

위험한 환경에서 집단 일원의 죽음을 늘 경험하며 살던 고대 인류에게 영생 욕망은 매우 간절한 것이었다. 길가메시가 목숨을 걸고 영생의 비밀을 캐려 한 것은 당대 민족무의식의 절실한 소망을 반영한다. 고향을 떠나는 '여행'이란 죽었다가 다시 태어나는 일련의 통과의례를 의미한다.

길가메시의 여정에는 그가 집단 전체의 생명을 책임지는 진정한 왕이 되기 위해서 반드시 거쳐야만 하는 죽음과 되살아남의 비밀 의례 과정들이 반영되어 있다. 자기애 성격자가 진정한 성인이 되려면 그가 분열시킨 무의식 내용처럼 두렵고 민망하고 절망스럽고 끝을 알 수 없는 모험 과정을 거쳐 비범한 조력자를 만나 분열된 정신 요소들을 하나씩 통합해내는 획기적인 체험을 해야만 한다.

길가메시의 모험

> 야수가 우글거리는 험한 산을 지나니 산지기인 전갈인간 부부가 지키고 있다. 그들을 노려보면 죽음을 피할 수 없고 냄새 또한 소름 끼친다. 간신히 전갈인간을 설득해 칠흑 같은 어둠 속 공간으로 나아간다. "1리그를 갔다. 칠흑의 어둠이었고, 앞뒤로 아무것도 볼 수 없다. 한 줄기 빛조차 없다. (…) 10리그를 갔다…."

어둠의 세계를 지나자 보석열매가 열리는 빛의 세계가 나온다. 그곳에서 술 파는 여인 시두리를 만나, "영생을 구하는 것은 덧없는 일이니, 살아 있는 동안 즐겨라."라는 말을 듣는다. 길가메시가 말한다. "코에서 구더기가 나오는 친구의 모습에 죽음이 두려워졌소. 내가 죽음을 보지 않게 해주시오. 나는 그것이 정말로 두렵소!"

독을 지닌 '전갈'은 죽음을 머금은 존재인 동시에 독으로 신전(신성한 숲)을 지키는 수호자이다. 노려보면 독기가 뿜어져 나오는 전갈인간은 태양신이 어둠의 문에서 나와 세상에 빛과 온기를 주고 어둠 속으로 돌아와 쉴 수 있도록 매일 문을 지키는 문지기 역할을 한다. 정신분석의 눈으로 볼 때 전갈은 바라보는 순간 돌이 되게 하는(정신을 마비시키는) 그리스 신화의 메두사처럼 유아기(편집·분열 자리)의 아이를 박해하는 무서운 엄마를 연상시킨다. '소름 끼치는 냄새'는 접근할 수 없도록 밀어내는 힘(거부하는 엄마)이며, 향긋한 음식(애정)이 아닌 상한 음식(박탈, 좌절, 멸시, 무관심)을 주는 '전적으로 나쁜' 구강기 엄마의 표상이다.

전갈의 집게(팔, 입)와 독은 생명력을 표출하는 동물의 몸과 남근을 마비시키고 거세한다. 꿈에 나오는 전갈은 파괴욕동, 시기심, 분노의 상징이다. 전갈에게 물린 자의 생명력은 일시에 마비되고 부패한다. 즉 전갈인간은 사막도시 우루크의 백성이 체험했던 섬뜩한 특성들이 압축·혼합된 형상인 것이다. 또한 전갈인간은 경계선 인격의 상징이기도 하다. 가령 우리가 투사동일시로 내면의 파괴욕동과 시기심을 내뿜는 인간과 접촉하게 되면 우리의 정신은 그 파괴 에너지에 마비되고 투사한 자의 섬뜩한 정신성에 물든다. 그러한 감정의 방출은 눈과 입과 피부의 온갖 구멍들을 통해 이루어지므로 맹독(파괴욕동, 시기, 분노)을 품고 사는 전갈인간의 눈과 마주치면 정신의 죽음(주체성 상실)을 피할 수 없다.

오랜 기간 자기애 인격구조를 지녀온 길가메시의 무의식에는 그동안 분열·부인해온 박탈되고 좌절된 자기애 상처들이 상당히 잠재되어 있다. 길가메시가 모험의 첫 단계에서 전갈인간 부부를 만나는 것은 고대 우르크인들이 죽음불안 때문에 차마 분출하지 못한 무의식 속 파괴욕동·시기심·분노를 접촉·대면·소통하고 견뎌냄으로써 자신들이 파괴당하지 않도록 해달라는 상징으로 해석된다.[26]

'어둠만 있고 빛이 없는 상태'는 어떤 느낌일까? 암흑의 기운 속으로 빨려 들어가 삼켜지는 듯한, 새까만 암흑 속에서 악마가 튀어나와 나를 죽일 듯한 공포가 정신의 안과 밖에서 엄습한다. 자기애 인격자의 분열된 무의식에는 이와 유사하게 나쁜 엄마(어둠)에게 삼켜지는 불안과 자기self가 산산조각 나 해체되는 멸절불안이 잠재되어 있다. 이러한 불안 속에서 깜깜한 어둠 속을 기약 없이 헤매다 홀연 빛의 세계로 나오는 과정은 실재의 어두운 면을 견뎌내고 새로운 지각 능력을 획득하기 위해 거쳐야 하는 통과의례다.[27]

이는 태아가 오래 머물러 있던 자궁에서 좁은 질을 통과해 자궁 바깥으로 나오는 과정과 유사하다. 고대인은 주술적 사고의 유사법칙에 의해 정신성이 새롭게 변형되는 과정을 마치 배 속 태아가 아기로 탄생하는 과정과 유사한 것으로 이해했을 것이다. 공포에 떨며 어둠 속을 나아가다 절망하던 어느 순간, 환한 빛의 세계로 나와 아름다운 이성을 만나면 어떤 기분이 들까? 공포에 떨던 아이가 품에 안겨 안식을 얻고 싶어 했던 최초의 구원자인 어머니이자 유아 성환상을 일으키는 아름답고 매혹적인 '그분'으로 지각될 것이다.[28]

광명의 빛 속에서 나타난 술 파는 여인 시두리는 리비도(에로스)의 화신이자 포도주의 여신이다. 그녀는 '영생을 구하는 것은 덧없는 일이니, 살아 있는 동안 한껏 즐기라'고 권한다. 술을 마시면 흥분과 퇴행이 일어나고 성환상과 본능욕동이 활성화되어 유아성욕을 해소하고 싶어진다. 그 때 무의식의 '성환상'을 자극하는 이성이 나타나 함께 사랑과 쾌락을 누릴 수 있다면 당신은 어떤 선택을 하겠는가?

사랑 여신은 당대 민족에게 결여된 성적 쾌락과 모성성을 보충해주는 아니마의 상징이다. 억압된 자기애 결핍을 지닌 길가메시는 자기 정신의 발달을 위해, 그리고 백성들의 결핍 요소를 공감·보충해주기 위해 반드시 사랑 여신을 만나 온전한 관계를 맺어야 한다.

유아성욕은 개인무의식에 자리한 금지된 유년기 소망이다. 억압된 그것이 현실에서 만족되면 욕망의 목표가 사라져 외부 세계에 대한 관심과 호기심이 현격히 줄어들고, 굳이 애써 새로운 것을 창조하거나 추구하지 않게 된다. 즉 외부 세계와 대결해 낯선 자극들을 적극 수용하고 통합하는 활동을 더 이상 하지 않게 됨으로써 정신의 성장이 멈춘다. 반면 성쾌락의 결여를 보충하기 위해 끊임없이 새로운 것을 알고 싶어 하며 대면해가는 인간은 새로운 자극들을 내면화하고 통합하는 현실자아의 작용에 의해 고양된 정신성을 얻게 된다.

길가메시는 인간의 결핍을 공감하고 채워주는 시두리 곁에 잠시 머물지만 그 유혹에 주저앉지 않고 자신의 목표를 실현하기 위해 험난한 여정을 이어나간다. 이는 당대의 수메르 민족이 시두리의 조언처럼 현세의 쾌락을 소중하게 여기면서도 그 이상의 것을 추구하려 했다는 징표다.[29]

인간에게 사랑 쾌락보다 더 중요한 것은 무엇인가?

영생자 우트나피쉬팀에게로 가는 길을 알려달라고 간청하자 시두리는 신비한 돌을 들고 숲에서 상앗대로 쓸 소나무를 자르는 뱃사공 우르샤나비가 있는 곳을 알려준다. "그에게 당신 얼굴을 보여 그가 허락하면 죽음의 바다를 건널 수 있고, 허락하지 않으면 돌아가야 해요."

'죽음의 바다'를 건너 영생의 비밀을 아는 현자와 만나려면 신기한 '뱃사공'의 도움을 받아야 한다. 여정의 최종 목표인 현자와 접촉하여 그가 지닌 영생 능력을 내면화해 분유分有하려면 목표에 도달하는 것을 방해하는 동시에 도움을 주는 대상들과 만나야 한다. 길가메시는 훔바바나 하늘 황소와 대면했을 때와는 달리 무력으로 정복하려 하지 않고 대상과의 소통을 통해 통과의례의 중간 단계를 통과해간다.

뱃사공은 단절된 서로 다른 세계를 연결해주는 매개자다. 산 자가 건너면 돌아올 수 없는 망각의 강 레테, 생명의 강 스틱스처럼 죽음의 바다를 건너려면 반드시 비범한 뱃사공(조력자)의 도움을 받아야 한다.[30]

뱃사공은 마치 면접관처럼 그를 배에 태워줄지 말지 결정할 수 있다. 길가메시는 어떻게 해서든 그의 마음에 들어야 한다.

> 길가메시는 몰래 숲으로 들어가 도끼와 단검으로 장대를 베고, 신비한 돌을 깨서 바닷속으로 던져버렸다. 그러자 우르샤나비가 나타났다. 우트나피쉬팀에게로 안내해달라는 길가메시에게 우르샤나비는 신비한 돌과 장대가 없어 바다를 건너기 어렵게 되었다며, 바다를 건너고 싶다면 숲으로 가 길가메시가 쓰러뜨린 장대 300개 중 상앗대로 쓸 120개의 껍질을 벗기고 손잡이를 만들어 배로 가져오라고 주문한다.
>
> 도끼와 단검을 든 채 길가메시는 숲속으로 가 뱃사공의 지시대로 상앗대를 만들어 온다. 둘은 배에 올라 항해를 시작한다. 죽음의 바다에 도착해 뱃사공이 말한다. "길가메시여, 첫 번째 상앗대를 잡으시오. 당신 손을 죽음의 바다에 닿게 하면 절대로 안 됩니다." 이렇게 120개의 장대를 모두 상앗대로 써버리자, 길가메시는 옷과 몸을 돛과 돛대로 사용하고자 옷을 벗어 팔을 높이 들어 올렸다.

이 신화소는 현재 영역에서 전혀 다른 영역으로 건너가기 위해 치러야 하는 고된 준비 과정을 묘사한 전형적인 통과의례 표상이다. 이 과제를 수행해야 비로소 자신과 집단을 구원해줄 '그분'을 만날 수 있다. 그렇다면 신비한 돌을 깨뜨린 길가메시 행동의 의미는 무엇인가? 신비한 돌이 없으면 뱃사공은 혼자서 죽음의 바다를 건널 수 없다. 즉 길가메시는 그가 자신을 거부하지 못하도록 돌을 깨뜨린 것으로 이해된다. 보통 사람에게 나타나지 않는 저승세계 뱃사공과 만나기 위해 그가 소중하게 여기는 것을 결핍되게 만들어야 했을 수 있다.

신비한 돌은 '죽음의 물'에 접촉되지 않게 보호해주는 보물이다. 고대인의 주술적 사고에 의하면 어떤 대상에 접촉되면 반드시 그 대상의 기운에 전염된다. 따라서 죽음의 물에 접촉하면 죽게 된다. 신비의 돌 없이 배를 타려면 120개의 상앗대를 스스로 만들어내야 하며 자신의 몸과 옷까지 배의 나아감을 위해 바칠 수 있어야 한다.

오직 자신의 명성을 위해서만 살아왔으며 자기중심적 굴레에 갇혀 있던 길가메시에게 뱃사공의 요구는 매우 낯설고 힘든 일이다. 길가메시는 통과의례 과정에서 어느덧 자기애 성격의 문제들을 상당 부분 극복해왔기에 뱃사공의 요구를 성실히 감당해낸다. 120개의 상앗대를 만드는 과정에서 그의 정신은 명성과 권력에만 관심 쏟던 상태에서 점점 벗어난다. 상앗대가 120개나 필요하다는 것은 죽음의 바다를 건너는 것이 그 자체로 정신의 변환을 가져오는 지난한 과정이라는 의미다.

꿈이나 신화에 나오는 숫자는 무의식의 중요한 무엇을 가리키는 상징이다. 가령 상앗대의 개수인 120은 합하면 3이 되는 숫자로 이루어져 있다. 이는 300의 3과 일치한다. 프로이트는 3을 통합된 리비도(욕망)를 상징하는 수, 결핍의 충족을 의미하는 완전수의 최소 단위로 이해한다. 그리고 '운명의 세 여신', '세 번째 딸' 등 남성이 인생의 마지막에 만나게 되는 세 번째 여인 또는 죽음의 여신과 연관된 수로도 해석한다. 죽음에 근접해가는 공간과 접촉하려면 상앗대 120개, 즉 모종의 완전성을 지닌 3이라는 매개수가 필요하다.

길가메시는 잠재되어 있었지만 한 번도 사용해보지 못했던 자신의 능력을 사용해 저승 뱃사공의 요구 조건을 충실히 수행한다. 그는 신비의 돌이 지닌 힘(기능)을 자신의 적극적 활동 능력으로 대체해(소화해) 발현시킨다. 길가메시는 통과의례의 험난한 과정을 거치면서 그동안 분열되어 사용하지 못했던 잠재 능력들을 통합하고, 모험 초기 무기력하고 미숙했던 방랑자의 정신에서 벗어나 점점 비범한 영웅으로 성장해간다.

120개의 상앗대를 다 쓴 뒤 마지막에 옷을 벗은 것은 저승에 도달하려면 의식계의 표상인 옷(자아의식, 페르소나)을 다 벗어야만 하기 때문이다. 이슈타르 역시 애인 두무지를 구하려 지하계에 갈 때 지상세계의 물건들과 옷을 다 벗어야 했다.

마침내 우루크인의 조상이자 유일한 영생자인 우트나피쉬팀이 길가메시에게 나타나 질문을 던진다.

우트나피쉬팀 네 뺨이 수척한 이유, 네 표정이 쓸쓸한 이유, 네 마음이 비참하고 얼굴이 여윈 이유, 대초원을 방황했던 이유는 무엇이냐?

길가메시 제 친구 엔키두가 죽었습니다. 죽은 친구의 모습에 죽음이 두려워져 대초원을 방황했습니다. 저도 그처럼 되어 다시는 일어나지 못할 것이 두려웠습니다.

우트나피쉬팀 길가메시여, 신들이 신과 인간을 혼합해 당신을 만들었기에 죽음은 피할 수 없다. 내가 너에게 감추어진 것을 열어 신들의 비밀을 말할 것이다. 홍수 이전의 이야기와 죽음에 대하여….

현자는 그에게 대홍수에 관해 이야기하며 자신이 영생을 얻게 된 경위를 전한다.

우트나피쉬팀 인간을 처벌하는 대홍수 후 신들의 모임에서는 홍수를 일으켜 인류를 몰살시킨 것이 과연 신들에게 좋은 일인지 엔키와 엔릴 사이에 논쟁이 있었다. 그때 엔릴이 홍수에서 유일하게 살아난 인간인 나의 배로 와서 나와 아내에게 "신들처럼 영생하리라." 하고 축복해주었다. 그런데 이제 그대가 찾고 있는 영생을 위해 누가 신들을 모이게 할 것인가!

우트나피쉬팀은 길가메시에게 신을 만나려면 여섯 밤 일곱 낮 동안 잠들어서는 안 된다고 당부한다.

우트나피쉬팀은 인간이 신이 되려 한 오만함 때문에 벌어졌던 태초의 사건, 즉 대홍수에 대해 전해준다. 이 신화소는 아버지의 금기를 어긴 뒤 처벌받는 오이디푸스기 아동, 유대교의 노아의 방주, 낙원에서 추방(거세)된 아담과 이브를 연상시킨다.

우트나피쉬팀은 오만하지 않았기에 예외적으로 신에게 선택받아 생존할 수 있었고 신의 축복으로 영생자가 되었다. 인간이 영생하려면 신과 접촉해 축복을 받아야 한다. 그러나 대홍수 때와 상황이 달라진 지금 누가 어떻게 신들을 모이게 하겠는가. 인간이 신을 만나려면 먼저 여섯 날 일곱 밤 동안 잠들지 않아야 한다. 이는 길가메시에게 주어진 마지막 시험이다. 그는 과연 이 시험을 무사히 통과할 수 있을까? 6박 7일간 자지 않으면 문명적 자아기능이 탈진하여 몽롱해지고 억압되었던 원시적 정신기능이 수면 상태에서처럼 활성화되어 내면에서 신(원시 초자아)의 목소리가 들릴 수 있다. 또한 여섯 밤 일곱 낮은 유대교 신화에서 신이 우주 만물과 인간을 창조하는 데 들인 시간이기도 하다.

그러나 길가메시가 앉자마자 잠이 그를 덮쳐, 여섯 밤 일곱 낮 동안 잠에 빠졌다. 이레째에 우트나피쉬팀이 그를 깨웠다. 길가메시는 자신이 잠들었는지 전혀 몰랐고, 우트나피쉬팀이 7일간 부패한 빵들을 증거로 제시하며 잠든 사실을 알려주자 비로소 충격을 받는다. "이럴 수가! 저는 어찌해야 하나요? 죽음의 도둑이 제 육체를 붙잡고 있네요. 나의 침실에도 발걸음 닿는 곳마다 죽음이 도사리고 있어요."

'잠'은 삶을 회복하기 위한 휴식이자 잠정적 죽음이다. 인간이 잠드는 것을 통제할 수 없음은 곧 죽음을 막을 수 없다는 징표다. 잠든 줄도 모른 채 자는 상태로 있다가 7일 만에 깨어난 길가메시는 처음에는 자신이 그토록 오래 잠들었다는 사실을 부인한다. 그러나 부패한 빵을 증거로 본 순간 자신이 잠(무지, 환상)에 취해 살아왔으며 인간에게는 죽음이 항시 도사리고 있음을 깨닫는다.

길가메시의 체험처럼 인간은 어떤 지각도 느껴지지 않는 죽음과 유사한 수면 상태, 그리고 삶과 유사한 꿈의 상태가 일정 기간 지속되다가 갑작스레 죽음을 맞는 존재다. 모든 인간이 매일 죽음과 더불어 지내지만 죽음에 대해 명료하게 설명하기 어려운 이유는 삶과 죽음(삶의 논리와 죽음의 논리)이 서로 불연속성을 지니기 때문이다. 산 자는 죽음에 대해 온전히 지각할 수 없고 죽은 자 역시 삶에 대해 설명할 수 없다. 그래서 살아 있는 인간에게 죽음은 늘 모호하다.

원시 인류는 살아 있는 상태와 죽은 상태를 서로 연결하여 삶과 죽음의 의미를 종합적으로 생각하지 못했다. 이들은 혹시라도 삶이 죽음에 연결·접촉되어 전염될까 봐 삶을 죽음과 분열시켜 생각했다. 죽은 자와 산 자는 결코 생각 속에서라도 접촉되어선 안 된다.

우트나피쉬팀은 뱃사공에게 명해 길가메시를 돌려보내면서 신들의 비밀 불로초가 있는 바닷속 장소를 알려준다. 길가메시는 손에 가시를 찔려가며 바다 깊은 곳의 약초를 간신히 구한다. 그런데 귀향하다 샘에서 목욕하는 사이에 뱀이 몰래 다가와 그 약초를 가지고 달아난다. 뱀은 약초를 먹고 껍질을 벗는다.

길가메시는 드디어 **죽음과 연관된 인간의 본질**, 신과 인간의 관계에 대한 지혜를 얻는다. 그리고 뜻밖에도 영생초까지 손에 넣는다. 이는 그가 고통스럽지만 의미 깊은 통과의례를 완수하고 탁월한 조력자와 접촉했기 때문에 얻어진 결실이다.

현자를 만난 뒤 길가메시의 죽음공포가 진정된다. 그동안 결핍되었던 위대한 아버지의 에너지를 흡수한 그는 어느덧 자기애(유아적) 환상에서 깨어나 '아버지의 말씀'을 긍정적으로 수용하는 타자들이 의미를 생성하여 소통하는 상징계에 비로소 진입한다.

목숨을 걸고 바다 깊은 곳에서 간신히 구한 영생초를 뱀에게 도둑맞는 신화소는 무엇을 뜻하는가? 삶은 인간이 바라거나 의지한 대로 진행되지 않는다. 인간 길가메시는 영생초(신성한 원기, 마나)를 뱀에게 도둑맞음으로써 자연계의 중심에 설 주도권을 타자에게 빼앗긴 상태다. 이처럼 불합리한 현상들의 배후에서는 인간이 생각지 못한 어떤 '구조 율동'이 반복된다.[31] 길가메시와 뱀의 관계는 (엔릴에게 주도권을 빼앗긴 엔키의 상태처럼) 집단무의식에 내재된 어떤 원형적 관계의 재현일 수 있다.

뱀은 겨울 내내 땅속에 있다가 봄에 다시 지상으로 출현하며, 껍질을 벗으면서 죽는 것이 아니라 더 강한 피부와 생명력을 드러낸다. 이런 특성으로 인해 뱀은 갱생의 비법을 터득한 영물로 여겨져 왔다. 인간도 초기에 형성된 정신성의 허물을 끊임없이 벗어내면 뱀처럼 죽지 않고 더 강해지는 존재가 될 수 있지 않을까? 집단무의식에 묻혀 주체성을 정립하지 못한 모방적 인격, 사람을 내 편 아니면 적으로 지각하는 경계선 인격, 집단 주술에 도취된 과대자기 인격 등을 지녔던 고대 인류에게 정신의 허물 벗기와 성장은 아직 낯설고 요원하다. 인간은 내면의 욕구와 심리 상태를 외부 세계로 끊임없이 투사한 후 그 투사된 타자를 통해 자신을 반추하고 성찰하는 긴 시간을 거쳐야 비로소 정신의 새로운 성장을 도모할 수 있는 존재다. 또한 죽음과 연관된 인간의 본질과 실상을 냉정하게 직면하고 받아들이려면 자아가 죽음공포를 감당할 수 있을 정도로 발달(통합)되어 있어야 한다.

> 비탄에 빠진 길가메시는 영생이 자신에게 해당되지 않음을 깨닫는다. "난 영생을 포기하겠어." 우루크로 되돌아온 그는 먼 길을 다녀와 지쳤지만 안식을 얻었다. 그는 일곱 현인과 자신, 그리고 우루크인들이 세운 장엄한 성벽을 자랑스럽게 바라보았다.

전갈인간 부부, 술 파는 여인, 뱃사공, 현자, 뱀을 만나 각기 다른 시험과 관계를 거쳐 온 길가메시는 영생을 얻는 대신 정신의 발달을 이룬다. 그 결과 그는 근원적 결핍과 그로 인한 불안, 그 불안에서 벗어나려는 간절한 욕망과 환상을 지닌 인간 존재의 실상을 깨닫는다. 그 깨달음이 주는 힘에 의해 그는 안식을 얻었다. 육체의 영생은 포기했지만 지혜의 영원불멸을 깨달은 것이다.

어떤 중요 대상이 정신 깊이 내면화되는 일은 접촉해온 대상을 물리적으로 떠나보내는 경험을 한 직후에 일어난다. 인류의 진면목을 전해준 이상화 대상(영생하는 현자)이 정신에 변형적(주체적)으로 내면화되는 극적인 순간, 오만한 자기애 인격을 지녔던 길가메시의 정신구조와 내용이 획기적으로 변화된다.[32] 그는 더 이상 죽음공포에 시달리거나 육체와 권력의 힘을 외부에 과시함으로써 자존감을 유지하는 존재가 아니다. 그는 인간의 본질을 깊이 직관한 현자의 안식을 지닌, 지금 이 순간의 삶에 **주체적으로 의미를 부여하며 만족하는 지혜의 왕**이 된다. 별 중의 별이 되고 싶었던 소망, 죽음과 영생 그리고 인간의 실상에 대한 호기심이 바로 그 순간에야 결실을 맺은 것이다.

영원히 지속될 정신적 성취의 결과물

영생 욕망은 자아전능감에 도취된 자기애 단계의 유아적 심리다("나는 결코 죽지 않아. 이 세상에서 가장 소중한 내가 죽는다니 말도 안 돼."). 그러나 관념적인 상상계의 현실과 객관적 현실은 매우 다르다. 두 현실의 차이가 감당할 수 없이 클 때 인간은 두 세계를 통합하지 못하고 그중 자신에게 고통을 덜 주는 쪽으로 함입되어 살게 된다. 원시시대부터 오늘날에 이르기까지 수많은 사람들이 객관적 현실보다 심리적 현실, 관념세계, 상상계를 진짜 현실이라 믿으며 살아왔다.

과학 시대 이후 인간은 인간 생명체의 생리적·심리적 한계에 대한 자각과 더불어 그 한계를 극복하기 위해 노력해왔다. 그 결과 예전보다 생활환경은 훨씬 안전해지고 수명도 길어졌다. 그러나 아직까지도 각양각색의 욕망과 불안에 의해 추동되는 상징계 문화의 상당 부분은 인간의 절대 한계인 죽음을 초월해 갱생하려는 욕망을 바탕으로 구조화되어 있다(종교, 제사 관습).

길가메시는 자신이 오랜 기간 머물렀던 유아기의 자기중심적 욕심과 유아적 환상으로 인해 '나'라는 '실체'가 영원불멸하며 전능하다고 생각한 것임을 깊이 깨달음으로써 안식을 얻었다. 생물학적 죽음을 인간의 본래성이자 운명으로 수용한 것이다. 그 대신 그는 인간이 살아 있을 때 노력하여 이루어낸 정신적 성취의 결과물은 '기억'으로서 후대의 정신에 전해져 유익함을 주고 영원히 지속될 수 있음을 깨닫는다. '죽음 바다 너머 세계'에서의 목숨 건 체험과 절절한 깨달음을 문자로 기록해 후대의 문화와 정신 성장에 기여함으로써 새로운 차원의 영생을 얻는 것이 현명한 인간이 가야 할 길인 것이다.

우루크 성벽을 자랑스레 바라보는 늙은 길가메시 왕의 최후 모습에서 영생을 얻은 현자 우트나피쉬팀의 모습이 겹쳐 보인다. 오만한 인격이던 그가 거쳤던 일생일대의 통과의례 자취들은 이후의 인류에게 전승되어 영혼의 극적 변형을 이룬 이상적 영웅의 모델이 될 것이다. 길가메시 신화가 주는 여운은 한 문장으로 압축할 수 있을 듯하다.

"사람은 죽어 '이름'(영혼의 흔적, honour)을 남긴다."

2장

한국 신화

1

창세신화

태초 인류의 두려움과 소망

석기시대 인류가 외부에서 한반도로 처음 들어와 작은 부락을 이루어 정착했던 시절, 한민족의 조상들은 인간과 세상에 대해 어떤 생각을 하며 살았을까?

> 하늘과 땅이 생길 적에 미륵님이 탄생한 즉 / 하늘과 땅이 서로 붙어 떨어지지 않으니 / (미륵님이 하늘 땅 사이를 갈라놓아) / 하늘은 가마솥 뚜껑처럼 도드라지고 / 땅의 네 귀에 구리 기둥을 세우고[1]

무속인들 사이에서 구전되어온 '창세가'를 통해 한민족의 시원에 대한 태초의 사고를 엿볼 수 있다. 불교가 전래된 삼국시대부터 선조들은 고통에 시달리는 인류를 구원해줄 대상을 '미륵'이라고 부르며 이상화해왔다. 창세가는 원시 신앙이 4세기 이후 불교신화와 결합하여 생성된 것으로 추정된다. 태초부터 미륵이 있었다는 것은 한민족(아기)이 한반도에 출현하기 전부터 우주를 관리하는 전능한 보호자가 있었다는 의미다. '하늘과 땅이 붙어 있는 상태'란 자궁 속 상태, 아기가 처음 눈을 뜨기 이전 상태, 자아의식에 의한 세상 분별이 생겨나기 이전 상태다. 자궁에서 갓 태어나 불안에 떠는 아기(원시 인류)로 하여금 자궁으로의 회귀(죽음) 욕구를 이겨내고, 이 세상을 향해 눈을 뜨고, 욕망을 갖게 만드는 존재는 누구인가? 그것은 일차적으로 안전한 생존 환경을 마련해주는 어머니와 아버지다. 부모라는 존재가 창세가에서는 인류의 구세주인 미륵으로 형상화된다. 미륵은 '땅의 네 귀에 구리 기둥'을 세워 자연 생명체와 인간이 거주할 안전한 공간을 만든다.[2] 천지를 분리하고 그 사이에 든든한 기둥을 세운 이유는 혹시라도 하늘과 땅이 달라붙으면 세계에 종말이 올지 모른다고 생각했기 때문이다. 닦으면 빛을 내는 구리는 태양빛과 유사성을 지닌다. 즉 미륵은 태양신의 특성을 갖는다.

> 그때는 해도 둘이요, 달도 둘이요, / 달 하나 떼어서 북두칠성 남두칠성 마련하고, / 해 하나 떼어서 큰 별을 마련하고, / 작은 별은 백성의 직성直星◆ 별을 마련하고, / 큰 별은 임금과 대신大臣 별로 마련하고.

인류 생존에 큰 영향을 미치는 해와 달이 둘이라는 것은 신성한 기운이 풍성했음을 의미함과 동시에 아직 현실계에 하나로 통합된 질서를 지닌 집단이 구성되지 않았음을 드러낸다. 해와 달의 수를 조정하는 것은 창세 신화의 중요한 신화소다.[3] 해와 달이 '왕'과 '여왕'을 상징하며 왕과 여왕이 둘이면 세상에 혼돈이 온다고 여겼던 탓이다. 그래서 여분의 해로 인류를 통치할 큰 별을 만들고 달로는 인간에게 유익함을 주는 여러 별을 창조한다. 인류의 수호신인 미륵이 개입하여 세상의 구조를 바꿈에 따라

◆ 민속학에서 사람의 나이에 따라 각각의 운명을 맡고 있는 아홉 개의 별을 지칭하며, '선천적으로 타고난 성미 또는 성격'이라는 의미로 자주 쓰인다. '직성에 맞는다', '직성이 풀린다'라는 관용적 표현이 여기서 나왔다.

세상은 태초보다 살기 좋은 상태로 변한다.

여분의 해에서 큰 별이 생성되고 큰 별의 기운에서 임금이 생성되는 모습은 만물에 정령이 깃들어 있다고 본 원시 인류에게는 자연스러운 생각이다. '해', '큰 별', '임금'은 백성에게 에너지를 증여하고 암흑(악령)으로부터 생명을 지켜주는 유사성에 의해 서로 호환되는 대상(A=B=C)으로 믿어졌다. 또한 힘 있는 정령일수록 이 대상에서 저 대상으로 자유로이 이동하며 변신할 수 있다고 생각했다.

태양의 수를 조절한다는 것은 더위와 가뭄을 방지하려는 것이고 달의 수를 조절한다는 것은 추위와 홍수를 막는다는 의미다. 주술로 기후를 조절하고자 했던 고대인의 무속 의례에서는 태양과 달의 기운을 통제하기 위해 활을 쏘는 주술 행위가 실연되었다. 별은 어두운 밤하늘에서 불변하는 빛을 발산하는 신성한 대상이다. 임금과 백성 모두가 해와 달과 별에서 유래했다는 믿음은 우리의 조상들이 자신을 영원한 생명력을 지닌 신의 자손으로 믿었거나 소망했다는 징표다.

> 옛날 옛 시절에 미륵님이 / 한짝 손에 은쟁반 들고 / 한짝 손에 금쟁반 들고 / 하늘에 축사하니 / 하늘에서 벌레가 떨어져 / 금쟁반에 다섯이오 / 은쟁반에 다섯이라 / 그 벌레 자라나서 / 금벌레는 사나이 되고 / 은벌레는 계집으로 마련하고 / 은벌레 금벌레 자라와서 / 부부로 마련하여 / 세상사람 낳았어라.

이 신화소는 고대 한민족의 정신에 안정된 자존감을 제공하는 인간의 기원에 대한 생각을 담고 있다. 앞 구절에서 천지를 창조했던 미륵은 여기서는 지상의 수호신으로 변신한다. 지상의 신 미륵이 오묘한 주술력으로 하늘의 신에게 요청하자 하늘이 반응하여 인간이 태어난다.

'쟁반'은 가치 있는 무엇을 담는 용기라는 점에서 어머니의 몸과 자궁을 상징한다. '하늘'에서 떨어졌다는 것은 근본이 신성하다는 뜻이다. 이는 아이를 황새가 물어다 준다는 믿음과 유사하다. 새는 하늘을 나는 존재이고 하늘은 성스러운 곳이기에 '귀한 곳'에서 왔다는 뜻이 담겨 있다.

꿈에 등장하는 '벌레'는 아이·근심·임신을 상징한다. 식량이 부족하고 생존에 대한 불안이 컸던 시대였으므로 부모가 먹을 것을 마련해주어야만 하는 의존적인 아기는 부모의 생명 에너지와 식량을 축내는 근심덩이 '벌레'로 지각되었을 수 있다. 또한 애벌레가 번데기를 거쳐 성충으로 신비롭게 변신하듯 인간도 자연계의 일원으로서 벌레(정자, 난자, 수정란)에서 성장해 신비롭게 변신하는 존재라는 의미일 수도 있다. 그런데 인간은 자연의 보통 벌레와 다른 '금벌레', '은벌레'다. 무엇으로 변신하게 될지 궁금한 그 빛나는 대상이 '금·은쟁반'에 떨어진 것이다.

남자와 여자의 기원을 금쟁반과 은쟁반에 떨어진 벌레로 연결시킨 것은 금빛 태양과 은빛 달을 연상시킨다. 해는 햇살이 뻗치는 남근의 남성적 특성, 달은 월경하는 여성과 관련이 깊다. 두 대상이 가까이 접촉하면 서로 기운을 옮긴다는 주술적 사고로 인해 출산할 때 누가 아기를 받아냈는가가 아기의 미래에 중요한 의미를 지닌다. '미륵이 두 쟁반에 벌레를 받았다'는 서술 속에는 미륵의 신성한 기운이 전해져 인간이 특별한 힘을 지니게 되리라는 믿음과 소망이 담겨 있다.

또한 '금벌레가 남자가 되고 은벌레는 여자가 되어 부부로 결합해 세상 인류가 생겨났다'는 것은 식량 획득을 위한 맹수·적과의 싸움, 각종 질병 등으로 매일의 삶이 위태롭던 시대의 인류에게 자신이 '인간'이라는 사실에 대해 굉장한 자부심과 정체감을 주는 상징이다.

> 미륵님이 새앙쥐를 잡아다가 세 차례 무릎 뼈를 때려 "물의 근본 불의 근본을 아느냐?" / 쥐 말이 "알려주면 제게 무슨 공功을 주겠습니까?"

미륵님 말이 "천하의 뒤주를 차지하라." 한즉, / 쥐 말이 "금정산 들어가서 한쪽은 차돌이요 한쪽은 무쇠인 돌로 툭툭 치면 불이 날 것이요. 소하산 들어가 샘물이 솔솔 나오는 것을 보면 물의 근본을 알 것이요."

신령한 미륵이 '생쥐'에게 물과 불의 근본을 묻는다는 것은 의식의 논리로는 부조리해 보인다. 그러나 신화적 사고에서는 서로 다른 영역을 매개하는 대상이 중요한 역할을 한다는 사실에 주목하면 의문이 풀린다. 쥐는 식량이 있는 곳을 귀신같이 알아내어 훔쳐내는 비상한 능력을 가지고 있다. 더구나 쥐는 깜깜한 밤에 인간 모르게 그 일을 해낸다. 지상과 지하, 밤과 낮, 밝은 곳과 어두운 곳을 오가며 활동하는 힘을 지닌 쥐는 신통력의 상징이다. 자연의 비밀을 알고 활용할 수 있는 신통력을 지닌 존재는 곧 신이다. 굶주린 원시 인류에게 쥐는 생존의 비법을 터득한 지혜신의 표상인 것이다.

'물'은 생명체들의 생존과 곡물의 생장에 필요한 요소이며, '불'은 어둠과 혼돈을 밝히는 힘, 지혜, 자연 통제력과 연관된다. 물의 근원을 알고 불을 사용하는 방법을 익힌다는 것은 인류가 동물보다 특별한 삶을 이루는 핵심이 된다. 돌과 쇠를 맞부딪혀 불씨를 일으키는 방법을 알아내는 것은 민족이 문명을 일으키는 중요한 시발점이 된다. 쥐를 통해 메마르지 않는 '물의 근원을 알게 됨'은 안정된 농경 사회를 이룰 수 있는 근본 지혜를 얻어 정신의 발전을 이루는 초석이 된다.

창세신화 가운데 물과 불의 근원에 관한 신화소는 한국 신화에 두드러진다. 그리스 신화에도 불의 기원에 관한 신화소(프로메테우스)가 등장하기는 하지만 물과 불의 근본에 대한 주제가 동시에 등장하는 경우는 드물다.

2

환인, 환웅, 웅녀, 단군

한민족 최초의 이상화 대상들

다른 민족과 구별되는 한민족의 집단정신이 최초로 형성된 것은 씨족 공동체로 생활하다가 부족국가를 이룬 고조선 시대부터로 볼 수 있다. 한국인의 민족무의식의 근원을 탐색하려면 한민족의 최초 동일시 대상이라 할 단군 신화를 살펴보아야 한다.

한민족의 정신성이 원시 상태에서 문명 상태로 전환되던 과도기에는 어떤 사건들이 있었을까? 그 당시 집단의 생존에 중요한 역할을 했던 대상은 어떤 특성을 지녔는가?

> 옛날에 환인桓因의 서자 환웅桓雄이 있어 항상 천하에 뜻을 두고 인간 세상을 탐냈다. 아버지가 아들의 뜻을 알고 삼위태백三危太白을 내려다보매 인간을 널리 이롭게 할 만한지라 천부인天符印 세 개를 주어 내려가 세상을 다스리게 하였다. 환웅은 무리 삼천 명을 이끌고 태백산 꼭대기 신단수神壇樹 밑에 내려와 그곳을 신시神市라 불렀다. 이분이 환웅천왕이다. 그는 풍백風伯·우사雨師·운사雲師를 거느리고, 곡식, 수명, 질병, 형벌과 선악善惡 등 무릇 인간의 삼백예순 가지 일을 맡아서, 인간 세상을 다스리고 교화하였다.

그때 곰 한 마리와 범 한 마리가 같은 동굴에 살았는데, 항상 신웅神雄에게 사람이 되고 싶다고 빌었다. 한번은 신웅이 신령스러운 쑥 한 심지와 마늘 스무 개를 주면서 말했다.

"너희들이 이것을 먹고 백일 동안 햇빛을 보지 않으면 사람이 될 것이다."

곰과 범이 이것을 받아서 먹었다. 곰은 기忌한 지 삼칠일三七日 만에 여자의 몸이 되었으나, 범은 능히 기하지 못하여 사람이 되지 못하였다. 웅녀熊女는 자기와 혼인할 이가 없어 항상 단수壇樹 아래서 아이를 배게 해달라고 축원하였다. 이에 환웅이 잠깐 사람으로 변하여 웅녀와 결혼하니, 웅녀가 임신하여 아들을 낳았다. 그 이름을 단군檀君 왕검王儉이라 하였다.[4]

김광일은 한국의 신화가 매우 질서 있게 보이는 것은 구전 신화가 문자로 최초 기록되는 과정에서 유교를 숭상하는 선비 계층에 의해 과도한 검열과 변형이 이루어졌기 때문이라고 주장한다. 그렇다면 변형된 결과물로부터 본래의 무의식을 역추적하면 이 신화를 어떻게 해석할 수 있을까?

환웅이 '서자'라면 ('장자' 중심 사회였기에) 권력에서 소외된 설움이 많았을 것이다. 그런 그가 하늘에 정착하지 못한 채 지상으로 내려온 것은 오이디푸스 욕구로 인해 형제들(삼천 무리)과 난결해 아버지를 폭력으로 저지하고, 아버지의 힘(세 보물)을 약탈해 다른 세상에로 옮겨온 것이다. 그리고 '곰' 여인과 결혼했다는 표현에서 곰은 동북아시아의 토템 동물이기에 원모原母를 상징한다. 그렇다면 토템 동물과 신은 '심리적으로 동격'이므로, 신과 동격인 원모와 신의 아들이 결혼한 것이 되므로, 근친상간 욕구가 숨겨져 있다.[5]

위 해석은 프로이트의 오이디푸스 이론을 한국 신화에 일차적으로 적용한 예다. 가장 오래된 문헌 신화인 수메르의《길가메시 서사시》에는 하늘의 신이 지상계에 내려온 이유가 금지된 대상과 성관계한 죄를 범해서라고 적나라하게 표현된다. 이는 어떤 중대 사건이나 문제 때문에 부족의 큰 이동이 있었으리라 짐작케 하는 진술이다.

그런데 형제(삼천 무리)들과 단합해 아버지(왕)를 살해했다면 굳이 다른 지역으로 이동할 이유가 없다. 왕성한 생명력을 지닌 신세대 영웅이 노쇠한 왕과 대결해 살해한 후 새로운 왕이 되는 것은 농경 시대 초기까지 전 세계의 보편적인 관습이었기 때문이다.[6] 이 점에서 김광일의 신화 해석은 오이디푸스 이론을 경직되게 적용했다고 볼 수 있다. 개인정신에 억압된 내밀한 무의식을 탐색하는 꿈해석으로는 타당할지 모르나 민족정신의 종합적 생성물인 신화 해석으로는 지나치게 단순하다. 우리는 융의 이론 및 대상관계론의 관점과 개념으로 위 신화를 각각 다르게 해석할 수 있다. 가령 융의 관점에서 보면 곰은 강력한 힘을 지니고 있으며 겨울잠을 자다가 봄에 깨어나 활기차게 활동한다는 점에서 '죽지 않는 생명력'을 상징한다. 고대의 한민족은 곰을 수호신(토템)으로 삼아 곰처럼 강건하고 영생(동면 후 부활)하는 능력을 지니기를 기원했을 것이다. 나아가 곰은 음식 금기(통과의례)를 끝까지 지켜내는 인내력을 지녔기 때문에 열악한 생존 환경을 버텨내야 했던 고대 한민족이 동일시해야 할 이상화 대상으로 표상된다.

곰은 병과 부상으로 죽음불안에 시달리던 인간과 대비되는 강건한 대상이다. 그리고 쑥과 마늘은 원시 인류가 위협적인 적과 낯선 자극들을 병과 부상없이 버텨낼 힘을 보충해주는 신기한 약용 생물로서 서로 대비되는 곰과 인간을 '주술적 사고(유사, 인접)'로 연결지을 수 있게 매개한다.[7] 단군은 지상의 강력한 힘의 모델인 곰 어머니(곰신)와 하늘나라 왕의 아들인 아버지 사이에서 태어난 신성한 존재다. 무릇 왕과 제사장은 서로 다른 영역(집단)들을 중개(매개)하여 단합된 새로운 힘을 생성해내는 비범한 존재로 여겨졌다. 지상의 힘과 하늘의 에너지를 한 몸에 흡수한 단군이 민

지운영(추정), '단군화상檀君畵像', 1920년대

단군은 지상의 강력한 힘의 모델인 곰 어머니(곰신)와 하늘나라 왕의 아들인 아버지 사이에서 태어난 신성한 존재다. 무릇 왕과 제사장은 서로 다른 영역(집단)들을 중개(매개)하여 단합된 새로운 힘을 생성해내는 비범한 존재로 여겨졌다. 지상의 힘과 하늘의 에너지를 한 몸에 흡수한 단군이 민족의 시조라면 그를 동일시한 한민족의 정신에는 곰신과 하늘신의 힘이 내재되어 현실의 어떤 힘겨움도 이겨낼 수 있다.

족의 시조라면 그를 동일시한 한민족의 정신에는 곰신과 하늘신의 힘이 내재되어 현실의 어떤 힘겨움도 이겨낼 수 있다.

대상관계론 관점에서 보면 인간의 왕성한 정신 에너지는 일차적으로 전능한 어머니와 유아 사이의 모성적 애정 관계에서 형성되며, 어머니로부터의 분리·개별화가 성공적으로 진행되었는가에 영향을 받는다. 서자 환웅이 하늘 세계에서 지상계로 내려온 것은 새로운 세계로의 모험을 통해 정신을 발달시키려고 부모로부터 분리·독립한 것이다. 어머니의 아이 상태가 아닌 제3의 여성 웅녀와 결혼해 자식을 얻음은 이성과 성관계를 할 수 있는 남성적 성 정체성과 아버지성을 정립해냈다는 의미다. 그리고 하늘의 환웅과 대지의 웅녀 사이에서 단군이 태어난 것은 새로운 문명을 이루기 위해 서로 다른 두 대상(영역, 집단)과 긴밀한 관계를 맺고 그들의 에너지를 균형 있게 흡수하여 조화롭게 매개·소통시켜줄 비범한 인물이 출현했음을 의미한다.

위니콧에 의하면 유아가 타고난 공격성을 표출할 때 어머니가 얼마나 인내하며 든든하게 버텨주고 품어주는가가 '참자기'의 형성과 발달에 매우 중요하다. 곰의 힘과 인내력과 넓은 가슴(마음)을 지닌 웅녀는 참자기의 발달을 촉진시키는 좋은 엄마상에 상당 부분 부합한다.

코헛은 생후 3년간 아이가 어머니에게 얼마나 진심으로 존중받았느냐에 의해 자존감으로 가득한 '거대자기'가 형성된다고 말한다. 곰이 인간됨을 절실히 원했다는 말에는 이미 '인간'이 자연계에서 대단한 힘을 지닌 대상이 됐다는 판단이 들어 있다. 생존을 걱정하며 한반도에 거주하던 원시 한민족에게 웅녀 신화는 강한 힘을 발현하는 나라를 이루어낸 시조와 그들 자신에 대해 자존감을 갖게 해주는 소중한 상징이다.

강력한 힘과 부활의 생명력을 지닌다고 여겨진 곰은 고대 한민족이 닮고 싶어 했던 이상적 대상이자 토템 신이었다. 그렇다면 역으로 인간이 곰이 되기를 원했다는 것이 고대인의 본심이었을 것이다. 곰이 민족의 어머니 토템(수호신)이라면 그 토템 신을 동일시해 융합한 민족은 질병 및 야수나 적에 대한 불안에서 상당 부분 벗어날 수 있게 된다.

농경 문화 속 여성성의 위상

단군 신화를 이해하는 데 있어 다음의 비교인류학적 해석 역시 참조할 만하다. 인류학(민속학)은 신화가 창조된 고대 사회에서 신화 속 상징들이 현실에서 구체적으로 어떤 의미를 지녔는지 밝혀주는 역할을 한다.[8]

단군 신화에는 서양의 마르두크 신화처럼 남성 신(남성 원리)이 전쟁 무기를 들고 여신을 살해하는 파괴적 모습이 전혀 나타나지 않는다. 남성 원리를 상징하는 환웅은 여성 신의 상징인 곰과 만나 화합하고 그 결실로 단군왕검을 탄생시킨다. 단군 신화와 그 내용이 흡사한 중국 산둥성의 무씨사당武氏祠堂 벽화 속에는 단군 신화에는 나오지 않는 남신의 여신 살해 장면이 있다. 북애자北崖子의 《규원사화揆園史話》에서도 환웅이 옥녀玉女라는 여신을 살해하려 한다. 이는 유교 문화의 영향권 아래에서 단군 신화의 원형이 일부 변형된 것으로 보인다.

하늘신 환웅과 지모신地母神 웅녀가 배우자를 만나는 과정이라든지 웅녀만이 동굴에서 인고의 시간을 가져야 하는 부분 등은 모계 시대 지모신의 원형이 많이 변형된 것이다. 웅녀의 본래 의미를 발굴하려면 겉으로 드러난 수동적인 페르소나를 벗기고 금기로 억압되어왔던 **웅녀의 양성성**을 회복해야 한다. 이는 여성 속에 담겨 있던 남성적 아니무스인 야성적 공격성(호랑이성)의 복원을 의미한다.

동굴 안의 호랑이와 곰은 분리된 두 존재의 상징이 아니라 미분화된 한 존재(원시 인류) 안에 내재된 양성성의 상징이다. 동굴은 어머니의 자궁과 유사한 정신적·물질적 안식처 역할을 한다. 자궁인 동굴은 불완전성이 완전성으로 질적 변이를 일으키는 성스러운 **변형의 장소**place of transformation다. 동굴 안에서 일어났던 웅녀의 여인화 과정은 일종의 성인식으로 그 안에서 웅녀 인격의 전체적 변형wholistic transformation이 일어난 것이다.

남편과 득남을 위해 기도하는 웅녀의 이미지는 한국의 가부장적 이데올로기가 이상화한 전통적 모성애의 표상이다. 이런 모습은 웅녀가 독립성과 자기애를 지닌 주체적 존재로서의 적극성을 상실하고 모성애로서만 자신의 성적 정체성을 지니는 수동적 존재임을 상징한다. 즉 웅녀에게 양성성을 상실한 순종적 페르소나가 요구되고 있는 것이다.

곰은 역사적으로 민족의 지모신으로 숭배되었다. 곰신은 어머니이자 땅의 신, 물의 신 그리고 생산의 신으로서의 위상을 지닌다. 수렵·채취나 유목생활을 중심으로 하는 문화권에서는 신에 대한 이해가 남성적이며 땅은 하늘에 예속된 것으로서 여성성과 함께 지배의 대상이 된다. 그리스 신화에서 제우스와 인간 여성(다나에, 알크메네 등)의 관계가 신이 인간 여성을 일방적으로 수태시키는 수직 관계로 드러나는 것이 대표적 예다. 반면 농경 문화권에서는 땅의 중요성과 함께 지모신의 역할과 그에 따른 여성의 월경 주기성이 신성화되고, 하늘과 땅은 항상 상호 보완적 관계로 유지된다. 이렇듯 서양의 남성적 세계관과 농경이 비교적 일찍 시작된 동양의 세계관, 그중에서도 한국의 천부지모天父地母 세계관은 다른 형태의 신화를 형성해갔다. 환웅과 웅녀의 결합은 관계성relationality을 상징하며, 성관계는 창조성과 사랑의 우주적 결합 에너지를 내포한다. 신화 속 성 결합은 생명력(종족 보존력)과 성적·영적·정치적 힘의 상징이다. 한민족의 정신사에는 근본적으로 서양의 경우에서와 같은 남녀 간의 극단적 충돌이나 균열이 거의 없으며, 여신의 악마화(메두사, 메데이아, 키르케 등) 과정 역시 나타나지 않는다.

3

주몽

어머니 애착으로 고뇌한 건국 영웅

신화 속 영웅은 정신의 성장 과정에서 보통 사람과 다른 출생 환경과 위치, 특이한 경험과 반응 태도를 지닌다. 그러한 특이성이 이상화된 동일시 모델이 되어 민족 고유의 정체성을 구성한다. 그렇다면 한민족 역사에서 이민족의 침략으로 분산되었던 고조선의 집단정신을 다시 응집하고 확장한 고구려의 건국 영웅은 어떤 심리 특성을 지녔는가? 그는 어떤 환경에서 어떤 과정을 거쳐 집단의 영웅으로 성장했는가? 시련을 헤치고 과업을 실현한 영웅은 그 민족의 어떤 욕망을 상징하며 당대의 어떤 정신성을 반영하는가?

천제의 자식이자 북부여 왕 해모수는 사냥을 갔다가 압록강에서 놀고 있는 세 여인을 본다. 해모수가 말채찍으로 땅을 긋자 구리 집이 솟았고, 방 안에는 비단 자리와 술상이 차려졌다. 세 여인이 그곳에 들어와 술을 마시고 취하는데, 왕이 들어오자 도망가고 장녀 유화만 붙잡힌다. 해모수는 유화를 데리고 그녀의 아버지인 하백을 만나러 간다.

하백이 분노한다. "도대체 네가 누구이길래 내 딸을 빼앗아간 것이냐? 돌려주지 못할까."

유화와 결혼하게 해달라는 요청에 하백은 부정적으로 반응하며 변신술을 겨루는 신통력 대결을 제안한다. 여기서 해모수가 이긴다.

하백은 해모수의 능력을 인정하고 혼인을 승낙하나, 해모수가 딸을 버리지 않을까 걱정되어 술에 취하게 한 뒤 둘을 가죽 부대에 넣어 수레에 태운다. 술이 깬 해모수는 유화의 황금 비녀로 가죽을 뚫고 혼자 하늘로 올라간다.

화난 하백은 가문을 욕되게 한 죄로 유화의 입술을 동여매고 석 자 늘려 추방한다. (…)

해모수의 아들 부루가 하느님의 계시로 도읍을 동부여로 옮긴다.

부루왕은 늙도록 아들이 없자 산천에 제사 지내 대 이을 아들 얻기를 기원한다.

타고 가던 말이 큰 돌을 보고 눈물 흘리기에 돌을 들추니 금빛 개구리 모양의 아기가 있어, '금와'라 이름 짓고 태자로 삼는다.

부루의 대를 이은 금와왕이 그물에 잡힌 무서운 얼굴을 한 유화의 입술을 세 번 잘라주자 자신의 정체를 밝힌다.

유화를 별궁에 거처하게 한다.[9]

개인과 민족(씨족, 부족)의 정신성은 일차적으로 이전 세대로부터 전승된 독특한 집단정신성의 흔적과 환상의 영향을 받는다. 해모수-해부루-금와-주몽과 유화 간의 설화는 연대기적으로 볼 때 비현실적이다. 가령 해모수와 금와는 여러 세대의 차이를 지니는데, 유화는 해모수와 금와 모두와 관계를 맺는 여인으로 등장한다. 신화는 꿈처럼 시간의 논리에 구속받지 않으므로 우리는 이것을 역사적 사실이기보다 정신적 상징으로 이해해야 한다. 주몽 신화가 여러 부족의 신화를 나중에 통합하여 재구성한 결과물일 수도 있기 때문이다. 즉 북부여의 '천제-해모수' 신화와 동부여의 '해부루-금와' 신화, 그리고 강변 부족의 '하백 – 유화' 신화가 후세에 이 부족들

을 정복한 고구려에 의해 주몽 신화로 통합되었을 가능성이 높다.[10]

정신분석적 신화 해석은 신화의 역사적 진위를 판별하기보다는 독특한 신화를 창조한 집단과 그 신화를 계승해 내면화해온 집단의 무의식 상태에 주목한다. 주몽 신화가 여러 부족의 신화를 압축한 결과일지라도 신화소를 하나하나 분석하면 그 배후의 무의식이 드러난다.

주몽의 어머니인 유화는 강의 신 하백의 장녀다. '강물'은 고대 부족에게 식수와 농업용수를 제공하는 생명의 원천이다. 프로이트는 갈증 해소를 배고픔 해소와 더불어 생존 본능의 표상으로 본다. '강의 신'이란 생존과 연관된 원시 인류의 주요 관심 대상으로서 물의 사용을 통제하는 부족장의 상징으로 추정된다.

유화는 권력을 지닌 하늘 부족 왕의 아들 해모수와 만나 결합하지만 해모수는 유화와 혼인하여 동침한 뒤 돌연 홀로 떠난다.[11] 해모수는 나중에 누군가와 관계해서 아들 해부루를 얻었고, 해부루는 아버지의 나라를 떠나 동부여를 건국했지만 후손이 없어 양자로 삼은 금와에게 왕위를 양도한다.[12]

금와는 금빛 개구리를 뜻한다. 겨울잠을 잔 후 봄에 불쑥 나타나는 개구리는 죽음에서 부활하는 생명력의 상징이며, 물과 육지를 매개하는 동물이다. 그렇다면 금와는 내륙과 강에 거주하는 부족들을 통합한 족장의 상징일 수 있다. 하늘, 강, 육지라는 각기 다른 배경과 특성을 지닌 어머니와 아버지의 에너지를 받고 태어난 주몽은 서로 대립하던 여러 부족을 하나로 통합해야 하는 운명적 임무를 지닌다.

주몽은 나중에 자신을 하느님(천제)의 자손이라 표현함으로써 '하느님-해모수'를 이상적 대상으로 내면화했음을 드러낸다. 그러나 이것이 '하느님-해모수'가 그의 아버지라는 증거는 아니다. 이는 원시적(유아적) 소망에 기인한 심리적 기표일 가능성이 높다.[13] 아이는 현실의 아버지가 초라해 보이고 못마땅할 때 환상 속에서 위대한 아버지상을 만들어낸다. '진짜 아버지는 따로 계신다'고 믿음으로써 자신을 위로하는 것이다. 그렇다면 주몽의 진짜 아버지는 누구인가?

신화 속 금와는 친부모에게 버려져 해부루의 양자로 키워진다. 부모가 미상인 아기는 대부분 사회적으로 금지된 관계를 맺은 인물의 후손임을 암시한다.[14] 또는 국가의 입장에서 그 출신을 드러내고 싶지 않은 합병한 부족이나 가문의 자손일 수도 있다. 그렇다면 금와 역시 불륜 관계의 자손이거나 흡수 통합된 어느 소외된 집단의 자손일 가능성이 높다. 신화에는 그를 누가 양육했는지 서술되어 있지 않으므로 금와의 정신이 어떤 대상으로부터 어떤 영향을 받았는지 정확히 알기 어렵다. 그러나 집단에서 분리(단절)되거나 친모로부터 버려진 인물은 모성 결핍을 지녔을 가능성이 높다.[15] 모성성이 결핍되면 자기애가 취약해진다. 그 경우 자신만을 존귀하게 여기면서 사랑해줄 모성적 대상을 갈망하게 된다.[16] 그래서 모성 결핍을 지닌 금와가 선대왕의 여자인 유화를 구조하여 궁궐로 데려온 것이며, 금지된 애정을 채울 수 있는 환경이 생성된 것이다.[17]

다른 한편 금와가 해부루의 '왕위를 물려받음'은 아버지로부터 인정받아 아버지다운 힘을 획득했다는 징표다. 아버지다움은 사회적 권위를 유지하는 능력을 상징한다.

유화의 품에 햇빛이 비쳐 몸을 피했으나, 햇살이 따라다니며 비쳤다. 임신하여 왼쪽 겨드랑이에서 큰 알을 낳았다.

대부분의 신화 속 영웅은 축복받지 못한 관계의 결과로 출생했거나 가족과 사회 내 위치가 기구하여 평범한 즐거움을 누리기 힘든 운명을 지닌다.

주몽은 아버지를 모르거나 알더라도 세상에 밝혀서는 안 되는 신분이다. 그러나 건국 시조란 모든 백성이 동일시하고 싶어 하는 이상적 대상이기에 신화 기록자는 이러한 사실을 결코 있는 그대로 기록할 수 없다.[18] 민족무의식과 집단의식의 타협으로써 주몽은 '햇빛'에 의해 임신된 후 유화의 '왼쪽' 겨드랑이에서 '알'로 태어난 것으로 변형된다.

'햇빛'은 무엇의 상징인가? 추위와 굶주림에 떠는 원시인의 눈에 태양과 햇빛은 죽음공포를 가라앉히는 경탄스럽고 존귀한 존재, 왕, 아버지, 남성성의 상징이다. '왼쪽'은 성스러운 방향을, '알'은 수많은 잠재력과 우주를 담고 있는 성스러운 존재(우주적 자기)를 상징한다.[19] 알은 또한 하늘과 땅을 두루 접촉하며 매개하는 동물인 새의 출생 양태다. 하늘신을 숭배한 고대 인류는 신성한 하늘의 기운과 접촉하는 새를 신성한 존재로 느꼈기에 위대한 영웅은 새처럼 알에서 태어난다.

어미 새는 알을 낳은 뒤 정성껏 품어 부화시킨다. 즉 어미가 출산의 고통과 출산 후의 돌봄이라는 이중의 정성을 쏟고 난 뒤에야 새끼 스스로 알을 깨고 세상 밖으로 나온다. '알에서의 탄생'은 고귀한 존재의 탄생을 묘사하는 데 적합한 보편 상징으로 전 세계 신화 속에서 표현된다.

임신-출산 순간부터 아기는 부모에게 심대한 영향을 받는다. 특히 자식을 향한 어머니의 무의식적 욕망과 불안은 태아와 아기에게 민감하게 감지되며, 외부 대상으로부터 오는 다양한 자극과 관계들을 내면화하는 과정에서 아이의 정신은 구조화된다. 그렇다면 아기 주몽은 어머니와 아버지에게 각각 어떤 관심을 받으며 태어났는가?

두 번의 탄생과 험난한 유년기

금와는 사람이 알을 낳는 것은 상서롭지 못한 일이라며 마구간에 버렸는데, 말들이 지켜주었다. 산에 버리니 짐승들이 지켜주었고, 깨뜨리려 했으나 깨지지 않았다. 알을 유화에게 돌려주니, 정성껏 품어 알에서 사내가 태어났다.

금와왕은 태어난 알에 대해 부정적 태도를 보인다. 유화는 선대왕의 여인(아버지의 여인)이라는 위치로 인해 모성이 결핍된 금와(부족)의 무의식 속 유아 성환상을 자극하는 강력한 요인을 지닌다. 유화는 '대타자의 자리'에 있는 금와왕의 유아적 애정 결핍을 보충해주고 싶은 모성성을 지닌다. 금와와 유화의 무의식 욕망(결핍)은 서로 조화되기에 상호 애착 가능성을 지닌다. 그런데 금와는 '아버지의 법'을 상징하는 왕이다. 부족국가 시대의 족장은 절대왕권 시대의 군주와 달리 민심을 잃으면 부족원들에게 살해당할 수도 있었다.[20] 자신의 부적절한 행적이 드러나는 것을 두려워한 금와는 금지된 관계에서 태어난 주몽의 존재를 공개적으로 인정할 수 없다. 금기와 충돌하는 부모의 사연(소망 충족 행위)으로 인해 신화 속 주몽은 태어나는 순간부터 아버지와 상징계로부터 환영받지 못하는 부정적 자극들에 둘러싸이게 된다.

아기 주몽에게는 기성 관습을 대변하며 든든한 울타리 역할을 하는 아버지의 존재가 모호하다. 즉 그는 부모 관계의 어떤 원인 때문에 아버지(상징계)로부터 외면당하고 버림받는다. 국가의 시조가 된 존재가 아버지로부터 버림받았다는 사실은 결코 있는 그대로 표현될 수 없다. 그래서 영웅의 아버지는 '햇빛'으로, 영웅을 학대한 자는 아버지가 아닌 제삼자로 각색된다. 그러나 정신분석과 현실의 눈으로 보면 아이를 최초로 외면하고 경시한 자는 대부분 실제 부모다.

알은 먼저 마구간에 버려진다. 말들의 배설물이 쌓여 있는 마구간은 사회로부터 대접받지 못하는 더럽고 하찮은 곳이다. 부모에게서 존재 가치를 인정받지 못한 아기는 자신이 하찮은 곳에 방치되었다는 느낌을 받는다. 존중받지 못한 아기의 자존감(자기애)은 활력을 잃고 얼어붙는다. 그런데 말들은 이상하게도 그 알을 짓밟지 않고 보호한다. 왜 그럴까?[21] 말은 고대에 신성하고 귀한 동물로 여겨졌다. 프로이트는 말을 힘 있고 거대한 아버지의 상징으로 해석한다.[22] 이 신화소는 알이 겉으로는 버림받지만 누군가로부터 보호받고 있음을 드러낸다. 그로 인해 아기의 자기애 상처가 회복되어 '자기'(알)가 깨지지 않은 채 유지될 수 있다.[23]

그다음에 알은 '산'에 버려진다. 원시 부족에게 산은 일차적으로 집과 마을이라는 안전한 울타리 밖 위험한 짐승들이 우글거리는 장소다. 그곳에서도 알은 동물들의 보호를 받는다. 산과 산짐승의 무의식적 의미는 무엇인가? 산은 한편으로 인간을 거대하게 품어주는 특성을 지닌다. 알을 곁에서 보호해주는 산짐승들은 현실에서 아기 주몽과 밀접한 관계에 있는 집단일 수 있다. 그렇다면 출생 초기 위기 상황에서 아기 주몽은 제3의 집단(해모수계)에 의해 암암리에 보호받고 있다고 볼 수 있다.[24]

마지막으로 금와왕이 직접 알을 깨려 했지만 알은 깨지지 않았다. 신화 속 표현은 사실 묘사라기보다 상징이다. '깨뜨림'은 과잉 자극, 파괴, 박해, 거세의 표상이다. 알(자기)을 공격하는 것은 알의 '태생적 힘', '존재감'을 시험한 것일 수도 있고 알이 깨지지 않음은 '주몽'이 금와왕보다 더 강력한 잠재력을 지닌 존재라는 상징 표상일 수 있다. 또는 주몽이 부여왕의 자리를 위협할 영웅이 될 것이라는 표상일 수도 있다.• 또는 금와의 내면에 부모에게서 버림받은 유년기 상처, 분노, 불안이 크게 자리했음을 읽어낼 수 있다. 또한 모성적 대상인 유화의 첫 번째 애정 자리를 자식에게 빼앗길지 모른다는 콤플렉스가 작동한 것일 수 있다. 타인의 부정적 시선에 의해 비난받고 거세당할까 두려워 불안의 싹을 없애려는 금와의 취약한

• 왕족이 아닌 다른 곳에서 영웅이 될 아기가 태어날 것이라는 예언자의 말이 있을 때 왕의 자리를 위협당할까 봐 두려워 국가의 신생아를 모두 죽이라 명한 설화(모세, 오이디푸스 등)들이 다수 있다.

자기(애)와 박해불안, 거세불안을 나타내는 것일 수도 있다. 그런데 그의 불안과 콤플렉스는 유화의 모성적 애정욕동에 의해 완화된다. 그래서 알로 상징되는 주몽의 '자기self'는 아버지의 불안과 사회 환경의 부정적 자극에 의해 파괴되지 않은 채 보존된다.

탄생 초기의 시련은 부모와 사회의 어떤 결함으로 인해 기구한 운명을 짊어진 영웅이 반드시 거쳐야 하는 통과의례다. 알은 '세 번의 시련'을 버텨내고 마침내 어머니에게 양도된다. 프로이트와 융은 숫자 '3'을 남성적인 힘, 성스러움, 완전성의 상징으로 해석한다.[25] 세 번의 시련은 부모, 가문, 기존 사회 환경의 결함과 과오로 인한 운명적 불행을 아이가 버텨내고 극복할 수 있다는 상징이다. 유년기 아이들은 보통 세 번의 통과의례를 겪는데, 이는 최초 대상(엄마, 젖가슴)과의 분리, 최초의 성 대상(이성의 부모)과의 분리, 아버지(대타자)와의 갈등(양가감정) 극복이다.

창세신화는 정신(자기, 민족)이 최초 형성되는 과정을 담고 있다.[26] 그렇다면 알 상태에서 일련의 시련을 거쳐 아기 주몽이 탄생되었음은 무엇을 뜻하는가? 알을 낳음과 그 **알을 깨고 나오는 두 번의 탄생**은 그가 미래에 거대한 과업을 성취할 영웅임을 상징한다. 첫 번째는 자연적 탄생이며, 두 번째는 초자연적(정신적) 탄생에 해당한다.[27] 알을 깨고 나온 것은 당대의 집단무의식에 함입된 정신 상태로부터 지켜주는 강력한 힘(해모수)들과 어머니의 정성을 토대 삼아 '자아의식'이 분화된 '주체'가 선구적으로 출현한 것이다. 또는 외부 환경에서 비롯한 크고 작은 고통 자극이 있었지만 첫 3년간 좋은 엄마 관계 양육을 받아 유아의 참자기가 건강하게 형성되었음을 의미한다. 참자기를 형성한 아이는 장차 험한 고통 자극이 밀려와도 정신이 붕괴되지 않으며, 고난과 역경에 창조적으로 대처할 수 있는 능력을 지니게 된다.[28]

주몽의 유년기 생활은 신화에 드러나지 않는다. 이는 영웅과 그 민족의 유년기가 초라했기 때문일 수 있다. 또는 고통스러운 상처나 불안, 좌절된 욕구, 금지된 욕망 때문에 정신이 그것에 대한 기억을 방해하기 때문이다. 가령 부부도 아니고 부부가 아닌 것도 아닌 유화와 금와의 모호한 관계는 아이(민족)의 정신에 부정적 영향을 미친다. 또한 주몽은 왕자도 아니고 왕자가 아닌 것도 아닌 애매한 대우를 받으며 이복형제들로부터 소외된다. 이런 관계는 기존 사회의 가치 체계에 부정적 지각과 환상을 형성시킨다. 주몽의 경우 어머니와 연관된 최초 양육 경험과 최초 성 대상 경험은 긍정적이었을 가능성이 높다. 반면에 그의 중심 문제는 아버지와 당대 국가(부여)의 사회제도와 가치체계에 대한 짙은 애증 감정으로 추정된다.

아버지 콤플렉스

유년기는 정신이 최초로 구조화되는 격변의 시기이다. 주몽 신화에서 우리는 프로이트가 강조했던 남근기(오이디푸스기, 아동기)에 주목해야 한다. 이 시기에 아이는 엄마의 품에서 분리되어 규범과 언어적 분별과 사회의 주요 가치들을 익히는 아버지의 세계로 진입한다. 그런데 자신의 사회적 위치가 애매하거나 이상화 하고픈 든든한 아버지가 부재한 아이의 경우 사회에 적응 하는 데 큰 어려움을 겪는다.[29] 주몽은 아버지의 사랑과 인정을 공개적으로 받지 못한 채 임임리에 보호만 받은 것으로 추정된다. 주몽은 아동기의 최초 사회화 과정에서 아버지의 법에 대한 불만족감에 휘둘렸고, 그로 인해 사회적 권위자나 전통 규범에 편안히 적응하기 힘든 감정 상태를 지녔을 가능성이 높다.

오이디푸스 콤플렉스에 고착된 성격 유형은 아버지의 권위와 기존의 가치체계에 대해 긍정도 부정도 못 하는 갈등에 시달린다. 이 갈등에서 벗어나기 위해 아버지의 법보다 더 훌륭한 제3의 이상적인 법을 자신이 세우고 싶은 욕구가 활성화된다. 그가 그 욕구를 현실에서 실현할 수 있는 비범한 능력을 키운다면 영웅이 되지만 환상 속에 안주한다면 현실에 부적응하는 신경증자가 되거나 현실에서 소외당하는 비참한 존재가 된다.

기성 가치체계에서 천시되는 사생아로 태어났기에 주몽은 신뢰할 수 있는 든든한 동일시 대상인 아버지를 온전히 경험하지 못했다. 그는 아버지를 상징하는 왕(금와)으로부터 관습이 인정하는 방식으로 자신의 존재 가치와 능력을 인정받을 수 없다. 그로 인해 아버지 동일시를 통한 아버지다움을 충분히 내면화하지 못한다. 개인이든 집단이든 아버지 체험의 실패는 기성 규범에 온전히 만족하지 못한 채 늘 의심하고 갈등하는 신경증적 성격을 유발한다. 신경증자는 기성 체제와 일상의 일들에서 보통 사람처럼 흥미와 즐거움을 얻기 힘들다. 진정으로 만족을 느끼려면 그는 자신에게 맞는 새로운 법과 제도를 스스로 구축해야 한다. 그것이 현실에서 불가능할 경우 자신의 소망을 충족시켜주는 신화적 영웅상을 창조하여 그것과 동일시함으로써 대리 만족을 얻을 수밖에 없다.

형제 콤플렉스

주몽은 어릴 적부터 비범했으며, 활쏘기에 탁월한 재능이 있어 사냥 시합에서 일곱 형들을 모두 이겼다.

주몽은 아이 때부터 서자로 차별받은 콤플렉스로 인해 자신이 형제들보다 더 높은 위치에 올라 그들보다 우월한 존재라는 것을 입증하고 싶은 욕구가 강했을 것이다. 그래서 분노와 공격성을 외부로 분출하고, 박해 및 거세불안을 떨치기 위한 방어책으로 궁술을 필사적으로 익혔을 것이다. 하지만 이런 유별난 행동과 공격력은 주위 사람들의 마음을 불편하고 불안하게 만든다. 그로 인해 주몽에게는 안정된 지위나 관계에 진입하기 힘든 불행한 운명이 반복된다.

사생아로 태어나 아버지에게 버림받은 상처의 흔적들은 정신의 어딘가에 각인된다. 이 초기 상처가 큰 경우에는 원초적 분노와 불안이 밀려들고 이에 대한 원초 방어기제가 과잉 작동되어 자아와 자기가 병리적으로 구조화된다. 그 결과 사소한 부정적 자극에도 정신이 분열되고 외부 세계를 의심하고 두려워하며 충동을 제대로 통제하지 못하는 성격이 형성된다. 다행히 신화 속 주몽에게는 강력하게 자아를 지원해주는 헌신적이고 지혜로운 어머니가 곁에 있고, 보이지 않는 어떤 힘이 그를 보호한다. 그로 인해 부정적 자극을 받아도 버텨낼 수 있으며 공격성의 승화적 분출(활쏘기)이 가능한 존재로 성장한다. 사냥 시합에서 형들을 상대로 거둔 승리는 차별당한 콤플렉스가 그로 하여금 일곱 형들을 능가하는 힘을 기르게끔 추동시켜 생긴 결과다.

탈출과 대결

태자가 주몽의 왕위 찬탈 위험성을 간언하자 금와왕은 주몽에게 말 기르는 일을 맡긴다. 낙심한 주몽은 어머니에게 자신의 출가 의지를 밝힌다. "남쪽 땅으로 가 새 나라를 세우려 하나, 어머니가 이곳에 있어 도망치기 힘듭니다."
아들의 안위를 걱정한 유화는 아들의 탈출을 도울 붉은 준마를 골라 말의 혀에 침을 꽂아 말을 마르게 한 다음 부왕으로부터 그 말을 물려받게 만든다.
세 친구 및 부하들과 남쪽으로 도망치는 주몽을 동부여 군사들이 추적한다. 강이 앞을 가로막자, 주몽은 "나는 천제天帝의 자손이요, 하백의 외손이다. 건너갈 배와 다리를 달라." 하고 외치며 활로 물을 친다. 이에 자라와 물고기가 나타나 다리를 만들어주고, 주몽은 도주에 성공해서 새로운 나라(졸본부여)를 세운다.

청년기는 힘없던 어린 시절에 억압된 무의식이 회귀하여 맺힌 감정과 결핍의 보충 및 해결을 강력히 요구해대는 시기다. 집단적으로 보면 억압되어 오랫동안 잠복해온 민족무의식이 갑자기 사회적 곤경들을 발생시켜 주인공 및 당대 사람들에게 이를 해결하라는 고통스런 과제를 요구한다. 청년과 민족은 유년기 무의식과 민족무의식의 문제들을 현실에서 주체적으로 직면하고 대결, 통합해내야 성숙한 자아 정체성을 형성할 수 있다. 강력한 국가를 확립하지 못했기에 거대한 이웃 국가에게 수시로 침략당했던 고대 한민족의 무의식을 반영하는 주몽의 일차적 문제는 생사를 좌우하는 권력자(아버지와 형제)에 대한 박해불안과 권력 콤플렉스다. 이것은 청년기에 사회에서 자신의 자리(가치 위상)를 정립하는 과제로 전환된다. 그러나 기존의 제도와 사회적 관계는 좀처럼 주몽에게 긍정적 환경으로 경험되지 않는다.

청년기에 이르자 형제들과 신하들은 왕에게 주몽이 왕권을 위협할 위험한 존재이니 제거해달라며 강하게 요구한다. 일찍이 자신의 명예를 위해 주몽과 거리를 두어온 금와에게도 비범한 무술 능력을 지닌 젊은이에게 도전받는 불안이 있었을 것이다. 그러나 사랑하는 여인이 낳은 아들을 차마 죽일 수는 없다. 자신의 불안을 해소하고 집단의 요구를 무마하는 타협책으로 그는 주몽에게 권력과 무관한 '말 기르는 일'을 맡긴다.

주몽은 왜 아버지와 형제들로부터 왕위 찬탈의 위험성을 지닌 존재로 의심받고 위협받게 되었을까? 그것은 단지 주몽의 활쏘기 능력이 탁월했기 때문이라기보다 그의 내부에 억압된 분노와 공격성, 권력 콤플렉스와 꺾이지 않는 자존감이 가득 차 있음을 타인의 무의식이 느꼈기 때문일 수 있다. 왕위를 위협하는 인물로 의심되었기에 주몽은 이복형들로부터 견제받는 부정적 경험에 노출된다. 그런 적대적 환경은 부모의 사연(햇빛으로 상징되는 존재와 유화의 관계)으로 인해 미래의 영웅이 평생 짊어지게 된 운명적 과제다. 만일 보통 사람이라면 힘센 타자로부터 자신을 보호하기 위해 능력과 자존감을 숨기거나 낮추는 선에서 타협을 했을 것이다. 그러나 긍정적 모성 경험으로 '참자기'가 형성된 주몽은 자기의 욕망을 숨기거나 포기하지 않는다.

말을 관리하는 일은 사회적으로 낮은 직책이다. 이것은 서자 주몽의 권력 콤플렉스를 자극한다. 그는 그 고통을 어머니에게 표현한다. 어머니는 아들의 고통에 전적으로 공감해주면서 콤플렉스를 극복할 수 있는 중요한 비법을 알려준다. 자식의 콤플렉스를 정확히 파악하여 근심을 해소해주는 어머니 유화의 역할은 대단하다.

> 말은 아버지 권력의 상징이고 '혀'는 권위를 나타내는 남근의 상징이다. 혀에 침을 꽂아 말을 마르게 함은 남근을 거세하여 아버지의 힘을 못 쓰게 함을 의미한다.[30]

위의 해석처럼 고대에 말은 높은 계층만이 소유할 수 있었던 권력과 재력의 상징이다. 더구나 유화가 고른 말은 최고의 준마였다. 준마를 무력하게 만들었다가 회복시켜 자신이 부리는 소유물로 만드는 행위는 곧 힘 있는 대상(아버지, 왕)을 제압할 보물과 주술력을 습득한다는 의미다. 이것은 아버지에 대한 오이디푸스 욕구와 힘 콤플렉스를 해소하는 상징이기도 하다. 말을 기르는 일의 심리적 위치가 이처럼 대단한 것이라면 그 역할에 대한 주몽의 수치감은 누그러들 것이다.

유화가 주몽에게 골라준 준마는 '붉은 말'이었다. 붉은 말은 검은 말과 더불어 남성다운 힘을 상징한다. 거대한 몸체와 큰 남근을 지닌 말은 아버지의 상징이기도 하다.[31] 붉은 말은 주몽에게 결핍된 아버지의 힘을 보충해주는 대상인 것이다. 그리고 붉은 말을 길들여 제압한다는 것은 주몽이 아버지를 이기고 그 힘을 자신의 것으로 소유함을 뜻한다. 일종의 아버지·왕 살해(거세)인 것이다.

조력자의 에너지

시련에 처한 영웅에게 나타나 새로운 힘을 제공하는 조력자가 어떤 특성을 지닌 존재인가에 따라 그 민족이 보충하고 싶어 하는 에너지가 무엇이며 영웅이 어떤 힘을 발휘할 것인지가 암시된다.

권력 콤플렉스를 해소해주는 조력자

어떤 사람이 영웅으로 성장하는 데는 '누구'로부터 '어떤' 힘을 흡수하느냐가 가장 중요하다. 주몽은 곤경 상황에서 주로 어머니(모계 혈족)로부터 힘을 얻었다. 사춘기에 유년기의 콤플렉스를 대면해 힘겹게 통합해내는 과정에서 남성은 여성의 도움을 필요로 한다. 남성에게 여성은 모성적 대상인 동시에 성적 욕망의 대상이다. 전 세계 신화에서 남성 영웅에게 도움을 주는 여성은 대부분 어머니가 아닌 제2의 여인 내지 여신이다.[32] 유년기 어머니를 대체하는 새로운 여인의 도움을 받아야만, 유아적 모성 애착에서 분리·독립하여 성숙한 남성성과 위엄 있는 아버지성을 형성할 수 있다. 하지만 주몽 신화에는 제2의 여인이 등장하지 않는다. 이 점을 보면 고구려 시조로 부각된 주몽과 그를 동일시한 고구려 민족은 성 정체성을 형성하는 데 어려움을 겪었을 수 있다.

인간은 어린 시절 부모에게서 겪은 무엇을 망각했다가 성인이 된 이후 무심결에 '그것'을 그대로 반복한다. 주몽의 아들인 유리왕 신화를 통해 추정해보면 주몽은 청소년기에 어떤 여인과 동침한 후 해모수가 유화에게 그랬던 것처럼 그 여인을 버리고 떠났다. 그런데 주몽 신화에는 여인에 대한 언급이 없다. 주몽 신화를 광개토대왕릉 비문에 새긴 고구려와 그 후 역사 기록으로 정리한 고려시대에 민족 자존감의 근원 모델인 국가 시조를 빛내기 위해 뭔가가 검열되어 여성과 연관된 부분이 삭제되었을 가능성도 있다. 검열된 내용을 추정해보면 주몽이 할아버지 해모수처럼 여인과의 성적 융합 관계를 감당하기 힘들어 도망치는 행동을 반복했다는 내용일 가능성이 있다.

아버지 역할을 하는 대상 없이 홀어머니 밑에서 자란 아들은 어머니와의 애착 관계가 유난히 강하다. 그 경우 청년이 되어서도 새로운 여인에 대한 욕망이 적거나 어머니에 대한 상실불안 때문에 다른 여인과 진정한 친밀 관계를 맺지 못한다. 강한 죄책감과 어머니에게서 자기가 떨어져나가는dis-identification 불안감 때문이다.[33] 그래서 주몽이 "남쪽 땅으로 가서 새 나라를 세우려 하나, 어머니가 이곳에 있어 도망치기 힘들다."라고 말한 것이다. 여성 대신 동성의 세 친구와 생사를 함께하는 친밀 관계를 맺은 것은 이 때문이다. 어머니 애착이 강한 아들의 경우 어머니가 아닌 여성과의 친밀 관계는 강한 죄책감과 어머니 상실불안을 일으킨다. 동성 친구와의 친밀 관계는 이런 불안을 막아주는 동시에 무의식의 문제를 회피하게 해준다. 다른 한편으로 친밀한 친구(쌍둥이 자기대상) 관계는 자기애를 보충시켜 아버지와 형제에 대한 권력 콤플렉스를 완화하는 역할을 한다. 이는 외부 적의 침략에 생존이 위태롭던 고구려인들이 해소하고 싶어 한 가장 큰 문제가 성 대상관계를 통한 애정 충족이 아니라 완벽한 보호자를 획립해 나라를 잃는 불인과 빅해불안에 대처하는 것 그리고 강력한 대상과의 동일시를 통해 권력 콤플렉스를 해결하는 것이었다는 의미로 해석할 수 있다.

주몽이 친구들과 함께 고향을 탈출하는 것을 유화가 승인한 이유는 자식의 안위를 걱정하는 '어머니의 무의식적 욕망'과 아버지와 형들에 대한 박해불안 및 권력 콤플렉스를 해소하고 싶어 하는 '주몽의 무의식적 욕망'이 일치했기 때문이다. 유화는 자신을 버린 하백과 해모수, 애매한 권위 대상인 금와보다 주몽이 더 강력한 존재가 되기를 원했을 것이다. 이런 어머니의 욕망을 알기에 주몽은 아버지보다 더 강력한 국가를 세우겠다는 목적을 끈질기게 추구할 수 있었을 것이다.

정신에 안정과 균형을 주는 조력자들

아버지의 관심과 인정을 받지 못해 아버지 동일시에 실패하면 사회적 관계를 맺는 능력이 결여되어 과업을 성취하기 어렵다. 아버지성을 내면화하지 못한 존재는 자기 정신의 뼈대조차 온전히 세울 수 없기 때문이다. 주몽이 큰 이상을 품고서 동부여를 탈출할 수 있었던 것은 이미 누군가로부터 아버지성을 흡수했기 때문이다. 현실의 아버지에게 실망한 아이는 보다 위대한 '진짜 아버지' 환상을 갖게 된다.[34] 주몽이 아동기에 겪었을 오이디푸스 콤플렉스를 고려할 때 그의 실제 아버지는 금와일 가능성이 높다. 하지만 어려서부터 금와가 신뢰받는 아버지 역할을 하지 않았기에 그는 금와보다 더 강하고 존귀한 천제를 자신의 '진짜 아버지'라고 상상하여 믿었을 가능성이 높다.

그는 또한 자신을 하백의 외손자로 호칭한다. 이런 주몽의 당당한 주장에 부응하듯, '물고기'와 '자라'가 나타나 위기에 처한 주몽을 도와준다. 물고기는 활기찬 움직임을 지녔으며 인간에게 식량이 되어준다는 점에서, 자라는 육지와 물을 왕래하며 오래 사는 동물이라는 점에서 모두 생명력의 상징이다. 생명력은 곧 신성이기에 그 대상들은 특정 부족의 토템을 상징할 가능성이 크다. 즉 물고기와 자라를 각각 토템으로 섬기는 강변 부족들의 도움을 받았으리라고 추정된다. 이를 융의 관점에서 해석하면 (모세가 유대인을 이끌고 이집트에서 탈출했듯) 주몽과 더불어 부여에서 탈출하여 박해불안에 시달리던 초기 고구려인(고조선 유민)들에게 활력을 상징하는 물고기 부족과 건강·장수를 상징하는 자라 부족이 나타나 정신의 안정과 균형을 제공해주었음을 의미한다.[35]

과업 성취와 국가 건설

국가 건설은 야망만 가지고 이루어지는 것이 아니라 수많은 요소들이 조화롭게 통합되어야 비로소 가능한 매우 현실적인 작업이다. 국가는 '아버지-상징계'로서 '어머니-자연'에 대비된다. 상징적 규범 체계를 지니는 집단을 형성했다는 것은 이미 주몽이 주관적 상상계를 벗어나 현실세계와 접촉하고 교류하는 현실자아 능력을 획득했다는 증거다. 하지만 그 밖에도 주몽은 국가를 건설하는 과정에서 수많은 과제를 해결해야 한다. 먼저 토착 세력과의 대결이 불가피하다. 주몽은 이에 대해 어떤 대응 능력을 갖추고 있는가?

기존 권력자와의 대결

토착 지배자인 비류국의 송양왕이 주몽의 힘을 시험하는 시합을 제안한다. 첫째 시합인 활쏘기에서 주몽은 무난히 승리한다. 두 번째는 "그대 나라의 북과 나팔에 위엄이 없다."라고 송양왕이 비난하자 주몽의 신하가 비류국의 오래된 북을 훔쳐와 검은 색으로 위장하여 위엄을 보인다. 세 번째는 나라를 누가 먼저 세웠는지 따지는 시합이다. 주몽은 궁궐을 지을 때 오래된 나무로 기둥을 세워 천년 묵은 것처럼 위장하여 시합에서 이긴다. 마지막으로 주몽이 사슴을 거꾸로 매단 뒤 하늘에 "비류국을 비로 휩쓸어버려라."라고 주문을 외우자 비류국에 홍수가 난다. 주몽이 백성을 구해주자 송양왕이 항복하여 나라를 바친다.

주몽의 본격적 통과의례는 기성 권력자와의 대결이다. 첫 번째 대결은 활쏘기다. 활과 화살은 수렵 사회에서 동물을 사냥하고 적을 제압하기 위해 발명한 최초의 문명적 무기다. 활쏘기가 시합의 중심에 있다는 것은 당대에 아직 농경 문화가 정착되지 않았다는 증거다. 농경 사회와 왕조

광개토대왕비 탁본(주운태 본)

광개토대왕비는 크게 세 부분으로 나뉜다. 첫째는 고구려 건국 설화부터 광개토대왕의 생애, 둘째는 광대토대왕의 정복 전쟁, 셋째는 왕릉을 지키는 임무를 맡은 수묘인들의 목록이다. 그중 첫째 부분에는 추모왕(주몽)이 천제의 아들이자 하백의 자손으로서 신령의 보호와 도움으로 나라를 건국하고 강토를 개척했다는 내용이 기록되어 있다.

국가에서는 수렵시대의 활보다 검이 중요 무기로 등장하기 때문이다.

활 쏘는 능력은 위험한 환경과 부정적 자극들로부터 자신과 집단을 지킬 수 있는 방어 능력을 뜻하는 동시에 위협적인 외부 대상을 제압하고 자신의 주장을 적을 향해 당당히 표출하는 공격 능력을 의미한다. 주몽은 일곱 형제들과의 오랜 대결 과정에서 이 능력을 갈고닦아왔기에 첫 관문을 무사히 통과할 수 있었다.

그러나 두 번째 관문은 적잖이 당황스러운 것이었다. 상대방은 주몽에게 '오래된 북'을 지녔다는 징표를 보이라고 요구한다. 북은 사방으로 넓게 울려 퍼지면서 수많은 사람에게 메시지를 전한다. 이 광대한 메시지 전달력을 기반으로 질서를 잡고 집단을 이끌어나갈 수 있는 권위가 형성된다. 이런 권위를 지닌 최초 모델은 유년기의 거대한 아버지다. 그런데 젊은 주몽은 거대한 북소리처럼 웅장하게 울려 퍼지는 위엄 있는 아버지성을 아직 현실에서 경험하거나 실천해보지 못했다. 이러한 측면에서 주몽은 오랜 통치 경력을 지닌 경쟁자에 뒤처진다. 자신의 근본적 한계에 부딪히자 주몽은 난처해한다.

이때 그의 부하가 위대한 과업을 성취하기 위해서는 상대방의 북을 훔쳐야 한다고 간언한다. '훔치기'는 젊은 영웅이 노련한 권위자와 대결하기 위해 때때로 선택할 수밖에 없는 방법으로 세계 영웅신화에 종종 등장하는 소재다.[36] 정신분석에서 '훔치기'는 자신에게는 없는 타자의 어떤 힘을 (내사)동일시 정신작용을 통해 자기 것으로 흡수한다는 의미를 담고 있다. 곤경을 통과하기 위해서는 때로 자신의 한계를 인정하고 강력한 경쟁자의 힘을 흡수해 자신의 것으로 통합해야 한다.[37]

셋째는 누가 먼저 나라를 세웠는지 따져보자는 요구로서 일종의 자존감 대결이다. 이 대결에서 지는 개인과 집단은 기가 꺾일 수밖에 없다. 의식 차원에서 먼저 나라를 세운 것은 송양왕이다. 그러나 다행스럽게도 주몽의 무의식에는 '오래된 나무', 즉 오래된 대타자의 흔적이 존재한다. 그는 천제의 아들인 해모수가 세운 북부여와 해부루의 동부여가 곧 천제의 자손인 자신의 것이라고 생각한다. 그래서 그가 국가 명칭을 처음에 졸본부여라 칭했던 것이다. 더구나 신성한 천제의 후손에게 지상 국가의 역사쯤은 대수로운 것이 아니다. 이런 자부심으로 주몽은 곤경을 극복해낸다.

마지막으로 '사슴'을 거꾸로 매달고서 주문을 외우자 송양의 도읍이 물에 잠겨 무력화된다. 자연 현상을 주재하는 정령과 접촉하여 주술사와 특정 부족의 소망을 전하고 충족하는 주술 능력은 샤먼 왕이 되기 위한 핵심 능력이다. 주몽은 정령 신앙과 신화적 사고를 지녔던 고대 인류가 숭상하던 주술 능력으로 마침내 토착 세력의 항복을 받아낸다. 이는 수십 년간 지녀온 아버지와 형들에 대한 힘 콤플렉스를 극복하는 의미 깊은 순간이다. 드디어 그는 지역을 다스리는 새 나라의 '아버지 왕'으로 등극할 능력을 갖추게 된다. 힘이 있어도 존재 가치를 온전히 인정받지 못했던 서자 계층의 설움은 물론 북방 민족과의 전쟁으로 나라를 잃었던 고조선 민족의 한恨 역시 주몽의 콤플렉스와 함께 극복된다.

민족정신의 발달 조건

송양왕과의 대결 내용은 고대 한민족이 새 시대 지도자에게 해결해달라고 요청하고 싶은 민족의 문제와 소망을 상징한다. 즉 주몽 이전의 한민족은 외부 세력과의 경쟁에서 공격성을 당당하게 분출해본 경험이 없거나 위축되어 있다. 한민족은 거대하고 오랜 역사를 지닌 북방 민족에게 끊임없이 위협받고 통제당했다. 최초 국가인 고조선이 북방 민족에게 침략당한 이후 오랫동안 한민족은 국가의 위상을 과시하지 못했다. 초기 고구려인들에게는 강력한 힘과 공격력(활쏘기), 위엄 있는 지도력(오래된 북), 연륜 있는 자존감(오래된 궁궐), 집단을 위협하는 거대 대상(자연재해, 토착 세력)을 통제하는 주술적 힘을 지닌 지도자가 절실했다. 오랜 역사를 지닌 중국의 보물을 훔쳐서라도 이민족을 이겨내거나 대등한 관계를 유지해야 박해불안과 권력 콤플렉스에서 벗어나 온전한 정신발달을 이룰 수 있었던 것이다.

영웅의 최후, 그리고 미완의 과제

영웅의 임무는 이전 지도자(아버지)의 결함이나 부조리한 특성을 제거하여 집단의 막히고 위축된 생명 에너지를 순환하고 해방시키는 것이다. 영웅은 태어날 때부터 기존 사회와 부모의 문제를 고통스레 짊어지고, 그 굴레에서 벗어나기 위해 당대의 부정적 환경과 치열하게 대결할 수밖에 없는 존재다.

이제 주몽의 무의식에 남은 소망 내지 마지막 과업이 있다면 자신이 겪었던 부당한 핍박과 부정적 부자 관계를 집단 차원에서 다시는 반복하지 않도록 하는 것이다. 그는 알려지지 않은 이유로 40세의 이른 나이에 세상을 떠난다. 어제의 영웅은 오늘 자기 자신을 희생하지 않으면 내일의 폭군이 되거나 새 영웅에게 비참하게 거세당한다. 그래서 현명한 "아버지는 아들(신세대 도전자)의 미래를 위해 스스로 죽음을 선택한다."[38]

한 집단의 생명력은 영웅의 희생적 죽음과 새 영웅의 등장이 순환됨으로써 유지된다. 이것이 바로 인류 정신의 자율적 균형과 발달을 지향하는 집단무의식의 움직임이며, 집단이 스스로 균형을 획득하고 유지하는 비밀 원리다.

졸본부여는 2대 왕 유리에 의해 고구려로 개칭되고 유리는 아버지의 모국인 부여와 대결한다. 유리의 아들인 무휼(대무신왕)은 부여를 정복하고 주몽을 괴롭히던 의붓형 대소왕을 죽인다.

프로이트에 의하면 인간은 근본적으로 유년기에 품었던 금지된 욕망을 성인이 된 후에 초자아 불안(양심의 가책) 없이 마음껏 해소하고 싶은 소망을 지니고 있다.[39] 주몽은 어릴 적부터 아버지와 형들에게 냉대받았던 분노를 결코 그들을 향해 직접 분출하지 않았다. 그러나 그의 무의식적 욕망은 후손에게 전해져 초자아 불안 없이 당당하게 충족된다. 선조의 '큰 사건'과 소망은 이처럼 오랜 잠복기를 거쳐 나중에 엄청난 영향력을 발휘한다.

신화 속 영웅들은 기구한 출생 환경 때문에 이상적 아버지상을 갖지 못한 경우가 많다. 영웅이 정신발달을 위해 겪는 통과의례의 성패는 유년기의 결핍과 당대 사회 문제를 청년기에 대면하는 과정에서 과거 상처를 보상·보충해줄 비범한 조력자를 경험하느냐에 의해 좌우된다. 주몽과 유리는 모두 유년기에 이상적 아버지 경험을 하지 못했으나 헌신적인 어머니의 조력을 받았을 것으로 추정된다. 그 헌신적 모성 경험에 의해 험난한 자극에도 꺾이지 않는 강한 자기애(거대자기)를 갖춘 것이다. 그런데 둘 사이에 차이가 있다면 유리는 사춘기에 진짜 아버지(주몽)를 현실에서 만나 그의 인정을 받음으로써 새로운 국가 건설을 위한 험난한 모험 없이 아버지성을 내면화해 계승할 수 있었다는 점이다. 그 힘을 바탕으로 훗날 자신이 동일시한 아버지의 소망을 실현할 기반을 닦을 수 있었고, 그 힘을 자식에게 물려주어 아버지와 자신의 소망을 실현하게 했던 것이다. 보이지 않게 전승되는 무의식의 힘은 이토록 교묘하고 강한 것이다.

주몽의 첫째 문제는 자신의 존재 가치를 인정해주지 않았던 아버지와 형들에게 분출하지 못했던 공격성과 박해불안을 해소하는 것, 그리고 차별당한 권력 콤플렉스를 해결하는 것이다. 그는 현실에서 눈앞의 이상화 대상과 자기 자신을 동일시하는 대상관계 경험을 해보지 못했다. 통과의례 과정에서 그가 의존했던 현실 조력자는 어머니와 부하 세 명이었다. 여자에 대한 애착이 없는 듯 묘사된 신화 속 주몽 이미지는 당대 우리 민족이 강력한 '어머니(최초 대상) 애착'을 지니고 있었다는 징표로 해석할 수 있다. 하나뿐인 자식을 위해 헌신하며 인생 향유를 포기했던 어머니, 자식의 안위와 성공을 위해 자식이 외지로 떠나감을 기꺼이 도와주는 어머니상은 지금까지도 우리에게 익숙하다. 주몽은 박해불안과 권력 콤플렉스에서 벗어나기 위해 어머니를 떠났다. 하지만 그는 진정으로 어머니 애착에서 분리·독립한 것일까? 이에 대한 해석은 다양할 수 있다.

세계의 다른 신화들과 비교해볼 때 민족의 대표적 영웅신화에 어머니의 역할만 부각될 뿐 구체적 이상화 대상도 제2의 여성 조력자도 등장하지 않는 것은 매우 이례적인 일이다.[40] 이는 어떤 유아적 불안 때문에 어머니로부터 분리될 수 없게 되어 어머니의 애정을 둘러싸고 부자 및 형제 간에 갈등을 빚거나 성 욕망 대상으로서 아내(여성)의 가치를 마음에 온전히 수용하지 못했던 고대 고구려인의 정신성 일면을 드러낸다.

4

바리데기

버림받은 영혼이 치유자로 변환되는 과정

부모가 갓 태어난 아기에 대해 '싫다'는 감정을 지닐 경우 그 아기의 정신은 어떤 영향을 받게 되는가? 어린 시절에 부모에게 버림받는 상처를 경험하면 어떤 정신구조가 형성되며 그 후에는 어떤 삶을 살게 되는가? 손상된 정신을 성숙한 정신으로 회복·전환하기 위해 개인과 집단이 감당해야 할 통과의례는 무엇일까?

엄마의 애정을 받지 못한 채 방치된 아이의 1차 욕구는 손상된 존재감을 회복하는 것이다. 그는 자신의 존재 가치를 스스로 느끼지 못하기 때문에 중요한 대상으로부터 자신의 가치를 인정받고 확인받는 것이 그 무엇보다 중요한 일이 된다.

자기 존재 가치를 지각하지 못하는 사람은 '자기'의 뼈대와 무게를 상실하여 세상을 향해 자신의 욕구나 생각을 드러내거나 힘을 발휘할 수 없게 된다. 사소한 부정적 자극에도 자기가 깨지는 불안과 공허감에 반복해서 함몰된다. 따라서 자기를 견고히 응집시켜주고 자기의 존재 가치를 느끼게 해줄 힘 있고 귀한 대상이나 신앙, 신념, 관념 체계 또는 자기를 버리지 않을 든든한 대상과 관계 맺음을 갈망하게 된다.

'제대로 존중받지 못해 억울하다'는 느낌은 언제 어디로부터 오는 것인가? 반복적으로 느껴지는 억울한 감정은 어린 시절에 중요 대상으로부터 버림받거나 수치를 당한 경험에서 기인한다. 자아가 미성숙했던 시절에 받은 상처일수록 정신 깊이 각인되며, 감당하지 못한 고통이 의식으로부터 분열·해리되기에 그 사실은 좀처럼 기억의 표면 위로 올라오지 않는다. 그것은 마치 블랙홀처럼 모욕당한 상처와 연관된 자료들을 빨아들이며, 의식이 그 주위에 접근하기만 해도 정신에 엄청난 불편감과 불안을 일으켜 회피하게 만든다.

자아가 어느 정도 성장한 사춘기 이후에 받은 상처들은 노력으로써 기억해낼 수 있다. 그런데 사춘기 이후에 받은 상처의 후유증이 오래 지속된다는 것은 그 상처의 배후에 더 강렬한 '초기 상처'가 연결되어 있음을 암시한다. 기억나지도 않는 어릴 적 상처로 정신구조에 분열이 생기거나 구멍이 날 경우 사춘기 이후에 겪는 사소한 부정적 자극조차 곤혹스러운 큰 사건인 양 소스라치게 하는 환각(유아기 부분지각)이 일어나는 것이다.

부모가 무심코 뱉은 부정적인 말("아, 네가 아들이어야 했는데!")과 실망하는 표정은 부모를 이 세상 전부로 생각하던 아이의 정신 속에 깊이 각인된다. 이렇게 각인된 언어와 자극들이 아이의 정신 속에서 평생 반복되는 무의식의 고질적 내용과 구소를 형성한다. 자신의 무의식에 무엇이 있는지 궁금하다면 먼저 어떤 상황이나 말 앞에서 당신의 기분이 유난히 요동치는지 주목하라. 바로 그 지점에 유년기에 겪었지만 망각된 자극에 관한 단서가 담겨 있다.

아이에게 이상화 대상 역할을 하는 부모나 권위자들의 심리적 문제로 인해 아이가 받는 상처와 후유증이 얼마나 막대한지에 대해 우리 민족은 어떤 깨달음을 지녔는가? 또한 신분의 차등을 강조하던 조선시대에 천대받는 신분으로 태어난 계층은 그 억울함을 어떻게 해야 풀 수 있었는가?

이와 연관해 민족무의식에 오랜 세월 축적된 견디기 힘들었던 상처와의 처절한 대결 흔적이 바리데기 신화를 통해 표현된다. 신화를 정신분석의 눈으로 해석할 때 먼저 유념할 점은 무의식을 드러내는 신화소들을 포착하는 것이다. 그리고 신화를 통해 무언가를 표출하고 싶어 하는 주체들(바리, 여성, 무속인, 소외 집단)의 무의식을 다중으로 고려해야 한다. 바리데기 신화를 창조한 주체 집단의 무의식은 무엇이며 그들이 보상받고 싶어 한 소망 또는 보충·극복하고 싶어 한 결핍과 고착은 무엇인가? 그것은 누구의 소망과 결핍인가?

태어나자마자 버림받은 아이

> 불라국을 다스리던 17세의 오구대왕은 아름다운 길대부인과 혼인하기 위해 이름난 무당에게 좋은 날짜를 물었다. 무당은 "올해 결합하면 일곱 공주요, 내년에 결합하면 세 태자를 낳는다."라고 답한다.
> 길대부인과 빨리 결합하고 싶어 점괘를 무시하고 그해에 결혼하니 3년 터울로 딸만 여섯을 낳았다. 일곱째를 임신했을 때 별난 태몽을 꾸었는데, 청룡과 황룡이 엉겨 있고 오른손에 보라매, 왼손에 백마, 무릎에 검은 거북이 앉고, 양 어깨에는 해와 달이 돋았다. 아들을 얻을 태몽이라며 잔뜩 기대했으나 일곱째도 딸을 보게 되자 왕은 분노하고 왕비는 한탄한다.[41]

불라국은 조선왕조를 전치한 것이다. 조선시대의 유교적 세계관이 백성의 삶과 정신에 미친 영향력은 매우 컸다. 유교는 임금과 신하, 부모와 자식 사이의 엄격한 위계와 더불어 남성을 여성보다 우월한 존재로 보는 남존여비 가치관을 강조했다. 또한 모성성은 존중하되 여성성은 경시했다. 이러한 사회 제도와 이념은 보이지 않는 힘으로 민족의 정신 속에 침투되기 때문에 딸이 태어나면 저절로 실망하여 하찮게 여기는 감정이 생긴다. 부모의 부정적 감정은 자연스레 아기에게 투사되고 아기는 그것을 내사 동일시하여 무의식의 정서로 지니게 된다. 어머니의 감정 가운데 일부는 그녀 역시 아기였을 때 부모로부터 받은 것이며, 다른 일부는 살아오는 동안 타자의 시선과 사회 문화로부터 흡수한 것이다.

아기는 배 속에 있을 때부터 부모의 무의식적 욕망에 영향을 받는다. 조선시대에 여성은 태어나기도 전부터 존재 가치를 비하당해야 했다. 이런 환경에서 태어난 여아는 자신을 향한 부모의 부정적 시선을 감당하지 못해 이를 정신 안에서 분열시킨다. 그 결과 무의식에 영구히 자리 잡은 그 부정적 시선 때문에 여아는 자신도 모르게 열등감을 지니게 된다. 열등감은 딸을 낳으면 무심결에 딸에게 투사되어 대물림된다. 의식이 지각하지 못하는 오래된 병인이 되는 것이다.

바리데기 신화는 무당들에 의해 창조되고 구전된 신화다. 자연 정령들을 인류의 동반자 내지 수호신으로 믿고 영적으로 교류해온 무속신앙은 원시시대부터 인류가 지녀온 주술적 세계관을 반영한다. 옛날부터 사람들은 의식으로 풀기 힘든 일이 닥쳐 불안할 때 신령과 소통하는 무당에게 해결을 의뢰하곤 했다. 그러나 조선시대에는 유교를 숭상하는 선비들에 의해 무속이 미신으로 치부되었고 무당과 그 자식은 태어날 때부터 천대받았다. 유교 문화에 의한 대대적인 평가절하로 인해 무속과 무당에 대한 과거의 경외감은 사라지거나 억압되어 무의식에 감춰졌다. 그 결과 많은 한국인은 무속에 대한 이중적 태도를 지니게 되었다. 일상의 의식에서는 무당을 천시하다가 위급한 상황이 닥치면 무의식적 경외심이 발동되는 것이다. 이처럼 분열된 태도는 무속을 강하게 억압했던 조선시대에 특히 심했으며, 이는 신화 속 왕의 모순된 행동으로 드러난다.

왕(오구대왕)은 결혼이라는 중요한 선택을 앞두고 불안해지자 무의식의 권위 대상인 무당에게 길일을 받으려 한다. 그러나 정작 점괘 내용이 자신의 욕망을 거스르는 상황이 되자 유교의 관점으로 그것을 거부한다. 점괘를 의뢰했다가 무시하는 신화 속 왕의 모순된 행동은 당대의 집단무의식이 중시하는 가치와 집단의식이 중시하는 가치가 갈등 관계에 놓여 있었음을 반영한다.

'점'은 고대부터 이어져온 주술 행위다. 옛 인류는 우주 생명체들에 고유한 영혼이 담겨 있으며, 우주의 영혼들을 거스르지 않는 행동을 해야 인간이 재난을 겪지 않는다고 믿어왔다. 무당은 주술을 통해 인간보다 힘 있고 지혜로운 신령들과 교류하는 비범한 정신력을 지닌 존재이며, 무당의 점은 인류의 길흉화복에 영향을 미치는 신령들의 메시지를 담고 있다.

유교는 무속의 주술적 굿과 점을 조상의 혼백과 교류하는 철학적 제례로 대체한다. 유가의 철학이 원시 신앙과 주술적 사고를 대체한 것이다. 바리데기 신화는 남성 중심의 가부장적 가치관과 이성적 사유를 중시하는 유교에 의해 경시되고 소외당한 무녀들이 자기 존재 가치를 박탈당한 한과 분노를 보상받기 위해 창조해낸 것이다.

신화에서 왕은 무속의 점괘를 무시한 죄로 아들을 갖지 못해 대가 끊기는 상황에 직면한다. 이것은 유가가 내세우던 가부장제도에 의해 그 제도의 우두머리가 모욕당하는 역설적 사태이며, 무속을 박대한 당대 사회 제도의 주역인 왕에 대한 상징적 조롱이다. 억압당한 무속인들의 한풀이는 거기에 그치지 않는다. 왕은 곧 죽을병에 걸리고 그 자식에까지 화가 미친다. 바리데기는 부모(대타자)가 저지른 실수로 억울하게 피해를 입는 희생양의 상징이다. 이처럼 조선시대의 집단무의식에는 이전 시대(고려)에는 이상화 대상의 위치에 있다가 변화된 당대 문화에 의해 미천한 위치로 전락한 희생자들의 원망이 역동하고 있다.

왕과 왕비는 집단의 생명력을 보호하고 활기 있게 유지하는 수호자이자 그 사회가 숭배하는 가치관을 존중하고 실천하는 백성의 이상화 대상이다. 아들을 선호하는 사회에서 백성의 동일시 모델인 왕과 왕비가 아들을 낳지 못한다면 그들은 더 이상 이상화 대상 역할을 수행할 수 없다. 왕을 섬기며 살아가는 백성들은 왕이 갑자기 죽는 뜻밖의 사태에 처했을 때 자신들의 생명을 안전하게 지켜줄 대상(왕자)의 부재로 인해 심리적 공황 상태에 처하게 된다. 그렇다면 일곱 번째 딸에 대해 분노하고 한탄하게 만드는 힘은 왕과 왕비라기보다 백성들과 당대의 대타자인 선비 집단 내지 유교적 상징계일 것이다.

아들만을 가문의 혈통을 잇는 존재로 인정했던 유교 사회에서 아들을 낳지 못하는 여자는 가문의 대를 끊는 자로 낙인찍혔다. 그래서 일곱 번째 딸을 보는 순간 왕비는 왕과 왕족, 백성에 대한 면목 없음과 자기 자신에 대한 실망감에 빠진다. 이런 어머니의 속마음은 자연스레 아기에게 투사되고, 아이 또한 이를 내사한다. 이 무의식적 실망감은 엄마와 온전히 융합되지 못한 여아의 정신에 원초적인 한으로 자리 잡는다. 그로 인해 아이는 성장해서도 원인 모를 수치감과 억울함에 시달리게 된다. 그 한은 비록 자기 안에 들어 있지만 자신에게서 유래한 것이 아니라 부모와 사회(상징계 무의식)로부터 온 것이다.

태어난 아기는 최초의 대상이자 환경인 엄마로부터 정성스런 돌봄과 존중을 받아야 한다. 그런데 사회 문화의 영향으로 인해 무의식 속에 딸에 대한 부정적 감정을 갖게 된 엄마는 여아에게 진정한 애정을 쏟기 어렵다. 그녀는 오히려 타자의 비난이라는 견디기 힘든 불안과 불만을 아기에게 투사하고 자신의 결핍을 채우는 무언가를 아이에게서 얻어내려 한다. 힘을 주는 역할이 뒤바뀌는 것이다. 어머니의 불안과 결핍은 전염되어 아이의 것이 되고, 아이의 정신은 아이에게 유일한 동일시 대상인 어머니의 욕망을 채우려는 차원에서 구조화된다. 부모의 욕망이 아이의 욕망이 된 것이다. 이 경우 아이는 과연 누구의 인생을 사는 것인가?

겉으로 보면 일곱 번째 딸 바리데기는 마치 그녀 자신의 인생을 사는 것처럼 보인다. 그러나 그녀의 무의식은 이미 유년기에 내면화된 어머니와 유교사회의 요구와 욕망으로 구성되어 있다. 그리고 더 깊은 배후에서는 당대 사회 문화에 의해 소외당한 여성 일반과 무당들의 한 맺힌 집단무의식에 영향받고 있다. 집단의식의 가치 영역에서 소외당한 바리의 정신성은 자기방어 차원에서 당대 사회의 가치체계와 다른 구조를 형성하게 된다. 그 정신구조는 당대 상징계에 안전하게 위치하지 못하는 특이한 인격 형상으로 표현된다. '일곱째 딸'은 유교적 남존여비 가치관으로 인해 억울하게 소외당한 자들의 상징이다. 자신을 환영하지 않는 환경에 둘러싸여 있음을 느끼는 아기는 생존을 위해(버림받지 않기 위해) 진정한 자기를 포기한 채 자신의 욕망이 아닌 최초 대상과 대타자가 원하는 심성을 형성하게 된다.

'바리'는 여러 의미를 담고 있는 기표다. 국어사전에 등재된 바리의 의미는 "소나 말의 등 위에 잔뜩 실은 짐"이다. 정신분석적 관점으로는 '부모가 짐스러워하는 부정적 감정과 결핍을 무리하게 대신 떠안음'이라고 해석할 수 있다. 또한 '버리다'라는 동사에서 파생된 바리데기는 **버림받은 아이**를 뜻한다. 즉 마땅히 받아야 할 관심과 존중을 받지 못해 소외된 존재의 상징인 것이다.

정신분석학에 의하면 출생 후 상징적 인간 세계에 편입되기까지 필요한 준비 기간은 대략 3년이다. 이 3년 동안 최초의 보호자에게 정성스러운 양육을 받으면 아버지의 상징세계를 내면화하는 오이디푸스 과정을 무난히 통과할 수 있는 정신성으로 성장한다. 동서양 모두에서 '3'은 조화롭고 성스러운 숫자로 여겨진다. 3년마다 태어난 여섯 딸들은 운 좋게도 어머니로부터 3년간 정성껏 양육을 받은 덕분에 인간적 안정을 누리며 살 수 있었다. 하지만 바리데기는 태어나는 순간부터 부모에게 버림받는다. 3세 이전의 초기 상처가 깊은 개인은 당대의 사회 규범과 언어를 내면화하는 데 심각한 어려움을 겪는다. 그녀의 일차 관심사는 외부 세계와의 상징적 교류가 아니라 최초 대상과 융합해 자신의 존재 가치를 인정받고 싶은 자존감과 공허감 문제에 고착된다.

집단무의식의 희생양

진노한 왕은 아기를 버리라고 명한다. 왕비는 아기에게 '바리'라는 이름을 붙이고 생년월일을 안쪽 저고리 옷고름에 적어 함函에 담은 후 바다에 버린다.

왕과 왕비가 온갖 노력을 기울였음에도 아들을 낳지 못한 까닭은 무엇일까? 신화는 그 원인을 무속신의 말씀을 전해 듣고서도 함부로 무시했기 때문이라 암시한다. 왕과 왕비가 곤경에 처한 원인은 일차적으로는 무당의 말을 무시했기 때문이고, 보다 심층적으로는 유교 문화에서 억압받아 무의식으로 추방당한 억울한 목소리에 귀 기울이지 않은 채 오랜 기간을 지내왔기 때문이다. 그런데 그들은 불행한 사태의 원인을 똑바로 인식하려 노력하기는커녕 그 책임을 엉뚱한 대상에게 떠넘기며 화풀이하는 비성숙한 태도를 반복한다. 이는 그들이 이 세상을 자신이 보고 싶은 '전적으로 좋은 대상'과 외면하고 싶은 '전적으로 나쁜 대상'으로 분열시키는 편집증적 정신구조를 지니고 있다는 징후다.

편집증적 정신구조를 지닌 존재는 전적으로 나쁜 대상으로부터의 가혹한 박해망상과 박해불안을 지니기 때문에 자신을 향한 외부 세계의 작은 부정적 자극이나 비판조차 견디지 못한다. 그래서 자신이 응당 짊어져야 할 부담스러운 책임을 타인에게 몽땅 투사하는 원시적 방어기제를 반복한다. 엄격한 위계를 지닌 사회일수록 가치 있는 것과 무가치한 것 사이의 양극적 분열과 투사가 심해진다. 그로 인해 그 사회에는 가치 있는 것들을 지닌 특권 집단과 온갖 부정적 특성을 지녀 경멸받는 희생양 집단이 반드시 존재하게 된다.

모두 똑같은 딸이건만 일곱째 딸이라는 사소한 이유로 바리는 분노와 불안의 투사 대상이 된다. 신화에서 왕 부부는 딸들을 낳을 때마다 정성껏 길러왔다. 그러나 바리를 낳고는 그동안 참아왔던 화가 갑자기 폭발한다. 분노가 한계 수위에 다다른 것이다. 인간이란 이처럼 일관성 없고 신뢰하기 어려울 뿐 아니라 상징계(타자의 시선)의 눈치를 볼 수밖에 없는 존재다. 왕과 왕비조차 상징계 안에서 고유의 위치와 역할을 부여받는다. 그들은 왕위를 계승할 후손을 낳지 못했기에 집단의 생명력을 안정적으로 유지하고 활기차게 순환시키는 비범한 힘(마나)을 지닌 중심 자리에 위치하기 곤란해진다. 이것은 왕 개인의 의식과 의지로 통제할 수 없는 사태다. 이제 그들은 무의식에서 요동치는 선조들의 비난과 당대 사회의 부정적 비난을 감당해야 한다. 이 경우 집단무의식과 집단의식의 압력에서 벗어나 일상의 안정을 회복하려면 집단의 분노를 대신 떠맡아줄 모종의 희생양이 필요하다. 바리는 태어날 때부터 집단과 가족의 온갖 병인을 대신 떠맡는 역할을 수행한다.

아기를 넣은 함은 소중한 물건을 담아 보관(보호)하는 공간이다. 소중한 생명을 속에 담고 있는 그것은 모태(자궁)와 유사하다. '함(상자)에 담김'은 임신의 상징이며, 강은 태아가 둥둥 떠 있는 양수의 상징이다. 꿈속에서 부모와 자식의 관계는 종종 물에서 끌어내거나(분만) 구해주는 관계로 이미지화된다.[42] 태어난 아기를 '함에 다시 넣음'은 이중 탄생 의례를 의미한다. 이중 탄생은 영웅을 형성하는 전형적인 의례인데, 첫 번째는 개인적 부모에 의한 탄생이며 두 번째는 원형적 부모에 의한 집단정신 차원의 탄생이다.[43]

함에 넣어 바다에 버리는 행위는 어떤 대상의 가치를 부정하는 '죽음 의례'인 동시에 더 가치 있는 새로운 탄생(부활)을 기원하는 상징이다. 그래서 선조와 부모들의 큰 업보로 인해 기구한 운명을 짊어지고 태어나는 영웅들은 대부분 자신의 의지와 무관하게 아기일 때 상자에 넣어져 이방 세계로 떠나보내진다. 출생 초기부터 보통 사람과 매우 다른 체험을 하는 것이다.

까막까치와 큰 거북, 석가세존의 도움으로 함은 인적 없는 마을의 비리공덕 할아비와 할미 부부에게 발견된다. 함을 여니 아기가 죽은 듯 온몸이 젖어 있고, 입에는 왕거미, 귀에는 불개미, 허리엔 구렁이가 감겨 있다. 노부부는 아기를 꺼내 정성스레 키운다.

까막까치, 큰 거북, 석가세존은 민족의 생명을 지켜주던 수호신으로 오랜 세월 한민족이 숭배하던 토템 대상이다. 그러나 이들은 조선시대의 유교적 세계관에 의해 인류의 안녕과 무관한 존재로 전락한다. 바리가 그들의 도움을 받았다는 것은 그녀의 배후에서 보이지 않게 보호해주는 여러 힘이 작동하고 있다는 의미다. 융은 이를 집단무의식이라 칭했다. 우리 민족이 과거에 겪은 충격이나 오랫동안 숭배한 요소들은 비록 의식에서는 망각되었을지라도 무의식에 그 흔적이 보존되어 후대인에게 뜻밖의 영향을 미치곤 한다.

부모로부터 버림받은 바리에게 새로운 양육자로 등장한 노부부의 정체는 무엇인가? 인적 없는 곳에서 지내는 노인이란 사람들이 관심 갖는 대상이 아니며, 소외되고 힘없는 존재로도 보인다. 프로이트에 의하면 **꿈이나 신화에 초라하게 등장하는 양육자는 실제 부모의 전치**다. 힘 있고 존귀한 대상으로 등장하는 부모는 '아이가 자존감 결핍을 보상받기 위해 만들어낸 자기애적 환상 대상'이다.[44] 이 경우 노부부는 유교 세력에 의해 사회에서 소외된 원래 부모 내지 무속인의 표상이다.

융 학파는 신화에 등장하는 노부부를 원형적 부모상으로 본다. 이들은 태초의 정신성을 바리에게 전해주는 매개자이며 대극으로 분열된 의식과 무의식을 조화롭게 통합해낸 인격의 형상이다. 노부부를 만난 자는 그들로부터 상처를 치유하는 지혜를 습득할 수 있다. 버림받은 절망과 분노가 내면에서 들끓고 있을 바리가 자신의 결핍을 보충하기에 적절한 구원자를 만난 셈이다. 그런데 비리공덕 할아비와 할미가 지닌 힘이 결함 있고 복잡한 현실계를 변화시킬 정도인지는 모호하다.

'죽은 듯 온몸이 젖어 있고, 입에는 왕거미, 귀에는 불개미, 허리에는 구렁이가 감겨 있다'◆는 것은 부모에게 버림받고 방치된 아기의 극심한 불안과 분노를 상징한다. 왕거미, 불개미, 구렁이는 한민족에게 혐오스럽고 불길한 대상이다. 거미는 거미줄을 친다. 입에 거미가 있다는 것은 먹을 것(애정, 음식)을 먹지 못해 거의 죽음에 이른 상태를 뜻한다. 왕거미는 아이의 삶을 자기 마음대로 통제하여 생명 에너지를 착취하는 이기적인 '남근 엄마'의 상징이기도 하다. 불개미는 인간에게 고통을 주는 가학적 박해 대상과 근심을 상징한다. 허리를 칭칭 감은 구렁이는 인간을 옥죄어 마비시키는 힘이다. 인간을 꼼짝 못하게 만드는 거대한 힘은 당대 사회의 편집증적 가치규범이다. 바리는 조선사회의 규범과 제도에 의해 온몸이 옥죄어 죽은 희생양들의 표상이다.

바리를 실은 함이 발견된 '인적 없는 곳'은 사회로부터 소외된 공간, 즉 외부 세계와 단절되고 정신적인 소통의 창구가 막힌 공간이다. 부모에게

◆ 이 신화소를 꿈 장면으로 간주하면, 이런 꿈을 꾼 사람은 젖먹이 시절부터 엄마에게 버려져 방치되었거나 안온히 품어주는 엄마 관계 경험이 과도 박탈되어 원초적 멸절불안과 박해불안에 시달리는 영유아기 편집·분열 자리 상태를 재현하고 있음을 반영한다.

버려진 그 순간 유아의 진정한 자기는 이미 돌이키기 힘들 정도로 마비되기에 인적 없는 곳의 궤짝 속 바리는 '겨울잠을 자는(잠정적 죽음 상태) 혼'들과 다름없다.

고통받는 인간을 위해 헌신하는 비리공덕 할아비와 할미는 불교의 자비심 깊은 보살의 형상이기도 하다. 고통의 심층 원인을 찾아내 해소하는 탁월한 비법을 지닌 불교에서는 세속의 부모 자식 관계를 영원한 인연이 아닌 과거의 업보에서 기인한 '잠정적 인연'으로 본다. 따라서 현세의 부모에게 버림받았다 해도 그것으로써 업이 씻기는 것이기에 상처 입거나 연연할 필요가 없다. 상처받은 인간의 원초적 한을 푸는 데 불교의 형상들이 등장하는 것은 바리데기 신화를 생성하고 전승한 무속 집단이 자신들과 함께 천대받던 불교와 모종의 연대감을 지녔다는 징표다.[45]

노부부는 바리가 응어리진 한에 함입되어 병들지 않도록 안온히 보듬어주는 조력자다. 이들이 받쳐준 힘이 없다면 훗날 바리가 성장하여 자신의 비참한 실상을 대면하게 될 때 결코 버텨낼 수 없다. 이전 고려시대에 사회의 중심 가치로 작용했던 불교의 중생구제 정신이 신화 속에서 여전히 저력을 드러낸다.

유년기 콤플렉스 해소를 위한 과제

바리는 자라면서 글을 배우지도 않았는데 위로는 천문에, 아래로는 지리에 능통한다. 어느 날 바리가 묻는다. "벌레도 어미 아비가 있는데, 제 부모는 어디에 계세요?" "하늘이 아비이고, 땅은 어미로다. 앞뜰의 왕대가 아비이고, 뒷동산 머귀나무가 어미로다." 노부부의 답에 바리가 의문을 제기하자, 마침내 진실을 말해준다. 함에 들어 있던 옷가지와 생년월일이 적힌 비단 고름을 받아든 바리에게서 울음이 터져 나온다.

바리는 어느덧 15세가 된다. 한편 왕 부부는 큰 병이 들자 도승道僧에게 치유책을 묻는다. 그는 "막내딸을 버려서 벌 받은 것이니 병이 나으려면 먼저 버린 자식을 찾고, 무장승이 지키는 약수를 먹어야 한다."라고 말한다. 그런데 그 약수가 있는 서천서역국은 죽은 혼백만이 갈 수 있는 곳이기 때문에 아무도 나서는 사람이 없었다.

신화 속 인물이 자신의 부모가 누구이며 어떤 존재인가를 묻는 것은 정체성을 확립하고자 하는 몸짓이다. 자신의 정체를 알기 위해서는 무엇보다 '나'가 최초로 형성되는 시기(유년기)에 가장 큰 영향을 미쳤던 힘에 대해 알아야 한다. 그래서 사춘기의 소년 소녀는 부모와 상징계 일반에 대해 그동안 힘없고 두려워 덮어두었던 무의식의 생각과 감정을 말과 행동으로 표출한다. 사춘기는 비밀에 싸인 유년기 경험 흔적들이 회귀하여 돌출되는 시기다. 이 치솟는 생각과 감정들의 무의식적 원인과 의미를 주요 대상과의 생생한 소통을 거쳐 주체적으로 인식해야 비로소 이 세상에서 자신의 존재 의미를 안정되게 정립할 수 있다.

사춘기는 어느 정도 자신의 목소리를 낼 수도 있는 왕성한 생명력을 지닌 나이다. 바리가 소외된 무속 집단의 표상이라면 사춘기 바리는 극도로 위축되었던 유년기 상태에서 조금 회복된 무속 집단의 정신 상태를 의미한다. 그들은 감히 당대 사회를 향해 백성들이 진정으로 믿고 의지할 수 있는 "진정한 보호자(구원자)가 누구인가?"를 상징적으로 묻고 있는 것이다.

다른 한편 부모(권력 계층)가 저지른 큰 실수에 대해 부정적 사후작용이 일어나 바리의 부모에게 뜻밖의 증상이 발생한다.[46] 바리데기 신화를 생성한 무속 집단은 왕이 자식(백성, 무속 집단)을 온전히 돌보지 않고 방치한 죄에 대한 벌이라고 강하게 주장한다. 그 병을 고치려면 버린 자식을 되찾아 사죄하고, 죄를 정화하는 신령 세계의 신성한 약수를 먹어야 한다.

무속 집단은 자신들을 냉대한 유교 집단의 수장인 왕을 병들게 함으로써 그 사회 구조 자체에 심대한 죄가 있음을 세상에 고한다. 병은 타자의 혼(정령)에게 저지른 죄와 악업의 결과라고 믿었기 때문이다.

상처 준 대상에게 사죄하고 신성한 약수를 먹는 행위는 가톨릭의 고해성사나 빵과 포도주(신의 몸과 피)를 먹고 마시는 성체 의례와 유사하다.

자식을 양육하는 과정에서 부모가 자식에게 어떤 실수를 저질렀는가는 자식이 성장해 사춘기가 될 무렵의 정신 건강에 의해 판별된다. 부모와 좋은 관계를 경험한 자식은 사춘기부터 생명의 활기와 창조적 능력을 눈에 띄게 발휘한다. 바리데기 신화에서는 자식의 병을 부모의 병으로 대체하고 있다. 현실 차원에서 본다면 정작 병이 든 대상은 버림받은 존재인 바리데기다. 인적 없는 곳에서 생기 없는 노부부와 지내온 바리에게는 호기심에 들뜬 사춘기 소녀의 욕동과 욕망이 느껴지지 않는다.

왕은 집단의 생명 원기(마나)를 지니고 있다고 믿어지는 신령스러운 존재다. 따라서 왕이 늙고 병드는 것은 집단을 위기에 빠뜨리는 일과 다름없다. 집단의 안전을 위해 최후까지 보호되어야 할 왕이 왕세자도 없이 불치의 병을 앓고 있다는 것은 이미 그 민족 전체가 위기에 처해 있다는 징후다. 이 경우 왕은 민족의 안전을 위해 제거될 수 있다.

무릇 당대의 심난의식이 치료하지 못하는 병은 타자의 정령이 품은 원한, 신의 분노, 왕의 중대한 결함, 오랫동안 외면해온 과거의 큰 문제에서 기인한다. 그 경우 외부 정령을 달래줄 제사를 지내거나, 왕을 상징적으로 대신할 만한 누군가가 희생양이 되거나, 비범한 존재가 등장해 왕을 대체 또는 회복시켜야 한다.

'신비의 생명수'는 의식이 통제하는 현실계가 아닌 죽은 영혼만이 갈 수 있는 타계에 존재한다. 그 때문에 왕과 왕비의 애정을 특권적으로 누리며 살아온 여섯 공주와 신하들은 위기에 처한 부모와 백성들에게 전혀 도움을 주지 못한다. 이들은 좋은 양육 혜택을 받고 기존 상징 질서에 잘 적응하며 사는 인간들의 표상이므로 무의식이 회귀하여 의식의 질서를 마비시키는 증상 앞에서는 무기력할 수밖에 없다. 집단의 곤경과 콤플렉스는 기존 체제에 온전히 동화되지 못한 채 자기 정체성 혼란의 원인을 치열하게 묻고 반추하고 대결하며 새로운 생존 능력을 키워온 자만이 해결할 수 있다.

바리는 부모 관계를 통해 아이에게 전해지는 당대의 상징계와 단절된 삶을 살아왔다. 그녀는 소외되고 힘없는 비리공덕 할아비와 할미로 표상된 불교와 무속의 힘에 의해 키워진 존재다. 그녀는 당대 사회로부터 억울하게 버림받아 병증을 지닌 대상인 동시에 자신을 버린 유교 문화의 병리성(문제점)을 깊게 체감하며 자각할 수 있는 주체다.

신하를 보내 바리를 찾아 궁궐에 데려오니, 부모를 만난 바리는 통곡을 한다.

왕과 왕비 네가 미워 버렸으랴. 역정 끝에 버렸도다. 그동안 어찌 살았느냐!

바리데기 추워도, 더워도, 배고픔도 어렵더이다.

왕과 왕비 공주야. 우리의 목숨을 위해 생명수를 구하러 갈 수 있겠느냐?

바리데기 그런데 귀히 기른 여섯 형님네는 어찌 못 가나이까?

언니들 뒷동산에 가도 동서남북을 분간 못 하고 대명전도 찾지 못하는데 어찌 서천서역을 갈 수 있겠느냐.

바리데기 열 달 동안 부모님 배 속에 있었으니, 그 은혜가 커 가겠나이다.

단절됐던 부모와의 만남은 무의식 속에서 분열되었던 자기를 대면하는 것에 해당한다. 사춘기는 억압된 유년기 콤플렉스가 회귀하여 콤플렉스를 인식하고 해소해달라는 내부 압력이 솟구치는 시기다. 이 시기에 좋은 조력자를 만나거나 중요한 통과의례를 경험한다면 유년기 상처에서 회복되어 새로운 힘을 수용하는 통합된 정신성에 도달할 수 있다. 그러나 유넌기 상처가 반복되는 나쁜 경험을 하게 되면 두 상처가 결합·증폭되어 감당할 수 없는 상태에 함몰된다.

신화 속에서 바리의 부모는 버렸던 자식에게 속죄하고 지난 일에 대해 보상하기는커녕 도리어 자신들을 위해 힘든 일을 떠맡아달라고 요구한다. 이 장면의 의미는 무엇인가?

버림받았던 바리가 왕과 왕비를 위해 자신의 희생을 결심하는 장면은 바리가 개인적 인격이라기보다 집단무의식의 원형 인격임을 암시한다. 즉 바리는 심신의 병을 치료하던 무속 집단의 상징 인격인 것이다. 왕과 왕비는 무속을 천대하던 당대 상징계의 우두머리다. 외부 세계의 자극을 두려워하는 여섯 언니는 관념 체계를 벗어나 거친 현실과 접촉해본 적 없는 유림(선비)을 상징한다. 이들은 여섯 공주들처럼 외견적으로 맑고 품위 있어 보이지만 재난이 닥치면 무기력해지는 관념적 삶을 영위한다.

바리는 말만 번지르르할 뿐 실천력은 없는 여섯 언니(선비 집단)를 원망하고 경멸한다. 그러나 왕과 왕비를 원망하지는 않는다. 왕을 구해 집단을 위기에서 벗어나게 하는 일은 자연의 혼령들과 교감하는 주술력을 지닌 무속 집단만이 할 수 있다.

바리데기 신화를 개인무의식 차원에서 해석한다면 왕과 왕비의 행동은 자신을 위해 자식의 인생을 착취하는 자기애적 부모의 전형이다. 이들은 자신의 문제점을 직면하고 감당할 능력이 없다. 자신들의 결핍을 해소하기 위해 자식을 계속 이용할 수밖에 없는 존재다.

성장한 바리가 자신을 불행하게 만든 부모를 용서하는 것은 부모에게도 나름의 결핍과 운명적 한계가 있음을 알기 때문이다. 부모의 한계란 선조부터 대물림된 요인과 부모의 삶을 둘러싼 당대 상징계에 내포된 본질적 문제를 의미한다. 탄생 순간부터 개인의 정신성을 둘러싸고 좌우하는 상징계의 결함과 문제가 오래 지속되면 백성들의 자아가 이를 방어하기 힘들어진다. 그러다 한계점에 도달한 뒤에는 어느 순간 원인 모를 불행한 사건들이 여기저기서 터져 나온다.

바리가 부모를 위해 자신을 희생하는 것은 조선시대의 집단의식인 '효'가 반영된 것으로 볼 수 있는데, 버림받은 인간이 희생적 행동을 한다는 것은 진정한 선택이라기보다 자신의 분노가 폭발하는 사태를 방어하기 위한 일종의 반동형성reaction formation이다. 어린 시절에 상처받은 자는 충분히 보상받아 무의식의 상처를 회복하기 전에는 진정한 효를 행하기 어렵다.

약수를 구하러 가기 전에 바리는 부모와 여섯 언니의 수결(도장)을 일일이 받는다.

이 행동은 부모의 사랑과 환경의 혜택을 독식하던 언니들(선비들)의 자리와 권리를 바리가 가져야 마땅하다고 주장하는 것이며, 자신의 존재 가치를 공식적으로 인정받고 싶은 욕구의 표현이다.

목숨 건 모험의 시작

바리는 무쇠 신과 무쇠 지팡이를 지닌 채 남장을 하고 약수를 구하러 떠난다. 까막까치가 날아와 길을 인도한다.

태양이 지는 방향에 위치한 서천서역은 죽은 정령들이 거주하는 곳인 동시에 다시 떠오르는 태양처럼 부활을 준비하는 곳이기도 하다. 그곳으로의 여행은 당대의 의식(햇빛)이 지각(접촉)하지 못한 무의식 영역으로의 탐험인 것이다. 이런 모험은 오직 자연 정령들과의 교감과 주술 능력을 지닌 영혼만이 할 수 있다. 여기서 바리는 망자의 영혼들과 오래전부터 접속하고 소통해온 무속인 집단을 상징한다. 바리가 지닌 '무쇠 신', '무쇠 지팡이'가 그 증거다.

발은 공간을 이동하여 생존과 욕망을 실현하게 도와주는 신체 기관이다. '신'은 발의 활동력을 보호하고 보강하는 도구다. 그런데 '무쇠 신'은 어떤 기능과 의미를 지니는가? 무쇠 신을 신은 채로는 발을 자유자재로 움직일 수 없다. 즉 무쇠 신은 살아 있는 인간을 위한 것이 아니라 죽은 자를 위한 신이다. 무쇠 신을 신었다는 것은 바리가 저승세계로 갈 준비가 되었음을 상징한다. 지팡이는 두 발의 기능을 보충해주는 제3의 발이자 길쭉한 모양으로 인해 남근을 상징하기도 한다. 남근은 힘과 생명력의 표상이지만 무쇠 지팡이는 발의 기능을 보충해줄 수도 없고 생명력의 표상으로 볼 수도 없다. 그것은 저승세계 정령들과의 접촉과 대결에서 샤먼을 버티게 해주는 특별한 남근의 상징이다.

그렇다면 바리는 왜 자신을 박대한 부모를 용서하고 그들을 위해 목숨까지 건 모험을 떠나게 된 것일까?

첫째, 무의식에서 오랫동안 부모를 원망하고 비난·공격해온 것에 대한 죄책감을 해소하기 위해서다. 가령 비난해온 대상이 갑자기 치명적인 병에 걸리거나 죽을 경우 그 결과가 마치 자신이 그동안 마음속에서 행한 공격 때문인 양 자책하게 된다. 이는 우울증을 초래하는데, 우울 상태에서 벗어나려면 그 대상을 회복시켜야 한다. 병든 대상을 회복시키고 싶은 욕구를 지닌 존재는 모든 부정적 생각과 감정을 외부 대상에게 투사해 뒤집어씌우는 편집·분열 자리를 극복한 '우울 자리' 인격체다. 편집·분열 자리에서 벗어났다는 것은 성숙한 정신성을 지닌 누군가에 의해 분노와 공격성이 수용되는 긍정적 관계를 경험했음을 의미한다. 무당은 그들이 모시는 강건하고 지혜로운 신령의 보호와 조력을 받는다. 이처럼 강력한 '좋은 대상'이 내면화되면 정신이 견실해져 박해불안을 견디고 통제할 수 있다. 유년기와 사춘기의 바리에게는 석가여래와 노부부가 좋은 대상 역할을 한 것으로 추정된다.

둘째, 대상에 대한 상실불안 때문으로 볼 수 있다. 버림받은 상처가 깊은 자에게는 불안정한 자기를 응집시켜줄 안정된 대상이 필요하다. 그런 대상을 만나 안정을 얻기 전까지는 평생 '대상 허기object hunger'에 시달릴 수밖에 없다. 그런데 바리가 자신의 친부모를 찾자마자 부모가 죽어 사라지게 될 상황에 처한 것이다. 자신의 존재 가치를 인정해줄 대상이 죽으면 상처로 인해 분열된 자기의 회복과 성장 기회를 영원히 상실할 것 같은 불안이 증폭된다. 그래서 '자기대상'으로부터 온전한 애정을 받아 손상된 자기를 회복하고 싶은 욕구 때문에 부모를 구하는 모험을 선택한 것일 수 있다.

셋째, 분열되었던 자신의 무의식을 대면하고 통합하기 위해서다. 바리의 모험은 정체성을 확립하고 정신발달을 이루려는 개성화 과정 또는 유년기 심리 상태로부터 분리·독립하는 과정으로 볼 수 있다. 무지하고 심약했기에 능동적으로 대면할 수 없었던 유년기 무의식은 사춘기 이후 회귀해 자체를 있는 그대로 직면할 것을 요구한다. 이 무의식의 요구를 회피하거나 통과하지 못하는 자는 인격 발달을 이루지 못해 무의식에 함몰된 병든 삶을 반복하게 된다.

넷째, 당대 민중의 정신과 생활을 좌우했던 유교적 가치체계의 부정적 측면(남녀 차별)들과 대결하기 위해서다. 당대 상징계의 가치관 때문에 부당하게 겪었던 상처의 뿌리는 그보다 강력한 힘에 의해 보상되지 않는 한 결코 변화되지도 사라지지도 않기 때문이다.

다섯째, 누구도 하지 못하는 것을 해냄으로써 여성의 존재 가치를 당당히 인정받고 싶었기 때문이다. 무녀란 바로 그런 다중의 운명과 대결하여 비범한 능력을 이루어낸 존재다.

초기 단계: 성 정체성 혼란과 원초 무의식 대면

바리는 낯선 곳을 여행하는 중에 만난 석가여래에게 자신이 불라국 왕의 일곱째 왕자인데, 부모 목숨을 구할 약수를 찾는 중이라 말한다. 여래는 성별을 속인 것을 야단치지만 정성이 갸륵해 바리에게 열매 맺지 않는 꽃과 금지팡이를 준다. 바리는 온갖 지옥문이 열려 있고 죄인 다스리는 소리가 나는 곳에 당도한다. 여래가 준 꽃을 흔들자 수많은 죄인들이 쏟아져 나와 바리에게 구원해달라고 애원한다. 바리는 염불을 외워 극락왕생을 빌어주었다. 그러자 지옥에 대한 두려움이 사라졌다.

바리가 남장을 했다는 것은 일차적으로 조선시대 여성들이 지닐 수밖에 없었던 여성성에 대한 열등감과 그로 인한 성 정체성 혼란의 표시다. 조선시대에는 남성만이 존재 가치를 인정받고 자신을 당당히 드러낼 수 있었다. 그래서 딸이라는 이유로 버림받은 아이일수록 남성이 되고 싶은 무의식적 욕망(남근 선망)이 컸기에 성 정체성 역시 혼란스러울 수밖에 없었다.[47] 바리는 아직 당당한 여성으로서의 성 정체성을 온전히 정립하지 못한 상태다.

라캉에 의하면 아이를 향한 부모의 의식적·무의식적 생각과 욕망은 아이의 정신에 각인되어 정신구조 형성에 중대한 영향을 미친다. 바리가 자신을 불라국 왕의 일곱째 왕자라고 소개한 것은 바리의 욕망이자 그의 정신에 내사된 '부모의 욕망'을 단적으로 반영한다.

대상관계론의 관점에서 보면 최초 대상관계의 결핍과 여성에 대한 주위 환경의 부정적 시선들로 인해 바리는 여성으로서의 자존감을 지니지 못한다. 그녀가 여성으로서 자부심을 지니려면 그녀 자신을 여자로서 존중해주는 온전한 남성적 대상과 오랜 기간 관계하는 경험이 필요하다. 바리의 남장은 험한 외부 세계의 위협으로부터 자신을 보호하기 위한 일종의 가면(페르소나)이기도 하다. 이 사회적 얼굴은 사회의 기대와 개인의 욕망이 양립할 수 있게 해준다. 성숙한 어른이 되려면 먼저 사회적 가면을 적절히 쓰고 벗는 법을 배워야 한다. 바리 역시 통합된 인격으로 성장하기 위해서는 상황에 따라 여성성과 남성성을 취하는 방법을 익혀야 한다.

석가여래는 삼국시대부터 인간 고통의 원인을 성찰하여 불안과 번민을 극복하고 자기 발달을 성취한 현자의 모델이다. 그리고 조선시대에 들어서는 당대의 유교 규범에 의해 부정당하고 소외된 삶을 사는 백성들에게 힘을 주는 이상화 대상이다. 바리데기 신화에서 석가여래는 험난한 통과의례 과정에 있는 바리의 정신적 결함을 파악하고 정신발달을 이루도록 도와주는 비범한 조력자로 등장한다. 그는 낯선 타계(집단무의식)로의 모험에 대한 바리의 불안을 알아차리고 도움을 준다. 석가가 선물한 '열매 맺지 않는 꽃'은 무지로 인한 정신의 고통과 불안을 해소하는 '영원한 지혜'의 상징이다.

석가여래는 바리가 유년기 대타자(부모, 유교 규범)에게 받은 상처와 불안을 지혜(꽃)의 힘으로 치유하는 제3의 전능한 부모상이라 할 수 있다.

통과의례 과정에서 만난 대상들

밭 가는 할아범

"이 밭을 석 자 깊이로 고르게 갈아주면 서천서역국 가는 길을 가르쳐주지."

바리는 쟁기질을 하려고 애를 쓰지만 잘되지 않아 막막하다. 그때 북쪽 하늘에서 오색구름이 모여들고 돌개바람이 불더니 구름 속에서 수백 마리 짐승들이 내려와 드넓은 밭을 다 갈아놓는다. 그러자 할아범은 아홉 고개를 넘어서 만나는 할멈에게 길을 물어보라고 알려준다.

바리는 서쪽을 향해 길을 가다가 밭을 가는 할아범을 만난다. 쟁기로 밭을 가는 것은 남자의 일이다. 그럼에도 불구하고 자신이 할 일을 바리에게 떠맡기는 이 할아범의 정체는 무엇인가? 밭 가는 할아범은 농경 사회의 전형적인 농부 표상이다. 또한 바리를 소외된 집단의 원형 상징으로 볼 경우 여성에게 버거운 일을 시키는 할아범은 대가족 제도의 가부장이자 아랫사람에게 과도하게 요구해대는 부정적 노인 집단의 표상으로 볼 수 있다.

바리에게 쟁기질은 감당하기 버겁다. 절망에 빠진 바리를 하늘에서 수많은 짐승들이 내려와 도와준다. '하늘'은 신성한 영역이며 빛·태양·바람 등과 더불어 남성적 아버지를 상징한다. 하늘에서 돌개바람을 타고 내려온 힘세고 선한 짐승들은 바리의 집단무의식에 있는 좋은 남성성 환상이 '짐승들'로 변형된 것이다.

꿈이나 신화에서 본래의 소망 내용이 변형되는 이유는 드러내서는 안 될 금지된 욕망이 담겨 있기 때문이다.[48] '쟁기'는 남근을, '밭'은 여성의 몸을, '쟁기로 밭을 가는' 것은 성행위의 상징이다. 밭을 '석 자' 깊이로 갈라는 요구에서 3이란 숫자에도 성스러운(聖) 조화와 더불어 성적(性) 의미가 담겨 있다. '오색구름'과 '돌개바람'은 성적 흥분을 뜻한다. 할아범의 요구는 의식의 언어로 직접 표현하기 어색한 바리의 무의식 속 욕망이 변장된 것이다. 즉 남성적 아버지성과 성적 합일을 이루고픈 소망이 바리가 힘들게 밭을 가는 내용으로 전치된 것이다. 도덕규범의 압력이 강했던 조선시대뿐 아니라 대부분의 시대에 아버지에 대한 딸의 유아적 애정 욕망은 엄격히 금지되고 억압된다. 따라서 집단무의식에 자리 잡은 인류의 보편적 유아 성환상, 오이디푸스 소망은 각 민족의 신화 속에서 다양하게 변형된 양태로 표현된다. 하늘 짐승들의 쟁기질에 의해 드넓은 밭이 다 갈렸다는 것은 아버지성(남성성)을 향한 바리의 애절한 소망이 오랫동안 억압되어 있다가 꿈과 신화의 중간세계 경험으로 해소되었음을 의미한다. 신화 속 주인공(영웅)의 근친상간은 개인 차원의 의미가 아니라 남성성과 여성성 사이에서 생동해야 할 결합과 순환이 막힌 탓에 병들어 있던 초개인적 집단정신의 순환과 회복, 재탄생을 알리는 상징이다.[49]

집단무의식 차원에서 할아범은 바리의 억압된 본래 남성 에너지를 발현하도록 돕는 조력자의 표상이다. 영웅이 되려면 먼저 사회적 성과 본능적 성 사이에 단절되었던 에너지를 소통시키고 생명 생산의 결실을 이루기 위한 정신적·신체적 환경(잘 갈린 밭)을 마련해야 한다. 그동안 사용하지 못했던 바리의 남성 에너지(밭 갈기, 돌개바람) 역시 바리의 타고난 긍정적 정신 에너지로 수용·통합되어야 했다.

야속하게만 보였던 할아범은 바리가 과제를 해결하자 나아갈 길을 알려주는 긍정적 조력자로 변신한다. '밭 가는 능력'을 숙달하는 과정을 거친 후 비로소 바리는 무장승을 만나 온전한 남녀 관계를 맺어 목표를 이루어낼 수 있게 된다.

할아범의 의미가 힘든 과제 수행 전후에 매우 다르게 지각되는 것은 무의식과 직면하는 고통스러운 과정을 거치면서 바리의 자아가 성장했고, 그동안 자신을 소외시켰다가 이용하기만 했던 권위자(아버지)에 대한 나쁜 생각과 감정이 정신에 소화·통합되었음을 의미한다. 바리의 역할은 조선시대 상징계의 부정적 그림자와 콤플렉스를 하나씩 대면하여 해소하고 민족의 거대한 잠재 에너지인 진정한 자기를 해방시키는 것이다. 이를 이루기 위해 그녀는 더 많은 통과의례를 거쳐야만 한다. '아홉 고개를 넘으라'는 말은 아주 멀고 힘든 길을 가야 한다는 의미다.

빨래하는 할멈

아홉 고개를 건너자 빨래하는 할멈이 있었다. 할멈은 바리에게 "검은 옷은 희게

하고 흰 옷은 검게 하면 길을 가르쳐주겠다."라고 한다.

자신이 하던 일을 바리에게 대신 해달라고 요구하는 이 할멈의 정체는 무엇인가? 빨래는 전통적으로 여성들이 하는 일로 여겨졌다. 그런 측면에서 빨래하는 할멈은 조선시대 아낙의 전형적 이미지라고 할 수 있다.

'검은 색'은 더러움·속박·죽음을, '흰색'은 깨끗함·속죄·정화를 의미한다. 빨랫감은 정화시켜야 할 그림자(콤플렉스)들이며, 빨래를 하는 행위는 그림자를 정화하여 자아에 통합하라는 요구다.

'검은 옷을 하얗게 만드는 것'은 그리스 영웅 헤라클레스가 수십 년 묵어 부패한 마구간을 강물로 청소한 것처럼 오랫동안 회피해온 부정적 무의식과 대면해 무의식을 정화하는 행위다. '흰 옷을 검게 하는 것'은 자아의식(하얀 옷)과 그림자 무의식(검은 옷)을 소통시키라는 메시지다. 조선시대의 경직된 이원론적 가치관을 다채롭고 균형 있게 만들기 위해서는 검은색을 흰색으로 흰색을 검은색으로 전환시키는 과정을 여러 번 거쳐야 한다.

대립 관계에 있는 검은색과 흰색은 정신의 양극적 분열 상태를 상징한다. 이 분열된 정신성이 서로 교류하여 균형을 이루려면 검은 옷과 흰 옷 사이를 왔다 갔다 하며 조화시키는 노력(빨래하기)이 필요하다. 유아기에 엄마(할멈)로부터 버림받은 상처를 지닌 개인은 소위 '경계선 인격'이라 불리는 분열된 정신구조를 지니게 된다. 바리가 빨래하기 과제를 온전히 마친다는 것은 유아기 엄마에게 유기당한 상처로 인해 부정적인(검은) 부분과 긍정적(흰) 부분으로 분열되었던 정신을 수차례 치열하게 대면하고 왔다 갔다 하며 주체적으로 통합하여 조절하는 능력을 지니게 됨을 의미한다. 이는 기득권을 가진 유교 집단과 소외당한 무속-불교 집단 사이의 대극적 분열 관계를 조화롭게 조율해달라는 집단 요구의 반영일 수도 있다.

바리가 빨래를 간신히 마치자 할멈은 아홉 개울 건너에 있는 숯 씻는 할아범을 찾아가라 말한다.

숯 씻는 할아범

"숯에서 말간 물이 나올 때까지 숯을 씻어주면 길을 가르쳐주지." 아흐레 밤낮을 온 정성을 다해 씻으니 숯에서 말간 물이 나왔다. 할아범은 아홉 가시발길을 지나 밭에 있는 할멈에게 물어보라고 알려준다.

아홉 개울, 아흐레가 걸리는 일, 아홉 가시밭길에 표현된 9는 어떤 의미인가? 동양에서 '9'는 우주를 관할하는 상제上帝가 머무르는 가장 높은 자리를 상징한다. 가장 높은 신이 거주하는 아홉 번째 하늘을 '구천九天'이라 한다. 무속에서는 사람이 죽어서 가는 가장 깊은 지하를 '구천九泉'이라 불렀다. 도교에서는 9를 하늘의 도를 나타내는 양수陽數로 취급했으며, 무가巫家에서는 만물을 낳는 3이 곱해져 이루어진 9를 양陽(볕)의 극치로 보고 모든 우환을 이겨내는 길조의 상징으로 여겼다. 그래서 음력 9월 9일을 양기가 충만한 최고의 날로 본다. 불교에서는 부처의 세 가지 보물 가운데 '법'을 뜻하는 숫자로서 진리 그 자체를 상징한다. 일반적으로 9는 '최종' 또는 '최상'이라는 의미를 지니며 완성을 위한 완전수로서 새로운 시작을 의미한다.[50]

'숯'은 불을 일으키는 귀한 에너지원이다. 숯이 없으면 밥 짓는 일도 추위를 이겨내는 것도 힘들어진다. 그러므로 여성은 숯(불)을 잘 다룰 줄 알아야 한다. 숯은 또한 더러움과 위험성을 지닌다. 이것은 본능충동의 양면가치와도 같다. 숯을 말갛게 정화하지 못하면 조선시대 여성이 안정된 정신을 유지하는 것이 매우 힘들어진다.

온 정성을 다하자 좀처럼 변화하지 않을 것 같던 더럽고 위험한 바리 내면의 분열된 무의식이 어느덧 투명하게 변한다. 숯 씻는 할아범은 바리

(소외된 집단)에게 본능(숯)의 위험한 면과 대결하여 그것을 다루는 비법을 전수하는 원형 인격이다.

그러나 바리는 아직도 가시밭길을 계속 가야 한다.

풀 뽑는 할멈

"이 밭의 잡풀을 다 뽑되, 뽑을 때마다 나무아미타불을 외우면서 뽑아주면 서천 서역국 가는 길을 가르쳐주지."

바리가 아흐레 밤낮을 정성을 다해 나무아미타불을 외우며 풀을 뽑으니 밭의 잡풀이 다 없어졌다. 할머니는 삼색 꽃이 핀 꽃가지와 방울 하나를 바리에게 주면서, "열두 고개를 넘다가 높아서 못 가거든 꽃을 던지고, 깊어서 못가면 방울을 흔들라."고 말해준다. 꽃을 던지니 높은 산이 평평해지고, 방울을 꺼내 흔드니 모든 것이 가라앉는 깊은 바다 위에 무지개다리가 내려온다.

농부에게 잡풀은 곡식에게 갈 대지의 양분을 빼앗아가는 근심의 표상이다. 잡풀을 뽑으며 '주문'을 외우는 것은 굶주림 걱정에서 벗어나기 위해 자비로운 부처의 신통력을 빌린다는 의미다. 또한 불가에서 잡풀은 깨달음과 해탈에 이르는 수행을 방해하는 번민과 망상의 상징이다. 그것을 칠저히 뽑아내야 세속 번민을 벗어난 맑은 영혼이 되어 타계의 영혼들과 접속할 수 있다. '잡풀을 뽑음'은 또한 고통과 망상과 병을 일으키는 원인(뿌리)들을 하나씩 깨달아 극복해가는 과정의 상징이기도 하다. 즉 풀 뽑는 할머니는 근심의 뿌리를 없애주는 치료자의 원형 인격이다. 무녀의 주술에서는 주문이 큰 역할을 하는데, 바리가 외우는 주문이 지옥에서 고통받는 혼들을 구원하는 내용을 담은 '나무아미타불'이라는 점이 주목된다.

'삼색 꽃'이 핀 꽃가지와 금빛 '방울'은 저승과 이승을 오가는 신인(샤먼)의 표식이다. 이러한 표식을 받았다는 것은 힘든 통과의례를 거치는 과정에서 바리가 어느덧 영적 소통력과 주술력을 지닌 무속인이 되었음을 의미한다.

> 열두 고개마다 각종 귀신이 울면서 막아서지만 주술력과 보물(꽃, 방울)을 지닌 바리를 막지 못한다. 이승과 저승 사이를 흐르는 황천강을 지키던 군사들은 바리의 삼색 꽃가지를 보자 길을 비켜준다.
> 배를 타고 황천강을 건너 낯선 땅에 이르자, 영혼들이 몰려나와 살려달라고 애원한다. 바리가 두 손 모아 극락왕생을 빌어주니 그들은 고통을 털고서 하늘로 오른다. 뜨겁고 큰 물을 만난 바리는 금빛 방울을 꺼내 물에 던진다. 거기서 피어 오른 오색 무지개를 타고 바리는 무장승의 집에 도달한다.

무당의 근본 역할은 억울한 일을 당해 우는 귀신을 달래주는 것이다. 한을 지닌 귀신들은 약한 인간의 정신에 침투해 자신의 한을 대신 풀어줄 때까지 놓아주지 않는다. 그런데 비범한 영혼(무당)에게는 감히 침투하지 못한다. '고개마다 귀신이 길을 막아서는' 신화소를 현대의 눈으로 보면 정신분석가가 정신 환자의 병을 치료하기 위해 병의 심층 원인이 자리한 '무의식'에 접속할 때 분석가의 접근을 방해하려 환자 내면에서 일어나는 끈질긴 '저항 현상'과 유사하다. 마음 병의 뿌리에 도달해 '근본 원인'과 대면하여 그것을 변화시키려면 우선 기존 상태에 계속 머무르려고 발버둥치는 귀신들(나쁜 내적 대상, 부정적 자기표상, 환상)의 방해를 헤쳐 나가야 한다. 그런 방해를 헤쳐 나가는 힘은 경험과 지혜를 두루 갖춘 연륜 있는 정신분석가를 통해서 발휘된다. 바리 또한 여러 힘든 과제를 통과해가며 어느덧 그 능력이 생긴 상태다.

이승과 저승 사이에 있는 '황천강'은 의식과 무의식을 가르는 강력한 방어막과 유사하다. 이 방어막은 특별한 능력(삼색 꽃가지, 정신분석 치료법)을 지닌 사람만이 무사히 통과할 수 있다. '낯선 땅에서 살려달라고 애원하는 영혼'들은 상처 깊은 '한'을 해소하지 못해 영혼이 마비된 그때 그 상태로 무의식(낯선 곳)에 갇혀 있는 인간들을 의미한다. 바리가 그들의 '맺힌 한'에 공감하며 정성스레 '극락왕생을 빌어주니' 고통을 털고서 하늘로 오른다. 이 신화소는 세상에 태어나 누구에게도 정성스런 공감과 자비를 경험하지 못한 '한' 때문에 이승과 저승 사이를 맴도는 '혼'들이 저승에서나마 안식을 얻게 해주는 불가와 무속의 '진혼굿'과 유사하다. 한 맺힌 귀신과 영혼들을 대면하고 한을 위로해 풀어주는 과정에서 어느덧 바리는 저승(무의식)의 병인(귀신)을 치유하는 무당의 비법을 익힌 상태가 되어 있다.

무장승

서천서역국의 동대산에서 하늘같은 키, 등잔 같은 눈, 박박 얽은 얼굴, 절름발이, 곰배팔을 한 무장승을 만난 바리는 그에게 아버지 병을 고칠 약수 있는 곳을 알려달라고 간청한다.

"길 값, 물 값, 구경 값 삼만 금을 가져오셨소?"

"급히 오느라 못 가져왔습니다."

"값 대신 삼 년 동안 나무를 하고, 삼 년 동안 물을 긷고, 삼 년 동안 불을 때시오."

바리에게 무장승의 첫인상은 거대하고 괴기스럽다. 이것은 의식이 무의식의 무엇을 갑자기 대면하는 순간 느껴지는 '낯선 섬뜩함'을 표현한 것이다. 무의식의 대상이 본래 괴기스러운가? 아니다. 그 괴기스러움은 무의식 접촉을 방해하는 억압 작용에 의해 본래는 친밀했던 대상이 낯설고 부정적인 이미지와 느낌으로 변질된 것이다. 괴기스럽게 느껴지는 대상과는 결코 편안한 관계를 맺을 수 없다. 아직 바리는 자기 자신과 부모와 집단의 병을 치유할 보물을 지닌 무장승과 온전히 대면할 준비가 덜 되어 있다. 준비를 마치기 위해서는 '나무하기, 물 길어오기, 불 때기' 과제를 완수해야 한다. 이는 일차적으로 조선시대에 여성이 해야만 했던 일로, 힘들지만 그 일을 능히 감당할 수 있어야 비로소 성숙한 여성으로 인정받을 수 있었다.

나무, 물, 불은 유교 경전인 《주역》에서 강조하는 음양오행과 연관되기도 한다. 《주역》은 만물이 음양 기운과 금(쇠), 목(나무), 수(물), 화(불), 토(흙)로 구성되어 있으며 다섯 원소들의 상생상극相生相剋 관계에 의해 인간사의 길흉화복이 발생한다고 본다. 다섯 원소의 특성과 상생상극 관계(목생화, 화생토, 토생금, 금생수, 수생목)를 잘 이해하여 상황과 이치에 맞게 이용하면 액을 방지하고 큰 복과 힘을 얻을 수 있다. 그러나 그것을 모르고 역행하면 병과 재난에 처하게 된다.

바리가 구하고자 하는 것은 순환이 막혀 병든 생명체를 치유하는 '영생수'다. 이것을 얻으려면 준비 작업으로 생명 유지에 필수 요소인 '물'을 정성껏 길어 곡식과 나무를 키우고, 자란 나무로 불을 피워 온기와 지혜를 밝히고, 불탄 나무가 재가 되어 대지(흙)를 비옥하게 하면 그 대지에서 세상을 건설하는 데 쓸 쇠(재물, 문서)를 생산해야 한다. 더불어 물은 생명력 순환, 불은 리비도 활력, 나무로 불 피우기는 '성' 향연의 상징이기도 하다.

3년의 3은 성스러움과 균형과 완성의 의미를 내포하는 숫자다. 3년은 출생한 아기가 본능적 존재에서 인간적 존재로 변하기 전에 양육자의 전적인 돌봄을 필요로 하는 기간(유아기)이며, 어머니의 세계에서 아버지의 세계로 분리·독립하는 데 걸리는 기간(아동기)이기도 하다. 달리 표현하면 3년은 인격구조가 근본적으로 변화하는 데 요구되는 시간이다. 부모의 따스한 애정을 받지 못해 차갑게 마비된 여성성[陰]은 3년간의 불 지핌, 즉 남성 에너지[陽]와의 교류를 통해 서서히 회복하여 아이를 잉태할 준비를 마칠 수 있다. 3년간의 불 때기와 물 긷기, 나무하기는 버림받은 여아-소녀에서 당당한 여성으로 재탄생하기 위한 힘을 키우는 데 필요한 시간과 노력을 의미한다.

"나와 결혼해 아들 셋을 낳아주시오. 그러면 약수터에 데려다 주리다."

무장승이 처음부터 결혼을 요구하지 않은 것은 바리가 정신적으로 자신을 감당할 만큼 성숙한 여성이 되지 못한 상태였기 때문이다. 서천세계의 무장승은 보통의 인간은 감당할 수 없는 마나(강한 영기)를 지니기 때문에 함부로 접촉하면 목숨을 잃거나 정신이 손상될 수도 있다. 이는 오직 험한 통과의례를 거쳐 신령들과 접촉할 수 있는 능력을 습득한 무당(사제집단)들에게만 가능한 일이다.

유아기에 버림받은 상처가 깊은 여성은 '자기가 깨지는 불안'이 반복되기 때문에 자신을 안전히 보호해주는 대상만을 원할 뿐 사랑하는 대상과 성관계를 맺기 힘들다. 바리는 무장승을 만나 오랫동안 안정된 관계를 맺어왔기에 미발달되고 위축되었던 여성성과 모성성이 고양되고 회복된 상태다. 이제 당당한 여성으로서 남성과 결합하여 아이들을 낳고 돌보는 위대한 치유자인 어머니로 성장할 수 있게 된 것이다.

무장승은 바리(무당)의 남성성(아니무스)이 외부로 형상화된 상징이다. 바리의 정신성이 발달을 이루기 위해서는 든든한 남성에 의해 자신의 여성성을 반영·존중받으며 분열되었던 아니무스와 온전히 결합하는 체험을 해야 한다.

아들 셋을 낳으니 무장승은 드디어 바리를 넓고 아름다운 서천 꽃밭으로 데려다 준다. 바리는 그곳에서 뼈를 살리는 검은 뼈살이 꽃, 살을 돋게 하는 샛노란 살살이 꽃, 피를 돌게 하는 새빨간 피살이 꽃, 숨을 살리는 새파란 숨살이 꽃, 혼을 살리는 새하얀 혼살이 꽃을 아름 따서 품에 넣는다. 그리고 험한 바위 골짜기와 벼랑과 우거진 가시덤불과 자갈밭을 지나 약수터에 도달한다. 그곳에는 커다란 거북 모양의 바위가 하늘로 솟았는데, 거북 입에서 약수가 하루에 세 방울만 떨어진다. 기도하고 절하며 100일 동안 호리병에 약수를 받는다.

무장승과의 결혼은 분열된 인격 요소들을 하나씩 대면하여 통합해내는 시험을 거친 바리가 드디어 인류의 무의식 에너지인 '자기'와 접속함을 의미한다. 바리데기라는 특정 시대의 자아가 초시대적인 인류의 자기와 결합하면 기존 대타자가 해내지 못한 놀라운 보배를 창조해낸다. 바리데기 신화에서 그것은 '아들 셋을 낳음'으로 표현된다. 이는 왕손을 얻지 못해 막혀 있던 조선 왕족의 생명 에너지가 바리를 통해 뚫려 온전한 기능을 발휘하게 되었음을 의미한다.

결혼하여 아이를 낳는 일은 여성적 성 정체성을 확립했음을 확인받는 의례다. 아울러 자신의 에너지를 자식에게 베풀 모성성을 지닌 인격체가 되었음을 의미한다. 조선시대 여성에게 아들은 든든한 남근의 상징이므로 세 아들을 낳았다는 것은 여성의 무의식에 잠재된 남근 콤플렉스, 남근 소유욕이 충족되었음을 뜻한다. 이는 아들을 낳지 못했던 부모의 결함과 소망을 딸이 대신 보충하여 충족시켰다는 의미를 함축한다. 딸이라고 버림받았던 바리가 부모가 실패했던 과업을 이루어낸 것이다.

돌거북의 입에서 하루 세 방울 떨어지는 '영생수'는 신성한 원기를 지니고 있기에 성숙한 인격에 도달한 인물만이 온전히 사용할 수 있는 무엇이다. 성숙하지 않은 자가 신성한 보물과 접촉하면 보물의 가치를 알아보지 못하거나 보물의 신성한 기운에 의해 변을 당할 수도 있다.

'하늘로 솟은 커다란 거북 모양의 바위'는 발기된 남근을 형상화한 것이다. 발기된 남근은 생명력의 상징이다. '거북 입에서 약수가 하루에 세 방울만 떨어진다'는 것은 장수하는 동물인 거북의 몸속에 소진된 생명력을 회복시키는 원기가 담겨 있으며, 그 기운을 취하면 죽은 자도 회생할 수 있다고 믿었던 조선시대 무속인의 생각이 반영된 것이다. 이 표현에는 성에 대한 억압이 심했던 당대 상징계에 대한 반작용으로서 성욕과 생명력 보존, 활기에 일차적 관심을 두던 집단무의식이 혼합되어 있다.

바리는 아버지보다 힘 있는 남성을 만나 세 아들을 낳음으로써 최초 성 대상이었던 아버지에 대한 실망과 오이디푸스 상처를 치유할 수 있었다. 그럼으로써 여성으로서의 열등감을 극복하고 아이를 돌보는 어머니로서 자기 존재에 대한 자존감을 지니게 된다. 나아가 자신의 노력으로 부모의 목숨을 살릴 신비의 보물을 얻은 바리는 여섯 언니들이 하지 못한 일을 해냄으로써 버림받았던 막내딸의 존재 가치를 당당히 증명한다. 바리는 이제 경시당하고 버림받은 자기애 상처에서 벗어난 인격이다.

조력자의 의미와 과업 성취

조력자란 위기를 극복할 비범한 지혜와 힘과 보물을 전해주는 존재다. 바리는 길을 떠나 **밭 가는 할아범, 빨래하는 할멈, 숯 씻는 할아범, 풀 뽑는 할멈, 무장승**을 만났다. 이들은 처음에는 바리에게 벅찬 과제를 부과하는 '이상한 대상'으로 지각된다. 그러나 과제를 해결하고 난 뒤 돌이켜보면 그들은 바리의 미숙한 요소와 결여를 보충하여 새로운 힘과 능력을 계발하는 데 도움을 준 '좋은 대상'들이다. 그들은 바리가 모르는 정보를 주거나 보물(무쇠 신, 무쇠 지팡이, 열매 맺지 않는 꽃, 금 지팡이, 금방울, 삼색 꽃, 약수)을 준다.

조력자는 보물이나 투사동일시로 자신의 마나(원기, 신통력)를 영웅에게 직접 전달하기도 하지만 무의식에 잠재된 능력을 일깨워 사용하게 만드는 강력한 일깨움의 소리로 나타나기도 한다.

약수와 꽃을 가지고 고향에 오니, 이미 죽은 부모의 상여가 운구되는 중이다. 상여를 세우니 여섯 형부, 여섯 언니가 달려들어 바리데기를 밀치면서 마구 야단친다. "약물 뜨러 간다더니 여태 무얼 하며 노닥거리다가 이제야 오는 게냐? 네가 늦게 온 탓에 부모가 돌아가셨는데 무슨 염치로 상여를 세우느냐. 썩 비켜라!"

여섯 언니들의 말과 행동은 전형적인 '부인'과 '투사'의 결과다. 부인이란 자신의 결함을 외면하는 것이고 투사란 자기 내부의 결함이나 회피하고 싶은 생각과 감정을 외부의 대상에게 덮어씌우는 것으로 여기에는 희생양이 필요하다. 바리는 태어날 때부터 부모가 그들 자신의 불안과 문제를 투사한 희생양이었다. 그런데 이와 유사한 일이 성장한 바리에게 다시 벌어진다. 기득권 세력을 상징하는 여섯 언니들은 자신들의 불효와 무능을 인정하지 않고 그것을 엉뚱한 대상인 바리에게 투사한 것이다. 그들은 사회적 문제의 원인을 자신에게서 찾지 않고 불교와 무속인들에게 부당하게 덮어씌워 경멸했던 당대 선비들이다.

바리가 왕과 왕비의 입에 약수를 넣고, 품에는 풀을 눈에는 꽃을 넣자, 얼마 후 부모가 숨을 쉬며 살아난다.

바리는 타계와 접촉해 획득한 보물로 이승의 '죽은 부모'를 살려낸다. 이를 정신분석적으로 해석하면 신비의 꽃과 영생수는 내면의 파괴욕동과 죽음본능을 정화시켜 몸과 정신을 치유하는 삶욕동과 '인류무의식 에너지'의 상징이다.

유교적 상징계에 갇혀 무속인을 무시하고 딸을 버린 왕과 왕비는 편집·분열된 정신세계와 자아전능적 상상계에 도취되어 백성들과 온전히 관계하지 못하고 현실을 두루 대면하지 못하는 병을 지닌 존재였다. 그러다 타계 모험을 거쳐 정신성을 확장한 바리를 통해 비로소 자신과 자신이 신뢰하던 유교 체제 및 유림(여섯 공주)의 결함을 직면하고 인정하게 된 것이다. 신화에서 '죽었다가 살아남'은 거짓된 삶으로부터 회복해 진정한 자기로 재탄생함을 의미한다. 왕의 재탄생은 곧 경직된 이분법적 가치관을 지녔던 조선사회가 포용력을 지닌 통합된 상태로 고양됨을 의미한다.

시대의 한계를 딛고 발견한 진정한 자기

오구대왕은 말한다.

"원하는 게 무엇이냐, 나라의 반이라도 주겠다. 아니면 재산의 반이라도 주마."

"싫습니다. 허락 없이 결혼해 아이를 낳은 제 죄만 용서해주소서."

"그것은 너의 죄가 아니라 우리의 죄이니라. 친손 봉사는 못할망정, 외손봉사를 못 하겠느냐. 반가운 일이로구나."

"소녀, 부모 슬하에 호의호식 못 하였사오니, 만신의 인위왕이 되겠나이다."

바리는 마침내 부모의 결여를 보충하고 욕망을 실현하여 존재 가치를 크게 인정받는 존재가 된다. 왕과 왕비는 그제야 진심으로 뉘우치며 자신들의 죄과를 보상하고자 한다. 그러나 바리는 세속에서의 보상을 요구하지 않는 대신 죽은 영혼을 저승으로 인도하는 '만신', 즉 무당이 되겠다고 한다. 이제 무속인들은 바리를 통해 비범한 능력의 가치를 공적으로 인정받아 무시할 수 없는 존재로 상징계에 자리 잡게 된다. 무속과 불교의 관점으로 유교 문화를 비판하는 바리데기 신화 속에서 가부장 사회의 병폐는 모계의 핏줄도 중시하는 외손봉사外孫奉祀◆ 담론으로 교정된다.

◆ 직계 비속이 없어 외손이 대신 제사를 받든다는 뜻.

병든 왕이 자식들에게 '생명수를 구해오라'고 말하고, 그것을 구해 오는 자식에게 왕위를 물려주는 것은 영웅신화의 전형이다. 이것은 집단을 보호하고 발전시킬 새로운 의식의 탄생과 정립을 위해 집단무의식이 본래적으로 행하는 바다. 그런데 바리는 나라의 절반을 주겠다는 왕의 제안을 거부하고 죽은 혼들을 저승으로 인도하는 무당인 오구신[51]으로 공양받고 싶다고 답한다.

'나라의 절반'은 본래 왕위를 상징한다. 바리가 아들이었다면 '왕위를 주겠다'라고 표현했을 것이나 딸이라서 절반을 주겠다고 한 것이다. '나라의 절반'은 또한 상징계의 권력과 그 권력이 제공하는 안락하고 기쁨에 찬 삶을 상징한다. 그러나 마음의 병을 깊이 앓아온 자에게는 상징계의 권력과 명성이 진정한 가치로 지각되지 않는다. 바리는 자신처럼 깊은 상처로 인해 삶을 향유하지 못한 영혼(죽거나 병든 혼)을 치유하는 자로서 자기 존재의 정체성을 정립한다.

무녀는 병의 의미를 한을 품은 채 죽은 혼령들이 이승 인간의 몸속에 들어와 자신의 한을 풀어달라고 요구(위로, 보상, 애도)하는 징후로 해석한다. 병을 치유하려면 죽은 혼의 한을 온전히 해소하여 저승으로 편안히 떠나게 해야 한다. 무녀의 굿은 바로 억울하게 죽은 혼을 애도하는 영혼의 의례다. 이런 역할은 이승과 저승(서천세계)을 모두 체험해본 자만이 할 수 있다.

그런데 죽은 혼백만이 갈 수 있는 서천세계에 다녀온 무녀(바리)는 상징계의 관점에서 볼 때 이미 죽은 혼이나 다름없다. 무녀가 세속의 인간처럼 일상에서 기쁨과 욕망을 느낄 수 있는가? 버림받은 상처를 지닌 자가 지난한 과정을 거쳐 자신의 상처로부터 회복된 후 그에게 남는 욕망은 어떤 것인가?

바리는 당대의 대타자(유교 규범, 왕)와 병증에 시달리는 억울한 인간들을 향해 '꽉 찬 말'(무의식의 언어)을 던진다.

바리는 여성에 대한 상징계의 부정적 시선 때문에 부모에게 버림받고, 그 상처를 회복하기 위해 평생을 노력하다 삶의 쾌락과 개성을 상실한 정신 유형이다. 바리가 모험에서 만난 모든 대상들은 자신이 만나고 싶어 선택한 것이 아니다. 부모(타자)의 욕망을 충족시키기 위해 불가피하게 접촉했을 뿐이다. 신화 속 바리는 자기 자신을 위해 주체적으로 선택하지 않는다. 그녀는 무심결에 무엇이 자신의 근원적 결핍을 해소하는 데 도움이 되는지를 최우선으로 고려한다.

민화 속의 바리공주

"믿었던 부모와 세상에 크게 실망했으니, 상처 입은 영혼들이 믿고 의지할 수 있는 치료자의 삶을 살겠습니다."

무신巫神의 길을 택함으로써 그녀는 당대 아버지 세계의 한계를 넘어선다. 그렇다고 그녀가 가부장적 사회 체제를 전적으로 부정한 것은 아니다. 다만 운명처럼 개인에게 덧씌워진 특정 상징계에 대한 심리적 앙금이 남아 있기에 그 체제의 결함을 암시하는 동시에 보충하는 죽은 혼들의 토템 역할을 선택한 것이다. 이것이 남성 중심, 선비 중심적인 조선사회의 시대적 한계 속에서 여성 무당이 자신의 '진정한 자기'를 성취하기 위해 택할 수 있는 최선의 길이었으리라.

정신분석 관점에서 본 바리의 정신성

호의호식하던 여섯 언니가 외면한 과업을 바리가 목숨 걸고 행한 이유는 무엇인가? 생명수를 구해 왕과 왕비를 살리고도 현실의 보상을 거부한 이유는 무엇인가?

자신처럼 응어리진 한 많은 혼들을 극락에 갈 수 있도록 도와주겠다는 바리의 행위는 일종의 자기 위로와 자기 회복이다. 그녀의 지극한 효행은 왕과 아버지의 말씀을 존중하는 유교 세계에서 이상적 대상에게 인정받고 정체성을 획득하는 주요 통로다. 하지만 왕으로부터 공식적인 인정을 받아 자신의 정체성을 획득한다고 해서 음지에서 살아온 바리의 욕망이 충족되는가? 신화에 묘사된 바리의 인생을 돌이켜보면 그녀에게는 자기 삶을 만족스레 향유하는 개성과 여유가 느껴지지 않는다.

신화 속 바리는 부모가 좋아할 일을 하는 것이 곧 자신의 인생 목표이자 기쁨인 양 행동한다. 그런 바리는 과연 진정한 행복을 느끼며 진정으로 성숙한 인격의 형상인가? 현대정신분석의 관점에서 바리의 정신성은 어떻게 진단되는가?

바리는 여성에 대한 상징계의 부정적 시선 때문에 부모에게 버림받고, 그 상처를 회복하기 위해 평생을 노력하다 삶의 쾌락과 개성을 상실한 정신 유형이다. 바리가 모험에서 만난 모든 대상들은 자신이 만나고 싶어 선택한 것이 아니다. 부모(타자)의 욕망을 충족시키기 위해 불가피하게 접촉했을 뿐이다. 무장생과의 결혼, 스스로 낳은 세 아들조차 바리 자신이 원해서 선택한 것이 아니다. 신화 속 바리는 자기 자신을 위해 주체적으로 선택하지 않는다. 그녀는 무심결에 무엇이 자신의 근원적 결핍을 해소하는 데 도움이 되는지를 최우선으로 고려한다. 최초 상처 내지 자기애 회복, 그리고 안정된 자기의 형성이 이루어지지 않으면 살아 있되 편안한 느낌을 지닐 수 없기 때문이다.

성 차이를 인식하기 이전인 전오이디푸스기에 커다란 상처를 받은 사람들에게는 성 욕구와 성환상의 충족보다 대상으로부터 더 이상 버림받지 않는 안전 욕구가 가장 시급하게 해결해야 할 문제로 여겨진다. 그래서 최초 대상인 부모로부터 자신의 존재 가치를 진정으로 인정받기 위해 세속의 즐거움과 욕동의 만족을 포기한 인생을 살 수밖에 없다.

융의 정신발달(개성화 과정) 관점으로 보면 유년기에 세속과 단절된 외딴 세계에서 지낸 바리는 분열된 어두운 정신성의 상징이다. 그러나 서천세계(인류무의식) 모험을 통해 분열된 자기들을 하나하나 통합한 인격이 된다. 최종적으로는 이승과 저승, 즉 여섯 공주와 왕 부부로 상징되는 권력층과 상처받아 구천을 떠도는 영혼들(소외 계층) 사이를 중계하여 치유하는 중보자가 된다. 이는 인격 발달의 최종 단계인 대극을 합일하여 정신의 균형을 이룬 전체 인격(자기원형)에 해당한다.

프로이트의 소망 충족 관점에서 보면 바리의 형상은 처음부터 끝까지 너무 은폐적이다. 부모에게 버림받은 바리가 아무 불평도 없이 목숨 건 임무를 완수해 부모를 살려내고, 지상의 부귀영화를 멀리한 채 한 많은 혼들을 위로하는 무속신이 된다는 내용에는 인간의 원초적이고 유아적인 소망이 과도하게 도덕적으로 승화되어 있다. 이는 무속 계급이 현실에서 억압했던 한과 소망이 신화에서조차 자유롭게 표현되지 못한 탓일 수 있다.

3장

중국 신화

1

반고

천지 사이에 우뚝 선 중국 민족의 자아도취감

각기 다른 풍습을 지닌 다수 민족으로 구성된 중국의 창세신화는 거인 반고盤古로 특성화된다.[1] 태초에 우주 거인이 존재하고 그것이 스스로 변화하여 세상 만물과 인류를 생성해가는 과정은 중국 명리학의 우주생성론을 떠올리게 한다.[2] 왕권시대로부터 현재의 사회주의 체제에 이르기까지 특정 이념을 내면화하고 국가의 요구에 적응해온 13억 중국인의 움직임은 하나로 융합된 거인 반고의 움직임과 흡사하다. 중국은 왜 국민 전체를 아우르는 집단정신의 가치를 그토록 중시해온 것일까? 중국의 정신적 뿌리라 할 창세신화 속에서 그 열쇠를 찾아보자.[3]

> 천지가 아직 열리지 않은 먼 옛날, 우주는 혼돈과 어둠만이 가득한 거대한 알 모양을 하고 있었다.[4]

천지가 열리기 이전의 혼돈 상태란 태모太母의 자궁 문이 열려 새로운 생명체들이 태어나기 이전 상태, 또는 의식이 출현해 세상을 분별하기 이전 상태를 의미한다. 또한 대상에 대한 분별없이 원초적 감각자극에만 반응하는 모태 속 태아의 상태를 가리킨다. 또한 영아가 낯선 외부의 자극을 받아들일 준비를 마치지 못한 탓에 외부 세계에 대한 지각을 차단해 자신의 환상 속에 묻힌 상태를 가리키기도 한다.

고대 인류는 신들이 거주하는 하늘을 날며 접촉하는 존재인 새를 신성한 동물로 간주해왔다. 아기의 출생에 대해서도 "황새가 물어왔다."라고 표현하곤 했다. 새는 알을 낳고 알에서 태어난다. 따라서 태초에 신성한 생명체가 거대한 알에서 탄생했으리라는 상상은 매우 자연스러웠을 것이다.

알은 신성한 잠재력을 지닌 우주적 자기의 상징이기도 하다. 원환圓環 형상을 지닌 이 '세계의 알' 속에는 세계가 들어 있거나 한 민족 혹은 그 시조가 들어 있다. 원환 형상은 시작과 끝의 시간성도 없고 위아래의 공간성도 없이 그 자체로 완결된 것, 대립물이 아직 나누어지지 않은 근원 상태를 의미한다.[5] '혼돈과 어둠이 가득한 알'은 아직 세계를 등장시키지 않은 채 배태하고 있는 우주적 자궁이다.[6]

그 알 속에서 거인 반고가 잠자고 있었는데, 자면서 계속 성장했다. 1만 8000년 동안의 긴 잠에서 깨어나 주위를 둘러보니, 보이는 것은 어둠뿐이었다.

'알 속의 거인'은 아직 구체적 형상을 갖추지 않은 정신성의 상징으로 인류가 집단무의식에 융합된 상태를 가리킨다. 세상 만물에 대한 분별 지각은 집단무의식(자기)에서 자아의식이 분화되면서 출현한다. 이 무정형의 최초 정신성이 세계(의식)를 생성하게 될 제1질료이며, 이 최초 질료가 의인화된 것이 거인이다. 즉 거인은 세계의 질료적 측면이 강조된 형상이다.[7]

알 속의 거인은 중국인의 거대자기를 상징한다. 즉 통일국가 건립 및 문명화 이전, 타자(이민족)와 정식으로 관계 맺기 이전 시기 중국인의 거대한 자기애 상태라고 볼 수 있다. 프로이트의 관점으로 보면 자아전능감에

중국의 창세신 반고(《삼재도회三才圖會》 수록)

유아는 거대하게 느껴지는 어머니의 몸속에 자신을 만족시켜줄 수 있는 온갖 가치 있는 것들이 들어 있으리라 상상하며, 언젠가 그 속에 있는 것을 다 파헤쳐서 마음껏 먹고 소유하고 싶어 한다. 거인 반고의 몸은 일차적으로 유아의 눈에 지각된 거대한 어머니의 몸(대지)을 상징한다. 전 세계 신화 속에 등장하는 지모신이 중국에서는 거인 반고로 나타난 것이다. 태초 존재가 남성 이미지로 형상화된 것은 가부장적 가치관의 영향일 수 있다.

도취된 단계의 '나(자아)'이다. 그 '나'는 앞으로 무한히 성장할 가능성을 지니고 있지만 아직 세상과의 접촉이 낯선 상태다.

거인은 손바닥을 펴서 팔을 휘둘러 눈앞의 혼돈과 암흑을 힘껏 갈라놓았다. 갑자기 큰 소리가 울리고 거대한 알이 파열되었다. 응어리져 있던 혼돈과 암흑이 움직이기 시작한다.

혼돈과 암흑의 '갈라짐'은 자아의식이 처음 출현한 상태다. 또한 모국(어머니)의 안전한 울타리(안아주기)에 의해 원초불안이 해소되고 참자기가 발현된 상태를 의미한다. '큰 소리'는 나의 출현에 자아도취하며 감탄하는 소리, 세상을 향해 자신의 존재를 당당히 드러내는 거대자기의 소리다.

'거대한 알의 파열'은 본능적 집단무의식에 묻혀 살다가 처음으로 나를 자각하는 상태, 어머니의 품에서 분리된 상태다. 인류사 차원에서 보면 문자가 없던 원시 상태로부터 문자로 소통하는 최초 역사시대로의 진입을 의미한다.

'응어리져 있던 혼돈과 암흑의 움직임'은 환상에 갇혀 있다가 외부의 자극에 반응하는 상태, 수동적 태도에서 능동적으로 욕망하는 태도로 변화함을 상징한나. 자아가 안전한 생존에만 급급해하던 상태로부터 외부 대상들에 능동적 관심을 두고 관계 맺으려는 상태로 변한 것이다.

두 팔로 하늘을 받치고, 두 다리는 굳게 땅을 밟고, 하늘과 땅 사이에 우뚝 섰다.

'천지 분리'는 나와 타자가 구별되며, 아버지〔天〕와 어머니〔地〕가 다르고, 남자와 여자의 성기가 다르다는 사실을 지각하고 인정하는 의식 상태를 표상한다. 이런 정신의 분화가 온전히 이루어지려면 먼저 어머니와의 관계에서 아이의 존재와 개성이 있는 그대로 반영·존중받아 거대자기를 형성해야 한다. '땅을 굳게 밟는다'는 것은 좋은 어머니(자연환경)의 돌봄에 힘입어 자존감의 근원인 참자기와 거대자기가 온전히 형성되었음을 상징한다. '천지 사이에 우뚝 섬'은 세상의 중심에 위대한 중국 민족이 위치한다는 자아도취감의 표상이다. 자신을 향한 어머니(대지 여신)의 절대 애정을 확신하는 아이는 아버지(하늘)를 향해 '두 팔'로 자신의 욕구를 거침없이 표현한다.

반고는 완전히 지쳐 쓰러져 죽었다. 죽을 때 내뿜은 숨은 바람·구름·안개로, 소리는 천둥으로, 왼쪽 눈은 태양으로, 몸과 손발은 산으로, 피는 강으로 되었다.

거인의 몸으로부터 세상 만물이 생겨났다는 생각은 어디로부터 온 것일까? 이 의문에 대한 열쇠는 '어머니 몸속에 온갖 가치 있는 것들이 담겨 있다'고 믿는 구강기 유아의 엄마 몸 환상에 있다. 유아는 거대하게 느껴지는 어머니의 몸속에 자신을 만족시켜줄 수 있는 온갖 가치 있는 것들이 들어 있으리라 상상하며, 언젠가 그 속에 있는 것을 다 파헤쳐서 마음껏 먹고 소유하고 싶어 한다.

거인 반고의 몸은 일차적으로 유아의 눈에 지각된 거대한 어머니의 몸(대지)을 상징한다. 전 세계 신화 속에 등장하는 지모신이 중국에서는 거인 반고로 나타난 것이다. 태초 존재가 남성 이미지로 형상화된 것은 가부장적 가치관의 영향일 수 있다.

반고의 탈진과 죽음은 인류 정신의 생성과 소멸을 주재하는 집단무의식이 보다 발달된 새로운 세상과 정신성의 탄생을 위해 자율적으로 움직이는 일련의 과정을 표상한다. 반고의 '왼쪽 눈'이 태양이 된 것은 일본의 남성 창조신 이자나기의 왼쪽 눈에서 태양 여신 아마테라스가 탄생한 것과 동일한 신화소다. '숨'이 바람이 된 것은 이자나기의 숨이 들락날락하는 코에서 폭풍신 스사노오가 출현한 것과 유사하다. 숨소리가 천둥, 몸이 산, 피가 강이 되었다고 본 것은 유사성에 의거해 서로 다른 두 대상(자연과 인간)을 동일한 것으로 생각(의인화)했던 원시적·유아적 사고(은유적 동일시)를 반영한다.

수백여 종족과 지역 토착 세력들이 서로 대립하며 공존했던 중국의 고대사를 참조할 때 거인 반고의 몸은 광대한 중국 자체를, 갈라진 사지는 중국 각 지역의 고유한 자연환경과 다수 민족을 연상케 한다. 그들은 비록 서로 낯설어하고 두려워하지만 모두가 위대한 반고의 몸에서 나온 자손이기에 대립하며 서로 싸울 필요가 없다.

2

예

끝내 행복해지지 못한 우울 자리 영웅의 인생

공동체를 위해 헌신한 자가 아무 보상도 받지 못한다면 어떤 마음이 들겠는가? 타인에게 좋은 일을 하고도 반복해서 불행에 빠지는 인간은 어떤 내적 문제를 지녔는가? 신화 속에 그런 인간상이 출현할 때 그것이 의미하는 바는 무엇인가?

열 개의 태양이 일으킨 재난

하늘의 왕 제준과 태양 여신 희화 사이에서 열 개의 태양이 생겨났다. 그들은 큰 나무에 있다가 태양 여신의 규칙에 따라 번갈아 하늘로 나갔다. 그러던 어느 날 태양 열 개가 한꺼번에 하늘에 솟아 제멋대로 날아다니는 바람에 세상에 큰 재난이 발생했다. 신통력을 지닌 무녀 여축이 이를 해결하려 굿을 했으나 태양열을 이기지 못해 타 죽었다.[8]

하늘의 왕과 태양 여신 사이에서 태어난 '열 태양'은 왕손·족장·제후의 상징이다. 원시시대에 10은 '꽉 찼다', '완전하다'라는 의미와 함께 '위험하다', '불길하다'라는 의미도 지니고 있었다. 예 신화가 부족국가 형태의 요임금 시대를 배경으로 한다는 것을 고려하면 열 개의 태양은 나름의 독립성을 지녔던 지역 권력자의 상징으로 추정된다. 또는 왕위 다툼을 하는 왕손들이 많다는 의미일 수 있다.

태양이 모성신인 동시에 아들신으로 등장한다는 점이 특이하다. 많은 민족에게서 태양은 아버지신·남성신으로 등장하는데 일본과 중국에서는 태양이 여신으로 나타난다. 태양은 밝은 빛과 따스한 온기를 뿜어내 만물의 생명이 자라나게 한다는 점에서 아이를 정성스레 양육하는 어머니와 아름다운 여인을 연상케 한다. 강하게 뻗치는 햇살과 영원불멸성을 지닌 특성에 주목하면 생명의 씨앗(정액)을 뿌리며 영원한 법을 세우는 남성·아버지의 상징이 되기도 한다. 각 민족의 무의식이 태양의 어느 특성을 동일시하고 싶어 하느냐에 따라 태양은 모성신으로도 부성신으로도 지각될 수 있다.

'큰 나무'는 우주가 제멋대로 요동치지 않게 응집시키고 버텨주는 우주나무宇宙木의 상징이다. 원시 인류는 세상 질서가 우주를 지탱하는 신성한 큰 나무에 의해 유지된다고 믿었다. 이 신성한 우주나무 역시 민족에 따라 어머니신으로도 아버지신으로도 나타났다. 어머니는 자식들의 원초충동과 불안을 넓은 가슴에 품어주고 담아줌으로써 환경과 대상에 대해 긍정적 감정을 지니게 한다. 이에 비해 아버지는 자식들의 이기적이고 거친 충동과 욕망에 신성한 법과 규범을 각인함으로써 그들을 타자를 배려하는 사회적 인격체로 전환한다. 자식들은 어머니와 아버지 각각의 특성을 흡수하여 하나로 통합하는 과정을 거쳐야 비로소 온전한 인간으로 성장할 수 있다.

신화에서 생존에 절대적 영향을 미치는 태양이 어머니신과 더불어 아들신으로 등장한다는 것은 당대 사회가 어느 정도 모계 사회의 요소를 지니고 있었다는 징표다. 아들 태양들은 어머니 여신의 거대한 품인 '큰 나무'에 의존하듯 매달려 있다가 하루씩 차례대로 하늘에 오르는 모습으로 형상화된다. 이는 성스러운 모성신(대지)의 자궁에서 고귀한 생명체들이 매일 탄생해 세상을 떠돌다가 노쇠하면 대지의 품으로 되돌아와 묻히는 영원회귀 리듬을 연상시킨다. 또한 어머니(대지)의 품에서 양육되어 아버지(하늘)의 사회로 나아가는 인간의 정신발달 과정 가운데 최초의 엄마-유아 단계를 상징하는 것으로 볼 수도 있다.

원시 인류의 눈에 자연 생명체들이 태어나 활동하다가 늙고 죽는 과정은 태양의 뜨고 짐과 밀접히 연관된 것, 또는 거대 여신(지모신)의 신성한 법칙에 따라 움직이는 것으로 보였을 것이다. 이것을 '거대 나무(어머니)에 매달려 있다가 차례로 떠오르는 열 태양(아들)'으로 표현함으로써 고대인은 세상에 대한 안정된 이해와 응집된 정신을 지닐 수 있게 된다. 차례로 떠오르는 열 개의 태양은 고대의 시간 단위와도 연관된다. 가령 일 년 열두 달과 하루의 흐름이 열두 가지 동물(십이지)들의 특성에 의해 상징된다고 보았던 것처럼 고대 중국에는 열 개의 태양으로 상징화할 수 있는 또 다른 시간 단위(천간 또는 십간: 갑을병정무기경신임계)가 존재했다.

'열 태양이 한꺼번에 떠오름'은 무의식의 충동이 의식의 질서를 전복하여 통제되지 않는 사태에 처했음을 의미한다. 또한 자연의 규칙을 깨뜨리는 심각한 금기 행위가 일어났음을 의미한다. 금기는 집단의 영혼을 보호하기 위해 수호신이 내린 절대명령이다. 금기를 어기면 개인뿐 아니라 집단 전체와 우주에 심각한 재난이 일어난다. 태양은 본래 고대인들의 생명 원기를 담고 있는 고귀한 토템 대상이다. 그런데 '좋음'을 간직한 토템일지라도 과도하거나 금기를 어기면 '나쁨'으로 변질되어 재난이 초래된다.

고대 사회에서 백성의 생명 원기인 신성한 마나를 보유한다고 믿어졌던 왕과 왕족은 보통 사람들이 함부로 접촉해서는 안 되는 신적 존재 내지 금기 대상으로 간주되었다. 공동체 및 우주의 질서를 위해 왕과 왕족은 보통 사람보다 엄격하게 금기 규칙을 준수했다.[9] 그것을 어기면 가혹한 벌을 받아야 했다. 열 태양이 한꺼번에 떠올랐다는 것은 당대의 금기에 반기를 들었다는 것이다. 이는 아버지와 아들들, 또는 기존 권력자와 신진 권력자 사이에 심각한 권력 투쟁이 일어났음을 의미한다.

고대인들은 집단에 재난이 일어나면 정성스러운 제물과 제사장의 주술을 통해 신들을 위로하며 신들에게 인간의 소망을 전달했다. 그래서 심각한 사태를 진정시키고자 무녀 여축이 굿을 한다. 무녀는 고통에서 벗어나고 싶은 마음을 주술로 풀어주는 전능한 해결사이며, 자식의 고통을 헤아려 마술같이 해소해주던 유년기 어머니의 대리자다. 하지만 안타깝게도 주술사인 무녀조차 열 태양의 열기를 이기지 못해 타 죽고 만다. 태양 여신의 규칙이 깨지고 문제를 해결하던 무녀의 신통력이 무력화되었다는 것은 강력했던 모계 사회의 질서와 권위가 변화된 시대 환경에서 무기력해졌음을 암시한다. 이제 공동체는 보다 강력한 힘을 지닌 새로운 대상과 질서를 필요하며, 이는 하늘 왕 제준과 그의 전령인 남성 영웅 예로 형상화된다. 모계 사회에서 부계 사회로의 권력 이동이 일어난 것이다.

어머니는 부자간의 갈등을 유발하는 원인자인 동시에 갈등을 중재하여 해소하는 자다. 중재자 역할을 하는 무녀의 죽음으로 인해 (원형적) 아버지와 아들들(신세대 도전자들) 사이의 갈등이 한정 없이 고조된다. 공동체의 구성원들은 내부와 외부의 거친 자극으로부터 집단의 정신을 방어해주던 수호자(무녀)를 상실했다. 무의식의 원시 충동과 불안 그리고 금지된 욕구들이 자아의 방어막을 뚫고 의식에 출몰해 집단정신이 혼란스럽고 무기력한 상태에 빠지게 된 것이다. 꿈이나 신화에서 긍정적으로 전개되던 장면들이 갑자기 부정적인 상태로 바뀐다는 것은 금지된 욕망과 연관된 무엇이 표출되었다는 의미다. 이에 대한 방어기제가 작동해 불합리하고 기괴한 형상들이 출현하는 것이다. 태양들의 집단 난동은 원아버지(씨족장)의 권력 독점 체제에 대한 자식(신세대)들의 오이디푸스 욕구 표출(권리 주장)일 수 있다.

이 신화소에서는 '규칙에 따라 질서 있게 뜨는 태양'이라는 좋은 상태와 '한꺼번에 제멋대로 뜬 열 태양'이라는 나쁜 상태가 극명하게 대립한다.[10] 이는 세상을 '전적으로 좋은 대상'과 '전적으로 나쁜 대상'으로 분열시켜 지각하는 경계선 인격의 세계다.[11] 인간의 내면은 좋거나 나쁜 '자기 이미지'와 '대상 이미지'로 구성되어 있다. 자기가 약하고 미성숙한 아이나 원시 인류는 내면의 좋은 대상이 나쁜 대상에 의해 오염되어 파괴될 것을 두려워하기 때문에 두 대상이 섞인 상태를 견디지 못한다. 주술적 사고의 인접법칙에 의해 나쁜 대상이 좋은 대상과 가까이 있으면 나쁜 기운이 좋은 대상에게 전염(내사)된다고 보기 때문이다. 그래서 원시 인류는 방어기제를 작동시켜 정신을 좋은 대상들로 구성된 부분과 나쁜 대상들로 구성된 부분으로 강력히 분열시킬 뿐 아니라 부정적 요소들이 자기 내부에 있음을 자각하지 못하도록 외부 대상을 향해 투사한다. 분열과 투사 방어기제가 반복되면 자아성찰을 통해 문제를 자신의 내부에서 발견하는 일이 불가능해진다. 아울러 더 이상 정신의 통합과 발달을 이루지 못하는 상태에 고착된다.

하늘왕 제준은 반신반인이며 활쏘기의 명수인 예에게 활과 화살을 주고, 하늘의 법을 어긴 태양들을 제압하여 지상의 재앙을 해결하라 명한다. 예가 아내인 항아를 데리고 지상에 내려와 태양에 활을 쏘니 태양은 빛을 잃고 떨어져 세 발 까마귀로 변한다. 남아 있던 태양들은 당황했고, 예는 한 개의 태양만 남겨두고 모두 활로 쏘아 떨어뜨렸다. 그러자 지상의 큰 재난이 진정되었다.

하늘왕은 법을 준수하게 하는 상징계의 중심이자 이상적 동일시 대상인 위대한 아버지의 상징이다. 그가 제멋대로인 태양들을 제압하라며 활과 화살을 주었다는 것은 하늘왕과 열 태양의 관계가 적대적이었음을 의미한다. 인류의 최초 단계인 일처다부제의 모계 중심 사회에서 여러 자식들을 거느리며 권력을 지녔던 어머니만 믿고 함부로 굴던 자식들에게 분노하는 아버지가 연상된다.

예는 새로운 대타자로 부각된 하늘왕의 명령을 받들어 아버지의 법의 위력을 드러내는 역할을 수행한다. 하늘왕의 권위를 담은 무기로 새로운 권력 대상들을 공격하자 그들은 거세되어 빛과 힘을 상실한 '세 발 까마귀'로 변한다. 3은 신성한 숫자이고 까마귀 역시 신성한 하늘의 동물이다. 태양이 양陽이고 3이 양수陽數이므로 고대 인류가 태양에 사는 까마귀의 발이 세 개일 것이라 믿었던 것은 자연스럽다.

태양 하나가 빛을 잃고 떨어지자 다른 태양들이 당황하는 모습을 보면서도 예는 계속 활을 쏘아 태양 아홉 개를 제거한다. 9는 중국에서 황제의 숫자다. 이는 제거된 대상들이 왕과 연관된 왕족임을 암시한다. 예가 아홉 태양을 모두 제거했다는 것은 명료한 해결로 보이지만 뭔가 과도하다는 느낌이 남는다. 이는 하늘왕의 권위를 높여줌과 동시에 왕을 위협한 행위일 수 있다. 비록 태양이 질서를 어겨 대립 관계가 되었지만 자식 아홉 명을 상실한 아버지의 마음이 좋을 수만은 없다. 지상의 재난으로부터 민중을 구해준 예는 하늘왕과 달리 민중무의식을 대변하는 원형상이다. 예의 행위에는 제멋대로인 왕족(귀족)에 대한 민중의 시기심이 반영되었을 수 있다. 즉 예가 쏜 화살의 표적은 아홉 태양이 아니라 아홉 태양을 거느린 태양 여신 자체일 수도 있다. 남성 영웅이 모성신을 살해하는 것은 모계 문화의 영향력에서 벗어남을 의미한다.

부모가 싸우면 자식들이 불안해지듯이 권력자들이 서로 싸울 때 고통받는 존재는 백성이다. 그래서 백성은 이를 해소하여 안전과 안정감을 줄 구원자를 갈망한다. 예가 '반신반인'으로 형상화된 것은 그가 신과 인간, 왕과 백성, 하늘과 지상, 환상과 현실 사이의 갈등을 중재할 능력과 임무를 지닌 영웅임을 의미한다. 인간은 누구나 의식과 무의식, 이상과 현실 등의 대립된 두 세계 사이에서 갈등한다. 따라서 인간은 모두 두 세계의 조화로운 통합이라는 정신발달 과업을 지닌 주인공이자 반신반인이다.

여섯 괴물과의 사투

> 열 태양이 일으킨 가뭄으로 지상이 혼란에 빠지자, 사방에서 괴물들이 출몰해 날뛰며 백성들을 괴롭혔다.

하늘에서의 난동을 제압하자 이번에는 지상에서 괴물이 출현한다. 하늘의 무법자들이 왕족을 상징한다면 지상의 괴물은 당대 백성을 불안에 빠뜨린 자연재해, 부조리한 사회 제도, 위험한 외부 민족들, 괴이한 사건 등으로 볼 수 있다.

신화에서는 무의식의 그림자와 콤플렉스가 이미지·상징으로 출현한다. 가령 열악한 환경이나 포악한 대상에 오랫동안 시달린 개인이나 집단은 감당할 수 없는 내부 충동이나 부정적 외부 자극을 정신의 한 부분으로 분열시킨다. 정신을 좋은 부분과 나쁜 부분으로 나누고, 내부에 간직하기 버거운 부정적 내용을 외부로 투사하는 것이다. 투사된 무의식의 파괴충동은 포악한 특성을 지닌 '괴물'로 형상화된다. 즉 괴물 형상들은 내부의 파괴욕동과 나쁜 내적 대상이 투사된 환상이다. 원시 인류는 그것을 실재하는 대상으로 지각하므로 섬뜩한 박해불안을 느낀다.[12] 유아·편집증·분열증·경계선 인격을 지닌 사람이 고통스러운 상황에 놓이면 분열과 투사라는 방어기제가 자동으로 작동한다. 괴물들이 다중으로 출현했다는 것은 고대 중국인의 정신이 박해망상과 박해불안에 시달리는 편집·분열 자리 상태였다는 징후다.

> 중원의 가장 큰 골칫거리는 뱀의 몸에 사람 얼굴을 한 못생긴 괴물 알유다. 그 괴물은 아이 울음소리를 내어 사람이 다가오면 갑자기 나타나 잡아먹는다. 예는 그를 화살로 처치한다.

'뱀의 몸에 사람 얼굴'을 하고 '아이 울음소리'를 내는 괴물은 무엇을 의미하는가? 어린아이는 노동생산력과 자기방어력을 지니지 못한 무기력하고 의존적인 존재다. 식량이 부족했던 시대에 아이는 애써 먹여 살려야 하기에 근심을 의미했다. '울음소리'는 무언가를 충족시켜달라고 애걸하며 도움을 요청하는 신호이며, '아이 울음소리'는 특히 구강기의 음식(애정) 결핍과 생존불안을 드러내는 기표다.

'도와주려는 좋은 대상을 오히려 잡아먹음'은 시기심과 탐욕의 표상이다. 시기심은 좋은 대상이 지닌 '좋음' 자체를 파괴하는 활동이다. 탐욕은 타자의 좋음을 자기 것으로 마음껏 흡수하여 고갈시켜버림으로써 좋은 대상을 파괴하는 활동이다.[13] 양육자(보호자)가 없는 불안한 환경에 처한 유아(원시 인류)의 내면에서는 좋음을 혼자 차지한 채 베풀지 않는 듯 지각되는 타자를 향한 시기심과 탐욕이 들끓는다. 그것이 집단 차원에서 투사될 때 공동체의 좋은 것들을 닥치는 대로 집어삼켜 파괴하려 드는 환상적 실재인 괴물 '알유'가 출현하는 것이다.

알유는 주위 사람들의 생명 에너지를 독식하며 생존하는 의존성 성격장애, 좋은 것을 혼자 독점하고 백성의 식량을 빼앗아가는 악성 자기애의 상징이다. 이런 괴물은 자신의 생존과 욕구 충족에만 관심을 쏟기에 자신이 타인에게 어떤 피해를 주는지 결코 자각하지 못한다. 알유의 출현은 당대 생활환경의 열악함과 개인을 안전히 보호해줄 지도자의 부재를 드러낸다.

영웅은 집단의 생존과 정신발달을 위해 먼저 공동체의 식량 부족을 해소해야 한다. 그리고 정신적으로는 집단무의식의 구강기적 탐욕과 의존 욕구, 시기심, 박해환상과 대결해야 한다.

두 번째로, 여섯 척(2미터)이나 되는 날카로운 이빨로 백성에게 행패 부리는 괴인 착치를 힘들게 처치한다.

'길고 날카로운 이빨'은 구강기 가학충동의 표상이다. 식량이 부족해 좋은 음식을 입으로 씹고 삼키는 욕구가 좌절되면 입과 이빨의 공격성이 강하게 활성화된다. 그 공격성이 외부로 투사되면 날카로운 이빨로 찌르고 물어뜯는 '구강형 괴물'이 출현한다.

수렵시대(구석기시대)에 인간과 동물은 서로의 생명을 먹거나 먹히는 관계였다.[14] 그 시기 인간의 본능은 생존할 먹이를 섭취하는 '입'의 운동으로 표상된다. 긴 이빨을 지닌 '착치'의 출현은 문명의 방어막을 꿰뚫고 솟구친 무의식의 원시 구강충동을 표현한 것이다.

예가 착치와 싸워 그를 제거했다는 것은 집단의 안전을 위협하는 포악한 인간 또는 굶주림으로 인한 인류의 파괴적 구강욕동과 박해환상을 극복했다는 의미다.

세 번째로, 아홉 개의 머리로 물과 불을 뿜어대어 사람들을 괴롭히던, 목숨이 끈질긴 괴물 구영을 향해 아홉 개의 화살을 쏘아 강가에서 죽인다.

물과 불은 옛부터 인간 생존에 필수적인 요소다. 그와 동시에 인간의 통제를 벗어나면 오히려 큰 근심과 재난의 근원이 된다. 원시 인류에게 자연은 생명력을 주는 존엄한 대상이자 재난을 일으키는 괴기스러운 대상이다. 분열된 정신구조를 지닌 원시 인류는 자신에게 생명을 주는 자연과 재난을 일으키는 자연을 동일한 것으로 생각할 수 없었기 때문에 험악한 자연에 대한 공포와 분노를 외부로 투사한다. '아홉 머리로 물과 불을 뿜어내는' 괴물 '구영'[15]은 홍수와 가뭄을 일으키는 괴기스러운 자연에 대한 원시 인류의 무의식적 환상인 것이다.

구영은 또한 내면에서 과도하게 솟구치는 파괴욕동과 성욕동이 만들어낸 환상이다. 옛 인류의 정신 상태는 종종 아이들의 꿈과 환상 속에서 재현된다. 아이의 꿈에 아홉 머리로 물과 불을 뿜어대는 섬뜩한 형태로 나타난 괴물 구영은 과잉 흥분을 일으키는 남근욕동, 그것에 거세 위협을 가하는 무서운 아버지 및 초자아를 동시에 의미한다. '목숨이 끈질김'은 억제해도 반복해서 솟구치는 성욕동의 특성을 표현한 것이다. 예가 화살 아홉 개를 쏘아 그 괴물을 죽인 것은 무절제하게 솟구치는 남근욕동을 강력한 초자아의 명령(아홉 화살)에 의해 제압했다는 의미다.

네 번째로, 거대한 날개로 폭풍을 일으켜 집을 부수며 사람을 채가기도 하는 사납고 거대한 새 대풍에게 줄을 묶은 화살을 쏘아 땅으로 당겨 큰 칼로 쳐 죽였다.

원시 인류는 자연에 깃든 정령들의 힘이 자연현상을 일으킨다고 믿었다. 가령 폭풍은 신성한 하늘을 나는 거대한 새의 날갯짓에 의해 일어난다고 생각했다. 잠시 원시인의 마음에 동참해 거대한 괴조가 폭풍을 일으키며 하늘에서 쏜살같이 내려와 매섭게 사람을 채가는 장면을 상상해보라. 아이들은 종종 그런 꿈을 꾼다. 꿈속의 괴물 새는 아이 내면에서 들끓던 분노와 파괴욕동, 보복당할 수도 있다는 박해공포가 이미지로 발현된 것이다. 아이가 두려워하는 본래의 대상은 자신의 공격성과 불안을 담아주기는커녕 비난하고 처벌하려 드는 어머니나 아버지 또는 가혹한 초자아다.

오이디푸스기의 남아는 어머니와의 애착 관계를 방해하는 아버지에게 강한 분노를 느끼지만 거세불안 때문에 이를 억압한다. 그 결과로 내향화된 공격 에너지는 초자아에 흡수되며, 내적 욕망과 자아에 대해 가혹한 감시와 내적 처벌을 행한다. 이것이 '높은 하늘'(초자아의 위치)에서 '지상의 나'(자아)를 향해 매섭게 공격하는 괴물 새로 형상화된다. 초자아의 힘은 너무도 강해서 자아가 형성해낸 방어막인 집이나 은신처는 괴물이 일으키는 폭풍에 의해 여지없이 파괴되고 만다.

죽지 않고 하늘로 날아가는 괴물 새는 억제하려고 애써도 끈질기게 솟구치는 성욕동을 떠오르게 한다. 하늘로 솟구치는 성욕동은 발기를 땅으로 누그러뜨려 칼(초자아의 심판)로 거세해야만 잠잠해진다.

하늘은 감당하기 힘든 어떤 상처와 불안에서 벗어나게 해주는 무의식 속의 거대한 상상계다. 인간은 자아도취적 환상 속에서 현실의 결핍과 불만들을 한껏 해소한다. 이에 비해 땅은 원시적 환상에 대해 냉엄한 현실의 경계를 세우는 상징계의 힘이 작용하는 곳이다. 고대 중국 민족은 실망스러운 권력자를 괴물 새 대풍으로 표현하고 예로 하여금 살해하게 만든 셈이다. 즉 예는 폭풍 같은 재난을 일으키는 괴물 새(폭군)를 살해해 민중을 구하는 구원자의 원형이다.

다섯 번째로, 코끼리도 삼켜버리는 거대한 구렁이 파사가 호숫가에 나타나 사람을 잡아먹자, 필사적인 싸움 끝에 활과 칼로 죽인다.

'코끼리를 삼킨다'라는 표현에 주목해보자. 거대한 몸집의 코끼리는 좋은 보물을 잔뜩 지닌 엄마 몸을 상징한다. 파사는 '탐스럽고 거대한 엄마 몸'을 삼키고 싶어 하는 유아(원시 인류)의 구강기 탐욕이 투사된 환상 대상으로 볼 수 있다. 파사의 출현은 고대 중국인의 구강 결핍이 몹시 심했다는 징후다. 예 신화는 요 임금 시대에 생성되었는데, 그때는 가뭄과 홍수가 잦아 백성들이 극심한 굶주림에 시달렸다고 전해진다.

정신분석적 꿈해석의 눈으로 보면 '코끼리'는 장성한 인간(참된 나)를 뜻하며 '거대한 입으로 삼키는 구렁이'는 먹잇감의 정신을 독으로 마비시켜 자신의 통제 영역에서 벗어나지 못하게 가두고 조종한다는 뜻이다. '경계선 인격' 엄마와 여성은 자식과 남성 관계에서 강력한 투사동일시 기운을 쏘아 이런 괴력을 구현한다. 유년기에 보호자(양육자)로부터 '버림받은 상처와 불안'을 지닌 '경계선 인격'은 중요한 대상과 융합해 지내려는 욕망이 매우 강하다. 그래서 관심 대상의 일거수일투족을 감시하며 내사동일시로 상대의 영혼을 집어삼켜 자신 곁을 떠나지 못하도록 굴레에 가둔다. 이런 큰 입 구렁이의 독에 함입된 인간들은 온전한 사회적 관계가 어렵게 되어 집단정신이 위태로워진다.

혼자가 되는 불안을 극복하지 못한 경계선 인격은 자신에게 존재감을 느끼게 해주던 자식이 장성해서도 독립해 떠나는 것을 절대 허용하지 않는다. 그리고 악성 자기애 인격은 자식과 타인을 자신의 먹잇감으로 시각해 꿀꺽 삼킨다.[16] 이런 병리적 인격체로부터 독립해 재능과 야망을 펼치려는 청년들은 (페르세우스가 메두사와 대결하듯) 거대 구렁이와 반드시 필사적인 싸움을 치러야만 한다.

여섯 번째로, 광포하고 거대한 멧돼지인 봉희가 성소인 천신天神 제단에 나타나 참배자들을 위협하자 이를 산 채로 잡았다. 이로써 마침내 지상의 모든 재앙을 해결한 뒤 예는 멧돼지를 제단에 제물로 바치며 하늘왕께 승천을 요청한다. 그러나 하늘왕은 어떤 응답도 하지 않았다.

멧돼지 '봉희'는 강한 공격성으로 농작물을 마구 짓밟아 피해를 주는 재앙신의 상징이다. 재앙신은 백성을 수호하는 천신과 예에 대비된다. 천신(하늘왕)은 금기 규칙을 유지해 백성과 자연의 위험한 충동들을 통제하는 수호신(토템)이다. 제단(천단天壇)은 보통 사람은 접근할 수 없고 왕이나 제사장만이 들어갈 수 있는 신성한 영역이다. 그곳에 멧돼지가 침입했다는 것은 백성들의 정신에 힘과 안정감을 주던 토템과 금기가 훼손된 심각한 사태를 표상한다. 금기를 어기는 무뢰한이 출현하면 집단정신은 혼란스러워지고 무의식의 충동들이 제멋대로 들끓게 된다. 예는 봉희를 생포해 하늘왕께 제물로 바침으로써 마침내 질서를 회복한다.

인정받지 못한 자의 방황

예는 지금까지 백성들의 정신과 육체를 불안하게 했던 외부의 포악한 대상 및 내부의 원시충동·환상·불안과 대결하여 제압해왔다. 그리고 자신의 노고와 업적이 왕에게 인정받기를 희망하며 승천을 요구한다. 왕(아버지)의 인정은 집단정신의 상징인 예가 정신발달을 이루기 위해 반드시 필요한 조건이다. '승천'은 사회에 공헌할 탁월한 능력을 지녔거나 업적을 이룬 자에게 주어지는 명예와 성공의 기표다. 그런데 이상하게도 왕으로부터 어떤 응답도 주어지지 않는다. 도대체 무엇이 잘못된 것인가? 공동체를 위해 목숨 바쳐 헌신했건만 어떤 인정이나 보답도 받지 못하는 경우 그의 정신성은 어떻게 되는가? 혹시 그 인물이나 집단에게 어떤 문제와 잘못이 있는 것은 아닐까?

하늘왕이 반응을 보이지 않자 예는 매사에 의욕을 잃는다. 게다가 아내 항아마 저 지상에 남게 된 것에 실망하여 아홉 태양을 제거한 예의 경솔한 행동을 비난한다. 예는 방황하기 시작한다.

대타자(왕, 상징계)로부터 자기 행동의 가치를 인정받지 못한 개인과 집단은 자기정체성과 자존감을 유지하기 어렵다. 상징계의 규범에 대해 긍정적 가치를 느끼지 못해 급기야 상징계에 적응하는 삶을 포기하기도 한다. 아홉 태양의 제거는 자식들을 통해 자신의 힘을 드러내던 이전 시대(모계 사회) 대타자를 제거한 행위다. 그 후 (인접법칙에 따라) 잇달아 출현한 괴물들은 그동안 구강기 만족을 제공하던 거대한 모성 에너지가 갑자기 사라진 결과로 나타난 집단의 후유증이다.

고대 중국인의 집단무의식을 상징하는 예에게는 아직 부계 사회의 가부장적 힘이 기대했던 것만큼 만족스럽게 전해지지 않는다. 예는 태모신과 천부신, 모계 사회와 부계 사회, 어머니와 아버지 사이에서 갈등하며 방황한다.

예는 천하를 떠돌다가 낙수 강가에서 물의 신 하백의 아내 복비를 만나 사랑을 속삭인다. 이를 알고 노한 하백과 싸워 그의 한쪽 눈을 다치게 하자 복비와의 사랑도 끝이 난다.

억울함과 화를 주체하지 못해 세상을 방황하던 예는 우연히 만난 강의 신 하백의 아내에게 강한 애욕을 느낀다. 강은 고대인에게 농경수와 식수를 제공하는 생명 공급원이었다. 집단의 생명을 좌우하는 수호신은 어린아이의 생명을 좌우하는 부모와 유사하다.

예는 집단 수호신(토템, 아버지)의 아내와 금지된 사랑을 한다. 이는 고대인의 무의식에 억압된 유아성욕을, 어머니의 성질과 위치(권위자의 아내)를 지닌 대상과의 사랑으로 전치해 대리 충족하고 싶은 소망을 드러내는 것이다. 상징계의 아버지로 등장한 하늘왕에게서 인정받지 못한 상처를 모성적 사랑에 의해 보상받고 싶다는 바람을 드러낸 것이기도 하다. 즉 복비를 향한 애정은 모성적 여성을 향한 애정 갈망의 표현인 것이다. 예는 과연 그녀와 진정한 애정 관계를 맺을 수 있을까?

하백과의 대결에서 예가 승리했지만 복비는 기뻐하기는커녕 관계를 끝내고 하백에게 돌아간다. 예는 결국 오이디푸스 삼각관계에서 가장 소중한 애정 대상으로 선택받지 못한 것이다. 아내와의 불화에 이은 복비와의 사랑 실패는 고대 중국인에게 이성과 만족스러운 애정 관계를 맺는 능력이 심각하게 결여되어 있었음을 암시한다. 이런 미숙함은 이후의 부부관계에서 더욱 극명히 드러난다.

파경과 불행, 반복되는 고립

예는 항아와 다시 결합하나 지상에서 늙어감이 느껴지자 곤륜산의 서왕모를 찾아가 불사약을 얻어낸다. 그 약은 두 사람이 먹으면 지상에서 영생할 수 있으며, 한 사람이 먹으면 홀로 하늘세계로 올라가게 된다. 고향이 그리웠던 항아는 예 몰래 약을 혼자 다 먹고 하늘로 올라간다.

'불사약'은 신처럼 영생하고 싶어 하는 인류의 소망을 반영하는 신비의 보물이다. 예의 처지를 불쌍히 여겨 불사약을 준 서왕모는 마치 아이의 결핍과 불안을 파악하여 보충해주는 유아기의 전능한 어머니를 연상시킨다. 예는 서왕모의 배려에 위로를 얻음으로써 하늘왕에게 무시당한 상처를 회복하는 듯 보인다.

그런데 예의 정신발달과 행복을 위해 필요한 존재인 아내 항아는 하늘나라로 돌아가고 싶어 불사약을 혼자서 탐식한다. 항아는 남편보다 자기 자신과 고향(부모)을 더 소중히 생각하는, 즉 부모로부터 분리·독립하지 못한 유아적 인격의 상징이다. 그래서 자신의 애정 결핍을 채워주지 못하는 남편과 현실세계(지상) 대신 유아기 부모와 함께했던 상상계인 하늘나라로 퇴행하고자 불사약을 '혼자' 먹은 것이다. 이런 자기애적narcissistic 퇴행은 현실 환경이 너무 열악하거나 불만족스러워 어떤 즐거움도 누릴 수 없을 때 종종 발생한다. 즉 항아는 자신이 처한 현실, 예와의 관계에서 조금의 기쁨도 누리지 못한 것이다. 가정환경은 사회상을 반영한다. 그렇다면 예의 가정 파탄은 고대의 중국 사회가 결혼한 여성에게 만족을 제공하지 못했다는 의미이기도 하다.

예는 결국 아버지의 상징인 하늘왕과 애정 대상이던 복비뿐 아니라 편안한 안식처여야 할 아내에게조차 버림받는 처지가 된다. 이런 불행한 사태의 심리적 요인은 그가 모성성의 상징인 서왕모 이외의 어떤 여인들과도 온전한 친밀 관계와 애정 관계를 형성할 능력을 갖추지 못한 데서 기인한다. 예는 모성 콤플렉스(어머니 애착)에서 온전히 분리되지 못했기에 제3의 여인과 성숙한 애정 관계를 맺는 성장을 이루지 못한 정신성의 표상이다. 예는 자신의 결함을 아직 객관적으로 인식하지 못한다. 그로 인해 권위자(하늘왕, 하백)와의 관계에서 실수와 실패를 반복한다.

강박신경증자는 무의식에서 자신을 '거세되지 않은 주체'라고 여기는 자기애 환상을 지닌다. 그는 만족을 주던 최초 대상(젖가슴, 어머니)을 영원히 자신의 것으로 소유하는 환상을 형성해 현실의 어머니에게서 분리되는 상실의 고통을 방어한 자다.[17] 그는 어린 시절에 욕망하던 '그분'을 이미 내면의 중심부에 꼭 간직하고 있기 때문에 현실에서 접하는 타자의 존재 가치나 욕망을 있는 그대로 인정하거나 공감하지 못한다. 그 때문에 타자 일반과 진정한 친밀 관계나 상호주체적인 관계를 맺지 못한 채 스스로 고립되는 상황을 반복해서 초래한다. 강박신경증자는 의식으로는 현실의 누군가를 위해 많은 정성을 기울인다. 그러나 그것은 의식의 관념과 행동일 뿐, 무의식의 구조와 정서는 최초 욕망 대상(어머니 환상)에 고착되어 있다. 그가 현실에서 접하는 모든 여성은 진정한 욕망 대상이 아니라 무의식의 성환상을 자극하는 만큼만 부분적 만족감을 주는 일시적 대체대상일 뿐이다.

예는 겉으로는 아내나 연인에게 사랑을 갈구하며 관계하려는 듯이 보인다. 그러나 실상은 마음속의 '그 여성'(어머니, 서왕모)과 관계하는 모성콤플렉스를 드러낸다. 현실의 어떤 여성과도 진정한 친밀 관계를 맺지 못하므로 그와 관계하는 여성들은 이내 답답함 속에서 우울에 빠지게 된다. 예는 원인도 모른 채 여성들에게 거부당해 고립되는 사태에 반복해서 처하게 되는 것이다.

강박신경증 인격을 지닌 예는 오이디푸스 콤플렉스에 고착되어 있기 때문에 아버지를 연상시키는 권위자(하늘왕, 하백)와 좋은 관계를 맺기 어렵다. 나아가 아버지에 대한 긍정적 동일시에 절반쯤 실패하여 양가감정과 갈등에 시달리기 때문에 타인을 전적으로 신뢰하며 베푸는 온전한 권위자 역할을 하기 어렵다.

집단 생명에 기여하는 영웅의 마지막 길

아내와 불사약 모두를 잃게 된 예는 고통을 잊고자 제자들에게 궁술을 가르치는 일에 몰입한다. 다행히 봉몽이라는 뛰어난 수제자를 얻고 기뻐한다. 그러나 봉몽은 스승의 활 솜씨를 질투하여 복숭아나무 몽둥이로 예를 내리쳐 죽인다.

어머니 애착에서 분리·독립하지 못했거나 오이디푸스 콤플렉스가 심한 인간은 아버지 역할과 스승 역할을 수행하기 어렵다. 권위에 대한 거부감 때문에 그는 겉으로는 비범한 스승 역할을 행하지만 무의식은 권위를 깨뜨리면서 애써 쌓아온 공을 무효화undoing하는 행동을 저지른다. 아홉 태양을 제거한 예의 행위는 의식에선 하늘왕의 명령을 받든 것이지만, 무의식에서는 오이디푸스 콤플렉스에서 비롯된 권력자를 향한 증오를 왕족에게 대체시켜 표출한 것이다. 그래서 예의 행동은 하늘왕으로부터 인정과 칭찬을 듣지 못했던 것이다.

의식 차원에서 보면 예의 행동은 항상 정의롭다. 그는 공동체를 불안하게 하는 나쁜 대상들을 필사적으로 처치한다. 하지만 그가 제거한 아홉 태양과 괴물들은 대타자의 결함과 연관된 표상이라는 공통점을 가지고 있다. 대타자를 향한 예의 파괴적 무의식은 가까이 접한 제자에게 전염되어 예와 유사한 감정과 행동을 유발한다. 이는 마치 부모의 무의식이 자식에게 투사-내사되어 반복되듯이 예의 제자(자식) 또한 스승을 살해함으로써 예가 왕(아버지) 대신 왕족과 괴물들을 살해했던 행동을 반복한 것이다.

복숭아나무는 생명력의 상징이다. 복숭아는 생기 넘치는 여성의 젖가슴을 연상시키며 그 활력 때문에 죽음욕동의 상징인 나쁜 귀신을 쫓아내는 힘을 지닌다. 가령 일본의 시조신 이자나기는 저승 귀신들을 쫓을 때 복숭아 열매를 던지고 복숭아나무 막대로 내리쳤다. 그렇다면 복숭아나무 몽둥이로 어떤 대상을 내리치는 행위는 그 대상을 제물 삼아 집단의 생명력이 활성화되기를 기원하는 의례로 볼 수도 있다. 예는 젊은 수제자에게 자신의 생명을 제물로 바침으로써 집단 생명력의 유지와 갱생에 기여하는 영웅의 마지막 길을 간 것이다.

집단과 영웅은 외견상 서로 힘을 주는 관계로 보이지만 다른 한편으로는 해를 줄 수도 있는 관계다. 그것은 영웅의 최후에서 단적으로 드러난다. 아무리 강력한 힘을 지녔던 영웅일지라도 나이가 들면 노쇠해지기 마련이다. 한때 민족의 우상이던 영웅은 노쇠하면 집단의 이상화 환상을 깨뜨림으로써 집단에 불안을 일으키는 짐이 되곤 한다. 말하자면 영웅이란 비범한 힘을 지니는 기간 동안만, 더 강한 새 영웅이 나타나기 전까지만 갈망되는 '잠정적 가치대상'인 것이다. 집단이 원하는 완전한 모델이 되려면 그는 비범한 힘이 약해지기 전에 새 영웅에게 힘을 물려주고 사라져야 한다. 그래야 집단의 생명력이 안전히 유지된다고 고대인은 믿었다.[18] 신화 속 예가 자신의 과업을 실현한 후 가장 유능한 제자에게 기꺼이 살해당한 것은 그 때문이다.

예 신화에 표현된 하늘왕과 예, 스승과 제자의 파국적 관계는 고대 중국인의 민족무의식이 권위 대상에 대한 원시 이상화, 증오·박해불안, 오이디푸스 콤플렉스에 고착되어 있었음을 암시한다.

고대 중국인의 우울과 죽음욕동

예는 죽은 후에 나쁜 귀신을 쫓는 귀신의 우두머리인 종포신으로 섬겨진다.

종포신宗布神은 인간을 괴롭히는 못된 잡귀들을 잡아먹는 귀신들의 우두머리로서 밭이나 방 안에서 제사 지내는 민중의 신이다.[19] 예는 국가나 왕이 공식적으로 제사 지내는 영웅신이 아니라 민중이 자연재해를 피하기 위해 숭상하는 신이 된 것이다. 힘없고 불안한 백성의 무의식에서는 포악한 괴물들을 퇴치한 예의 행동과 능력이 보배로 느껴졌을 것이다. 예가 죽어서 자연재해를 막아주는 수호신으로 숭배되었다는 사실을 중심으로 신화 전체를 다시 해석한다면 예가 퇴치한 태양과 괴물들은 실재했던 재앙이라고 볼 수 있다. 태양은 극심한 가뭄, 괴물들은 농작물의 흉년 또는 식량을 축내던 존재, 거대한 새는 폭풍의 상징이다. 인간을 잡아먹는 괴물과 괴인, 큰 뱀, 멧돼지 등은 고대 중국인을 괴롭혔던 야수나 주변 민족들을 상징한다. 아울러 통제하기 힘든 본능충동과 그로 인한 정신적 불안을 상징하기도 한다.

예가 대결한 괴물들은 전형적 영웅신화가 그렇듯 어머니 콤플렉스나 아버지(오이디푸스) 콤플렉스와 연관된다.[20] 괴물들은 끊임없는 전쟁으로 상처 입은 중국인의 무의식에 분열·해리된 파괴욕동, 박해환상과 박해불안이 투사되어 형상화된 것이다. 그것들은 고대 중국인이 대면하여 하나씩 자아에 통합해야 했던 그림자들이다.

예 신화에 출현하는 여인들은 고대 중국의 다양한 정신 유형을 드러낸다. 항아는 자신을 보호해주고 자신만을 위해주는 힘 있고 자상한 대상을 필요로 하는 자기애 인격의 상징이다. 복비는 아버지 같은 남성의 애정을 갈구하는 히스테리의 원형이다. 히스테리는 힘을 가진 대상의 마음속 결핍감을 채워주는 연인이 되기를 욕망하며 대상을 유혹한다. 그러나 막상 그 대상이 가까이 접근해 성관계를 요구하는 상황에 처하면 불안이 올라와 피해버린다. 그래서 예가 하백을 물리치고 자신을 독점하려는 상황이 되자 예를 피한 것이다.

예의 진정한 조력자는 고대 중국인의 태모신 표상이었던 서왕모뿐이다. 그녀가 준 불사약은 엄마가 아기에게 준 젖과 애정을 상징한다. 그런데 여인들과의 관계에서 예의 애정 욕구가 모두 좌절된 것으로 볼 때 서왕모는 예에게 과도한 애정을 베풀어 모성애착에 고착시킴으로써 성숙한 남성성 발달을 방해한 '남근 엄마상'이기도 하다. 엄마가 과도한 애정을 쏟으면 남아는 성장한 후에도 모든 여성들이 마치 어릴 적 엄마처럼 늘 자신을 대단한 존재로 여기면서 행복하게 만들어줄 것이라는 자기애 환상에 고착된다. 이는 애정 관계나 권위자와의 관계에서 평생 반복되는 불행의 원인이 된다.

대상관계에서 나쁜 상황이 반복되는 원인은 다양하다. 가령 개인사 차원에서 보면 무언가를 욕망할 때마다 어떤 불안이 일어나 관계가 파괴되는 이유는 초기 상처를 재현하는 행동을 통해 무의식의 긴장을 완화하려는 몸짓 때문이다. 그런 점에서 예가 반복적으로 겪은 인간관계의 실패는 모든 자극과 긴장으로부터 완전히 벗어나려는 죽음욕동의 기표다.

태양과 괴물의 난동을 제압하고, 복비에게 사랑을 구하고, 불사약을 얻어내고, 제자를 키우는 등의 행동은 삶욕동의 표현이다. 그러나 그와 얽힌 관계들의 거듭된 좌절은 고대 중국인의 어떤 정신적 문제를 반영한다. 예의 불행한 삶은 공격성 표출이 극도로 억압·내향화되어 생겨난 극심한 우울, 자기불안에서 벗어나기 위해 삶을 마비시키고 세상을 파괴하고 싶어하던 당대인의 죽음욕동의 표현일 수 있다. 예가 죽은 뒤에 추대된 종포신은 인생의 만족이나 행복 증진과는 무관하며, 단지 죽음욕동으로부터 보호받으려는 안전 욕구에 의해 숭배되는 신이다.

방황과 좌절을 반복한 까닭

영웅신화의 주인공은 일반적으로 위대한 과업을 성취할 능력을 획득하기 위해 험난한 통과의례를 거친다. 그 과정에서 주인공은 위기에 직면하며 뜻밖의 조력자를 만나 새로운 힘과 보물을 얻는 과정에서 정신 및 신체 능력이 비약적으로 발달해간다. 주몽과 바리데기, 스사노오와 오오쿠니누시, 순 등의 경우가 그러하다. 그런데 예의 경우 그런 통과의례와 정신발달 과정이 애매하다. 예 신화에서는 출생을 둘러싼 이야기나 성장 과정이 드러나지 않는다. 처음 등장할 때부터 예는 이미 당대의 문제를 해결할 능력을 지니고 있었다. 과업을 성취한 이후 예는 비약적으로 성숙한 영웅상이 되기는커녕 대상관계 체험에서 방황과 좌절만 반복한다.

예 신화는 오래전부터 잠재되었다가 당대에 심각한 문제로 부각된 중국 민족정신 내부의 어떤 부정적 결함이 보충과 보상을 해달라고 촉구하는 메시지다. 당대인의 심리적 결핍과 고통은 신화로 표현됨으로써 비로소 소화할 수 있는 무엇으로 완화된다.

예는 괴물들을 처치하여 집단의 박해불안을 덜어줌으로써 집단정신으로 하여금 원시적 편집·분열 자리에서 우울 자리로 성장할 수 있도록 도움을 준다. 타인들을 곤경에서 구해주면서도 정작 자신의 행복은 이루지 못하는 그는 전형적인 우울 자리 인격의 모습이다. 그래서인가? 그의 최후는 왠지 우울하다.

3000년 전에 생성된 이 신화로부터 현대 중국인의 정신성에 대한 분석으로 단번에 도약할 수는 없다. 그러나 고대 중국인의 내면에 대한 이해를 축적함으로써 현대 중국인의 정신성을 이해하는 일이 보다 용이하리라는 것만은 확실하다. 무의식은 시간을 초월하는 무시간성과 변치 않고 반복되는 보수성을 지니기 때문이다.

3

순

거짓자기가 참자기로 바뀌기 위한 조건

중국의 역사는 삼황오제-요순-하-은-주-춘추전국-진-한-남북조-수-당-송-금-원-명-청-중화민국-중화인민공화국으로 이어진다. 이 가운데 인구의 90퍼센트를 차지하는 한족이 통치하던 시기는 절반 정도밖에 되지 않는다. 나머지 시기는 10퍼센트의 소수민족(흉노, 선비, 돌궐, 여진, 몽골)에 의해 지배되었다. 고대 사회에는 씨족·부족의 집단의식과 지역 통치자들의 특별한 가문의식 등이 있었을 뿐이다. '중화민족'이라는 문화적 동질성을 기반으로 한 집단의식이 생성된 것은 한나라 이후다.[21]

순은 최초의 중앙집권적 통일국가인 진나라가 형성되기 이전 농경 사회의 기틀을 형성했던 요 임금 시대의 인물이다. 그 이전 시대에는 각 지역 지배자들 사이의 전쟁과 지역 권력자의 횡포로 백성의 불안이 심했으며, 요 임금 시대에는 홍수 등의 자연재해로 인해 식량 부족이 심각했던 것으로 전해진다. 순 신화는 민족의식 차원보다는 '효'와 '인'이라는 사회적 덕목과 관련된 유교적 통치이념의 모델로서 공자를 비롯한 춘추전국 시대 선비들에 의해 부각된다.

공자는 중국 역사상 어짊(仁)을 가장 잘 실천한 인물이 순 임금이라고 칭송한다. 신화 속 순은 자신에게 온갖 학대를 일삼던 대상들조차 비난하지 않고 인정으로 보듬는 모습을 보인다. 그는 일체의 공격성이나 비난을 내려놓고 타자를 위해 봉사하는 삶을 산다.

자신의 공격성을 한 번도 분출하지 않은 채 오직 가족과 국가를 위해 봉사하는 삶을 사는 인간의 정신성은 실제로 어떠한가? 그는 과연 겉과 속이 하나로 통합된 탁월한 인격인가? 아니면 어떤 병리성에 갇힌 존재인가? 순은 과연 중국 역사에서 가장 훌륭한 덕인인가? 아니면 덕스럽게 보이는 존재인가?

위니콧에 의하면 어린 시절에 부모가 아이의 공격성을 온전히 수용하지 못할 경우 아이는 자신의 본능욕구를 외부로 표현하지 못한 채 무의식 안으로 억압한다. 특히 힘겨운 환경 때문에 자신의 불편감과 분노를 표출하지 못하면 개성을 꽃피우는 '참자기'가 발현되지 못한 채 포기된다. 그리고 생존을 위협하는 현실에 순응하는 '거짓자기'가 정신구조화된다.

경쟁을 위한 한시적 태도로서의 거짓자기는 현실자아 능력의 표상일 수 있다. 그러나 어린 시절부터 열악한 환경에서 생존하기 위해 형성된 거짓자기 성격은 당사자의 정신성에 심각한 후유증을 남긴다. 개성이 소멸된 그는 겉으로는 착하게 보이지만 어느 순간부터 조금의 기쁨도 느낄 수 없는 상태가 되고, 삶을 공허하고 무의미하게 지각하며, 엉뚱한 타자를 향해 화를 분출한다. 백성의 소망을 가장 잘 구현했다고 칭송되는 순 신화를 통해 고대 중국인의 정신 내면과 성격 유형을 다중으로 해석해보자.

쌀을 물고 날아온 봉황

장님인 아버지의 태몽에 봉황이 입에 쌀을 물고 와 그에게 먹이면서 자손을 주겠다고 말한다.

'봉황'은 신령스러운 동물로 간주되던 새의 왕인 동시에 전설 속의 강력한 왕인 황제를 상징한다. 한족은 자신들을 황제의 후손이라 생각하면서 자부심을 느낀다. 이 꿈은 현재의 아버지는 비록 무지한 장님이지만 태어날 아기의 배경(무의식)에는 위대한 선조의 힘이 접촉·연결되어 있음을 나타낸다. '쌀'은 생명 에너지를 제공하는 곡식이자 풍요의 상징이다. '봉황이 입에 쌀을 물고 와 자손을 주겠다고 말하는 꿈'은 몽자에게 귀한 자손이 생겨 굶주림 걱정을 해결해준다는 의미다. 자존감과 풍요를 상징하는 이 두 신화소(봉황, 쌀)를 통합하면 다음과 같은 집단무의식의 음성이 들린다. "부디 옛 황제 같은 강력한 지도자가 태어나 백성의 자존감을 세워주고 먹을 것을 풍요롭게 해주었으면 좋겠다."

순 신화에서는 그의 아버지와 어머니의 가문이 드러나 있지 않아[22] 태어나기 전부터 순에게 영향을 미쳤을 부모의 무의식적 욕망이 무엇인지 추정하기 어렵다. 이처럼 가문과 혈통이 미상일 때 사람들은 그 영웅을 자신과 같은 핏줄로 해석해 동일시 모델로 삼을 가능성이 높아진다. 반면 가문과 혈통이 명시되거나 지나치게 초라하면 다수에게 이질감을 느끼게 해 외면당할 수 있다.

요순시대 이전의 중국은 아직 강력한 통일국가가 형성되지 않은 상태였다. 거대한 땅은 여러 지역 국가로 분할되어 있었고 지배자들 사이에 전쟁이 빈번해 생존이 위태로왔다. 그런 시대적 상황에서 안전하고 풍요로운 삶을 살고 싶다는 집단의 욕구가 오랜 기간 축적되었을 것이다. 그래서 민족 집단이 생성하는 꿈인 신화를 통해 고대 중국인들은 싸우거나 보복하지 않는 인자仁者의 모범인 순을 자랑스러운 봉황(황제)의 자손으로 상징화하고 있는 것이다.

유년기 콤플렉스가 만든 환상

특이한 출생

태어난 아기는 한쪽 눈에 눈동자가 둘이었다.

'두 개의 눈동자'는 아버지가 장님이라는 사실과 대비된다. 순 신화에서 장님은 단순히 앞을 못 본다는 의미보다는 현실을 온전히 인식하지 못한다는 의미가 강하다. 백성의 아버지인 각 지역의 왕들도 자신의 진정한 후계자가 누구인지조차 구별하지 못하는 어리석은 장님이었다.

이에 비해 순의 눈동자는 둘이다. 고대 중국에서는 비범한 사람을 묘사할 때 눈의 모양과 관련한 표현을 즐겨 썼다. 가령 춘추시대의 강력한 군주인 진문공晉文公도 눈동자가 둘이었다. 순의 눈동자는 합해서 셋이다. 인도 신화에도 눈이 셋 달린 신상神像(창조신 시바)이 나온다. 두 눈 외에 이마 가운데 있는 제3의 눈은 진리를 인식하는 '지혜의 눈'을 상징한다. 《주역》에서 셋은 그것으로부터 만물이 생겨나는 '많음'의 근원 내지 완전성을 뜻한다(三生萬物). 즉 순은 만물 만백성의 고통과 소망을 두루 살피고 돌볼 수 있는 지혜로운 정신을 타고난 것이다.

어머니의 부재

어머니는 순을 낳고 얼마 후 사망한다.

순의 삶은 출생 초기부터 순탄하지 않다. 집단 차원에서 어머니는 태어나기 전부터 나를 보호하는 거대한 울타리인 모국母國을 상징한다. 따라서 어머니의 조기 사망은 순의 부족 공동체(모국)가 무능하고 어리석은 왕(눈먼 아버지)의 과오로 붕괴되었음을 암시한다. 순은 중국의 어떤 지역에 존재하다 전쟁으로 붕괴한 국가(부족)의 백성으로 추정된다.

정신분석에서는 아기가 최초로 관계하는 대상인 엄마의 사망 시점이 매우 중요하다. 3세까지 좋은 엄마 역할을 한 후에 사망했다면 아이(백성)에겐 부정적 자극들을 버텨내고 스스로 회복하는 능력인 참자기가 형성되었을 가능성이 높다. 그러나 좋은 엄마 역할이 심하게 박탈되었거나 3세 이전에 사망했다면 울타리가 없는 아이는 외부 자극과 내부 자극에 대해 심한 불안에 시달리게 된다. 그 결과 아이는 항상 생존을 최우선으로 두고 자신의 본능욕구 표현과 참자기 발현을 포기한 채 힘 있는 대상에게 무조건 순응하는 거짓자기가 된다. 거짓자기는 공격성이 위축되어 있기 때문에 힘 있는 대상에게 자기주장을 당당하게 표현하지 못한다. 자신이 최고 권력자가 되어 안전하다고 느껴지면 거짓자기의 분열된 무의식이 회귀하여 잔인한 행동을 하기도 한다. 그러나 순 신화에서는 순의 출생에 관한 자료가 부족한 탓에 그가 어떤 인격 유형에 속하는지 아직은 모호하다.

아버지의 재혼과 계모의 박대

> 아버지는 새로 장가들어 아들과 딸을 낳는다. 그리고 새 부인과 그 자식들만 사랑했다.

무릇 개인의 '위치'란 중요한 타인이 진심으로 인정해줌으로써 그 가치와 힘을 발휘하게 된다. 그런데 순의 아버지도 계모도 이복동생들도 순의 위치를 진심으로 인정해주지 않는다. 아버지는 새 아내가 옛 부인의 자식을 싫어하는 것을 알기 때문에 순을 냉대하고, 계모는 행여나 자기 자식들에게 피해를 줄까 봐 순의 기를 꺾는다.[23]

친어머니가 세상을 일찍 떠나 안전하게 의존할 대상이 없는 상황에서 자신을 미워하고 구박하는 계모를 만난 아이에게는 자신을 불행하게 방치한 채 떠나버린 엄마와 낯설게 바뀐 환경에 대한 유아적 분노가 커진다. 그러나 이런 마음을 현실에서 그대로 분출했다가는 생존이 위태로워지므로 정신에서는 생존에 기여하는 방어기제가 작동된다. 이 방어기제의 유형은 개인마다 다른데, 순(모국이 없는 백성)에게 작용한 것은 어떤 유형이었을까? 현상적으로 순은 부모에게서 오는 부정적 자극들에 둔감하게 반응하고 되도록 좋은 자극만을 지각하려 든다. 그리고 부모를 좋은 존재로 이상화하고 자신을 하찮게 여기는 등 착한 아이의 전형적 특성을 지닌다.

혼례는 외부의 대상을 울타리 안으로 맞아들이는 의례다. 동서양을 막론하고 근친상간 방지를 위해 같은 씨족 간에는 결혼하지 않았다. 족외혼은 새로운 힘을 지닌 외부 집단과 결속해 생존력을 강화하는 문명 유지의 조건이다. '새장가'를 상징으로 본다면 황제의 자손인 한족이 지배층의 무능력으로 인해 외부에서 침입해온 민족에게 영토를 빼앗겼다는 의미로 해석할 수 있다. 계모와 이복동생 들은 어리석은 한족 권력층을 제압해 실권을 잡은 새로운 지배 부족을 상징한다. 한족 출신 세력가(아버지)는 외부에서 온 권력자(계모)의 눈치를 본다. 순은 과거의 명예와 자존감을 회복하고픈 토착 부족의 소망을 대신 해소해줄 영웅상이다. 다행히도 한족에게는 모국에 관한 (무)의식의 흔적이 남아 있다. 비록 다른 부족에게 지배당할지라도 정체성을 지키면서 그들과 싸우지 않고 공존하며 하나의 국가 공동체를 이루어낸다.

순 신화에서 순의 가족은 전적으로 좋은 대상인 순과 전적으로 나쁜 대상인 아버지·계모·이복동생으로 양극화(분열)된다. 이것은 분열과 투사라는 원시 방어기제를 통해 내면의 긴장과 불안을 외부로 배출해 처리하려는 편집·분열 자리의 심리구조다. 이를 통해 순 신화를 생성하고 부각시킨 춘추전국시대의 한족이 매우 위태로운 생존 환경에서 형성되는 편집·분열적 정신구조를 지녔음을 알 수 있다. 편집·분열 자리에서 벗어나지 못한 사람들은 어떤 대상이 좋은 성질과 나쁜 성질을 함께 지닐 수 있음을 이해하거나 인정하지 못한다. 그로 인해 전적으로 착한 순(한족)과 전적으로 나쁜 계모·형제(이민족)라는 극도로 대립된 신화적 인물상이 창조된 것일 수 있다.[24]

어릴 때 어머니를 잃은 순은 최초 양육자의 존중과 사랑으로 형성되는 자기애(거대자기)가 위축되었을 가능성이 크다. '진정한 자기'를 형성하고 자기애를 보충하기 위해 순은 계모의 사랑을 갈망했을 것이다. 그러나 그 욕구는 표현되지도 공감받지도 수용되지도 않는다. 그 경우 환경에 대한 불안과 분노가 내면에 축적된다. 이를 감당할 수 없어 외부로 투사하면 주위 대상이 자신을 파괴하는 박해대상으로 착각되는 망상과 불안에 시달리게 된다. 그래서 타민족에게 나라를 잃은 한족(순)의 심정이 가족(다수 민족) 모두의 공감을 받지 못한 채 소외당하는 신화로 표현된 것이다.

> 계모는 속 좁고 사나운 성품이었고, 이복동생들은 거칠고 교만했다. 그들은 늘 순을 못살게 굴었다.

자신들의 문화를 꽃피웠다고 자부하는 한족의 영토를 사납고 거친 유목 부족이 정복했으니 어찌해야 좋은가? 이들을 개화시켜 함께 살 것인가, 경멸하며 대항하다 죽을 것인가? 아니면 못마땅함을 감추고 사이좋은 척 순응해야 하는가?

하나로 융합된 2자 관계는 친어머니와 자식 관계에서만 가능하다. 즉 이민족과 친밀 관계를 맺거나 동일한 집단무의식을 지니기란 결코 쉬운 일이 아니다. 아버지라도 존재 가치와 속마음을 진심으로 인정해주고 보살펴주었다면 순은 당당하고 솔직한 인간관계를 맺을 수 있었을 것이다. 그러나 아버지는 계모에게 쩔쩔매며 그들의 비위만 맞출 뿐이다. 같은 민족이면서도 이민족 지배자와 결탁하여 백성들을 박대하는 지배계층 때문에 정신적·사회적 생존이 버겁다.

아버지는 계모와 이복동생의 말만 믿고 매일 순을 때렸다. 효심 깊은 순은 반항하지 않고 참았다. 너무 심하게 맞을 때는 마음속으로 돌아가신 어머니를 부르곤 했다.

못난 아버지는 자리 보존에만 급급한 토착 귀족과 탐관오리들을 상징한다. 그(귀족)는 아내(순의 친어머니, 모국)를 사망케 한 자신의 과오를 반성하기는커녕 새 아내와 더불어 친자식(동포)을 천대한다.

순이 '돌아가신 어머니(모국)를 불렀다'는 것은 어머니와 애착 관계가 있었고 정신에 내면화했다는 증거다. 좋은 어머니상이 내면에 형성된 자는 자부심(거대자기)으로 외부의 부정적 자극을 견딜 수 있다. 순(한족)은 계모와 아버지(지배자)의 핍박이 가혹할 때마다 무의식적으로 어머니(잃어버린 모국)를 그리워했을 것이다.

다른 측면에서 접근해보면 비록 어리석고 무능한 장님 아버지일지라도 아버지가 존재한다는 것은 국가의 틀이 존재하는 상황이라고 볼 수 있다. 이 경우 백성이 비난하고 싶은 핵심 대상은 이민족 정복자가 아닌 호의호식하며 백성을 박대하는 같은 민족의 지배층일 가능성도 높다. 프로이트에 의하면 치명적인 정신의 상처는 이질적인 외부 대상보다 가까운 대상으로부터 온다. 계모(이민족)에 대한 비난은 박해불안 때문에 차마 노골적으로 표출하지 못한 아버지(동족 지배계층)에 대한 비난이 전치된 것으로 볼 수도 있다.

내부의 공격욕동과 성욕동을 통제하려면 존경스럽고 힘 있는 대상을 동일시하여 정신에 내면화해야 한다. 그런데 순에게는 진심으로 동일시하고 싶은 아버지가 없다. 순 신화는 생존을 위해 불가피하게 자기 개성과 욕망을 포기하거나 감추고 지배자에게 순종할 수밖에 없었던 불행한 시대에 형성되었을 가능성이 크다. 생존 자체가 위태로운 시대 상황에서 개인은 생명을 좌우하고 보호해주는 공동체에 절대 복종할 수밖에 없으므로 아직 주체적 개인으로 분화할 수 없다.

안온한 환경에서 자라 참자기가 형성된 아이는 부당한 일을 당하면 견디기만 하지 않고 자신의 감정을 표출한다. 그런데 순이 부모의 구박에도 불구하고 순종하기만 했다는 것은 그의 자존감이 낮거나, 거짓자기이거나, 부정적 자극들을 사소한 것으로 평가절하하며 환상 세계에서 살았다는 의미다.[25]

생존에 급급해 개인의식과 주체적 사유가 부재하는 시대에 민중은 어디에서 자부심을 찾을 수 있을까? 민족 집단의 자부심은 강력하고 존경스러운 지도자와의 동일시를 통해 형성된다. 분열·투사·내사·투사동일시라는 방어기제가 내면에서 활발히 작동했던 고대인은 집단의 가장 강력한 대상(신, 왕)에게 자신의 생명과 자기를 맡기고 그를 내사해 융합된 상태로 살아감으로써 심리적 안정과 자부심을 유지했다.

그런데 만약 지도자가 이기적이어서 백성을 방치하거나 박해한다면 자립 능력이 없는 백성들은 어디서 정신 에너지를 흡수해야 하는가? 신화나 민간 종교는 원초불안 해소와 자기애를 보충하는 중요한 방편으로 기능했다. 현실의 구체적 대상들이 실망스러워 힘을 주는 동일시 대상을 찾기 힘들면 그를 대체할 신화 속 영웅이라도 존재해야 고통스러운 현실을 견딜 정신의 힘을 유지할 수 있는 것이다.

집단정신의 비약적 전환

청소년기는 유년기에 좌절되고 억압된 욕구·상처·불안·결핍이 회귀하여 보상받고 회복해주기를 내적으로 요구하는 시기다. 그뿐 아니라 성인이 되기 위해 감당해야만 하는 사회의 요구들이 강하게 밀려드는 통과의례의 시기이기도 하다. 집단은 새로운 힘을 지닌 인물이 출현하여 그동안 해결하지 못했던 오래된 난제와 당대의 어려움을 해소해주기를 간절히 바란다. 이 요구를 받아들여 집단의 발달에 기여하는 자가 바로 영웅이다. 그렇다면 순은 청소년기에 어떤 난관에 직면했으며 어떻게 대처해 극복했는지 살펴보자.

집에서 쫓겨남

정성껏 부모를 섬겼지만 박대받다가 결국 집에서 쫓겨난다.

인간은 성장한 후에 부모에 대한 애착과 부모의 울타리에서 벗어나 새로운 대상들과 관계를 맺어야 한다. 그토록 착하게 순종하며 살았음에도 순이 계속 가족의 미움을 사고 박해받은 이유는 무엇일까? 상식적으로 보면 상대방의 성격이 근본적으로 나쁘기 때문일 것이다. 그런데 정신분석의 눈으로 보면 모든 관계에는 어느 정도 상호적 요소가 있다. 즉 순에게도 상대방을 기분 나쁘게 하여 공격을 유발하는 요인이 있다고 볼 수 있다. 과도하게 억압된 공격성이 수동공격passive aggression 양태로 표출되어 상대의 무의식을 분노하게 만들었을 가능성도 배제할 수 없는 것이다. 또는 자신을 박대하는 가족들에 대한 무의식적 분노와 가학환상들에 대한 초자아의 처벌이 두려운 나머지 자기 처벌로서 박해받게 만드는 상황을 유도해 죄의식으로부터 벗어난 것일 수도 있다. 이처럼 거짓자기나 의존성 성격, 자기애 인격은 상대방이 강자라고 느끼면 공격성을 좀처럼 분출하지 못한다.

국가의 법체계가 확립되지 않았던 시대에 유일한 의존 대상이며 울타리인 집(집단)을 나오는 자의 심정은 어떠할까? 누군가를 믿고 의존하고 교류하고 싶지만 순에게는 그럴 만한 대상이 전혀 없었다. 개인 및 집단 정신의 비약적 전환은 바로 이런 극한 상황에서 발생한다.

억압된 참자기의 활성화

순은 이곳저곳을 옮겨 다니며 살았다. 산기슭에서 황무지를 개간하니 농부들이 순의 성품에 감복해 좋은 밭을 양보하였고, 고기를 잡을 때는 좋은 자리를 양보하였다. 주변에 사람들이 모여들어 마을을 이루었다.

순은 집을 나옴으로써 비로소 타자에 의존하는 삶을 벗어나 새로운 미래를 모색할 수 있게 되었다. 순이 마을 사람들을 감복시켰다는 표현에는 사실과 소망과 검열된 미화가 혼합되어 있을 것이다. 정신분석의 관점에서 볼 때 집에서 쫓겨난 순은 아직까지 존경할 만한 동일시 대상 경험을 내면화하지 못했기에 사람들에게 그러한 대상으로서 역할을 할 수 없는 상태다. 그는 모성 경험 결핍으로 인해 어떤 대상과 전인적 친밀 관계를 맺기 어렵다. 그가 지닌 능력은 오직 대상에 대한 분노를 덕행으로 전환하여 표현하는 반동형성 방어, 힘 있는 대상의 마음을 읽어내 그의 욕망에 자신의 욕망을 맞추는 거짓자기 습성뿐이다.[26] 그런데 이런 성격은 서로 다른 민족들이 모여 생존을 위해 애쓰던 고대 중국에서는 다수가 칭송하는 인격 모델일 수 있다.

순 마을의 도자기 모양은 예쁘고 좋다는 명성이 자자했다.

고대에 도자기는 귀한 생활용품이었다. 이런 도자기의 모양이 맵시 있었다는 것은 순과 그 고을 사람들의 내적 세계가 조화와 균형을 이루었다는 의미다. 도자기란 내 마음대로 형상을 만들 수 있고 파괴할 수도 있는 '무엇'이다. 도예는 억압된 참자기를 활성화해 자신의 본래적 개성과 창조성을 드러내도록 도와주는 효과적인 예술치료 수단이다. 진흙을 한껏 주무르고 변형시키는 과정에서 무의식의 분노와 파괴욕동은 창조성으로 전환된다. 그 결과 박해불안이 줄어들어 권력 콤플렉스와 거짓자기 태도에서 벗어날 수 있다. 순은 자기파괴 상태를 벗어나는 데 매우 적합한 일을 발견한 셈이다.

결핍을 치유해주는 아니마

신하들은 순을 차기 임금 후보로 요 임금에게 천거한다. 요 임금은 두 공주를 순에게 시집보내고 많은 재물을 준다.

요 임금은 한심하고 이기적인 순의 아버지와 달리 강한 힘을 지니면서도 백성을 위해 헌신한다. 비록 부족은 다르지만 요는 순에게 있어서 동일시하고 싶은 이상화 대상이다. 요는 순을 높이 인정해 자신의 딸을 두 명이나 시집보낸다. 순에게 오랜 기간 결핍되었던 요소들이 한꺼번에 충족되는 상황이다.[27]

두 공주는 순의 정신발달에 어떤 역할을 했을까? 두 여인은 순에게 결핍되었던 최초 대상(보호자인 엄마)과 최초 성 대상(욕망 대상)을 함께 보충해주는 치유자 아니마다. 이 두 유형의 대상관계, 아니마 경험이 결핍되면 인간은 결코 행복할 수 없고 자신의 잠재력을 온전히 발현할 수도 없다. 이 대상관계는 또한 인간의 자기애와 자존감을 회복시켜 참자기를 회복하고 활성화하는 역할을 한다. 아울러 위축되었던 본능 에너지도 되살려준다.

두 공주와 진정한 결합이 이루어진다면 순은 반동형성과 거짓자기 상태로부터 참자기에 기초한 주체적 선행으로 나아갈 수 있다. 그러나 이런 정신적 변화는 단순히 어떤 소유나 지위 상승 또는 하나의 사건을 통해 급격히 이루어지지 않는다. 무의식은 의식 환경에 의해 쉽게 변하지 않기 때문이다. 개인과 민족 모두의 정신성이 변화되기 위해서는 과거의 불안과 환상에 고착된 무의식을 떨쳐내는 통과의례를 거쳐야 한다.

뜻밖에 닥친 시련의 정체

순은 두 공주와 함께 가족들을 찾아간다. 가족들은 보복당할까 두려워 경계한다. 순은 그들에게 보복하지 않고 효심과 우애를 다한다.

프로이트에 의하면 초자아로부터 칭찬받는 일이야말로 자아의 목적이자 기쁨이다. 어리석은 아버지, 속 좁고 거친 계모일지라도 아이의 삶을 좌우하던 이 강력한 외부 대상들은 순에게 운명적으로 내면화되어 최상위 정신 요소인 초자아 역할을 한다. 제아무리 자신을 공격하던 인물일지라도 그가 아이의 삶을 좌우하던 유일한 대상이라면 아이의 정신에 동일시되어 내면화되는 것이다. 인간은 유년기 대상인 부모와 평생의 연결 고리를 가질 수밖에 없다.

성장한 인간이 유년기에 내면화했던 대상을 다시 찾게 되는 것은 과거의 콤플렉스를 정리하여 극복하고 싶은 무의식적 동기 때문이다. 순은 어려서 부모에게 존귀한 자식 대우를 받지 못했다. 그 결핍과 나쁜 대상관계 흔적들이 순의 무의식에 깊이 자리하고 있다. 순은 억압된 초기 상처들의 영향력에서 벗어나기 위해 부모로부터 자신의 존재 가치를 제대로 인정받는 경험을 하고 싶었을 것이다.

이제 가족들은 출세한 순을 두려워하고 경계한다. 어떤 대상을 비난하고 공격한 사람은 그에게 보복당할지 모른다는 박해환상과 불안을 갖게 마련이다. 이를 집단무의식의 차원에서 해석해보자. 순이 살던 지역에서는 여러 부족들이 통일국가를 형성하지 못한 채 오랜 세월 통치권을 두고 치열하게 경쟁했다. 지배-피지배 관계가 수시로 전복되는 불안한 역사를 되풀이해 경험하면서 그들은 다음과 같은 교훈을 얻었을 것이다. '상처를 보복으로 해소하는 행동은 훗날 더욱 잔인한 보복을 초래한다. 우리의 자손과 민족 전체가 치명상을 입거나 말살될 수도 있다.' 따라서 한족은 '하나의 운명 공동체'라는 중화사상과 정책을 통해 공존과 국가 유지의 길을 마련했다. 포용력 있는 중화사상의 배경에는 이러한 역사 경험과 불안이 존재한다.

가족들은 순이 출세하고 부자가 되자 시기와 증오에 몸을 떤다. 특히 이복 남동생은 순의 여인들과 재산을 차지하고 싶어 못 견뎌한다. 그는 가족을 설득해 순을 제거할 음모를 꾸민다.

순의 출세는 동생의 시기심과 오이디푸스 콤플렉스를 자극한다. 순을 이질적 대상이자 적으로 느끼는 가족들은 순이 '좋음'을 소유하고 있는 것을 견딜 수 없다. 이런 시기심은 아이를 온전히 돌보지 않는 어머니에게 유아가 느끼는 감정이다. 엄마가 좋은 것을 혼자 다 지닌 채 자신에게 조금도 주지 않는 나쁜 대상으로 지각되어 엄마 몸속의 좋음을 다 파헤쳐 파괴하고 싶은 욕구가 일어나는 것이다. 가족을 살해하는 행동의 이면에는 거세불안보다 더 원초적인 멸절불안과 박해불안이 작동한다.[28] 이런 불안은 특히 모성 경험이 결핍된 사람들에게서 확연히 나타난다.

순을 궁지로 모는 뜻밖의 시련들은 실상 운명적으로 엮인 대상들과의 문제로부터 발생된 것이기에 현실의 지도자가 되려는 인물은 이것을 감당해내야 한다.

곡물창고 지붕 수리

아버지는 순에게 곡물창고의 지붕이 망가졌으니 수리해달라고 요구한다. 두 아내는 새의 무늬가 있는 옷을 만들어 순에게 입힌다. 순이 지붕에 오르자 아버지는 밑에서 창고에 불을 지른다. 그러자 아내가 준 옷이 날개로 변해 순은 새처럼 날아서 땅으로 내려온다.

먹고사는 것이 불안정했던 당시에 곡식은 생존에 절대적 요소였다. '곡물창고'는 생명력을 제공하는 보물을 담고 있는 장소를 지칭한다. 유아의 환상 속에서는 엄마의 몸이야말로 유아가 원하는 모든 것을 담고 있고 내어주는 최초의 곡물창고다.

창고의 '지붕'은 덮개·보호막을 뜻한다. 옛날 한족(순)의 일차 소망은 배고픔 불안을 안전하게 해소하는 것이다. 이를 위해서는 지붕(지도자)이 튼튼한 곡물창고가 필요하다. 곡물창고의 '지붕을 수리하라'는 요구는 백성의 굶주림 불안을 해결할 수 있는 능력이 있는지 보이라는 시험이다.

순을 박해하던 가족(이민족)들은 순이 지붕에 오르자 곡물창고에 불을 질러 순을 살해하려 한다. 집단무의식의 발현이라는 관점에서 '불타는 곡물창고 지붕 위의 순'은 충족되지 못했던 모성성(모국)에 대한 상처와 콤플렉스에서 벗어나라는 (당대 집단정신의) 요구이다. 아울러 한족 내면의 '중요 대상'(이상적 부모상)이 손상·상실되어 불안에 떠는 유아적 정신성의 표상이다.

인간 정신의 보편적 뿌리인 최초 대상(엄마, 모국, 가족)에 대해 유대감을 지니고 싶음에도 가혹하게 공격받는 상황에 처할 때 인간은 좌절하고 무기력해진다. 그러나 다행스럽게도 순에게는 그를 보호해주는 두 배우자가 있다. 만약 유아기에 친어머니로부터 받은 좋은 경험 흔적이나 비범한 힘을 지닌 두 공주의 배려가 없었다면 순은 불타는 곡물창고(유년기 엄마의 몸) 지붕 위에서 살아남을 수 없었을 것이다. 민족무의식의 차원에서 한족의 연륜 있는 문화 전통과 화려했던 삼황오제 전설 그리고 요라는 동일시 모델이 없었다면 한족의 정체성은 타민족에 지배당하는 동안 해체되었을 것이다.

순은 두 아내의 조력에 힘입어 과거의 의존 대상으로부터 분리하여 새처럼 하늘로 도약했다가 땅으로 내려온다. '새'는 지상계의 결함이나 불안을 초월한 성스러운 존재다. 하늘과 땅을 왕래하는 새는 정신의 상승(고양), 지상계와의 매개(통합) 능력을 상징한다. '새의 무늬가 있는 옷'은 성스러운 보호막인 동시에 지상계와 천상계를 자유로이 넘나들 수 있는 활동력의 상징이다.[29] 그동안 생존불안 때문에 위축된 거짓자기로 살아왔던 순은 이제 두 공주라는 든든한 보호막을 얻었기에 박해불안과 애정 결핍(굶주림)에 시달리던 과거의 정신성에서 벗어나 세상을 더 넓고 조화롭게 보는 정신력(새 옷)을 지닌 자가 된다. 그에게 두 아내는 무기력한 유아의 자아를 지원하고 보호해주는 존재로서 조기 상실한 최초 대상(엄마)의 대리자다.

우물 청소

아버지는 순에게 우물 바닥을 청소해달라고 요구한다. 두 공주는 순에게 용의 무늬가 있는 옷을 입힌다. 순이 우물 밑으로 내려가 청소하는데 위에서 벽돌과 흙이 쏟아져 우물을 메운다.

생존 활동에 필요한 물을 저장한 '우물'은 양수가 차 있는 어머니의 자궁과 연결된다. 우물에 빠져 자살하는 행위에는 고통 없는 어머니의 자궁 속으로 돌아가고 싶다는 무의식이 반영되어 있다. 우물가는 또한 마을 사람들이 생명수를 공유하며 기쁘게 교류하는 장소다. 우물이 마르거나 오염되면 마을 사람들의 활기찬 교류가 끊기고 근심이 가득해진다. 오염을 제거하려면 우물 깊은 곳을 탐색해야 하는데, 이를 위해서는 특별한 능력이 필요하다. 순 신화에서 그것은 '용의 힘'으로 상징화된다.

우물을 청소하는 도중에 '위에서 쏟아지는 돌'은 무엇을 의미하는가? 이런 지독한 상황은 분열된 정신구조를 지닌 사람들이 꿈이나 환상으로 종종 경험하는 것이다. 편집·분열 자리에 고착되어 분열된 정신구조를 지니면 내부의 파괴욕동과 분노를 외부 대상에게 투사하게 된다. 그 결과 무시무시한 박해환상과 박해불안이 엄습한다. 초자아까지 가혹한 명령을 내리며 무섭게 비난해댄다. "너 같은 놈이 무슨 왕의 사위라고. 본래부터 형편없던 너의 못난 주제를 알아라, 이놈아!" 쏟아지는 돌에 상처받고 묻히는 것은 내부의 파괴욕동과 외부의 의심하고 비난하는 시선으로부터 자신을 방어할 정신적·신체적 힘이 부족하다는 의미다. 이런 곤경에 처한다면 보통 사람의 경우 쓰러지거나 자살하거나 신경증에 함몰될 것이다. 하지만 순은 두 아내가 준 '용이 그려진 옷'의 도움을 받는다.

그때 옷이 용의 비늘로 변해 순은 용처럼 헤엄쳐 우물 밑 물길을 뚫고 다른 곳으로 빠져나온다.

우물은 모태를 상징하는 동시에 정신이 재탄생하는 장소다. 힌두교와 기독교 등 여러 종교에는 정신적으로 새롭게 태어난다는 의미로 물속에 들어갔다가 나오는 의례가 남아 있다. 순도 물속 깊은 곳으로 들어갔다가 수면 위로 다시 솟구침으로써 죽음 상태에서 부활해 새로운 존재인 '용'으로 변형된다.

우물 속 '지하계'는 콤플렉스와 그림자들이 우글거리는 무의식을 상징하며, 거기서 빠져나왔다는 것은 고착된 무의식 상태에서 탈출했다는 의미다. 용이 되었다는 것은 그가 무의식과 의식을 통합한 성숙한 정신성이 되었음을 뜻한다. 용은 허물을 벗고 더 생생한 생명력을 발현하는 부활의 상징인 뱀과 신성한 새의 능력을 함께 지닌 무적의 존재가 되어 땅의 기운(뱀, 모성성)과 하늘의 기운(새, 부성적 남성성)을 매개하고 통합한다.

우물 속에 갇히는 난관을 통과함으로써 순은 외부의 박해불안에 시달리느라 현실을 온전히 파악하지 못하던 주관적 환상계로부터 벗어난다. 즉 외부 현실을 박해불안 없이 냉철히 파악하여 집단이 믿고 의지할 수 있는 공격 에너지를 당당히 사용하는 존재로 변신한다.

동양에서 용은 뱀이 허물을 벗는 기나긴 과정을 통과해 마침내 타고난 본질을 완벽히 실현한 '자기'의 상징이자 박해불안에 시달리지 않는 강력한 힘을 지닌 왕을 상징한다. 그동안 순은 쏟아지는 부모의 비난과 구박 때문에 자기주장을 포기한 거짓자기로 살아왔다. 그는 자신의 가치를 존중해주고 고통과 불안을 담아주는 두 아내(제2의 어머니)의 힘을 받아 비로소 자기주장을 위엄 있게 펼칠 수 있는 참자기가 되었다.

순 신화는 요 임금으로부터 다른 부족 출신인 순에게 왕위가 이상적으로 양위되는 과정을 중국 민족의 정신발달 차원에서 묘사한 것이다. 따라서 특정 부족 집단의 소망과 후대 집단의식의 어떤 필요에 의해 변형되었을 가능성도 고려해야 한다. 여러 지역 국가들 사이에 전쟁이 끊이지 않던 시대의 현실세계는 여러 부족들에게 매우 불안하게 지각되었을 것이다. 그들의 무의식은 어두운 우물 속에 갇힌 순을 통해 외쳐댄다. "우리를 도와주는 진정한 대상만 있다면 우리 부족은 수많은 박해와 절명의 위기에도 불구하고 결코 말살되지 않는다. 언젠가는 천하를 움직이는 용의 위용을 드러낼 것이다."

순이 죽었다고 확신한 이복동생들은 두 공주의 집으로 찾아가 제멋대로 거드름을 피우며 순의 거문고를 연주한다. 그때 순이 살아서 나타나자 경악한다. 이복여동생은 깊이 뉘우쳐 순의 편이 된다.

이복동생이 형을 죽이고 형수와 재물을 차지하려 한 것은 질투심의 표상이다. 과거에는 하찮은 존재로 경멸당하던 순이 이제는 '좋음'을 너무 많이 지녀 타인의 질투를 받고 그것을 감당해야 하는 위치가 되었다. 이 상황을 버텨내지 못하면 타인에 의해 거세되어 또다시 위축된 존재로 전락할 수 있다. 되살아난 순은 변방의 민족에게 대지와 식량과 물과 여성들마저 빼앗긴 상태에서도 꺾이지 않는 한족의 집단정신과 의지를 표상한다.

술자리

순의 가족들은 마지막으로 순을 취하게 만들어 죽이려는 음모를 꾸민다. 이 음모는 과거 잘못을 뉘우친 이복여동생에 의해 순에게 전달된다. 두 공주는 순을 신기한 약으로 목욕시킨다. 약 덕분에 순은 술에 취하지 않고 무사히 돌아온다.

술은 긴장을 이완시켜 친밀한 소통을 하도록 도와준다. 하지만 향락이 지나쳐 술에 취하면 사리 판단이 혼란해진다. 순이 나라의 지도자가 되려면 술의 장점을 활용하면서도 단점에 휘둘리지 않는 능력을 지녀야 한다. 그래야 개인과 집단을 독살의 위험에서 구할 수 있다. 술과 향락으로 국가를 망친 군주로 하나라의 걸왕과 은나라의 주왕이 유명하다. 두 왕은 비참히 살해당했다.

'목욕'은 심신을 정화하는 행위다. 큰일을 앞둔 사람들은 정신을 맑게 하고 경건한 대상과 깨끗한 상태로 접촉하기 위해 목욕을 한다. 죽음과 재생의 통과의례에도 목욕이 빠지지 않는다.

위의 세 가지 통과의례를 거치는 과정에서 순은 자신의 무의식적 콤플렉스와 대면하여 열악한 가족(국가) 환경에서 형성된 병리적 정신구조로부터 상당 부분 벗어난다. 그리고 비범한 조력자(두 아내)의 에너지를 흡수하여 고대 중국민족이 새 왕에게 바라는 거대한 힘을 발현시킨다. 적대적인 가족(다민족 집단) 환경을 견뎌내며 소통하는 과정을 거치면서 집단의 지도자가 갖추어야 할 영웅적 정신성이 형성된 것이다.

당대 중국인은 덕으로 백성의 마음을 사서 왕위를 물려받는 순 신화를 통해 순처럼 냉대당한 자신의 상처를 위로받으려는 소망을 표현한 것일 수 있다. 순이 극도의 효성과 관용을 지닌 덕인으로만 서술되는 것은 당대의 중국인에게 덕인의 존재가 그토록 갈급했다는 증거일 것이다.

또한 통과의례를 극복하는 데 두 공주로부터 결정적 도움을 받았다는 사실은 그들에게 아니마(태모신, 모성성과 여성성) 에너지에 대한 결핍과 갈망이 컸음을 드러낸다. 새무늬 옷, 용무늬 옷, 신비한 약초는 모두 생명을 지켜주는 역할을 한다. 두 아내를 쾌락을 주는 성적 대상으로 묘사하지 않은 것은 그 시대의 일차적 관심사가 성이 아니라 생존불안이었기 때문으로 볼 수 있다. 이는 고대 중국인 다수의 정신이 오이디푸스기에 도달하지 못한 채 편집·분열 자리에 머물러 있었다는 징후로 해석된다.

폭풍우 헤쳐 나오기

요 임금은 폭풍우가 치는 날 순을 야수가 우글대는 깊은 숲속으로 데리고 가서 혼자 힘으로 탈출하라 명한다.

'깊은 숲속'은 생명을 보호받을 수 없는 울타리 바깥 세계를, '야수'는 목숨을 앗아갈 수 있는 이민족을, '폭풍우'는 험난한 환경을 의미한다. 두 아내의 도움 없이 '혼자 힘으로' 빠져나오라는 요구는 곧 이민족의 광포한 위협에도 위축되거나 무기력해지지 않고 자신과 국가를 지킬 능력이 있음을 보이라는 요구다. 요 임금은 순이 고약한 성품의 가족들(다민족 공동체)과 관계하려면 두 공주의 조력이 필요함을 진작 파악해 도움을 주었다. 그런데 이번에는 혼자 힘으로 과제를 해내라고 말한다.

> 깊은 산속을 걸으니 독사와 독충들이 그를 해치지 않고, 호랑이와 늑대도 그를 공격하지 않았다. 폭풍우, 암흑, 천둥과 괴물 같은 고목古木들도 순을 막지 못했다. 순은 길을 잘 찾아 빠져나왔다.

'독사'와 '독충'은 심신을 마비시키는 충격적 사건이나 근심 대상을, '호랑이'와 '늑대'는 거칠게 한족을 위협하는 외부 민족을, '암흑'과 '천둥'과 '괴물 같은 고목'은 무의식의 그림자·콤플렉스를 상징한다. 이런 험한 대상들이 순을 해치지 않았다는 것은 어느덧 순이 거친 민족들과 싸우지 않고 교류할 수 있는 주술 능력을 지니게 되었다는 의미다. 통과의례를 거치는 과정에서 순은 어느덧 자신을 당당히 지켜낼 수 있는 용(왕)의 힘을 키운 것이다. 강한 자에게는 누구도 공격성을 함부로 분출하지 않는다. 그래서 깊은 숲속(위험한 환경)에서도 순은 상처 없이 안전한 곳으로 빠져나올 수 있었다. 즉 국가와 백성들을 외부 세력의 위협으로부터 벗어나게 할 능력을 보인 것이다.

중국 신화시대의 훌륭한 군주로 꼽히는 요, 순, 우(좌측부터)

순은 요와 더불어 도덕군주의 모델로 등장한다. 그러나 그것이 역사적 사실인지는 의심스럽다. 그 신화를 생성한 시대의 집단정신이 공동체의 질서를 위해 특정한 영웅상을 창조했을 가능성이 높다. 또한 전해져 내려오는 과정에서 후대의 필요와 욕망에 의해 재해석 및 각색이 이루어졌을 것이다. 그럼에도 일관되게 읽어낼 수 있는 것은 순의 정신성이 조력자와 이상화 대상 체험을 통해 거짓자기 인격에서 참자기로 변화되었을 가능성이다.

어진 정치와 의문의 죽음

마침내 순은 요가 물려준 자리에 오른다. 임금이 된 후에도 가족을 전처럼 극진히 대했으며, 이복동생을 지방의 제후로 봉하였다. 악한 가족들은 진심으로 뉘우치기 시작했다.

순은 혈통이 다름에도 자신의 가치를 인정하고 존중해주는 요에게 왕위를 물려받는다. 어린 시절부터 순에게 결핍되었던 이상적 동일시 대상관계가 현실에서 요를 통해 원만히 보충된 것이다. 요와 순의 관계는 민족 간의 갈등과 내부 권력 투쟁에 시달려온 중국 민족에게 가문과 혈통이 다르더라도 조화로운 관계가 이루어질 수 있음을 보여준 거의 유일한 모델이다.[30]

왕이 됨으로써 순은 이제 가족과 백성의 아버지 위치에서 모두가 닮고 싶은 동일시 모델이 되었다. 아버지 역할은 높은 사회적 지위를 지녔다고 해서 누구나 자연스럽게 할 수 있는 것이 아니다. 아버지가 되려면 아버지성을 지녀야 하고, 이 아버지성은 존경할 만한 외부 대상을 동일시해 자기 것으로 소화해냄으로써 형성된다. 태어나서부터 오랫동안 순은 그런 아버지성을 형성할 환경을 갖지 못했다. 그러나 요를 만나 존재 가치를 인정받음으로써 마음속에 든든한 아버지상을 형성할 수 있었다.

순은 음악을 좋아해 악곡을 짓게 하고 거문고를 개량하고 선정善政을 베풀어 태평시대를 구현하였다.

순은 상처 입은 대상을 위로하고 회복시키는 '음악'을 향유하기 시작한다. 이제 한족은 함께 공존하는 여러 민족들을 전적으로 나쁜 아버지·계모·동생으로 보는 편집·분열 자리에서 벗어나 대상의 장단점을 두루 지각하고 타인을 배려하는 우울 자리 심성으로 변하게 될 것이다.

그의 유난히 착한 성품과 효심은 내부의 분노에 대한 반동형성 방어의 표상일 수 있다. 순에게는 부모형제에 대한 원망을 정반대로 표현하는 '반동형성'의 특성이 강하다. 자신의 가치를 알아주지 않는 대상에 대한 분노를 선행으로 되돌려주는 반동형성은 폭군에게 시달린 고대 중국 민족들이 '왕'에게 기대했던 바람직한 성격일 수 있다.

순은 지방을 순례하던 중 객사한다. 두 왕비는 슬픔에 겨워 시신을 거두러 가다가 물에 빠져 죽은 뒤 강의 여신이 된다. 우가 왕위에 오른다.

당시는 아직 온전한 통일국가를 이루지 못한 탓에 왕이 절대 권력을 지닌 존재가 아니었으며 왕 살해 풍속의 영향이 남아 있었다. 즉 과거의 영웅이 노쇠하면 새로운 영웅에 의해 대체(제거)된다. 집단은 자체를 유지하고 발전시키기 위해 보다 강한 힘을 제공해줄 영웅을 늘 필요로 한다. 이것이 집단 유지의 비밀 법칙이다. 집단은 항상 영웅과 희생양을 함께 요구한다.

순이 지방 시찰 중에 객사했고 두 왕비가 애매한 원인으로 사망했다는 것은 신흥 세력에 의해 타살되었다는 의미다. 떠오르는 영웅 우禹가 노쇠한 순을 제거해 새 왕에 등극한 것일 수 있다.

거짓자기에서 참자기 인격으로

중국 신화에서 어떤 인물이 열악한 최초 환경에서 성장해 곤혹스러운 통과의례를 거쳐 집단의 영웅으로 등장하는 과정은 유독 순 신화에 상세하게 묘사된다. 순 다음에 나타나 하나라를 건국한 우 임금 이후부터는 혈연에 의해 왕위 세습이 이루어졌기에 미천한 가문의 인물이 국가의 영웅으로 부각되는 경우는 좀처럼 드물다.

삼황오제를 비롯해 집단에 정신적·경제적·정치적으로 유익함을 준 중국의 영웅 서사에는 대부분 주인공의 개인 정서 묘사가 결여되어 있다. 공동체와 연관된 업적이나 성품에 대한 외형적 서술이 대부분인 까닭은 소속 집단과 운명을 같이해온 중국인에게 영웅 '개인의 삶'에 대한 관심이 부재했다는 증거다. 영웅의 행동과 성격은 어디까지나 집단과의 이해관계 속에서만 그 존재가치를 지닐 뿐이다.

순 신화는 순이라는 역사적 인물의 성품 가운데 일부만을 지나치게 강조한다. 특히 후대의 유교 사상가들에 의해 순의 효심[孝]과 어진 성품[仁]이 통치가의 이상적 모델로 과도하게 부각된다.

순은 요와 더불어 도덕군주의 이상화 대상으로 등장한다. 그러나 그것이 역사적 사실인지는 의심스럽다. 그 신화를 생성한 시대의 집단정신이 공동체의 질서와 안녕을 위해 특정한 영웅상을 창조했을 가능성이 높다. 또한 전해져 내려오는 과정에서 후대의 필요와 욕망에 의해 재해석 및 각색이 이루어졌을 것이다. 그럼에도 일관되게 읽어낼 수 있는 것은 순(중국민족)의 정신성이 조력자와 이상화 대상 체험을 통해 거짓자기 인격에서 참자기로 변화되었을 가능성이다. 비범한 조력자(두 아내)와 든든한 이상화 대상(요)으로부터 자아를 지원받는다면 좀처럼 변하기 힘든 병리적 정신구조라 하더라도 점차 그 뼈대가 변형될 수 있음을 순 신화는 보여준다.

4장

일본 신화

일본 신화에서는 제사祭祀와 정치를 주재하는 아마테라스, 전사戰士 모델인 스사노오, 생산자 기능을 상징하는 오오쿠니누시가 중요하다.[1] 일본의 왕은 천상계의 태양 여신 아마테라스의 후손으로 일컬어진다. 태양신은 천부신天父神 이자나기로부터 생성되었다.

이런 신화적 배경을 고려하면서 일본의 핵심 상징인 국기를 음미해 보자.[2] 흰색 바탕 중앙에 붉은 원이 있는 일장기는 무엇을 의미하는가? 붉은 원은 태양과 여신을 상징한다. 그리고 사방(동서남북)에 모든 색을 반사하는 흰 바탕은 하늘과 아버지신의 상징이다. 이 이미지를 '모든 존재에는 정령이 있다'고 믿는 원시인의 마음으로 바라보자.

중앙에는 일본 민족을 따스하게 응시하며 조건 없이 생명력을 나누어 주는 빛과 에너지의 원천인 처녀신(태모, 모성신) 태양이 있다. 그 배후에는 드높고 든든한 울타리 역할을 하는 아버지 하느님(우주, 하늘)이 있다. 주술적 세계관을 지녔던 고대 일본인에게 왕은 곧 최고신의 대리자였다. 그렇다면 일본인은 국기를 응시할 때 어떤 느낌이 들까?

일장기는 모성적 여성 에너지와 부성적 남성 에너지, 그리고 두 에너지를 조화롭게 통합하여 백성들에게 중계·재현하는 샤먼 왕(천황)의 신성한 주술 에너지를 함께 발산한다. 국기 상징을 통해 생명력의 우주적 원천을 마음으로 접촉하는 이런 원시적 내사·융합 체험은 시대를 초월해 현재의 차원에서도 이루어진다. 신화의 세계는 무의식처럼 시간성을 한순간에 가로지르기 때문이다.

하늘(이자나기)과 태양(아마테라스)과 천황(중보자)이 존재하는 한 일본과 일본 민족은 신화적 사고 속에서 신성한 힘과 동일시되어 현세의 불안과 고통을 이겨내며 영원한 생명력을 유지할 수 있다. 이러한 민족적 신념과 정서는 신화, 민속 의례, 전통 종교와의 밀접한 관련성 속에서 일본인의 정신에 내재되어 있다. 이 독특한 은유적(환상적) 일체감은 태곳적부터 유전된 민족무의식과 유년기에 각인된 개인무의식이 신화적 전통 의례와 결합하여 역동적으로 발현된다.

일본인의 민족무의식에 대한 단서를 얻으려면 무엇보다 일본 신화를 먼저 이해해야 한다. 그 정신성의 뿌리와 접촉하기 위해 일본 영토의 창세신 이자나기와 이자나미, 일본 국가의 시조신인 스사노오, 오오쿠니누시 신화를 분석할 것이다.

1

이자나기와 이자나미

갈등과 대립에서 균형과 안정으로

태초의 혼돈 속에 어렴풋한 어둠과 만물의 싹이 있었다. 맑고 밝은 것은 위로 올라가 하늘이 되고, 무겁고 탁한 것은 아래로 쌓여 땅이 되었다. 하늘과 땅이 갈라질 때 무형의 생명신들이 생겨났고, 바다에서 갈대의 싹이 피어나고 흙이 생겼다. 그리고 남신 이자나기와 여신 이자나미가 생성되었다. 두 신은 성교를 하여 여러 섬과 신들을 창조한다. 이자나미는 '불의 신'을 낳다가 화상을 입고 죽어 지하계 신이 된다.[3]

일본의 창세신화에서 먼저 주목되는 것은 최초의 남신 이자나기와 여신 이자나미가 출현하기 이전과 이후 신들의 특성이 매우 다르다는 점이다. 이자나기와 이자나미 이전에 출현한 신들에게는 성별이 없다. 이 신들은 생명 에너지와 자연의 작용(생산, 파괴, 회귀)을 상징한다. 그들에게는 이후에 전개될 무수한 창조 가능성을 지닌 힘들이 역동한다. 이자나기와 이자나미가 두드러진 의미를 지니는 이유는 인간의 정신발달 과정에서 남녀 성 차이를 지각하기 이전과 이후 인간 및 세계에 대한 느낌과 지각이 매우 다름을 표상하기 때문이다. 일본 신화에서는 유독 시조신들의 남녀 구분이 이루어진 이후에야 인류에게 구체적 영향을 미치는 창조 활동이 본격적으로 시작된다.

성교와 창조

이자나기와 이자나미가 성관계하는 장면은 다른 민족의 신화들에 비해 매우 구체적으로 묘사된다.

이자나기 당신의 몸은 어떻게 생겼는가?

이자나미 내 몸은 완성되었지만, 아직 한 곳에 구멍이 뚫려 있어요.

이자나기 내 몸은 완성되었지만, 남아도는 한 곳이 있다. 그래 나의 남은 부분을 당신의 구멍에 찔러 넣으면 국토를 만들 수 있을 것 같은데, 당신 생각은 어떤가?

이자나미 좋아요. 그렇게 하지요.[4]

성관계하기 전에 이자나미는 이자나기를 향해 "얼마나 멋진 남자인가!"라며 감탄하고, 이자나기 역시 "얼마나 멋진 여자인가!"라며 이자나미를 찬양한다. 8세기경에 기록된 문헌에 이렇게 성적 묘사가 선명한 것은 일본 민족이 남녀 간의 성관계를 집난 보존과 창소 활동의 근본으로 지삭했기 때문이다.[5] 성적 쾌락은 생명 창조 행위를 촉진시키는 데 기여하는 본능의 한 특성인 셈이다. 이자나미는 일본의 국토와 인간 생존에 필요한 여러 신들(바람, 나무, 산, 들판, 안개, 계곡, 파도, 곡물)을 생성하고는 마지막으로 '불의 신을 낳다가 화상을 입고 병들어 죽는다.'

왜 하필 '불의 신'을 낳다가 죽은 것일까? 불은 열기도 지녔지만 빛으로 어둠을 밝힌다는 점에서 사물에 대한 분별력을 뜻한다. 그리스 신화에서 지혜의 신 프로메테우스가 신들만의 보물인 불을 인류에게 넘겨주고 곤욕을 치르듯이 태초의 모성신(이자나미)은 불(지혜, 분별력)을 낳는 순간 자신의 존재 역할을 마치게 된다.

불은 또한 열정과 쾌락의 불꽃을 일으키는 성욕동(리비도)과 연관된다. 두 남녀 신의 성교는 많은 생명을 탄생시킴과 동시에 강렬한 불(성 향락)로 인한 죽음을 유발한다. 그래서 지모신의 자궁은 생명의 입구이자 죽음의 입구인 것이다.

인간 역시 성을 매개로 자손을 남길 수 있게 되고 또한 죽음을 맞이하게 된다. 고대 인류에게 죽음은 과학적 세계관에서 보듯 무기물로 분해되는 것이 아니었다. 태양이 밝게 빛나다가 수평선 아래로 사라진 후 또다시 살아나고, 식물이 겨울에 죽었다가 봄에 피어나듯이 죽음은 미지의 세상에 머물거나 부활을 준비하는 기간으로 이해된다. 창조모신인 이자나미가 불의 신을 낳다가 사망해 지하계 여신으로 변신한 것 역시 죽음에 대한 고대 일본 민족의 관점을 반영한다. 생명 창조와 죽음과 재탄생(변형된 부활)의 순환이 자연계에서 영원히 반복된다는 믿음이 그것이다. 그렇다면 모신이 불로 인해 사망한 후 지하계로 퇴장해 죽음을 관장하는 여신이 된 것은 그녀를 대체해 보다 중요한 역할을 하는 새로운 여신의 출현(변형된 부활)을 준비하기 위한 것이다.

죽음과 탄생의 유래

이자나기는 죽은 아내를 구하러 지하계로 가서 이자나미에게 지상으로 돌아와 달라고 애원한다. 지하계 신들과 의논하겠다고 궁으로 들어가며 이자나미는 "절대 안으로 들어와 내 모습을 보면 안 된다."라고 말한다. 그러나 이자나기는 금기를 어기고 불을 밝혀 궁으로 들어가고, 구더기가 들끓는 추악한 시체인 아내의 모습을 보고 겁에 질려 도망친다. 화가 난 이자나미가 추격하자 그는 지하계 입구를 거대한 바위로 막는다. 입구의 바위 아래에서 이자나미는 "내게 돌아오지 않으면 지상계 인간을 매일 천 명씩 죽일 것이다."라고 말한다. 이에 이자나기는 "인간을 매일 천오백 명씩 태어나게 할 것이다."라고 답한다.

이자나기는 죽은 자의 세계인 요미노쿠니(지하계)로 내려간다. 그런데 지상계에서 국토와 자연 생명체를 창조하던 이자나미는 지하계에 진입하자 과거와 다른 특성을 드러낸다. 이자나미는 지상으로 돌아와 달라는 이자나기의 요구에 "지하계의 음식을 이미 먹었기에 지상계 귀환이 간단치 않다."라고 답한다. 그리고 지하계 신들과 의논하러 가면서 "일곱 밤과 일곱 낮 동안 내 모습을 보아서는 안 된다."라고 당부한다. 이자나기는 금기를 무시하고 불을 밝혀 지하계 이자나미의 실상을 보게 된다. 아름답고 풍성하던 여신의 모습(의식)과 대비되는 죽음(무의식), 즉 인간이 절대 보아서는 안 되는 '그것'의 섬뜩한 실체를 보아버린 것이다.

어머니의 모성 역시 이런 양면성을 지닌다. 인간은 정신의 자립을 방해하는 모성의 부정적 측면(융합욕구)을 인식하고, 상징적 '어머니 살해'를 통해 어머니의 힘으로부터 분리되어야 비로소 아이에서 성인으로 성장할 수 있다. 그런 점에서 이자나기의 지하계 모험은 애착했던 최초 대상과의 관계가 삶의 진행 과정에서 어떻게 바뀌어야 하는지에 대한 깊은 메시지를 담고 있다. 이자나기가 이자나미의 변화된 섬뜩한 실상을 본 것은 인간이 성숙한 정신 단계로 성장하기 위해 반드시 필요한 죽음과 새로운 탄생의 성인식 의례와 유사하다.

지하계와 지상계의 입구에서 거대한 바위를 사이에 두고 이자나미와 이자나기가 나눈 대화는 당대 인류에게 일상에서 끊임없이 일어나는 죽음과 출생의 원인을 이해시켜주는 기능을 한다. 지하계 입구에서 이자나기와 이자나미가 절연함으로써 삶과 죽음, 지상계와 지하계의 경계가 명

료해진다.[6]

창조 모신이자 죽음 여신인 이자나미가 생명을 거두어가는 이 신화소는 죽음에 대해 일본 민족으로 하여금 태모신의 품으로 되돌아가는 긍정적 느낌, 그리고 지상계의 기운과 단절된 두렵고 낯선 곳으로 가는 느낌을 동시에 불러일으킨다.

아버지신의 단독 창조

> 이자나기는 강에 들어가 지하계에서 오염된 몸을 씻는다. 왼쪽 눈을 씻자 태양 여신 아마테라스가, 오른쪽 눈을 씻자 달의 신 츠쿠요미가, 코를 씻자 폭풍우와 천둥의 신 스사노오가 탄생한다.

이자나기는 섬뜩했던 지하계의 오염을 씻기 위해 강물에서 목욕을 한다. 주술적 사고에서는 어떤 대상이나 지역에 가까이 가면 그곳의 기운이 전염된다. 좋은 기운을 접촉하면 신성해지므로 고이 보관하고, 나쁜 기운을 접촉하면 오염되므로 씻어내야 한다. 창조 대신大神인 이자나기의 목욕 장면은 주술적 사고의 핵심을 드러낸다. 창조 원기를 지닌 신이 코를 씻으면 그곳에서 코의 특성을 지닌 신이 태어나고, 눈을 씻으면 눈의 특성을 지닌 신이 태어나는 것이다.

눈을 뜨면 세상이 환하게 보이며, 눈을 감으면 세상은 어둠에 잠긴다(태양과 달이 뜨면 세상이 환해지고, 지면 암흑이 된다). 눈은 세상을 향해 눈빛을 발하여 만물을 분별·지각하는 힘을 지닌다. 태양과 달 역시 만물을 비추어 분별하게 해준다. 눈은 둥근 모양을 하고 있고 태양과 달 역시 둥글다. 이처럼 인체의 두 눈과 자연계의 태양과 달은 '유사성'에 집중하는 주술적 사고(은유적 동일시)에 의해 서로 다른 영역의 대상들임에도 마치 동일한 영역의 밀접한 관계대상인 양 지각된다. 여기에 원시 정신의 특성인 자연 대상에 대한 인격화와 신격화가 이루어지면 매우 자연스럽게 두 눈에서 태양신과 달의 신이 태어나게 된다. 폭풍우의 신인 스사노오도 마찬가지다. 코로 호흡할 때 콧김과 바람이 일어나듯 창조신의 강력한 콧김에 섞인 습기와 거친 숨결이 폭풍우를 일으킨다고 생각한 것이다.

태양, 달, 폭풍우의 신은 일본 민족의 삶에서 매우 중요한 기능을 하므로, '세 귀한 신'이라는 의미의 삼귀자三貴子(미하시라노우즈노미코)라 불렸다. 이들을 얻은 이자나기는 기쁨에 젖는다. 남신의 단독 창조 행위는 무에서 유를 이룩하는 것이 아니라 그가 지닌 에너지가 밖으로 분출되어 분화된 대상에게로 옮겨가거나 다른 기능체를 생성해내는 형태로 이루어진다. 특히 신의 영원불멸하는 생명 에너지는 자연계 대상들에게로 자유롭게 자리를 이동할 수 있고, 자기의 일부가 분리되면 새로운 신성한 생명을 탄생시킬 수도 있다. 이 역시 신화적 사고에 근거한다.

임신과 출산의 생물학적 원리를 모르는 아이는 자신이 마음만 먹으면 원하는 것을 창조할 수 있다는 '자아전능 환상'을 지닌다. 주관세계에서 객관세계에 대한 지각으로, 자기애 단계에서 대상애 단계로 인지 양태가 발달해가는 '과도기 단계transitional stage'의 아이는 주관적 환상과 객관적 사실을 나름 구별한다. 그러면서 그 대상을 향해 자신의 욕구를 마음껏 표출하더라도 무탈하게 수용해주는 환상적 '중간 대상transitional object'을 창조해낸다. 원시 인류의 신화적 사고에도 과도기 단계의 놀이에 도취하는 유아처럼 주관과 객관, 환상과 사실이 혼재되어 있다. 그들은 열악한 현실환경의 결핍을 보충해주는 '중간대상'과 '이상화된 자기대상'을 생성하고 그것이 마치 실재인 양 지각한다.

그런데 고대 일본 민족은 왜 삶에 가장 중요한 영향을 미치던 태양, 달, 폭풍의 신을 남신 혼자 창조한 것으로 표현했을까? 입에서 입으로 전해

여신 이자나미(왼쪽)**과 남신 이자나기**(오른쪽)

이자나기와 이자나미 이전에 출현한 신들에게는 성별이 없다. 이 신들은 생명 에너지와 자연의 작용(생산, 파괴, 회귀)을 상징한다. 그들에게는 이후에 전개될 무수한 창조 가능성을 지닌 힘들이 역동한다. 이자나기와 이자나미가 두드러진 의미를 지니는 이유는 인간의 정신발달 과정에서 남녀 성 차이를 지각하기 이전과 이후 인간 및 세계에 대한 느낌과 지각이 매우 다름을 표상하기 때문이다.

오던 이 신화를 문자로 기록한 8세기 무렵 일본의 집단의식이 가부장적 이던 것이 한 가지 이유일 수 있다. 다른 하나는 세 귀한 신이 이자나기가 '저승세계의 오염을 씻는' 과정에서 탄생했다는 점과 연관된다. 즉 삼귀자는 이자나미가 지하계 입구에서 저주 내린, 매일 천 명에게 떨어지는 죽음을 지연시키는 생명력의 상징이다. 태양과 달과 바람은 죽음 표상인 암흑과 정지 상태를 벗어나게 해준다. 인류에게 생명의 활력을 제공하는 삼귀자는 이자나기가 지하계로 내려가 죽음의 실상을 직면하고 이자나미로부터 분리되는 체험을 함으로써 비로소 탄생한 정신적으로 진화된 단계의 신들이다.

태모신 표상의 변천 이유

고대 일본인은 위대한 구원자란 반드시 서로 다른 두 세계(익숙한 곳과 낯선 곳, 천상과 지하, 삶과 죽음, 부계와 모계)를 두루 접촉하고 그 실상을 체득하여 두 세계를 매개하는 능력을 지녀야 한다고 믿었다.[7]

이자나미는 원래 이자나기와 함께 일본 국토와 여러 신들을 창조한 어머니신太母神이었다. 그런데 불의 신을 낳다가 죽어서 지하계의 신이 된 후로는 정반대로 목숨을 거두어가는 죽음 신 특성을 드러낸다. 어신이 이렇듯 대립되는 특성과 형상을 나타내는 까닭은 무엇인가? 여성은 생명을 낳고 돌보는 최초 보호자이자 남성의 욕망을 일으켜 살고 싶게 만드는 연인이라는 점에서 생명력의 상징이 된다. 반면 자식을 많이 낳고 나이가 든 후에는 자식들을 자기 뜻대로 좌우해 성장(분리·독립)을 방해하며, 자식을 자신과의 융합 관계에 고착시켜 사회적 3자(상징적 의미 소통) 관계로 진입하지 못하게 한다. 그래서 노년에는 애써 만들어낸 젊은 시절의 모든 관계와 의미와 생명을 일시에 거두어가는 죽음(괴물, 묘지)을 상징하게 된다.

이자나미가 불의 신을 낳고 죽은 것은 불이 지닌 지혜·문화 창조력, 파괴 에너지 등과 연관된다. 태모신은 임신·출산·양육 능력을 지닌 어머니처럼 새로운 생명체를 출생시켜 돌보다가 아기가 성장해 문화적 지혜(불)를 습득해 자아 능력과 개성과 의미 창조력을 발현하는 시점에서는 자식 삶의 배후로 물러나야 한다. 태모신은 남성의 청년기에는 욕망 대상인 연인(아니마)으로 변신해 출현한다. 그러다 남성이 노쇠해지면 타계로 이별한 후에 죽음 여신(운명의 여신)으로 모습을 바꾼다. 인류의 자아에 지각되는 태모의 표상은 이처럼 변화무쌍하다.

지하계에서 이자나기에게 보였던 이자나미의 진면목을 무의식의 눈으로 분석해보자. 몸에 '구더기가 우글거리는 모습'은 죽음의 표상이다. 자기애가 취약한 여성은 스스로의 힘만으로는 삶의 의미와 가치감, 자존감과 활력을 생성해내지 못한다. 그런 여성은 정신 내면에 '좋음'들이 다 파괴되고 소멸되어 자립적 생존이 힘든 기생충, 즉 구더기와 같은 상태다. 그래서 침체되고 고갈된 상태로부터 회복하기 위해 타인의 생명력을 점유하고 굴레를 씌워 그 에너지가 자신만을 위해 쓰이도록 필사적으로 애쓰는 삶을 살게 된다. 이런 여성은 언뜻 아이나 배우자를 위해 관심을 쏟는 좋은 어머니, 좋은 배우자로 착각된다. 그러나 실상 그들은 아이나 배우자를 자신의 욕망에 순응시켜 개성이 죽은 존재로 만든다. 개성을 추구하려는 아이(배우자, 민족)의 무의식에서 그녀는 참자기를 삼켜 없애거나 지옥 동굴에 가두는 괴물로 상징화된다.

이자나미는 신체에 모자람(남근 결핍)이 있고, 혼자서는 불완전한 느낌을 지닌다. 성관계할 때 수동적 태도를 요구받으며 안온한 일상성인 오른쪽을 상징한다. 그러다 불의 신을 낳고 죽은 후에는 암울한 지하(무의식계)에서 본모습을 숨기려 들며, 활기찬 삶을 사는 지상계의 인간들을 시기하여 죽이려 한다. 혼자서는 공허하고 암울하며, 상처받기 쉽고, 추한 모습

을 감추려 들며, 시기심이 커 상호 교류가 어려운 것은 경계선 인격 및 자기애 성격장애의 특성이다.[8]

오늘날까지 적지 않은 일본인은 일상에서 이자나미를 떠올리는 일을 기피한다. 꿈과 신화에 나타나는 과도하게 부정적인 이미지는 실상 과거에는 아주 친밀했거나 숭배되던 대상이 내부의 억압 작용과 외부의 검열에 의해 정반대로 바뀐 결과물일 수 있다. 가령 이자나미의 신화 속 이미지가 매력에서 섬뜩함으로 바뀐 것은 개인의 정신발달 과정에서 어머니에 대한 관계 양태가 바뀌기 때문이다. 남자든 여자든 아이의 정신성에서 성인의 정신성으로 도약하려면 절대적 보호자였던 어머니에 대한 유아적 애착에서 벗어나야만 한다. 이 분리와 독립에 실패한 개인은 상징적 관계망으로 엮인 사회적 삶에서 집단을 위한 역할(자리)에 적응하지 못하는 자가 되고 만다. 그래서 모계적 씨족 공동체로 살아가던 일본 민족이 부권적 부족국가를 형성해 상징계 문명과 문화를 이루어낸 시점부터 태모신의 이미지가 정반대로 바뀐 것이다.

집단 차원에서 본다면 모계제였던 최초의 토착 부족이 나중에 이주해 온 부계제 부족에게 정복되어 기존에 숭배되던 모신의 가치와 특성이 부정적으로 전락했다는 기호일 수도 있다. 어떤 부족이 숭배하던 토템과 신은 다른 부족에게 정복당한 후에는 대부분 제거·억압되거나 위협적 존재나 악령으로 변화한다. 즉 부정적 대상으로 평가된다는 조건하에서만 생존할 수 있는 것이다.[9]

스사노오와 아마테라스의 대립

남신 이자나기는 신체에 '남아도는 한 곳'(남근)과 능동성을 지니며, 비범한 왼쪽을 상징하고, 왕성한 생명 창조력 및 밝음과 청결함을 지닌다. 그리고 거대한 바위로 여성의 유혹과 위협을 차단하는 강력한 힘과 엄격함을 지닌다. 그런데 이자나기는 묘하게도 자신의 '좋음'을 대부분 딸 아마테라스에게 물려준다. 마치 과거에 이자나미에게 부착했던 리비도를 딸 태양 여신에게 모두 물려준 느낌이 든다. 이에 비해 어머니 없이 출생한 아들 스사노오에게는 고독감과 폭풍의 광포함이 역동한다.

따스함·밝음·항상성·생명력의 상징인 아마테라스와 흐림·형체 없음·변화무쌍·광포함의 상징인 스사노오는 정신 내부에서 대극을 이루는 삶본능과 파괴본능을 각각 표상한다. 이 대극 요소들의 분열이 심해지면 민족정신이 응집성을 잃어 불안정해지고, 상호 접촉하여 소통하면 무의식의 본능 에너지와 원형의 지혜들이 당대의 자아의식에 전해져 엄청난 창조 에너지를 발현할 수 있다. 즉 갈등과 대립, 대극 관계를 통합한 민족정신은 새로운 단계로 발달을 이룰 수 있다.

아버지신이 자신의 신성한 힘을 남신이 아니라 여신에게 물려주었다는 점은 대부분의 민족 신화와 다르다. 일본의 태양 정령은 특이하게도 처녀신으로 표상된다. 태양은 만물이 고유한 잠재능력을 발현하도록 자신의 에너지를 대가 없이 나누어준다. 일본 민족이 자신의 생명력 결핍을 보충하기 위해 접촉하고픈 대상은 생명·생식력의 상징인 처녀신이다. 그녀는 허약하거나 상처 입어 불안정해진 생명에게 자신의 기운을 조건 없이 나누어주며, 타자의 삶을 통제하거나 타자에게 의존하지 않는다.[10] 그 태양의 배후인 거대한 하늘에는 태양을 창조한 아버지신이 든든히 버티고 있다.[11] 수많은 전쟁사로 피폐해진 일본 민족의 불안을 안정시키고 결핍을 균형 있게 보충하며 영원성에 대한 믿음을 주는 데 있어 일본 신화의 구성은 탁월한 심리적 가치를 지닌다. 그 때문일까? 과학기술 분야에서 엄청난 발전을 이룬 일본의 문화에는 여전히 수많은 신(정령)들과 소통하는 전통 의례에 대한 믿음, 샤먼 요소가 공존한다.

2

스사노오

반사회적 성격이 창조 에너지로 바뀌는 과정

이자나기의 눈에서는 아마테라스가, 코에서는 스사노오가 태어났다.

튀어나온 '코'는 때로 남근을 상징하며, 남근은 권력과 생명력의 표상이다.[12] 콧구멍에서는 숨결이 들락날락해 바람이 일어난다. 숨결은 생명의 징표다. 그렇다면 코에서 태어난 스사노오는 본래 생명의 신이어야 한다. 그런데 왜 폭풍의 신으로 명명되었을까? 바다에서 고기잡이로 생계를 꾸리던 고대 일본인에게 바람이나 폭풍은 어부의 삶과 죽음을 좌우하는 절내적 힘으로 지각되었을 것이다. 따라서 유사싱에 기인한 연상 작용에 의해 생명의 신이 어부들의 생사에 직접 영향을 주는 폭풍의 신으로 표상된 것이다.

이자나기는 아마테라스에게는 하늘을, 스사노오에게는 바다를 다스리라는 임무를 부여했다.

하늘의 중심에는 태양이 있고, 바다에는 폭풍(바람)이 있다. 만약 생존을 좌우하는 태양정령과 폭풍정령을 마음대로 통제할 수 있다면 일본 민족의 삶은 대단히 풍요로워질 것이다.

창조신 이자나기가 하늘의 통치권을 스사노오가 아닌 아마테라스에게 맡긴 것은 태양을 바라보면서 남신의 기운보다 부드러운 여신의 기운을 흡수하고 싶어 했던 당대 일본인들의 심리를 반영한다. 태양은 자신의 에너지를 조건 없이 무한정 나누어준다는 점에서 모성적 에너지와 유사하게 지각되었을 수 있다. 아마테라스는 하늘세계의 중심에서 모든 신들의 환영을 받으며 아버지가 위임한 역할을 해낸다. 반면에 스사노오는 어떠한가? 아버지(왕)는 성장한 자식에게 일차적으로 "공동체의 규범을 세워 준수하고 실천하라."라고 요구한다. 그런데 이를 실행하려면 먼저 본능 충동 및 태모(태초 어머니, 유아기 엄마)와 융합하려는 욕구를 통제할 수 있어야 한다. 정신의 성숙도를 시험하는 변화된 환경의 새로운 요구에 고대 일본 남성의 표상인 스사노오의 무의식은 다음과 같이 반응한다.

> 스사노오는 부여된 일에는 무관심한 채 "엄마가 보고 싶다."라며 격렬하게 울어댄다. 그 울음에 나무가 말라 죽고, 산·강·바다가 마르며, 재앙이 들끓는다. 이자나기는 화가 나 그를 내쫓는다.

원시 인류는 삶에 중대한 영향을 끼치는 낯선 타자들의 특성을 이해하고자 자연현상들을 인간화하여 해석했다. 폭풍은 엄마를 애타게 원하는 아이의 격렬한 울음소리로 지각된다. 그 울음을 달래지 못하면 폭풍의 진노와 발작이 심해져 인간 세상에 엄청난 재난이 발생한다. 나무가 죽고 강과 바다가 마르는 등의 위기가 닥칠 때 고대 인류는 그 사태를 어떻게 대면했을까? 일본 민족은 이를 시조신 이자나기가 자연계를 보호하기 위해 스사노오를 다른 곳으로 내쫓는 과정이라고 생각했다. 이러한 신화적 사고가 이루어지는 순간, 그들은 공포 상태에서 벗어나 안정을 이룰 수 있다.

스사노오는 모성적 사랑이 심하게 박탈된 고대 일본인의 무의식 속 원초 분노를 대리 분출하는 대상이며, '폭풍신의 울음'은 그 결핍을 보충해 달라는 상징이다. 엄마-유아 사이의 최초 대상관계가 박탈·결핍된 아이의 경우 자기(애)가 취약하거나 참자기가 포기되어 무의식에 묻힌다. 따라서 그 결핍이 보충되고 자기가 회복되어 외부 세계에 대한 긍정적 느낌을 지닐 때까지 외부 권위자(지배자)의 규범 요구는 정신에 온전히 수용되지 못한다.[13] 그 경우 왕(공동체의 우두머리)이 되라는 아버지의 말은 자식에게 감당하기 벅찬 요구로 느껴진다. 왕은 수많은 터부(금기)에 둘러싸인 채 이를 엄격히 준수해야 하기 때문이다. 그래서 아버지의 요구를 실행하기 전에 먼저 자신의 모성 결핍을 채워달라며 아이처럼 울어댄 것이다.

아버지(왕)에게서 '좋음'을 충분히 물려받지 못한 채 화난 아버지에게 쫓겨난 스사노오는 권력에서 소외된 민중 내지 지배 집단으로 자리 잡은 아마테라스 부족에게 밀려난 부족을 대변하기도 한다.[14]

공격성 분출을 존중해주고 정성으로 품어주며 인내로 버텨주는 양육자의 모성적 돌봄 체험이 결핍될 경우 유아의 공격성은 파괴성으로 변질된다.[15] 미성숙하고 연약한 유아는 내적 파괴 작용으로 인해 자기가 산산조각 날지 모른다는 불안을 겪게 되며, 그로 인해 생존과 안전을 좌우하는 권력자나 사회의 요구에 전적으로 순응하는 거짓자기 정신구조가 형성된다. 착하고 성실해 보이는 인격의 이면에는 공감받지 못한 엄청난 분노와 파괴성이 분열·억압되어 있다. 이 무의식의 파괴성이 오랜 기간 축적되다가 어떤 촉발 자극과 결합해 활성화될 경우 섬뜩한 반사회적 범죄 행위나 자해(할복자살), 보복당할 위험이 적은 약자를 공격성 분출의 희생양으로 삼음(이지메), 집단 차원의 잔혹한 전쟁(2차 세계대전) 등으로 분출된다. 지배자에게 순종적이던 일본 민중이 파괴적 침략 전쟁에 함입된 원인이 오

폭풍과 전사戰士의 신 스사노오

스사노오는 모성적 사랑이 심하게 박탈된 고대 일본인의 무의식 속 원초 분노를 대리 분출하는 대상이며, '폭풍신의 울음'은 그 결핍을 보충해달라는 상징이다. 아버지(왕)에게서 '좋음'을 충분히 물려받지 못한 채 화난 아버지에게 쫓겨난 스사노오는 권력에서 소외된 민중 내지 지배 집단으로 자리 잡은 아마테라스 부족에게 밀려난 부족을 대변하기도 한다.

랫동안 잠복되어온 고대의 민족무의식에 있음을 스사노오 신화를 통해 발견할 수 있다.

전오이디푸스기(구강기-항문기)에 엄마와의 안정된 관계를 경험하지 못한 아이는 엄마와 분리되라는 아버지의 말씀을 수용하는 오이디푸스 과정을 제대로 통과하지 못한다. 이런 아이는 부모의 말이 진정으로 고맙고 존경스러워 내면화하는 것이 아니라 두려워 순응하는 차원에서 요구와 압력을 수용한다. 아이 내면의 부모(초자아)는 자상한 양심의 목소리이기보다 파괴욕동에 전염된 혹독한 심판자다.[16] 신화에서 이자나기(지배자)는 아들(백성)의 속마음을 이해하고 공감하며 인내로 버텨주기는커녕 화내며 벌을 준다. 권력자에게 힘겹고 불안한 마음을 공감받지 못한 일본 백성의 무의식적 분노가 투사된 폭풍신 스사노오는 마치 모든 생명체를 파괴하려는 듯이 험악하게 울부짖는다.

사춘기의 방황

스사노오는 어머니가 있는 지하계로 떠나기 전에 누나 아마테라스를 찾아간다. 그녀는 스사노오가 하늘나라를 빼앗으러 온 줄 알고 경계한다. 스사노오는 자신의 결백을 증명하겠나며 '애 낳기 내기'를 제안한다. 스사노오는 "만일 내가 여자애를 낳는다면 추악한 마음을 지닌 것이고, 남자애를 낳으면 결백한 것으로 하자."라고 약속하고, 아마테라스는 "만일 마음이 청정하다면 네가 낳은 자식은 남자일 것이다."라고 말한다. 강을 사이에 두고 아마테라스는 남동생의 검을 받아 우물에 헹군 뒤 입으로 물었다가 내뿜어 세 여신을 낳는다. 스사노오가 누나의 머리 장식(옥)을 물었다가 내뿜자 다섯 남신이 태어난다.

아버지에게 공감받지 못하고 내쫓긴 스사노오는 위로받고 싶어 누나를 찾아가지만 그녀는 드세고 충동을 통제하지 못하는 남동생을 의심하며 경계한다. 누나의 의심과 경계를 풀기 위해 스사노오는 '애 낳기 내기'를 하자고 제안한다. 왜 하필 애 낳기 내기인가? 이 내기는 자신도 부모처럼 소중한 아기를 만들어낼 수 있다고 믿는 유아적 전능 환상을 반영한다. 부모(권위자)를 모방해 부모의 행동을 따라 하고픈 욕구의 표현이기도 하다.

오이디푸스기 남아는 최초 성 대상인 어머니에게서 성적 쾌락을 얻고 싶어 한다. 이런 욕구는 의식에 지각되는 순간 도덕적 금기를 지키라고 요구하는 초자아에게 가혹한 처벌을 받기 때문에 즉각 억압된다. 그리고 무의식에 자리 잡아 성찰되고 해소되는 그 순간까지 끈질기게 의식을 향한 분출을 꾀한다. 이 경우 의식과 무의식 사이, 이드·자아·초자아 사이에 '타협 형성'이 일어나 변장되고 완화된 양태(신화나 꿈, 증상)로 분출된다. 어머니에 대한 성적 욕망은 누나와의 애 낳기 놀이로 변형되는 조건에서만 표현될 수 있는 것이다. 이 맥락에서 애 낳기는 가장 친밀하고 우호적인 관계를 표현하는 상징이다. 즉 스사노오가 권력을 빼앗으려는 마음이 아니라 애정 욕구와 친밀 관계를 맺고 싶은 동기를 지녔음을 표현한 것이다. 놀이에는 본능욕구를 분출하는 쾌락 요소와 더불어 본능욕구를 안전한 상징 형식으로 승화한 의미가 담겨 있다.

'약속'이란 상대를 향한 언어에 혼이 담겨 있다는 믿음에 기초한 언어 주술이다. 고대 사회에서 말〔言〕은 곧 사실〔事〕이다. 부족원의 생명 원기를 담고 있다고 간주되던 권위자의 입에서 나온 말은 그 말이 가리키는 일을 실현시키는 힘을 지닌다. 즉 말해버리면 그것은 움직일 수 없는 사실이 된다.[17]

'스사노오가 여자애를 낳는다면 추악한 마음을 지닌 것이고, 남자 애를 낳으면 결백한 것'이라는 말은 '유사는 유사를 낳는다'(남자는 남자를 낳는다)라는 유사원칙에 근거한다. 또한 여자-남자 사이의 명료한 성 차이 지각, 즉 가족 구성원 간에 금기가 존재한다는 지각이 담겨 있다. 사촌들 사이의 결혼 허용이나 남녀 혼합 목욕 등 일본 문화는 성에 대한 금기가 약한 듯 보이지만 근친상간은 추악한 것으로 간주되었다. 신화소에서 남성신이 여성을 낳는 것을 추악함으로 표현한 이유는 '남자'(무사)에 대한 요구가 컸던 당대 사회에서 여성이 가부장 역할을 제대로 수행하지 못했기 때문으로 추정된다. 또한 '생명체는 자신과 유사한 것을 낳는다'라는 신화적 사고에 의해 여성신은 여성을, 남성신은 남성을 낳는 것이 '결백'하다는 신념이 담겨 있다.

'내기'란 현실에서는 중대한 대결을 뜻한다. 이들의 내기는 여신과 남신, 모성신과 부성신, 모계제를 추종하는 세력과 부계제를 주장하는 세력 간의 대결 요소가 압축된 것일 수 있다. 아이를 낳지 못한다는 것은 생명력이 막혀 있다는 의미이며 지도자의 무능함을 드러낸다. 아마테라스가 '세 여신'을 낳고 스사노오가 '다섯 남신'을 낳았다는 사실은 스사노오의 생명 창조력이 더 왕성하다는 증거일 수 있다. 그러나 각각의 숫자에는 다른 의미가 담겨 있다. 3은 창조의 여신(어머니), 욕망의 여신(연인·배우자), 죽음의 여신(대지 여신)을 통합하는 완전수다. 그리스 신화 속 운명의 여신들, 파리스에게 미를 심판하게 한 여신들, 리어왕의 딸들도 모두 셋이다. 한편 스사노오가 생성한 다섯 남신은 우주 만물의 생명을 구성하는 다섯 가지 원소(동양의 오행, 금목수화토)를 떠올리게 한다. 아마테라스가 스사노오의 '검'을, 스사노오가 아마테라스의 '몸에 달린 옥'을 입에 넣었다가 뿜어내는 장면은 성적 의미를 지닌다. 꿈의 원리나 주술적 사고에 의하면 어떤 대상이 몸에 지닌 물건은 곧 그 대상(의 몸)을 뜻한다. 검과 옥은 각각 남녀 성기의 상징이며, 입은 성기의 전치로 사용된다. 즉 서로 상대의 몸과 성기를 탐닉한 후 생명력의 씨앗을 뿜어내 새로운 신(생명력)을 만들어냈다는 의미다. 고대 일본에서는 왕족에 한해 오누이 사이의 근친

결혼을 인정했다.

스사노오는 남신을 낳음으로써 나쁜 의도가 없었음이 입증되었다고 기뻐한다. 아마테라스는 스사노오의 결백은 인정하면서도 다섯 남신이 자신의 소유물(옥)에서 나왔으므로 자기 자식이라고 주장한다. 그중 장남인 아메노오시호미미가 나중에 다카미무스히의 딸과 결혼하여 낳은 천손天孫 니니기노 미코토는 일본 황실의 조상으로 지상계에 내려온다. 처녀신 아마테라스는 황실의 조모신이 된다.[18]

스사노오는 승리의 기쁨에 아마테라스가 경작하는 밭을 망가뜨리고, 논 개천을 메우고, 신전에 똥을 싼다. 그가 신성한 베 짜는 곳의 지붕에 구멍을 뚫고 안으로 가죽 벗긴 말을 던지는 바람에 베 짜는 여인이 놀라 베틀 북에 음부를 찔려 죽는다.

아마테라스(사제, 귀족 계급)는 과연 스사노오(무사 계급)의 애정 결핍(모성 콤플렉스)을 충분히 위로하고 보충하며 버텨줄 수 있는가? 어머니에게서 받지 못한 애정을 누나에게 보상받으려는 스사노오의 행동들은 매우 파괴적이다.

'논밭 파괴', '신전에 똥을 쌈', '근친상간'은 고대 사회에서 가장 경계했던 금기였다. 스사노오의 행동은 위대한 신(왕)의 행동이 아니라 어머니의 애정을 박탈당한 아이가 드러내는 전형적인 반사회적 증상이다. 반사회적인 아이는 자신의 원초 공격성을 있는 그대로 공감해주고 담아주고 버텨줄 자상하면서도 든든한 대상이 나타나 박탈된 모성성을 보충해주길 갈망한다. 그래서 애정을 쏟지 않는 모성적 대상을 향해 자신에게 관심을 집중해달라는 구원 요청 메시지로서 비행을 저지른다. 스사노오의 반사회성은 어머니의 대리자인 태양 여신 주변에서 표출된다.

프로이트의 관점에서 보면 성스러운 영역인 신전에 똥을 싼(오물을 뿌린) 행동은 부모의 배변 훈련 요구에 저항하는 항문기 가학 충동과 부모의 침실에 침입해 부모의 성관계를 방해하고 싶은 남근기 아동의 욕망을 상징한다.[19] 즉 아버지의 규범 요구에 저항해 아버지의 권위를 손상시키고 어머니에게 자신의 존재와 힘을 알리려는 가학적 항문(배설)욕동과 오이디푸스 욕구의 표현이다. 이 행위는 또한 클라인의 관점에서 보면 사랑받지 못한 유아가 좋은 가치를 지닌 모든 것을 독성을 지닌 자신의 변으로 뒤덮어 파괴하려는 시기심의 표현이다. 융의 개성화 과정 차원에서 보면 새로운 정신 국면으로 전환(발달)하기 위해 기존 질서를 부정하는 활동으로 해석할 수 있다. 민속학 차원에서는 강력한 힘을 발휘하는 새로운 문물과 함께 이주해온 새 지배계급을 향한 토착 부족의 억눌린 분노의 표상으로 볼 수 있다.

'가죽 벗긴 말'은 붉은 속살이 길게 드러난 남근 형상이다. '지붕에 구멍을 뚫고 안에다 가죽 벗긴 붉고 긴 살덩이를 집어넣은 것'은 성관계 장면을 목격하고 놀란 아이의 유아적 부분지각(환상) 내용을 연상시킨다. 스사노오의 행동에 놀란 베 짜는 여인이 '베틀에 음부를 찔려 죽었다'는 것은 부모의 원초적 성관계 장면을 보고 충격(과잉 자극)받은 아이의 정신이 마비된 상태와 유사성을 지닌다. 여기서 스사노오가 자신의 욕구를 직접 분출하고 싶은 원대상은 베 짜는 여인이 아닌 아마테라스일 것이다. 베 짜는 여인은 아마테라스의 전치다. 이후 아마테라스가 놀라서 석굴로 피신한 것은 베틀 북(남근)에 의해 음부에 상처 입은 대상이 바로 아마테라스였기 때문이다. 스사노오의 행위에는 파괴욕과 더불어 성 대상을 향한 유아성욕의 극단인 근친상간 욕구가 담겨 있다.

파괴욕동에 주목해 해석하면 '성소의 지붕'은 아버지의 권위·머리·남근의 상징이다. 그것에 '구멍을 뚫음'은 권위를 훼손하는 행위다. 이 경우 '말'은 아버지이고, '가죽 벗긴 말'은 아이가 무의식에서 잔인하게 거세한 아버지 기표다.

민속학 차원에서 보면 가죽 벗긴 말은 살해한 토템 동물(신)을 가리킨다. 수렵 사회에서는 토템으로 숭배하던 신성한 동물을 매년 축제일에 살해해 가죽을 벗겼다. 이는 부족원의 모든 질병과 액운을 대신 짊어지고 가게 하는 주술 의례다.[20] 베 짜는 여인의 죽음은 의례 과정에서 순결한 여인 또는 여사제가 신에게 희생 제물로서 살해되었던 흔적을 반영한다.

위 해석들을 재구성해보면 스사노오는 척박한 자연(폭풍), 죽음·박해 불안 때문에 진정한 자기를 포기한 채 온갖 금지와 권력자의 요구에 머리 조아려 온 피지배계층의 무의식 속 수치와 분노, 모성 콤플렉스, 오이디푸스 욕구 등이 혼합된 형상이다. 공감·존중받지 못한 공격성이 파괴욕동으로 변질되어 분열된 무의식에 수천 년간 보존되어 있다가 투사되어 스사노오(폭풍신)로 형상화된 것이다. 민족정신이 오래된 불안과 불균형 상태를 벗어나 성장하려면 민족무의식이 신화 속 형상으로 일단 표현되어 의식의 인식 대상이 되어야 한다.

남동생의 난폭한 행동에 상심한 아마테라스는 동굴 석실로 들어가 칩거한다. 태양이 사라지자 세계는 어둠에 묻혀 재앙과 혼돈에 빠진다. 하늘의 신들은 놀라서 대책 회의를 열고, 지혜 여신인 아메노우즈메가 묘책을 내어 아마테라스를 석실에서 나오게 한다. 스사노오는 소란을 피운 죄로 천계의 신들에게 수염을 잘리고 손발톱을 뽑힌 채 하늘나라에서 추방된다.

고대 사회에서 집단의 대표자는 구성원의 원초불안을 해소해주는 든든한 수호령이며 생명력의 원천이자 모델이다. 그 대상이 사라지면 공동체 전체가 위기에 처할 수밖에 없다. 이런 최악의 사태를 방지하기 위해 왕이 병들거나 사라지지 않게 보호하고 감시하는 수많은 터부가 만들어진 것이다.

'막힌 입과 길을 열어주는 여신' 아메노우즈메가 등장해 석실 앞에서 요염한 춤을 추자 이를 본 모든 신들이 궁이 진동할 정도로 크게 웃는다. 이 웃음소리가 동굴에 숨은 아마테라스의 호기심을 유발한다. 그녀는 밖으로 얼굴을 내밀며 웃는 이유를 묻는다. 그때 신들은 그녀 앞에 거울을 들이댄다. 여성적인 매력을 발휘하는 아메노우즈메의 모습과 어른으로 변신한 거울 속 자신을 보며 아마테라스는 석실 밖으로 나온다. 그러자 천상계에 다시 빛과 생명의 활기가 돌아온다.

동굴 속에 들어가 은거하다 재출현하는 과정을 거침으로써 아마테라스는 보다 성숙한 존재가 된다. 상처 입은 여성에서 성숙한 여성으로 변신한 것이다. 석실 속(다른 세계, 무의식)에서 석실 밖(생명, 자아활동)으로 나온 것은 정신성의 발달을 위한 일종의 입문 의례를 상징한다.

'하늘나라'는 일하지 않고 놀며 자유롭게 지내던 유년기를, 하늘나라의 '신'들은 유년기의 부모를 상징한다. '수염'은 머리털의 전치이며, '머리'는 남근의 전치다. '손발톱'은 손발의 전치이며, '손발'은 왕성한 활동력(남근)의 전치다. 따라서 수염이 잘리고 손발톱이 뽑혔다는 것은 남근(생명력)이 거세되었음을 뜻한다.

고대 사회의 '형벌 유형'은 저지른 '죄의 유형'에 대응했다('유사가 유사를 낳는다', '눈에는 눈, 이에는 이'). 그렇다면 거세 처벌을 받은 범죄자가 저지른 죄는 무엇인가? 일차적으로는 제1의 금기인 오이디푸스 욕구를 직접적으로 표출한 죄라고 볼 수 있다. 스사노오는 부모에게 수용되지 못한 공격성과 결핍된 모성애 및 성적 욕망을 한꺼번에 해소하고자 천상계 누나를 향해 금지된 행동을 한 것이다. 모계제가 가부장제로 대체된 이후부터 고대 사회에서는 동일 토템을 섬기는 씨족 간 성 접촉이 엄격히 금지되었다. 집단 구성원이 근친상간 금기를 어기면 집단 전체에 재난이 닥친다고 믿어졌다.[21] 이를 반영하듯이 스사노오의 금기 위반 행동은 아마테라스에

우타가와 쿠니사다(도요쿠니 3세), **'이와토 카구라 춤의 기원', 1856**

동굴 속에 들어가 은거하다 재출현하는 과정을 거침으로써 아마테라스는 보다 성숙한 존재가 된다. 상처 입은 여성에서 성숙한 여성으로 변신한 것이다. 석실 속(다른 세계, 무의식)에서 석실 밖(생명, 자아활동)으로 나온 것은 정신성의 발달을 위한 일종의 입문 의례를 상징한다.

게 충격을 주고 집단 전체에 재난을 가져왔다. 금기를 어긴 자는 집단 구성원에게 나쁜 기운을 전염시키므로 공포와 혐오 대상이 되어 그와의 모든 접촉이 차단(사형, 추방)되거나 (아버지의) 법에 의해 혹독히 거세당한다. 심지어 그와 접촉했던 대상조차 접촉 금지 대상이 된다. 거세된 존재, 즉 생명력과 힘을 쓰는 부분이 제거된 영혼은 자아전능 감정에 도취하게 하던 자기애와 자아전능 환상이 깨진다. 그 결과 자신을 거세한 외부 세계(상징계)의 강력한 요구들을 냉엄한 현실로 인정하고 수용하는 사회적 인간이 되지 못하거나 분노를 통제하기 힘든 반사회적 인격이 된다. 또는 자신의 상처를 위로하고 보상해줄 더욱 안전한 환상 대상을 찾아 헤매게 된다.

《일본서기》에는 스사노오가 몸에서 수염, 침, 콧물을 받아내는 벌을 받은 것으로 되어 있다.[22] 이는 신체의 일부라고 하기에는 모호하면서도 부정한 부분을 제거함으로써 유아적 환상에 고착된 미숙하고 분별없는 아이 상태로부터 사회 질서를 수용하는 어른의 범주로 이행시켰다는 의미를 지닌다. 즉 죄와 부정을 씻는 의례를 집행함과 동시에 성인식을 통과하는 기초 조건을 그에게 제공한 것이다.

스사노오의 천상계 방문은 결과적으로 아마테라스와 천상계 전체 그리고 스사노오 자신을 미숙한 정신 상태에서 성숙한 정신 상태로 전환하는 뜻 깊은 계기가 된다.

분열된 정신 요소들의 통합

음식 여신 살해

천상에서 지상으로 추방된 스사노오는 먼저 음식 여신을 찾아간다. 그녀가 코, 입, 엉덩이에서 나온 재료로 요리를 만들어 대접하자 그는 혐오감에 화를 내며 음식 여신을 죽인다. 죽은 여신의 몸 각 부분에서 여러 종류의 농작물이 나온다.

본능욕동을 현실에서 마음껏 분출하면 준엄한 심판의 벌을 받게 된다는 것을 고통스레 체험한 이후부터 인간은 소위 유아적 천상세계(상상계)에서 냉엄한 지상세계(상징계)로 내려와 살게 된다. 스사노오는 한결 성숙해진 상태로 지상에 내려왔지만 그에게는 아직 유아적 결핍이 온전히 해소되지 않았다. 그래서 그 결핍을 채우기를 기대하며 음식 여신保食神(우케모치노카미)을 찾아간 것이다. 음식은 구강기 엄마의 젖처럼 생명과 힘의 원천이고 만병통치약이며 존재를 성장시킨다. 음식 섭취는 세상을 내면화해 파악한다는 의미이며 포만감과 생산력을 준다. 먹은 음식을 내용으로 받아들이고 내적으로 소화하면 신체에 변화가 일어난다.[23]

음식은 또한 유아기 구강욕구를 만족시키는 대리물이다. 욕망 대상에게서 원하는 애정을 얻지 못할 때 음식을 탐욕스럽게 삼키거나 씹으면 대리만족을 얻을 수 있다. 음식 섭취는 배설 쾌감도 제공한다. 즉 음식 여신은 성과 연관되기 이전 시기인 구강기-항문기에 젖과 배설 만족을 제공하던 엄마의 상징이다.

음식을 몸에서 꺼내는 음식 여신의 행위는 마치 어머니가 젖가슴에서 모유를 뿜어내는 것과 유사하다. 수염과 손발톱을 뽑혀(거세되어) 무기력해진 스사노오는 어머니의 음식(젖)으로 생명력을 보충·회복하기 위해 음식 여신에게 갔을 것이다. 그런데 입과 항문으로 음식을 만드는 그녀의 모습은 스사노오에게 뜻밖에도 불결한 모욕으로 느껴진다. 그 까닭은 무엇인가?

항문은 유아가 자기 신체의 일부이자 자랑스러운 창조물로 느끼는 대변을 보관하는 보물창고이며, 배설될 때 강한 쾌감을 주는 쾌락 기관이기도 하다. 그런데 곤혹스럽게도 유아는 부모에게서 원치 않는 시간과 장소에 변을 배설하라고 요구받는다. 부모의 배변 훈련(청결) 요구 때문에 항문기 아이는 '변 상실감'과 '배설쾌락 상실'의 고통을 느낀다. 하지만 일단 부모의 사랑에 보답하기 위해 배변 훈련 요구를 수용하면 이제 아이는 이전에 애착했던 항문과 변에 대해 더러움과 역겨움을 느끼게 된다.

유아는 엄마의 몸속에 온갖 맛있고 귀한 것들이 담겨 있다는 무의식적(선천적) 환상을 지닌다. 구강기(편집·분열 자리)의 유아는 이런 엄마 몸을 탐욕스럽게 소유하는 환상과 더불어 시기하여 파괴하는 환상을 지닌다.[24] 프로이트의 관점에서 보면 세상의 심판을 받아(부모에게 야단맞아) 거세된 자가 무심결에 음식 여신을 찾아간 것은 거세 상처 이전 시기로 퇴행하여 구강-항문욕동을 충족함으로써 위로받고 싶기 때문이다. 그런데 부모나 집단의 압력에 의해 구강-항문 쾌락이 과도하게 억압된 경우 원래는 친밀했던 구강-항문과 변을 연상시키는 음식에 정반대의 역겨움과 혐오감을 느끼게 된다. 구강 만족이 과잉 좌절되면 유아의 내부에는 탐욕과 시기심이 들끓게 된다. 이 부정적 감정이 투사된 외부 대상은 온갖 좋은 것들을 몸속에 독점한 '나쁜 엄마' 또는 그를 모욕하거나 독살하려 드는 '오염된 마녀'로 환상화된다. 음식 여신에게 격노한 이유는 통제할 수 없는 시기심과 더불어 이런 박해망상·박해불안이 스사노오(고대 일본인)를 엄습했기 때문일 수 있다.[25]

엄마에게 공감 어린 돌봄을 받지 못해 자기애 상처가 심한 사람은 타인의 사소한 낯선 행동도 그것이 마치 자신을 비하하는 것인 양 오해하여 쉽게 모욕감을 느낀다. 정신 내부에 자리 잡은 '부정적 자기표상'과 '부정적 대상표상' 때문에 자신의 요구에 대한 대상의 반응에서 조금이라도 부정적 요소가 지각되면 격노하는 것이다. 그로 인해 그는 항상 '배고픔'(애정 갈망) 상태에 놓인다. 이 상태는 그가 엄마(최초 대상)에 의해 자신의 마음을 진정으로 공감, 반영mirroring받지 못해 박탈감을 느꼈던 초기 상태의 반복 재현이다. 그로 인해 그는 항상 타인의 행동을 오해하고 타인과 온전한 상호 관계를 맺지 못해 사회로부터 소외된다.[26]

다른 한편으로 '음식 여신 살해'는 구강기 어머니에게 의존하고 융합하고픈 유아적 욕구에서의 분리, 새로운 정신 단계로의 전환을 의미한다. 민속학적 관점에서 보면 음식 여신은 곡물 정령의 상징이다. 고대인은 곡물을 수확한 후(죽인 후) 내년에도 곡물이 되살아나 식량을 제공해주기를 기원하며 인간을 제물로 바쳐 그 피를 대지에 뿌림으로써 곡물 여신을 위로했다.[27] 따라서 음식 여신 살해는 매년 곡물 수확과 연관해 자연 생명의 부활(풍요)을 기원하던 고대인의 주술 의례를 반영한다.

인류사 차원에서 보면 음식 여신 살해는 지금껏 수렵과 채집 생활을 하며 자연과 공생·융합해 지내왔으나 이제는 자연에서 과감히 분리하여 자연을 적극 관리하는 농경 사회로 변화하겠다는 당대 일본인의 집단무의식을 담고 있다. 인간의 정신은 엄마와의 융합(공생) 상태를 충분히 향유한 후에 점차 분리-개별화, 발달된다.[28] 어머니에 의존하고 융합했던 기존의 유아적 세계가 죽어야 비로소 새로운 세계가 눈에 보이듯이 음식 여신이 살해되자 여신(모신)의 시체에서 농경 생활에 긴요한 여러 곡물들이 나온다.

괴물 처치

스사노오는 이즈모 지역에서 여덟 딸 가운데 일곱을 괴물에게 잃고 그나마도 또 잃을까 두려워 우는 노부부를 만난다. 그 딸과의 결혼을 허락받아 여인을 빗으로 만들어 머리에 꽂고, 여덟 개의 머리와 꼬리를 지닌 거대한 괴물을 여덟 개의 문에 놓은 여덟 항아리의 여덟 해 익힌 술에 취하게 한 후 칼로 난도질해 죽인다.

처녀들을 잡아먹는 괴물의 정체는 무엇인가? 원시시대에 실제 행해졌던 관습적 사건들의 흔적은 훗날 신화, 꿈, 무의식적 환상, 종교의례 등으로 회귀한다.[29] 신화인류학자 프레이저에 의하면 '괴물'은 일차적으로 부족을 통치하던 족장을 뜻한다. 고대인은 집단 구성원들의 생명력을 대신 떠맡아 보호하던 족장이 노쇠하거나 병이 들면 집단에 재난이 닥치거나 구성원 전체의 생명이 위태로워진다고 믿었다.[30] 그 경우 과거 위대한 신인神人이던 족장은 제거되어야 할 괴물로 변질된다. 부족원들은 나쁜 기운을 집단에 전염시키는 족장을 살해할 강력한 새 영웅이 나타나 쇠퇴해가는 집단의 생명력을 회복시켜주기를 기원한다. 잡아먹힌 처녀들과 하나밖에 남지 않은 딸, 늙은 부부는 쇠퇴한 집단 생명력의 표상이다.

다른 관점에서 보면 고대에는 처녀들의 목숨을 수호신(자연 정령)에게 바치는 풍습이 있었다. 이러한 희생 제의의 목적은 목숨을 바쳐 신을 공경하는 인간의 정성에 감응하여 집단의 생명력을 풍요롭게 해달라고 요청하는 데 있다. 이때 희생자는 집단의 재난과 죄를 대신 떠맡아 정화시키는 대속자 역할을 겸했다.[31] 이 경우 '처녀들을 잡아먹는 괴물'은 처녀들을 죽여 제물로서 제사 지낸 토템 신 내지 희생 제의 관습 자체를 상징한다. 그 신과 관습도 족장과 마찬가지로 공동체의 문제를 해결하지 못하거나 정신적 위안을 주지 못하면 새로운 문화에 의해 괴물로 변질된다. 스사노오 신화가 문헌에 최초 기록되고 농경 문화가 정착된 8세기 무렵의 일본에서 왕 살해와 인신공희人身供犧(인신공양)는 문제가 많은 악습으로 간주되어 타파된 직후였을 수 있다.

융의 관점에서 괴물은 보편적으로 그 민족이 외면해오다가 대면할 수밖에 없게 된 민족무의식의 그림자·콤플렉스를 상징한다. 그 민족이 보다 성숙한 정신 단계로 전환하려면 반드시 괴물과의 대결 과정을 거쳐야 한다.[32]

프로이트는 꿈에 등장하는 거대한 괴물을 원시 씨족 집단의 원아버지(씨족장), 오이디푸스기 아버지의 상징으로 본다. 즉 괴물은 여성들을 혼자 독점하다가 희생 제물로 만드는 무서운 힘(마나)을 지닌 부족장(아버지)의 상징이다. 지배자(아버지)를 향해 직접 표출할 수 없었던 억압된 공격성이 신화 속 스사노오를 통해 분출된 것이다. 본능의 차원에서 보면 처녀들을 잡아먹는 괴물은 당대 일본 민족이 충족하고 싶어 했던 구강욕동과 성욕동이 혼합되어 외부로 투사된 형상이다. 이 경우 '처녀들'은 엄마 젖, 생명력, 성적 대상을 표상한다.

괴물의 특성을 세세히 살펴보면 당대의 집단무의식을 파악할 수 있는 더 많은 단서가 드러난다. 괴물은 여덟 개의 머리와 꼬리를 지녔다. 동양에서 '8'은 많음, 풍요 등 긍정적 의미를 지님과 동시에 무덤[穴]을 상징하는 숫자다. 머리와 꼬리는 남근을 상징하므로 머리와 꼬리가 많음은 제압하기 힘든 왕성한 생명력과 생식력(생산력)을 의미한다. '문'은 존재의 변형을 가능하게 하는 새로운 세계로의 통로를 상징한다. 전통 제례나 꿈에서 주인공은 문을 통과함으로써 새로운 세계와 새로운 존재 상태로 변형된다. 그렇다면 '괴물의 여덟 머리가 여덟 개의 문을 통과한다는 것'은 소통이 단절된 채 집단정신을 괴롭히던 무의식의 콤플렉스들이 자아의식과 대면·교류되어 전환과 변형이 이루어졌음을 의미한다. 괴물에게 '항아리의 오래된 술을 먹여 취하게 한 뒤 목을 잘라 죽인 것'은 무엇을 뜻하는가? 새로운 탄생에는 자궁과 기존 상태의 마비·죽음이 필요하다. 소중한 무엇을 담아내는 '항아리'는 대지의 흙으로 만들어지므로 지모신의 자궁을 상징한다. '술'은 박해환상에 시달리던 기존 정신성의 변형을 위해 망아忘我 상태를 일으키려 사용되었다. 술은 심신을 마비시키는 동시에 새로운 힘을 솟게 한다. 지모신의 오래된 술은 자연이 매년 봄에 새로운 생명체를 탄생시키듯 쇠퇴한 생명력을 부활시키는 생명수의 상징이다.

여덟 개의 머리와 꼬리를 가진 거대한 괴물은 자기만족을 위해 아이의 삶을 일일이 머리로 간섭하고 꼬리로 좌지우지하여 결국 아이의 개성을 잡아먹는 자기중심적 남근 엄마(지배자)의 상징일 수도 있다. '자기중심적 엄마narcissistic mother'란 스스로의 힘으로 능동적·자족적 삶을 살아가지 못하고 아이(백성)들의 생명 에너지에 의존해 착취하며 살아가는 존재다. 자기애와 모성성 결핍이 심한 남근 엄마는 상과 벌로써 아이를 자신이 원하는 인간으로 만들어 봉사하게 한다. 타자를 자신의 자기애 보충 수단으로 삼는 괴물의 착취와 폭력은 교묘하다. 아이들은 활기 없고 불행하게 느껴지는 자신의 삶이 전능하게 느껴지는 엄마의 문제에서 비롯된 것이라 생각하지 못한 채 자신의 문제라며 자책한다. 꿈이나 무의식에서는 괴물을 살해하는 환상과 거대한 괴물에게 삼켜지고 학대당하는 불안에 시달린다.

괴물은 이처럼 통제되지 않는 파괴욕동, 자기중심적 남근 엄마, 거세공포를 일으켰던 원아버지, 위험한 왕, 자연재해, 콤플렉스, 오이디푸스 욕구를 비난하는 초자아 등이 다중으로 압축된 상징이다.[33]

또한 괴물은 과거에는 친밀하고 소중했지만 집단정신의 발달을 위해 이제는 대결하여 제거하거나 분리되어야 하는 무엇이다. '괴물 처치'는 민족의 현실 문제와 콤플렉스들을 의식의 칼날로 성찰·해체함을 뜻한다. 괴물을 처치한 칼에는 본능충동을 통제하고 환상의 장막을 꿰뚫어 찢는 자아의식의 지혜 능력, '진정한 자기'가 지닌 당당한 공격성, 그리고 남성적 생명력 등이 압축되어 있다.

집단무의식의 관점에서 '노부부'는 후손들을 낳고 기르는 데 헌신적 도움을 주는 지혜 노인의 상징이다. 반면에 생식력이 왕성한 처녀들을 집어삼키는 괴물은 자연이 지닌 파괴력(죽음본능), 새로운 변화를 방해하여 집단 생명력을 고갈시키는 구시대 악습, 노쇠한 왕 등을 상징한다. 인자한 노부부와 포악한 괴물은 자연의 두 대극적 특성을 상징한다. 스사노오가 괴물을 처치했음은 그 집단을 불안하게 했던 척박하고 파괴적인 자연 현상과 대결하여 이를 '생산물을 제공하는 자연'으로 바꾸었음을 의미한다. 무시무시한 힘을 지닌 자연(신)의 소유였던 자연 생명체들을 키우고 거두어가고 재생하는 능력은 이제 인간(문화)의 소유가 되었다. 이를 통해 자연신 숭배를 대체하는 새 유형의 권력체인 국가와 왕이 출현하게 된다.

인간은 자연과 균형을 이루던 삶에서 특별한 왕권과 국가에 소속되는 '백성'으로 변화된다.[34] 괴물의 몸에서 나온 '보검'은 자연이 지녔던 비밀스러운 힘을 상징하며, 이것을 인간이 소유하게 됨으로써 자연과 인간의 균형이 깨지고 인간이 우위를 차지한다.

괴물과 싸운 스사노오의 행위 속에는 어떤 의미와 목적이 숨겨져 있는가? 모성 결핍을 채우고 싶은 갈망 때문에 아버지의 명령을 수용하기를 거부했던 스사노오는 아직 악을 무찔러 정의를 구현하는 사회 지도자의 모델이 될 수 없다. 모성 결핍을 극복하지 못한 자에게는 사회적 선악의 분별이 일차적 관심사로 떠오르지 않기 때문이다.

융의 개성화 과정 이론을 적용하면 괴물과 싸워 위기에 처한 여인을 구해내 결합하는 것은 모성 콤플렉스를 극복하고 무의식의 아니마(여성성)를 통합하는 작업이다. 그럼으로써 유아기 엄마 환상으로부터 분리되어 정신의 균형과 전체성을 확립할 수 있다. 이는 영웅적 정신발달을 이루기 위한 핵심 과정이다.

괴물의 수많은 머리와 꼬리를 '칼로 난도질함'은 무의식의 나쁜 엄마 환상으로부터 분리하여 독립적인 남성성을 정립하려는 활동이다. 괴물을 처치하고 원하는 여인을 얻었다는 행복감과 승리감을 느끼고 나서야 스사노오는 비로소 모성 콤플렉스에서 벗어난다. 그러고 난 뒤에야 그는 아버지가 부여한 임무에 관심을 가진다.

어머니를 대리한 누나에게 금지된 행동을 분출해 상처 입히고, 음식 여신을 죽이고, 괴물을 살해하는 과정들을 거친 뒤 그의 정신성은 새로운 단계로 진입한다. 집단의 난제를 해결하여 인정받은 스사노오는 그의 존재 가치와 남성적 힘을 경탄하고 욕망하는 여성과 결합한다. 이 결합은 그동안 모성(아니마) 결핍으로 인해 방황하던 스사노오의 정신을 안정시킨다. 이제 그는 파괴욕동과 박해망상에 시달리는 광포한 상태(편집·분열 자리)에서 벗어나 현실 대상을 종합적으로 인식하고 배려하는 상태(우울 자리)로 진입한다. 그 징표로 도덕의식이 없던 그가 갑자기 자신이 누나에게 상처 준 과거 행동에 죄책감을 느껴 그녀를 위로하고 회복시키려 노력한다. 자책감을 느끼는 것은 '대상'을 배려하는 마음을 지닌 '우울 자리' 정신성의 징표이다.

스사노오는 괴물의 몸속에서 나온 보검을 누나에게 바치며 화해를 청한다.

'보검'은 거인처럼 보이던 유년기 아버지마저 제압할 수 있는 마술적 힘의 상징이다. 이 보물을 지닌 자는 보통 사람이 접할 수 없는 힘(마나)을 지니므로 집단의 새로운 왕으로 추대된다. 그런데 그 보물을 소유하지 않고 타인에게 준다는 것은 권력의 중심이 자신보다 아마테라스에게 있음을 공인하는 것이다. 이는 자기애 단계로부터 타인에게 진정한 관심을 쏟는 대상애 단계로 성장하여 타자에게 에너지를 증여하는 힘을 지닌다는 기표다. 또한 든든한 자기(애)가 형성되어 원초적 충동과 불안을 자율적으로 통제할 수 있게 되었음을 의미한다. 누나와의 '화해'는 무의식과 의식, 파괴욕동과 삶욕동, 증오와 애정, 하늘나라와 지상나라로 분열되었던 정신 요소들의 균형 있는 통합을 의미한다.

국가의 토대 이루기

스사노오는 여인과 결혼하여 많은 신들을 낳는다. 그리고 이즈모에 정착해 나라를 이룬다.

신화 속 스사노오는 최초에 광포한 반사회적 성격이었다. 그는 권위자

(아버지)의 요구를 거부했고, 근친상간 금기를 비롯한 여러 금기를 깨뜨려 천상계를 혼란에 빠뜨렸다. 그러나 지상계의 이즈모 지역에서 노부부를 만나 여인과의 혼인 약속을 받은 이후부터 파괴적이던 그의 공격성은 괴물(집단의 그림자)과 대결하는 당당한 창조적 에너지로 전환된다. 괴물을 처치하자 그 자신을 비롯해 그를 대하는 세상의 시선이 달라진다. 금기를 어겨 집단을 위태롭게 하는 위험한 존재에서 집단을 보호하는 신성한 힘을 지닌 지도자로 급변한 것이다.

여기서 노부부는 지역 토착 산신山神의 상징, 딸(들)은 토지 여신 내지 곡물 정령의 상징일 수 있다. 딸(들)과의 결혼은 토지의 생식력과 남성적 힘(씨 뿌리기)의 결합, 즉 풍요로운 농경 사회가 만들어질 가능성을 암시한다. 그러나 당대 일본에서는 곡물 재배가 아직 체계적으로 이루어지지 않았다. 스사노오는 거친 전사의 힘으로 흉포하고 척박한 자연(일곱 딸의 죽음)과 대결해 빈곤하고 혼란스럽던 이즈모 지역에 농경 문화를 퍼뜨리고 국가를 세우는 토대를 마련한다. 괴물(자연재해)과의 싸움에서 이김으로써 그는 모성 콤플렉스와 죽음불안을 극복한 어엿한 성인 전사로 성장한다. 그런데 스사노오는 괴물의 시체에서 나온 보검을 자신의 소유로 삼지 않고 누나에게 바쳤다. 보검은 인류무의식의 예리한 분별력과 함께 욕망을 실현시키는 힘인 남근 에너지를 지닌다. 누나는 어머니의 심리적 대리자이므로 스사노오가 획득한 보물을 선물한 것은 어머니와의 화해 시도를 표상한다. 즉 아마테라스와의 화해는 지상계와 하늘계 사이의 대립 투쟁 흔적을 넘어 조화로운 공존을 바라는 집단의 욕구가 표현된 것이다.

아버지와의 화해는 없고 어머니와의 화해만 등장하는 이 신화소의 의미는 무엇인가? 유아기에 자기애적 상처가 깊은 사람은 끊임없이 최초 양육자의 사랑과 칭찬을 갈망한다.[35] 스사노오의 정신성은 여전히 어머니에게 자신의 본래성을 온전히 존중·공감·반영받지 못했던 유아기의 자기애 결핍을 극복하는 데 머물고 있는 것이다.

미완성 과업

스사노오는 지상에 오래 머물지 않고 지하계로 사라진다. 그의 자손들은 번성했으며 6대 자손인 오오쿠니누시가 이즈모에 통일국가를 세운다.

스사노오는 지상에서 통일국가 건설 작업을 완수하지 못한 채 어머니의 나라인 지하계로 떠난다. 이 기표의 의미는 무엇인가? 성인 남성이 사회적 과업을 달성하는 데 실패할 경우 그 일차적 원인은 부모 콤플렉스와 연관된다.

기존 정신구조에 고통과 결핍을 지닌 사람이 새로운 정신 상태로 변화하려면 변화를 방해하는 무의식의 저항을 극복해야 한다. 그런데 개인의 의지만으로는 결코 무의식적으로 작동하는 힘을 변화시킬 수 없다. 무의식의 변화를 위해서는 조력자의 비범한 에너지가 필요하다. 정신분석 작업이란 바로 정신분석가라는 조력자와 더불어 내담자가 자신의 무의식과 대결하는 과정이다. 스사노오는 과연 강력하고 새로운 힘을 제공해줄 조력자를 얻었는가?

괴물을 처치할 때 그는 노부부에게서 괴물을 마취시키는 술을 제공받았다. 그리고 여인을 머리에 꽂고서 괴물과 싸웠다. 이는 노부부와 여인으로부터 어떤 에너지를 받았음을 표현한 것이다. 그러나 그 도움에 대한 외적 표현이 소소하다. 즉 그가 본래부터 지녔던 어떤 결핍과 한계를 보충·극복하게 해줄 이상화 대상의 존재가 명확하지 않다. 이 점에서 그의 정신성이 과연 초기 콤플렉스 상태에서 극적인 전환을 이루었는지 의문이 남는다. 그는 지상에 국가의 기초는 놓았지만 능동적으로 국가 체계를 정비하거나 의미부여 작업을 완수하지는 못한 채 이내 지하계의 어머니에게 회귀한다. 심한 모성 박탈을 겪은 자기애 인격자의 인생은 이처럼 끊임없이 고독하고 공허하다. 그의 고통과 결핍은 이 세상의 부귀영화나 현실의 여성이 온전히 충족시켜줄 수 있는 것이 아니다. 초기 박탈에 의해 활성화된 강력한 죽음욕동은 끊임없이 반복강박을 일으켜 상처받기 이전 상태로의 회귀를 유발한다.

민속학 차원에서 해석해보면 전사의 공격성은 혼돈 속에서 집단을 보호하고 새로운 질서를 낳을 때에는 귀중한 역할을 한다. 그러나 일단 질서가 잡힌 이후에는 파괴성을 지닌 위험한 힘으로 변질된다. 그래서 당대인들의 바람에 의해 지하계로 활동 영역을 옮길 수밖에 없는 것이다.

스사노오가 '지하계로 감'은 산 자의 지상세계와 죽은 자의 지하세계를 매개해 소통시키기 위한 것으로 해석할 수도 있다. 고대인의 일차적 관심은 죽음불안에, 궁극적 관심은 죽음이라는 운명에 어떻게 대처하느냐에 있었다. 집단의 우두머리와 제사장은 죽음의 세계와 교류할 수 있는 특별한 존재다. 죽은 후에도 삶을 지속하고 싶은 집단 구성원의 소망에 부응하기 위해 영웅은 기꺼이 지상세계를 버리고 망자의 세계로 가는 최후를 선택해야 한다. 뱀이 성장을 위해 껍질을 벗듯이 영웅은 집단의 영생을 위한 최후의 전환을 위해 삶의 껍질을 벗고 지하계로 가야 한다. 영웅에게 가장 힘든 일은 죽은 자와의 관계 통로를 여는 것이며, 영웅신화의 최대 과제는 죽음 영역과의 단절된 교류를 푸는 데 있다.[36]

수호령이자 매개자로서 스사노오

스사노오는 고대 일본인의 어떤 무의식을 상징하는가? 무의식을 다루는 정신분석은 결코 단 하나의 보편적 설명을 추구하지 않는다. 신화 해석

과정에서 발굴된 다중의 의미들을 어떻게 재구성하고 종합하느냐는 해석자 각자의 몫이다. 스사노오는 인간과 자연에 담겨 있는 원초적 공격욕동이 투사된 형상일 수도 있다. 정령사상을 지녔던 고대인들은 내부에서 치솟는 충동들을 악마적 힘으로 여기며 두려워했다. 그러나 스사노오는 공격성도 적절하게 사용되면 괴물로부터 집단을 보호하는 창조적 생명 에너지일 수 있다는 메시지를 전해준다. 그는 전사의 신이다. 전사는 백성들을 광포하게 위협하는 부정적 대상인 동시에 적으로부터 집단을 보호하는 구원자이기도 하다. 고대 인류의 일차적 관심이 생존과 안전이라면 괴물의 위협으로부터 집단을 보호해주는 전사 스사노오는 곧 집단의 수호령인 것이다.

스사노오는 또한 '병리적이고 무기력한 아이'와 '위대한 영웅' 사이를 매개하는 인격이다. 그는 아버지에 의해 바다를 관리하는 신으로 임명된 후 천상계로 갔다가 지상으로 내려와 이즈모 지역에 국가를 세웠으며, 최후에는 지하계로 떠났다. 이처럼 서로 다른 영역으로의 이동은 서로 대립되거나 단절된 타자성을 서로 연결하고 소통시키는 활동이다. 그는 유치함과 성숙함, 반사회성과 질서, 생명과 죽음, 높음과 낮음을 대립과 분열의 관계에서 통합의 관계로 전환시킨 매개자다.

영웅이란 자기 자신과 집단의 발전을 위해 분열되어 막혀 있던 집단 내부의 에너지를 소통하게 만드는 존재다.[37] 스사노오는 이러한 영웅의 특성과 역할을 드러내는 일본 민족 고유의 모델이다.

3

오오쿠니누시

민중의 좌절된 욕망을 보충해주는 이상화 대상

오오쿠니누시는 '큰 나라의 주인大國主'이라는 뜻이다. 이 이름은 그가 비범한 힘을 드러내 국가를 건설한 후에 붙여진 명칭이며, 왕이 되기 이전의 이름은 '오호나무치'다. 정신분석 관점에서 오오쿠니누시 신화는 나약하고 미성숙한 오호나무치가 위대한 영웅인 오오쿠니누시로 변신하는 과정을 표현한 민족 서사시라고 할 수 있다.

신화는 그것을 창조한 당대 집단정신과 더불어 그 배후에서 역동하는 이전 세대들의 억압된 무의식을 반영한다. 신화의 목적은 그 민족이 신화를 창조했을 당시의 긴장과 함께 오랫동안 묻어둔 과거 문제와 긴장을 압축해서 다중으로 해소하는 데 있다. 그 오래된 민족무의식의 문제는 과거의 집단의식이 감당하기 너무 버겁고 두려워 억압되어왔다. 까닭 모를 불안을 일으키는 억압된 '그것'의 정체는 그것을 감당할 만한 정신성이 등장해야 비로소 의식으로 떠올라 직면·해소될 수 있다. 우리 시대에 무의식의 회귀를 기꺼이 감당할 정신성을 지닌 대상은 누구인가?

오오쿠니누시 신화를 통해서 일본 민족의 억압된 문제들과 방어 유형, 근본 욕망에 대한 단서를 함께 찾아보자.

열악한 가족 내 위치와 박해불안

아버지는 왕의 후손이며, 어머니는 아름답고 착한 여인이다. 오오쿠니누시는 막내이며 '야소가미'라고 불리는 많은 형들이 있다. 형들은 잔인하고 포악한 성격을 지닌 데 비해 그는 어머니를 닮아 참을성이 많고 정직·친절하며 형제들 가운데 가장 잘생겼다.

고대 일본에서 왕과 왕족은 신성한 영혼을 지닌 신 또는 신의 대리자로 여겨졌다. 오오쿠니누시는 이즈모 지역에 국가를 세운 왕이었다가 지하계의 왕으로 변한 스사노오의 후손으로 전해진다. 이에 비해 어머니는 평범한 가문 출신이다. 고대 사회에서 왕은 여러 왕비와 궁녀를 거느렸고, 그들로부터 많은 왕손들이 태어났다. 오오쿠니누시에게 팔십 명의 형들(야소가미, 八十神)이 있다는 사실을 통해 그가 왕과 궁녀나 여사제 사이에서 태어난 후손들 중 하나임을 짐작할 수 있다. 8이 많음을 뜻하므로 80은 아주 많다는 뜻이다. 그렇다면 그는 많은 형제들 가운데 신분과 서열이 낮은 위치로 태어난 것이다.

막내는 형들에 비해 체구가 작고 정신력도 늦게 성장하므로 경쟁에서 불리하다. 하지만 그 약함과 불리함 때문에 부모로부터 각별한 보호와 애정을 받기도 한다. 그로 인해 자신이 가장 총애받는 대단한 존재라는 과대자기상을 지니게 된다. 막내의 입장에서 덩치 크고 힘센 수많은 형들은 자신의 자존감과 행복을 일순간에 빼앗을 위험하고 무서운 박해대상으로 지각될 가능성이 높다. 그러나 어머니의 애정 깊은 돌봄으로 '견실한 구조를 지닌 자기'가 형성될 경우 부정적 자극들을 견뎌내고 충동을 통제하는 힘을 지닐 수 있다.

오오쿠니누시의 정신 형성에 중요한 영향을 미쳤을 유년기의 환경과 주요 관계 대상은 명확히 드러나지 않는다. 특히 아버지의 역할과 특성이 모호해 6대 조상이자 지하계의 신인 스사노오가 아버지로 묘사되기도 한다. 이러한 불합리성은 신화가 역사적 사실의 기호라기보다 민족무의식의 소망과 목적을 담은 초시간적 상징이라는 데서 기인한다. 신화의 세계는 무의식처럼 시간 개념이 없거나 그 기준이 의식의 세계와 매우 다르다.

막내만 성격이 좋고 형들의 성격이 모두 포악하다는 것도 비현실적이다. 이는 모든 형들이 이복형제라는 의미이기도 하고, 오오쿠니누시를 영웅으로 부각시키기 위해 그에 대립되는 대상 일반을 형들로 상징화한 것이기도 하다. 그는 서열이 낮은 후궁에게서 태어나 힘 콤플렉스와 박해불안을 지녔던 수많은 서자들을 대변한다. 어머니가 평범한 신분의 여인이고 그가 형제관계 서열에서 맨 아래였다면 그는 낮은 자존감을 지녔을 것이다. 부모의 총애를 듬뿍 받은 막내에게 숨겨진 야망과 서열이 낮은 데서 오는 열등감은 통합되지 못한 콤플렉스 인격인 오호나무치로 표상된다.

격동기의 파노라마

사춘기는 촉발 자극들에 의해 유년기 콤플렉스가 재활성화되는 시기다. 아울러 오래된 무의식이 의식으로 회귀해 젊은이들에게 대결을 요구해온다. 이 격동기를 어떻게 대처하는가에 따라 소년(민족)은 늠름한 성인으로 성장할 수도, 힘없는 아이로 퇴행할 수도 있다.

정신의 위대한 변환transformation은 험난한 통과의례 과정을 거쳐야만 이룰 수 있다. 이 과정은 일차적으로 어머니로부터 분리-개별화되어 사회의 규범 체계로 진입하는 아동기에 시작된다. 어린 시절의 고통스러운 경험 흔적들은 대부분 무의식으로 억압·망각되며, 이를 주체적 의식으로 직면하는 통과의례 경험과 정신의 전환은 사춘기와 청년기에 이루어진다. 이

시기의 통과의례 양태는 인류 차원의 공통성과 각 민족에 따른 차이성을 함께 지닌다.

오호나무치가 직면한 첫 번째 통과의례는 성 대상에 대한 애정 획득 경쟁으로 형상화된다. 그는 이나바의 공주와 결혼하기 위해 형들을 쫓아 고향을 떠나 여행을 시작한다. 공주를 얻는 자는 사회적 권력을 얻는 동시에 남성으로서 자부심을 높일 수 있다.

> 형들은 오호나무치에게 자기들의 무거운 짐을 대신 지게 하는 등 잔인한 행동을 한다. 큰 포대를 힘들게 짊어진 그는 형들에게 뒤처진다.

고대 일본에서 형과 동생 간의 위계는 엄격했다. 종처럼 천대받으며 형들의 포대를 짊어진 오호나무치의 모습은 무기력하고 천하게 보인다. 통과의례 과정에 있는 자는 대부분 그렇다. 아이의 귀여움을 상실했으며 청년의 늠름함을 아직 형성하지 못한 사춘기 소년은 삶의 목표와 정체성을 정립하지 못한 애매한 존재다. 그가 짊어진 '포대'는 아직 독립된 어른으로 성장하지 않은 성기 또는 소년을 감싸는 모성적 영향력의 상징인 자궁을 연상시킨다. 미성숙하고 약한 그가 강한 존재로 전환되려면 그 포대를 과감히 내려놓거나 형들과의 경쟁에서 이겨야 한다. 그러나 당당한 남자로 변하는 데 반드시 필요한 경쟁, 매력 있는 여성을 얻는 경쟁에서 그는 불리한 상황에 놓여 있다. 이러한 상황에서 벗어나려면 외부에서 새로운 에너지를 보충하는 뜻밖의 체험이 필요하다.

최초 조력자와의 만남

> 목적지로 가는 도중에 상처 입고 아파서 우는 토끼를 만난다. 원래 섬에 살고 있던 토끼는 육지로 오고 싶어 꾀를 내어 악어들을 징검다리 삼아 등을 밟고 건넌

다. 토끼는 육지에 도착하기 직전에 성급하게 '너희들은 속았다'라고 말하는 바람에 악어에게 가죽을 물어뜯기고 말았다.

알몸의 토끼는 길에서 만난 야소가미들이 "바닷물에 몸을 담근 후 바람에 말리면 좋다."라고 한 말을 믿고 그대로 실행했다가 더 큰 고통에 빠져 있다.

토끼가 저지른 행동은 현실에서 좌절되고 억압된 오호나무치의 무의식적 욕망을 반영한다. 토끼(오호나무치)는 답답한 섬을 벗어나 무언가 좋은 대상이 있을 것으로 기대되는 육지(이나바)로 가고 싶어 한다. 토끼처럼 약하고 작은 그는 크고 힘센 악어들을 미련한 놈들이라 '얕보고' '속이고' 싶어 한다. 형들의 짐을 대신 등에 지고 형들보다 뒤처져 가는 현실은 악어들의 등을 밟고 육지를 향해 신나게 달려가는 환상으로 바뀐다. 그러나 육지에 도달하기 직전에 그만 형들을 비난하고 경멸하는 마음을 노출하는 실수를 저질러 보복당하고 만다. 이것은 무의식(이드)의 금지된 소망(환상)이 초자아에게 발각되어 처벌당할까 두려운 나머지 일종의 타협책으로서 자기를 처벌해 초자아 불안에서 벗어나려는 내면 상태를 반영한다. 신화 속 악어들은 오호나무치의 안전과 행복을 위협하는 현실의 형들, 지배계급, 보수적 사회 제도 등을 다중으로 상징한다. 토끼는 서자, 막내, 권력에서 소외된 민중, 새로운 가치관, 낮은 단계의 영웅, 그리고 굴(섬)에 숨어 있다가 외부 세계로 출현하는 부활 능력을 상징한다.

오호나무치는 의식 차원에서는 순종하는 착한 동생(백성)으로 행동하지만, 무의식에서는 형들을 얕보고 속이며 좌지우지하고 싶어 한다. 좁은 섬은 민중에게 답답함과 박해불안을 유발했던 당대의 영주 집단과 폐쇄적 가치체계를 상징한다. 토끼는 지혜를 통해 불공정한 권력 위계를 변화시키려는 낮은 단계의 영웅상이다.[38] 오호나무치는 기존의 사회 체제에서 심한 박탈과 좌절을 겪고 자신과 사회 전통 모두가 바뀌기를 갈망하는 민중의 상징이다. 소망을 실현하기 위해서는 토끼처럼 꾀를 내어 악어들의 등을 밟고 목적지에 빨리 달려가 공주와 결합해야 한다. 그러나 토끼는 세상을 변화시킬 힘과 준비가 아직은 부족한 존재다. 악어들과 당당하게 대결할 용기와 힘이 부족했기에 꾀를 쓴 것이고 실수한 것이며, 결국은 보복당한 것이다. '가죽이 벗겨진 알몸의 토끼'는 거세와 박탈, 박해불안과 피해의식에 사로잡혀 위축된 오호나무치와 일본 민중을 상징한다.

야소가미들은 상처받은 토끼에게 조금도 연민과 배려를 보이지 않으며 오히려 고통을 심화시킨다. 오호나무치에게 형들은 결코 믿을 수 없는 잔인한 대상이다. 이 신화소는 당대의 서자·서생·민중의 무의식을 반영한다. 이들의 무의식에는 무서운 권력을 지닌 적손·무사·지배계급에 대한 상처, 불안, 불신, 피해의식이 억압되어 있다.

> 토끼가 도움을 청하자 오호나무치는 "물로 몸을 깨끗이 씻고 꽃가루 위에서 구르라."라고 치료법을 알려준다. 회복된 토끼는 그에게 예언을 한다. "당신은 비록 지금은 짐을 운반하며 신분도 낮지만 공주와 결혼하게 될 것입니다."

꿈에서 누군가를 치료해주거나 누군가에게 에너지를 받아 병에서 회복함은 기존 정신 상태의 큰 전환을 암시한다. 치료한 주체나 회복된 대상이 자기 자신일 경우 이는 단절되었던 무의식의 에너지가 의식과 소통함으로써 정신이 뜻밖의 활력을 얻는 것을 의미한다.

토끼는 비록 몸이 작고 약하지만 뜻밖의 힘을 지니고 있으며 '예언'을 통해 주인공의 소망 성취와 정신 성장에 기여한다. 꿈에 등장하는 말(언설)은 무의식을 드러내는 중요한 단서다. 고대인에게 귀인의 말은 사실을 반영하고 실현시키는 힘을 지닌 것으로 여겨졌다. 토끼의 예언도 신기한 힘을 발휘할 것으로 암시된다.

개인과 민족이 연약하고 위급한 상태에서 벗어나려면 그는 먼저 박해 불안에 시달리는 편집·분열 자리를 극복하여 상처 준 대상을 회복시키도록 배려하는 우울 자리에 도달해야 한다. 그런데 오호나무치는 과연 박해 불안을 극복했는가?

공주의 선택

> 공주는 먼저 도착해 청혼한 야소가미들을 모두 거절한다. "내가 결혼하고 싶은 사람은 잘생기고 성품이 좋다고 소문난 오호나무치입니다."

남자가 욕망하는 여성은 신화에서 주로 '공주'로 등장한다. 그리고 공주의 마음을 얻거나 가까이 접촉하는 자는 아니마가 보충되어 심신의 상태와 능력이 새로운 단계로 도약한다. 그는 주목받지 못하는 하찮은 존재에서 부러움의 대상으로 전환된다.

사춘기에 뭇 사람들이 욕망하는 여성의 사랑을 얻은 남성은 유년기의 오이디푸스 콤플렉스에서 벗어날 수 있다. 반대로 욕망 대상을 경쟁자에게 빼앗긴 자들은 오이디푸스 상처가 증폭되어 병리적 상태에 빠지게 된다. 더구나 자기보다 힘없다고 느껴온 대상에게 욕망 대상을 빼앗길 경우 그의 자존감은 더 깊이 추락한다. 상처 난 자기를 회복하려면 외부 대상을 향해 분노를 분출해야 한다.

야소가미들은 막내에게 분노한다. 정신분석의 눈으로 보면 최초 양육자이자 최초 애정 대상인 어머니의 사랑은 대부분 장남과 막내가 독점한다. 그중 사회가 인정하는 특권과 더불어 아버지에 버금가는 의무와 책임을 떠맡는 장남은 동생들이 공격성을 당당히 표출할 수 있는 대상이 아니다. 그러나 막내라면 사정이 다르다. 막내가 권력과 애욕의 상징인 공주를 차지함으로써 형들의 위세와 자존감은 형편없이 떨어져버린다. 자신의 위치가 불안정해져 정체성에 혼란이 생기고 파괴욕동이 내부에서 솟구치며 자존감 회복을 촉구하는 초자아의 잔인한 명령이 작동된다. "죽여라. 감히 형들의 뒤통수를 치는 엉큼한 놈을 죽여 질서를 바로잡아라!"

두 번의 죽음과 부활

야소가미는 불에 달군 바위를 붉은 멧돼지로 속여 산 위에서 골짜기 아래로 굴리면서 그걸 막지 못하면 죽이겠다고 오호나무치를 위협한다. 그는 불덩이를 몸으로 막다가 데어 죽는다.

지칠 줄 모르는 에너지와 거친 공격성을 지닌 멧돼지는 전쟁의 신 아레스를 상징하는 동물이다. 아레스는 멧돼지로 변신해 경쟁자인 아도니스를 찢어 죽였다. '붉은 멧돼지'는 격노하는 야수성, 거대한 '불덩이 바위'는 통제하기 힘든 파괴욕동의 상징이다. 야소가미의 명령은 지배계층으로 군림했던 고대 무사계급의 가혹함을 반영한다. '불덩이에 데어 죽음'은 감당할 수 없는 강한 자극으로 인해 정신의 보호막이 파괴되는 상처(트라우마)를 입어 무기력해졌다는 의미다. 지배자들의 사나운 행동에 일본 민중은 주체성을 상실한 채 무기력하게 살아왔을 것이다.

어머니는 죽은 아들을 껴안고 천상의 신들에게 지극 정성으로 호소한다. 정성에 감동해 신들은 붉은 조개 여신과 대합 여신을 보낸다. 조개껍질 가루를 대합 즙에 녹여 오호나무치의 몸에 바르자 더욱 멋진 남자로 되살아났다.

힘없는 오호나무치는 죽음으로써 새로운 존재로 전환되기 위한 본격적 입문의례 과정에 들어간다. 꿈에서 '자신의 죽음'은 오래된 콤플렉스의 소멸과 정신구조의 획기적 변화를 상징한다. '대합 여신'과 '조개 여신'은 생명력, 생식력, 여성성의 상징이다. 동서양에서 죽은 자를 부활시키는 비밀스러운 능력은 자궁과 젖을 지닌 모성적 여성에게 있다고 믿어졌다. 죽은 오시리스를 부활시킨 이시스, 아도니스를 부활시킨 아프로디테, 지하계의 페르세포네를 지상계로 부활시킨 데메테르 등은 모두 여신들이다. '붉은 조개'는 생명력이 왕성한 자궁을, '대합의 즙'은 치유력과 생명력, 양수와 모유를 상징한다.[39]

두 여신이 자신의 몸에서 즙을 짜내어 오호나무치의 몸에 발라주자 '새 피부'가 돋아나 더 멋지게 되살아난다. 고대인에게 새 피부는 새 생명의 표상이다. 가령 뱀은 매년 낡은 껍질을 벗고 새 피부를 얻기에 영생하는 존재로 믿어졌다. 동식물은 겨울 동안 죽은 듯이 자연의 품(지하, 동굴)에 있다가 이듬해 봄에 대지(지모신)로부터 생명력을 받아 생기 있는 피부를 드러내며 되살아난다. 마찬가지로 상처 입고 쓰러진 인간도 생명력 넘치는 여성(자연, 모성신) 에너지와 접촉하면 부활할 수 있다고 믿어졌다. 유아는 부모가 무엇이든 다 할 수 있는 능력을 지녔다고 믿는다. 아이에게 부모는 신과도 같은 해결사다. 그래서 성인이 된 후에도 위기에 처하면 무의식적으로 '아버지', '어머니'를 외치게 된다. 어릴 적 부모의 전능한 힘과 도움이 다시 한번 나타나 곤경에서 구원해주기를 갈구하는 것이다. 의식세계에서 그 기도 대상은 신으로 형상화된다. 그렇다면 '천상의 신들'이란 유년기 부모를 대리해 백성을 수호하는 토템, 조상, 왕, 샤먼들일 것이다.

오호나무치가 살아나자 야소가미들은 그를 커다란 나무 틈 사이에 끼워 죽인다. 이번에도 어머니가 아들을 살려낸다.

고대 사회에서 '큰 나무'는 오래 사는 생명력으로 인해 집단의 수호 토템〔神木〕으로 간주되곤 했다. 예로부터 일본인은 큰 나무에는 신성한 정령이 깃들었다고 여겨 왕궁이나 신전을 짓는 데 사용해왔다. 그렇다면 큰 나무 사이에 끼워 압사시킨 행위는 왕족의 권력과 권위를 사용해 그를 거세했다는 의미라고 볼 수 있다. 이번에도 오호나무치는 어머니의 조력에 의해 살아난다. 그녀는 정령들과 교류해 병자를 회복시키는 주술력을 지닌 여사제(무녀)일 가능성이 높다. 고대 사회의 여사제들은 강한 남성과 결합해 대지와 공동체의 침체된 생식력을 순환시키고 집단의 병을 치유하는 역할을 했다.[40]

죽음과 재생은 새로운 능력을 얻거나 새로운 존재로 전환하기 위해 영웅이 거쳐야 하는 핵심 통과의례다. 고대 사회에서 지도자는 구성원들의 죽음불안을 극복하게 하고 집단 생명력의 영속성을 보장하기 위해 자신이 부활 능력을 지닌 존재임을 보여야 한다. '불덩이 바위를 몸으로 막으라'는 요구는 당시 전사에게 죽음을 초월하라는 명령의 표상이었다. 이번에 주어진 시련은 미지의 실재the real가 내뿜는 매서운 충격자극을 버텨낼 수 있는지 확인하기 위한 과제이다.

집단을 수호하는 제사장(샤먼)은 이승과 저승을 자유롭게 넘나들 수 있다. 그는 타계에서 접촉했던 신으로부터 병이나 재난을 치유하는 비범한 힘이나 지혜를 얻어온다. 오호나무치의 죽음과 재생은 집단이 직면했던 죽음불안과 고통스러운 문제들에 대처하기 위해 집단이 제사장에게 요구했던 치유적 무속의례의 상징이다.

정신성의 마지막 전환 작업

여기 있으면 살해될 것이니 스사노오가 있는 지하계로 피신해 살길을 모색하라는 어머니의 말에 오호나무치는 지하계로 들어간다.

왕위를 두고 다투는 경쟁자들의 위협에서 벗어나려면 어머니의 돌봄만으로는 부족하다. 최고 권력자로부터 존재 가치를 인정받거나 보호받는다면 타자의 혹독한 공격에서 벗어날 수 있다. 수많은 왕손들 사이에서 험난한 경쟁을 뚫고 왕이 되려면 무엇보다도 법과 권력의 근원이자 모델인 왕의 인정을 받아야 한다. 무시무시한 힘을 지닌 지하계 왕의 인정을 받는다면 야소가미라도 함부로 위협할 수 없다. 그래서 박해불안 때문에 참자기를 숨기고 욕망을 포기한 채 살던 고대 일본 민중의 무의식은 새로운 에너지와 접촉해 정신력의 전환을 이루기 위해 오호나무치를 지하계로 보낸다.

지하계는 지상계와 매우 다른 미지의 세계다. 고대 일본인은 지하계를 낯선 타계임에도 지상과 유사하게 정령들이 거주하는 공간으로 지각한다. 지하계로 들어감은 기존 삶에 대한 애착을 전적으로 포기함을 의미한다. 이미 죽음과 부활을 체험한 오호나무치는 기존 피부를 상실한 후 새로운 피부를 얻은 경험이 있다. 그는 마치 뱀처럼 반복적으로 허물을 벗으며 생명력과 존재의 고양을 이룬다. 고대의 성인식 의례는 아이를 괴물에게 잡아먹히도록 하거나 남근의 포피를 잘라내 자연에 얼마간 방치하는 형식으로 이루어졌다. 이는 아이의 정신-신체를 상징적으로 죽였다가 적절한 시간이 지난 후에 재생함으로써 새로운 정신-신체를 지닌 성인으로 탈바꿈시키는 내용과 형식을 지닌다.[41] 이나바의 토끼가 가죽이 벗겨져 죽을 고생을 하다가 새 살이 돋아 회복한 후 토끼신으로 변하듯이 나약한 오호나무치도 성장을 위해서는 지상의 삶을 탈피하는 죽음의 모험을 해야 한다. 태내로 들어가듯 나무 사이를 헤치고 들어간 지하계는 처음에는 모신 이자나미의 영역이었고, 지금은 스사노오가 통치하는 영역이다. 그의 방문 목적은 우선 야소가미에 대한 박해불안을 이겨내 자기의 야망을 실현하는 당당한 존재가 되는 것이다.

스사노오의 딸인 스세리비메를 만나자 두 사람은 첫눈에 반해 그 자리에서 결합한다. 몇 주 후 그녀는 아버지에게 멋진 남자가 왔다며 오호나무치를 소개한다. 스사노오는 "추한 남자로군." 하며 그에게 시험을 내린다.

타계 여성과 만나자마자 첫눈에 반해 결합하는 장면은 눈에 띄는 대목이다. 융의 관점에서는 오랫동안 단절되었던 무의식의 아니마와 자아의식이 홀연 대면·접속되는 순간 강렬한 정서 역동이 일어나는 상태를 의미한다. 이는 새로운 정신발달이 시작되었음을 알리는 신호다. 일본 민중이 그동안 절실히 보충하고 싶어 했던 자신의 아니마(여성성, 성 대상) 에너지를 대면·결합·통합하여 정신의 균형을 회복하기 시작한 것이다. 아니마 통합은 남성성을 강화하고 총체적 인격(인류의 자기 원형)을 실현하기 위해 반드시 거쳐야 하는 과정이다. 프로이트의 관점에서 보면 어머니가 아닌 제3의 여인과의 성적 결합은 무의식의 유아성욕이 성인의 성기욕동에 통합되어 성욕동의 성숙한 발달이 이루어졌음을 증명하는 행위다. 성적 결합을 통해 좌절되었던 유아성욕과 거세 콤플렉스를 해소해야 비로소 성숙한 정서·자아 발달이 가능해진다.

그리스 창조신화를 비롯한 여러 나라의 신화에서는 아버지와 아들, 또는 기존 권력자와 새로운 영웅의 대결에서 왕(아버지)과 밀접한 관계에 있는 여인이 암암리에 큰 역할을 한다. 그녀는 왕의 장단점을 잘 알고 있는 비범한 존재로, 주로 왕의 딸이거나 아내다. 그 여인과 결합해 힘을 흡수해야 젊은 영웅은 기존 권력자와의 대결에서 승리할 수 있다. 스사노오와 가장 가까운 관계에 있던 스세리비메는 오호나무치에게 어머니를 대체할 제2의 보호자이자 성 대상이다.

스사노오의 딸이라면 오호나무치와 인척 관계가 된다. 고대 일본에서는 신성한 혈통과 권력의 안정된 보존을 목적으로 왕족 간 근친결혼이 행해졌다.[42] 바빌론과 동서양의 여러 지역에서 왕은 자신의 딸을 신전의 여사제로 임명하곤 했다. 곡물과 동식물의 생식력을 좌우하는 여신을 모시는 여사제들은 집단의 생식력을 활성화하기 위해 강한 남성들과 결합해 아이를 낳았다. 아버지가 불분명한 그 아이들 중에서 다음 세대의 왕과 제사장이 나온다.[43] 아버지의 권위와 힘의 원천인 황금 양털을 이방인 연인(이아손)에게 넘겨준 메데이아, 자신의 오빠(미노타우로스)를 죽일 적국 청년(테세우스)을 도운 아리아드네, 외부 남자와 결합해 자식을 낳고 결국 아버지를 파멸시킨 다나에처럼 스세리비메 역시 오래된 권력자(아버지)의 신성한 힘과 권위를 새로운 연인(영웅)에게 옮겨주는 여성 조력자의 전형이다.

딸이 애인을 '멋진 남자'라고 소개하자 스사노오가 '추한 남자'라고 반응하는 것은 무슨 의미인가? 생존불안에 시달리는 고대인에게 '추하다'는 표현은 '힘이 없다', '남성성을 지니지 못했다'는 뜻이다. 그리고 딸의 마음을 빼앗아간 새 경쟁자에게 질투와 경계심을 투사하는 것일 수도 있다. 스사노오는 어머니 없이 태어나고 자라서 모성 결핍이 큰 존재다. 스세리비메는 정신의 안정을 제공하는 여성성과 모성성의 상징이다. 변화가 없던 지하세계에 딸의 마음을 사로잡은 매력 있는 젊은 남자가 출현했음은 토착 왕(아버지)의 전성시대가 위협받고 있거나 지나갔음을 암시한다.[44] 그래서 처음 대면하는 순간에 새로운 존재의 가치와 매력을 부정한 것일 수 있다.

민족무의식의 오래된 문제들

스사노오는 젊은 도전자에게 세 가지 시험을 부과한다. 이 시험을 통해 새 도전자가 과연 기성 권력자를 넘어서는 강한 힘을 지녔는지 확인하게 될 것이다. 여기에는 시험 문제를 내는 주체가 오랫동안 경험했지만 아직 완전히 해결하지 못한 무의식의 어떤 문제를 대신 해결해주길 바라는 열망이 담겨 있다. 본성인 것처럼 반복되는 민족무의식의 오래된 문제들을 새 인물이 어떻게 대면하고 풀어내는지는 그 민족의 중요한 관심사다.

첫 번째 시험: 독사의 방

스사노오는 "독사들이 우글거리는 방에서 자라."라고 요구한다. 스세리비메는 오호나무치에게 뱀이 그려진 히레◆를 건네주며 뱀이 물려고 들면 히레를 세 번 흔들어 물리치라고 알려준다.

겨울에 땅속으로 사라졌다가 봄에 낡은 껍질을 벗고 새롭게 부활하는 뱀을 고대인은 지혜와 생명력을 지닌 영물로 여겼다. 인간을 창조한 중국의 창조여신 복희는 뱀의 몸으로 묘사되며, 《주역》의 십이지에서 뱀은 지혜[天文]의 상징이다. 서양에서는 죽음과 병의 고통에서 구원해주는 의술의 신 아스클레피오스의 상징으로 등장한다. 집단을 보호해야 하는 지도자는 지혜와 생명력과 치유력의 상징인 뱀과 교류해 그 힘을 다룰 줄 알아야 한다.

뱀은 또한 치명적 독으로 영혼과 신체를 마비시킨다. 그렇다면 독사란 외부의 적, 노쇠한 지도자, 금기를 어긴 자 등 집단의 생존에 치명적 위협을 가할 수 있는 대상일 것이다. 정신분석 차원에서 독사는 유아의 정신을 집어삼켜 자기 뜻대로 좌지우지하는 자기애적 남근 엄마, 정신을 점령해 마비시키는 그림자, 콤플렉스, 파괴충동을 뜻한다.

사악한 '독'에 빠지면 현실 판단 능력을 상실하여 현실을 제대로 보지

◆ 히레(比礼/領巾)는 '지느러미'라는 뜻도 있지만, 일본 귀족(또는 왕족) 여성의 의복을 구성하는 요소 중 어깨에 걸쳐 늘어뜨리는 기다란 천을 뜻하기도 한다.

못하거나 무가치하게 느낀다. 이 점에서 독은 중독을 유발하는 유혹(과잉 자극), 주이상스Jouissance(극단 쾌락)와도 연관된다. 어린 시절에 엄마와의 안온한 관계 경험이 결핍되거나 유아성욕 충족이 심하게 좌절된 사람은 고통을 주는 현실 대상 대신 자신의 욕구를 안전하게 충족시켜주는 듯한 환상, 돈, 마약, 술, 권력 등에 의존하여 불안을 해소하고 결핍을 보충하려 든다. 중독자들은 원치 않는 위험한 자극들로 가득 찬 현실세계에서 벗어나 환상세계나 어머니의 자궁 속으로 돌아가 휴식하고 싶어 한다. 그래서 독사에 물려 독 기운에 취하기를 반복하는 것이다.

첫째 시험은 정신을 파괴하거나 흥분시키는 치명적 독을 지닌 대상에 대한 대처 및 통제 능력을 보이라는 의미다. 지도자가 되려면 독사 무리에게 현혹되거나 파괴됨 없이 냉정히 대처할 수 있어야 한다. 스사노오가 뱀의 히레를 세 번 흔드니 뱀들이 접근하지 못한다. 중국 신화의 순도 위급 상황에서 용이 그려진 옷을 입고 용이 되어 곤경을 극복한다. 이처럼 주술적 사고에서 특정 형상이 그려진 옷은 곧 그 형상이 지닌 본질적 힘을 발현한다. 즉 '뱀이 그려진 히레'를 적절히 사용할 수 있는 자는 유사·인접법칙에 의거해 뱀 전체에 대한 주술적 통제 능력을 지닌다. 히레는 죽은 자를 회생시키는 주술 도구(천)를 뜻하기도 한다.[45]

'세 번'의 3은 안정성, 충족, 완전성의 기호다. 남성이 정서 발달을 위해 필요로 하는 세 여성은 유아기 양육자로서의 어머니(최초 대상), 오이디푸스기의 애정 대상인 어머니(최초 성적 대상), 그리고 사춘기 이후에 만나는 연인(제2의 성적 대상)이다. 세 대상과의 관계가 적절히 만족되어야 반복되는 애정 결핍 상태에서 벗어날 수 있다. 다행히도 스사노오와 달리 오호나무치는 유년기의 어머니, 이나바의 공주, 지하계 스세리비메와 만족스러운 관계를 경험했다. 그의 정신과 육체 속에는 이미 각기 다른 힘을 주는 세 명의 여성이 내적 대상으로 자리 잡아 그를 보호하고 있다. 그는 더 이상 애정 결핍과 연관된 대상 허기에 시달리지 않는다. 그래서 새로운 흥분과 욕망에 현혹되지 않음을 '세 번' 흔들어 알린 것이다. 따라서 독사들은 그의 육체와 정신에 침투할 수 없었다.

두 번째 시험: 지네와 벌 떼의 방

> 스사노오는 독 지네와 벌로 가득 찬 방에서 자라고 요구한다. 스세리비메는 지네와 벌이 그려진 히레를 건네준다.

두 번째 시험은 지네와 벌 떼와의 동침이다. 지네는 무서운 모습 때문에 민담에서 지하계의 신이나 지배자로 등장하며 마을을 수호해주는 동신洞神으로서 평안과 풍년, 건강을 기원하는 제의(동제洞祭)가 바쳐지기도 한다. 또한 지네는 독 때문에 방어해야 할 '악'의 상징이 되기도 하지만 독을 적절히 사용하면 여러 병을 치료하는 데 효험이 있다.

놀이치료에서 유아기 상처가 깊은 아이들이 놀잇감으로 지네를 선택하는 모습을 종종 볼 수 있다. 아이들이 섬뜩한 지네를 선호하는 이유는 마음속 어떤 대상을 놀이에서나마 상징적으로 통제하고 싶기 때문이다. 그렇다면 지네는 무엇의 상징인가? 자신에게서 벗어나지 못하도록 수십 개의 팔다리와 독으로 자식을 물고 위협하며 놀라게 하는 자기애적 남근 엄마, 돌연 상처 주며 박해하는 대상이다.

'벌 떼'는 자신의 영역을 침범하는 대상에게 맹렬히 독침을 쏘아댄다. 제대로 보호받지 못한 아이나 청소년의 꿈에 나타나는 벌 떼는 원초적 파괴욕동·박해불안이 출렁이는 위협적 집단 환경을 상징한다. 또한 벌 떼는 독 묻은 칼로 난도질하듯 개인을 평가하여 매장시키는 타자들 내지 집단의 시선을 의미한다. 지네와 벌은 모두 독이빨과 독침을 가지고 있다. 이는 자아의 방어막을 뚫고 침투해 뜻밖의 상처를 입히는 무서운 무기다.

그렇다면 두 번째 시험은 무엇을 평가하기 위함인가? 집단의 어리석은 요구나 비난에 휘둘리지 않고 꿋꿋이 버티며 집단을 이끌어갈 능력이 있음을 보이라는 것, 열악한 환경 속에서 박해불안에 시달렸을 백성을 안심시켜줄 만큼 적의 위협을 견딜 능력이 있음을 보이라는 것이다.

참자기를 지닌 자는 부정적 외부 자극을 받더라도 스스로를 달래서 회복할 수 있는 능력을 지니며 난관을 창조적으로 해결할 수 있다.[46] 즉 이 시험은 고통자극에 함몰되지 않고 그것을 창조적으로 이용할 수 있는 참자기 능력을 지녔음을 증명하라는 요구이기도 하다.

지네 및 벌 떼와 '한 방에서 잘 수 있다'는 것은 독이 있는 대상과 가까이 접속(인접)해 그 괴력을 내사하여 자기 것으로 만드는(자아에 통합하는) 능력을 보이라는 뜻이다. 왕이 되려면 보통 사람이 두려워하는 무리들과도 교류해 그것을 제어할 수 있어야 한다. 독충들이 들끓는 방에서 자는 행위는 동아시아 및 아메리카 원주민들의 성인식 때 실제로 행해지기도 했다.

두 번째 시험에 은폐된 '시험 주체의 한계'는 무엇인가? 지하계에 머무는 스사노오에게는 파괴 에너지만 드러날 뿐 외부 대상과의 조화로운 교류·공존·통합 능력은 보이지 않는다. 그는 박해망상에 시달리는 편집·분열 자리에서 대상을 위로하며 배려하는 우울 자리로 아직 넘어가지 못한 상태다. 그래서 그는 오호나무치에게 편집·분열 자리의 경계를 넘어섰다는 징표를 보이라고 요구한 것일 수 있다.

두 번의 시험 과정에서 오호나무치는 스세리비메의 도움을 받았다. 첫 번째와 두 번째 시험은 보통 인간이 보편적으로 거치는 유아기의 정신발달 과정을 반영한다. 이 단계의 주요 과제는 '좋음/나쁨'이 극단적으로 분열된 경험 세계와 자아구조를 하나로 통합하여 파괴욕동을 통제하고 박해불안에서 벗어나는 것이다.[47] 이 과업을 성공적으로 통과하려면 무엇보다 모성적 대상과의 긍정적 관계 체험이 필요하다. 야소가미들로부터의 박해불안에 시달리던 오호나무치가 스세리비메의 도움을 얻어 정신적 곤경을 극복해가는 과정은 마치 유아가 엄마의 도움(대리 자아의 자아 지원)으로 정신의 성장을 향한 험난한 과정들을 무사히 통과해가는 모습을 떠오르게 한다. 무엇보다 최초 대상(유아기 엄마)과의 관계 경험이 안정되어야 도망치거나 포기하지 않고 새로운 단계로 나아갈 수 있다. 정신 내부에 든든한 내적 대상이 자리 잡고 있으면 위협적 외부 자극(지네와 벌)이나 치명적 유혹(독사)에 정신이 깨지거나 휘둘리지 않게 된다.

독사, 지네, 벌 떼는 원시인이 두려워했던 대상들이었다. 그것들을 제압할 능력을 지닌 자는 비범한 주술력을 지닌 샤먼과 왕뿐이라고 믿어졌다. '히레'로 위험한 대상들을 제압해 자신을 보호하는 방법을 전해준 스세리비메는 일상과 단절된 세계에서 자연 정령(신)과 교류하며 살던 샤먼(여사제)일 가능성이 높다. 오호나무치는 비범한 여사제와 결합하여 그녀로부터 위협적인 자연 정령들을 통제하는 주술력을 습득한 것이다.

세 번째 시험: 화살과 불의 초원

스사노오는 우거진 초원에 화살을 쏜 후 그 화살을 찾아오라고 요구한다. 오호나무치가 초원에 들어가자 스사노오가 들에 불을 지른다. 들쥐가 나타나 "속은 비었고 겉은 오므라들었다."라는 말로 땅속 구멍의 위치를 알려주어 불을 피했고, 화살은 쥐가 가져다준다.

'우거진 초원'은 마을 울타리 바깥의 위험한 세계다. 그러나 그곳에 가야만 뜻밖의 비범한 에너지를 얻을 수 있다. 예로부터 거대한 나무는 신목神木으로 여겨져 그 나무가 있는 숲은 함부로 접촉해서는 안 될 신성한 영역으로 숭배되어왔다. 정령신앙을 지녔던 고대 인류는 우거진 숲속에 함부로 들어가면 악령과 숲의 원기를 지키는 무시무시한 신인(숲의 왕)에

게 치명상을 입는다고 생각해 접근을 꺼렸다.[48]

'화살'은 집단을 보호하는 강력한 무기다. 그러나 능력이 부족한 자가 그것을 잘못 다루면 집단에 큰 재난을 일으킨다. 화살은 남성성·남근·공격력·주인공 자신을 상징하며, '우거진 초원을 향해 화살을 쏜 뒤 이를 찾아오라 요구하는 것'은 안전이 보장되지 않는 타계의 영역에 들어가서 살아 돌아올 수 있는 힘을 보이라는 것이다. 게다가 초원에 불을 지른다면 화살과 인간은 어찌 되겠는가? 모든 존재가 불타서 소멸되는 죽음의 세계가 펼쳐질 것이다. 왕이 되려는 자는 용기 있게 죽음의 세계에 들어가서 살아 돌아올 수 있어야만 한다. 그래야 집단 구성원들의 생명을 안전하게 보호하는 생명력의 수호신으로 숭배될 수 있다.

불과 화살은 리비도의 상징이기도 하다. 생존이 위태로웠던 원시시대의 신화에서 리비도는 일차적으로 생명력·생식력·생산력을 의미했다.[49] 그리고 안전이 보장된 이후에야 쾌락을 추구하는 성욕동을 의미하는 것으로 변화했다.

시험을 내는 주체는 '불길 속에서도 손상되지 않은 화살'을 가지고 오라고 요구한다. 이런 비합리적이고 비현실적인 요구는 무의식을 드러내는 상징 의미로 이해해야 한다. 불속에서도 손상되지 않은 화살은 무엇을 뜻하는가? 상징은 그것이 놓여 있는 맥락(상황)과 연관해서 해석해야 한다. 불은 고대인의 일상에서는 격정(파괴충동과 성충동) 또는 정반대로 충동 억제력이나 지혜 등을 의미했다. 위급 상황에서의 불은 파괴와 죽음, 위험, 재난, 과잉 자극, 공포이자 꺼지지 않는 생명력과 정화의 상징이다. '불타는 초원'은 피난처가 없는 위급한 환경을 나타내며, '불속의 화살'은 타서 없어질지 모를 유한한 남성성과 멸절불안의 상징이다. 유년기의 아이에게 과잉 성자극(상처)으로 작용되는 원초 장면(부모의 성관계 장면)도 꿈에서 불로 상징화된다. 즉 불에 타지 않는 화살이란 절망적 환경이나 저승에서도 소멸되지 않는 생명력과 생식력을 의미한다.

위기 상황에서 나타난 조력자인 '쥐'는 동양의 십이지에서 천귀天貴, 즉 귀한 재능을 지닌 존재로 본다. 쥐의 눈은 깜깜한 밤에도 사물을 분간하여 자신이 원하는 곳에 도달할 수 있다. 원시 인류에게 죽음공포의 표상이던 어둠을 무서워하지 않는 신기한 동물인 것이다. 또한 들쥐는 위급하면 땅속을 파고 들어가서 자신을 보호한다. '쥐구멍'은 위급할 때 목숨을 구하는 탈출구인 것이다.

'겉은 오므라들었지만 속은 비었다'라는 말은 여성의 성기, 자궁을 연상시킨다. 거대한 지모신의 자궁은 곧 대지(의 동굴)이다. 대지는 생명을 거두어들이는 묘지인 동시에 매년 끊임없이 생명체를 부활시키는 자궁이다. 들쥐의 말은 입구는 좁지만 안에 들어가면 넓은 공간의 동굴이 있다는 알림이다. 결국 오호나무치는 '거대한 어머니'인 '땅속 동굴'로 피신하여 죽음의 위기를 벗어난다. 모태와 같은 땅속 공간에서 바깥으로 나오는 행위를 통해 그는 어느덧 자연 재난과 죽음을 두려워하지 않는 새로운 존재로 고양된다.

오호나무치는 뱀의 방, 지네와 벌 떼로 가득한 방, 땅속 동굴, 지하세계 등 모태를 연상시키는 갇힌 공간으로 들어갔다가 밖으로 나오는(죽음과 부활) 행위를 거듭했다. 그 공간은 위험과 불안이 가득한 곳이었으나 들어갔다가 나올 때마다 오호나무치는 기존과 다른 정신성을 지닌 인물로 거듭났다. 명령에 순종하던 힘없는 겁쟁이였던 그는 어느덧 자율성을 지닌 성인, 죽음을 겁내지 않는 전사, 위대한 지혜의 신으로 변모해 있었다.

마지막 시험: 이 잡기

스사노오는 그를 방으로 불러 머리카락 속 이(사실은 지네)를 잡으라고 명령한다.

오호나무치가 스세리비메에게 받은 푸조나무 열매와 황토를 이용해 입으로 지네를 씹어 뱉은 듯이 보이게 하자 스사노오는 그의 배짱에 마음이 흐뭇해져 잠들어버린다.

스사노오 몸의 이(지네)들은 지하계 이자나미의 몸에 우글대던 구더기의 모습과 유사하다. 구더기·이·지네는 더럽고 부패한 생명에 기생한다. 이자나미와 스사노오 역시 생명을 해체시키는 파괴성과 죽음의 상징이다. 그렇다면 방이라는 폐쇄된 공간에서 몸의 이를 직접 잡으라는 요구는 미워하는 대상에게 독성을 가진 똥을 덮어씌워 없애고 싶어 하는 항문기 가학성을 연상시킨다. 죽음 여신 이자나미가 창조신 이자나기를 지하계에 붙잡아두려 했듯이 스사노오는 딸 스세리비메를 자신에게서 내보내고 싶지 않은 것이다. 이 시험은 섬뜩한 대상들과 접촉하여 회피하지 말고 감당해내라는 요구다. 개인이든 집단이든 험난한 외부 환경을 회피하지 않고 꿋꿋이 대면하려면 무엇보다 인간의 대립물·파괴욕동 자체를 겁내지 않고 대면하여 자신의 에너지로 통합·활용할 수 있어야 한다.

한편, 자기 몸을 누군가에게 보여 이를 잡게 하는 행위는 친밀함의 표시이기도 하다. 침팬지는 친밀하고 안전하게 느끼는 대상에게 자기 몸을 접촉하게 하고 이를 잡게 한다. 스사노오는 자신에게조차 쉽지 않은 시험들을 무난히 통과한 오호나무치의 능력을 인정한 것일 수도 있다. 두 존재는 '갇힌 공간'인 한 방에 틀어박힌다. 그들 가운데 누가 어떤 모습으로 이 공간을 벗어날지는 미지수다. 오호나무치는 위장술로 스사노오의 머리카락 속 지네를 용맹한 전사처럼 씹어 죽이는 척한다. 그러자 광포한 신 스사노오는 어떤 동질감을 느껴 그를 좋아하게 된다. 스사노오 몸의 일부를 입으로 받아들이는 오호나무치의 친밀 행위가 마치 자신의 공격적 투정들을 공감하며 정성껏 담아주던 좋은 양육자 표상과 동일시되었을 수 있다.

오호나무치에 대한 신뢰감에 스사노오는 지금까지의 공격적 태도를 거두고 방어 없이 잠들어버린다. 그러자 지금까지 온순해 보이던 오호나무치는 뜻밖의 모습을 드러낸다.

강탈과 도주

오호나무치와 스세리비메는 스사노오가 잠든 때를 틈타 그의 머리카락을 침상에 묶고 커다란 돌로 방문을 막은 다음 칼·활·비파를 훔쳐 지상으로 도망친다.

험난한 시험들을 통과하면서 오호나무치의 정신성과 힘은 이미 획기적으로 변화했다. 그의 정신은 박해불안에 위축되어 있던 상태에서 자신의 욕구를 능동적으로 표현하는 상태로 바뀐다. 힘이 생긴 그는 자신의 야망을 결연히 드러낸다. 과거에 스사노오가 여덟 개의 머리를 가진 괴물을 잠들게 한 뒤 머리를 베었듯이 그는 잠든 스사노오의 머리를 침상에 묶어 꼼짝 못하게 만든다.

'머리카락'은 끊임없이 자라나는 생명력을, '머리'는 지혜의 근원과 남근을 상징한다. '묶는다는 것'은 남근 능력의 거세를 의미한다. 여기서 기성 권력자를 거세한 행위가 여성의 협력에 의해 이루어짐을 주목하자. 원시시대부터 여성은 남성에게 에너지를 공급하는 원천으로 간주되었다. 에너지의 원천이기에 역으로 남성을 무기력하게 만들 수 있는 마력 또한 여성에게서 나온다. 그리스 창조신화에서 가이아 여신은 아들(크로노스)을 도와 남편(우라노스)을 거세했고, 다음 세대의 레아 여신 역시 남편(크로노스)을 배신하고 아들(제우스)을 도와 새로운 권력을 탄생시킨다.[50] 이처럼 여성의 협력이 중요한 요인이 되어 권력은 기존 권력자로부터 새로운 영웅에게로 이동한다.

'큰 돌로 집 입구를 막는 것'은 시신을 매장하는 고대의 풍습과 묘지를 연상시킨다. 고대인은 죽은 자의 혼이 산 자에게 접촉되는 것을 매우 위험하게 생각했다.[51] 그래서 죽음의 기운이 산 사람에게 내사되어 전염될까 봐 무겁고 큰 돌로 무덤의 입구를 막은 것이다. 지하세계 탈출은 죽음에서의 부활을 의미함과 동시에 독재적이고 노쇠한 아버지(왕, 권력자)의 부정적 영향에서 벗어나 생생한 생명력과 생산적 욕망을 펼칠 수 있는 세계를 개척했음을 의미한다.

스사노오와 오호나무치는 각각 고대 일본의 구세대와 신세대를 대변한다. 험한 시험을 거친 후 둘이 방 안에 함께 머무르는 것은 전통 세력과 새로운 세력이 격렬한 투쟁 후 서로의 능력과 가치를 인정하여 공존하는 상황을 의미한다. 스사노오가 잠들어버린 것은 새 영웅에게 자신의 자리를 물려주겠다는 권력자의 암시다.

잠에서 깬 스사노오는 움직이려다가 머리칼이 묶인 기둥이 무너져 집에 묻히게 된다. 자기 방에 감금당한 것이다. 이제 그 방은 오호나무치의 통과의례 공간에서 스사노오의 통과의례 공간으로 변한다. 이제는 전통(대타자)의 상징인 스사노오 자신이 변해야만 한다. 변하지 않은 채 낡고 무기력해진 전통과 권위에 안주한다면 자멸할 수밖에 없다. 마침내 그는 딸의 분리를 수용하고, 오호나무치를 적으로 간주해 보복하기보다 권력 계승자로 인정해 그와 화해해야 함을 자각한다. 아버지가 자식(자손)의 미래를 배려해 보복 없이 화해한 것이다.

화해와 축복

도망치는 오호나무치를 향해 스사노오는 "네가 가지고 가는 그 보물로 야소가미를 물리치고, 이 세상의 혼을 지키는 오오쿠니누시가 되어 스세리비메를 정실 아내 삼아 큰 나라를 이루거라."라는 축복의 말을 던진다. 오호나무치는 스사노오의 보물을 이용해 야소가미를 물리치고 국가를 건설하여 마침내 일본 국가의 시조(오오쿠니누시)가 된다.

일본 시마네현 이즈모타이샤出雲大社에 세워진 오오쿠니누시 동상

오호나무치가 영웅이 되기 위해 겪은 시험들은 일본인들이 원시시대부터 국가를 세우기 이전까지 겪었던 곤경과 극복 과정을 상징한다. 겁 많고 천한 오호나무치가 용맹하고 권위 있는 오오쿠니누시로 변신하는 과정은 민족과 인류의 정신이 발달하는 과정을 반영한다.

고대인에게 '보물'이란 신의 신성한 에너지가 응집되어 있는 무엇이었다. 그것을 소유하는 자는 특정 신이 지녔던 엄청난 힘(마나)을 얻어 적과 자연 정령을 자신이 원하는 대로 통제할 수 있게 된다. 스사노오는 거대한 괴물을 처치한 신이므로 그의 보물에는 전사의 힘이 담겨 있다. '비파'는 '신의 소리'로 적의 정신을 조종하거나 백성의 불안을 진정시키는 도구다. '칼과 활'은 공격성을 분출하여 적을 제압(거세)하는 도구다.

오호나무치가 획득한 또 다른 힘은 대타자인 스사노오의 '축복의 말씀'이다. 고대인에게 왕의 말은 왕의 존재와 등가였다. 그것은 심리적 효과와 더불어 말의 내용을 실현시키는 구체적 힘을 지녔다. 특히 괴물을 처치한 괴력을 지닌 지하세계 왕 스사노오의 말에는 지하계의 비범한 힘이 실려 있다.[52] 그 누구도 '왕의 말씀이 인정한 자'를 함부로 대할 수 없다. 지상에 스사노오보다 더 강한 존재가 나타나지 않는 한 그의 '보물'과 '말씀'을 소유한 오호나무치는 그 누구도 겁낼 이유가 없는 것이다.

타계의 권력자에게서 얻은 비범한 보물과 말씀의 힘으로 오호나무치는 자신을 박해했던 야소가미를 모두 제압한다. 적들을 제압하고 지상에 최초의 통일국가를 세움으로써 천하고 나약한 존재였던 오호나무치는 마침내 일국의 시조인 오오쿠니누시로 변신한다.

오오쿠니누시는 스세리비메와 결혼하고 이나바의 공주 및 여러 아내에게서 많은 자손을 얻었다.

'아름다운 여성들을 아내로 얻음'은 음양(여성성과 남성성)이 하나로 통합된 성숙한 정신 상태에 도달했음을 의미한다. 이 상태에 도달하면 더 이상 내면의 유아성욕과 외부의 유혹에 휘둘리지 않게 된다. 또한 고대 사회에서 결혼은 두 집단이 대립 관계에서 우호 관계로 전환됨을 의미했다.

오오쿠니누시가 한 명의 아내가 아니라 여러 명의 아내를 거느린 것은 가부장제의 표상이다. 가부장제에서 남성(아버지)은 생명의 씨앗을 제공하는 주인공이고, 자궁을 지닌 여성(어머니)은 출산의 매개자로 간주된다. 왕이 아내들에게서 '많은 자손'을 얻었음은 집단의 생명력을 순환시켜 풍성하게 유지·번성시켜야 하는 역할을 충실히 수행했다는 의미다.

과업 성취와 건국, 그리고 물러남

오오쿠니누시는 나라를 세우기 위해 여러 토지의 신들과 결혼하고, 토지를 개척해 생산력을 높인다. 그리고 작은 좁쌀신과 함께 각지에 곡물 재배 문화를 퍼뜨린다. 나아가 질병 치료법과 재해 방지법을 정하고 부모 자식과 부부의 도리를 가르친다.

오오쿠니누시는 일본 민족에게 농작물의 풍요와 생식, 생산 기능, 질병 치료 기능을 주관하는 신으로 경배된다. '토지의 신'은 왕성한 생명력과 생식력을 지닌 자연과 여성, 지방 영주를 상징한다. 따라서 각 지역 토지 신들과의 결혼은 지역 영주의 딸들과 결혼해 분열된 세력들을 하나로 통합했다는 의미다. 그는 수렵채십 중심이었던 일본 사회에 농경 문화를 정착시킨다.

치명적 상처를 입어 두 번이나 죽었다가 조개 여신의 도움으로 살아났던 오오쿠니누시는 또한 백성들에게 최초로 약과 온천 치유법을 전한 의술의 신이다. 문화 제도를 확립했다는 것은 백성의 아버지 위치에 올라 본능욕동의 즉각적 충족을 갈망하는 백성들을 사회적 존재로 전환시키는 통과의례 요구의 주체가 되었음을 의미한다. 그는 백성들이 동일시하고픈 힘과 가치의 원천이자 '자아 이상' 모델이 된 것이다.

국가를 세워 자손과 함께 풍요를 누리던 오오쿠니누시는 천상계의 아마테라스 가 보낸 검신의 엄청난 무력에 의해 결국 왕위를 천상계에 양도하고 물러난다.

왕성한 생식력을 대표하던 '인간신'도 늙으면 노쇠해진다. 따라서 집단의 생명력을 유지시키기 위해서는 더 강한 영웅에게 자리를 물려주어야 한다. 이것이 바로 집단무의식이 모든 왕들에게 바라는 바다. 오오쿠니누시 역시 한창 부귀영화를 누리던 중에 뜻밖에도 강한 무력을 지닌 외부 세력의 침입과 도전을 겪게 된다. 그는 자손들로 하여금 이에 대항하게 했지만 그 누구도 천상계에서 온 '검신'의 무력을 감당해내지 못했다. 집단의 안위를 위해 왕위를 양도함으로써 오오쿠니누시는 훗날 백성들에게 영웅신으로 추대된다.

사후 해석

신화에 출현하는 대상들의 특성을 세심히 주시하면 그것을 창조한 집단의 정신 상태가 드러난다. 오오쿠니누시 신화에는 겁 많고 순한 오호나무치와 포악한 야소가미, 예언자 토끼, 오호나무치의 잠재력을 인정해준 이나바 공주, 헌신적인 어머니와 생명을 치유해준 조개 여신, 험난한 시험 과정에서 도움을 준 스세리비메, 시험을 부과하는 스사노오, 살 방법을 전해준 들쥐 등이 등장한다. 이들 각각은 고대 일본인들의 삶에 깊은 영향을 미쳤던 대상들을 상징한다. 오호나무치가 영웅이 되기 위해 겪은 시험들은 일본인들이 원시시대부터 국가를 세우기 이전까지 겪었던 곤경과 극복 과정을 상징한다. 겁 많던 오호나무치가 용맹하고 권위 있는 오오쿠니누시로 변신하는 과정은 민족과 인류의 정신이 발달하는 과정을 반영한다.

여러 부족과 지역으로 쪼개진 일본을 하나로 통합할 필요가 컸던 상황에서 형성된 오오쿠니누시 신화에는 신적 에너지를 지닌 조력자들이 유난히 많이 등장한다. 여러 조력자들의 등장은 역으로 당대 일본 민족이 외부 환경과 정신 내면에 많은 결핍을 지녔다는 신호다. 오오쿠니누시는 여러 결핍에 시달리며 오호나무치 상태에 있던 일본 민중의 좌절된 욕망을 대리 보충하는 이상적인 환상 대상인 것이다.

5장

이집트 신화

1

오시리스, 이시스, 호루스

죽음에서 부활에 이르는 길

죽음이란 무엇인가? 죽으면 삶의 모든 노력과 의미가 덧없이 소멸되는 것인가? 집단을 안정되게 영원히 존속시키기 위한 최상의 방법은 무엇인가? 왕이 반드시 지녀야 할 능력은 무엇인가?

오시리스 신화는 이 주제들에 대한 고대 이집트 민족의 소망과 불안, 깨달음을 상징으로 표현하고 있다.

태초의 신들

태초에는 움직임 없는 물로 찬, 무한한 대양만이 어둠 속에 존재했다. 이 태초의 대양, 창조 이전의 존재는 누Nu다. 생명체를 만들기 위해 태초에 누로부터 창조신이 일어났다. 스스로 존재하는 자인 그는 창조신 아툼이다. 아툼으로부터 공기의 신(슈)과 습기의 신(테프누트)이 생겨나며, 이들에게서 땅의 신(게브)과 하늘의 신(누트)이 탄생한다. 그리고 두 신 사이에서 오시리스, 세트, 이시스, 네프티스가 태어난다. 신들의 나라 헬리오폴리스에는 이 아홉 신과 그 밖의 여러 신들이 거주한다.[1]

이 신화소는 신과 자연 만물과 인류의 기원에 대한 고대 이집트인의 이해를 담고 있다. 고대인은 영원한 생명력을 지니며 인간에게 생명 에너지를 제공하는 자연 대상을 신이라 칭했다. 따라서 신들의 기원(계보)에 대한 설명은 곧 자연을 구성하는 생명체들 사이의 위계적이고 유기적인 관계에 대한 설명이다.

'창조 이전의 물로 찬 대양'은 세상에 출현하기 이전의 태아가 엄마 자궁 속 양수에 잠겨 있는 상태를 연상시킨다. '창조'는 세상에 고유한 위치와 이름을 지닌 존재가 출현함을 의미하므로 '창조 이전'은 출생 이전 상태와 유사하다. 창조신을 '태초의 암흑 대양'(태모신, 거대한 자궁)이 아닌 태양신으로 본 것은 거대한 대양(자궁)을 지닌 어머니보다 힘 있게 햇살을 뻗치는 남근 아버지를 중심으로 세상을 질서화하는 세계관과 문화를 지녔다는 기표다. 이는 전능하신 어머니(태모신)를 숭배하는 유아(원시 인류)의 관점이 아닌 언어 사용과 아버지의 힘을 자각한 아동의 관점(문명 초기)을 지닌 집단무의식이 생성한 신화로 추정된다. 이미 촉각적 문화(대양의 물)로부터 시각적 문화(남근, 성 차이 지각)로 이행된 상태이며 창조의 시작을 자궁 속 태아 상태가 아닌 자궁 밖 아기 상태로 인지했다는 사실을 알 수 있다.

신석기시대 농경 사회 초기의 인류는 밤의 암흑을 몹시 두려워했기에 달의 있음/없음, 밝음/어두움이 생활과 정신에 지대한 영향을 미쳤다. 수메르의 길가메시 신화에서 달의 신이 태양신보다 더 큰 비중을 지녔던 것은 그 때문이다. 악령이 엄습할 것 같은 밤의 암흑을 밝혀주는 달과 별은 원시 인류에게 영원불멸의 수호자로 신격화되었다.

태음력이 태양력으로 바뀌는 농경 사회 중기 이후부터 달과 별을 중심으로 한 우주관은 태양을 중심으로 한 우주관으로 바뀌기 시작한다. 사막과 오아시스의 나라 이집트에서는 빛과 열기를 내뿜으며 자연 생명체를 생장시키는 태양이 인류 생존에 가장 큰 영향을 미치는 생명력의 근원이자 최고신으로 숭배된다.

움직임 없는 거대한 암흑 대양에서 태양의 움직임이 일어나고, 태양에서 공기와 습기가 생겨나고, 이것에서 하늘과 땅이 생겨나며, 땅과 하늘 사이에서 오시리스(대지, 농경, 식물, 지하세계), 세트(사막, 폭력, 혼돈), 이시스(농업, 의술, 장례), 네프티스(달)가 태어난다. 이것이 수렵사회에서 농경사회로 진입한 고대 이집트의 우주론이자 인간 삶에 밀접한 영향을 미치는 자연 대상(정령)들에 대한 불안과 절망, 소망과 감사에서 비롯된 신론이다.

이집트의 자연신 신앙은 후대에 이르러 태양신(아텐)을 유일신으로 믿는 신앙으로 변화된다. 이는 과거에 존재하던 모든 자연 정령들의 에너지를 태양 정령에게 응축시킨 신앙이다. 태양에서 만물의 정령들이 생성되었다가 태양으로 회귀(재통합)한 것이다. 인간이 지닌 정신 내부의 좋음과 파괴성, 불안, 친족-부족 간 권력 갈등은 원시 방어기제(분열, 투사, 투사동일시)에 의해 환각으로 외현되고 신화적 사고에 의해 신들 사이의 갈등으로 인격화·신격화된다.

오시리스는 이시스와, 세트는 네프티스와 결혼한다. 오시리스가 지상을 다스리는 왕이 된다.

오시리스는 땅과 하늘이 결합해 창조한 최초의 신성한 존재다. 그는 이후에 창조된 자연 정령들의 맏이이고 원아버지이며, 인류의 최초 우두머리다. 또한 하늘 정령과 대지 정령을 매개해 농작물의 생장을 조율한다. 오시리스와 이시스의 결혼은 식량 문제가 원활히 해결되고 죽음과 부활의 순환이 영원히 반복되기를 바라는 이집트인들의 마음이 반영된 것이다. 사막에 달빛이 비치지 않으면 인간은 암흑 속에서 죽음공포에 떨게 된다. 따라서 사막과 달은 반드시 함께 있어야 한다는 소망이 세트(사막의 신)와 네프티스(달의 신)의 결혼으로 인격화·신격화된 것이다.

왕은 백성의 생명을 보호해주는 비범한 힘을 지닌 존재여야 한다. 일차적으로 식량 문제 해결이 가장 중요하기에 농경을 관리하는 오시리스는 마땅히 지상의 왕으로 추대된다.

> 연합된 두 땅의 최고 연장자, 아홉 신들 이전의 풍요로움.
> 영혼들 중의 가장 힘센 영혼 눈Nun이 오시리스에게 물을 주었으며 그의 뜻에 의해 식물이 싹트고, 그를 위해 땅이 양식을 자라게 한다. 하늘과 별들이 그에게 순종하며, 아홉 신들이 그를 경배한다.[2]

'연합된 두 땅'이란 당시에 상·하로 분리되었던 이집트 영토를 의미한다. 사막이 많은 이집트에서 물은 가장 소중한 생명 에너지의 원천이다. 따라서 물을 지배·관리하는 자가 자연 생명체뿐 아니라 자연계 전체 (하늘과 별, 아홉 신들)를 지배한다고 생각했다. 오시리스는 물의 신 눈에게 물을 선사받아 인류와 식물과 동물의 생육을 담당하는 가장 중요한 신(생명력의 근원, 관리자)이 된다.

모든 자연의 정령들이 오시리스를 경배하고 추종했다는 것은 그가 자연과 인간, 집단과 집단 사이의 충돌을 중재하고 소통시켜주는 중재자 역할을 잘해냈다는 의미다.[3]

오시리스의 죽음

> 오시리스는 백성에게 농경 기술을 가르치고 무력이 아닌 언어와 노래로 법과 문명을 전해 백성에게 숭배받는다.

오시리스는 이집트에 문명국가가 성립하기 시작했을 무렵의 왕으로 추정된다. 수렵채취에 의지하던 단계에서 농사를 체계적으로 짓는 단계로 넘어가면서 법과 사회 제도의 정비가 필요했을 것이다. 농사짓는 법을 알려주었다는 것은 식량을 축적함으로써 굶주림과 연관된 구강기 멸절불안에서 벗어나게 했다는 의미다. 언어와 노래로 소통했음은 당대인들이 상징계에 진입한 문명화된 정신성을 지녔다는 뜻이다.

그런데 세트의 질투와 음모에 의해 오시리스는 상자(관) 속에 눕게 되고, 그 관은 밀폐되어 강에 버려진다.

고대 이집트인은 식물이 죽었다가 봄에 소생하듯 인간이 죽으면 몸에서 영혼(카Ka)이 분리되어 저승 여행을 거친 후에 몸으로 돌아와 소생한다고 믿었다.◆ 따라서 이집트인에게 부패하지 않고 휴식할 수 있는 딱 맞는 고급 나무 관은 중요한 의미를 지닌다.

'상자(관)에 밀폐되어 강에 버려짐'은 탄생 직후의 아기 영웅이 권력자나 부모에 의해 버려지는 것과 유사하다. 이때 상자는 관(묘지tomb)인 동시에 자궁womb을 뜻하며, 관이 버려지는(접촉되는) 장소인 강은 생명의 흐름이자 아직 정착지를 찾지 못한 미지의 세계를 의미한다.

즉 자연 생물의 죽음과 부활 과정을 재현해 집단을 영속시키는 영웅이 되려면 관(상자)에 넣어진 후 강에 버려져 떠내려가다가 누군가에 의해 구원(부활)되는 일련의 과정을 체험해야 한다. 대지와 식물과 농업의 신 오시리스는 곡식이 낫에 베이듯 살해당해 멀리 보내진다. 전성기의 왕이 음

◆ 고대 이집트인은 영혼이 렌Ren(이름), 바Ba(인격), 카Ka(생명의 힘, 영혼), 세우트Sheut(그림자), 이브Ib(심장) 다섯 부분으로 이루어진다고 믿었다.

모에 의해서든 무력에 의해서든 강력한 도전자에게 살해당하는 것은 힘을 신성화해온 원시시대부터 존재해온 자연스런 관습이다.

> 오시리스가 죽자 이집트에 온갖 재앙이 일어난다. 농토가 사막으로 변했고, 기근이 생겨 인간들끼리 싸우고 도둑질했으며, 절망이 심해 산 사람이 죽은 사람을 부러워했다. 재난을 해결하고자 이시스와 네프티스와 지혜의 신 토트는 오시리스를 찾으려 온 나라를 뒤진다. 마침내 비블로스 땅의 왕궁 기둥 속에서 오시리스의 관을 발견한다.

힘 있는 대상을 내사해 정신에 흡수하고 내면화된 그 대상과 융합함으로써 정신의 안정을 유지하던 고대인에게 그 이상화 대상이 갑자기 사라지면 어떤 심리적 변화가 일어날까? 엄마를 잃은 유아, 교주를 잃은 신도, 장군을 잃은 병사처럼 이상화 대상으로 인해 유지되고 고양되던 모든 가치와 힘이 사라지거나 마비되는 사태에 처하게 된다.

오시리스의 죽음 이후 재앙 내용을 주목하면 오시리스가 어떤 유형의 힘에 관여해왔는지 알 수 있다. 식량 기근은 농사의 흉작을, 싸움과 도둑질은 법 규범의 마비 상태를 표상한다. 그렇다면 오시리스는 식량 생산을 주관하고 사회 질서를 유지하는 신이다. 본능을 좇고 싶어 하는 아이에게 언어로 소통하는 방법과 규범적 생활 태도를 전해주는 대상은 아버지다. 오시리스는 이집트 국가의 최초 규범을 세운 태초 아버지인 것이다.

프로이트에 의하면 아버지는 살아 있을 때보다 죽은 후에 더 큰 힘을 발휘한다.[4] 자책감과 상실감으로 자기가 깨지는 불안에서 벗어나려는 자식(백성)의 정신에서 강력한 동일시 작용이 일어나 내면에 전능한 권위 대상으로 자리 잡기 때문이다.

고대인은 집단의 재앙이 인간의 금기 위반 행위에 대한 신들의 분노 때문이라고 믿었다. 그렇다면 누가 어떤 금기를 어긴 것인가? 세트가 오시리스를 살해한 일이 금기를 어긴 것인가? 오시리스 신화는 바로 이 문제와 연관된 논란을 계속해서 드러낸다.

고대에 왕의 무덤은 일반인이 접촉할 수 없는 성역으로 엄격히 보호되었다. 왕의 시신에 부활을 위한 신성한 기운이 계속 남아 있기 때문에 집단의 안위를 위해서는 적에게 빼앗기지 말아야 한다고 믿었기 때문이다. 왕의 시신이 있는 장소는 철저히 비밀에 부쳐졌다. 이시스와 두 신들이 오시리스의 시신을 찾으려 온 나라를 뒤진 것은 몸이 부활을 위한 매개체라 믿었기 때문이다. 집단정신의 안위를 위해 오시리스 왕의 부활을 필요로 하는 집단무의식의 요구를 수행한 것이다.

> 솔개로 변한 이시스는 날개로 오시리스의 시신을 덮어 숨을 불어넣고, 그의 성기 위에 앉아 호루스를 수태한다. 그리고 세트를 피해 은둔한다. 그런데 오시리스가 회복되기도 전에 세트는 그를 찾아내 죽인 후 다시 살려내지 못하도록 시신을 14등분해 나라 이곳저곳에 뿌렸다.

시신의 입에 숨을 불어넣어 생명을 소생시키는 신화소는 잠자는 공주가 왕자의 입맞춤에 눈을 뜨는 동화 속 장면을 떠올리게 한다. 입을 맞추는데 어떻게 죽은 자가 부활할 수 있는가? 이것은 고대인의 주술적 사고를 알면 금세 이해된다. 그들은 자연 생명체에 깃든 정령(생명)이 언제든 이 몸에서 저 몸으로 옮겨 갈 수 있다고 생각했다. 그래서 생명력이 강한 존재(신)가 잠든(죽은) 자에게 입으로 숨을 불어넣어주면 생명이 깃들어 부활하게 된다고 본 것이다. 여러 민족의 신화에는 신이 인간을 흙으로 창조하고 마지막에 '숨을 불어넣어준다'는 구절이 등장하는데, 이는 정령의 존재를 믿었던 고대에는 무척 자연스러운 생각이었다. 주술적 사고(인접법칙)에 의해 가까이 접촉하면 생명의 기운이 옮겨가거나 옮겨오게 된다.

이시스 여신은 죽은 생명체를 소생시키는 농경과 의술의 신이다. 그녀는 시든 자연력을 회복시키는 지모신이며 죽음불안에 떠는 원시 인류(유아)에게 따스한 생명의 온기를 제공하는 모성신(양육자)이다. 그녀의 신비한 자연 치유력에 의해 메말라 죽었던 동식물은 매년 되살아나고 인간도 신도 적절한 때에 부활한다.

'시신을 14개로 토막 냄'은 외견상 잔혹한 공격성의 표상이다. 왕의 시신은 생명력이 머물던 곳이자 재탄생을 가능케 하는 신성한 매체다. 그래서 잔혹한 적은 정령이 돌아와 부활하지 못하도록 왕의 몸을 여러 조각으로 파편화한 것이다.

그런데 오시리스가 식물과 농경의 신이라는 사실에 주목한다면 시신을 토막 내 국토 전역에 나누어 뿌리는 행위는 그의 몸에 내재된 신성한 기운(마나)이 전국 곳곳에서 새로운 생명을 피워내기를 기원하는 주술 행위의 일종으로 볼 수 있다. 살해 후 토막 낸 신체와 그 피를 대지에 뿌리면 왕의 마나와 접촉(수태)된 대지가 비옥해져 풍성한 결실(출산)을 맺을 수 있다고 믿은 것이다. 따라서 왕의 시신을 누가 어디에 어떻게 소유하는가는 매우 중요하다. 신성한 왕의 시신이 안장된 곳은 왕의 기운에 의해 보호받고 융성하게 된다.[5]

이시스는 이집트 전역을 뒤져 토막 난 오시리스의 시신을 찾아 하나로 모은다. 그러자 이집트에 다시 평화가 찾아온다. 그러나 물고기에게 먹힌 성기 부분은 찾지 못한다.

왕의 시신을 다시 찾아 하나로 모으는 행위는 분열되고 파편화된 상태로 지각되던 부분대상들(따로따로 지각되는 팔, 다리, 몸통, 머리, 성기, 눈 등)이 우울 자리에 진입한 뒤 하나의 통합된 몸으로 지각되는 것과 유사하다. 우울 자리에 도달한 아이(또는 성인)는 자신의 파괴욕동 때문에 엄마 몸이 손상되었다는 강한 죄책감을 느끼고 엄마(양육자)의 몸을 회복시키기 위해 최대한 노력한다. 그러나 자기 힘만으로 대상을 완벽히 회복시킬 수 없음을 자각하고는 우울해하며 자신을 책망한다.

이시스와 오시리스는 모두 식물과 동물 그리고 신들의 생명을 부활시키는 기능을 담당하는 의술의 신이자 생산의 신이다. 그런데 이시스 여신 혼자의 힘만으로는 오시리스의 부활과 회복을 완벽히 이룰 수 없다. 남근을 찾지 못한 것이다. 남근은 자연 생명을 생성하고 부활시키는 데 중요한 기능을 하는 기관이기에 남근이 상실된 오시리스는 지상의 왕으로 복귀할 수 없다.

저승계로 간 오시리스의 영혼은 죽은 자들의 왕인 동시에 최고 심판관이 된다. 그는 저승 영혼들에게 영생에 대한 희망을 준다.

이집트인은 인간이 몸, 카[spirit], 바[soul] 세 부분으로 이루어졌다고 보았다. 사람이 죽어도 카는 계속 살아 있고, 카의 소유물이자 거처인 몸은 미라로 만들어져 보관된다. 죽음의 순간에 카는 몸을 떠나 재판을 받으러 간다. 호루스, 아누비스, 토트의 재판을 거쳐 마지막으로 오시리스가 죽은 자에게 부활하라고 판결하면 카는 몸을 다시 소유할 수 있게 된다.[6]

'죽은 자'는 깊은 상처와 불안, 여러 증상들로 인해 삶을 향유하지 못하는 자를 의미하기도 한다. 우울 자리에 진입한 아이는 그런 자들을 회복시켜주고 싶어 한다. 우울한 엄마를 둔 아이 역시 엄마에게 삶의 희망을 주고 싶어 최선의 노력을 기울인다. 죽은 자를 부활시키는 오시리스는 삶을 온전히 향유하지 못한 채 죽은 사람처럼 마지못해 사는 정신질환자들을 활력 있게 부활시키는 치유자의 상징이다.

오시리스가 죽은 뒤 지하계로 간 이유는 지하계가 부활을 준비하는 곳이라 믿었기 때문이다. 수확기에 베어져(죽음) 가을과 겨울 동안 사라졌던 곡식(곡물 정령)이 봄이 되면 배아와 더불어 부활하는 현상이 반복되듯이 인간도 죽어서 한동안 눈에 보이지 않는 저승에 머물다가 다시 지상으로 출현하게 될 것이다. 이때 농사 기술을 전파하고 공정한 법체계를 확립한 든든한 지상계의 왕이 죽어 지하계의 왕이 된다면 이승과 저승을 매개(소통)하는 존재를 지닌 그 민족은 불안 없이 죽음을 맞을 수 있게 된다.

우리가 죽은 자를 '고故 아무개'라고 호칭하듯이 고대 이집트인은 죽은 사람을 '오시리스 아무개'로 표현했다. 이는 부활의 신 오시리스와 함께 있기에 아무 걱정이 없으리라는 의미다.

호루스의 탄생과 왕위 다툼

이시스는 오시리스의 아들 호루스를 낳는다. 불안해진 세트는 전갈을 보내 호루스를 죽인다. 이시스가 태양신 라에게 기도하자 지혜신 토트가 와서 죽은 몸을 살리는 방법을 알려준다. 호루스는 베누(불사조, 매)의 모습으로 되살아난다.[7]

다른 핏줄에서 비범한 아기가 태어나면 권력자는 위협을 느끼고 자신과 자손을 위해 그를 죽인다. 이것은 생존과 종족 번식에 필사적인 자연 생명체의 보편 현상이다. 영아 살해는 '아버지(권력자) 살해 욕구'를 품은 남근기 아이(미래의 영웅)가 자신의 금지된 욕구 때문에 무서운 권력자에게 보복당하는 박해환상을 반영한다.

호루스는 세트에 대항해 아버지의 원수를 갚고 새로운 왕이 되려는 신세대 도전자다. 그래서 세트에게 죽임당한 것이다. 잠시 죽어 있는 동안

죽은 자를 심판하는 오시리스, '사자의 서Book of the Dead'

'죽은 자'는 깊은 상처와 불안, 여러 증상들로 인해 삶을 향유하지 못하는 자를 의미하기도 한다. 우울 자리에 진입한 아이는 그런 자들을 회복시켜주고 싶어 한다. 우울한 엄마를 둔 아이 역시 엄마에게 삶의 희망을 주고 싶어 최선의 노력을 기울인다. 죽은 자를 부활시키는 오시리스는 삶을 온전히 향유하지 못한 채 죽은 사람처럼 마지못해 사는 정신질환자들을 활력 있게 부활시키는 치유자의 상징이다.

호루스는 저승(지하계, 무의식계)으로 가서 아버지 오시리스를 만난다. 그리고 아버지로부터 집단무의식의 에너지를 사용하는 방법(갱생의 지혜)을 배운다. 지상에서는 어머니 이시스가 아들을 구하고자 창조신이자 태양신인 라에게 도움을 청하고, 지혜의 신이 전해준 방법으로 호루스의 몸을 되살린다. 다시 살아난 호루스는 아버지(지하계 신)와 접촉한 경험으로 인해 더욱 강한 존재가 된다.

성장한 호루스는 아버지의 왕권을 되찾기 위해 신들의 법정에 세트와 자신 중 누가 적법한 왕위 계승자인지 판결을 의뢰한다.

'아버지의 왕권을 되찾음'은 신화 속 영웅이 이루어내야 할 전형적 과제지만 왕의 동생과 아들 가운데 누구에게 더 자격이 있는지 가려낸다는 것은 매우 독특한 신화소다. 심판을 요구하는 신화소는 어떤 집단이 문화적 과도기에 기존 가치관과 새로운 가치관의 충돌을 겪을 때 생성된다.

그리스 비극 《오레스테스》에서는 애인과 음모를 꾸며 아버지(아가멤논)를 죽인 어머니에 대해 분노와 박해공포를 느낀 오레스테스가 어머니를 살해한다. 이 작품에서도 오레스테스의 행위를 심판해달라는 요구와 신들의 회의가 있었다. 모든 행위의 배후에는 반드시 근거가 되는 가치관이 존재하기 때문에 판결을 좌우하는 중대 변수는 그 시대가 무엇을 지향하는 가치체계를 지니고 있느냐에 의해 결정된다. 오시리스 신화가 창조되던 당시 이집트 사회가 어떤 가치체계를 지녔는지는 이후 신화소에 나타난다.

지혜의 신 토트와 대기의 신 슈는 이시스에게 아들이 있으므로 세트가 왕위를 계승하는 것은 정당하지 않다며 호루스를 옹호한다. 그러나 태양신 라는 아직 소년인 호루스보다 힘 있는 세트가 왕으로 적합하다고 지지한다. 신들도 양편으로 갈라져 판정을 두고 8년 동안 옥신각신한다.

모계 사회에서는 죽은 왕의 딸의 남편(왕의 사위)이 후계자가 된다. 즉 왕족의 핏줄을 지닌 여성이 중심이 되는 것이다. 이집트 신화의 경우 오시리스가 왕이 된 것은 그의 부인 이시스가 왕족 핏줄(왕의 딸)이기 때문이다. 만약 이전 왕(오시리스)의 동생(세트)이 왕의 부인(이시스)과 결혼하면 동생이 왕권을 승계하게 된다. 이시스의 남편이 왕위 계승 서열에서 첫 번째를 차지하는 것이다. 그러나 이시스가 누구와도 결혼하지 않으면 아들(호루스)이 왕위 계승자가 된다.

그러나 부계 사회에서 왕의 후계자는 누가 왕과 가장 가까운 핏줄인가에 의해 결정된다. 어머니가 아니라 아버지가 왕위 계승의 기준인 것이다. 이 경우 왕이 사망하면 아들이 1차 계승권을 지닌다. 그런데 모계제와 부계제가 혼재한 상태라면 공동체 구성원에게 안전감을 주는 강력한 힘을 지닌 대상이 왕이 될 것이다. 이 경우 경쟁자들은 힘의 우열을 가려야 한다. 신들이 양편으로 갈라져 판정이 난관에 처했다는 것은 오시리스 신화를 생성한 당대 사회의 가치관이 하나로 통합되지 않은 과도기였다는 징표다.

난국 타개책으로 위대한 창조여신 네이트의 조언을 구한다. 네이트는 "호루스가 자리를 이어야 정의가 서 하늘이 무너져 내리지 않게 된다. 세트에게는 위로의 상으로 라의 두 딸을 아내로 주라." 하고 답한다. 재판장인 태양신 라는 이에 승복하지 않고, 호루스의 어리고 약함을 욕한 뒤 법정을 팽개치고 자신의 거처로 퇴거한다.

태모신 네이트의 답변은 어떤 의미인가? 자연과 집단 생명력의 신진대사를 위해 나이든 자는 젊은이에게, 아버지는 성장한 아들(호루스)에게 자리를 물려주어야 한다. 이 이치를 망각하면 자연의 영원회귀 운동에 문제가 발생해 안정적으로 유지되던 사회 질서가 붕괴될 수 있다. 그런데 태양신 라는 어리고 약한 존재는 집단의 책임자가 될 수 없다고 주장한다. 태양(신)이 자신의 거처로 퇴거하자 자연계에 빛이 사라진 암흑 상태가 초래된다.

신들이 혼란에 빠진다. 태양신의 딸이자 사랑과 기쁨의 여신인 하토르가 라의 거처로 찾아가 자신의 벗은 몸을 보여주자, 라가 웃으며 법정으로 돌아온다.

신들은 어떤 방법을 써서라도 태양신을 세상으로 나오게 해야 한다. 그 방법으로 사랑과 기쁨의 여신이 자신의 벗은 몸을 화난 태양신에게 보여준다. '보여줌'은 모종의 (시각적) 접촉이다. 아름다운 벗은 몸을 본 뒤 권위자의 화가 사라지고 웃음이 생긴 것은 사랑과 기쁨(삶욕동)이 화(파괴욕동)를 중화시키는 현상을 묘사한 것이다.

일본 신화에도 이와 유사한 내용이 등장한다. 태양 여신 아마테라스가 남동생 스사노오의 소란에 놀라고 화가 나 석굴에 칩거하자 혼란에 빠진 신들이 '우스꽝스런 나체 춤'을 보여주어 그녀를 밖으로 나오게 한다. 사라진 태양을 다시 불러내려면 인류가 태양 정령의 관심을 끌 만한 열정적 자극(유혹)을 주어야 한다고 생각한 것이다. 자연신들에게 성스러운 제사를 올리며 여사제와 왕 또는 젊은 남녀가 공개적으로 성관계를 하거나 공동체 구성원 모두가 환성을 지르며 열정적으로 춤추고 성관계를 한 것도 자연 정령들의 관심을 끌어내 인간의 요구(소망)를 전달하려는 주술적 의도에서 비롯된 것이다.

이 신화소를 꿈의 내용이라 간주하고 프로이트의 관점으로 해석하면 더 파격적인 의미들이 드러난다. 꿈에 어떤 대상에게 가까이 가서 벗은 몸을 보여주는 장면은 그 대상과의 성관계를 의미한다. 그리고 라의 웃음은 이미 만족스런 향락을 누렸다는 기표다. 이것은 꿈을 생성해내는 정신작용과 꿈의 사고가 원시 인류의 원초적 사고와 동일하다는 것에서 기인한 해석이다. 사랑과 기쁨의 여신은 성적 욕망을 일으켜 다산에 기여하는 신이다. 이런 요소들을 종합하면 두 대상이 기쁘게 격렬히 성관계하는 장면이 검열에 의해 '벗은 몸을 보여줌'으로 부드럽게 전치된 것임을 알 수 있다.

그런데 화가 난 대상과 벗은 몸을 보여주는 대상의 관계가 아버지와 딸이라면 이 신화소를 어떻게 이해해야 하는가? 이집트 왕족들이 성스러운 혈통을 보존하기 위해 오누이나 친척 간에 근친혼을 했던 역사적 기록은 있지만, 그 이상도 근친혼이 허용되었는지는 알 수 없다. 그렇다면 이 신화소는 소망의 표현인가 사실의 표현인가? 원시시대부터 존재하던 딸과 아버지의 오이디푸스 콤플렉스를 약간의 변형작업을 거쳐 신화로 노출한 것인가? 아니면 아버지와 딸을 일반명사로 보아 원로와 젊은 여성을 상징하는 것으로 해석하는 게 더 합당한가?

융의 집단무의식 관점에서 보면 아버지와 딸의 성관계는 근친상간의 의미가 아니다. 그것은 어떤 상처에 함입되어 기쁨 없이 살아온 주체가 아니마와 접촉·소통하여 정신의 본래성과 균형을 회복하는 표상이다. 태양신과 사랑 여신은 실제 부녀간 근친상간의 의미가 아닌 상호 보충 및 조화를 상징하는 관계로서의 아버지와 딸인 것이다.

여기서는 무엇보다 화를 푸는 방법 내지 막히거나 단절된 관계를 소통시키는 데 남녀 사이의 성관계가 중요 수단으로 간주되었음을 주목해야 한다. 그리고 왕권의 향방에 영향력을 지닌 여성 이시스가 남편의 동생 대신 아들을 선택했다는 사실도 중요하다. 모계제에서 여성은 집단 생명력의 존속을 위해 강한 남자를 선택하여 강한 자식들을 출산하는 역할을 맡는다. 그녀가 힘센 세트 대신 아들을 택한 것은 당대 문화에서 이미 오누이 관계보다 모자 관계가 더 가깝게 지각되었다는 의미다. 이시스는 당대 집단정신의 상태와 소망을 반영하여 혼란스러워진 왕위 계승 질서를 재정립하는 매개자다.

> 무질서와 파괴의 신 세트가 곤봉으로 매일 한 명씩 죽이겠다고 협박하자, 두려움을 느낀 신들은 이시스 없이 외딴 섬에서 판결을 내리자는 세트의 주장을 받아들인다.

'이시스 없이 판결하자'는 세트의 주장은 무모해 보인다. 이는 마치 배우자이자 아이들의 어머니인 여성의 의견을 배제한 채 가족 문제를 풀려는 것과도 같다. 아버지와 아들 사이에 대립과 갈등이 생겼을 때 그 문제를 풀려면 기본적으로 아들의 어머니인 아내의 도움을 받아야 한다. 아들(호루스)의 영혼을 좌우하고 있는 어머니(이시스)의 협조를 얻지 못하면 권력 갈등을 해소할 수 없다.

> 이시스는 노파로 변신해 강 건너 섬의 재판장으로 갔다. 그녀는 아름다운 모습으로 변신해 세트를 유혹하며 집에 가축 떼가 있는데 아들에게 맡겨야 할지 유능한 외지인에게 맡겨야 할지 망설여진다며 판단을 요구한다. 그러자 세트가 말한다. "아들이 있는데 굳이 가축 떼를 낯선 사람에게 줄 필요가 있는가?"

부부 사이는 피가 섞이지 않은 무촌이지만 부모 자식은 피를 나눈 관계다. 여기서 낯선 사람이란 가장 가까운 관계인 자식(호루스)을 제외한 인물, 즉 세트를 의미한다.

고대 사회에서는 말이 그 자체로 대단한 힘을 지녔다. 고대인에게는 말이 마치 사물처럼 지각되었기 때문이다. 언어와 사물 사이는 (은유적 동일시 작용이 일어나) 마치 사실적 동일성을 지닌 관계인 양 지각되었기에 말을 뱉으면 그 말에 책임을 져야 한다.

호루스와 세트의 대결

이시스가 법정에 나타나 "세트, 당신 입으로 그리 말했노라! 당신의 현명함이 당신 자신을 판단했도다!"라고 말하자, 신들은 호루스를 선택해 왕관을 준다. 이에 격분해 세트는 결투로 문제를 해결하자고 제안한다.

결투는 누가 집단의 생명을 보호하고 고양시킬 총체적 힘을 지녔는지 검증하는 가장 분명한 방법이다. 그런데 여기에는 왕과 도전자, 기성세대와 신세대, 그리고 무언가 공개되기 곤란한 중요하고 친밀한 관계가 변장되어 있다. 그것이 무엇인지는 마지막에 가서야 이해될 것이다.

첫 번째 대결

하마로 변신해 물속에 3개월간 잠수해 있다가 먼저 떠오르는 자가 왕권을 잃는다.

물속에 들어감은 출생 이선 상태인 자궁(양수) 속으로 퇴행하는 것이며 죽음을 의미한다. 이집트에서는 죽음을 부활하기 위한 잠정적 수면 상태라고 믿었다. 특히 왕의 죽음은 더 강력한 재탄생을 준비하는 행위다. '물속에 들어갔다가 나오는 것'은 최초의 어둠 속 대양 여신(누)에게 갔다가 햇빛이 비치는 태양신에게 되돌아오는 일종의 죽음과 갱생 의례다. 달을 기준으로 한 태음력에서 3개월의 '3'은 달이 그믐달에서 초승달로 바뀌는 데 걸리는 시간이 사흘이라는 것에 근거한 재탄생 준비 기간을 의미한다. 또한 3개월은 겨울이 지속되는 기간이다. 이 겨울을 무사히 견디면 죽어가던 상태에서 생명이 다시 피어날 수 있듯이 물속에서의 시간을 견뎌내면 더 강한 생명력을 지닌 존재로 부활할 수 있다.

이 대결은 나약한 소년이 죽음을 두려워하지 않는 전사로 전환되기 위해 반드시 거쳐야 하는 제1의 통과의례다. 집단의 불안과 결핍을 해소해 줄 강한 생명력의 모델(남근phallus)인 왕이 되려는 자는 이 대결에서 반드시 승리하여 지도자의 능력이 있음을 보여야 한다.

> 아들이 걱정된 이시스가 창을 밧줄에 매달아 물속에 던진다. 공교롭게도 창은 세트가 아닌 호루스를 찌른다. 호루스가 불평하자 창을 거둔다. 창을 다시 던지자 세트에게 꽂혔는데, 오누이 간에 이렇게 나를 죽일 수 있느냐고 애원하자 작살을 거둔다. 이에 격분한 호루스는 물에서 나와 칼로 이시스의 머리를 베어 들고 사막 산악지대로 들어가버린다.

이 신화소의 의미는 무엇인가? 이시스와 세트의 관계는 어떤 것인가? 둘은 표면적으로는 오누이 관계다. 그러나 이집트 왕실에서는 오누이 사이에 결혼이 이루어졌고, 새 왕은 이전 왕의 왕비를 아내로 맞기도 했기에 부부 관계를 의미하기도 한다. 첫 번째 창이 세트가 아닌 호루스에게 향한 것, 세트가 항의하자 찔렀던 창을 거둔 것은 이들이 부부 사이라는 단서다. 그렇다면 오누이이자 부부 관계인 대상과 아들 가운데 누가 더 가까운가? 이 신화소를 꿈으로 해석하면 세트와 호루스의 대결은 왕위를 둘러싼 아버지와 아들의 대결을 전치한 것일 수 있다. 이시스가 갈팡질팡하며 세트에게 동조하는 느낌을 주자 호루스는 격노해 어머니 이시스의 머리를 벤다.

집단무의식 차원에서 볼 때 '어머니의 목을 베는 것'은 어머니에게서 독립하여 남성성을 쟁취한 인격으로 변환되기 위한 상징 의례다.[8] 이 행위로 인해 이제 호루스는 어머니의 보호 아래 있던 소년에서 자립 능력을 지닌 청년으로 변신한 것이다.

호루스가 이시스의 머리를 베어 들고 산악지대로 가는 장면은 그리스 영웅 페르세우스가 메두사의 머리를 벤 후 바다 괴물이 출몰하는 지역을 통과하는 장면과 겹쳐 보인다. 비록 이시스와 메두사의 외양은 매우 다르지만 그들 모두 어머니상이라는 공통성을 지닌다. 메두사는 '나쁜 어머니상'(순종하지 않는 자식을 무섭게 잡아먹는 어머니, 유혹 에너지로 아들의 주체성과 판단력을 마비시키는 어머니)이며, 이시스는 아들의 욕구에 전적으로 부응해주지는 않는 '좋은 어머니상'이다. 좋은 어머니와 나쁜 어머니는 밀접한 한 쌍이다.

목만 남은 석상이 된 이시스를 보고 태양신 라가 화를 내며 호루스를 벌하겠다고 선언한다.

'목만 남은 석상'은 영혼의 힘이 거세된 어머니의 모습이다. 어머니에게 보호받으며 지내는 시기의 아들은 어머니를 무엇이든지 다 할 수 있는 힘을 지닌 존재, 남근을 지닌 존재로 지각한다. '머리가 베어진' 어머니의 몸은 남근이 부재하는 어머니의 몸을 처음 대하는 순간 아동이 느낀 섬뜩한 이미지의 전치다. 세트와의 전투에서 이시스가 보인 모호한 태도로 인해 호루스는 어머니가 더 이상 자신의 절대적 보호자가 아니며 전적으로 신뢰할 수 없다고 생각한다.

그렇다면 태양신 라가 호루스의 행위에 대해 화낸 이유는 무엇인가? 머리는 남근의 상징이기에 머리를 들고 산으로 들어간 것은 어머니의 가장 소중한 '무엇'을 독점하기 위한 행동이다. 이는 오이디푸스 욕구와 연관된 일종의 금기 위반 행위이기에 벌을 내리려는 것이다.

이시스가 무력해진 틈을 타서 세트는 호루스를 찾아 두 눈을 뽑고 땅에 묻는다. 그곳에서 연꽃이 피어난다. 하토르 신이 호루스를 회복시킨다.

'눈을 뽑음'은 목을 베는 것과 마찬가지로 거세의 상징이다. 이시스의 도움을 받지 못한 상태의 호루스는 힘이 없어 보인다. 호루스는 오이디푸스 왕처럼 어떤 금지된 행동에 대해 내부의 신(초자아)으로부터 처벌(눈이 뽑힘, 거세)을 받은 것일 수 있다.

'흙 속에 묻힌 눈에서 연꽃이 피어난 것'은 생명 에너지의 다양한 변환 과정을 나타낸다. 호루스의 눈은 죽어 사라진 것이 아니라 본래의 기운이 그것과 접촉한 대상에게 옮겨 가며 계속 생명을 이어간다. 눈과 연꽃은 모두 지혜의 힘을 상징한다.

호루스가 두 눈을 거세당한 것은 일종의 죽음이지만 이집트에서 죽음은 재탄생을 위한 과정의 일부다. 자연 정령과 백성을 총괄하는 지혜를 지닌 파라오가 되려면 생명의 죽음과 부활의 과정을 반드시 직접 거쳐야 한다.[9]

호루스를 회복시키는 역할은 사랑의 신 하토르가 담당한다. 그녀는 리비도의 화신이기에 리비도가 지닌 생명력과 욕망 에너지로 호루스를 되살린다. 죽었다가 다시 살아난 호루스는 이제 자신을 회복시킨 조력자의 힘을 자기 안에 소유함으로써 더 강력한 존재가 된다. 호루스에게는 지금까지 그를 도운 이시스, 오시리스, 지혜의 신 토트, 하토르의 힘들이 응축되어 있다.

두 번째 대결

신들의 중재로 둘은 잠시 휴전하기로 한다.

세트가 청년 호루스를 자기 집에 초대한 뒤 잠자리에서 겁탈하려 한다. 사정한 순간 호루스는 세트의 정액을 손으로 낚아채 이시스에게 알린다. 이시스는 더럽혀진 호루스의 손을 잘라 수풀에 던지고 새 손을 만들어준다. 이시스는 향유를 호루스의 성기에 발라 발기시킨 뒤 그의 정액을 항아리에 받아 세트 정원의 상추밭에 뿌린다. 이 상추를 세트가 먹게 된다.

세트는 신들에게 자신이 호루스를 겁탈해 성적으로 제압했기에 왕권이 자신에게 주어져야 한다고 주장한다. 호루스가 세트의 정액이 어디 있는지 확인해보자고 제안한다. 세트의 정액이 수풀에서 나오고, 호루스의 정액은 세트의 몸속(머리)에서 튀어나온다. 세트는 모욕당하고, 호루스는 명예를 회복한다.

두 번째는 상대방을 성적으로 제압하는 힘 대결이다. 고대에는 동성애가 유행했다. 그리스의 경우 동성 간의 사랑은 주로 사회적 힘을 지닌 후견인과 아직 성인이 되지 못한 소년 사이에서 이루어졌다. 양자는 목숨을 걸고 상대방을 지켜주는 후견인이자 강력한 애정 관계였다.[10] 그 당시 힘의 위계에 따라 두 사람 사이에서 누가 능동적 역할을 하고 누가 수동적 역할을 하느냐가 정해졌으리라 추정된다.

정액을 쏟아 상대의 몸에 넣은 자가 능동적 위치에 있다고 간주되기에 세트는 자신이 호루스에게 사정했다고 주장한다. 그러나 이시스는 역으로 호루스의 정액이 세트의 몸속에 있음을 확인시킨다.

이를 정신분석의 관점에서 보면 후기 오이디푸스기의 남아는 거세공포에서 벗어나기 위해 힘 있는 아버지와 동일시되려는 욕구를 지니며 아버지와의 피학적 동성애 욕구와 환상을 지닌다.[11]

세트의 정액이 묻은 손이 불결하게 느껴져 '잘라내고' 새 손을 만들어주었다는 구절에 주목해보자. 이는 적의 체액이 내 몸에 묻으면 인접법칙에 의해 나쁜 기운(정령)이 내 심신에 나쁜 영향을 미친다는 주술적 사고를 반영한다. 역으로 나의 체액을 경쟁자의 몸에 집어넣으면 상대의 심신을 통제하는 주도적 힘이 나에게 있게 된다. 오늘날 이런 사고는 투사동일시로 대상의 정신에 침투하여 그의 심신을 자기 마음대로 조종하는 경계선 인격자의 심리 특성을 반영한다.

세 번째 대결

세트가 강에서 돌로 만든 배를 타고 경주를 하자고 제안한다. 소나무로 배를 만들어 석고로 위장한 호루스가 승리한다.

물 위에서 '배'는 사람들이 들어가 쉬거나 이동하거나 식량을 얻는 생존 도구다. 이는 유아가 엄마의 몸에 탐스러운 것이 많이 있다고 생각하는 것과 유사하다. 배는 엄마의 몸처럼 개체(아이)의 삶을 보호해주는 울타리로서의 집단을 의미한다. 배를 잘 나아가게 함은 집단을 효율적으로 이끄는 힘의 상징이기도 하다.

돌은 석기시대부터 인류의 생활에 중요한 요소였다. 돌은 물에 뜨지 않는다. 그럼에도 돌로 배를 만들어 경주를 하자고 제안한 것은 자연의 이법을 자기 마음대로 조종하는 주술 능력이 있음을 증명하라는 의미다.

세트도 호루스도 자연(신)의 법칙을 넘어서는 주술 능력을 갖지 못했다. 세트의 돌로 만든 배가 가라앉았다는 것이 그 증거다. 그러나 호루스는 속임수를 써서 승리를 거둔다. 속임수는 한국 신화에서 인간 세계를 다스릴 자리를 차지하려는 미륵과 부처의 경쟁 장면에 등장하며, 고구려 시조 주몽도 송양왕과 대결할 때 속임수를 쓴다.

신과 영웅이 속임수를 쓰는 신화소가 등장하는 이유는 무엇일까? 비록 주술적 힘보다는 떨어지지만 원시 인류에게는 속임수가 생존 경쟁에서 승리하게 해주는 신비한 능력으로 지각되었다. 원시 인류와 유사한 정신성을 지닌 현대의 정신증자는 자신에게 전해진 타인의 말을 비유적 의미로 이해하지 못하고 사실 그대로 믿고 반응한다. 또한 자신의 욕구와 내면 상태를 타자의 시선에 대한 고려 없이 과도하게 솔직히 표현한다. 그는 좀처럼 속임수를 쓰지 못한다.

오시리스의 판결

둘 사이의 대결은 80년간 지속된다. 결국 지하의 신 오시리스에게 판결을 의뢰한다. 오시리스가 호루스 편을 들어 그가 왕좌에 앉는다.

진정한 아버지는 스스로 집단과 자식을 위해 권력을 신세대(자식)에게 물려준다. 이에 비해 부정적 아버지는 권력을 독점하려 고집하다가 살해당하거나 모욕당하는 비극을 맞는다. 세트와 오시리스는 각각 나쁜 아버지상과 좋은 아버지상을 반영한다.

결국 지상계와 지하계를 매개(중재)하는 오시리스의 판결에 의해 세트와 호루스의 대립이 끝나고 호루스는 왕좌에 앉는다. 좋은 아버지의 힘을 자기 것으로 흡수해 자아가 성장함으로써 대립했던 나쁜 아버지를 비로소 내면에 통합해낸 것이다.

세트와의 싸움에서 이긴 호루스는 빼앗겼던 눈알을 되찾아 오시리스에게 바친다.

'빼앗겼던 눈을 되찾음'은 세상과 접촉하는 힘, 세상을 파악하는 지혜의 힘을 되찾은 것이다. '눈을 아버지에게 바침'은 자신의 힘이 본래 아버지의 것임을 겸허히 인정하는 것이다. 이것은 오이디푸스기 상황처럼 거세불안 때문에 마지못해 한 행동이 아니라 아버지의 도움에 대한 감사와 존경의 표시다. 또한 그동안 단절되었던 아버지의 정신성과 아들의 정신성이 온전히 소통하여 균형과 조화를 이루었음을 의미한다. 그는 현재 자신의 힘이 아버지로부터 온 것임을 인정하여 영광을 아버지께 돌리고, 자신이 그 위대한 존재를 계승하는 적통자임을 밝힘으로써 그 영광을 다시 돌려받는다.

아버지와의 결합과 화해는 영웅(왕)이 된 자가 보다 상위의 인격으로 도약하기 위해 이루어내야 할 마지막 과제다. 현명한 왕은 신세대 영웅을 위해 적절한 순간에 아버지의 자리에서 물러나야 한다. 아들은 이처럼 이상화된 아버지상을 내면화해야 백성을 위해 부성 에너지를 긍정적으로 사용할 수 있게 된다. 아버지에게 인정받은 존재만이 왕이 되어 백성과 후대의 영웅을 인정해주는 '아버지'가 될 수 있기에 왕(현재 집단의 아버지)은 반드시 아버지와의 관계를 조화롭게 완성해야 한다.

호루스에게 포로로 잡힌 세트는 왕위를 포기한다고 선언하는 수모를 당한다. 세트에게 호감을 가진 태양신 라가 그를 천둥신으로 삼고 보호해준다.

자신이 영원한 팔루스(힘의 중심)라고 환상화하며 권력 양도를 거부하던 아버지(왕)는 비극적 운명(왕 살해)을 맞게 된다. 하지만 영웅의 여정이 모두 끝난 뒤에는 부정적 아버지상일지라도 영웅의 정신발달을 위해 각고의 노력을 하게 만든 긍정적 대상으로 재해석된다. 부정적 아버지상을 분열·부인하지 않고 정신에 대면해 통합하면 현실의 좋고 나쁜 요소를 전체적으로 지각하고 종합적으로 판단하는 데 쓸모 있는 자원이 된다.

'태양신'은 대극의 합일을 이룩해낸 인류 자기self의 상징이다. 통합된 자기 상태에서 보면 오시리스-호루스와 대립하던 세트 역시 자연의 전체 질서(생성과 파괴)와 움직임을 구성하는 필수 요소로서의 기능과 의미를 지닌다.

권좌에 오르기 위한 욕망의 서사

민속학적 관점

기원전 3000년경 상·하 이집트가 통일되면서 자연신의 위상은 강력한 왕권을 지닌 파라오에 의해 대체되었다. 백성들은 통치자 파라오를 인간의 생사와 길흉화복을 좌우하는 신으로 숭배했다. 파라오는 살아 있는 동안에는 호루스(태양)와, 죽어서는 오시리스와 동일시되었다.

삶과 죽음, 이승과 저승의 관계는 고대 이집트인에게 중요한 관심사였다. 그들은 저승의 왕 오시리스와 지상의 왕 호루스의 관계를 아버지와 아들의 관계로 의인화한다. 저승신과 지상신이 친족 관계라면 죽음과 죽음 이후의 삶이 낯설거나 공포스럽지 않을 것이다. 상·하 이집트의 전쟁 기간에는 죽음불안이 극심해져 죽음이 더욱 중요 주제가 된다. 오시리스 신화는 그런 상황에서 창조되었으며, 이집트인들은 오시리스 신화를 통해 죽음불안을 견뎌낼 수 있게 된 것이다.

오시리스가 세트에게 반복해서 살해당하는 신화소는 어떤 의미이고 왜 등장한 것인가? 겨울에 식물이 시들어 죽고 동물도 겨울잠을 자거나 동굴에 숨어들면 식량을 구하지 못한 인간은 생명과 식량을 주던 자연(지모신, 정령들)이 죽은 듯한 공포를 느낀다. 하지만 경이롭게도 사라졌던 자연 생명체들이 봄에 다시 출현한다. 주술적 사고의 유사법칙에 의해 인간도 자연 생명체들처럼 죽어야(살해당해야) 다시 소생할 수 있다고 본 것이다. 원시 인류와 유아는 배고픔의 고통을 내부의 나쁜 무엇에게 공격당하는 것으로 지각하고, 죽음을 오시리스-세트 관계처럼 나쁜 악령에게 힘을 탈취(거세)당해 무기력해지는 것으로 지각한다.

신화에서 오시리스와 호루스를 살려낸 조력자는 이시스다. 오시리스는 호루스에게 힘을 주어 왕권을 차지할 수 있도록 돕는다. 역으로 오시리스의 존재는 호루스로 인해 더 빛이 난다. 세 대상은 유기적 연관성을 지니며 기독교의 삼위일체 관념과 같이 아버지신은 오시리스, 아들신은 호루스, 성령은 이시스에 각각 대응한다.

왜 오시리스는 세트에게 죽임을 당해야 했는가? 신화가 훌륭한 왕 오시리스의 죽음으로 시작되는 것은 고대 사회에서 그것이 집단의 생명력을 유지하고 순환시키는 데 중요 의미를 지녔기 때문이다. 아무리 훌륭한 과업을 성취했던 왕일지라도 힘이 노쇠해지면 반드시 살해되어야 한다. 그래야 백성들이 투사동일시한 왕에게 맡겨놓은 생명력이 병이나 갑작스런 사망으로 손상·손실되지 않고 차세대 왕에게 전해질 수 있기 때문이다. 이것이 바로 주술 사고를 지녔던 인류가 집단 생명력을 안전하게 유지하는 방법이었다. 오시리스는 부당하게 살해된 것이 아니라 과업을 완수하고 노쇠해갈 무렵 힘 있는 도전자에게 관습에 따라 살해당한 것이다.

특히 '농사의 신' 오시리스의 죽음은 이집트의 농사가 나일강 범람 주기에 영향 받았음을 표상한다. 즉 모든 식물들이 물속에 잠겼다가 새 생명으로 다시 탄생하는 이집트의 자연 주기가 죽음과 부활의 표상인 오시리스를 생성해낸 것이다.

정신분석 관점

오시리스-이시스-호루스 신화는 아버지-어머니-아들 사이의 삼각관계를 어머니(이시스)-삼촌(세트)-조카(호루스) 사이의 삼각관계로 전치시킨 오이디푸스 콤플렉스의 반영이다. 호루스와 세트 사이의 싸움이 치열하고 신들조차 통합된 판단을 할 수 없는 이유는 부자간의 근본 갈등이 아내(여성성)이자 어머니(모성성)인 존재의 선택에 달려 있는 문제이기 때문이다.

세트를 배려하는 이시스의 행동에 격분해 호루스가 그녀의 머리를 자른 신화소는 삼자 관계(애정 경쟁)에서 상처 입은 아이의 억압된 오이디푸스 콤플렉스가 반영된 것이다. 언어를 익히기 시작하는 오이디푸스기(4-6세)에 아이는 자신이 어머니의 제1의 애정 대상이 아니며, 자기보다 힘 있는 아버지에게 어머니가 더 친밀한 태도를 취하고 있음을 발견하게 된다. 아이는 엄마에게 붙어 있고 싶어 하는 자신의 욕구와 행동을 금지하고 야단치는 아버지에게 동조하는 어머니의 이상한 태도에 배신감을 느낀다. 이런 배신감은 아이가 감당하기 힘든 감정이기에 억압되어 망각된다. 아이가 성장해 청년이 된 뒤 삼각관계 상황에서 유사한 상처를 받으면 무의식의 콤플렉스가 치솟아 치명적 실수를 저지르거나 증상이 발생한다. 두 번의 유사한 상처가 우연히 서로 연결되거나 무의식의 감정과 의식의 정서가 결합되면 인간의 자아의식은 더 이상 그것을 통제할 수 없게 된다. 또한 호루스의 이상한 행동은 예측할 수 없는 비일관된 행동으로 좌절과 실망을 주던 '나쁜 엄마 환상'에서 기인한 격노 반응일 수도 있다.

왕은 집단의 규범을 세우고 중요 의미들을 생성해내는 중심 자리에 위치한 아버지를 상징한다. 아버지는 본능욕구를 즉각 분출하며 살고 싶은 아이(백성)에게 본능을 간접적·언어적·상징적으로 표출하는 사회적 삶의 방법을 전해주는 존재다. 아버지는 아이를 본능적 삶(어머니의 품)에서 분리시켜 타자들과의 관계를 통해 다양한 의미를 생성하고 교환하는 상징계로 안내한다. 주관적 상상계를 벗어나 타자들의 복잡한 요구들로 구성된 상징계에 적응해 살아가기 위해서는 아버지의 말씀과 힘을 내면화해 활용해야 한다.

상징계에서 아들은 정당한 이유 없이 아버지를 살해할 수 없다. 오직 심각한 결함을 지닌 나쁜 아버지만이 아들을 살해하거나 아들에게 살해당한다. 그런데 강한 힘을 지닌 세트는 어떤 이유와 명분으로 호루스에게 제압당해 포로가 되는가? 만약 세트가 나쁜 아버지의 전치라면 누가 누구를 제압한 것이고, 누가 누구에게 복수하는 것인가? 이 신화 속에는 오이디푸스적 해석을 가능하게 하는 몇 가지 신화소가 있다. 가축 떼를 맡으려는 '낯선 사람', 이시스가 처음에 호루스를 찌른 행동, 호루스의 과민한 격노 반응, 끝까지 세트를 옹호하는 재판장(태양신)의 태도, 신들조차 명료한 답을 내리지 못하는 묘한 상황, 호루스가 세트와 성관계한 행동 등은 세트가 아버지의 전치임을 암시한다.

세트와 호루스의 결투 및 이시스의 개입은 오이디푸스 삼각관계 상황과 오이디푸스 욕구의 상징 표현이다. 가령 어릴 적 호루스는 세트에 의해 살해(거세)당했다가 엄마의 정성으로 살아난다. 그리고 청년이 되어 세트에게 왕위를 요구하고 치열한 대결 과정과 어머니의 도움으로 신들의 인정을 받아 왕위를 차지한다. 태양신 라와 지혜신 토트의 의견이 분분한 것은 이들의 싸움이 단순히 선악 관계가 아니라 아버지와 아들 사이의 운명적 대결이기 때문이다.

아들(신세대)이 성장해 생명력이 가장 왕성한 시기가 되면 집단 생명력의 순환을 위해 어린 시절에 아들을 거세했던 아버지는 역으로 아들에 의해 거세되어 왕위에서 밀려나야 한다. 오시리스의 지하세계는 오시리스 자신처럼 자기 역할을 다하고 은퇴한 왕(아버지)들이 가는 곳이다.

오시리스 신화에는 삼각관계 구조 율동이 두 번 반복된다. 첫째는 오시리스-이시스-세트의 관계이고, 두 번째는 호루스-세트-이시스의 관계다. 이들은 외양은 다르지만 본질 구조는 동일하다. 두 가지 모두 삼자 관계에서 주인공·승리자가 되고 싶은 욕망의 서사인 것이다. 호루스와 세트의 대결은 오이디푸스 욕구 대상이 아버지에서 삼촌으로 전치됐을 뿐이다.

최초 오이디푸스 상황에서 아들은 대타자 자리에 있는 아버지의 말씀과 요구를 내면화하여 오이디푸스 욕구를 억압해야 한다. 그래야 비로소 타자의 힘과 자리를 인정하며 소통하는 상징적 의미세계에 진입한 인간이 된다.

그런데 청소년기에 정신 내면에서 회귀한 오이디푸스 콤플렉스는 어떻게 처리되어야 하는가? 그리고 그 상황에서 자식을 낳아 기른 여인은 성장한 자식과 노쇠한 남편 사이에서 누구를 제1 대상으로 택해야 하는가? 이것은 인간 존재의 본질적 갈등이다. 사랑스런 자식과 못마땅한 남편 가운데서 선택해야 하는 경우라면 쉽다. 가령 그리스 신화에서 가이아와 레아는 모두 부정적 결함을 지닌 남편 우라노스와 크로노스 대신 자식이 왕이 되도록 돕는다. 그렇다면 고대 이집트인은 오이디푸스 콤플렉스를 어떻게 풀어냈는가? 그들이 소망한 오이디푸스 콤플렉스의 최종 해결 양태는 어떤 것인가?

호루스와 세트의 결투는 아버지의 부정적 측면과 대결을 벌여 과거의 결함을 보충한 새로운 지도자를 배출하려는 민족무의식의 욕망을 반영하며, 왕 살해 의례의 재현이다. 호루스가 세트와 대결하는 주제들은 이집트 민족이 당시에 해결하지 못한 주요 난제이자 민족의 지도자가 지녀야 하는 집단 보호 능력을 상징한다. 그것은 미숙한 정신성이 지도자의 정신성으로 변화하기 위해 반드시 거쳐야만 하는 통과의례이기도 하다. 대결을 거치며 호루스는 어머니에게 의존하던 상태에서 어머니로부터 분리·독립한 정신으로 발달해간다.

오이디푸스 대결 구도는 유년기에 한 번으로 종결되는 것이 아니라 청년기에 반복되고 집단 차원에서 대대로 대물림된다. 아버지는 아들에게, 기존 왕은 새로운 영웅에게 적절한 시기에 권력(남근)을 물려주어야 한다. 이때 신세대 인물(자식)이 권력의 주체로 성장하려면 대타자의 결함(부정적 아버지상, 부정적 어머니상)과 목숨 걸고 대결하는 험한 통과의례를 반드시 거쳐야만 한다.

6장

그리스 신화

1

창세신화

지배자와 도전자의 끊임없는 투쟁

태초에 카오스(혼돈)가 있었다. 카오스에서 가이아(대지)와 타르타로스(땅속 어둠), 에로스가 생겨났다. 가이아는 우라노스(하늘), 우로스(산), 폰토스(바다)를 만들었고, 우라노스와 교합해 티탄족을 낳고, 계속해서 퀴클롭스들과 팔이 백 개인 거신 헤카톤케이레스를 낳았다.

우라노스는 흉한 모습에 강한 힘을 지닌 자식들이 미워 가이아의 몸속으로 집어넣어버렸다. 가이아는 우라노스에게 복수하기 위해 큰 낫을 만들어 아들 크로노스(시간)에게 주었다. 크로노스는 가이아의 도움으로 우라노스의 성기를 낫으로 거세하고 레아와 결혼해 헤스티아(화로), 데메테르(농경), 하데스(지하), 헤라(결혼), 포세이돈(바다)을 낳았다. 그러나 왕위를 빼앗길 것이 두려운 나머지 자식을 차례로 삼켜버렸다.

레아는 막내 제우스를 임신하자 몰래 동굴에서 출산하여 키웠다. 성장한 제우스는 크로노스에게 구토제를 먹여 형제들을 토하게 한 뒤 신들의 전쟁을 벌였다. 전쟁에서 승리한 제우스는 크로노스와 티탄족을 지하계 감옥에 유폐시키고 형제들과 함께 세상의 질서를 만들었다.[1]

그리스 창세신화의 특징은 창조력을 발현시키는 카오스와 가이아를 제외하면 세상을 지배하는 권력이 기존 지배자와 새로운 도전자 사이의 치열한 싸움(거세, 살해)을 통해 이동한다는 데 있다. 태초의 신들인 우라노스, 크로노스, 제우스의 관계는 프레이저가 주목한 왕 살해 풍속의 전형이다. 인류 최초의 왕(신)은 자식을 비롯해 타자들에 대해 자신의 욕구를 마음껏 표출한다. 그 결과로 예상치 못한 운명적 사건들이 생겨난다.

태초의 신들

태초의 창조 활동은 카오스에서 시작된다. 카오스는 인간에게 의식이 생성되기 이전 상태, 언어적 의미와 규범에 의해 세상을 분별하고 질서화하기 이전 상태를 의미한다. 이를 인간의 성장에 비유하면 수정 후 자궁 속에서 탯줄에 의존해 성장하는 태아기에 해당한다. 이런 카오스에서 최초로 생성된 신이 태모신이자 대지 여신인 가이아다. 가이아는 자궁 밖으로 나온 아기가 처음 대면해 지각한 대상인 어머니의 몸에 해당한다.

가이아는 단독으로 하늘, 산, 바다 등의 신을 창조한다. 이는 유아가 성장하는 데 필요한 환경을 하나씩 제공해주는 어머니의 행위에 해당한다. 엄마에게 전적으로 의존하는 유아는 엄마 몸을 온갖 가치 있는 것을 담고 있고 만들어내는 신비한 근원으로 지각한다. 가이아의 단독 창조는 아직 아버지의 존재가 부각되기 이전, 남녀 성 차이를 인지하기 이전의 유아(원시 인류)의 생각(환상)을 반영한다.

가이아가 우라노스와 결합하는 순간부터 아버지와 어머니, 남성과 여성의 분별이 이루어지고 자식들이 태어나면서 오이디푸스 콤플렉스 가족 심리 구조가 발현한다. 그리스 창세신화에서는 유난히 아버지와 아들, 부부 사이의 갈등이 부각되며 어머니와 아들이 결합하여 권력을 남용하는 아버지(왕)를 제거하는 내용이 적나라하게 펼쳐진다.

카오스와 가이아에 의한 단독 창조에서는 흉하고 거친 신들(거인족)이 태어나며, 가이아와 우라노스의 결합 이후에도 처음에는 티탄족과 유사한 원초 본능의 힘을 표상하는 험상궂은 신들이 태어난다. 그다음에는 부모 자식 관계를 인지하고, 경쟁적 삼자 관계에서 승자가 되고 싶어 하는 신세대 신이 출현한다. 자식들을 가이아의 몸속에 유폐시키는 우라노스와 자식들을 삼키는 크로노스는 본능욕구를 표출하는 무서운 원시 아버지의 전형적 표상이다.

신세대 도전자가 강력한 권력을 휘두르는 아버지와 대결해 이기려면 조력자의 도움을 받아야 한다. 그리스 신화에 등장하는 조력자는 어머니(태모신)다. 즉 신세대인 아들이 기성세대인 아버지를 이기기 위해서는 반드시 어머니의 승인과 협조가 필요하다. 다른 측면에서 보면 어머니의 욕망이야말로 감히 그런 싸움을 하도록 부추기는 근원이다.

이 신화소를 개인무의식 차원에서 해석하면 신세대 도전자의 정신성은 아버지가 아닌 어머니가 좌우하기에 긍정적 아버지상을 내면화하지 못한 그는 일종의 '엄마 인간'이 되거나 정신증 상태에 고착된다. 자식을 유폐하는 우라노스와 자식을 잡아먹는 크로노스의 행동은 어떤 규범도 내면화하지 못한 채 본능에 함입된 일종의 편집증적 행동이다. 그러나 융의 집단무의식 차원에서 보면 신세대 도전자가 심각한 문제점을 지닌 기성세대의 부정적 아버지상과 대결하여 보다 나은 단계로 발달해가는 움직임으로 해석할 수 있다.

제우스는 선대왕들이 어떻게 제거(거세)되었는지를 알기 때문에 부인 헤라가 힘을 쓰지 못하도록 가부장적 위계질서를 형성한다. 즉 자식이 어머니의 도움을 받아 아버지를 살해하는 일을 방지하기 위해 제우스는 스스로 전능한 왕권을 제한하기도 하는 보편적 법과 규범을 만들어낸 뒤 권력을 형제들과 나눈다. 규범 이전 시대의 원시적 아버지상이 규범과 더불어 존재하는 문명적 아버지상으로 변환된 것이다. 그럼에도 그리스 신화는 전형적으로 아버지(기성세대)와 아들(신세대)의 대립 갈등과 권력 투쟁(왕 살해) 및 어머니의 욕망과 역할이 개입된 오이디푸스 드라마를 뼈대로 펼쳐진다.

반복되는 오이디푸스 갈등구조

크로노스는 우라노스와 가이아의 열두 자식들 중 막내로 태어났다. 이들을 티탄 12신이라고 하는데 이들 외에 헤카톤케이레스(50개의 머리와 100개의 손을 가진 괴물) 삼형제와 외눈박이 퀴클롭스 삼형제는 흉측한 외모로 태어났다는 이유로 우라노스에 의해 가이아의 몸속인 지하계 타르타로스에 감금된다. 무의식을 상징하는 지하계에서 여섯 형제들은 천둥, 번개, 벼락, 300개의 손으로 가이아 여신에게 끊임없이 고통을 준다.

가이아는 반복되는 내적 고통과 자식을 잃은 상실감에서 벗어나기 위해 우라노스에게 복수하기로 마음먹는다. 여신은 거대한 낫을 만들어 우라노스의 성기를 거세해 절대적 권능을 잃게 만들 계획을 세운 다음 열두 티탄을 불러 우라노스를 거세하는 자를 왕의 자리에 앉히겠다고 약속한다. 자연 만물의 정령을 중재하고 통제하는 힘을 지닌 왕만이 지하계에서 여섯 형제를 꺼내줄 수 있기 때문이다.

그 누구도 두려움 때문에 그 일을 하지 못하지만 막내 크로노스가 우라노스를 거세하는 데 성공한다. 하지만 왕이 된 크로노스는 여섯 형제를 지하계 감옥에서 풀어주지 않는다. 그러자 가이아가 분노하여 **"너 역시 자식에 의해 네 권좌를 빼앗길 것이다."**라고 예언한다. 원시시대에 권위자가 뱉은 말은 집단 구성원의 정신으로 침투되어 말 그대로 행동하게 하는 힘

조르조 바사리, 크리스토파노 게라르디, '크로노스에게 거세당하는 우라노스', 16세기

으로서 작용했다.[2] 그래서 크로노스는 예언이 실현되는 것이 두려워 자식이 태어나는 족족 삼켜버린다. 크로노스와 레아 사이에서 하데스(지하), 포세이돈(바다), 헤스티아(화로), 데메테르(곡물), 헤라(결혼) 순으로 자식이 태어나고 먹힌다.

막내 제우스는 레아의 지혜 덕분에 살아남아 성장한 뒤 크로노스에게 접근해 구토제를 먹이고 형제들을 구해낸다. 그리고 제우스의 형제인 올림포스 신들과 크로노스의 형제 열두 티탄, 티폰, 기간테스 신들 사이에 전쟁이 벌어진다. '천둥과 번개'라는 신무기를 사용한 제우스에 의해 올림포스 신들이 티탄들을 물리치고 승리한다. 제우스가 왕이 되고 크로노스는 모든 힘을 상실히여 지하계(또는 세상 끝) 타르타로스에 감금된다.

올림포스 신들이 전쟁에서 이길 수 있었던 것은 외견상 퀴클롭스 삼형제가 제우스에게 만들어준 천둥·번개·벼락 덕분이다. 그러나 그 배후에는 자식을 삼킨 크로노스에게 복수하기 위해 자식의 힘을 사용한 레아의 적극적인 승인과 지지가 있다.

아들이 아버지를 살해하고 그 자리를 차지하는 행위는 어머니의 승인 없이는 불가능하다. 즉 어머니가 아버지를 '좋은 아버지'로 인정하는 경우 아들은 어머니를 위해서 그 아버지를 결코 거세할 수 없다. 이것은 오이

페테르 파울 루벤스, '아들을 삼키는 사투르누스', 1636

자식을 잡아먹는 크로노스(로마식 이름은 사투르누스)의 행동은 어떤 규범도 내면화하지 못한 채 본능에 함입된 일종의 편집증적 행동이다. 그러나 융의 집단무의식 차원에서 보면 신세대 도전자가 심각한 문제점을 지닌 기성세대의 부정적 아버지상과 대결하여 보다 나은 단계로 발달해가는 움직임으로 해석할 수 있다.

디푸스기 아동과 부모 사이의 관계와 유사하다. 어머니가 아버지의 결함을 비난하며 아이에게 집착할 경우 어머니의 말이 정신에 각인된 남자아이는 성장한 후에 아버지를 거세하고 어머니의 남근 대상이던 아버지의 자리를 차지하려 들 수 있다.

왕의 말과 행동과 기운을 그대로 내사동일시하며 삶의 원기를 유지했던 고대 인류는 자신의 생명을 안전하게 지켜줄 대상이 왕이 되기를 갈망했을 것이다. 고대 인류는 우주, 신, 인간이 탄생하는 그 순간을 이후 시대에 영원히 영향을 미치는 신성한 순간이자 황금시대로 여겼다. 이는 마치 인생의 최초 시기인 유년기가 되돌아가고 싶은 인생의 황금기로 환상화되어 평생 영향을 미치는 것과 같다.

다른 한편으로 그리스의 창세신화에는 아내와 남편, 남자와 여자, 아버지와 아들, 구세대와 신세대, 기존 왕과 도전자 사이의 대립과 갈등이 적나라하게 표현되어 있다. 이 주제들이 고대 그리스인에게 매우 중요한 관심사였거나 현실 문제였기 때문일 것이다.

왕 살해 의례

크로노스가 가이아의 묵인하에 우라노스의 생식기를 거세하는 행동은 이후 신화나 제의에서 뿔 달린 황소 등의 동물 형상을 한 남신 혹은 ('스파라그모스'◆라고 불리는) 여신의 배우자가 겪었던 의례 행위로 발전한다. 여신의 배우자는 생명의 부활을 보장받기 위해 제의 과정에서 사지가 절단되며, 의례 참가자 전원은 그 인육을 날것으로 먹어 희생된 신과 신성하게 합일했다.

◆ 스파라그모스Sparagmos는 그리스어로 '갈기갈기 찢다', '조각내다'라는 뜻이며, 디오니소스 제의에서 숭배자들이 제물을 산 채로 찢어 바치는 의식에서 기원한다.

위대한 여신이 자식들과 담합하여 폭력적 남편(원아버지, 왕)을 제압하는 패턴은 가이아와 우라노스, 레아와 크로노스의 관계에서 반복된다. 이는 고대 모계제 사회에서 가축이나 농사의 풍요를 기원하는 제의를 올릴 때 원시 여신들의 배우자가 죽임을 당했던 것을 반영한다.

우라노스와 크로노스 그리고 제우스 사이의 관계는 왕 살해라는 원초적 관습을 둘러싼 기성세대(아버지)와 신세대(아들) 영웅들의 전형적 관계를 보여준다. 고대 그리스에서는 피로 얼룩진 골육상쟁의 피해를 줄이기 위해 폐위된 족장의 목숨은 살려두되 아버지로서의 권위를 없애기 위해 거세했다. 우라노스나 크로노스도 죽임당하지 않고 무기력하게 거세되어 지하계에 갇힌 채 망각된다.

엄마 인간

태초의 어머니(태모신)인 가이아의 내부에는 우주의 모든 자원이 들어 있어 스스로 빛과 어둠, 삶과 죽음 사이를 중재하며 권력의 중심이 바뀔 때마다 모종의 영향력을 행사한다. 가이아는 자애롭지만 순리를 벗어난 행위는 엄하게 응징하는 양면성을 지닌다. 우라노스는 거세하고, 크로노스에게는 약속을 이행하지 않은 데 대한 저주를 내리며, 제우스에 대해서는 많은 티탄을 죽였다는 이유로 수백의 팔다리를 지닌 티폰과 기간테스를 끌어들여 그의 진영을 파괴하려 들었다. 그리고 제우스에게 첫 부인인 메티스 여신에게서 얻은 자식이 그를 능가할 것이라고 예언한다.

'엄마 인간'이란 엄마의 욕망과 요구를 충족시키는 것에 일차적 관심을 쏟도록 정신성(환상)이 길들여진(구조화된) 사람이다. 프로이트는 엄마 인간을 오이디푸스기에 아버지성(아버지의 말씀) 동일시에 일부 실패한 채 엄마 환상에 집착하는 신경증자로 보았고, 라캉은 '아버지의 이름'(상징계의 의미 체계)을 내면화하는 데 실패한 자로 보았다.

아이가 아버지성을 온전히 동일시·내면화하려면 무엇보다 최초 양육자인 어머니의 승인과 도움이 필요하다. 그런데 자기애 결핍이 심하고 남편과의 관계가 매우 나쁜 어머니는 아이가 아버지와 편안히 관계 맺는 상황을 용납하지 않는다. 자신의 욕망을 좌절시킨 나쁜 대상(남편)에게 아이를 빼앗겨 유일한 피난처인 가족 내에서 자기만 고립될지 모른다는 불안이 치솟기 때문이다. 그래서 무의식적으로 아이에게 아버지(남편)에 대한 험담을 반복한다. 어머니의 부정적인 말·표정·기분은 아이의 정신에 그대로 각인(내사)되어 훗날 엄청난 위력을 발휘하게 된다.

엄마 인간이 기존의 유아적 정신 상태에서 벗어나려면 죽었다가 부활하는 곤혹스런 체험을 견뎌내야 한다. 이는 주관적(자기애적) 환상계에서 타자와 상호 소통하는 상징계로 진입하기 위해, 즉 어른의 정신구조를 갖추기 위해 반드시 거쳐야 하는 심리적 변환 과정이다. 그러나 크로노스는 이 통과의례를 온전히 치러내지 못한다. 그는 누구나 무서워하는 왕이 되어서도 가이아의 예언을 두려워하여 결핍에 시달리는 아이처럼 자신의 자식을 먹어치운다. 자식을 먹어치운다는 것에는 가혹한 체벌로 자식의 개성과 참자기 욕구를 포기하게 해 자식을 자신의 말과 명령에 순종하는 거짓자기로 만든다는 의미도 있다.

크로노스는 왜 여섯 형제를 풀어주지 않았을까? 헤카톤게이레스 삼형제와 퀴클롭스 삼형제는 흉측하게 생겼다는 이유로 아버지에게 거세당하고 오랫동안 버림받은 상처 때문에 포악해진 상태였을 것이다. 타르타로스에 유폐된 존재는 오직 왕만이 구할 수 있는데 크로노스는 그들이 지하계에서 풀려난 뒤 자신의 권위를 인정하지 않을까 두려웠을 것이다.[3]

'흉측한 괴물'이란 당대의 자아의식이 감당하기 힘든 무엇의 표상이다. 그것은 집단의 결함과 수치스런 면을 드러내기에 민족무의식에 분열·억압된 어두운 그림자이다. 지하계의 심연에 갇힌 괴기스런 여섯 형제는 크로노스뿐 아니라 고대 그리스의 집단정신이 감당하기 힘들어 숨겨온 무엇(금지된 욕망, 흉포한 파괴욕, 시기심, 공포, 콤플렉스)의 원형 표상이다. 결국 오래된 과거의 문제가 배후에서 계속 크로노스와 그를 추종하던 민족의 정신 균형을 계속 불안정하게 뒤흔든다. 분열된 자기 부분, 부정적 자기표상, 부정적 내적 대상은 자아의 안정된 통합을 방해한다. 집단 구성원들은 사소한 부정적 자극조차 감당하기 힘들어하며 상처 입거나 파편화된다.

괴이한 형상은 무의식이 의식에 갑자기 회귀한 표상이기에 의식에서는 섬뜩하고 불안하게 느껴진다. 그래서 우라노스도 크로노스도 그것을 회피하고 망각한다. 영웅은 괴기스러운 형상들의 정체를 직면하고 적극 대결해야 하는데, 그들은 그것을 극복해내지 못한다.

엄마와의 분리

범죄자의 범죄 행위에는 대부분 그가 지닌 무의식의 특성이 반영된다. 자식을 잡아먹는 크로노스의 행위에는 그의 무의식적 불안과 환상이 반영되어 있다. 그는 무서운 엄마에게 잡아먹힐지 모른다는 멸절환상과 삼켜짐 공포를 지닌 존재다. 그 공포와 환상이 외부로 투사되면 아무리 약하고 가까운 대상일지라도 자신을 잡아먹으려 드는 괴물로 지각된다.

대지(가이아) 여신과 결합하는 하늘(우라노스) 신의 성기를 낫으로 거세했다는 것은 하늘과 땅을 융합 상태로부터 분리시킨다는 큰 의미를 지닌다. 하늘과 땅이 분리됨으로써 자연 만물을 분별·지각할 수 있게 된다. 칼과 낫은 융합된 무엇을 세세하고 명료히 분리·분별해내는 지혜의 힘을 상징한다. 아버지와 어머니를 서로 독립된 존재로 지각함과 더불어 어머니에게서 분리된 후 아버지 세계와의 접속이 시작된다. 그런데 크로노스는 타자 일반에게 존중받는 아버지의 세계(자아 이상)를 정립하는 정신성에 아직 도달하지 못한다. 문명의 관점에서 보면 자식을 잡아먹어 미래가 모호한 크로노스는 가이아가 주도하는 모계 사회에서 제우스가 주도하는 부계 사회로 넘어가는 과도기를 반영하는 시대정신의 표상이다.

시간의 본질

크로노스는 왼손에는 아버지를 거세한 무시무시한 낫을, 오른손에는 생명을 거두어가는 모래시계를 들고 있는 모습으로 묘사된다. 일정 시기가 오면 거대한 낫을 휘둘러서 세상(기성 권력자, 노쇠하거나 부패한 왕)을 파괴해 바꾸어야 집단이 생명의 활력을 유지할 수 있다. 또한 시간은 태어난 모든 생명체를 무심하게 삼켜버린다. 세월이 흐르면 힘을 과시하던 생명체들도 노쇠해 사라지는 것이 자연의 이치다. 이처럼 냉혹한 특성을 지닌 시간을 고대 그리스인은 자식(생명)을 잡아먹는 괴이한 신으로 표현했다. 그런데 실상은 뒤에 나타난 아들이 아버지를 잡아먹는 것이 시간의 본질이다. 그래서 우라노스와 크로노스는 자신을 지키기 위해 신세대에게 적대적(방어적) 태도를 취한 것이다.

2

오이디푸스

억압된 인간 욕망의 진실

인류가 행동에 옮기거나 생각조차 해서는 안 되는 욕망은 무엇인가? 프로이트는 이것을 '오이디푸스 욕구'로 명명한다. 지난 100년간 한국 사회에서 정신분석이 수용되지 못했던 가장 큰 이유는 바로 이 '오이디푸스' 때문이다. 오이디푸스 콤플렉스 개념은 일반적 규범의식을 지닌 사람이 '상식의 눈'으로 받아들이기 버거운 섬뜩함을 담고 있다.

하지만 이를 '정신분석의 눈'으로 이해할 수만 있다면 오이디푸스 개념은 인간의 숨겨진 보편 욕망과 내면 갈등의 본질을 강렬하게 드러내 보여준다. 그래서 고대인과 현대인의 영혼 간 단절된 소통을 연결하는 본격적 작업은 오이디푸스 신화를 심층 음미하는 것에서 시작돼야 한다.

섬뜩한 신탁의 의미

나이 든 테베 왕 라이오스가 젊고 매력적인 왕비 이오카스테와 결혼한다. 부부는 아기가 태어나자 매우 기뻐한다.[4]

개인의 운명은 그가 어떤 환경에서 태어났는가에 의해 상당 부분 정해진다. 자기 의지와 무관하게 사회와 부모에 의해 주어진 삶의 틀에서 인간은 과연 얼마나 벗어날 수 있는가?

출생한 아기가 최초로 대면하는 대상인 부모는 아이의 정신성 형성과 발달에 심대한 영향을 미친다. 잉태와 태어남의 과정이 어떠했고 부모가 아이에게 바란 것이 무엇이었는지는 아이가 향후 지니게 될 욕망 내용에 지대한 영향을 미친다.

신화와 꿈속에서 왕은 아버지를, 왕비는 어머니를 상징한다. 남아의 눈에 아버지는 권위로 명령하는 두려운 왕으로, 어머니는 젊고 매력적인 왕비처럼 보인다.

축복을 주기 위해 신전에 가서 아이의 미래에 대해 묻자 뜻밖의 신탁을 받는다. "태어날 아들은 아버지를 죽이고 어머니와 결혼할 것이다."

아버지를 살해하고 어머니와 결혼하는 것은 양심의 목소리(초자아)를 지닌 성인의 관점으로 해석하면 괴물의 패륜 행동이다. 하지만 이를 '아이의 마음'으로 이해하면 의미가 전혀 달라진다. 이 신탁에는 일차적으로 남근기(오이디푸스기) 아이의 자연스런 욕망과 환상 내용이 담겨 있다. 최초의 이성적 애정 대상인 어머니를 독차지하고 싶어 하는 남아는 자신의 욕망을 금지하고 좌절시키는 아버지를 없애고 싶은 마음을 자연스레 갖게 된다. "아, 제발 저 무서운 아버지가 없어졌으면! 엄마와 내가 단 둘만 살게 되었으면!" 이런 생각과 소망은 아버지가 자신을 거세할지 모른다는 공포로 인해 내면 깊이 억압되어 망각된다.

아버지를 없애 어머니를 독차지하고 싶은 욕망은 무의식에서 계속 역동하여 성장한 후 사회에서 만나는 경쟁자들을 물리치고 아버지보다 성공한 존재가 되어 '무의식의 어머니' 같은 매력적인 여성과 결혼하고 싶은 욕망으로 승화(대체)된다. 이 욕망을 승화하지 못한 채 행동으로 실행하는 인간은 아버지의 말씀과 도덕규범을 내면화하는 데 실패해 양심의 소리(초자아)를 지니지 못한 정신증자다. 즉 최초 양육자인 어머니와 생리적·심리적으로 융합된 상태에 머무르려는 욕구를 포기하라는 아버지 말씀(상징 규범)의 수용(내면화)에 실패한 존재인 것이다.

원시시대부터 인류는 집단의 생명력을 유지·고양하기 위한 전략으로 강한 생명력을 지닌 젊은 도전자를 나이 든 기존 왕과 대결시켜 왕을 살해·교체하는 관습을 지녀왔다. 오이디푸스 신화 속의 '살해되는 아버지'는 아들의 친아버지가 아니라 집단의 지도자를 지칭하는 일반명사 내지 상징으로 이해해야 한다. 가령 오늘날까지 가톨릭에서 신부神父를 'Father'라고 부르듯이 '아버지'라는 호칭은 연장자나 백성의 존경을 받는 권위자의 보편 상징이다(북한에서는 국가 지도자를 여전히 '어버이 수령'으로 호칭한다). 노쇠해진 왕은 집단의 생명력을 보존하고 순환시키기 위해 아들 같은 신세대 도전자에게 살해되어 지도자 자리를 물려주어야 한다. "어제의 영웅이 오늘 스스로를 십자가에 달지 않으면 내일의 폭군(부정적 아버지)이 된다."[5]

그렇다면 이 신탁의 의미는 무엇인가? 중요한 것은 신(신탁)의 상징 언어를 유한한 인간이 어떤 의미로 해석하는가다. 우선 드러난 '아버지 살해'는 집단 생명 율동의 자연스러운 흐름을 반영한다. 자식이 성장해 왕성한 생명력을 드러내는 나이가 되었다는 것은 어느덧 아버지가 노쇠해 전성기가 지나갔으며 자식에게 자리를 물려줄 때가 가까워졌다는 의미다. 보편적으로 자식은 미래에 아버지 자리를 대체하는 존재다. 왕 살해 관습이 유지되는 사회에서 '아버지 살해'는 일종의 타고난 운명인 것이다.

'어머니와의 결혼'은 아동기 남아의 보편적 욕망이다. 아이들은 "난 커서 엄마와 결혼할 거야!" "엄마 닮은 사람과 결혼할 거야!"라는 말을 자연스레 한다. '좋은 엄마' 경험을 한 대부분의 남아에게는 유년기의 어머니에게 느꼈던 성환상 욕망이 잠재되어 있으며 이는 성인이 되어도 사라지지 않는다. 단지 오이디푸스기의 욕망에 고착되어버리면 성인이 된 후 여성들과의 관계에서 진정한 관심과 성적 만족을 누리지 못하는 신경증자가 된다. 이 점에서 오이디푸스에게 내려진 신탁은 억압되어 숨겨진 인간 욕망의 진실을 드러내는 단서라 할 수 있다.

'어머니와의 결혼'은 또한 어머니와 정신적·신체적으로 분리되지 못하는 상태를 의미할 수도 있다. 이런 상태는 어머니가 온갖 비언어적 몸짓과 유혹하는 말로 자식을 자신과 계속 융합시키려 할 때 발생한다. 경계선 인격을 지닌 어머니는 자기 욕망에 전적으로 따라주지 않는 배우자보다는 전적으로 좌지우지할 수 있는 자식을 자신의 결핍을 채워줄 '남근 대상'으로 삼는다.

오이디푸스를 낳은 동시에 그와 결혼하게 되리라는 신탁을 받은 왕비 이오카스테의 정체는 무엇인가? 신화는 당대의 역사와 문화적 맥락을 고려해 읽어야 한다. 고대에 왕과 왕비는 집단의 생명력을 책임지는 모델이었다. 오이디푸스 신화 속 왕비는 집단의 활력을 위해 늙은 왕을 강한 생식력을 지닌 젊은 왕으로 대체하도록 매개하는 사랑과 다산의 여신(이슈타르, 데메테르, 아프로디테 등) 그리고 지모신·태모신·여사제의 상징이다.

이 경우 왕비(어머니)와의 결혼(성적 결합)은 금기를 어기는 행위가 아니라 오히려 강력한 생명력을 지닌 신세대 영웅에게 집단이 절실히 요구하는 바다. 아직 주체적 사고가 개화되지 않았던 시기, 즉 집단정신·집단무의식에 동화되어 살던 시기에 성적으로 완숙한 왕비는 '백성의 어머니' 내지 '생식력과 에로스의 여신'이었다. 그런 왕비와의 결혼은 개인무의식에 억압되고 금지된 유아성욕과 유아 성환상의 충족이라기보다 귀하고 풍성한 생명력을 담고 있는 민족의 아니마와의 결합으로 이해된다. 늙은 왕을 제거하고 힘 센 영웅과 왕비가 결합해야 그들을 동일시하는 백성의 심신도 활력 있고 평안해질 수 있다.

버림받고 거세된 신경증자

왕은 아기를 유모에게서 빼앗아 발목을 쬠쇠의 핀으로 뚫고 양치기를 시켜 내다 버리라고 명한다. 양치기가 아기를 산에다 버리자 이웃나라 코린토스의 소 기르는 목자가 아이를 발견하곤 왕비 메로페에게 바친다. 왕비는 아이를 받아들여 아들로 삼았고 발목을 치료해준 다음 그를 '부은 발'이라는 뜻의 오이디푸스라 불렀다.

그리스의 페르세우스, 유대교의 모세, 한국의 바리데기 등 탄생 순간부터 버림받는 아기는 영웅신화의 전형적 요소다. 버려진 아이는 보통 사람의 희로애락보다는 좀처럼 풀리지 않는 수수께끼를 안은 채 살게 된다.

'유모에게서 아기를 빼앗음'은 일차적으로 젖떼기, 그다음으로 엄마-아이 분리와 연관된다. 엄마로부터의 분리는 아이의 정신발달을 위해 반드시 필요한 단계인데 이 역할은 아버지가 수행한다. 아이의 눈과 정신으로 보면 이것은 마치 부모가 자신을 버리는 듯한 가혹하고 무정한 행위다.

'발'은 대지에 접속하여 굳건히 서게(자리 잡게) 하며, 신체를 이리저리 이동시켜 방향 감각을 익히고 욕구를 성취하도록 돕는 기관으로 활동력의 상징이다. 아울러 긴 모양과 끊임없이 움직이는 특성 때문에 남성적 힘인 남근을 상징하기도 한다. '발목에 구멍을 뚫음'은 발이 지닌 기능과 남근의 힘을 쓰지 못하도록 만드는 것, 즉 거세를 의미한다. 이는 전형적으로 아버지의 금기 명령을 거부하는 대상에게 주어지는 처벌이다. 거세된 존재는 어머니를 비롯한 그 어떤 이성에게도 욕망을 일으키는 관심 대상이 되지 못한다. 이 거세공포 때문에 아이는 발(남근)의 힘과 본능욕동을 부모나 세상을 향해 함부로 표현하지 못하게 된다. 거세 상처는 아이의 정신으로는 도저히 감당할 수 없어 무의식에 억압되며 평생 영향을 미치는 복잡한 감정과 행동의 뿌리가 된다.

'부은(절뚝거리는) 발'은 정신의 불균형, 장애, 불구 상태를 의미한다. 발을 절뚝이는 오이디푸스는 유년기에 버림받고 거세당한 상처와 분노로 신경증에 걸린 자의 상징이다. 그에게는 출생 초기 상처로 인한 정신적 불구(거세) 상태에서 벗어나는 것이 평생의 소망이자 과제가 된다. 이웃나라의 소 기르는 목자는 자연의 이치를 아는 자, 상처 입은 아이를 회복시켜 더 완전한 대상에게 연결해주는 매개자다. '이웃나라 왕과 왕비'는 아이 눈에 비친 친부모 못지않은 힘과 권위를 지니며 조건 없이 주인공을 돌봐주는 보호 세력(조부모, 조상)의 상징이다.

집단정신에 주목하는 융 학파의 관점에서 보면 신화 속 영웅은 대부분 부모를 둘 지닌다. 한쪽은 개인적 부모이고 다른 쪽은 보다 상위의 초개인적·원형적 부모다.[6] 신화 속 오이디푸스의 양부모는 개인 특성을 조금도 드러내지 않으며, 전체 구조 속에서 부모의 원형적 역할을 수행한다.

충격적 신탁과 새로운 삶으로의 떠남

성장한 오이디푸스는 발이 성치 않음에도 불구하고 뛰어난 운동 능력을 발휘해 친구들의 질투를 일으키고 놀림을 당한다. 그는 자신이 왕의 친자식이 아니라는 말을 우연히 듣게 된다.

'발이 성치 않음'은 상처와 콤플렉스로 인해 절뚝이며 일상의 행복을 누리지 못하는 영혼을 떠올리게 한다. '뛰어난 운동 능력'은 그 상처를 이겨내고 싶은 내적 추동력과 왕성한 생명력을 지녔다는 의미다. 개인 차원에서 오이디푸스는 자신의 내면 문제에 몰두할 수밖에 없기 때문에 외부 타자에게 온전한 관심을 쏟을 수 없다. 그 결과 타자의 마음에 공감하지 못하는 성격이 되어 놀림과 질투를 받게 된다. 주위의 질투와 놀림은 그를 일상에 안주하기 힘들게 한다. 집단 차원에서 주인공의 '부은 발'은 공동체가 지닌 중대한 결함을 상징한다. 오이디푸스는 이를 치유·회복시켜야 한다는 과제를 지닌 상징 인격이며 그 과제를 수행하기 위해 집단과의 융합 상태에서 벗어난 이방인이 되어 방랑의 길을 가야 한다.

사춘기는 억압된 무의식이 의식으로 치솟아 해소해달라고 요구해대는 격동의 시기다. 주관적 상상계에서 안전하게 지내다가 자기 뜻대로 통제되지 않는 타자의 영역인 상징계로 진출하는 사춘기에는 자신이 타자들에게 어떻게 보이는지 알게 되고 신경 쓰게 된다. 타자 관계를 통해 자기 정체성을 깨달아가는 과정에서 그는 그동안 지각 못 했던 자신에 관한 뜻밖의 사실을 접하게 된다. 오이디푸스는 자신이 왕의 친자식이 아니라는 말을 듣고 충격을 받는다. 이는 그때까지 믿어왔던 그의 정체성을 송두리째 부정하고 뒤흔드는 자극이다.

> 오이디푸스는 불안해져 왕비에게 출생의 진실을 물어보지만 그녀는 답을 피한다. 델포이 신전을 찾아가 묻자 "아버지를 죽이고 어머니와 결혼할 운명이니 절대 고향으로 돌아가지 말라."라는 신탁을 듣는다.

왕과 왕비는 불안해하는 청년 오이디푸스의 문제에 확실한 답을 제시하지 않는다. 대부분의 부모는 사춘기에 뜻밖의 문제를 드러내는 자식이 어떤 내면의 결함 때문에 갑자기 이상한 행동을 하는 것인지 온전히 이해하지 못한다. 자식의 심리 문제는 대부분 부모 자신이 풀지 못했던 문제와 연결되어 있다. 그로 인해 보통의 부모가 자식의 내면 문제를 해소해주기는 매우 어렵다.

고뇌하는 청년 오이디푸스는 당대 상징계 최고의 지혜 기관인 신전에 찾아가 자신이 어떤 존재인지 묻는다. 신전 사제의 답은 더욱 충격적이다. 물론 이 충격은 사춘기 청소년이 성인이 되기 위해 반드시 직면해야만 하는 무의식의 진실을 담고 있다. 사제가 들려준 신탁의 내용을 현대의 정신분석 언어로 재구성해보자. "가족의 울타리에서 벗어나지 못하면 너는 평생 부모로부터 독립하지 못한 채 아버지의 명예를 추락시키고 어머니와 붙어 지내는 혐오스런 불구자가 될 것이다!"

'아버지를 죽이고 어머니와 결혼할 운명이니 절대 고향으로 돌아가지 말라'는 신탁은 정신의 성장을 위해 모험적 통과의례를 거쳐야 함을 전해주는 조언이다. 서양인들은 예로부터 이 신탁이 집단의 생존을 좌우하는 핵심 진리임을 수많은 사례를 통해 자각해왔다. 그래서 서양에서는 18세가 되면 집을 떠나는 것이 불문율이다. 집을 떠나지 못하는 청년은 이미 부모의 잘못된 양육으로 인해 정신에 결핍과 문제가 생긴 존재다.

'충격적 신탁'은 일상에 안주해온 정신에 큰 혼란을 일으키며, 새로운 삶을 모색해야만 하는 소명을 일깨운다. 만약 새로운 해결책을 시도하거나 얻지 못할 경우 그의 정신은 붕괴될 수 있다. 또한 신탁에 대한 잘못된 해석은 예기치 못한 비극의 원인이 된다.

낯선 세계로의 모험

오이디푸스는 고향으로부터 멀리 떠나는 여행을 시작한다. 여행 중 좁은 길에서 마차와 마주치는데, 길을 비키라고 명령하는 상대의 무례함에 화가 난 나머지 시비 끝에 마차에 탄 일행들을 살해한다.

테베에 도착한 오이디푸스는 그곳에 재난이 있음을 알게 된다. 여자 머리에 사자의 몸을 지닌 괴물 스핑크스가 성벽 꼭대기에 앉아 행인들에게 수수께끼를 낸 뒤 풀지 못하면 잡아먹는다. 그 누구도 수수께끼를 풀지 못한다.

'고향을 떠남'은 부모·가족 등 기존 보호막으로부터의 분리·독립을 의미한다. 고향을 떠나는 모험은 심각한 불안을 야기하기에 행동으로 옮기지 못하는 사람이 꽤 많다. 정신의 성장을 이룰 잠재력을 지닌 청년만이 용기 내어 모험을 떠난다.

미래를 알 수 없는 모험 도중에는 길을 방해하며 자존감을 건드리는 대상과 싸움이 일어난다. 소통이 막힌 기존 정신성과 관습이 변화되려면 새로 출현한 대상과 소통하거나 격렬한 싸움을 겪어야 한다. (미래의) 영웅은 그런 싸움을 통해 결함을 지닌 과거 환경의 속박에서 벗어나는 데 성공한다. 꿈에서 '길을 먼저 가려는 것'과 연관된 시비 장면은 구세대와 신세대, 기존 환경과 꿈꾸는 자가 대립 상태에 놓여 있다는 의미다. 오이디푸스처럼 부모에게서 독립해 미지의 세상으로 나아가려는 의욕과 용기와 힘을 지닌 자만이 일방적 복종을 요구하는 외부 세력과 대결하여 자신의 주장과 욕망을 관철할 수 있다.

오이디푸스에게 살해당한 대상은 힘이 쇠약해진 라이오스 왕과 그 일행이다. 라이오스 왕은 갑자기 등장한 괴물 앞에서 두려움에 떠는 테베 백성들처럼 새로운 시대의 환경에서 힘을 발휘하기 힘든 과거 세대의 영웅이다. 오이디푸스는 집단을 위해 힘없는 왕을 살해하는 임무를 지님과 동시에 반드시 등장해야 할 신세대 왕권 도전자의 상징이다. 영웅의 임무 중 하나는 집단을 수호하는 데 큰 결함을 드러낸 기존 지도자(왕, 상징계, 사회 제도)를 살해하는 것이다. 그런데 낯선 일행과의 싸움에서 이길 수 있었던 오이디푸스의 힘은 어디에서 나온 것인가?

그것은 그의 '부은 발'을 보충하는 지팡이, 그를 잘 길러준 제2의(초개인적) 부모 그리고 신탁의 말씀에서 나온다. 오이디푸스는 비록 초기 상처로 인해 '발이 부은 절름발이'가 되었지만 두 번째 부모의 에너지를 긍정적으로 내면화했기에 신탁(아버지 말씀, 상징계)의 권위를 신뢰한다.

스핑크스는 상체는 아름다운 처녀이고 하체는 섬뜩한 뱀 모습을 한 에키드나의 딸이다. 에키드나는 대지 여신 가이아와 지하계 신 타르타로스 사이에서 태어났고, 자신의 아들인 오르트로스와 동침해 스핑크스를 낳았다. 스핑크스의 상체는 인간이며 사랑스럽고 매력적이지만, 하반신은 근친상간 터부를 어긴 죄로 인해 무서운 동물로 변해버렸다.[7] 즉 스핑크스는 근친상간, '무서운' 대상, '잡아먹는' 어머니의 상징이다.

스핑크스는 동물의 왕 사자와 신성한 하늘을 나는 새와 (태모신의 표상인) 큰 젖가슴을 지닌 여성이 하나로 압축된 혼합 형상이다. 압축이 일어나려면 각기 다른 세 대상 사이에 어떤 유사성이 있어야 한다. 여자·사자·새는 각각 신비한 힘과 왕성한 생명력의 표상이다. 그런 반면에 여자에게 유혹을 당하면 위험에 처하고, 사자를 만나면 목숨이 위태로워지고, 새가 활동하는 하늘은 인간이 죽어서야 갈 수 있는 곳이다. 이처럼 매력과 생명력의 표상인 세 대상은 '죽음'과 연결된다.

테베 백성들이 도저히 처치할 수 없는 괴물이 출현했다는 것은 당대인의 힘으로 해결할 수 없는 재난이 발생했음을 뜻한다. 그 사회의 집단정신이 어떤 큰 결함을 지니고 있다는 징후이기도 하다.

'수수께끼'는 주체적으로 사유할 줄 아는 자만이 풀 수 있다. 고대 인류는 왕의 명령과 신탁에 무조건 순종하는 삶을 살았기에 주체적 사유가 불필요했고 발달되지 않은 상태다. 집단이 직면한 문제(수수께끼)는 모든 난제를 대신 해결해주던 지도자(왕)가 늙거나 무기력한 상태에 있을 때 일어난다. 스핑크스의 출현과 오이디푸스의 등장은 바로 당대 사회의 이런 문제 맥락과 연관되어 있다.

> 늙은 왕이 괴한에게 살해당하고 괴물 스핑크스가 나타난 상황에서 임시 왕 크레온은 수수께끼를 풀어 괴물로부터 도시를 구하는 자에게 왕위와 왕비를 주겠다고 공표한다.

늙은 왕을 살해한 괴한과 재난을 해결하여 집단을 구원하는 영웅은 왕살해 관습을 고려할 때 동일한 존재일 가능성이 높다. 재난(괴물 출현)이 닥쳤을 때 이를 해결하지 못하는 무능한 왕은 반드시 살해당해야 하며, 그 일은 사제 집단이나 신세대 도전자에 의해 수행되기 때문이다.

정신분석의 관점에서 집단의 이상적 동일시 대상인 지도자가 무기력 상태가 되면 집단 전체의 정신이 불안해진다. 왕의 무기력은 부모의 무기력과도 같다. 변화하는 현실에 대처할 힘을 상실한 무능한 부모를 둔 어린 자녀는 생존을 위해 어쩔 수 없이 부모를 내사동일시하거나 부모의 부정적 특성을 부인한 채 좋은 요소만 부분적·편집적으로 지각하는 원시 방어기제를 구조화하게 된다. 그 결과 부모처럼 무기력해지거나 감당하기 힘들어 부인해온 부정적 요소들이 한꺼번에 외부로 투사되면 괴물이 출현해 자신을 박해하는 망상에 시달린다. 집단정신에 융합되어 지냈던 고대인의 정신에서는 특히 동일시(내사, 모방) 모델인 왕의 심신이 어떤 상태에 있느냐가 삶의 질을 결정하는 핵심 요인이 된다.

스핑크스의 수수께끼

오이디푸스가 다가가자 스핑크스는 수수께끼를 낸다. "처음에는 발이 네 개인

데 다음에는 두 개가 되었다가 그다음에는 세 개가 되는 자연계의 요상한 존재가 있다. 그것이 무엇이냐." 오이디푸스가 "인간"이라고 답하자 당황한 스핑크스는 첨탑에서 떨어져 죽는다.

태어나자마자 발에 상처를 입은 오이디푸스에게 묘하게도 '발'을 주제로 한 수수께끼가 주어진다. 오이디푸스는 정신에 각인된 초기 상처 흔적을 떨치고자 애쓰는 과정에서 발과 연관된 인생의 본질에 대해 깊이 사고해본 자다. 어쩌면 그 자신이 이미 세인에게 결코 이해받기 힘든 수수께끼 존재가 되어본 것일 수도 있다.

'네 발'은 대지(자연 본능)에 밀착(융합)해 다니는 동물의 상태이자 어머니의 울타리 안에 머무는 영유아의 상태를 의미한다. '두 발'은 인간이 자연 본능(대지)에서 분리해 직립함으로써 의식의 관점과 힘으로 세상을 분별해가는 청춘기를 가리킨다. 3은 통합과 완전성의 수(삼위일체)이므로, '세 발'은 오랜 시행착오를 거쳐 삶의 지혜를 깨달은 성숙함의 상징이다. 늙으면 두 다리로 버티기 힘든 몸을 지탱해줄 제3의 발인 지팡이가 필요하다. 노인에게 힘을 보충해주는 긴 지팡이는 힘의 상징인 남근, 본능을 다스리는 지혜의 눈, 곁에서 도와주는 자식을 의미하기도 한다. 늙어서 지혜의 눈도 함께할 자식도 갖지 못한 자는 비극에 빠진다. 가령 자식을 버리고 외면했던 라이오스는 지팡이가 필요한 나이에 아들의 지팡이에 맞아 죽는다.[8]

'발'과 연관된 수수께끼를 다른 관점에서 보면 네 발은 원초 자연인 대지에 동물처럼 달라붙어 본능과 융합된 상태다. 두 발은 두 젖가슴을 지닌 어머니와 융합되어 어머니의 힘에 종속된 채 살아가는 2자 관계 상태, 세 발은 부친 살해와 근친상간 욕망이 생기는 아동기(오이디푸스기)의 환상과 그에 대한 거세공포 및 초자아의 비난으로 갈등과 죄책감에 시달리는 신경증 상태를 의미하기도 한다.

이처럼 '발'을 매개로 인간의 본질을 주목하게 하는 수수께끼는 기존 정신이 자각하지 못했던 새로운 세계의 입구를 열어주는 관문이다. 수수께끼는 변화된 시대 환경이 재난의 원인에 대한 주체적 사유 능력을 지닌 새로운 구원자(지도자)를 필요로 한다는 징후다. 오이디푸스가 수수께끼를 풀자 괴력을 내뿜던 스핑크스는 스스로 바위에 머리를 부딪쳐 죽는다. 이는 당대인의 삶을 마비시키던 괴물(난제, 아포리아aporia)을 신비한 능력인 의식의 사유 활동으로 해결하자 재난과 신경증 증상이 (잠시) 사라진 것이다. 그렇다면 도시로 들어가는 입구에 갑자기 나타나 길을 막고 수수께끼를 던져 사람들을 잡아먹던 스핑크스의 정체는 무엇인가?

스핑크스의 정체

스핑크스는 야수와 여성이 융합된 형상으로 섬뜩하고 두렵지만 유혹적이며 이채로운 존재다. 테베인의 생사를 좌우하는 스핑크스는 분열된 눈으로 대상을 편집해서 지각하는 유아에게 인식된 부분대상들의 복합체, 즉 구강기 엄마의 표상이다.

젖먹이(편집·분열 자리) 유아에게 엄마는 '전적으로 좋은 천사'(날개) 또는 '전적으로 무섭고 나쁜 괴물'(사자 몸)로 분리·편집되어 지각된다. 그리고 젖을 뗄 즈음(우울 자리)에는 엄마를 좋은 특성과 나쁜 특성을 함께 지닌 전체 대상으로 지각한다. 그 후 두 발로 걸어 다니며 의식의 상징 언어를 익히고 성 차이를 지각할 즈음 원초 이미지들은 망각되고 이성적 애정 대상인 매혹적 어머니가 출현한다.

스핑크스는 바로 좋음/나쁨, 천사/괴물 이미지로 분열되어 있던 구강기 원초 엄마의 부분지각 내용들이 혼합된 형상이다. '그분'은 나를 돌봐주고 지켜주는 대상인 동시에 나를 거부하며 상처 준 두려운 괴물이기도 하다.

집단의식 차원에서 보면 스핑크스는 부계 사회로 생활환경이 변화되자 고대 그리스인의 무의식에 억압된 원시 모계 사회 우두머리인 태모신(모권적 어머니)이 부정적 아니마로 변질되어 출현한 것이다. 당대 사회가 금지하고 억압한 어떤 대상이 의식에 회귀하면 그것은 늘 위협적이고 섬뜩한 느낌을 준다. 과거에 경배되었으나 정신에서 온전히 애도되지 못한 대상은 자신을 버리고 다른 신을 숭배하는 그리스인에게 분노의 보복을 한다. 테베 백성은 혼란과 공포에 빠진다.

날개가 있음에도 더 이상 날지 못하는 스핑크스는 한때 하늘 높이 날던 전성기의 힘을 상실한 존재로 보인다. 그는 이미 이상적인 여신이 아니라 자신에게서 독립하지 못하도록 자식을 막아서는 괴물로 표상된다. 자식(백성)의 정신적 독립을 방해하는 부정적 아니마(원초 엄마)와 치열하게 대결해야만 비로소 신에 절대 의존하던 정신성에서 벗어나 주체적 사유를 시도하는 문명적 영혼으로 변화할 수 있다.

다른 관점으로 보면 난해한 '수수께끼'를 던지는 행위는 당대인에게 기존 정신의 한계를 절감케 하고 새로운 발달을 촉구·촉진하는 심오한 통과의례 기능을 한다. 그렇다면 집단에 새로운 자극과 위기감을 일으키는 스핑크스는 당대 정신의 결함을 알리고 새로운 영웅의 출현을 매개하는 비범한 인격의 상징일 수도 있다. '스핑크스의 수수께끼'를 정닌 오이디푸스가 과연 온전히 풀어낸 것인지는 더 깊이 음미해야 한다.

부은 발과 지팡이

오이디푸스의 '부은 발'은 자신을 돌봐주는 유년기 어머니를 향한 짙은 욕망과 어머니에게서 분리되어 넓은 상징계로 나아가려는 욕구 사이에서 갈등하는 신경증적 인간을 상징한다. 오이디푸스가 정신의 발달을 이루기 위해서는 반드시 뒷머리를 끌어당기는 무의식의 욕구와 대상을 의식

위로 끄집어내 직면해야 한다.

스핑크스가 낸 수수께끼는 무의식의 괴력과 연관된 인간 정신의 발달 단계에 대한 질문이기도 하다. 그 수수께끼의 비밀은 '발'에 있다. 스핑크스가 낸 수수께끼, 더 나아가 오이디푸스 신화의 핵심을 드러내는 기표는 '부은 발'과 '지팡이'다. 그 수수께끼는 자연에 밀착해 네 발로 걷다가 자아 능력을 얻은 뒤 자만심에 차 두 발로 당당히 걷지만, 결국 죽음에 가까워져서는 조력자(지팡이, 자식, 신)에게 의지하게 되는 인간의 본질을 담고 있다. 숱한 고통을 견뎌낸 황혼기 인간이 제3의 발로 사용하는 지팡이는 연륜과 지혜의 상징이며, 부은 발로 인해 세인에게 놀림받았던 오이디푸스에게는 결함을 보충해주는 무기(대리 자아)이기도 하다. 그에게는 당대인이 갖지 못한 희귀한 지팡이(지적 사유)가 있었기에 두려움 없이 낯선 타지로 모험을 떠나 스핑크스와 대면할 수 있었다.[9] 그리고 자신이 짚고 다니던 세 번째 발로 어린 시절 자신을 절름발이(신경증자)로 만든 대상(라이오스)을 때려죽일 수 있었다.[10]

그런데 밤에만 세 발로 걷는 짐승이 황혼기 인간이라면 낮(젊은 시절)에도 세 발로 걷는 청년 오이디푸스는 그 수수께끼의 답과 모순된다. 따라서 그의 '지팡이'는 노인의 지팡이와 달리 두렵고 강렬한 내적 갈등에 시달리는 인간이 불가피한 타협책으로서 의지하는 '신경증 증상'의 상징일 수 있다.[11] 신경증자는 어린 시절에 느낀 짙은 사랑 욕망과 그에 대한 금지로 인해 좌절당한 상처가 억압된 무의식에서 역동하여 평생 애정 욕망과 연관된 금지된 환상과 처벌당하는 불안감 사이에서 갈등과 고뇌에 시달린다. 반면에 그런 갈등으로부터 벗어나려고 애쓰는 과정에서 오이디푸스처럼 깊이 '생각하는 힘'이 발달한 존재가 되기도 한다.

오이디푸스와 스핑크스의 대결

'부은 발'과 '지팡이'에서 생성된 '생각하는 힘'으로 오이디푸스는 내면의 부정적 어머니상이 투사된 스핑크스와의 대결에서 승리한다. 의식(문명)의 힘을 획득한 청년 아들이 어린 시절(과거 시대)에 강력한 영향을 미쳤던 원초 어머니의 힘을 어느덧 능가하게 된 것이다. 그러자 스핑크스는 현실에서 위치할(발붙일) 자리를 갖지 못해 스스로 소멸된다. 사라진 스핑크스는 집단의 중심 위치에서 주변부로 물러난 모계제 여신의 상징이기도 하다.

어머니는 생명을 잉태하고 출산해 키우다가 자식이 성장하면 상징계의 대상(들)에게 자식을 인계하고 주변으로 물러난다. 이 점에서 스핑크스의 사라짐은 보편적 어머니의 인생 양태를 나타낸다. 이제 '엄마-아이'의 융합적 2자 관계를 '어머니-아버지-아이' 3자의 경쟁적 애정 구도가 대체한다.

원초 어머니의 품에서 벗어난 청년 오이디푸스는 주체성을 지닌 성인임을 인정받고 힘 있는 남근 '아버지'가 되기 위해 욕망이 역동하는 도시로 나아가야 한다. 그곳에서 오이디푸스가 만나게 될 대상은 위협적인 원초 어머니와 달리 사랑 욕망을 일으키는 아니마다. 이오카스테는 구강기의 전능한 어머니와 대비되는 남근기의 흥분시키는 어머니 상징이다.

오이디푸스가 도달한 테베는 주술적 사고를 지닌 모계제 전통과 로고스의 질서 체계를 지닌 가부장 문화가 혼재하는 공간이다. 보계 문화를 대변하는 스핑크스는 부권 중심적 문명을 저주하고 파괴하려는 존재다. 그러나 생각하는 자아 능력을 지닌 오이디푸스에 의해 스핑크스의 주술은 좌절된다. 원시와 문명, 본능과 승화의 갈림길에서 갈등해온 오이디푸스는 문명화된 도시로의 진입을 막는 스핑크스의 욕망에 융합되기를 거부하고 규범과 욕망과 신경증 증상들이 혼재하는 문명 도시 테베로 나아간다.

오이디푸스는 고대인과 같이 신경증의 정체와 신경증으로 인한 운명(신탁)을 알지 못한다. 그는 영광과 비극이 함께 잠재된 운명의 길로 나아갈 수밖에 없다. 그런데 오이디푸스와 스핑크스의 수수께끼 대결은 고통스러운 위기 과정 없이 너무 순조롭게 풀렸다. 이는 죽음의 경계를 넘나드는 영웅적 통과의례의 치열하고 험난한 분위기와 다르다. 어쩌면 오이디푸스는 새로운 인생을 개척하기 위한 통과의례의 최종 관문을 아직 거치지 않은 상태일 수 있다.

난해한 수수께끼를 푼 자는 그의 존재 자체가 수수께끼가 된다. 오이디푸스는 고대 그리스인이 풀 수 없었던 스핑크스의 수수께끼를 풀어 스스로 수수께끼가 된 자다. 그러나 자아의식의 자만에 취한 청년 오이디푸스는 자신이 수수께끼(억압된 무의식의 난제)를 지닌 존재임을 미처 자각하지 못한다.

대결의 결과

오이디푸스는 테베의 왕이 되어 도시국가를 지혜롭게 통치해 백성의 존경을 받는다. 그리고 왕비와의 행복한 결혼 생활에서 두 아들과 두 딸을 낳는다.

'결혼'은 억압된 소망들이 조화롭게 충족되는 삶을 상징한다. 또한 내부에서 결여되고 갈등을 일으키는 요소들이 자신과 다른 특성을 지닌 배우자에 의해 보충되어 분열된 정신이 통합되고 대극이 합일됨을 상징한다. 집단 차원에서 이전 왕 라이오스는 생명력이 노쇠한 데다 살해당할지 모른다는 불안 때문에 자식을 버렸기에 정신의 통합을 이루지 못한 존재다. 이에 비해 오이디푸스는 결혼해 네 자녀를 얻는다. 왕과 왕비의 행복한 부부 관계와 왕성한 생식력은 백성들에게 모방되고 동일시되어 집단과 자연계 전체에 생명의 기운을 순환시킨다. 그 결과 가축은 새끼를 많이 낳고 곡식은 열매를 풍성히 맺는다.

백성의 존경을 받는 위치에서 사랑하는 여인과 행복하게 결합하는 장면은 오이디푸스기 아동이 지니는 성환상의 전형이다. 아울러 성인들의 마음속에 묻혀 있어서 언젠가 충족하고픈 무의식적 소망의 핵심 내용이다. 인간에게 이런 욕망은 비록 짧지만 현실에서 만족되는 시기가 있다. 그것은 남녀의 성 차이를 지각한 직후 리비도가 욕망의 대상인 이성 부모에게 부착되어 그분에 대한 애정과 기대가 짙게 피어오르는 잠깐의 행복한 시기다. 자신을 가슴에 품고서 원하는 것이라면 무엇이든 다 해줄 듯한 애정 어린 눈빛으로 말하고 행동하는 어머니는 남아의 정신에 강렬히 지각·각인된다.

이성의 부모와 경험하는 신체 접촉이나 애정 표현은 아동에게 야릇한 성적 흥분을 경험하게 한다. 남녀 성 차이가 갑자기 흥분과 함께 지각됨으로써 오이디푸스기의 어머니는 성환상의 대상이 된다. 이 상태가 오래 지속되면 아이에게 과도한 유혹이 되어 그때의 어머니 모습을 평생 마음에 품고 사는 '엄마 인간'(신경증자)이 된다. 그 시기에 아이의 본능욕구를 엄마가 과도하게 충족해줄 경우 남자아이는 "어머니로부터 분리돼라."라고 명령하는 아버지의 말씀을 거부한 채 폭군같이 느껴지는 아버지를 제거하고 스스로 왕이 되어 어머니(왕비)와 영원히 행복하게 결합하는 환상을 깊이 간직하는 정신구조를 형성하게 된다. 프로이트의 눈에 아버지의 자리를 완벽히 대체한 늠름한 오이디푸스 왕의 모습은 바로 오이디푸스기 남아의 소망을 적나라하게 실현한 모델이다. 억압된 소망은 무의식에 남아 있어야 적절하고 안전하다. 그런데 만약 그것이 현실에서 노출되거나 충족될 경우 어찌되는가?

이성의 빛으로 발견한 진실

언제부턴가 테베에 전염병이 돌고, 여자들이 불임 증상을 보인다.

전염병과 불임 증상은 생명력의 순환이 알 수 없는 어떤 힘에 의해 오염되거나 막혀서 생긴다. 이 경우 그 집단은 생리적·심리적으로 위기에 처한다. 이런 재난에 대해 고대인의 주술적 사고는 금기를 어긴 구성원의 나쁜 기운이 집단 전체를 전염시킨 결과이며, 수호신이 그 구성원의 금기 위반에 분노해 징벌을 내렸기 때문이라고 믿었다.[12] 이 경우 주술을 행하는 희생 제의를 통해 죄인을 처벌함으로써 신의 노여움을 풀고 수호신의 거대한 힘으로 오염된 나쁜 기운을 정화해야 문제가 해결된다.

정신분석의 관점에서 볼 때 테베를 덮친 원인 모를 전염병은 금지된 욕망을 (무의식에서 은밀히) 충족시킨 죄책감에 시달리는 오이디푸스 왕의 신경증이 그를 숭배하며 내사동일시한 백성의 정신으로 옮겨져 생긴 집단 신경증이다. 그 괴상한 병의 정체를 알아내 치유하려면 우선 병의 발생 근원을 엄밀히 추적해야 한다.[13]

테베 백성은 국가의 재난이 신의 분노 때문이라 믿었다. 그래서 오이디푸스 왕은 어떤 일로 신이 노하게 되었는지 신전의 신탁을 받아오라 명령한다.

왕과 제사장은 신과 소통하고 위로하는 주술을 통해 집단의 재난을 해소하는 능력을 보여주어야 신임받을 수 있다. 재난을 해결하지 못하면 집단을 위해 왕 자신이 신을 위로하는 희생 제물로 살해당한다. '신전'은 먼 옛날 오이디푸스의 운명에 대한 신탁을 전해 그가 상처(버림받음, 부은 발)를 입게 만든 근원지다. 초기 상처의 흔적은 무의식에 저장되어 평생 영향을 미친다. 최고의 지성을 지닌 오이디푸스가 전염병을 해결하지 못해 신탁을 의뢰했다는 것은 현재의 재난과 질병이 무의식과 연관된 풀기 힘든 증상임을 암시한다. 무의식은 견고한 방어기제에 의해 늘 차단되어 있기에 아무리 총명한 의식을 지닌 인간도 그것을 직접적으로 알 수 없다.

"아버지를 죽이고 어머니와 결혼한 패륜아를 도시에서 추방해 죗값을 치르게 해야 역병이 끝난다."라는 신탁이 내려진다. 그런데 아무리 조사를 해도 그런 패륜아를 찾을 수 없다. 자존심이 상한 오이디푸스 왕은 자신이 무능해서 범죄자를 못 찾은 것인지, 아니면 눈먼 예언자가 신의 말씀을 잘못 전한 것인지 알고자 한다. 오이디푸스는 늙은 예언자 테이레시아스를 불러 진실을 말하라고 위협한다. 이오카스테는 진실을 알고 싶어 하는 오이디푸스를 만류한다. 침묵을 지키다 오이디푸스의 강요에 화가 난 예언자는 섬뜩한 진실을 발설한다.

'죄인을 국가 밖으로 추방해야 재난이 끝난다'는 말은 터부 대상을 가까이하거나 접촉하면 그것의 나쁜 기운이 금세 전염된다고 여겼던 원시적 정신성과 주술적 사고에 근거한다. 역병은 아버지를 살해하고 어머니와 결혼한 죄 때문에 발생했고, 이는 죗값을 제대로 치러야 끝이 난다.

죗값은 보통 당사자가 치르거나 그와 유사한 대상(가족, 형제, 부모, 자식)이나 조력자가 치른다. 그런데 죄를 범한 자를 찾을 수가 없다. 죄인은 뜻밖의 곳에 변장된 모습으로 숨겨져 있기에 의식은 그를 찾기 어렵다. 명민한 자아를 지닌 오이디푸스는 의식이 발견하기 힘든 진실을 말로써 명확히 밝히라고 제사장에게 강요한다. 억압되어 망각되었기에 보통 인간은 알 수 없는 무의식의 진실, 신(제사장)이 본 진실을 인간이 직접 대면하면 위험한 사태가 벌어질 수 있다. 위기감을 느낀 왕비는 감추어진 진실을 파헤치는 오이디푸스를 적극 만류한다.

왕비의 간절한 호소에 오이디푸스는 깊이 갈등한다. 그러고는 인류 정신사에 영원히 남을 진언眞言을 내뱉는다. "왕비여. 우리가 밝히고자 하는 것이 진실일진대, **진실 앞에서 우리가 두려워할 것이 무엇이란 말이오!**" 이 말은 '진실을 규명하는 자아의 인식 활동'에 최고 가치를 부여하고 그것에 전념(도취)하는 자아전능 감정의 표현이다. 이 말에는 '자아의식으로 진실을 추구하는 것이 인간의 가장 가치 있는 활동'이라는 의식 중심적 가치관이 담겨 있다.[14] 이런 표현을 하는 자는 '자아'와 '자기'가 과대하게 팽창된 상태이기 때문에 자신이 무엇을 간과하거나 잘못했는지 좀처럼 지각하지 못한다. 이런 자아 팽창ego inflation 상태에 빠진 주체에 대해 '실재'(the real, 무의식)는 돌연 섬뜩하고 곤혹스러운 '재난'(증상)을 일으켜 자아 능력의 한계를 절감케 한다. 자신이 뱉은 그 말과 더불어 오이디푸스는 지성인의 최고 자존감을 만끽하는 모델인 동시에 지적 오만으로 인해 천국에서 지옥으로 추락하는 비극적 인물의 상징이 된다.

오이디푸스는 신탁의 진실에 대해 침묵하거나 암시적으로 표현하는 예언자의 태도와 달리 그것의 의미를 언어로 명명백백히 드러내려 한다. 이는 고대 그리스에서 새로 출현하기 시작한 이성중심주의의 반영이다. **"이성(의식)의 빛에 의해 발견된 모든 진실은 언제나 그 자체로 가치를 지닌다."**

하지만 세상에는 보통 인간의 자아가 감당할 수 없는 섬뜩한 무의식의 진실도 있다. 이런 진실은 그것을 감당해낼 수 있는 비범한 인격을 갖춘 자(예언자)만이 알고 있으며, 평시에는 '그것'에 대해 침묵하다가 재난 상황이나 재난이 임박한 상황에서만 백성이 감당할 수 있는 '적절한 비유'로 전해준다. 이처럼 진실의 의미·유형·가치는 그것을 듣는 사람의 정신 상태나 상황에 따라 매우 달라질 수 있다. 그런데 의식의 진실과 무의식의 진실이 매우 다르다는 것을 오만hybris에 빠진 오이디푸스는 아직 알지 못한다. 그는 스핑크스의 수수께끼를 푼 자신의 이성 능력을 지나치게 과신했던 것이다.

자아의식의 힘에 대한 과도한 확신은 자존감을 높이는 순기능을 하지만 자아전능감에 함입된 나머지 전체적 지각 능력과 현실감을 상실하게 한다. 그 결과 억압·부인되어 지각되지 못한 무의식 요소들이 한꺼번에 회귀하는 뜻밖의 사태에 직면하여 정신이 붕괴될 수도 있다.

오이디푸스가 심란해하고 있는 그때, 코린토스에서 늙은 전령(옛 목동)이 도착해 왕이 사망했으니 왕위를 물려받으라는 소식을 전한다. 오이디푸스는 그 전령으로부터 자신이 사망한 왕의 친아들이 아니며, 이웃나라 사람이 버린 아기였다는 사실을 듣게 된다.

감당하기 힘든 진실은 자아의 방어기제에 의해 대부분 분열·부인·해리·억압되어 의식에서 지각되지 않는다. 눈으로 보고 있어도 '보이지' 않고, 소리가 울려도 '들리지' 않는다. 수많은 언어들이 내면에 축적되어 있지만 한마디도 '떠오르지' 않는다. 그런데 무의식이 묘하게 작동하여 우리로 하여금 진실을 끝까지 확인하도록 만든다면 그때는 어찌되는가?

오이디푸스가 고향을 떠난 시점에 전령의 말을 들었다면 그것은 저주받은 운명의 굴레에서 해방되었다는 기쁜 소식이었을 것이다. '부은 발' 때문에 놀림받던 자의 콤플렉스를 보상해주는 소식인 것이다. 그런데 지금 시점의 오이디푸스에게는 전령의 말이 기쁘게 들리지 않는다. 이미 그는 과도한 앎에 대한 욕구 때문에 어둠속에 있던 운명적 진실과 관련된 너무 많은 사실을 알게 되었다. 그렇기에 전령의 소식은 운명으로부터의 해방이 아니라 '무의식의 진실'과 최후 대면하게 하는 촉매가 된다.

그는 아기 오이디푸스를 산에다 버린 테베의 최초 사람을 찾아내 발목이 부은 아기에 관한 섬뜩한 진실을 끈질기게 확인해간다. 이오카스테는 진실을 알아차린 뒤 방으로 가 스스로 목숨을 끊는다. 결국 오이디푸스도 궁극의 진실을 알게 된다. 마지막으로 왕비에게 진실을 확인하러 가니, 그녀는 이미 싸늘한 시신이 되어 있다. 그 주검 앞에서 넋을 잃은 오이디푸스는 운명을 저주하며 왕비의 브로치로 자신의 두 눈을 찌른다.

인간의 정신이 감당하기 힘든 섬뜩한 상황은 무의식의 진실을 갑자기 직면할 때 일어난다. 자아의 안정을 일순간에 파괴하는 '그것'에 대한 공포감이 엄습하자 이오카스테는 세상과 자신을 연결하는 모든 연결 고리와 정신의 모든 지각 기능을 한꺼번에 무화하는 길을 택한다. 그것은 자살이다("더 이상 아무 것도 알고 싶지 않다. 어떤 자극도 없는 상태로 영원히 쉬고 싶다!").

오이디푸스로 하여금 진실을 끝까지 파헤치게 만든 '그 힘'의 정체는 무엇인가? '집요한 앎에의 의지'는 삶욕동에서 기인하는가, 아니면 삶의 본질을 빨리 확인한 뒤 더 이상 어떤 고통에도 시달리지 않는 상태로 회귀하고픈 죽음욕동에서 기인하는가?[15] 만약 당신이 유년기(오이디푸스기)에 억압된 무의식의 진실과 지금 이 순간 갑자기 대면하게 된다면 어떤 기분이 들고 어떻게 반응하겠는가? 인간은 무의식의 진실을 과연 얼마나 감당할 수 있는가?[16]

그토록 행복하던 현실이 돌연 경악스럽게 지각되는 현상을 그는 더 이상 감당할 수 없다. 충격에 놀라 자율신경계가 마비되고 균열된 방어막 사이로 사방에서 생경한 지각과 감정들이 밀려든다. 공포에 사로잡힌 그는 세상의 모든 자극을 차단하고 자신을 보호하기 위해 두 눈을 찌른다. 이제 오이디푸스는 그 어떤 진실도 알고 싶지 않고 감당할 수도 없는 존재, 자아가 마비되고 자폐된 존재다.[17]

'눈'은 욕망하는 대상과 시각으로 접촉해 쾌락을 얻는 신체 기관이다. '눈을 찌름'은 그동안 누렸던 세상에 관한 화사한 지각들과 기쁨(야릇한 성 만족)의 근원을 스스로 거세하는 처벌 행위다. 눈은 또한 외부 세계와의 관계 통로다. 눈을 통한 시각적 대상관계가 차단되면 자아 기능과 리비도가 내면세계에 집중된다. 의식의 눈으로 외부 현실을 검증하는 데 집중하는 것이 아니라 내적 진실에 몰입하게 되는 것이다.

샤를 잘라베르, '오이디푸스와 안티고네', 1842

오이디푸스 신화는 집단무의식에 융합되어 살던 고대 인류가 도시국가를 형성하는 변화된 시대 환경에 적응하려 수수께끼를 풀어내는 '이성의 힘'을 필요로 하던 시기의 신화로 추정된다. 이 신화 창조자는 어떤 메시지를 세상에 표현하고 싶었을까? 이성(자아의식)에만 전적으로 의존하기엔 뭔가 결함과 한계가 느껴지고, 전통 제사장의 신탁에만 전적으로 의존할 수도 없는 갈등이 느껴진다. 이성의 힘만 과신하면 '무의식의 힘'이 엄습하는 순간 신화 속 오이디푸스처럼 존경받던 왕이 혐오스런 존재로 돌연 추락하게 된다.

무의식이 만들어낸 거대한 파동

오이디푸스는 궁궐에서 쫓겨나고 사람들에게 욕설과 돌팔매질을 당한다.

고대 사회에서 왕·영웅의 최후는 결코 화려하지 않았다. 왕은 대표자·명령자·권력자인 동시에 집단의 안녕을 이루지 못할 경우 책임을 물어 가혹하게 살해당하는 대속자가 된다. 특히 금기를 어긴 대상의 죄는 동일시 기능이 과잉 발달된 고대인에게 금세 모방되므로 집단 전염을 막으려면 죄인이 가까이 오지 못하도록 욕하고 돌을 던져 멀리 추방해야 한다.

왕에서 세인의 금기 대상으로 추락한 눈먼 범죄자 오이디푸스는 이제 정신적·사회적·신체적으로 모두 거세된 존재다. 즉 어떤 사람에게도 욕망 대상이 될 수 없는 무가치한 존재로 전락한 것이다. 어떻게 집단의 구원자로 찬양하던 대상을 한순간에 경멸하고 욕하는 현상이 벌어질 수 있는가? 고대인은 대상 일반을 '전적으로 좋은 대상'과 '전적으로 나쁜 대상'으로 나누어 지각하는 분열된 정신구조를 지녔다. 그래서 좋은 대상으로 지각될 때는 구원자로 찬양하고, 나쁜 대상으로 지각되면 욕하고 돌을 던지며 추방해버리는 것이다. 오이디푸스는 당대인과 달리 대상의 좋고 나쁜 요소들을 두루 지각하고 종합하는 자아 능력을 지닌 신경증적 인격이다. 그는 자신이 정성을 쏟아온 백성들의 180도 돌변한 반응과 태도를 이해하지 못한 채 그들을 원망하고 저주한다.

오이디푸스는 딸 안티고네와 함께 자비로운 여신들의 성소가 있는 아티케의 콜로노스에 도착해 그곳에서 영혼의 휴식을 취한다.

일반적인 신화 속 영웅은 보잘것없던 존재에서 위대한 왕으로 등극하기 이전에 험난한 통과의례를 거친다. 괴물에게 잡아먹혔다가 빠져나오거나 어두운 동굴을 헤매거나 힘든 노역을 하거나 죽은 자들의 지하세계를 방문하는 등 죽을 고비를 여러 번 넘기는 것이 대부분이다. 그 이유는 힘든 통과의례 과정을 거쳐야만 기존 시대를 넘어선 새로운 정신성의 발달이 비로소 이루어질 수 있기 때문이다. 그런데 오이디푸스는 왕이 되기 전에 지나가는 마차 무리와 싸워 이기고, 스핑크스와 한 번의 수수께끼 대결을 힘들지 않게 수행했을 뿐이다. 아울러 견디기 힘든 위기 상황에서 새로운 힘을 보충·전수해주는 비범한 조력자가 출현하지도 않는다. 험난한 통과의례 체험 과정이 오이디푸스 신화에는 왜 없는 것인가?

'감춰져 있던 진실'과 대면함으로써 오만했던 정신성에 변화를 가져다주는 충격과 깨달음은 오이디푸스가 왕이 되어 집단을 이롭게 하는 업적들을 이루고 행복한 결혼 생활을 영위한 이후에 나타난다. 부귀영화와 명예와 행복을 누린 이후에 겪는 뜻밖의 재난이기에 오이디푸스의 충격은 유독 강하게 느껴진다. 보통의 경우 영웅을 영웅답게 만들어주는 인생의 조력자는 주인공의 힘이 고갈되어 쓰러진 상황에서야 구세주처럼 나타난다. 그런데 비참하게 거세된 늙은 오이디푸스의 영혼을 치유해주는 조력자는 비범한 선지자가 아니라 아버지의 곁을 충실히 지켜주는 딸 안티고네다. 안티고네는 상님이자 설름발이인 아버지의 결여를 보충해주고 불행을 위로해주는 히스테리(오이디푸스 콤플렉스를 지닌) 인격이다.

터부 대상은 집단 구성원에게 접촉되는 순간 죄를 전염시키므로 결코 일반인이 사는 곳에 함께 거주할 수 없다. 따라서 금기를 어긴 자가 머무를 수 있는 유일한 곳은 일반인과의 접촉이 단절되고 죄를 정화하는 신령한 기운으로 가득 찬 '성역'(신전)뿐이다.

신전에는 오직 신의 허락을 받은 자만이 머무를 수 있다. 오이디푸스가 성역에 몸을 의탁할 수 있었다는 것은 운명을 좌우하는 신의 보호가 작동했다는 징표이며, 그의 마지막이 불행하지 않았을 수 있다는 신호다.

> 오이디푸스는 태어날 때부터 자신에게 기구한 운명을 준 신을 원망하지만 결국 신에 귀의하며 눈을 감는다.

지고한 지성에 대한 자부심과 말로 형용하기 힘든 소망 충족을 누리다가 '무의식의 진실'을 대면하는 순간 가장 비극적 인간으로 추락한 오이디푸스는 장님이 된 노년에 무엇을 깨달았을까?

그는 결국 유아기의 포근히 안아주는 어머니, 아동기와 청년기의 유혹하는 어머니의 뒤를 이은 제3의 여인(안티고네)에게 귀의하여 신이 부여한 자신의 운명과 화해한다. '신에 귀의함'은 한때 그에게 자부심의 원천이던 이성(의식)의 한계와 유한성을 자각하고 인정한다는 의미다. 신이란 인간 이성이 예측할 수 없는 파동과 파노라마를 일으키는 절대 타자, 거대한 무의식의 힘이기 때문이다.

오이디푸스 신화는 집단무의식에 융합되어 살던 고대 인류가 도시국가를 형성하는 변화된 시대 환경에 적응하려 수수께끼를 풀어내는 '이성의 힘'을 필요로 하던 시기의 신화로 추정된다. 이 신화 창조자는 어떤 메시지를 세상에 표현하고 싶었을까? 이성(자아의식)에만 전적으로 의존하기엔 뭔가 결함과 한계가 느껴지고, 전통 제사장의 신탁에만 전적으로 의존할 수도 없는 갈등이 느껴진다. 오이디푸스가 자신에게 주어진 '운명'(신탁)과 화해했음은 이성과 신앙 사이의 조화와 균형 회복으로 볼 수 있다. 오이디푸스 신화는 고대 집단의 전통적 '왕 살해' 풍습을 '아버지 살해' 및 근친상간 터부와 연결시켜 유독 깊은 인상을 남긴다.

융 관점에서 본 오이디푸스 신화

지금까지 오이디푸스라는 등장인물의 개인무의식을 해석해왔다. 그런데 신화는 집단이 꾼 꿈이므로 집단무의식의 관점에서 신화를 해석하는 것이 타당한 부분도 있다. 앞서 해석한 내용을 보충해서 융 학파의 관점으로 오이디푸스 신화를 함께 음미해보자.[18]

신화에는 아버지와 아들 관계가 주제로 자주 등장한다. 집단의 통치권은 신세대 아들이 기존 권력자인 아버지와 대결해 승리하면 옮겨간다. 이때 어머니(모성신)는 아들이 집단의 새로운 지배자가 되도록 돕는 조력자 역할을 하는데, 이때 근친상간 신화소가 등장한다.

신화에서 아들과 성관계를 맺는 어머니는 의식의 어머니가 아니라 아들을 창조한 모성신이다. 생명을 끊임없이 생성해내는 위대한 자연, 곡물을 생산하는 대지, 다산의 여신 등은 창조적 모성을 상징한다. 이 모성신은 기존의 왕이 힘을 상실하면 가차 없이 생명을 거두어들이는 파괴자이기도 하다.[19] 이는 자연의 순환이 영원하기를 기원하며 동식물이 자연에서 태어나 자연의 품으로 돌아가는 과정이 영원히 반복된다고 보았던 고대인의 마음을 반영한다. 오이디푸스는 아버지의 상징이던 기존 왕을 제기하고 새롭게 왕으로 등장하는 신세대 영웅의 원형상이다. 권력 교체 과정에는 집단무의식이 작용하는데, 그 원형은 때로 아버지 살해와 근친상간 표상으로 나타나거나 왕 살해 또는 여신과의 결혼으로 표상된다. 따라서 아버지를 죽이고 어머니와 결혼할 것이라는 신탁은 신의 저주가 아니라 그가 미래에 영웅이 될 운명임을 예견하는 전형적 메시지다.

즉 신탁은 오이디푸스의 기구한 운명을 의미하지 않으며 오히려 그가 영웅이 되는 길을 가도록 추동하는 기능을 한다. 이때 영웅은 한 개인으로서의 인격이 아니라 집단과 연관된 역할을 수행하는 초개인적 인격의 상징이다. 테베 왕 라이오스는 한 집단을 대표하는 지배 원리의 표상이다. 그런데 이에 도전하는 스핑크스가 나타나 집단의 안녕을 위협한다. 그 문제를 해결하러 가는 길에 오이디푸스가 나타나 라이오스를 죽인다. 이는 더 강하고 새로운 힘에 의해 기존의 지배 원리가 교체됨을 의미한다. 아버지 살해는 집단의 동일시 모델인 '남근 인물상'의 교체라는 전형적 신화소다. 아버지는 이전 시대의 지배 원리이며 아들은 새롭게 부상하는 집단의 상징이다.

스핑크스는 집단의 생명 기운을 순환(생성·소멸)시키는 모성신에 의해 보내진 전령이다. 모성신은 스핑크스를 등장시켜 기존 왕의 몰락과 새 영웅의 등장을 초래한다. 이것이 바로 스핑크스의 역할이다. 모계 사회에서 가부장제 사회로 바뀐 이후 신화에 등장하는 이상한 '괴물'은 대부분 과거 시대 모성신의 부정적 표상이다. 어머니의 품에서 분리되어야 아버지가 활동하는 상징계의 의미 체계에 능동적으로 적응할 수 있듯이 청소년은 괴물(부정적 모성)과의 싸움에서 승리해야만 성인 내지 영웅이 될 수 있다.

스핑크스는 수수께끼를 해결하지 못하는 인간들을 잡아먹는다. 잡아먹힌 자들은 힘 있는 대상에 의존해 사느라 주체적 사고력을 발달시키지 못한 원시 인격이다. 세계를 지배할 새로운 힘의 주체는 스핑크스의 수수께끼와 대결할 수 있어야 한다.

신화 속 오이디푸스에게 주어진 1차 과제는 스핑크스를 제거하는 것이었다. 이는 주관적 상상계인 어머니 세계에 함입된 정신성으로부터 분리·독립한다는 의미다. 2차 과제는 주체적인 아버지성을 확립하는 것이다. 아버지성을 정립하려면 기존 아버지성을 대체할 새로운 에너지를 지녔거나 보충했음을 증명하는 통과의례 과정을 거쳐야만 하는데, 이때 타인의 인정이 반드시 필요하다. 그래서 라이오스 일행과 싸움이 벌어지고 사람들이 무서워하는 스핑크스가 나타난다. 오이디푸스는 그들 모두를 무찔러야만 한다. 타인에게 이해·공감받기 힘든 신체적(부은 발), 정신적(버려진 아이) 결함으로 무거운 고민에 시달리며 운명(신탁)과 대결하느라 오래 고심해온 자의 힘은 바로 이처럼 비일상적 위기 때 검증된다.

'어머니와의 결혼'은 모성신 숭배 제전에서는 흔한 주제다. 남근을 지닌 청년 아들은 모성을 수태시키는 남성적 원리를 의미한다. 가령 디오니소스·카발라 제전에서는 아들을 제물로 바쳐 여신을 숭배하며, 희생된 아들은 모성신에 의해 재탄생된다.

수메르 신화의 탐무즈, 페르시아 신화의 미트라, 그리스 신화의 아도니스, 비르비우스(히폴리토스) 등 신화 속 희생자들은 아들 혹은 배우자다. 인간을 살해해 여신에게 제물로 바치는 희생 제의는 실상 모성신과의 성대한 결혼 축제다. 이 제의에서 아들은 배우자로 성장한 남성이며, 이 배우자의 죽음은 모성신의 수태로 이어져 아들신의 재탄생이 이루어진다. 인간·신·자연의 재생을 위해 오이디푸스는 운명적으로 자신에게 주어진 신탁을 수행해야 한다.

집단무의식 차원에서 신화 속 이오카스테는 개인 인격의 표상이 아니라 사랑 여신, 지모신의 상징이다. 집단정신의 응집과 생명력의 안정된 유지를 위해 왕비와 젊은 왕 오이디푸스의 결합(결혼)은 반드시 필요하다. 이는 기존 왕의 이면 결함(생명력의 노쇠화)으로 인해 무기력해진 집단에 활기를 불어넣고 여성에 대한 두려움을 극복하기 위한 과정이다.[20]

그런데 테베가 역병에 시달리게 된 것은 오이디푸스가 새 집단의 지도자가 되는 데 여전히 문제가 있다는 의미다. 아울러 그가 통치하는 영역이 아직 완전히 그의 지배하에 있지 않고 다른 힘에 의해 영향받고 있음을 의미한다. 다른 힘이란 당대 최고의 이성 능력으로도 통제할 수 없는 불가항력적인 어떤 힘을 의미한다.

오이디푸스는 과연 스핑크스의 수수께끼를 제대로 푼 것인가? 그는 '인간'의 비밀을 과연 충분히 깨달았는가? 훗날 오이디푸스가 비극의 주인공이 되어 자기 눈을 찌르게 된 것은 집단무의식의 거대한 지혜와 힘을 미처 깨닫지 못했다는 징표다. 의식의 한계와 무의식의 힘을 온전히 알지 못했기에 오만해진 그는 자신도 모르게 운명(무의식)의 힘을 외면했다. 그 결과 무의식의 진실을 갑작스레 대면하게 되자 공황 상태에 빠져 스스로 파멸한 것이다. 거스를 수 없는 신탁의 힘이란 곧 거부할 수 없는 '그것'(집단무의식)의 힘이다.

인간의 본질을 생각하게 만드는 스핑크스의 물음은 오이디푸스가 기존 인류의 무반성적 생활 태도와 분열된 부분지각 상태에서 벗어나 인간의 전체성 통합(자기실현 과정)으로 나아갈 사람인가를 묻고 있는 것이다.

어머니와의 결혼은 집단무의식과의 심층 접촉을 의미하며, **모성적인 아니마와의 결합 없이는 인격의 변화나 궁극적 자기실현은 불가능하다.**[21] 결혼과 근친상간은 금지된 쾌락 행위나 욕구를 통제하지 못하는 자아의 무능 상태가 아니라 서로 소통되지 못한 채 소외되고 분열되어 있던 요소들 사이의 전면적인 연결-통합을 의미한다.

영웅은 석화된 집단의 금기를 깨고 개선해내는 자다. 그의 위대함은 괴물(결함 있는 터부)을 이김으로써 변화된 현실 환경과 조화를 이루지 못하고 있는 집단적 심성(분열된 집단무의식)을 통합하고 안정화하는 데서 발현된다. 자연은 때로 개성을 획득하지 못한 다수보다 한 명의 가치 있는 개인을 선택한다. 영웅의 근친상간은 경직된 금기 압력에 순응해 주체성을 상실하고 주체의식이 개화하지 않은 개인에게 정신의 본래성[self]을 발견하여 내재된 목적을 수행하라고 요청하는 힘이다.

3

페르세우스

어머니의 영향에서 벗어나 주체가 되기 위한 조건

아버지와 현실계로부터 버림받은 여성은 자식에 대해 어떤 욕망을 지니게 되는가? 만약 그녀가 자신의 욕망을 자식에게 투사하고 자식이 그것을 내면화한다면 장차 그 아이의 인생은 어떻게 되는가? 어머니와 융합되어 살던 자식은 어떤 특별한 체험을 해야 끈끈한 모성의 거미줄에서 벗어나 주체적인 존재로 독립할 수 있는가?

신탁을 거부한 결과

아르고스의 왕 아크리시오스는 "손자에게 죽임당할 것이다."라는 신탁을 듣는다.[22]

꿈을 해석할 때에는 특히 꿈에 나온 '말의 내용'에 주목해야 한다. 이런 꿈 요소는 무의식에 진입하는 단서이며 다중의 의미를 지닌다. 꿈 분석가는 우선 꿈속에서 그 말을 들은 몽자가 신체적·심리적으로 어떤 상태에 있는지 주목해야 한다. 페르세우스 신화에서 이 말을 들은 주체는 노쇠해

근심을 지닌 왕이다. 왕에게 전해진 소리는 힘 있는 지도자에 대한 존경과 동일시를 통해 강한 생명 에너지를 흡수하고, 무기력한 왕이 빨리 없어지기를 바라는 백성의 욕망(민족무의식)이다. 억압하고 외면해온 소리가 거부하기 힘든 신탁의 이름으로 늙은 왕에게 전해진 것이다.

젊고 강한 생명력을 지닌 도전자에게 왕 자리를 내어주는(살해당하는) 것은 집단의 번영을 위한 순리다. 여기서 손자는 아들의 전치이거나 신세대를 지칭하는 일반명사다. 아들의 탄생과 성장은 곧 아버지의 전성기가 저물어감을 의미한다. 이것은 인간이 피할 수 없는 운명이며 자연의 법칙이다. 하지만 자기애 성격구조를 지닌 왕은 그 신탁을 섬뜩하게 여겨 순리를 거스른다.

왕은 딸 다나에를 탑에 가둔다.

다나에는 생명력이 왕성한 처녀이자 생명을 잉태하고 출산하는 여성의 상징이다. 탑은 외부 세계와 단절된 공간이며, 엄마의 몸속 또는 아버지의 남근을 상징한다. '탑에 가둠'은 욕망을 강제로 억압하는 것을 의미한다.

부모에게서 벗어나 제3의 대상과 결혼해야 할 시기의 여성이 탑에 갇히면 리비도의 순환과 발달이 정지되어 생산력과 활력을 상실한 상태가 된다. 그리고 그녀를 그렇게 만든 집단은 욕망 율동이 과잉 통제(억압)되어 외부 세계와의 교류가 막혀버린다. 그 집단의 자아는 새로운 발달을 더 이상 이룰 수 없다.[23] 폭군 아버지의 과잉 억압에 의해 리비도의 표출 통로가 막히면 개인과 집단의 생명력은 침체되거나 증상을 통한 분출의 길로 나아가게 된다.[24]

아크리시오스는 이 신화가 생성될 당시에 그리스인들이 경험한 부정적 아버지상을 상징한다. 그는 자기 외의 대상에게 자기보다 더 큰 가치를 부여하지 않으며 딸(집단의 아니마)을 자신에게 기쁨을 주는 소유물로 간주하는 자기애 인격자다. 그는 딸이 자신에게서 분리되어 욕망을 실현하는 것을 허용하지 않고 탑 속에 가둔다. 그는 젊은 딸을 '탑'에 가두면 집단에 어떤 부작용이 생기는지 알지 못한다.

제우스는 황금 빗물로 변신해 탑에 갇힌 다나에와 동침한다.

많은 노동력이 필요했던 농경 사회에서 처녀의 임신은 집단의 생명력 유지에 기여하는 성스러운 축복이다. 생명 에너지는 접촉을 통해, 특히 성관계를 통해 이 대상에서 저 대상으로 옮겨간다. 가령 마법에 걸려 잠든 동화 속 공주에게 생명력이 왕성한 왕자가 키스를 하면 그녀에게 생명력과 욕망이 옮겨가 공주는 눈을 뜨고 사랑도 할 수 있게 된다. 인간사를 주재하는 제우스도 탑에 갇혀 본성을 발현하지 못하는 다나에에게 접촉하여 생명과 욕망의 기쁨(황금 비)을 옮겨준다.[25]

힘 있는 이상적 대상(왕, 신)과의 결합은 고대 사회에서 집단의 생명력을 고양시키는 일종의 축복으로 간주되었다. 그런데 제우스는 인간이 직접 접촉해서는 안 되는 금기 대상이다. 그래서 그는 '황금 비'로 변장해야만 한다. 다나에의 임신은 '아버지를 위태롭게 할 아기를 잉태해서는 안 된다'는 아버지의 명령을 어긴 행동이다.

성장한 딸은 어린 시절에 지각된 거대한 아버지와 같이 강한 남자와 결합하여 보물 같은 자식을 낳고 싶어 한다. 그리고 그 자식이 성장하여 그녀가 사랑했던 '거대 아버지'를 대체하는 훌륭한 존재가 되기를 욕망한다. 다나에가 결합한 상대는 묘하게도 아버지의 힘을 능가하는 존재다. 신탁의 예언이 운명처럼 조금씩 진행되어간다.

권력을 계속 유지하고 싶은 왕은 새 영웅(아들, 손자)에게 왕권을 넘겨주지 않는다. 그로 인해 그리스 창조신 우라노스-크로노스-제우스의 관계에서 벌어졌던 폭군 아버지와 성장한 자식 사이의 치열한 싸움 및 왕 살해(아버지 거세) 욕동이 구조적으로 반복된다.

노랗게 반짝이는 '황금빛'은 태양의 빛이자 숙성한 곡물의 색이다. 비는 신성한 하늘에서 내리는 생명수이므로 황금 비는 백성에게 생존할 식량을 제공하는 구원과 생명이 결합된 혼합 형상이다. 황금 비의 특성과 힘을 흡수한 아기의 잉태는 고대 그리스인들이 소망한 영웅의 출현을 암시한다.

태양 빛과 비는 모두 하늘로부터 내려온다. 따라서 황금 비는 하늘에서 강림한 신의 현현이다. 이 경우 '탑에 갇힌 다나에'는 지하계에 갇힌 페르세포네처럼 하늘과 결합해 지상의 농작물을 자라나게 하는 대지 여신의 분신일 수 있다.[26] 지상의 공주 다나에가 어두운 탑에 갇혀 있는 모습은 마치 땅 속에 묻힌 씨앗과 유사하다. 원시 인류에게 자연 대상에 대한 인격화·신격화가 빈번했음을 고려할 때 다나에와 황금 비의 결합은 땅속의 씨앗이 햇빛과 비와 결합해 새싹을 밀어 올리는 모습일 수 있다. 황금 비는 신비로운 자연력의 상징이며, 그 힘의 사랑을 받는 다나에는 비를 기다리는 대지이자 대지 밑에서 잠자고 있는 생명체(배아)이다. 새로 태어날 아기는 황금 비와 탑에 갇힌 처녀(씨앗), 하늘과 대지, 제우스와 다나에 등 서로 대비되는 이질적 요소들을 하나로 통합해내는 힘의 상징이다.

엄마와 함께 버려진 영웅

다나에는 아들 페르세우스를 낳아 몰래 키운다. 그러나 이를 알게 된 왕은 다나에와 아기를 궤짝에 넣어 바다에 버린다.

당대의 상징계나 권위자가 인정할 수 없는 출생인 경우 태어난 아이는 버려질 수밖에 없다. 이는 매우 보편적인 신화소로 제우스·오이디푸스·테세우스·헤라클레스·모세·바리데기·석탈해 등 대부분의 영웅이 출생 초기에 버려진다. 태어나자마자 버림받는다는 것은 겉으로 보면 열등과 비극의 표상이다. 그러나 '태어나자마자 버림받음'은 일상 세계에 안주하는 삶과 매우 다른 모험적 인생으로 나아가게 하는 시발점이 되기도 한다. 이 신화소는 유아가 겪는 실제 경험이라기보다 집단무의식에 융합되어 살던 고대 인류의 인간관, 즉 죽음(버려짐)과 부활(구조됨)의 의례를 거친 자라야 집단을 구원하는 비범한 영웅이 될 수 있다는 관점을 반영한다.

고대인에게 집단의 울타리(보호막)에서 벗어나는 것(낯선 곳으로의 추방)은 엄청난 위태로움이자 공포였을 것이다. 영웅은 이 유기공포를 직면하고 대결하여 극복해내는 방법을 '경험을 통해 숙련한' 존재여야 한다.

'궤짝'은 꿈에서 엄마 몸, 자궁을 뜻한다. 궤짝은 보통 강이나 바다에 버려지는데, 이때 바다는 생명력의 근원인 모신을 의미한다. 엄마와 더불어 궤짝(자궁, 엄마 품)에 담겨 생명력이 숨 쉬는 바다에 버려지는 일(바다와 접촉)은 죽음과 부활의 이중 탄생 과정을 의미한다. 이중 탄생이란 육신의 탄생과 더불어 죽지 않고 갱생하는 영혼(자기)의 탄생을 포함하는 개념이다.

보통의 영웅신화에서는 아기 혼자 버려지는데 페르세우스 신화에서는 특이하게도 엄마와 아기가 함께 버려진다. 아기를 품은 엄마는 자신과 늘 함께 붙어 있는 대상 덕분에 유기불안이 덜할 것이다. 아기 입장에서는 엄마가 함께 있기 때문에 버림받는다는 느낌을 직접 받지 않는다.

아기를 버리는 장소는 산, 강, 바다, 늑대, 나무 밑, 갈대숲, 동굴 등 민족마다 다르다. 페르세우스가 바다에 버려졌다가 섬에서 구조되는 것은 그리스인들에게 바다와 섬이 생존을 위한 주요 활동 무대임을 표상한다. 또한 아기가 바다에 버려진다는 것은 바다 에너지와 접촉·융합함으로써 바다의 신비로운 힘을 체득하여 민족에게 전해달라는 메시지다.

궤짝은 세리포스 섬으로 떠내려가 어부 딕티스에 의해 구조되어 극진한 보살핌을 받는다. 딕티스의 형이자 탐욕스런 왕인 폴리덱테스가 다나에를 아내로 취하려 했으나 다나에는 "아이가 성년이 될 때까지 기다려달라."며 계속 거절한다.

다나에와 페르세우스는 어부 딕티스에 의해 구조되고, 그 후 딕티스는 보호자 역할을 한다.[27] 그러나 딕티스는 다나에와 페르세우스를 구해 극진히 보살펴주었음에도 두 사람의 존경을 받는 이상화 대상이 되거나 페르세우스를 어머니의 욕망 세계에서 벗어나게 하는 힘 있는 아버지 역할을 하지 못한다. 아버지가 약하거나 부재한 경우 또는 아버지보다 어머니의 힘이 더 강할 경우 아들은 어머니와 융합된 상태에서 안전감을 느끼기 때문에 분리되지 못한다. 그런 자식에게 어머니는 완벽한 존재로 보이고 어머니를 위해서라면 기꺼이 목숨도 바칠 수 있게 된다. 어쩌면 페르세우스는 어머니에 대한 애착에서 벗어나기 힘든 신경증자가 될 수도 있다.

남아는 어머니가 가장 대단하게 생각하는 존재를 닮고 싶어 한다. 어머니를 통해 내면화되는 동일시 대상은 곧 어머니의 무의식에 가장 큰 영향을 미친 대상이다. 신화 속 다나에에게 가장 큰 영향을 미친 대상은 누구인가? 하늘신 제우스인가? 그녀의 아버지이자 페르세우스의 외할아버지인 아크리시오스 왕인가? 딕티스인가? 폴리덱테스인가?

청년이 된 페르세우스는 어머니에게 구애를 하는 폴리덱테스 왕의 행동에 민감하게 반응하여 그에게서 필사적으로 어머니를 지키려 한다. 이런 행동은 그의 무의식에 어머니에게 애정을 표현하는 대상에 대한 깊은 불편감이 있다는 징후다. 아버지의 존재를 알지 못하는 페르세우스의 정신성을 형성하는 데 가장 큰 영향을 준 존재는 다나에다. 페르세우스는 어머니의 욕망(결핍)에 부응하고 싶어 한다. 페르세우스의 양육자이자 애정 대상인 다나에는 아버지에게 버림받은 상처와 유기불안과 증오를 지닌 존재다. 이런 부정적 감정은 오랜 기간 엄마와 융합되어 지내던 아들에게 전염된다.

"얘야. 세상(아버지와 고향)으로부터 버림받은 엄마에게 너는 삶의 유일한 기쁨이자 희망이란다. 목숨보다 더 소중한 아들아, 엄마는 네가 원하는 건 무엇이든지 다 할 거야. 그러니 엄마 곁에서 영원히 살거라. 엄마를 절대 실망시키지 않을 거지? 너만은 엄마 곁을 결코 떠나선 안 돼. 네가 떠나면 엄마는 세상에서 영영 사라져버릴 거야."(다나에의 내면 목소리)

어머니의 강렬한 욕망은 아들에게 내면화되고 이로 인해 아들은 어머니의 결핍을 해소해주고 싶은 무의식적 욕망을 지니게 된다.

"제가 어머니의 소원을 반드시 이루어드릴게요! 어머니를 끝까지 지켜드릴게요! 누구에게도 빼앗기지 않을 거예요!"(페르세우스의 내면 목소리)

어머니의 상처 입은 마음에 전염되어 기존 권력자(아크리시오스, 폴리덱테스)에게 증오심을 품고 있으며, 어머니의 욕망을 내사해 그녀의 요구에 순응하며 지낸 소년은 어머니와 동일시된 '엄마 인간'이다.[28]

'엄마 인간'에게 부여된 과업

페르세우스가 성년이 되자 폴리덱테스 왕이 다시 다나에에게 구혼한다. 페르세우스는 왕에게 "어머니를 포기한다면 메두사의 머리라도 바치겠다."라고 말한다.

다나에를 향한 폴리덱테스의 끈질긴 구애는 페르세우스를 몹시 불안하게 만들었을 것이다. 이 세상의 전부인 어머니를 빼앗으려고 하는 침입자 폴리덱테스는 오이디푸스기 아버지 흔적을 활성화한다. 즉 다나에와 페르세우스의 행복한 관계를 뒤흔드는 그는 어머니와 아들 사이를 분리시키려는 오이디푸스기 아버지와 매우 유사하다.

폴리덱테스는 본래 '많은 사람을 받아들이는 자'라는 뜻이며 결과적으로 페르세우스를 엄마에게서 분리시키는 데 기여하는 존재다. 그가 아니면 페르세우스는 어머니와의 융합 관계에서 벗어나지 못한 채 가부장 사회의 부적응자로 평생을 지내야 한다. 그런데 어머니에게 구애하는 경쟁자를 없애고 싶어 하는 아들 페르세우스는 왜 하필 '메두사의 머리'를 가져오겠노라고 말한 것일까?

메두사는 빼어난 아름다움을 지닌 처녀였는데 아테나 신전에서 포세이돈과 성관계를 한 뒤 아테나 여신의 저주로 괴물이 된 존재다.[29] 탐스러운 머리카락은 독기를 내뿜는 징그러운 뱀으로, 아름다운 치아는 멧돼지 이빨로, 고운 손마디는 청동으로 변질된다. 그리고 그토록 흥분을 일으키던 아름다운 얼굴은 노화된 어머니의 성기처럼 섬뜩한 이물질로 변한다. 메두사의 얼굴은 바라보는 순간 거세공포를 치솟게 해 심신을 마비시킨다. '돌로 변함'은 성욕 마비, 자아의 지각기능 마비 상태를 의미한다. 뱀들이 꿈틀대는 모습은 음모가 지닌 성적 매력과 꿈틀대는 남녀 성기의 경이로움을 표상한다. 거세공포는 어떤 대상에 대해 강렬한 성적 매력을 느껴 성욕이 통제할 수 없을 만큼 강력해질 때 작동된다. 즉 메두사의 머리는 발기된 성기 그리고 통제되지 않는 성욕과 더불어 일어나는 거세공포의 상징이다.

처음에는 빼어난 아름다움을 지녔지만 사랑해선 안 될 대상과 금지된 장소에서 향락을 누린 이후 괴물로 변한 메두사는 프로이트가 제시한 인간 성욕의 운명적 변천 과정을 표상한다. 가령 남녀의 성기가 서로 다르다는 것을 지각한 순간부터 남아와 여아는 충격과 동시에 성적 흥분을 느낀다. 그 후 이성의 부모에게 강한 성적 환상과 성 애착을 느끼다가 오이디푸스 콤플렉스에 빠지게 되고, 거세공포에 의해 오이디푸스 욕구를 포기한 후 아버지의 금기를 수용해 내면화함으로써 금지된 욕망을 자동 통제·처벌하는 초자아를 형성한다. 무시무시한 내면 심판관인 초자아로 인해 오이디푸스기의 욕망은 금지된 욕망으로 해석되어 무의식에 억압된다. 그런데 그 욕망이 어떤 자극 때문에 촉발되어 갑자기 의식으로 올라오면 거세공포와 억압방어가 작동되어 대상을 결코 성적으로 접촉해서는 안 되는 '섬뜩한 괴물'로 지각하고 회피한다.

메두사는 금지된 욕망을 실행하다 '여신의 가혹한 저주'(징벌)를 받아 괴물로 변해 세상으로부터 버림받은 존재다. 아이의 정신에서 여신과 여왕은 어머니를 지칭하고 괴물은 부정적 부모상을 상징한다. 자신과 눈을 마주치는 사람은 누구든 돌로 만들어버리는 메두사는 증오와 파괴욕동과 원초불안이 내면에서 들끓는 악성 자기애 인격의 표상이다. 투사동일시로 내면의 독기를 자신에게 상처 준 전적으로 나쁜 대상에게 쏟아내 상대의 정신을 마비시키는 병리적 인격의 표상일 수 있다.[30]

감당하지 못할 만큼의 강력한 리비도와 파괴욕동을 나타내는 메두사의 뱀 머리카락, 분노의 극한을 보여주는 메두사의 눈은 가장 섬뜩한 종류의 욕망·고통·불안이 압축·전치된 상징이다. 그런 당대 집단에게 섬뜩한 문제 대상이던 메두사를 없애는 것은 의미심장한 신탁을 받고 태어나 청년이 된 페르세우스의 정신발달에 매우 중요한 연관성을 지닌다.

메두사가 상징하는 파괴욕동과 연관된 박해불안, 금지된 성욕동과 연관된 거세불안, 외딴곳에 버려짐과 연관된 유기불안 등은 뜻밖에 다나에와도 연결된다. 그동안 다나에와 페르세우스는 행복한 모자 관계로 잘 지내왔다. 문제는 페르세우스가 어느덧 성년이 되었다는 것이다. 이제 그들은 어떤 관계를 맺어야 하는가?

폴리덱테스 왕은 메두사의 머리를 바치면 페르세우스의 소원을 들어주겠다고 약속한다.

'메두사의 머리'는 모계 사회에서 숭배되던 여신이 가부장 사회에서 접촉이 금지된 '악인', '괴물'로 변형 표상된 것이다. 개인 정신 차원에서 보면 '메두사의 머리'는 페르세우스 내부에 잠재되어 있는 부정적 어머니 환상이다. 그 환상은 자신이 어머니의 뜻과 다른 생각이나 행동을 할 때마다 엄습해 박해불안을 일으키는 무시무시한 힘을 지니기 때문에 그 누구도 감히 대항할 수 없다("형체를 볼 수 없고 말로 표현하기도 힘든 어떤 기운에 제가 삼켜지는 듯한 불안이 엄습할 때, 몸이 굳고 생각이 마비되어 꼼짝도 할 수가 없게 돼요!").

두렵고 불편하게 느껴진 왕이 청년기에 진입한 페르세우스에게 '메두사의 머리를 베어오라'고 한 것은 어머니에게서 분리된 성숙한 존재가 되었음을 입증하라는 요구이다.[31] 이 과제를 실행하려면 정신 내부의 환상 대상과 대결해 이겨내야만 한다. 이는 집단을 바로 세우려면 구성원의 정신을 어머니와 융합된 상태에서 반드시 분리시켜야 한다는 집단무의식의 지혜가 담긴 정언명령이기도 하다.

폴리덱테스 왕의 요구는 남근기 아이에게 '어머니에 대한 과도한 집착에서 벗어나라'는 아버지의 요구와 유사하다. 즉 페르세우스에게 유아적 정신성에서 벗어났음을 보이라고 요구하는 것이다. 이는 동시에 다나에에게 지나친 애착으로 자식의 인생을 망쳐버리는 잘못된 모성성을 반성하라는 요구다. 어머니가 협조하지 않는 한 아들의 정신적·신체적 분리·독립은 매우 어려울 수밖에 없다.

프로이트는 《메두사의 머리》◆에서 메두사를 거세 이미지를 제공하는 최고의 부적으로 표현했다. 거세공포는 금지된 성 욕망에서 기인한다. 즉 메두사는 아이들 마음속의 어머니를 향한 숨겨진 성욕동·성환상과 연관된다. 메두사 머리의 살아 꿈틀거리는 뱀들은 남근기 아동이 '성 차이 지

◆ 프로이트가 1922년에 쓴 것으로 1940년 프로이트 사후에 출판되었다.

카라바조, '메두사', 1597

프로이트는 메두사를 거세 이미지를 제공하는 최고의 부적으로 표현했다. 거세공포는 금지된 성 욕망에서 기인한다. 즉 메두사는 아이들 마음속의 어머니를 향한 숨겨진 성욕동·성환상과 연관된다. 메두사 머리의 살아 꿈틀거리는 뱀들은 남근기 아동이 '성 차이 지각' 순간에 느꼈던 강렬한 성욕동, 초자아가 형성된 후에 억압된 '금지된 유아 성욕동'의 표상이다.

각' 순간에 느꼈던 강렬한 성욕동, 초자아가 형성된 후에 억압된 '금지된 유아 성욕동'의 표상이다.[32]

살아 있는 뱀들이 머리카락처럼 뒤덮여 있는 곳은 '아이의 눈'에 지각된, 남근 없이 무성한 털로 덮인 어머니의 음부를 상징화한 것이다. 전치를 이용한 변장이 다반사로 일어나는 꿈에서 어머니의 음부를 처음 생생히 지각한 순간 아이의 놀란 심정은 메두사로 형상화될 수 있다. 특히 아름다운 얼굴이 정반대 모습인 섬뜩한 괴물로 전치된 것은 강력한 억압 작용이 일어났다는 증거다. 자아의 방어기제인 억압은 봐서는 안 되는 것이나 욕망해서는 안 되는 것이 의식에 솟구칠 때 자동적으로 작동된다.

메두사와 눈을 마주친 자가 돌로 변한다는 것을 프로이트는 남근이 발기된다는 의미로 해석한다. 뒤를 돌아봐서는 안 된다는 말씀을 어긴 롯의 아내는 소금 기둥으로,◆ 우의 본래 모습이 곰인 것을 우연히 보게 된 도산씨는 돌로 변한다.◆◆ 그들은 공통적으로 보아서는 안 되는 것을 보는 잘못을 저질렀다. 금지된 것을 본 자는 발기됨과 동시에 억압이 작동되어 정신이 멍해진다. '돌'은 뜻밖의 충격으로 분열과 억압이 작동해 자아 기능과 욕망이 마비된 상태다. '돌로 변함'은 오이디푸스가 금기를 어긴 죄에 대한 자기 처벌로 자신의 눈을 찔러버리듯이 모든 욕망의 입구가 닫힘(마비됨)을 의미한다.

금기 위반은 죄의식과 거세공포를 유발한다. 금기 대상을 보는 것 또한 금기이며, 이를 접촉하거나 보는 자 역시 금기 대상이 된다. 이것이 메두사의 동굴 주변에 돌로 굳어버린 석상들이 즐비한 이유다. 페르세우스는

◆ 타락한 도시 소돔과 고모라에서 롯과 그의 가족이 탈출할 때 천사들이 뒤를 돌아보지 말라고 했으나 롯의 아내는 뒤를 돌아보는 바람에 소금 기둥으로 변한다. 창세기 19장.

◆◆ 중국 신화에 따르면 우왕禹王은 치수를 할 때 종종 곰으로 변했다. 우왕에게 점심을 주러 온 왕비 도산씨塗山氏는 검은 곰이 다가오는 것을 보고 도망치다가 돌로 변한다.

금지된 욕망을 일으켜 정신을 마비시키는 메두사를 직접 보지 않기 위해 아테나에게서 거울처럼 비추어주는 방패를 얻어 간다.

페르세우스의 모험은 어머니에 대한 과도한 애착과 금지된 욕망에서 벗어나 아버지의 세계로 나아가는 과정이다. 정신 속에서 나를 위해 헌신하며 나의 삶을 좌우(관리)해온 '그 대상'의 정체를 치열한 노력으로 깨달아 대결한 뒤에야 비로소 인간은 '주체적인 나'로 성장할 수 있다.

조력자들이 전해주는 무기의 의미

지혜의 여신 아테나는 메두사가 있는 곳을 알아내려면 '태어날 때부터 노파이자 하나뿐인 눈과 이빨을 공유하는 세 자매 그라이아이'를 찾아가라고 일러준다.

메두사는 의식의 눈으로는 볼 수 없는 심연의 영역에 존재한다. 그곳에 도달하려면 이방 세계에 대해 잘 알고 있는 (기이한) 타자의 도움을 받아야 한다. 그라이아이는 고르고와 더불어 바다에 대한 공포가 의인화된 괴물이다. 고르고는 서쪽에 있는 죽은 자들의 나라, 게리온의 주거지인 헤스페리데스의 정원 가까운 곳에 살고 있다. 고르고는 바다의 거센 파도를, 그라이아이는 해인가 바위에 부딪히는 흰 물결을 상징한다.

보통의 노파는 젊은 사람의 말을 전혀 귀담아듣지 않는 경직된 사고와 변하지 않는 정신성을 지닌다. 새로움을 찾지 않고 머물러 있기에 새로운 창조적 힘(리비도)에 의해 도태당할 수밖에 없다. 반면 초개인적 차원에서 노파는 인생의 깊은 비밀을 알고 있는 현자다.

'외눈'은 삶에 적응하기에 불리한 특성이다. 그라이아이는 특이하게도 눈알을 눈에서 꺼내 사방팔방을 셋이 함께 볼 수 있는 능력을 지녔다. 그라이아이의 눈은 보통 생명체가 보지 못하는 곳을 탐색하는 비범한 직관력의 표상이다. 외눈과 이빨을 공유하는 세 존재는 서로 융합되어 공생적 삶을 사는 엄마와 아이, 모계제 시대 원시인의 정신성을 표상한다. 즉 '세 자매 그라이아이'는 나와 타자를 '분별'하는 자아의식이 출현한 이후 무의식에 억압된 인간의 근본 욕망을 알고 있는 존재다.

아테나는 거울처럼 반짝이는 방패를 빌려주면서 메두사의 얼굴을 직접 쳐다봐서는 절대 안 되며, 꼭 방패에 비친 모습만을 봐야 한다고 충고한다.

아테나는 제우스의 머리에서 태어난 분신으로 아버지의 세계(상징계)와 조화를 이루며, 정신발달을 위한 핵심 지혜를 전해주는 여신이다. 즉 아테나의 말은 지혜 여신의 음성이자 엄마에게서 분리해 넓은 사회적 관계로 나아갈 것을 명령하는 아버지의 말씀이다.

메두사와 대결하는 데 꼭 필요한 '아테나의 방패'는 무엇을 상징하는가? 방패는 외부로부터 침투되는 칼, 화살, 창, 독침으로부터의 위험을 막아준다. 지혜의 여신이 준 방패는 영혼을 마비시키는 유혹에 넘어가지 않고 감당하기 힘든 무의식의 진실에 함몰되지 않도록 진실 자체가 아닌 그 이미지를 비춰준다.[33]

청년 페르세우스가 직접 보아서는 결코 안 되는 '그것'은 어머니 환상이다. 즉 어머니와 영원히 행복하게 살고 싶은 아동기부터의 소망이 투사된 모습, 자신을 사랑하는 눈으로 바라보는 어머니의 모습인 것이다. 집단에 융합된 정신성을 지녔던 고대 인류에게 생명과 욕망의 모델이 되는 대상의 머리를 벤다는 것은 곧 자신을 죽이는 것이나 다름없다. 따라서 '거울 방패'는 생명의 근원이자 자기 목숨과도 같은 어머니가 퇴행적 융합 상태로 끌어당기는 힘을 약화시키는 지혜의 무기다.

페르세우스는 제우스의 전령 헤르메스에게서 날개 달린 신발을, 아테나의 명을 받은 스티기아 님프에게서 하데스의 투명 인간이 되는 투구를, 전쟁의 신 아레스에게서 칼을, 헤라에게서 황금 자루를 얻은 뒤 하늘을 날아 먼 길을 떠난다.

페르세우스의 주변에 생명을 보호해주는 신과 괴물 메두사가 함께 존재한다는 것은 당대 인류의 정신성이 세계를 이분법적으로 지각하는 편집·분열 자리에 머물러 있었다는 징표다. 또한 대단한 조력자들과 무기가 여럿 등장하는 것은 그만큼 메두사 처치가 당대에 매우 어렵고도 중요한 문제였음을 의미한다.

제우스의 전령인 헤르메스는 신과 인간, 죽음과 삶 등 서로 다른 대상과 세계를 빠르게 오가며 매개하는 능력을 지녔다. 그의 '날개 달린 신발'이 있어야 현실 세계에서 이방 세계로 진입했다가 다시 현실로 복귀할 수 있다. '날개'는 속박에서 벗어나게 하고 자유를 주며 자존감을 높여주는 보물이다. 답답한 가족, 억압적인 사회에서 벗어나고 싶은 마음은 날개를 달고 하늘을 한껏 날아다니는 상상으로 자주 표현된다. 발은 대지와의 안정된 접촉과 자유로운 이동을 통해 욕망 충족을 도우며, 세상에서 자신의 위치가 어디인지 자각하게 하는 신체 기관이다. '신발'은 발을 보호하고 발의 활동력을 확대하므로 자아의 욕망 실현 기능과 능력을 보상하는 도구다.

정리하자면 '날개 달린 신발'은 어머니와 영원히 함께 있고 싶은 유아적 마음과 모계 신들의 원초적 마력에서 동시에 벗어날 힘을 주는 (가부장적) 아버지 제우스의 선물(탁월한 자아)인 것이다.

'투구'는 외부로부터 침투하는 나쁜 기운을 막기 위해 머리에 쓰는 보호대이며, 머리는 영혼이 거주하는 장소다. 투구가 필요하다는 것은 메두사와의 싸움이 정신의 발달과 퇴행을 좌우하는 심각한 대결임을 암시한다. '투명 인간 투구'가 저승 세계의 왕인 하데스와 연관되는 이유는 그림자조차 없는 투명 상태가 죽음을 의미하기 때문이다. 투명 인간은 쉽게 거세당하지 않으며 죽음의 위협에서 안전한 존재의 표상이다. 이런 기능을 지닌 투명 투구는 일일이 간섭하고 통제하는 어머니, 감시하고 위협(거세)하는 아버지에게서 동시에 벗어나고 싶은 유아의 소망을 반영한다.

전쟁의 신 아레스의 '칼'은 메두사의 머리를 베기 위한 무기로 주어진다. 칼은 공격성을 지닌 도구다. 공격성은 파괴적 특성도 있지만 자신의 의지와 개성을 당당히 주장(표현)하게 하는 힘이기도 하다. 칼은 남근의 표상이며 냉철한 분별력도 상징한다. '칼을 얻음'은 주관적 상상과 객관적 지각의 차이 그리고 자신과 타자의 경계를 분명히 인식함으로써 본능 욕동에 지배되는 세계에서 의미가 끊임없이 창조되고 교환되는 상징계로 나아갈 수 있는 자아 능력을 형성했음을 의미한다.

'헤라의 자루'는 아기가 견디기 힘들어 표출한 긴장과 불안을 든든히 담아주는 어머니 품을 떠올리게 한다. 어머니가 아이의 불안을 품어주고 견딜 수 있을 만한 것으로 변환시켜 되돌려주어야 아이의 자아는 세상과 긍정적으로 관계해가며 발달할 수 있다. 불안하고 무기력한 어머니는 아이가 불안과 불편감을 표출하면 도리어 그 감정에 전염되어 아이를 온전히 보살피지 못한다. 그 경우 아이는 불안 때문에 세상과의 관계를 피하게 되어 자아가 더 이상 발달하지 못한다. 당대 인류의 온갖 불안과 공포가 투사된 '메두사의 머리'를 담을 자루는 매우 강력한 내공을 지녀야 한다. 헤라의 자루는 고대인의 정신성이 감당하기 힘들어 분열시키고 투사한 온갖 부정적 요소들을 외부에 전염시키지 않고 담아주는 비범한 정신력의 상징이다. 이런 자루가 있어야 금지된 욕망의 화신 메두사의 머리를 담아 깊은 곳으로 억압할 수 있다.

이 비범한 무기들은 페르세우스가 그전까지 접해보지 못한 것으로 고대 그리스인들이 보충하고 싶어 한 힘들의 표상이다. 이 무기들이 있어야

기존의 결함과 문제를 제거하여 사회를 새롭게 변화시킬 수 있다.

온전한 정신성에 도달하는 과정

메두사와의 대결

> 페르세우스는 그라이아이의 눈을 빼앗았다가 다시 돌려주는 대가로 메두사에 대한 정보와 거처를 알아낸다. 그는 세계의 서쪽 끝에 도착해 잠들어 있는 고르고들의 얼굴을 보지 않기 위해 청동 방패로 비추며 몰래 접근해 메두사의 목을 벤다. 흘러나온 피가 바위틈에 떨어진다. 거기서 하늘을 나는 말 페가수스와 황금 검의 전사 크뤼사오르가 튀어나온다.

여러 신들의 비급 무기들이 동원된 것을 보면 메두사는 매우 강력한 힘을 지녔던 이전 시대 여신으로 추정된다. 가부장 사회로 바뀌자 모성신이 지녔던 대단한 마력들은 철저히 억압되고 부정적 요소만 응축된 대상으로 그 특성이 변질된다. 메두사는 이제 인간에게 어떤 긍정적 기여도 하지 못하는 구시대의 신, 자신을 위해 타인의 삶을 지배·조종하는 여성, 다 큰 자식을 집어삼키려 드는 욕동, 아들의 정신을 사로잡아 놓아주지 않는 어머니 등의 **도착된 힘**을 상징한다.[34] 그렇다면 '메두사의 목을 벰'은 청년이 된 자식이 부정적 어머니상에서 벗어남을 의미한다.

자유롭고 독립된 삶을 살고자 하는 아들은 어머니에게서 분리되어 또 다른 이성과 사랑을 경험하고 다양한 타자들과 소통하는 상징계로 나아가야 한다. 상징계에서는 어머니의 안온하고 끈끈한 애정 대신 아버지의 냉엄하고 이성적인 언어로 소통이 이루어진다.

무의식에 억압된 부정적 어머니 환상인 메두사(심층 병인)가 조력자(치료사)들의 비급 지혜와 무기, 페르세우스의 담대한 용기로 거세되는 순간

벤베누토 첼리니, '메두사의 머리를 든 페르세우스', 1554

무의식에 억압된 부정적 어머니 환상인 메두사(심층 병인)가 조력자(치료사)들의 비급 지혜와 무기, 페르세우스의 담대한 용기로 거세되는 순간 '엄마 인간'으로 살던 청년 내면의 진정한 자기, 미적 추동력, 남성적 힘이 불쑥 발현된다. 어머니에 대한 애착의 대가로 포기되고 억압된 무의식에 갇혀 있던 잠재력들이 어머니에게서 분리되는 순간 저 높고 넓은 세계를 향해 달려갈 수 있는 '날개 달린 말'과 '황금 검의 전사'로 출현한다.

'엄마 인간'으로 살던 청년 내면의 진정한 자기, 미적 추동력, 남성적 힘이 불쑥 발현된다. 어머니에 대한 애착의 대가로 포기되고 억압된 무의식에 갇혀 있던 잠재력들이 어머니에게서 분리되는 순간 저 높고 넓은 세계를 향해 달려갈 수 있는 '날개 달린 말'과 '황금 검의 전사'로 출현한다. 페르세우스의 정신에 침투되어 있던 오래된 강력한 주술(도착적 욕망)이 비로소 풀린 것이다.

페가수스는 바다의 아홉 님프들이 타고 다니는 말로 메두사(부정적 엄마)의 추악함과 대비되는 신성한 활력과 미의 표상이다. 삶을 지배해온 부정적인 힘이 제거되자 숨어 있던 긍정적 에너지가 발현된 것이다.[35] 또한 페가수스는 메두사가 죽어야만 떠오르는 잠재된 집단 에너지를 상징한다. 분열된 정신의 한편에 자리하고 있는 부정적 여성성(아니마) 및 부정적 모성성의 마력으로부터 벗어나야 비로소 본연의 남성성과 당당한 공격성이 발현될 수 있다. 무의식의 욕망 대상과 최초 유혹자 환상이 마음의 중심에서 해체되면 안정되고 주체적인 자아의식이 탄생한다.

바다 괴물 살해, 안드로메다와의 결혼

고향으로 향하던 페르세우스는 에티오피아 바닷가에서 쇠사슬에 묶여 있는 처녀 안드로메다를 발견한다. 그녀는 에티오피아의 공주로 어머니인 카시오페아가 바다의 님프들보다 자신이 더 아름답다며 자만하자 바다 괴물 케토가 에티오피아 해안을 황폐하게 만들었고, 어머니의 죗값을 대신 치르기 위해 제물이 되었다. 안드로메다에게 사랑을 느낀 페르세우스는 바다 괴물을 살해하고 공주를 구출해 결혼한다.

에티오피아 왕비 카시오페아는 자신이 바다신의 딸들보다 더 아름답다고 자랑해 바다 정령들의 노여움을 산다. 카시오페아와 메두사는 모두 '여성의 힘'을 과시하는 아니마로 가부장적 질서를 막 도입한 고대 그리스에서 부정적으로 표현되었다.

어머니의 죗값을 대신 치르는 딸 안드로메다는 매우 유순하여 남성에게 위협이 되지 않는다. 안드로메다는 가부장적 질서에 순응하는 여성성의 모델이다. 모계 사회에서 힘과 가치를 지녔던 여성 모델 메두사와 카시오페아가 퇴각하자 아버지의 명령에 순응하는 여성상이 새롭게 부상하기 시작한 것이다.[36]

메두사가 무의식에 억압된 과거의 부정적 여성상이라면 다나에는 의식에 지각된 좋은 어머니상이며, 안드로메다는 페르세우스의 남성성을 활력 있게 만드는 미래의 여성상이다. 다나에가 강력한 힘을 지닌 어머니phallic mother의 표상인 데 비해 안드로메다는 자신의 아름다움을 과시하지 않으며 대상에게 목숨 바쳐 헌신해 인정받고 싶어 하는 여성상이다.

부정적 모성상인 메두사(다나에의 그림자)를 제거하자 새로운 긍정적 여성상(아니마)인 안드로메다가 발현된다. 안드로메다를 구원하는 행위는 페르세우스(그리스인)가 무의식 속 나쁜 엄마 환상과 대결하여 자아에 통합한 후 상처 입은 좋은 엄마를 회복시키려는 우울 자리 정신 역동의 표상이다. 안드로메다와의 결혼은 페르세우스가 다나에에게서 분리하는 데 성공하여 여성에 대한 분열된 지각(전적으로 좋은 어머니/전적으로 나쁜 마녀)을 하나로 통합(대극 합일)해냈다는 의미다.

안드로메다와 다나에는 모두 신탁으로 인해 아버지에게 버림받았다. 페르세우스가 안드로메다에게 끌린 이유는 그녀가 그의 유년기 어머니와 유사성을 지녔기 때문일 수 있다. 그는 유독 '아버지에게 버림받은 여인'에게 끌리는 감정을 느낀다. 괴물과 필사적으로 싸워 안드로메다를 구출함으로써 페르세우스는 버림받은 상처에 시달려온 어머니를 회복시킨 셈이다.

고대 해양 부족에게 바다 괴물은 어부의 생존을 위협하는 해일, 폭풍,

적국의 위협적 배를, 개인 정신 차원에선 '영유아기 부정적 어머니상' 또는 무서운 아버지를 상징한다. 민속학적으로 안드로메다는 집단의 재난을 극복하고자 바다신에게 왕을 대신하는 대속물로서 바쳐진 여사제 내지 왕의 딸이다. 괴물을 처치했다는 것은 페르세우스가 가진 비범한 주술의 힘으로 다른 부족의 재난을 극복하는 데 도움을 주었다는 의미다.

안드로메다를 탐내는 그녀의 삼촌이 소란을 피우자 페르세우스는 메두사의 머리를 사용해 제압한다.

'메두사 머리'의 섬뜩한 힘이 주인공에 의해 긍정적 힘으로 활용되는 원리는 무엇인가? 긴장되는 대면, 힘겨운 대결, 감동적 깨달음에 의해 '무의식의 대상'이 자아에 통합되면 그 이후에는 자아의 웅대한 에너지로 전환되어 활용된다. 섬뜩하게 지각되던 무의식의 요소들은 주체에게 더 이상 공포의 대상이 되지 않는다. 가령 모성 콤플렉스(부정적 아니마)를 극복한 자는 이제 무의식에서 역동하던 모성 에너지를 현실의 부정적 세력과 대결하는 데 능동적으로 사용할 수 있다.

페르세우스는 안드로메다와 결혼해 살다가 귀향한다. 그는 메두사의 머리를 사용해 어머니에게 추근대던 폴리덱테스를 돌로 만들고 어머니를 되찾는다.

여성과의 결혼은 유아적 엄마 애착에서 벗어나 정신의 성숙을 이룩하는 데 반드시 필요하다. 안드로메다와 결혼하는 순간 페르세우스는 오이디푸스 콤플렉스의 굴레에서 풀려난다. 그는 이제 어머니에게 구애하던 왕(아버지의 대리자)과 당당히 대결하여 상대를 제압할 수 있다. 이 맥락에서 페르세우스의 왕 살해는 구시대 아버지가 상징하는 기존 관습의 부정적 측면을 과감히 해소한다는 의미를 지닌다.

> 페르세우스는 어머니와 아내를 데리고 고향 아르고스로 귀환한다. 우연히 참가한 원반던지기 경기에서 그가 잘못 던진 원반이 군중 속에 숨어 있던 할아버지 아크리시오스 왕을 맞혀 죽게 한다.

'할아버지가 손자에게 살해당한다'는 신탁이 실현되는 양상이 매우 우연적으로 보인다. 꿈에서 이런 장면이 나오면 이미 상당한 검열을 거쳐 변장되고 꾸며진 것으로 보아야 한다. 무의식의 소망이 적나라하게 표현되는 본래의 장면을 상상해보라. 그것은 자신에게 피해를 준 대상을 찾아내 잔인하게 살해하는 형태가 될 것이다.

'모르고 할아버지를 죽인다'는 신화소는 오이디푸스 신화와 유사하다. 테세우스도 사소해 보이는 실수(검은 돛)로 아버지를 죽게 했다. 이런 신화소가 여러 신화에서 반복되는 이유는 그 장면에 의식의 질서가 허용하지 않는 금지된 욕망이 담겨 있기 때문이다. 페르세우스가 모르고 죽인 외할아버지는 유년기에 상처를 입힌 아버지의 전치다. 즉 일종의 아버지 살해인 것이다. 이것은 또한 버림받은 상처가 깊은 어머니의 분노를 대신 해소한 행동일 수 있다.

바다 괴물, 안드로메다의 삼촌, 어머니를 탐하던 왕, 외할아버지 등은 다나에를 불행에 빠뜨리거나 유년기의 페르세우스에게서 다나에의 관심과 애정을 빼앗아가는 듯 보인 '아버지'를 전치한 표상들이다. 이들을 모두 살해했다는 것은 민족무의식에 억압된 소망들을 충족하고 상처를 회복하여 집단을 위해 유익한 과업을 수행할 수 있는 온전한 정신성에 도달했다는 의미다.

무의식의 심연과 마주하는 용기

마법의 무기들을 님프에게 돌려주고 메두사의 머리를 아테나 여신에게 준 페르세우스는 왕이 되어 안드로메다와 행복하게 살다가 죽은 뒤 불멸하는 하늘의 별이 된다.

마법의 무기들은 문제가 해결된 상황에서는 더 이상 필요가 없다. 안드로메다와의 행복한 결혼 생활은 영웅의 유년기 상처와 그로 인해 생겼던 '정신의 틈새'를 보충하기 위해 필요한 과정이다. 애정 대상(아니마)과의 결합은 메두사와 다나에로 분열되었던 어머니상뿐 아니라 대극으로 분열되었던 자기(자기표상)를 통합하는 기반이 된다. 힘든 통과의례를 완수해 박해불안에 시달리던 민족의 정신성을 당당한 독립적 정신성으로 성숙시켰기에 페르세우스는 인류의 영원한 이상화 모델(별)이 된다.

페르세우스 신화에는 기구한 신탁, 출생 직후의 추방, 기존 권력자와의 대립, 위험한 모험, 조력자, 마법의 도구, 괴물과의 대결, 위기에 처한 여인 구출, 신탁 실현 등 영웅신화의 전형적 모티프들이 담겨 있다. 신화소 각각에 대한 해석을 마친 시점에서 전체를 돌이켜볼 때 남겨진 의문은 없는가?

이 신화를 주인공 페르세우스(그리스 민속)가 꾼 꿈으로 보고 꿈을 분석하는 관점에서 신화를 재해석해보자. 탑에 갇혔던 다나에와 함께 아기가 바다에 버려진 것부터 메두사를 처치하고 아름다운 신부와 귀향해 왕위에 오르는 이야기는 무척이나 드라마틱한 꿈이다. 이런 꿈을 프로이트는 소망충족 꿈이라 칭한다. 코헛은 몽자의 자존감이 보충되는 꿈으로, 융은 어머니와 융합된 상태에서 벗어나 자신의 개성을 실현해가는 꿈으로 해석한다.

그런데 어머니와 살던 청년 페르세우스의 꿈에 뜬금없이 메두사가 출현한 까닭은 무엇인가? 이것을 이해하려면 몽자의 현재 심리 상태가 어떠한지, 몽자의 삶에서 가장 큰 의미를 지닌 대상이 누구이며, 그가 몽자에게 어떤 영향을 미쳤는지를 알아야 한다. 의문을 푸는 열쇠는 몽자의 어머니 다나에에게 있다.

이 신화는 보통의 영웅신화와 달리 여성인 다나에를 중심으로 가족 구조가 형성된다. 왕과 왕비인 부모와 미래의 영웅이 될 아이의 삼각관계가 아니라 다나에를 중심으로 그녀의 아버지(왕)와 아들 사이의 삼각관계가 펼쳐지는 것이다. 폴리덱테스와 페르세우스 사이에서 갈등을 일으키는 존재도, 페르세우스에게 가장 거대한 영향력을 행사한 존재도 다나에다. 이 꿈은 다나에와 몽자 사이의 분열된 두 마음이 연극화·이미지화된 것이다. 임상 상황에서 이 꿈을 해석하려면 몽자에게 어머니 다나에가 어떤 대상인지 물어야 한다. 그리고 분석가는 몽자의 어머니가 그에게 주관적·객관적으로 어떤 영향을 미치고 있는지, 어떤 유형의 정신성을 지닌 존재인지 세심히 파악해야 한다.

다나에의 정신성

탑에 갇힌 상태에서 아버지의 금지 명령에도 불구하고 기꺼이 황금 비(제우스)와 결합해 임신한 다나에는 어떤 정신성을 지닌 존재인가? 그녀는 왜 자신과 관계 맺고 싶어 하는 폴리덱테스 왕의 청혼 수락을 자식이 성장할 때까지 보류했으며, 자식이 청년이 된 후에 다시 청혼을 받고도 난처해하는 것일까? 성장한 자식을 자신에게서 떠나보내지 못하고 새로운 남자의 청혼을 받아들이지 못하는 그녀는 어떤 정신성을 대변하는가?

다나에는 경계선 인격의 표상이다. 신화에 다나에의 어머니가 등장하지 않고 오직 아버지만 등장하는 것은 그녀와 어머니의 관계가 약하거나 부재하거나 상실되었음을 암시한다. 태어날 때부터 어머니에게 관심받지 못한 그녀는 아버지와 융합해 지내다가 뜻밖의 신탁 때문에 탑에 갇힌다.

자신을 영원히 보호해줄 힘 있는 대상(아버지)에게 구원받고 싶었지만 아버지에게 버림받아 타향으로 추방된다. 타향에서 어부가 나타나 보호자 역할을 해주었지만 그녀는 아들에게 모든 관심과 에너지를 쏟으며 산다. 지역 통치자인 폴리덱테스의 청혼을 받아들이지 못한 것은 그녀의 인격에 내재된 어떤 상처와 불안 때문이다.

경계선 인격의 정신은 '좋은 내적 대상'과 '나쁜 내적 대상'을 지닌 두 부분으로 수직 분열되어 있다. 이런 분열 구조 때문에 그녀는 오직 한 대상에게만 전적으로 좋은 마음을 투사(투사동일시)하여 '융합된 관계'를 맺을 수 있다. 그녀의 모든 욕망과 좋은 감정과 정신 에너지는 투사동일시를 통해 오직 아들 페르세우스에게 집중되어 있다. 그로 인해 그녀는 다른 대상에게 애정과 좋음을 줄 심리적 여력이 없다. 그녀에게 진정한 사랑이란 융합된 상태로 죽을 때까지 헤어지지 않는 관계다. 이런 관계를 두 대상과 동시에 맺는 것은 불가능하다. 만약 그녀가 새로운 보호자 폴리덱테스의 구혼을 받아들이면 아들 페르세우스에게 향했던 좋은 마음은 더 이상 유지될 수 없다. 분신이자 보물인 아들을 상실하게 되는 것이다.

다나에와 메두사의 유사성

경계선 인격 어머니는 결코 자신과 융합된 대상과 정신적·신체적으로 분리되지 못한다. 그녀의 분열된 무의식에는 유아기에 양육자에게 버림받은 상처, 버림받을지 모른다는 유기불안이 너무도 강하기에 모든 삶이 상처와 불안을 부인·회피하기 위한 양태로 구조화된다. 그녀가 자신의 수직 분열된 정신 영역의 좋은 부분을 모두 특정 대상에게 쏟아 한마음 상태로 지내온 것은 그 애착 대상에게서 버림받지 않기 위함이다.

그렇다면 그런 어머니에게 전적인 애정과 관심을 받으면서 자라온 아들의 정신성은 어찌되는가? 그가 청년이 되어 결혼할 나이가 되면 어머니와의 관계는 어찌해야 하는가? 그녀의 자식은 과연 엄마에게서 정신적·신체적으로 독립해 자신만의 힘으로 인생을 살아갈 수 있는가?

신화 속 메두사와 안드로메다는 바로 다나에의 독특한 정신성과 연관된 문제를 풀어내기 위해 고대 그리스인의 무의식이 출현시킨 대상이다. 이 주제는 집단의 운명을 좌우할 정도로 중요한 문제였을 것으로 추정된다. 경계선 인격 어머니로부터 자식이 분리·독립해 온전한 사회 구성원 역할을 해내기 위한 가장 현명한 방법은 무엇인가?

아름답고 헌신적인 어머니 다나에와 추악한 괴물 메두사는 사실상 동일한 대상이 분열된 두 어머니상이다. 너무도 헌신적으로 애정을 쏟는 어머니가 바로 그 자식을 놓아주지 않으며 몸과 정신을 꼼짝 못하게 마비시키는 괴물인 것이다. 이 분열된 어머니상을 하나로 통합해내는 것이 그리스인의 과제이자 페르세우스에게 부여된 임무다. 마력을 내뿜는 메두사를 대면하여 처치해야만 비로소 돌로 굳어진 상태에서 벗어나 힘 있게 솟아나는 남성성인 날개 달린 말(페가수스)과 황금 검을 지닌 용사(크뤼사오르)를 출현시킬 수 있다.

사람들이 절대 접촉해서는 안 되는 무의식 속의 메두사는 아들을 사랑할 위험이 과도한 어머니(근친상간 욕망), 자식에게 금지된 성 욕망을 일으키는 여성(유혹자)의 상징이다.[37] 자신에게 관심을 주는 딕티스와 폴리덱테스의 구애를 보류시키고 오직 아들 페르세우스에게 지극한 열정을 쏟는 경계선 인격 다나에는 관심 대상의 영혼을 움켜쥔다는 점에서 눈을 마주친 대상을 돌로 만드는(투사동일시) 메두사와 유사성을 지닌다.

자식이 있는 어머니이자 경계선 인격을 지닌 내담자들과의 임상 경험에서 알게 된 것은 그가 자식을 키울 때 무심결에 자신이 겪은 상처를 자식이 똑같이 경험하게 함으로써 자식 역시 경계선 인격자로 만든다는 사실이다. 경계선 인격 어머니를 동일시해 같은 정신성을 물려받은 자식은 무의식에 잠재된 유기불안 때문에 엄마에게서 분리되는 것이 매우 힘들다. 경계선 엄마와의 분리는 내면의 메두사와 싸우는 치열한 무의식 대면 과정을 거쳐야만 간신히 성공할 수 있다.

고대 그리스인들 역시 어머니의 과잉 돌봄을 받은 아이들이 집단의 규범 및 좋은 자극과 나쁜 자극이 공존하는 현실에 적응하기 힘들어하며, (분열된 인격구조로 인해) 자아의 현실 적응력이 취약하다는 사실을 발견했을 것이다. 어머니로부터의 정신적·신체적 분리·독립은 개인과 집단 모두의 정신성 발달을 위해 반드시 이루어내야 하는 과제이다. 따라서 사회는 청소년의 정신 외부와 내면에 자리 잡은 메두사를 쓰러뜨릴 수 있는 여러 무기들을 제공하여 청소년들이 정신발달 과업을 완수하도록 도와주어야 한다. 부정적 어머니(유혹하는 어머니, 사랑하는 아들과 필사적으로 함께 지내려 하는 어머니)를 과감하게 떨쳐낸(메두사를 처치한) 남자만이 남성성을 회복하고 자신의 주장과 공격성을 당당히 표현할 수 있는 영웅이 되어 아름다운 이성과 행복한 결혼 생활을 영위할 수 있게 된다. 궁극적으로는 경계선 인격을 지닌 어머니의 유기불안을 해소함으로써 진정으로 어머니 자신의 삶을 살도록 힘을 보탤 수 있게 된다.

바다 괴물에게서 구해낸 아름다운 여인 안드로메다는 부정적 모성상(메두사) 때문에 외부 세계와 온전히 접촉하지 못한 채 무기력하게 지내온 청년 페르세우스를 어머니의 마력에서 해방시켜주는 좋은 아니마의 상징이다. 이제 꿈에서 깨어난 페르세우스는 어머니의 애절한 눈길에서 벗어나 진정으로 어머니를 구원할 힘과 남성성을 획득한 남자가 될 것이다.

설령 돌로 변할 위험이 있을지라도 메두사(무의식)와의 대면·대결은 인간을 보다 강한 주체로 만든다! 메두사를 응시하고 칼로 내리치는 강렬한 충격 경험을 통해 변화를 이루어내는 것이 영웅의 진정한 과업이다.[38]

4

테세우스

미궁 탈출과 반복되는 파국의 정체

미성숙한 정신성은 어떤 체험을 해야 바뀌는가? 상처 입은 영혼을 회복시키는 '치유 작용'은 어떤 경험 속에서 발생하는가? 무의식의 콤플렉스를 극복하기 위해 예로부터 인류가 취해온 방법은 무엇인가? 죽음을 무릅쓰고 괴물이 도사린 미궁 속으로 들어간 그리스의 테세우스를 통해 이 물음에 대한 해답을 찾아보자.

아버지의 부재, 어머니의 욕망

> 아테네의 왕 아이게우스에게는 두 아내가 있었으나 자식을 낳지 못했다. 그는 델포이의 아폴론 신전을 찾아 신탁을 듣고 돌아오는 길에 트로이젠에 들렀다가 아이트라를 만나 동침한다. 아이게우스는 큰 바위 밑에 자신의 검과 신발을 묻고 아이트라에게 말한다. "아들이 태어나면 비밀리에 키우고, 아이가 성장한 뒤 이 보물을 가지고 나를 찾아오게 하라."
>
> 아이트라는 아들을 낳아 테세우스('묻혀 있는 보물'이라는 뜻)라고 이름 붙인다.

자연신 신앙을 지녔던 고대 그리스인의 도덕 기준은 현대인과 다르다. 그들은 자연의 생명력을 신으로 숭배했기에 강한 수사자가 암사자들을 거느리듯이 힘 있는 자가 원하는 여성과 성관계하는 것을 당연하게 여겼다.[39] 강하고 귀한 대상과의 결합으로 자식을 낳는 것은 집단 생명력을 고양하는 행위와 다름없었다.

반면 자신보다 저급하거나 위험한 존재(노예, 금기 대상)와의 성관계는 숨겨야 할 수치로 간주되었다. 모든 자연 정령에는 고유의 기운이 있으며 인접법칙에 의해 저급하거나 위험한 대상과의 성 접촉은 고귀한 정신성을 오염·붕괴시킨다고 믿었기 때문이다.

성관계를 안 하거나 못하는 것도 문제다. 불임인 여성은 생명이 병들거나 고갈된 대상으로 이해되었기에 병이 전염되지 않도록 접촉을 피했다. 왕이 오랜 기간 자식을 낳지 못하면 마찬가지 이유로 왕위에서 폐위되기도 했다.

테세우스는 아버지 없이 외할아버지의 보호 아래 어머니와 함께 지낸다.

페르세우스가 그랬듯이 아버지의 부재는 이상화 대상의 부재로 인해 기성 권위나 관습에 순응하기보다 관습과 대결하는 정신성을 갖는 계기가 된다. 아이의 욕망은 상당 부분 양육자의 바람에 의해 좌우된다. 아이트라는 아들 테세우스에게 어떤 (무의식적) 바람을 지녔을까? 아마도 자신과 자식을 버려두고 고국으로 돌아간 아이게우스를 능가하는 탁월한 인물이 되기를 바랐을 것이다.

왕의 힘을 상징하는 두 보물

크레타 왕 미노스가 자신의 아들을 죽게 한 아테네에 쳐들어가 제압한 후 9년마다 일곱 쌍의 귀족 청년과 처녀를 제물로 바칠 것을 요구한다.

미노스는 외교 업무를 처리하기 위해 외아들 안드로게오스를 아테네로 보냈다. 크레타인의 소 다루는 솜씨가 뛰어나다는 소문을 들은 아이게우스 왕은 안드로게오스에게 아테네 근교에서 날뛰는 '무서운 소'를 죽여달라고 청했다. 그런데 소를 죽이려다 안드로게오스가 오히려 죽음을 맞았다. 화가 난 미노스 왕은 희생된 자신의 아들처럼 아테네의 귀족 젊은이들을 '소 괴물'에게 제물로 바치라고 요구한다.

농경 사회에 진입한 고대 그리스에서 힘든 농사일을 도와주며 우유와 고기를 제공하는 소는 신성한 생명력(신)의 상징이었지만 '난폭한 소'는 인간을 해치는 재난의 상징이다. 미노스 왕의 아들을 죽인 아테네의 난폭한 소는 크레타의 여왕 파시파에에게서 태어나 미궁에 갇혀 인간 제물을 잡아먹는 황소 머리 형상의 괴물 미노타우로스와 유사하다.

소가 재난과 연관된 것은 인류의 생명을 지켜주는 수호신(소로 변신하는 제우스, 소를 제물로 받는 포세이돈)과 인간 사이에 중대한 문제가 발생했음을 의미한다. 소가 난폭하게 날뛴다거나 크레타의 왕자를 죽였다는 것은 고대인의 관점에서는 수호신의 분노 표현이다. 아테네도 크레타도 수호신과의 소통에 어떤 장애가 발생한 것이다.

고대 인류는 위기가 닥칠 때마다 수호신에게 귀한 제물을 바쳐 이를 극복하게 해달라고 빌었다. 문제가 심각할수록 제물의 숫자가 늘어났다. 희생 제물을 바치는 주기로 표현된 '9년'은 당대 왕에게 보장된 통치 기간이다. 9년마다 원로들이 왕의 능력을 심사해 문제가 없으면 임기를 연장했고, 문제가 있으면 왕을 살해했다. 그렇다면 9년마다 희생 제물을 바친다는 신화소는 왕위를 이어가거나 새로운 왕이 되려는 자가 거쳐야 하는 시험을 표현한 것일 수 있다.

> 미노스는 아테네에서 온 인간 제물들을 미궁으로 들여보내 황소 머리에 인간 몸을 한 미노타우로스에게 먹이로 바친다.

'미궁'이란 보통 사람은 결코 접촉해선 안 되며, 접촉하면 죽음에 이르는 금기 영역이다. 인간 제물을 바치는 곳이라면 일반인의 출입이 금지된 신전일 수 있기에 미노타우로스는 괴력을 지닌 크레타의 샤먼 왕일 가능성이 있다. 자기 영역에 들어온 침입자를 도전자로 간주해 죽이는 신전 수호자 샤먼 왕과 인간 제물을 잡아먹는 미노타우로스 모두 왕 살해 대상이거나 미노스 왕 대신 희생되는 '대리 왕'이다.

> 미노타우로스는 미노스 왕이 포세이돈에게서 받은 흰 소와 여왕 파시파에 사이에서 태어난 괴물이다.

미노스 왕이 '흰 소'를 정성스레 키운 후 제물로 바치지 않자 분노한 포세이돈은 미노스의 아내 파시파에가 흰 소와 사랑에 빠지게 만든다. 그녀에게서 괴물 미노타우로스가 태어난다. 고대인에게 괴물의 출현 내지 재난의 발생은 신에 대한 인간의 오만, 금기를 어긴 죄에 대한 신의 분노로 이해되었다. 크레타 여왕 파시파에와 동침한 '포세이돈의 흰 소'는 접촉이 금지된 신전의 제사장 또는 신의 변신이다.

신화 속 미노타우로스는 금기 위반 행위로 인해 태어났기에 백성이 절대로 접촉하거나 보아서는 안 되는 괴물이다.[40] 금기를 어기면 집단 수호신이 분노해 자연과 집단에 재난이 닥친다. 미노타우로스는 그 재난의 징후이며 집단이 위기에서 벗어나려면 귀한 제물을 바치고 주술 의례를 행해야 한다.

한편 황소 머리에 인간 몸을 가진 괴물은 '혼합 형상'으로서 서로 다른 두 대상(성질)이 어떤 유사성에 의거해 결합(압축)된 모습으로 그려진 것이다. 그렇다면 이 혼합 형상은 무엇을 뜻하는가? 농경 시대 초기의 인류에게 소의 드센 힘과 인간의 재능이 결합된 존재는 자연의 변화무쌍한 위력에 압도당하지 않고 농업을 안정시켜 인류를 굶주림 공포에서 벗어나게 할 강력한 힘의 모델로 추정된다.

성장해 청년이 된 테세우스는 큰 바위를 들어 올려 아이게우스의 징표인 검과 신발을 찾아 아테네로 간다.

고대인에게 '큰 바위'는 거대한 기운(마나)을 지닌 신성한 대상이다. 그 바위를 들어 올린 테세우스는 소년기를 벗어나 성인의 세계에 진입해도 파국을 겪지 않을 힘을 갖춘 셈이다. 그가 '아버지의 징표'를 발견했다는 것은 어머니의 세계에서 아버지의 세계(사회)로 나아가 경쟁 대상들과 대결할 힘을 지니게 되었다는 의미다.

테세우스가 취득한 아버지의 징표는 칼과 신발이다. '칼'은 자신의 욕구와 주장을 당당히 표출해 관철하는 공격력과 분별력의 상징이다. '신발'은 원하는 목표를 향해 움직이는 발의 힘을 보충해준다. 꿈에서 자기 신발을 찾지 못해 헤매거나 신발짝을 늘 잃어버리다가 좋은 신발을 소유하게 되면 자신의 잠재력을 현실에서 발현시켜줄 든든한 보조 자아(조력자, 무기)가 생긴 것으로 본다. 발은 또한 땅에 내디딘 자리와 연관되므로 '아버지의 신발'은 상징계에서 자신의 위치와 삶의 방향을 찾았음을 의미한다.

아이게우스 왕의 두 보물을 몸에 지니게 된 것은 이제 테세우스가 아이게우스 왕의 힘을 소유한 것과 같다. 신성한 생명력의 중심이 보물을 매개로 기존 왕에게서 테세우스에게로 옮겨간 것이다.

왕이 되기 위해 해결해야 할 문제들

아테네로 가는 도중 힘없는 나그네를 청동 곤봉으로 죽이고 돈을 빼앗는 절름발이 강도를 만난다. 테세우스는 그와 싸워서 빼앗은 청동 곤봉으로 강도를 죽인다.
두 번째로, 소나무를 구부려서 지나가는 사람에게 잡게 한 뒤 공중에 날려서 죽게 하는 강도를 만난다. 테세우스가 그와 똑같은 방법으로 강도를 죽인다.
세 번째로, 행인들을 붙잡아 강제로 자기 발을 씻기게 한 후 상대가 몸을 구부릴 때 발로 걷어차 낭떠러지 아래 바다로 떨어뜨려 거북이에게 잡아먹히게 한 강도를 만난다. 역시 동일한 방식으로 그를 처치한다.
네 번째로, 만나는 사람마다 레슬링 시합을 해 상대의 머리를 바위에 깨부수는 강도를 만난다. 동일한 방식으로 그를 죽인다.
다섯 번째로, 지나가는 사람을 침대에 눕혀 키가 침대보다 크면 잘라 죽이고, 작으면 늘려서 죽이는 괴한 프로크루스테스를 만난다. 같은 방법으로 그를 처치한다.
마지막으로, 아테네 외곽에서 많은 사람들의 목숨을 앗아간 사나운 멧돼지를 죽인다.
테세우스의 공적에 관한 소문이 아테네에 파다하게 퍼진다.

어머니의 품인 고향을 떠나 '아버지를 만나러' 새로운 세계를 향해 떠나는 모험은 안전한 상상계에서 냉혹한 경쟁 원칙이 작동하는 현실계로 진입해가는 험난한 과정이다.

테세우스의 앞에는 마치 아버지와의 만남을 방해하려는 듯이 괴상한 대상들이 나타난다. 이 괴한들은 어떤 의미를 지니는가? 이 신화소는 꿈 장면과 연관해 해석하는 것이 유익하다. 꿈 분석가는 이 장면들에 대해 몽자가 현실에서 어떤 상태에 있을 때 꾼 꿈인가를 묻는다. 몽자가 아버지를 만나러 가는 길에 꾼 꿈이라고 한다면 아버지와의 만남과 연관하여 마음 깊은 곳에서 일어난 감정과 생각들이 이미지화된 것이다. 즉 아버지를 만나러 가는 길에 나타난 괴한들은 테세우스(아테네 민족)의 정신에 분열되어 있던 무의식의 요소들이 의식으로 투사되어 외부 형상으로 나타난 것이다. 또는 아버지처럼 왕이 되기 위해 반드시 해결(통합)해야 할 심리적 요소들이 상징화되어 출현한 것일 수 있다.

'청동 곤봉을 휘두르는 절름발이 강도'는 아테네가 처한 '외적 현실'과 아테네인들의 '내적 심리'가 반영된 것으로 구분지어 이해할 수 있다. 고대 그리스 시대에는 크고 작은 도시국가들이 각자 세력을 확장해가며 상대를 약탈·정복했다. 아직 중심 권력에 이르지 못해 생존을 걱정해야 하는 아테네의 '외적 현실'에 비추어볼 때 '강도'는 아테네를 침략해 무력으로 생명을 위협하고 식량과 금품을 강탈해가는 적대국 세력을, '절름발이'는 적대국에 대한 경멸을, '청동 곤봉'은 청동기 문명의 위력으로 해상 무역을 장악한 크레타를 각각 표상한다.

반면에 아테네인의 '내적 심리' 관점에서 보면 이 '강도'는 힘 있는 자에게 인간적 권리를 약탈당한 뒤 그 상처로 인해 정신이 분열되어 자신 역시 타인을 힘으로 위협해 재물을 탈취하고 싶어 하는 열등감 가득한 인간의 표상이다. 즉 아테네인들의 열등감, 시기심, 수치심이 투사된 것으로 분열된 정신 때문에 잠재력을 온전히 발현하지 못하는 상태를 반영한다.

테세우스가 절름발이 괴한을 대면하여 제압했음은 자기 안의 절뚝거리는 콤플렉스를 소화해냈다는 의미다. 아버지의 힘을 상징하는 칼과 신발을 얻기 전에는 '청동 곤봉'을 휘두르는 절름발이 강도를 결코 제압할 수 없었을 것이다.

두 번째 나타난 괴한은 행인들에게 구부러뜨린 소나무를 만지게 한다. 이것은 규범에 어긋나는 욕망에 손을 뻗어 접촉한 순간 제정신을 잃고 이리저리 휘둘리다 결국 파멸하는 모습을 떠올리게 한다. '구부러진 나무'는 기형 남근의 표상이기도 하다. 남근을 구부림은 힘을 못 쓰도록 거세하는 행위다. 구부러진 나무(손상된 남근)에 손을 대는 사람은 인접(전염)법칙에 의해 그전까지 지녔던 모든 힘을 상실하고 추락하게 된다.

고대인에게 '나무'는 인간에게 생명 에너지를 보충해주는 좋은 정령이므로 나무를 구부리는 일은 신성한 대상을 훼손하는 반사회적 행위에 해당한다. 그 괴한은 국가의 기둥인 상징계 규범을 조롱하고 훼손하는 무리의 상징이다. 아울러 괴한에게는 집단 내부에 억압된 반사회적 공격성이 역동하고 있다. 즉 아버지의 남근(권력)을 훼손하고 싶은 청년기 테세우스 내부의 반사회적 성향과 대면한 것이다.

'발'을 강제로 씻기게 한 뒤 발로 차 절벽 아래로 떨어뜨리는 세 번째 괴한은 무엇의 상징인가? 발을 씻겨주는 것은 그 대상을 귀하게 대하는 행동이다. 그런 타자를 발로 차버린다는 것은 타인의 봉사로 자존감을 보충한 뒤 필요 없어지면 평가절하해버리는 악성 자기애 인격의 표상이다. 이것은 주인(정복 국가)이 노예(식민 국가)에게 취하는 태도이기도 하다. 어쩌면 당시 도시국가 아테네를 복속시켰던 크레타의 이기적인 태도를 상징하는 것일 수도 있다. '절름발이'와 '발로 차는' 괴한은 모두 발에 문제를 지닌다. 자신의 위치를 인지하고 정립하는 발의 기능에 문제를 지닌 자는 현실계에서 안정된 자리를 만들지 못해 소외된 자들이다.

이 괴한들은 당대 아테네인의 정신이 소화하기 힘들어 억압해온 감정들, 불안공포, 부정적 자기 및 대상의 표상들이다. 이들을 테세우스가 용감하게 대면하여 제거함은 아버지에 대한 부정적 감정들을 소화하여 통제하게 되었음을 의미한다.

네 번째 나타난 괴한은 레슬링으로 상대 머리를 바위에 깬다. 온몸을 격렬히 사용해 힘을 겨루는 레슬러는 몸 전체가 일종의 움직이는 '남근'이다. 괴한은 유독 상대의 '머리'를 파괴하는데, 머리는 남근의 전치이므로 이는 힘의 근원을 잔인하게 거세함을 상징한다. 프로이트에 의하면 곤봉, 발, 나무, 머리는 모두 남근의 상징이다.

남근 상징이 반복적으로 나오는 것은 청년 테세우스(신흥국가 아테네)의 무의식에 남근(권력)과 연관된 콤플렉스가 깊다는 의미다. 테세우스는 이미 아버지의 보물을 얻는 과정에서 큰 바위를 들어 올릴 정도로 큰 힘을 지니게 되었기에 레슬링으로 괴한을 압도해 제거한다. 레슬링하는 괴한은 테세우스 안에 잠재된 원초적 파괴욕, 승부욕의 표상이다. 이 괴한을 제압함으로써 이제 테세우스(아테네)는 대립 관계에 있는 여러 괴한들(폴리스들)을 제압하는 남근의 힘(중심 권력)을 지닌 인격이 된다.

다섯째, 자신이 정한 기준에 맞지 않는 사람의 몸을 늘리거나 잘라서 가혹하게 살해하는 프로크루스테스는 국가 이익을 위해 공동체 구성원의 개성을 압살했던 경쟁 도시국가(스파르타)의 부정적 특성을 상징한다. 이 괴한을 처치한 것은 시민의 민주적 인권을 존중하는 아테네와 전체주의 스파르타로 분열·대립되는 그리스 정신이 향후 아테네 쪽으로 기울어질 것임을 암시한다.

멧돼지는 '거친 공격성'으로 농작물에 피해를 주고 인간을 위협하는 농경사회의 골칫거리이다. 이를 죽였다는 것은 테세우스가 병을 전염시키는 인간뿐 아니라 야수도 제압해 아테네 백성의 안전을 책임질 수 있는 힘을 지녔다는 의미다.

테세우스는 괴한들과의 싸움에서 위험에 빠지지도, 버거워 쓰러지지도 않는다. 게다가 조력자를 필요로 하지도 않았다. 그 이유는 무엇인가? 조력자를 필요로 할 정도의 험난한 시련이 아직 시작되지 않았거나 테세우스가 이미 아버지의 '마나'가 담긴 보물인 칼과 신발을 소유했기 때문이다. 보물의 힘은 주로 집단과 영웅에게 피해를 주는 나쁜 대상들을 제거하는 데 사용된다. 왕의 무기와 마나를 소유한 테세우스에게 괴한들은 결코 무서운 적이 아니다. 아버지의 징표를 얻었기에 그의 내면에 긍정적 부성 에너지가 흡수되어 아버지와 세상에 대해 지녔던 부정적 감정들을 대면하고 싸울 힘이 생긴 것이다. 그 힘을 얻고 나자 집단과 자기 자신의 무의식에 숨어 있던 그림자들이 비로소 테세우스의 눈앞에 출현한 것이다.

후계자임을 입증할 결정적 모험

아들의 존재를 잊고 있던 아이게우스는 집단의 근심을 해소해준 영웅으로 명성이 자자한 테세우스가 왕권에 도전할까 봐 걱정한다. 그래서 셋째 왕비로 맞은 마법사 메데이아와 공모해 그를 독살할 계획을 세우고 궁으로 초대한다. 잔치 도중 테세우스가 지닌 칼을 보고 그가 자신의 아들임을 알게 된 아이게우스는 독이 든 술잔을 없앤 뒤 사람들에게 그가 자신의 후계자임을 공표한다. 메데이아는 추방된다.

나이 든 왕이 가장 두려워하는 것은 새로운 도전자에게 살해당하는 것이다. 집단의 난제들을 해결하여 명성을 얻은 이방인 테세우스는 왕에게 불길한 대상이기에 살해돼야 한다. 그런데 늙은 왕과 새로운 도전자가 만나는 순간 극적 반전이 일어난다. 아이게우스가 자식에게 남긴 그것은 단순한 '칼과 신발'이 아니라 후계자로 삼겠다는 증표였다. 아이게우스는 메데이아의 계략에 의해 테세우스가 살해될 뻔한 위기 순간이 되어서야 낯선 그 상대가 자신의 아들임을 알아보게 된다.

왕위를 계승받기 위해 테세우스는 아테네인들에게 왕이 될 능력이 있음을 입증해야 한다. 그는 스스로 크레타의 괴물을 죽여서 9년마다 바치던 치욕적 조공을 폐지하고 아테네의 명예를 높이겠다는 계획을 세운다.

페르세우스가 메두사를, 오이디푸스가 스핑크스를 처치하고 왕이 되듯이 '괴물 살해'는 영웅이 집단의 지도자가 되기 위해 거쳐야 하는 필수 과제다. '괴물'은 생존을 위협하거나 집단의 정신발달을 가로막아 퇴행시키는 장애 요소, 부정적 환경 및 권력자를 지칭한다. 바다에서 식량 자원과 교역권을 취하려는 아테네에게 바다를 지배해온 크레타는 가장 무서운 괴물(나쁜 대상)이다. 그 괴물을 제압하지 못하면 아테네인은 불안하고 위축된 삶을 살 수밖에 없다.

'미궁'은 난제를 해결하기 위해 영웅이 될 인물이 반드시 들어가야 하는 이방 세계다. 그곳에는 무시무시한 괴물이 있다고 전해지는데, 그를 만난 자는 누구도 살아오지 못했다. 그곳에서 죽음을 무릅쓰는 체험을 한 뒤에야 그는 그 어떤 난관과도 당당히 대결해내는 영웅적 정신으로 전환되어 집단의 지도자가 될 수 있다.

아이게우스는 테세우스에게 성공하면 귀향할 때 흰 돛을 달고, 실패하면 검은 돛을 달라고 당부한다.

흰색은 평화와 청결, 검은색은 파괴와 죽음의 상징이다. '흰 돛'은 복잡한 과업이 해결되었음을, '검은 돛'은 과업이 좌절되어 아들이 죽었음을 의미한다. '아버지의 말씀'은 아들의 정신을 구조화하는 핵심 뼈대가 된다. 아버지의 당부를 긍정적으로 내면화해 온전히 수행하느냐 못하느냐에 따라 인간의 정신구조 유형이 달라진다. 라캉은 아버지의 말이 온전한 의미로 내면화될 수 있는지 여부를 정신질환의 분류 기준으로 삼는다. 아버지 말씀을 내면화하는 데 근본적으로 실패한 자는 정신증자이고 일부만 실패한 자는 신경증자이다. 그렇다면 테세우스는 어떤 정신구조 유형인가? 이 의문을 푸는 열쇠는 테세우스가 아버지의 당부에 어떻게 반응하는가에 담겨 있다.

조력자, 귀환, 필연적 실수

> 미노스 왕의 딸 아리아드네는 희생 제물로 온 테세우스를 보자 사랑에 빠진다. 그녀는 테세우스에게 미궁 속 괴물이 있는 곳을 알려주며, 미로를 빠져나올 수 있도록 붉은 실타래를 준다. 실을 풀며 미궁으로 들어간 테세우스는 미노타우로스를 찾아내 살해한 후 다시 실을 따라 미로에서 탈출한다.

미궁 진입은 곧 무의식 세계로의 진입이다. 그곳에서는 무슨 일이 언제 어떻게 일어날지 누구도 알 수 없으며 아무리 힘이 강한 자도 생존을 예측하기 어렵다.

감당할 수 없는 곤경을 극복하고 새로운 힘을 얻으려면 반드시 조력자가 필요하다. 신화에 등장하는 테세우스의 가장 중요한 조력자는 미궁에서 빠져나오는 방법과 도구(신기한 힘)를 제공한 아리아드네다. 그녀가 제공한 '붉은 실타래'는 미궁에 갇혀 죽게 될 자에게 죽음에서 살아 나오는 지혜의 힘을 전해주는 보물이다.

우리는 어떤 문제가 해결되려 할 때 종종 "실마리를 잡았다", "실타래가 풀리는 기분이다"라고 말한다. 이는 실이 다리(橋)처럼 서로 단절된 두 영역을 연결하는 기능을 지녔기 때문일 수 있다. '붉은 실'은 마치 두뇌 작용을 활성화하는 뇌혈관과도 같다. 집단정신에 함입되어 지도자의 명령에 전적으로 따라 살던 시대에 크레타의 미궁은 의식의 자율적 사고력을 개발해야 곤경에서 벗어날 수 있다는 시대적 과제를 암시하는 상징물일 수 있다. 붉은 실타래는 암흑의 동굴과 빛의 지상세계를 이어주며 죽음의 세계로부터의 귀환을 가능하게 해준다. 이렇듯 어려운 일을 가능하게 해주는 지혜를 소유한 아리아드네는 어떤 인물일까? 그녀는 메데이아와 같은 여사제(주술사)일 수 있다. 사제는 금기 영역인 신전을 자유롭게 오가며 관리하는 존재, 즉 미궁과 미궁 속 괴물의 정체를 이미 알고 있는 자다.

미노타우로스는 아테네의 입장에서 보면 괴물이지만, 크레타에서는 비범한 힘을 지닌 토템(수호신)으로 숭배되는 대상이다. 범접할 수 없는 미궁 속에 두고 인간 제물을 바쳤다는 사실이 그 증거다. 그렇기에 미노타우로스 살해는 크레타인들의 생명력과 정신력을 보관해온 안전한 비밀공간과 수호자가 파괴됨을 의미한다. 또한 수호자를 제압해 신성한 힘을 탈취한 인물과 그가 속한 집단은 희생 제물을 바치는 종속적 위치에서 우월한 위치로 존재의 질이 변환된다. 이 사건으로 지중해의 지배권은 크레타에서 아테네로 옮겨간다.

미궁을 빠져나온 테세우스는 아리아드네와 제물로 바쳐졌던 젊은이들을 데리고 크레타 섬을 탈출한다.

미궁은 삶을 온전히 분별하지도 향유하지도 못하게 만드는 괴력을 지닌 일종의 무의식을 상징한다. 미궁 탈출에 실패하면 아테네인 모두가 낯선 괴물(부정적 세력)에게 억압당해 집단 신경증에 함입될 수 있다.

영웅은 위협적인 괴물(재난, 대타자의 결함, 신경증)을 죽이는 데 그쳐서는 안 되며 출구를 알 수 없는 미궁을 탈출해 현실계로 귀환하는 방법을 전해주어야 한다. 즉 시대적 아포리아(난제)는 괴물 퇴치 후 현실계로 귀환해 창조적 삶을 살아가는 모습을 보여야 비로소 완결된다. 정신분석학에서는 이를 '훈습薰習, working through'이라 칭한다. 증상이 소멸되고 신경증 구조가 변화되었는지 현실에서 확인하려면 무의식 속의 병인(괴물)들을 발견하고 성찰(살해)하는 과정을 '이제 되었다'는 느낌이 드는 순간까지 계속해야 한다.

귀향 도중 낙소스섬에서 휴식을 취하던 중 아테나 여신의 신탁에 따라 따라 아리아드네를 그 섬에 남겨두고 떠난다.

부모를 배신하고 타국 남자를 도와 이복동생(미노타우로스)을 죽게 한 아리아드네는 테세우스와 결혼하지 못한다. 신화 속 조력자는 영웅이 홀로 날개를 펼 수 있는 때가 되면 그의 곁을 떠난다. 이는 부모가 아이를 넓은 세상으로 내보내는 이치와도 같다. 비범한 힘이 이미 영웅의 정신 속에 내면화된 상태이므로 외부 조력자는 더 이상 필요치 않다.

다른 측면에서 접근하면 아테네인들이 오랫동안 아테네를 괴롭혀온 크레타의 공주를 왕비로 삼는 것에 반대해 떼어놓은 것일 수도 있다. 또한 아리아드네는 금기를 어기고 무시무시한 위력을 발휘하던 미궁과 미노타우로스를 파멸시킨 죄(금기 위반)를 서시른 자다. 금기를 위반한 자는 신의 형벌을 받을 운명이기에 누구도 접촉해선 안 되며 아테네를 위험한 기운으로부터 보호하려면 그녀를 섬에 격리해야만 한다.

아리아드네가 크레타의 여사제였기 때문에 섬에 버린 것일 수도 있다. 미궁을 탈출할 수 있는 방법을 아는 자는 미궁(신전)에서 활동하는 사제일 가능성이 높다. 적국의 여사제는 적국의 수호신을 몸과 정신에 받아들인 자다. 이는 곧 적국의 신을 왕과 백성에게 전염시킬 위험을 지닌 자라는 의미다. 따라서 그녀를 아테네로 데려오는 것 자체가 금기 위반이다. 나중에 테세우스가 아리아드네의 여동생 파이드라와 결혼한 것은 그녀가 미궁과 무관한 인물, 즉 사제가 아니었기에 가능했을 것이다.

조력자였던 여성을 버렸다는 사실로부터 테세우스의 정신성을 두 가지로 추측해볼 수 있다. 테세우스는 유아기 어머니와의 친밀 관계에 문제가 있어 자신과 융합하려 드는 여성과의 관계를 못 견뎌 하는 '분열성 인격'이거나 자신에게 불필요해진 대상을 무가치하게 느끼는 '자기애 인격'일 수도 있다. 후자는 타인의 도움은 기꺼이 받으면서도 도움받았다는 사실에 자존심 상해하거나 타인을 돌보며 책임지는 일을 못 견뎌 한다. 하지만 피난 온 늙은 오이디푸스 왕을 돌봐주고, 집단을 위해 위험한 이아손 원정대에 참여하며, 친구를 위해 지옥에 내려가는 모험을 한 것으로 보아 자기애 인격일 가능성은 매우 낮다.

그렇다면 테세우스는 분열성 인격일 가능성이 높은데, 분열성 인격은 친밀하게 접근하는 대상에게서 철수해야만 불안에서 벗어난다. 아리아드네를 버린 뒤 그 여동생과 결혼한 이유는 도움 준 대상에게 상처를 주고 온전히 회복시키지 못했다는 우울 자리의 죄책감 때문일 수 있다. 누군가와 친밀해지면 그 대상에게 삼켜질지 모른다는 불안 때문에 테세우스는 여성과의 융합 대신 친구와의 우정에 몰입한다.

아버지와의 약속을 망각한 테세우스가 검은 돛을 달고 오자 슬픔에 빠진 아이게우스는 절벽에서 떨어져 자살한다.

'실수'에는 반드시 무의식적 동기가 있다. '아버지와의 약속을 망각'함은 기성세대의 권위에 대한 부정적 감정의 표현일 수 있다. 그에게는 아버지의 죽음을 바라는 마음이 있었을 수도 있고, 유년기에 아버지에게 버림받은 상처를 보상받고 싶다는 욕구가 망각으로 가장된 실수로 표현된 것일 수 있다. 자살은 일종의 능동적 '자기 거세'를 뜻하기도 한다. 왕 살해라는 혈투 과정 없이 아들에게 왕위를 물려줌은 아버지가 자식을 통해(자식에게 내면화되어) 갱생하는 형상으로 해석된다. 아버지가 죽는 순간 아들의 자아에서는 상실의 불안과 슬픔으로 인해 아버지의 과거 자취에 대한 강력한 동일시 작용이 일어난다. 그 결과 죽은 아버지는 살아 있는 아버지보다 더 강력히 내면에 자리해 자식의 영혼과 공존한다. 자식의 정신을 통한 아버지의 부활은 이런 양태로 이루어진다. 이상화 대상은 죽음(사라짐)으로써 오히려 영원히 살아 있게 된다.

망각된 힘의 위력

왕이 된 테세우스는 아티카 지방의 많은 부락을 흡수해 아테네를 그 중심으로 만들었다. 민주적인 시민 자치제도를 만들고, 인신공희 관습을 없앴으며, 문화를 발전시켜 이상적인 통치자로 명성을 얻는다.

테세우스는 미노타우로스를 처치함으로써 아테네를 크레타와의 종속 관계에서 벗어나게 했다. 뿐만 아니라 테세우스는 아테네의 집단정신을 비약적으로 성장시킨다. 그중 시민 자치제도는 개인의 자율적 판단(자아의식)을 존중하는 민주주의를 역사상 가장 먼저 실현하는 초석이 된다.

테세우스는 안티오페와 결혼해 아들 히폴리토스를 낳는다. 그리고 아리아드네의 여동생 파이드라를 두 번째 부인으로 맞는다. 히폴리토스가 아르테미스를 숭배한 데 대한 아프로디테의 시기와 농간으로 파이드라는 테세우스의 아들인 히폴리토스를 사랑하게 된다. 사랑이 거절당하자 파이드라는 제 옷을 찢고 히폴리토스가 자신을 강간하려 했다는 유서를 남긴 뒤 자살한다. 유서를 본 테세우스는 결백을 주장하는 아들의 말을 외면하고 그를 저주해 죽게 만든다.

인간사의 비극은 '망각된 알 수 없는 힘'에 의해 일어난다. 가령 국가에서 금지한 대상을 욕망한 것은 이미 아리아드네가 범한 죄다. 그녀는 자신을 버린 테세우스에 대해 애정과 분노를 함께 지닐 것이다. 무의식에 억압되어 해소되지 못한 그 증오는 집단 내부의 누군가에게 옮겨져 돌고 돈다. 아리아드네와 크레타 민족의 증오심은 파이드라에게 전염되고, 파이드라의 증오심은 테세우스에게 전염되며, 테세우스의 증오는 자식을 죽게 만든다. 이것이 바로 시인들과 정신분석가들이 주목해온 '환유換喩 욕동', 즉 억압된 욕망(X)이 인접 대상에게 옮겨가 그 대상을 통해 대신 실행되는 것이며 고대 인류가 믿었던 주술적 사고의 인접법칙이다.

자식을 난폭한 소에게 받혀 죽게 만든 아테네 국가와 아이게우스 왕에 대한 미노스 왕의 분노는 아테네인들을 희생 제물로 만들었고, 그에 대한 아테네인의 분노는 테세우스에게 옮겨가 크레타의 미노타우로스를 죽이게 만들었다. 그리고 그 파괴욕동은 흰 돛이 아닌 검은 돛을 다는 무의식의 실수를 일으켜 아버지 아이게우스를 죽게 만든다. 이처럼 '잠복된 분노'는 신화 전체를 돌아다니며 외양은 다르지만 내용은 유사한 사건과 사고를 반복해서 일으킨다.

테세우스가 실수로 아버지를 죽게 한 행위와 결백을 주장하는 아들을 죽게 만든 행위의 내면 동기는 유사하다. 그것은 자신의 애정 대상(어머니, 부인)의 마음을 빼앗아간 자들(아버지 아이게우스, 아들 히폴리토스)에게 보복하고 싶은 오이디푸스 콤플렉스 감정이다. 테세우스 자신도 아버지가 어머니에게 그랬듯이 자신을 사랑한 아리아드네를 유혹한 뒤 버렸다.

신화에서 '결혼'은 분열된 정신 요소들이 균형을 찾고 통합됨을 의미하는 사건이다. 그런데 왕이 된 테세우스의 결혼 생활은 안정적이지 못했다.

아이게우스 왕과 결혼한 메데이아, 테세우스와 결혼한 파이드라는 모두 외부인이다. 신화에서 이방 민족 출신 여인은 아테네 왕가를 분열시키는 위험한 대상으로 표상된다. 이는 이민족에 대한 불신과 경계심이 반영된 것일 수 있다. 그러나 아테네의 평화를 위해서는 타민족과 조화로운 관계를 맺어야 한다.[41]

동생과 언니는 가족이라는 유사성을 지닌다. 파이드라와 혼인한 것은 자신을 구해주었던 아리아드네를 버린 데 대한 죄책감을 해소하는 선택일 수 있으나 결국에는 분란의 씨앗이 된다. 인생의 비극은 금기 위반과 연관된 신(무의식, X)의 징벌 결과로 묘사된다. 동생 파이드라는 국가를 배신한 언니 아리아드네의 영혼에 전염되어 있다. 파이드라 역시 언니처럼 터부 대상인 것이다. 결국 터부 대상에 접촉한 테세우스에게는 비극적 사건이 끊임없이 일어난다.

테세우스는 하데스의 아내 페르세포네를 아내로 취하고자 하는 친구 페이리토스와 함께 지하세계로 갔다가 하데스에 의해 망각의 돌 의자에 몸이 달라붙는다. 그는 나중에 헤라클레스에 의해 구출된다.

하데스는 지하계의 신으로 이집트의 오시리스처럼 '죽은 아버지'의 상징이기도 하다. 하데스의 아내를 친구의 아내로 삼고자 하는 행위는 어머니를 취하고자 하는 것과 다름없다. 친구의 행동에 동참했다는 것은 인접법칙에 의해 동참자 역시 동일한 욕구를 지녔다는 의미이기 때문이다. 테세우스의 무의식이 유년기 엄마 환상에 고착되어 있었기에 아리아드네를 비롯해 여성과의 현실 관계가 파국에 빠진 것일 수도 있다.

신의 영역은 곧 아버지의 영역이다. 이를 침범한다는 것은 자아전능 감정에 도취되어 현실의 경계를 망각한 극도의 오만이며 금기를 어기는 행위다.[42] 그 결과 신의 분노와 섬뜩한 비극이 일어난다. 영웅의 최후가 대부분 비참한 이유는 가장 빛나는 자리에 있을 때 오만해져 자신의 한계를 망각하기 때문이다.

테세우스는 교활한 리코메데스에게 왕위를 찬탈당한 뒤 절벽 아래로 떠밀려 죽는다.

절벽 아래로 떨어져 죽는 것은 묘하게도 아버지의 죽음과 겹쳐진다. 배신당해 살해되는 왕의 모습은 그리 활력 있어 보이지 않는다. '교활한 동료'에게 왕위를 찬탈당한 이유도 어쩌면 테세우스 자신이 왕위에 오를 때 무심결에 기존 왕에게 행한 '실수'에 대한 초자아의 징벌로서 자아 기능이 교란되었기 때문일 수 있다. 또한 파이드라의 거짓말만 믿고 아무 죄도 없는 아들을 죽게 한 데 대한 신(무의식)의 처벌일 수도 있다.

내면의 미궁으로 들어간다는 것

고대 사회에서 동굴이나 미궁은 영혼을 변형시키는 장소place of transformation였다. 이는 소심한 소년이 담대한 성인 전사로, 무기력한 인간이 비범한 존재로, 불완전성이 완전성으로 질적 변이를 일으키는 성스러움의 장소다. 미궁에는 통과의례에 참여한 자들의 기존 정신성을 파괴하고 먹어치우는 괴물이 등장한다. 그 '괴물'은 정신의 변형을 위해 반드시 필요한 존재다. 성현, 전사, 지도자가 되려면 괴물에게 잡아먹혔다가 괴물의 배를 가르고 되살아나는 죽음과 부활 과정을 몸소 거쳐야 한다. '아리아드네의 붉은 실타래'는 미궁의 심연에 묻혔다가 되살아나기 위해 필요한 지혜의 보물이다.

'미궁', '괴물', '조력자'(아리아드네)는 원시시대부터 인류가 열악한 환경에 시달리던 집단 구성원들의 불안한 정신성을 용감한 전사의 정신성으로 변형시키기 위해 만든 최상의 통과의례 장치일 수 있다.[43]

인간은 누구나 자신만의 미궁과 괴물을 지니며, 어느 순간 미궁에 갇혀 절망과 공포 속을 헤매기도 한다. 오늘날 미궁 속 괴물과 대결하는 과정을 가장 상징적으로 반영하는 활동이 정신분석이다. 삶을 수십 년간 불구로 만들어온 온갖 증상의 뿌리와 대결하기 위해 보이지 않는 무의식의 심연으로 들어가 무형의 적들과 대결하는 정신분석 작업은 짧게는 몇 개월, 길게는 몇 년씩 소요되는 지난한 과정이다. 그 과정에서 많은 사람들이 섬뜩함을 못 견뎌 중도에 포기한다. '괴물'과 대면하지 않으려 수년간 미궁 주위만 빙빙 도는 사람도 있다.

일단 신경증이 발생하면 인간은 자신의 잠재력을 온전히 꽃피우지 못한 채 어둠이 깔린 미궁 속에서 언제 괴물이 나타나 목숨을 앗아갈지 불안해하며 인생을 보낸다. 두려워서 대면하지 못한 그 괴물 때문에 현실을 온전히 인식·향유하지 못하고 편집적인 부분지각과 주관적 환상의 굴레에 갇히는 것이다. 이런 신경증에서 벗어나려면 반드시 아리아드네 같은 조력자의 안내가 필요하다. 미궁의 구조 및 괴물의 특성을 잘 아는 샤먼(정신분석가)과 함께 깜깜한 미궁 속에 직접 들어가 집요하게 괴물(병인)을 찾아내어 용기 있게 대면해야 한다.

제2, 제3의 미궁

보통의 인간이 자신의 미궁에서 벗어나는 것은 너무도 어렵다. 그런데 자신도 모르는 어떤 힘에 의해 반복되는 불행과 고질적 병을 오래 앓게 되면 미궁을 탈출하려는 욕구가 극에 달해 죽음을 무릅쓸 용기가 솟아 새로운 시도를 하게 된다. 그 결과로 기존에 없던 보물을 얻게 된다. 그런데 테

‘테세우스 모자이크’, 300-400년경

왼쪽: 테세우스에게 실타래를 건네는 아리아드네. 가운데: 미노타우로스를 살해하는 테세우스.
위: 크레타를 탈출해 배에 오른 테세우스와 아리아드네. 오른쪽: 버림받은 아리아드네

테세우스는 과연 자신의 ‘미궁’에서 온전히 벗어난 것일까? 테세우스는 나라를 안정시키고 민주적인 제도를 도입하는 등 왕으로서 큰 성과를 거두었지만 말년에 아들과 아내를 잃는다. 그리고 친구와 더불어 지하계에 갔다가 마법 의자에 갇혀 고생하고, 믿었던 동료에게 왕위를 빼앗긴 뒤 아버지처럼 절벽으로 떨어져 죽는다. 이런 일련의 비극으로 추정컨대 테세우스의 미궁 탈출 능력은 온전한 것이 아니었다.

세우스 신화에는 그 신비의 보물이 무엇인지 명확히 드러나지 않는다. 테세우스는 아리아드네와 일곱 쌍의 인간 제물(아테네 귀족 남녀)을 데려올 뿐이다. 주술적 관점에서 보면 미노타우로스를 처치하는 그 순간 테세우스는 크레타의 무서운 괴력을 상징하는 괴물의 마나를 소유하게 된다. 그리고 붉은 실타래의 도움으로 미궁에서 탈출할 때 미궁과 관련된 문제를 해결할 지혜를 얻게 된다. 이것이 테세우스의 정신과 이름에 각인된 비가시적인 보물이다.

그렇다면 테세우스는 과연 자신의 '미궁'에서 온전히 벗어난 것일까? 테세우스는 나라를 안정시키고 민주적인 제도를 도입하는 등 왕으로서 큰 성과를 거두었지만 말년에 아들과 아내를 잃는다. 그리고 친구와 더불어 지하계에 갔다가 마법 의자에 갇혀 고생하고, 믿었던 동료에게 왕위를 빼앗긴 뒤 아버지처럼 절벽으로 떨어져 죽는다. 이런 일련의 비극으로 추정컨대 테세우스의 미궁 탈출 능력은 온전한 것이 아니었다. 아버지를 상심에 빠뜨려 죽게 하는 실수(검은 돛)를 범하고, 조력자(아리아드네)·아내(파이드라)·아들(히폴리토스)을 자신의 무능으로 상실하는 파국이 삶에서 반복됐기 때문이다. 이 반복되는 파국 리듬(구조)의 정체는 무엇인가?

테세우스의 아버지 아이게우스 왕은 아니마 관계가 조화롭지 못해 안정된 왕비와 왕자를 갖지 못했으며, 사생아로 태어난 테세우스 자신도 첫 애인이자 조력자인 아리아드네를 버렸다. 그는 여성에게서 만족을 얻지 못한 채 친구들과의 우정에 과도하게 몰입한다. 아버지의 대인 관계 패턴이 아들에게서 반복되는 것이다. '반복'은 무의식(미궁)의 특성이다.

'아버지의 말'을 망각하는 실수, '아들의 말'에 대한 불신을 통해서 아버지와의 화해가 제대로 이루어지지 못했음이 단적으로 드러난다. 비록 강렬한 미궁 체험을 거쳤음에도 또 다른(더 강한) 숨겨진 원인 때문에 테세우스의 기존 정신구조는 지도자(아버지)의 정신성으로 온전히 바뀌지 못한다.

아버지의 말씀은 자식이 주관적인 자아전능감에 도취하거나 위축되는 태도를 벗어나 상징계로 나아가게 하는 데 중요한 기능을 한다. 그런데 아버지 없이 자란 테세우스에게는 아버지의 말이 정신에 큰 힘을 발휘하지 못했기에 검은 돛을 다는 큰 실수를 저질렀고, 왕이 된 후에는 신의 영역을 침범하는 오만한 행동을 한다. 한때 집단의 발전을 위해 헌신했던 영웅일수록 그동안 개인적으로 대면하지 못했던 무의식 요소(그림자)들의 돌발적 회귀로 인해 뜻밖의 혼돈을 겪는다. 국가적 난제를 해결해낸 영웅들 다수는 자기 내면의 미궁 속 괴물을 처리하지 못해 비극적 최후를 맞이하곤 한다. 현재를 사는 우리에게도 제2, 제3의 미궁이 존재한다.

5

헤라클레스

박탈당한 모성성이 만들어낸 고통과 광기

유아기에 엄마와 애정 관계를 온전히 맺지 못한 사람은 안정된 삶을 살기가 매우 어렵다. 그의 정신은 '좋은 돌봄을 제공하는 이상적 어머니'와 관계하는 현실자아, '아이를 애타게 하면서 관계욕구를 좌절시키는 부정적 어머니'와 연결된 무의식적 자아로 분열된다.[44] 이 분열이 심하면 현실자아가 위축되어 애정 관계에서 오는 사소한 부정적 자극만으로도 좋게 지각되던 대상이 돌연 나쁜 대상으로 바뀌며 쉽게 격노한다. 광기로 얼룩진 헤라클레스의 삶은 편집·분열 자리에 고착된 고대 인류의 정신성을 반영한다. 십난의 생명을 구원하는 동시에 위협하는 이 광기를 어찌해야 통제할 수 있을까?

축복받지 못한 아이의 탄생

제우스는 미녀 알크메네의 남편 암피트리온을 전쟁에 내보낸 뒤 남편으로 변장해 알크메네와 동침한다. 그날 밤 암피트리온이 전쟁에서 돌아와 아내와 동침한다. 알크메네는 쌍둥이 헤라클레스와 이피클레스를 임신한다.[45]

헤라클레스의 출생 과정은 외견상 복잡하다. 그의 아버지가 제우스인지 암피트리온 왕인지 모호하다. 프로이트에 의하면 정신 내부에서 작동하는 도덕적 검열과 외부 세계의 미적 가공 작업을 고려할 때 신화 주인공의 실제 부모는 덜 화려한 대상일 가능성이 높다. 그럼에도 헤라클레스가 제우스의 아들로 표현된 것은 그가 그리스를 위해 행한 많은 업적들이 신의 기운에 의해 수행되었다고 보아야 그 민족의 정신 안정에 더 부합되기 때문이다.

융 학파에 의하면 신화 속 영웅의 출생과 연관해 나타나는 두 아버지 또는 두 어머니는 개인적 부모와 더 상위의 원형적 부모상을 나타낸다.[46] 중요한 것은 영웅이 신성한 에너지를 받고 태어난 존재라는 사실이다. 영웅은 신이 인간과 결합해 창조한 자이기에 그의 행위가 가끔 인간의 규범을 넘어설 수 있고, 그의 특성은 그가 속한 인간 집단과 대립할 수 있다. 영웅에게는 인간의 아버지성과 초인적 아버지성이 함께 경험된다. 초기 인류의 모계 사회에서는 인간 아버지보다 수태에 관여하는 신적(불멸의) 생명력이 소망되었다. 죽음불안에 떠는 집단을 구원하는 영웅은 인간의 아들이지만 동시에 신의 아들인 것이다.

고대인에게 제우스가 인간 여성과 동침해 낳은 자식, 즉 신과 인간의 소통을 매개하며 인류의 문제를 해결해줄 신적 힘을 지닌 영웅은 신이 준 선물로 지각된다. 제우스와 암피트리온은 거대한 힘을 지닌 존재와 유한한 힘을 지닌 존재로 대비된다. 헤라와 알크메네는 남자의 사랑을 받지 못하는 여성과 남자의 사랑을 듬뿍 받아 출산하는 여성으로 대비된다. 제우스는 헤라클레스의 아버지로, 암피트리온은 연약한 이피클레스의 아버지로 등장한다. 쌍둥이 가운데 한 명은 생명이 유한한 존재이고, 다른 한 명은 불멸의 존재다.

제우스의 외도에 질투를 느낀 헤라는 제우스의 아들 대신 인간의 아들 이피클레스를 먼저 태어나게 해 왕위 계승자로 만든다. 제우스의 기운을 받은 헤라클레스는 둘째로 태어났기에 크게 주목받지 못한다.

제우스의 부인이자 원형적 어머니인 헤라(결혼의 여신)에게 헤라클레스는 태어날 때부터 반갑지 않은 아이다. 그런 어머니에게는 아이를 정성껏 돌보고 싶은 마음이 일어나지 않는다. 그와 반대로 아버지(제우스)의 욕망은 아들을 최고의 영웅으로 만드는 것이다. 이런 어머니와 아버지 사이에서 태어난 아이는 어떤 인생을 살게 될 것인가?

알크메네는 헤라가 두려워 헤라클레스를 잘 돌보지 못한다. 제우스는 계책을 써 헤라가 잠잘 때 아기 헤라클레스에게 그녀의 (불멸의) 젖을 먹인다.

고대 인류는 편집·분열 자리의 유아처럼 현실 대상을 전적으로 좋은 대상과 전적으로 나쁜 대상으로 분열·편집해 지각한다. 알크메네와 헤라(원형적 어머니)는 둘 다 전적으로 좋은 어머니상이 아니다. 헤라는 아이를 미워하는 냉엄한 어머니이며, 알크메네는 애정을 주려 하지만 (헤라에 대한 두려움으로) 힘이 약해 안전한 보호사가 되지 못하는 어머니다. 이 경우 아기는 당연히 받아야만 하는 모성적 애정을 박탈당한 후유증으로 인해 늘 애정을 갈망하는 인격이 된다. 아울러 어머니의 정신에 담겨 순화되지 못한 파괴욕동과 원초불안과 분노가 분열된 정신 속에 가득하기 때문에 그것을 방어하느라 자아가 늘 민감한 상태다. 그로 인해 사소한 부정적 자극에도 정신이 파편화되거나 격노하게 된다.

헤라는 뱀 두 마리를 아기 헤라클레스에게 보내 죽이려 한다. 이피클레스는 벌

벌 떠는 데 반해 헤라클레스는 겁 없이 두 손으로 뱀을 잡아 죽인다.

아이에게 나타난 뱀은 큰 입으로 아이의 '자기'를 삼켜 자신의 꼭두각시로 만드는 탐욕스런 자기애적 엄마의 상징이다. 헤라클레스는 자신을 무조건 사랑하며 품어주고 보호해주는 어머니, 귀하게 바라봐주는 어머니 관계를 경험하지 못한다.

유아의 타고난 공격성은 엄마에 의해 자연스런 몸짓으로 담아지고 존중받고 수용되지 못하면 파괴욕동으로 변질되어 자아의 기능을 마비시킨다. 그로 인해 아이는 고통과 불안을 비롯한 일체의 부정적 자극을 지각할 수 없게 되고 타인과 진정한 소통을 이룰 수도 없다.[47] 아기를 보호해주지 못하는 약한(안전하지 않은) 어머니 알크메네, 아이의 욕구를 배려하지 못한 채 자신의 욕망으로 아이의 영혼을 삼키려 드는 뱀 같은 자기애적 어머니 헤라로 인해 어린 헤라클레스의 정신에는 파괴욕동과 분노가 가득하다. 이 분노가 외부로 투사되면 어머니의 두 눈과 두 젖가슴은 자신을 죽이려 드는 두 마리 독사로 지각된다.

뱀을 두려워하지 않고 손으로 죽이는 아이는 어떤 부정적 외부 자극에도 꺾이지 않는 참자기의 표상이다. 비록 모성 에너지는 결핍되었지만 그에게는 공격성의 강한 분출을 가능하게 하는 또 다른 에너지가 내부에서 작동하는 것으로 추정된다.

억압된 무의식에서 터져 나온 광기

암피트리온은 헤라클레스에게 무기 다루는 법, 마차 모는 법 등 여러 가지를 가르친다. 헤라클레스는 음악 교사가 잘못을 지적하자 화가 나 류트(현악기)를 던져 선생을 죽인다.

고대 그리스인은 섬뜩한 광기를 여신의 저주 또는 악령의 표상으로 이해했다. 인륜을 파괴하는 돌발적 광기는 어떤 심리적 요인에 의해 발생하는 것인가? 헤라클레스는 공격성을 표출하는 체력 훈련은 수용하지만 공격성을 정화하는 음악 교육은 견디지 못한다. 음악은 조화로운 소리 에너지로 정서를 안정시키고 모성 결핍을 보충해준다. 그러나 소년 헤라클레스에게 음악 교사는 자신에게 사랑을 주다 철수했던 나쁜 엄마 환상을 일으킨다. 이 부정적 어머니상은 분열방어에 의해 의식에서 지워지고 좋은 어머니상만 편집되어 지각된다. 그러다 분열이 심화되면 자아의 응집력이 약해지고 열등감·부적절감·적대감이 심화되며 자기존중감이 낮아져 작은 부정적 자극에도 모욕감을 느껴 격노하게 된다.[48]

선생님의 말씀을 온전히 수용하지 못하는 인격의 내면에서는 부성적 초자아의 기능과 상징계의 의미 교류 작용이 온전히 작동되지 않는다. 그로 인해 본능욕동을 자아가 어느 순간 통제하지 못하는 현상이 종종 발생한다. 가령 아버지의 규범 요구가 평시에는 수용되다가 부정적 자극을 받는 순간 해리되거나 부정되어 망각된다. 분열·투사·편집적 망상의 정신구조를 지닌 편집증 인격, 유아기 충격으로 해리방어가 강하게 일어나는 인격이 이에 해당한다("명료하던 정신이 돌연 뿌예지고 아무 생각도 나질 않아요! 내가 어떤 행동을 했는지도 기억나지 않아요.").

헤라클레스의 엄청난 광기를 우려한 암피트리온은 그에게 벌로 산에서 가축 돌보는 일을 맡긴다.

가축 돌보는 일은 사냥과 유목 생활을 하던 고대인에게 동물의 정령과 소통하는 능력을 키우는 중요한 활동이다. 이는 어머니가 아이를 돌보는 행위와 유사하다. 즉 타자를 온전히 돌보려면 본능욕동의 즉각적 분출이

나 자기중심성에서 벗어나 타자에게 관심을 갖고 배려할 줄 알아야 한다. 암피트리온은 헤라클레스가 산에서 가축을 길들이는 동안 야수적인 광기와 공격성이 순화되리라 기대한 것이다. 헤라클레스의 거친 공격성을 버텨주며 '옳고 그름'의 경계를 세워주기에는 아버지 암페트리온의 힘이 약했을 수 있다. 헤라클레스에게는 일차적으로 그의 광기를 몸과 마음으로 담아주고 버텨서 부드럽게 되돌려주는 힘 있는 모성적 대상이 필요하다.

청년이 된 헤라클레스에게 '쾌락'과 '미덕'이란 이름을 지닌 두 님프가 나타나 자신들 가운데 하나를 선택하라 요구한다. 헤라클레스는 즐겁고 쉬운 인생인 쾌락보다 괴롭지만 영광스러운 미덕을 선택한다.
그 후 헤라클레스는 영광스럽지만 괴로운 일들과 직면한다. 무시무시한 사자가 나타나 격투를 벌인다. 산을 내려가 만난 어느 왕은 딸 50명 모두가 헤라클레스의 아이를 갖길 바란다. 그는 모든 일을 해낸다.

청년기는 성욕동이 급격히 활성화되는 시기다. 성욕동은 쾌락의 상징이다. 그런데 쾌락이 예상되는 상황에서는 '그것을 통제하라' 명하는 내면 심판관의 힘이 늘 함께 작동한다. 그래서 쾌락과 미덕은 한 쌍이며, 인간은 운명적으로 그 둘 사이에서 갈등하게 된다.

쾌락과 미덕은 이드와 초자아라는 인간이 지닌 대립되는 두 힘을 반영한다. 인간은 이 둘을 모두 필요로 한다. 미덕은 본능욕동을 통제해야만 얻어질 수 있으며, 실천하기 힘들지만 집단에 의해 칭송되고 영원히 기억된다. 이에 비해 쾌락은 만족을 주지만 짧고 덧없다. 성욕 충족을 삶의 중요한 기쁨으로 여겼던 고대 그리스인은 대부분 쾌락을 선택했기에 집단의 균형을 위해서는 미덕을 선택하는 영웅이 필요하다.

쾌락과 미덕 사이의 선택은 고대 그리스인이 고민해야 했던 근본 주제이자 핵심 갈등이다. 삶의 목적으로 미덕을 택할 경우와 쾌락을 택할 경우에 전개되는 삶은 그 양태가 매우 다르며, 각각의 선택은 삶의 불균형을 가져온다. 미덕만 선택할 경우 외부로 표출되지 못한 채 과잉 억압된 본능욕동이 자아가 약해지는 순간 무의식에서 의식으로 광기가 표출되는 부작용이 일어난다.

성장한 처녀들이 강한 생명력을 지닌 대상과 결합해 강한 후손을 임신하는 것은 집단의 생명력을 강화시키기 위한 전략적 행위다. 여성 50명을 임신시켰다는 것은 그가 탁월한 생식력(생명력)을 지녔음을 의미한다. 그런데 헤라클레스는 강한 신체만큼 여성과 조화롭게 관계할 수 있는 정신성을 지니고 있는가? 그의 유아기 애정 결핍은 과연 육체적 성관계를 통해 온전히 보충되는가? 사랑과 무관한 성관계와 성욕 충족은 긴장을 완화시키고 파괴욕동을 잠시 중화하지만 자아 발달과 정서 발달에 기여하지 못한다.

헤라클레스는 테베 왕 크레온의 딸 메가라와 결혼해 자식을 낳는다. 신들이 축복해주었지만 헤라는 질투하여 헤라클레스를 광기에 빠뜨린다. 헤라클레스는 아내와 자식이 자신을 해치려 드는 괴수 환상에 빠져 처자식을 살해한다.

신화에서 왕의 딸과 결혼하여 자식을 낳음은 내면에 아니마(여성성)를 보충하고 자식과의 관계에서 아버지성을 키워 정신의 균형과 성장에 도달함을 상징한다. 아내와 자식이 자신을 해치려 드는 '괴물'로 보인다는 것은 전형적인 박해불안과 박해망상이다. 이런 불안과 망상은 내부의 파괴욕동을 감당해내지 못하는 편집·분열 자리의 유아가 불안과 파괴욕동을 외부 대상에게 투사해서 생기는 환각 현상이다.[49] 유아기에 좋은 엄마 경험이 심하게 박탈된 아이는 편집·분열 자리 정신성에 고착되는데, 성인이 된 후 자아가 약해지거나 긴장이 풀어질 때 부정적 자극을 받으면 무의식에 묻혀 있던 유아기 감정과 환상이 불현듯 의식으로 모습을 드러낸다. 치명적 광기는 이럴 때 일어난다.

배우자는 그가 어린 시절에 가장 가까웠던 대상을 대리한다. 아내와 애정 관계를 형성할 즈음 돌연 헤라클레스의 내면에서 친밀한 관계를 파괴하는 괴력(반리비도적 자아, inner destructor)이 작동한다. 이것은 엄마가 아기에게 애정을 줄 것처럼 흥분시키고는 방치하거나 아무 만족도 주지 않는 일이 반복될 때 그 부정적 감정과 대상표상이 무의식에 억압되어 있다가 돌연 솟구쳐서 발생한다. 아기가 성장하여 대상과 친밀한 관계를 맺으려 할 때마다 자신을 반복적으로 좌절시키던 억압된 무의식의 엄마 환상이 새 대상에게 투사된다. 이 경우 자신과 가까워지려는 모든 대상에 대해 과거 상처를 다시 겪지 않기 위한 거리 두기, 밀어내기, 친밀 관계 파괴하기 등의 방어기제가 작동된다.

기원전 8000-3000년의 인류는 자율적 판단과 주체적 사고 없이 신의 목소리에 순종하며 사는 존재였다.[50] 신화 속 헤라클레스의 광기 어린 행동은 내면에서 들리는 신의 명령에 따른 것이다.

헤라클레스의 부적절한 행동은 불안정한 수렵 생활에서 안정된 농경 생활로 변화되어가던 과도기에 때때로 파괴적인 명령을 내리는 신(헤라)의 목소리에 순종할 것인지에 대한 고대 그리스인의 문제의식을 반영한 것일 수도 있다. 내면의 소리에 따르는 것이 최선이 아닐 수 있는 상황이 발생한 것이다. 때로 시기심 많은 여신의 목소리(헤라의 농간)는 미덕을 요구하는 초자아(삶욕동, 아버지신)의 명령과 다르게 파괴를 명령하는 가혹한 초자아(반리비도적 자아, 죽음욕동)의 소리로 나타난다. 이것은 오늘날 정신분열증자가 듣는 내면 소리와 유사하다. 집단이 숭배하던 신의 소리는 이전까지는 문제가 없었지만 도시국가들 사이의 무역과 문물 교류가 빈번해져 자아의 분별력이 점점 더 필요해지는 그리스 환경에서는 문제를 일으킨다.

이제 신과 악령의 소리 사이의 구분이 모호해지고, 신들은 절대 권위를 잃어간다.

> 신탁에 의해 그가 죄를 씻으려면 무능하고 비열한 왕 에우리스테우스를 주인으로 섬기며 열두 가지 과업을 수행해야 한다.

집단의 질서를 해친 죄를 용서받으려면 반드시 집단을 위해 공헌해야 한다. 둘째로 태어난 헤라클레스는 무능하지만 자기보다 먼저 태어나 왕이 된 에우리스테우스를 위해 노예처럼 봉사해야 한다.

'노예 생활'은 고대 그리스인의 무의식에 숨겨진 '위축된 자기' 상태를 반영한다. 헤라클레스는 신체의 힘은 대단히 발달된 데 반해 유아기에 어머니의 돌봄을 온전히 받지 못한 박탈감 때문에 자존감은 노예 수준이다. 그가 심리적 노예 상태(열등감)에서 벗어나려면 타인들로부터 존재 가치를 드높게 인정받아야 한다.

왜 하필이면 겁쟁이 에우리스테우스 왕의 노예인가? '왕'은 명령하는 소리다. '무능하고 비열한 왕'의 등장은 명령하는 소리를 무조건 신뢰할 수 없으며, 모든 왕이 신의 대리자로 간주되던 시대가 아니라는 것을 암시한다. 헤라클레스는 왕이 무능하여 처리하지 못한 열두 가지 난제를 대신 해결해주는 집단의 구원자 역할을 한다. 현실의 문제를 대면해 해결한다는 점에서 헤라클레스는 자아의 능력을 대변한다. 이에 비해 에우리스테우스는 현실 문제를 전혀 해결하지 못하는 미숙한 자아(결함 있는 대타자), 현실의 돌발적이고 복잡한 자극들이 두려워 회피·부인하는 약한 자기의 표상이다. 영웅은 어머니와 친밀 관계를 맺다가 성장하면 어머니에게서 독립해 아버지의 세계로 나아간다. 그런데 헤라클레스는 예외적이다. 그가 집단을 위해 수행하는 과제는 모두 헤라의 영향 아래 놓여 있다.

헤라클레스의 열두 과업과 그 의미

헤라클레스에게 주어진 과제들에는 당대 그리스인들과 집단정신이 오랫동안 해결하지 못한 난제와 소망이 상징으로 표현되어 있다. 따라서 열두 개의 과제를 음미하면 그 속에서 고대 그리스인이 영웅(구원자)에게 바랐던 바가 무엇인지 알 수 있다.

첫 번째 과제 네메아 숲의 난폭한 황금 사자를 죽여 가죽을 벗겨 오라.

네메아 숲은 신들을 경배하는 신전이 있는 신성한 장소이다. 그곳에는 괴력을 지닌 사제왕이 신전과 숲을 지키고 있다. 네메아 숲의 사자는 사제·왕의 상징이다. 더 강한 존재가 나타나면 사자는 그에게 살해되고 대체되어야 집단의 생명력을 유지할 수 있다.

사자는 동물의 왕이다. 가죽은 외부의 자극으로부터 개체를 보호하는 보호막인 동시에 외부 세계와 접촉하는 피부다. 단단한 피부는 강인한 생명력의 표상이다. 보통의 이빨로는 꿰뚫어지지 않는 사자의 가죽은 곧 비범한 힘과 권위를 상징하며, 그 가죽을 몸에 걸치는 것은 사자의 힘을 소유함을 의미한다. 사자는 또한 수사자 우두머리가 일군의 집단을 거느리는 가부장적 동물이다. 즉 네메아 숲의 사자는 남성성·아버지성의 상징이며, 사자의 '가죽을 벗김'은 구시대 대타자의 힘을 거세하는 전형적인 왕살해 행위다.

두 번째 과제 늪에 사는 아홉 머리를 지닌 물뱀 히드라를 죽여라.

'늪'은 도시 경계 바깥의 통제할 수 없고 안전을 보장할 수 없는 위협적

안토니오 카노바, '헤라클레스와 리카스', 1795-1815

고대인에게 힘은 곧 생명력이고 신이었다. 헤라클레스가 지닌 무적의 힘은 신성의 발현으로 지각된다. 그런데 특이하게도 그리스인의 이상화 대상인 헤라클레스는 광기를 지닌 존재로 묘사된다. 신탁(여신, 왕)의 명령에 순종하며 과제를 수행하는 능력과 가까운 대상을 죽이고 좋은 애정 관계를 망치는 광기를 함께 지닌 헤라클레스의 특성을 고대인의 삶의 맥락에서 어떻게 이해해야 할까?

인 영역이다. 겨울잠을 자며 허물을 벗는 '뱀'은 고대인에게 죽음에서 부활하는 생명력의 상징이었다. 고대 크레타에서 왕이 9년마다 임기 연장을 심사받았음을 참조할 때 아홉은 왕과 집단 생명력의 순환 주기로 추정된다. 그렇다면 '아홉 머리 물뱀'은 좀처럼 죽지 않는 생명력을 상징한다.

프로이트의 관점에서 보면 잘라도 다시 솟아나는 히드라의 머리는 인간이 평생 그 힘을 억제·억압할 수 없는 남근욕동의 위력을 상징한다. 아울러 뱀의 '이빨과 독'은 공격욕동의 표상이다. 대상관계 관점에서 자식의 영혼을 마비시켜 삼키는 히드라의 형상은 그리스인의 무의식 속 부정적 남근 어머니상이다.

꿈에 아홉 머리 뱀이 나오면 치솟는 본능욕동들과 그것을 통제하기 버거운 자아 상태를 표상한다. 헤라클레스는 죽여도 되살아나는 히드라의 머리를 자르고 그 부분을 불로 지진다. 불은 지혜의 빛과 힘을 상징하며, '불로 지짐'은 의식의 힘으로 야수성을 제압함을 의미한다. 본능욕동은 정신력으로만 통제할 수 있기 때문이다.

헤라클레스는 히드라의 배를 갈라 독이 든 피를 자신의 화살촉에 바른다. 히드라의 독을 묻힌 화살촉은 상대를 파괴하고 제압하는 무적의 남근을 표상한다. 비범한 힘을 지닌 괴물을 죽인 자는 그 대상의 힘을 소유하게 된다. 즉 히드라를 죽이면 위험한 '늪지대'를 통제할 수 있는 힘을 얻게 된다. 히드라 제거는 내부에서 치솟는 성욕동과 파괴욕동을 통제하는 데 성공해 집단(헤라클레스)의 광기를 제압한다는 의미도 지닌다.

세 번째 과제 황금 뿔 달린 암사슴을 생포하라.

가냘픈 암사슴은 성적 대상을 가리킨다. '황금 뿔'은 매력을 발산하는 타대상object a의 상징이다. 타대상은 언어 습득 이전 시기의 부분지각 대상

part object이기에 의식의 언어로 표현하기 어렵다. 그것은 욕망을 일으키는 원인이자 최초 모델이다.

황금 뿔을 지닌 암사슴은 인간에게 자연의 생생한 생명 에너지를 제공하는 대상이자 자연의 비밀을 알고 있는 존재다. 최초의 만족을 주었던 타대상을 의식이 붙잡을 수 없었던 것처럼 황금 뿔 암사슴을 찾아내는 것이 헤라클레스에게는 매우 어렵다. 그는 1년을 추적한 끝에 사냥의 신이자 처녀 여신인 아르테미스의 사슴을 간신히 생포한다.

수렵 활동을 병행하던 고대 그리스인에게 사슴은 사냥 여신이 가까이 두는 동물이기에 여신의 에너지가 담겨 있다고 믿어졌다. 특히 '황금 뿔'은 신성한 생명력의 표상으로 여겨진다. 그런 사슴을 생포한 인물에게는 여신의 힘이 옮겨간다. 헤라클레스의 광기를 치유하기 위해서는 여신(황금 뿔)의 힘과 여성(암사슴)의 포근한 감성을 흠뻑 보충해야 하는 것이다.

네 번째 과제 야생 멧돼지를 생포하라.

멧돼지는 농작물을 해치는 골칫거리다. 강한 힘과 공격성을 지녔기에 처치하기가 힘들다. 지치지 않는 공격력과 잘 죽지 않는 특성 때문에 전쟁의 신 아레스를 상징하기도 한다. 농경 사회에서 농작물을 해치는 행위는 상징계의 근본 질서를 훼손시키는 것과 같다. 야생 멧돼지를 생포하라는 요구는 아테네인 내면의 야수성을 거세하기보다 유익한 양태로 길들여 활용하는 것이 현명하다는 의미다.

다섯 번째 과제 아우게이아스의 외양간을 하루 만에 청소하라.

아우게이아스는 소를 3000마리나 기르면서도 외양간을 30년 동안이나 청소하지 않았다. 외양간은 동물들이 배설한 오물, 즉 부정적인 감정 찌꺼기가 쌓여 있는 곳이다. 이는 당대 집단정신이 외면해온 그림자, 열등 요소, 콤플렉스에 해당한다.

'3000마리 가축 떼'는 도시 국민 전체를 먹일 수 있는 부와 권력과 힘의 상징이다. 악취가 진동하는 아우게이아스의 외양간은 권력과 부를 지닌 자들에게 만연한 부정부패의 흔적을 의미하기도 한다. 힘없는 존재가 오물과 접촉하면 정신이 오염되어버린다. 따라서 그 누구도 감히 그 외양간을 청소하려 들지 못한다. 고대 그리스에는 청소를 해야만 하는 더럽고 부패한 도시국가들이 많았을 수 있다.

'30년 동안 하지 않은 청소'는 무의식에 억압되어 쌓인 탐욕·증오·질투 등의 감정 찌꺼기들을 정화하고 자아에 통합하는 작업이다. 수십 년 묵은 외양간처럼 엄청 부패해 골칫거리로 부각되지 않는 한 민족 내면에 숨겨진 그림자와 콤플렉스를 대면하기란 쉽지 않다.

청소는 또한 낯설고 이질적인 영역 내지 외부 집단과의 관계에서 막힌 곳을 뚫어 소통시켜주는 의미도 있다. 민족 내부의 오래된 오물을 청소하려면 특별한 에너지를 지닌 존재의 조력이 필요하다. 헤라클레스는 흐르는 큰 강물을 끌어온다. '흐른다는 것'은 오염물을 정화하는 자연의 신기한 기능을, '큰 강물'은 그 민족의 이웃에 위치한 큰 세력 내지 자기(집단무의식)의 거대한 원형 에너지를 의미한다.

여섯 번째 과제 농작물을 훼손하는 스팀팔로스의 새 떼를 죽여 없애라.

농경 사회에서 새 떼는 곡식을 먹어치워 생존을 위협하는 대상이다. 헤라클레스는 지혜의 여신 아테나의 도움으로 청동 징을 울린 다음 하늘로 날아오른 새들을 화살로 쏘아 죽인다. 청동 징 소리는 천둥소리의 모사다.

천둥의 신 제우스의 힘을 상징하는 소리로서 새 떼를 꼼짝 못하게 만드는 것은 풍작을 기원하는 일종의 주술 행위로 볼 수 있다.

일곱 번째 과제 미노타우로스 비극을 일으킨 흰 황소를 생포해 오라.

농경 사회에서 소는 생산력과 생명력의 표상이다. 따라서 황소를 제압한다는 것은 곧 농사를 안정적으로 지을 수 있는 힘과 대상을 소유함을 의미한다. 테세우스 신화에도 등장한 '흰 황소'는 크레타의 왕이 되고자 했던 미노스에게 포세이돈이 보내준 신성한 토템이다. 그러나 왕이 된 미노스는 그 흰 소를 다시 제물로 바치겠다는 약속을 지키지 않았다. 이에 분노한 포세이돈은 여왕 파시파에에게 저주를 내려 흰 소를 사랑하게 만들었고 괴물 미노타우로스가 탄생했다.

소를 그리스로 가져오는 것은 크레타의 힘을 소유하는 것과 같다. 소의 뿔은 남근의 힘을, 소는 농경에 필요한 에너지를, 흰 소는 비범하고 신성한 생산력을 상징한다. 서유럽에서는 황금 소가 태양신을 상징했다. 바다의 신 포세이돈에게 바치기로 예정되어 있던 흰 소를 제압해 가져올 수 있다면 광포한 바다(크레타)보다 강한 하늘신(그리스)의 힘을 드러낼 수 있다.

여덟 번째 과제 전쟁신 아레스의 아들 디오메데스 왕이 기르는 식인 야생 암말을 잡아 오라.

말이 지닌 커다란 몸집과 빠른 속도로 지치지 않고 달리는 힘은 고대 인류가 경외하던 신성한 능력이다. 말에 올라타 무기를 휘두르는 전사의 모습은 고대인에게 '신(아레스)의 형상'으로 지각되곤 했다. 전쟁신의 아들이 기르는 말은 인접법칙에 의해 전쟁신의 에너지(전투력)를 분유한다. 즉

'식인 야생마'는 전쟁터에서 많은 인간을 죽음으로 몰아넣은 드센 전투력(전쟁신의 기운)을 지닌 이방 부족으로 추정된다.

헤라클레스는 디오메데스 왕과 싸워 이긴 뒤 말들에게 그를 먹이로 준다. 자기 주인의 시체를 먹은 말들은 온순해진다. '식인 말' 길들이기는 고대 그리스인을 두렵게 하던 주변 민족의 야수성을 다루는 방법의 핵심을 보여준다. 절대적 보호자를 갈망했던 원시 인류는 살해당한 지도자의 시신을 생생히 확인한 순간 그 힘을 탈취한 더 강력한 새 지도자에게 본능적으로 순종한다.

한편 '디오메데스의 암말'은 자신의 본래성을 상실한 채 전투적 남성성에 동화되어 '싸우는 아니마'의 표상일 수 있다. 이는 전쟁의 승패에 생존이 좌우되던 고대 그리스 여성들이 내부에 억압한 그림자다. 그러나 자신의 운명을 일방적으로 규정하고 명령하던 대상(왕, 아니무스)을 '먹음'으로써 자기 본래성(양성성)을 회복하고 정신의 균형을 이룬다. 즉 헤라클레스가 그런 야생마를 길들여 산 채로 잡아왔다는 것은 고대 그리스인의 집단무의식 속에 잠재된 여성성 에너지를 남성성과 조화된 한 쌍으로 통합하여 통제할 수 있게 되었음을 의미한다.

아홉 번째 과제 아마존 여왕 히폴리테의 허리띠를 가져오라.

아마존 여전사들은 남성적 여성의 표상이다. 아마존 여왕의 허리띠는 전쟁신이자 아버지인 아레스에게서 아마존의 우두머리라는 표시로 받은 것이다. 여왕의 허리띠는 왕관처럼 신성한 신분을 나타내는 보물이자 동시에 허리(남근)를 묶어 통제하는 힘의 상징이다. 남근에 대한 박탈감과 질투와 콤플렉스를 지닌 아마존 여전사들은 남자보다 우월한 힘을 지니고 있음을 과시하고 싶어 한다. 이것이 아마존 여왕의 허리띠로 표상된다.

전쟁신의 원기가 담긴 그 보물을 아마존 여왕에게서 탈취하는 것은 그들의 전투력을 빼앗는 것과도 같다.

남성을 살해하는 아마존 여전사는 가부장적 사회에 대한 적개심과 모계제의 '전능한 어머니'를 상징한다. 남성성의 대변자인 헤라클레스가 우월한 힘으로 여왕을 제압하면 모계 권력은 힘을 잃게 된다. 아마존 여왕은 처음부터 무적의 힘을 가진 것으로 명성이 자자한 헤라클레스에게 호의를 보이며 자신의 허리띠를 준다. 그녀는 좋은 마음으로 헤라클레스와 친밀 관계를 맺으려 한다. 어쩌면 그녀는 헤라클레스의 좋은 아니마가 될 수도 있다. 그런데 헤라의 농간(알 수 없는 무의식의 힘)으로 헤라클레스 일행과 여전사들 사이에 싸움이 벌어지고, 헤라클레스는 여왕과 아마존 여전사들을 닥치는 대로 죽인다.

상대방이 싸울 의사가 없음을 표명하고 보물 허리띠를 넘겨주며 친밀 관계를 맺으려는 시점에 왜 격한 싸움이 발생한 것일까? 이는 헤라클레스의 무의식에 여성과의 친밀 관계를 원하면서도 못 견뎌 하는 특성이 있기 때문이다. 엄마와의 관계가 안정적이지 못한 12개월 이하의 유아는 엄마의 부정적인 모습을 차마 직면하지 못한 채 무의식으로 억압한다. 그 아이는 성장한 뒤 누군가를 좋아하다가도 상대방이 자신에게 가까워지려 들면 억압된 부정적 엄마상으로 인해 원인 모를 불안과 불편감을 느낀다. 그래서 관계를 깨는 행동을 반복한다. 테베 왕의 딸 메가라와 결혼한 뒤 돌연 광기가 발동해 처자식을 죽였던 상황이 반복되는 것이다. 마음이 끌리거나 관심 갖고 접근하는 모든 여성과의 친밀 관계가 항상 파국으로 끝남을 주목해보라. 이것은 모성 결핍이 심한 헤라클레스(그리스인들)에게 있어서 그와 적합한 아니마를 찾아내 친밀한 관계를 맺고 정신에 조화롭게 통합해내는 작업이 아직 버거운 상태임을 반영한다.

열 번째 과제 에리테이아 섬에 사는 '게리온의 황소 떼'를 훔쳐오라.

머나먼 서쪽 끝 에리테이아 섬에 사는 게리온은 메두사의 아들인 크뤼사오르의 아들로 세 개의 몸통을 지녔다. 그가 기르는 붉은 소 떼는 거인 소몰이꾼 에우리티온과 머리가 둘 달린 파수견 오르트로스가 지키고 있다. 헤라클레스는 히드라의 독이 묻은 화살로 신을 위협해 받은 거대한 배를 타고 섬에 도달해 몽둥이로 소몰이꾼과 파수견을 때려죽인 뒤 뒤쫓아 온 게리온마저 활로 쏘아 살해하고 소 떼를 배에 실어 데려온다.

집단의 안전한 생존과 현실에 주목하는 자아의 눈으로 보면 '게리온'은 소 떼를 키우며 관리하는 이방 세계의 유명한 목축 부족을 상징한다. 당시 그리스인은 농경지를 개간하고 식량으로 쓰기 위해 많은 소를 필요로 했다. 이에 목축이 발달한 이방 부족의 탐스러운 재물을 소유하고픈 욕구가 헤라클레스의 소 떼 약탈 임무로 나타난 것이다. 고대 사회에서 자국의 생존과 이익을 위해 이방인의 재물을 힘으로 빼앗는 것은 수호신들의 금기를 어기는 '죄'로 간주되지 않았다.

한편 고대인의 신화적 사고와 정신분석의 눈으로 보면 세 개의 몸통을 가진 게리온의 모습은 서로 다른 대상들을 모종의 유사성을 매개로 압축한 꿈 속 혼합 형상으로 이해된다. 몸통이 셋이라는 것은 보통 사람보다 엄청 많은 일을 해낼 수 있는 강력한 힘의 표상이다. 또한 파수견의 '머리가 둘'이라는 것은 침략자를 감시하는 능력이 보통의 개보다 훨씬 탁월하다는 뜻이다. 이는 여러 개의 손과 발을 지닌 인도의 신들이 강력한 힘으로 지치지 않고 인간들의 요구를 해결해주는 것과 같은 이치이다.

'게리온의 소 떼'를 가져오는 것은 고대 그리스인에게 어떤 의미를 지니는가? 그것은 도시국가로 구성되어 아직 세력이 약했던 그리스인이 이방 민족들에 대해 힘의 우위를 확립하게 되었음을 뜻한다. 아울러 사냥으로 식량을 구하던 불안정한 생활에서 목축과 농경으로 식량 확보에 안정성을 구축했음을 표상한다. 집단정신 차원에서 보면 박해불안과 기아불안에 시달리다가 강력한 영웅과 동일시되어 정복 경쟁에서 승리한 쾌감을 만끽하는 거대자기 상태에 도달했음을 의미한다("우리는 보잘것없는 약한 존재가 아니라 위대한 힘을 지닌 민족이다!").

열한 번째 과제 헤스페리데스의 황금 사과를 가져오라.

헤스페리데스의 정원은 인간이 가선 안 되는 헤라의 과수원이다. 그곳에는 헤라가 제우스와 결혼할 때 태모신 가이아에게 선물 받은 황금 사과나무가 있다. 그 나무에서 열린 황금 사과는 불멸의 생명력을 가져다준다. 그 정원은 님프와 머리가 백 개 달린 용(라돈)이 지키고 있다. 에덴동산의 선악과처럼 이 정원의 사과를 먹으면 탁월한 지혜와 영생을 얻을 수 있다. 따라서 황금 사과는 자연계의 한 생명체이자 국가의 명령과 의무에 절대 복종해야 하는 존재가 함부로 먹어서는 안 된다.

황금 사과는 헤라클레스에게 결핍된 구강기 엄마의 탐스러운 젖가슴처럼 따스한 사랑을 상징하기도 한다. 이 황금 사과를 먹으면 헤라클레스(그리스인)에게 결핍된 보성석 애정이 보충되어 광기가 치유될 수도 있다. 그는 인간에게 불을 선물한 프로메테우스의 조언과 하늘을 떠받치고 있는 아틀라스의 도움을 받아 황금 사과를 가져온다.◆

인간에게 접촉이 금지된 여신의 정원에 침입해 보물(생명의 열매)을 탈취해 온은 제우스 아들의 힘이 헤라보다 강함(여신 살해)을 암시한다. 제우스와 헤라의 갈등 사이에서 헤라클레스는 헤라가 내린 과제를 당당히 헤쳐 나가는 힘을 보여줌으로써 모계 사회에서 부계 사회로 옮겨간 고대 그리스인의 정신 상태를 드러낸다. 이처럼 헤라클레스가 불멸의 생명력을 주는 황금 사과를 가져옴으로써 고대 그리스인은 외세의 침략과 굶주림이 일으킨 죽음불안에서 벗어나는 토대를 지니게 되며, 향후 지혜를 통해 불멸을 추구하는 새로운 문명을 이루어낼 수 있게 된다.

열두 번째 과제 머리는 셋이고 용머리 형상의 꼬리를 가진 지하세계의 문지기 개 케르베로스를 잡아 오라.

정신의 발달과 변환을 위해 영웅이 마지막으로 직면해야만 하는 영역은 지하계다. 새로운 정신성을 이루어내려면 기존의 정신성이 죽어야 한다. 그래서 지하계(무의식계)와의 접촉이 반드시 필요한 것이다. 지하계를 차분히 탐색한다면 헤라클레스는 자신에게 광기를 일으킨 원인을 발견하여 새로운 정신 상태로 갱생할 수 있다. 그런데 지하계의 입구에는 무시무시한 괴물이 지키고 있기에 보통 사람은 결코 지하계에 들어갈 수 없다. 헤라클레스는 케르베로스의 목을 졸라 힘으로 제압한다. 명계의 문지기를 제압했음은 그의 힘이 지하계 신보다 강할 수 있음을 암시한다.

지하계로 내려갔다가 지상계로 돌아왔다는 것은 부활 능력을 지니게 되었다는 증거다. 즉 죽음공포를 극복하려는 고대 인류의 소망이 헤라클레스의 지하세계 방문과 케르베로스 생포 후 지상세계로의 귀환이라는 신화소로 나타난 것이다.

◆ 잠재적 영웅이 과업 수행 과정에서 '누구'를 만났는가는 정신분석 차원에서 주목할 의미를 지닌다. 만난 대상의 기운이 그에게 내면화되기 때문이다. 프로메테우스는 신들의 금기를 어겼다는 이유로 고통스러운 벌을 받는 존재이고, 아틀라스는 제우스와 티탄족의 싸움에서 티탄족 편에 섰다가 서쪽 하늘을 떠받치는 형벌을 받은 거인이다. 형벌 받는 대상들을 만났다는 것은 헤라클레스의 운명 또한 형벌에서 벗어나기가 간단치 않음을 암시한다. 헤라클레스가 프로메테우스를 형벌에서 구해주는 대가로 신들의 전유물인 황금 사과를 얻는 방법을 들었다는 이야기에는 인간의 힘이 어느덧 신에 버금갈 수 있다는 그리스인들의 생각이 담겨 있다.

이상 열두 개의 과제는 고대 그리스인이 생활환경을 개선하고 정신을 발달시키기 위해 필요로 했던 것들이다. 고대인에게 힘은 곧 생명력이고 신이었다. 헤라클레스가 지닌 무적의 힘은 신성의 발현으로 지각된다. 그런데 특이하게도 그리스인의 이상화 대상인 헤라클레스는 광기를 지닌 존재로 묘사된다. 신탁(여신, 왕)의 명령에 순종하며 과제를 수행하는 능력과 가까운 대상을 죽이고 좋은 애정 관계를 망치는 광기를 함께 지닌 헤라클레스의 특성을 고대인의 삶의 맥락에서 어떻게 이해해야 할까?

헤라클레스의 정신성은 그리스에 폴리스가 형성되기 시작했던 초기의 열악한 생존 환경을 반영한다. 어머니가 아기에게 오랜 시간 안정된 돌봄을 제공할 수 없었던 환경의 영향으로 고대 그리스인의 심리구조는 편집·분열 자리에 고착됐을 것으로 추정된다. 헤라클레스의 행동에서는 '자율적 자아 활동'을 좀처럼 발견할 수 없다. 단지 본능충동이나 감각지각에 대한 자동적 반응과 권위자의 명령에 순응하는 모습만 관찰된다. 그는 내면에서 들리는 신의 목소리에 무조건적으로 충성하는 원시적 인간형의 표상이다. 그러나 헤라클레스가 과제를 하나씩 수행할 때마다 무의식의 그림자와 콤플렉스가 해소되어 그리스인들은 환경(외부 정령)과 접촉해 교류하고 통제하는 힘(마나)을 확장하게 된다. 또한 헤라클레스가 열두 과제를 수행하며 접촉·제압했던 각기 나른 대상들의 힘을 획득해옴으로써 그리스의 집단정신은 한층 더 보완되고 발달해간다.

내적 파괴의 힘

열두 과업을 마친 헤라클레스는 친구 아드메토스 왕을 찾아간다. 자신의 병을 치료하다 죽은 아내로 인해 비탄에 빠진 친구를 보고 지하계로 내려가 죽음의 신 타나토스로부터 친구의 아내를 구해낸다.

신화적 사고에서는 왕성한 생명력을 지닌 샤먼 왕이 주술을 통해 지하계의 신과 접촉하여 소원을 빌거나 큰 제물을 바치면 생명도 병도 되돌릴 수 있다. 지하계의 수문장 케르베로스를 잡아온 뒤로 헤라클레스는 죽음을 두려워하지 않고 압도적 힘을 발휘하는 영웅으로 묘사된다.

에우리토스 왕의 딸 이올레를 보자 마음이 끌려 구혼하나 실패한다. 이올레 공주를 얻지 못한 분노로 그녀의 오빠를 죽인 뒤 헤라클레스는 홀연 중병이 든다. 3년간 노예 생활을 해야 신의 노여움을 풀 수 있다는 신탁을 들은 그는 노예 시장에 팔려가 옴팔레 여왕의 노예가 된다.

헤라클레스의 정신에는 여성을 대할 때 내면에서 흥분시키는 대상 환상과 애정 갈망이 동시에 일어난다. 이 환상과 갈망은 페어베언이 강조한 '분열성 자리'의 유아가 일관성 없는 양육 태도로 자신을 애타게 만드는 엄마를 향해 지녔던 마음이다. 유아기에 응당 받아야 할 엄마의 돌봄을 받지 못한 박탈 경험은 아이의 정신 깊숙이 억압되었다가 성장한 후 마음에 드는 여성을 대할 때마다 무의식의 애정 결핍을 보충하려는 욕망을 일으킨다. 그때 그 애정 갈망이 좌절되면 무의식의 박탈 상처가 증폭되어 통제하기 힘든 광기(격노)를 일으킨다.

헤라클레스는 자신의 구혼을 좌절시킨 이올레의 아버지 대신 그녀의 오빠를 죽인다. 이것은 궁극적으로는 과잉 좌절을 준 유년기 엄마(여신)에게 보복한 것이다. 무의식의 존재를 몰랐던 고대 그리스인은 이 괴상한 행동을 헤라 여신의 저주 때문이라 생각했다. 부당한 살인을 저지른 자는 타인을 전염(내사)시킬 위험을 지니기 때문에 반드시 신의 이름으로 죄에 대한 벌을 받아야 한다. 당시에는 그 재판관 역할을 제사장과 신탁이 했다. 신탁은 헤라클레스에게 속죄를 위해 3년간 노예 생활을 할 것을 명한다. 편집·분열 자리의 광기와 낮은 자존감을 지닌 헤라클레스는 자신의 진면목인 피학적 노예 상태로 살아가면서 미숙한 정신을 반성하고 보충하는 시간을 가져야 한다. 하지만 안타깝게도 헤라클레스는 여왕의 배려로 사치와 쾌락에 빠져 지낸다.

노예 생활을 마친 헤라클레스는 데이아네이라 공주에게 마음이 끌려 구혼한다. 경쟁자인 강의 신 아켈로오스를 물리치고 그녀와 결혼한 헤라클레스는 아이를 낳고 잠시 행복에 젖는다. 그러나 그곳에 안주하지 않고 친구를 만나러 아내와 길을 떠난다. 도중에 만난 켄타우로스족의 네소스가 아내를 납치하자 히드라의 독을 묻힌 화살을 쏘아 죽인다. 네소스는 죽기 전 데이아네이라 공주에게 "(히드라의 독에 오염된) 내 피를 헤라클레스의 옷에 발라 입히면 잃었던 사랑을 되찾을 수 있다."라는 말을 남긴다.

헤라클레스는 미모의 공주를 보자 또다시 '흥분시키는 대상' 환상이 올라와 구혼을 하고 경쟁자와의 치열한 결투 끝에 결혼에 성공한다. 그리고 행복에 안주하려는 순간 그에게 알 수 없는 불안이 밀려와 안정된 보금자리를 마다하고 여행을 떠난다. 이것은 사랑하는 여성과 친밀 관계를 맺어야 하는 상황을 견딜 수 없어 거리를 두려는 분열성 인격의 전형적 반응이다. 분열성 인격자에게는 흥분시키는 대상을 향한 강한 결합욕구와 함께 그 욕구를 경멸하며 파괴하는 '내적 파괴의 힘'이 늘 연달아 작동된다. 그의 무의식에는 유아에게 사랑을 줄 것처럼 유혹하는 엄마 환상과 견디기 힘든 좌절을 주며 아기의 관계욕구를 거부하는 엄마 환상이 억압되어 있다. 그로 인해 관계 맺고 싶은 이성을 만날 때마다 무의식의 두 환상이 번갈아가며 위력을 발휘한다. 그 결과 그에게 흥분을 일으키는 사랑은 언제나 파국으로 귀결된다.

여행 도중에 나타난 네소스가 부인을 납치하는 상황은 애정 대상과 거리를 두고픈 헤라클레스의 무의식적 욕구를 대신 실행해주는 표상이다. 모든 친밀한 관계는 첫 번째 부인 메가라와의 관계처럼 헤라클레스 자신이 직접 깨뜨리거나 이올레와의 관계처럼 타자에 의해 깨져야만 한다. 그래야 분열성 인격자의 대상관계 불안이 진정될 수 있다.

헤라클레스는 네소스를 독 묻힌 화살로 쏘아 죽여 아내를 구한다. 그런데 애정 대상이 여전히 가까이 있기에 분열성 인격자의 거리두기(밀어내기) 욕구는 아직 사그러들지 않는다.

편집 자리의 광기와 분열성 자리의 공허

자신의 구혼을 방해했던 에우리토스 왕을 살해한 헤라클레스가 이올레를 포로로 데려온다. 질투심으로 가득 찬 아내 데이아네이라는 네소스의 말에 속아 독이 든 피를 옷에 묻혀 헤라클레스에게 입힌다. 피부가 타들어가자 헤라클레스는 너무 고통스러운 나머지 스스로 장작불에 뛰어들어 죽는다.

이성과의 친밀 관계를 바라면서 동시에 못 견뎌 깨뜨리는 분열성 인격자는 인간관계에서 평생 오해를 불러일으킨다. 결국 친밀한 대상이 없어 그의 말년은 외롭고 비참해진다. 사랑하던 아내와 결합해 자식을 낳고 안정을 찾을 때쯤 갑자기 다른 여인에게 관심을 돌리는 헤라클레스의 태도는 욕망이 생겼다가도 또다시 그 욕망을 맹렬히 경멸하고 비난해 파괴하는 내부의 힘에서 기인한다. 고대인은 이해할 수 없는 이 괴상한 힘을 '헤라 여신의 시기'라 여겼다. 이것은 실상 자신을 향한 엄마의 사랑이 전혀 느껴지지 않고, 엄마를 향한 자신의 사랑 역시 전혀 전달되지 않던 유년기 박탈감을 무의식으로 억압해 형성된 분열성 인격 구조에서 비롯된 것이다.[51] 분열성 인격자는 상대에게 상처 주지 않으면서 친밀한 관계를 지속하는 것이 불가능하기 때문에 그 대상을 보호하기 위해 관계를 깨뜨린다.

헤라클레스는 자신이 죽인 네소스의 피와 히드라의 독에 몸이 타들어 간다. '히드라의 독'은 파괴욕동과 잔인한 어머니가 내뿜는 시기심의 표상이다. 아이를 증오하는 엄마는 따스한 사랑의 젖이 아닌 독이 든 젖을 준다. 가령 아이가 원치 않을 때 주는 젖 또는 사랑 없이 의무적으로 주는 젖, 즉 안전감을 제공하지 못하는 상태에서 나온 젖은 아이에게 생명의 음식이 아닌 독으로 지각된다.

결국 원치 않았던 아기에 대한 헤라의 분노가 평생 헤라클레스의 삶에 영향을 미친 것이다. 헤라의 분노는 아기의 절실한 사랑을 거부하는 엄마 표상으로 무의식에 저장되어 헤라클레스가 애정 대상과 관계할 때마다 부정적 환상을 일으켜 친밀 관계를 파괴하게 만든다. '데이아네이라의 질투'는 제우스가 외도해 낳은 자식에 대한 헤라의 질투와 유사하다. 헤라클레스의 삶과 죽음은 결국 유년기에 박탈당한 모성성으로 인해 갖게 된 광기와 치명적 실수가 낳은 귀결이다.

고통을 이길 수 없었던 헤라클레스는 자살을 택한다. 자살은 자신을 향해 파괴욕동을 분출하는 것이다. 파괴욕동이 내면에 가득한 편집증자는 투사와 공격성 분출을 통해서만 자살충동을 억제할 수 있다. 분열과 투사라는 방어기제로도 현재의 고통과 자살충동을 다룰 수 없게 되면 스스로 목숨을 끊는다.[52] 장작더미 속에서 불타는 헤라클레스에게 편집 자리의 광기와 분열성 자리의 공허·고독이 출렁인다.

아버지 제우스는 장작불에 타는 헤라클레스의 육신에 번개를 내리쳐 그 영혼을 하늘나라로 데려온다. 헤라클레스는 죽음 후 승천해 헤라와 화해하고 헤라의 딸 헤베와 결혼해 영원한 행복을 얻는다.

헤라클레스가 죽자 헤라의 분노가 비로소 진정된다. 그녀는 딸 헤베와 헤라클레스를 결혼시킨다. 헤라클레스의 일생은 부권적 남신에 의해 권력을 상실한 모권적 여신을 위로하는 희생양 느낌을 준다.

대부분의 영웅에게는 아버지와의 화해가 중요한데 유독 헤라클레스의 이야기에서는 운명을 좌우하는 남근적 여신과의 화해가 부각된다. 헤라클레스는 신들의 왕 제우스의 아들이자 분신이다. 그렇다면 헤라와 헤라클레스의 화해는 어머니와 아들의 화해, 유아기 모권적(징벌적) 초자아와 성장해가는 자아(영웅)의 화해를 의미할 수 있다. 헤라의 분노는 원래 제우스를 향한 것이었다. 제우스(가부장제)에게 소외당한 헤라에게는 자신의 분노를 담아주고 풀어줄 대상이 필요하다. 헤라클레스는 제우스가 하지 못했던 역할을 대신 수행함으로써 모성 에너지와 부성 에너지를 함께 필요로 하는 그리스인의 정신에 균형을 제공한 영웅이다.

어머니의 결핍을 해소해주는 희생양

헤라클레스는 '헤라의 영광', 즉 헤라의 명성을 높이는 데 기여한 존재라는 뜻이다. 헤라는 결혼의 신이자 아테네의 수호신이다. 헤라는 헤라클레스에게 신탁의 목소리로 명령을 내려 열두 가지 과업을 완수하게 함으로써 위험한 파괴 에너지를 지닌 그를 범죄자가 아닌 공동체의 문제 해결을 위한 봉사자로 만든다. 이것이 그가 두 님프 앞에서 선택한, 고통스럽지만 영원한 이름을 남기는 '미덕의 길'이었던 것이다.

보이지 않는 힘으로 헤라클레스가 죄인의 길을 가게 한 것도 헤라이고, 마침내 헤라클레스를 죄인에서 집단의 영웅으로 전환(속죄)시킨 것도 헤라다. 유년기의 어머니가 자식의 정신에 명령하는 초자아로 자리 잡음으로써 삶에 미칠 수 있는 영향력은 이토록 지대하다.

제우스에 대한 헤라의 적개심은 남편의 분신인 헤라클레스에게 투사된다. 이런 경우 아들은 부모의 희생양이 된다. 출생 후 초기 12개월간 돌봄 경험이 심하게 박탈된 아이는 내면에 자신을 박해하는 어머니상(나쁜 대상 표상)을 지니게 된다.[53] 자기애가 강한 어머니는 아이가 자신을 기쁘게 할 때만 조건적인 애정을 주었기에 아이는 애정을 받기 위해 그녀의 욕망과 명령에 열심히 봉사하는 삶을 살아야만 한다.

또한 믿고 의지하는 남편을 갖지 못한 경계선 인격 어머니는 남편과 세상을 통해 채우지 못한 정서적 박탈감과 유기 불안을 자식에 대한 애착으로 해소하려 한다. 이 경우 자식에 대한 감시와 속박과 통제 활동은 어머니나 아이가 죽어야만 끝이 난다. 헤라클레스는 그런 어머니의 결핍과 분노를 해소해주는 희생양이다. 헤라에게 헤라클레스는 자신의 공허감과 손상된 자존감을 보충하는 데 전적으로 필요한 대상이기에 그녀 자신이 아닌 그 누구와도 친밀한 관계를 맺지 못하게 방해한다. 병리적 어머니의 이런 부정적 정서는 자식에게 투사동일시되어 그의 정신을 지배 조종한다. 그로 인해 헤라클레스는 헤라의 명령에 순종하면서 동시에 자기 자신을 되찾기 위해 분노의 광기를 분출하게 된다.

여성의 사회적 지위와 자존감이 낮은 사회일수록 여성의 정서적 결핍은 주로 부부 관계가 아닌 모자 관계에서 보충된다. 헤라클레스 신화에서도 여성에 대한 비하가 우회적으로 드러난다. 헤라클레스의 광기를 '헤라의 농간', '헤라의 저주'로 묘사한 것이 단적인 예다. 반사회적 행동을 여성 신과 연결시키는 것에는 여성의 일부 특성(시기, 질투)에 대한 부정적 가치판단이 담겨 있다.

엄마와의 관계에서 해결되지 못한 유아의 감정은 무의식에 묻혀 있다가 엄마와 모종의 유사성을 지닌 대상과 친밀 관계를 맺으려는 상황에 처하면 갑자기 의식으로 치솟는다. 헤라클레스가 아내와 자식, 음악 교사,

아마존 여왕을 살해한 것은 정신 내부에 들끓던 공포와 분노가 엄청나게 강했다는 징표다. 증오는 초기 엄마 관계에서 박탈·좌절된 애정에서 기인하며, 그것이 자아에 통합되지 않는 한 개인은 안정된 인생을 살 수 없다.

헤라클레스의 삶은 어머니의 영광을 위한 노예적(피학적) 봉사, 유아기에 엄마의 품어줌holding을 경험하지 못해 해소되지 않은 파괴(죽음)욕동과 증오심에 의해 추동된다. 험난한 열두 가지 과업을 수행하며 괴물을 정복한 추동력도 외양은 다르지만 근본 동기는 동일하다. 그는 어린 시절에 박탈된 모성적 애정을 보상받기 위해 자신이 내사동일시한 어머니 살해 작업(괴물 처치)을 계속 거친 것이다.

연약한 왕 에우리스테우스는 현실 문제에 대처할 힘을 상실한 무기력한 구시대 관습을 표상하며, 그의 요구(열두 과업)는 곧 당시 그리스가 결여한 것들을 보충해달라는 요구다. 헤라클레스는 희로애락을 좌우하던 유아기(무의식)의 어머니에게 애정과 인정을 받기 위해서, 그리고 그녀의 마력에서 벗어나기 위해서 그 요구를 무조건 수행해야 한다.

영웅은 험난한 통과의례를 거치며 유년기 무의식(원시적 정신성)과 대결해 성인에 도달한 모델이다. 그런데 헤라클레스는 과연 이 조건에 적합한가? 개인의 정신성 차원에서 본다면 그에게는 (친밀 관계를 못 견뎌 파괴하는) 분열성 자리와 (나쁘게 지각되는 대상에게 무차별 공격성을 퍼붓는) 편집증 자리의 특성이 죽을 때까지 반복되는 것이 관찰된다.

프로이트는 성욕동 발달 유형과 애정 관계 양태를 자세히 들여다보면 개인의 정신성이 단적으로 드러난다고 보았다. 헤라클레스는 메가라와 결혼해 아들 셋을 낳고 삶이 안정될 무렵 처자식을 살해했고, 아마존 여왕과 잠시 가까워졌다가 광기에 빠져 그녀를 살해했고, 공주 이올레에게 반해 구혼했지만 뜻을 못 이루자 분풀이로 그녀의 오빠를 살해했다. 또한 노예로 팔려 갔을 때에는 옴팔레 여왕과 결합했다가 얼마 후 미련 없이 떠나고, 데이아네이라 공주와 결혼해 심신의 안정을 찾을 즈음 또다시 이올레에게 관심을 돌려 아내의 질투로 불의의 죽음을 당하게 된다. 세 여인에게 마음을 주었지만 매번 친밀 관계를 맺을 즈음에 관계를 깨뜨리는 행동을 반복한 것이다. 이런 헤라클레스의 행동은 바람둥이로 알려진 제우스의 행동과 매우 유사하다. 어쩌면 크로노스의 눈을 피해 동굴에서 검은 염소의 젖을 먹고 자란 제우스가 분열성 인격의 원조였을 수 있다. 즉 원아버지인 제우스의 특성이 헤라클레스에게 동일시된 것이다.

적과 아군을 선명히 구분해야만 생존할 수 있는 위협적 환경에서는 편집증적 경계선 인격구조를 지니는 것이 유리하다. 그리고 경계선 인격구조를 지닌 어머니는 두 자식 중 오직 한 대상에게만 애정을 쏟을 수 있다. 자녀가 쌍둥이라면 그중 한 명은 헤라클레스처럼 애정 결핍과 더불어 양육자가 배설하는 부정적 감정을 담아내는 배설통 역할을 계속 해야 한다.

경계선 인격은 투사동일시를 통해 가까운 대상이나 적의 정신을 조종한다. 헤라가 헤라클레스를 투사동일시로 조종했다는 것은 둘이 매우 가까운 관계라는 징표다. 헤라클레스에게는 헤라가 어떤 대상보다 중요하다. 개인무의식의 눈으로 보면 헤라는 자식의 일거수일투족을 끊임없이 감시하고 자식의 생명 에너지를 끊임없이 자신을 위해 쏟아 붓게 만드는 경계선 인격 및 자기애 인격이다. 그러나 집단무의식 차원에서 보면 집단이 필요로 하는 인물을 선별해 봉사하도록 추동하는 지혜신의 표상이다.

헤라는 헤라클레스에게 광기를 일으켜 곤경에 빠뜨리고는 그 벌로 신탁을 내려 험난한 과업을 수행하게 만든다. 여신은 외견상 가혹한 심판자(원시 초자아), 나쁜 어머니상으로 보인다. 그러나 역경을 이겨내고 과업을 성취한 헤라클레스가 죽은 후에는 그의 업적을 인정하고 수용하는 좋은 어머니상으로 변한다. 헤라 자신도 헤라클레스를 통해 그리스의 오래된 난제들을 해결한 수호신으로 찬양받는다.

모든 성격 유형은 나름의 적응력과 장단점을 지닌다. 친밀 관계를 못 견디는 분열성 인격은 자신에게 불안을 일으키지 않는 공적 임무는 지치지 않고 탁월하게 수행해낸다. 헤라클레스가 이루어낸 열두 가지 과업은 그의 분열성 인격과 내면에서 들리는 신의 목소리에 순종하는 양원적 정신구조에 의해 성취된 것이다. 헤라클레스는 친밀한 애정 관계가 불안했기에 공적 임무에 몰입하는 미덕의 삶을 살 수밖에 없는 분열성 인격자의 운명을 나타내는 모델이다.

헤라클레스는 안타깝게도 유아기 박탈로 인한 분열된 정신구조를 해결하지 못한 채 행복을 누릴 상황이 될 때마다 홀연 광기(무분별한 격노)를 일으키고 친밀 관계를 파괴하는 행동을 반복하다 생을 마쳤다. 사랑했던 이올레를 포로로 데려와 새로운 친밀 관계를 맺으려 한 시점에서 헤라클레스에게 닥친 뜻밖의 불행은 어쩌면 그 자신이 원한 것을 부인이 대신 실행해준 것일 수도 있다.

6

에로스와 프시케

감각적 쾌락과 정신적 기쁨이 공존하는 삶의 환희

그리스 신들의 계보를 정리한 헤시오도스의《신통기Theogonia》에 따르면 에로스는 하늘신 우라노스와 대지 여신 가이아와 더불어 태초부터 존재하는 신이다. 에로스는 서로 분리된 상태의 신(생명 요소)들을 결합해 새로운 생명체를 생성시키는 힘(원기元氣)의 상징이다. 거인족과 올림포스의 신들을 생겨나게 한 기본 에너지도 에로스에서 기인한다. 즉 에로스는 모든 번식 활동과 창조의 근원이며, 남녀 간의 열정적 사랑을 추동하는 에너지다. 그런데 제우스를 중심으로 신들의 계보가 정착된 이후 에로스는 아름다움의 여신 아프로디테와 전쟁의 신 아레스 사이에서 태어난 아들로 위상이 변화된다.[54]

에로스의 열정적 욕망은 아프로디테의 육체적 아름다움과 연결된다. 이는 인간이 성기가 다른 남녀로 구분된다는 사실을 처음 인식한 아동이 이성의 부모에 애착하며 꼭 붙어 있으려 하는 특성을 상징화한 것일 수 있다. 에로스의 화살은 '남근'의 상징이자 남근과 연관된 쾌락을 기대하는 남근기 아동 또는 사춘기 소년의 흥분된 성욕동을 상징한다. 이는 또한 리비도(성욕동)가 어느 대상에 부착cathexis될 경우 그 대상이 사랑 욕망(에로스)을 일으키고 아프로디테처럼 아름답게 보이는 심리 현상을 반영한다.

사랑의 열정은 경쟁적 삼각관계 상황에서 격렬한 질투나 시기심을 일으키기 때문에 때로 증오나 파괴성과 연결되기도 한다. 에로스는 또한 도덕적 금기를 넘어서도록 추동하여 인간을 죄와 비극에 빠뜨리는 위험성을 지니기도 한다. 타자를 힘으로 무찌르고 원하는 것을 강탈하는 전쟁(파괴욕동)의 신 아레스처럼 에로스 또한 금기를 어기더라도 자기가 원하는 대상과 결합하려 든다. 에로스의 강한 쾌락은 자아가 미성숙한 개체에게는 감당하기 힘든 과잉 자극으로 지각되므로 두려움과 상처를 일으키기도 한다. 특히 성 차이를 지각하기 이전의 구강욕동과 의존적 융합 욕구를 지닌 유아에게 성 자극은 연약한 자아로서 감당하기 버거운 것이기에 두려운 힘으로 느껴져 억압·회피된다.

'프시케Psyche'는 '나비'라는 뜻과 '숨'(호흡), '영혼'(정신)이라는 뜻을 함께 지닌다. 프로메테우스가 진흙으로 신의 형상을 본뜬 인간을 창조할 때 지혜의 여신 아테나는 인간의 코로 숨을 불어넣어 나비처럼 가벼운 영혼을 만들었다. 프시케는 하늘을 날아 신성한 대상들과 접속할 수 있는 지혜의 힘인 동시에 나비처럼 나약하고 나풀거리는 특성을 지닌다. 이런 정신성을 지닌 존재가 바로 인간이다. 프시케의 특성과 힘을 판단·평가하는 그리스인의 관점은 시대에 따라 변화되어왔다. 그리스 문화는 정령론과 주술적 사고가 지배했던 신화시대에서 시작해 신화적 사고와 이성적 사고가 공존하던 비극작가 시대를 거쳐 이성 중심적인 철학자의 시대로 이행해갔다. 신의 목소리에 절대 복종하며 제사장이 전해주는 신탁을 신의 말씀(진리)으로 믿고 의존해 살던 신화시대 그리스인에게 처음 출현한 프시케는 어떻게 지각되었을까?

초기의 프시케는 나비처럼 연약하고 외부의 자극에 이리저리 휘둘리며 호기심을 통제하지 못해 큰 실수를 하는 미성숙한 소녀로 표상된다. 세월

이 흘러 비극작가 시대에 이르자 프시케는 신탁에 의존해 살던 고대인이 해결하지 못한 '스핑크스의 수수께끼'를 풀어내는 신비한 힘(지혜)을 지닌 동시에 자신의 한계를 망각하는 자만 때문에 비극에 빠지는 '오이디푸스'로 표상된다. 철학자의 시대에 프시케는 실재에 대한 감각지각을 넘어선 추상적 사고 활동으로 영원한 진리에 도달하게 하는 가장 탁월한 힘이자 '철인왕哲人王의 본질'로 표상된다.[55]

그렇다면 정신현상과 자연현상을 신과 정령의 생성물로 지각했던 신화시대 그리스인에게 영혼과 사랑, 앎의 힘과 관능적 아름다움의 힘은 어떤 관계로 이해되었는가? 프시케와 에로스와 아프로디테의 특이한 관계를 통해 고대 그리스인은 무엇을 표현하고 싶어 했는가? 프시케, 에로스, 아프로디테 각각은 무엇을 대변하며 고대 그리스인의 어떤 욕망과 심리 상태를 반영하는가?

진리 추구, 반성하는 정신의 탄생

관능적 사랑과 육체의 아름다움은 신화시대 초기부터 그리스인의 생활에서 커다란 가치를 지닌 요소였다. 미의 여신 아프로디테는 고대 그리스인이 숭배하는 중요한 신이었다. 시대 환경이 변화하자 사람들은 그동안 주목하지 않았던 프시케(정신)에 대해 관심을 갖기 시작했다. 그렇다면 고대 그리스인이 '정신'을 중요한 신(생명 에너지)으로 주목한 후 기존에 경배하던 '미의 여신과 에로스'의 위상은 어떻게 변했을까?

아프로디테는 번식과 풍요를 담당하던 중동의 여신 이슈타르와 유사하게 성욕과 미적 환상을 일으켜 종족의 번식을 돕는 신이다. 그녀는 사랑의 신 에로스를 아들로 둔 매혹적 어머니이자 질투심을 지닌 냉엄한 명령자다. 미의 여신이 어머니신으로 등장한 것은 인류 초기부터 '미'가 성욕과 다산에 기여했기 때문으로 추정된다. 자손을 낳으려면 먼저 성적으로 결합하고픈 애정 욕구가 일어나야 하며, 애욕이 일어나면 상대가 매우 아름답게 보인다. 따라서 애욕과 관능미는 태초부터 종족 번식을 활성화하는 기능과 위상을 지닌 중요 힘이기에 신으로 형상화되어 숭배받았다. 그 후 그리스의 문명화 과정에서 아프로디테는 인간의 애정 및 증오를 좌우하는 어머니로, 에로스는 아프로디테의 명령을 수행하는 아들 이미지로 분화된다.

아름다움은 인간에게 관심과 접촉 욕망을 일으키므로 열정적 사랑 욕망을 일으키는 힘인 에로스는 미와 밀접한 관계를 지닌다. 에로스가 미의 여신 아프로디테의 어린 아들로 표현된 것은 사랑(성적 욕망)에 가장 민감한 시기가 아동기(오이디푸스기)와 사춘기이고 사랑 욕망을 일으키는 최초의 유혹자가 어머니이기 때문이다.

그런데 '앎을 추구하는 욕망'의 상징인 프시케가 열정을 일으키는 에로스 그리고 미적 매력을 발산하는 아프로디테와 조화로운 관계를 맺을 수 있는가? 소크라테스는 애욕과 관능적 미를 탐닉하며 살던 그리스인의 관심과 가치 중심을 프시케에게로 돌리려다 민중의 거센 반발에 부딪혀 사형당한 철학자다. 소크라테스는 혼자서는 어떤 것도 이루지 못하고 현실의 냉엄한 요구들에 두려워하며 흔들리는 가냘픈 여성 이미지로 표상된 프시케를 신성한 능력과 가치를 지닌 인간의 가장 중요한 힘으로 재해석한다. 소크라테스에 의해 프시케는 (비록 본능욕동과 에로스의 유혹에 흔들리기는 하지만) 인류사 최초로 '생각'을 통해 영원불변하는 신적 진리에 접속하게 하는 매개자, 그 진리와 자기 자신에 관해 생각하고 반성하는 힘을 지닌 '철학 정신'의 표상이 된다.

프시케가 출현하기 이전 그리스인의 삶에서 근본적 중요성을 지녔던 존재는 왕성한 생식력과 성욕을 주관하는 여신 아프로디테였다. 그녀는 제우스에 의해 대장간의 신 헤파이스토스와 결혼했는데, 전쟁의 신 아레스와 동침한 뒤 에로스를 낳는다. 유혹하는 관능미와 잔인하게 파괴하는 전쟁은 반대 성질을 띤다. 신화에서 그 두 신을 결합시킨 까닭은 무엇인가?

파괴욕동이 성욕동과 결합하면 파괴성이 중화되고 창조성으로 전환된다. 반면 공격성이 성욕과 분리되면 잔혹하고 파괴적인 행동으로 분출된다.[56] 따라서 사회 질서 차원에서 미의 여신과 전쟁신의 결합은 바람직한 것이다. 고대 그리스인은 두 대극적 신의 결합으로 태어난 에로스가 서로 대립되는 성질·개체·집단 등을 조화롭게 매개하는 힘을 지녔다고 보았다. 또는 에로스가 열정적 사랑 욕구와 결합해 강해지면 삶의 안정을 파괴하는 위험성을 지니기에 전쟁신의 아들로 연상한 것일 수 있다.

에로스와 아프로디테는 인간에게 삶에 대한 욕구와 활력, 기쁨을 주기 때문에 태초부터 중요한 신이었다. 그렇다면 그리스인에게 프시케는 처음 등장할 때 어떤 존재로 지각되었을까? 관능미와 사랑 욕망과 비교해 '정신'은 어떤 힘과 가치를 지닌 존재였을까?

'미적 쾌락' 대 '정신의 기쁨'

> 옛날 어느 왕국의 왕에게 딸이 셋 있었다. 그중에서도 셋째 딸 프시케가 가장 아름다웠다.

'세 딸'은 신화시대부터 등장하는 인류의 보편 상징이다. 첫째는 부모에게 가장 많은 주목을 받는 특권적 위치에 있다. 둘째는 비록 첫째보다는 부모의 관심을 덜 받지만 그럭저럭 자신의 현실 상황을 인정하고 적응하는 존재다. 이에 비해 셋째 딸은 부모의 관심과 애정을 둘러싼 언니들과의 애정 경쟁에서 밀려나는 주변인이다. 그녀가 부모와 세인의 관심을 끌기 위해서는 빼어난 어떤 능력을 갖추어야 한다.

프로이트는 신화와 예술작품에서 일반적으로 가장 아름답게 묘사되는 '셋째 딸'의 숨겨진 의미를 추적한다. 고대 서양에서 3은 기독교의 삼위일체설에서 드러나듯 신성함과 완벽함의 기호다. 그런데 '완벽함'이란 현실 생명체들의 성질과 매우 다르기에 이 세상이 아닌 저세상의 특성과 연관된다. 즉 민담, 신화, 예술작품 속 셋째 딸의 정체는 현실과 유리된 '죽음 여신'의 전치다.[57] 죽음 여신이 너무 섬뜩하고 무섭기에 정반대 특성을 지닌 아름다움으로 미화·전치시킨 것이다. 이는 죽음공포를 정신이 감당할 만한 무엇으로 변화(승화)시키려는 고대인의 노력을 반영한다.

프시케가 신화의 주인공으로 등장했다는 것은 '생각하는 영혼'(정신)이 고대 그리스인이 생존하는 데 필요한 힘으로 갑자기 부상했음을 의미한다. 서로 대립하던 도시국가들 사이에 정치적 연합과 교역이 활성화되자 들판 위를 부드럽게 날아다니는 '나비처럼 유연한 정신'의 필요성을 처음 자각한 것이다. 그런데 그전까지 본능욕동과 감각의 만족을 통해 기쁨을 누리고 제사장과 왕의 탁월한 지혜를 통해 안전을 보장받아온 고대 그리스인에게 정신(자율적 이성)은 아직 그 힘과 가치가 어느 정도인지 확신하기 어려웠다.

아프로디테가 에로스를 낳자 수많은 님프들이 나타나 에로스를 구름 위에서 받았으며, 날개 달린 천사가 에로스를 축복했다.

태어날 때부터 넘치는 축복을 받은 에로스는 어머니와 융합된 '마마보이'의 상징이다. 이에 비해 프시케는 셋째 딸로 태어나 부모의 애정을 쟁취하는 경쟁에서 언니들에게 밀려난 아픔을 지닌다. 유년기의 가족관계 상처로 인해 현실에 대한 관심보다 위안을 주는 정신세계를 동경한다.

사람들은 프시케의 빼어난 미모를 보고 그녀를 미의 여신 아프로디테라 부르며 칭송했다. 미의 여신에 대한 사람들의 관심과 참배가 소홀해지자 이에 분노한 여신은 아들 에로스에게 "가장 추하고 비천한 남자를 좋아하게 해 프시케를 세상의 웃음거리로 만들라."고 명령한다.

만물의 경계를 세우는 법이 제우스에 의해 정립된 이후 안전을 확보한 인간은 감각 및 미적 쾌락을 얻기 위해 에로스와 아프로디테의 주위로 몰려들었다. 그런 그리스인에게 프시케는 새로운 기쁨(안정감)을 주는 관심 대상으로 부각된다. 미적 쾌락과 정신의 기쁨 중 어느 것이 인간에게 더 큰 힘을 발휘하는가? 이 문제를 그리스인은 아프로디테와 프시케 사이의 갈등으로 묘사한다.

에로스(리비도)의 화살이 대상에 꽂히면 누구든 간에 아름답게 여겨지고 강렬한 사랑 감정이 생겨난다. 프시케에게 에로스의 화살이 꽂히면 어찌될 것인가? 그 화살이 누구에게 꽂힐지는 신의 뜻이라 예측하기 어렵다.

신화 속 프시케는 아버지의 말씀에 순응하고 타인의 말에 귀 기울인다. 한편으로는 지적 호기심이 강하며 의심도 깊다. 그리고 현실 이익이나 목숨에 연연하지 않고 주어진 일에 전념한다. 그녀는 쾌락원칙이나 현실원칙에 무관심하다. 이에 비해 아프로디테는 욕망을 일으키는 쾌락원칙의 모델이다. 그런데 감각적 쾌락에 취해 아프로디테를 찬양하던 사람들의 관심이 쾌락과 무관한 프시케에게로 옮겨 가는 사태가 발생한다.

프시케에게 분노하는 아프로디테의 태도는 히스테리와 유사하다. 히스테리 여성은 삼각관계에서 애정 경쟁의 승자가 되기 위해 남자가 그의 애인이 아닌 자신을 욕망하도록 끊임없이 유혹한다. 그러나 관심 끌기에 성공하더라도 정작 그녀 자신은 쾌락을 누리는 주체가 되지 못한다. 그녀는 오직 '사랑받는 대상'이 되려고 전념할 뿐 성적 향락을 누리는 것은 두려워하여 회피한다. 그녀의 정신은 구조적으로 늘 애정 결핍 상태에 있기 때문에 자신의 심리적 결핍을 메워줄 대상의 관심을 끊임없이 필요로 한다. 자신이 필요로 하는 대상이 다른 여인에게 더 관심을 보이면 마치 인격이 붕괴되는 듯한 상처와 분노와 불안을 느낀다.

프시케는 에로스와 아프로디테의 감각적 사랑이 채워주지 못한 '정신적 기쁨'을 제공한다. 현실에서 감각의 만족을 얻기 힘든 인간일수록 정신적인 것에 큰 관심과 매력을 느낀다. 당대 사람들이 아프로디테에서 프시케에게로 관심을 돌렸다는 것은 현실에서 쾌락을 즐기기 힘들었거나 지나친 쾌락의 부작용으로 인해 위기와 불안이 닥쳤다는 징후다. 프시케에 대한 아프로디테의 미움은 또한 미적 환상에 취하려는 욕구와 진실을 알고 싶어 하는 욕구 사이에 대립과 갈등이 있음을 의미한다. 두 힘은 각자 대체될 수 없는 고유한 매력을 지니기에 둘 중 어느 것에 어느 정도로 몰입해야 할지 선택하기가 어렵다.

아프로디테가 프시케를 조롱받는 대상으로 만들기 위해 사랑에 빠지도록 한 '세상에서 가장 추하고 비천한 남자'는 금기를 어긴 죄인이나 노예, 생명력이 고갈된 인간 등을 의미한다. 프시케가 추하고 비천한 존재와 대비되었다는 것은 그 자체로 이미 매력 있고 고결한 무엇으로 부각되고 있음을 암시한다. 고대인은 인간이 금기를 어기면 신의 분노를 일으켜 병이 나거나 매력이 손상되거나 그가 속한 집단에 재난이 발생한다고 생각했다. 프시케는 불완전한 인간임에도 감히 여신보다 매력 있는 대상으로 칭송받았다. 이러한 사실 자체가 신성모독죄에 해당한다. 사람들의 마음을 끄는 힘은 신의 속성이다. 주술적 사고를 지녔던 고대 그리스인이 프시케의 매력에 주목한 이유는 정신(이성)에 영원성에 접속하는 힘, 즉 신의 속성이 있다고 생각했기 때문이다.[58]

성욕 및 아름다움에 대한 갈망과 정신에 대한 관심 사이의 충돌은 아프로디테와 프시케의 대립이라는 신화소로 발현된다.

> 아프로디테의 명령을 받은 에로스는 잠자는 프시케에게 가서 입에 쓴물을 떨어뜨린다. 프시케가 눈을 뜨자 에로스는 그녀의 아름다움에 취하고 만다. 그는 실수로 자신의 화살에 찔리게 되고, 프시케의 머리에 쓴물 대신 단물을 떨어뜨려 그녀를 더욱 아름답게 만든다. 그 후로 모든 사람들은 프시케의 아름다움을 찬양하면서도 접근하거나 청혼하지 않았다.

단물과 쓴물은 일차적으로 리비도의 집중-반反집중을 의미한다. 리비도가 대상에 부착되면 그 대상에 대해 사랑 감정과 아름다움 환상이 일어나고, 리비도가 철수되면 그 대상은 무의미하고 무가치하게 지각된다.

쓴물은 고통과 더불어 욕망마저 거두어 가는 죽음욕동을, 단물은 쾌락 자극과 욕망이 출렁이는 삶욕동을 표상한다. 따라서 단물이 머리에 떨어졌음은 정신이 신적 활력을 지니게 됨을 뜻한다. 쓴물이 떨어진 입은 구강욕동 기관의 상징인 동시에 여성 성기의 전치다. 구강욕동은 어머니의 사랑 넘치는 젖을 한껏 먹고 품에 안겨 의존·융합하고픈 유아의 욕구다. 쓴물로 인해 입과 성기에서 리비도가 철수된 프시케는 먹고 마시는 것, 성적 쾌락에 무관심해진다.

사람들이 프시케에게 청혼하지 않는 이유는 그녀가 감각적 욕망과 성적 매력을 상실했거나 우울증에 함입된 존재이기 때문일 수 있다. 고대 그리스인에게 감각적 기쁨과 무관한 대상은 곧 죽은 존재나 다름없었으며 접촉해서는 안 될 금기 대상임을 의미한다. 그리스인은 이제 에로스와 아프로디테만으로는 현실불안과 죽음불안에 안정적으로 대처하기 힘든 상태가 되었다. 능동적으로 앎을 추구하는 영혼의 기능이 필요해졌으나 누구도 입과 성기의 만족을 포기하려 하지는 않는다. 아직은 프시케와 영원히 결혼하고 싶어 하는 철학자가 역사에 등장하지 않은 것이다. 프시케가 당대 인류와 관계하고 소통하려면 에로스와 아프로디테 못지않은 힘을 보여야 한다.

정신(이성)의 매력을 찬양한다는 것은 이중적 의미를 지닌다. 한편으로는 인간이 육체의 쾌락을 넘어선 어떤 만족을 지닐 수 있음에 주목했다는 것이다. 다른 한편으로는 영원성과 접속하는 이성을 삶의 감각적·미적 기쁨을 방해하는 죽음에 가까운 무엇으로 여겨 두려워했다는 뜻이다.

사람들은 육체의 감각적 쾌락과 아름다운 환상을 만끽하고 싶어 한다. 정신에 관심을 갖는 것은 치명적 위기와 불행에 처하거나 죽음에 직면했을 때다. 반면에 생명력이 넘치는 자들은 굳이 정신(이성)과 접촉·결합하고 싶어 하지 않는다. 프시케가 미의 여신과 대립되는 위치에 놓였다는 것은 곧 고대인에게 정신 활동이 삶욕동과 대비되는 존재였음을 암시한다.[59]

날개 달린 괴물과의 결혼

누구도 프시케에게 청혼하지 않자 당황한 왕은 신탁을 의뢰한다. 신탁은 "딸을 산꼭대기에 있는 날개 달린 괴물에게 시집보내라."라고 답한다.

고대인에게 '스스로 생각하는 정신'이란 매우 낯선 것이었다. 그때까지 사람들은 신성한 대상(왕, 제사장)이 전해주는 지혜 말씀과 명령에 순응하는 삶에 익숙했다. 삶에 심각한 문제가 생기면 (오늘날 많은 한국인이 점쟁이나 종교인을 찾듯이) 신전의 사제를 찾아가 해결책을 구하고 경청했다.

그렇다면 이 신탁의 의미는 무엇인가? 높은 '산꼭대기'는 신성한 신들이 거주하는 곳이다. '날개를 지닌' 존재는 신성한 하늘과 가까이 접촉한다는 점에서 신적 기운을 지닌다. 괴물과 결혼해야 한다는 것은 세상과의 관계가 꽉 막히고 단절되어 있는 프시케의 상태를 변화시키기 위해 전혀 다른 특성의 타자와 교류하는 경험이 필요하다는 의미다.

성애와 미에 탐닉하며 살던 고대 그리스인에게 처음 출현한 '정신'은 비록 신비한 매력을 지녔지만 너무 낯설기에 누구도 결합·접촉하려 들지 않는다. 이성의 아름다움과 신적 가치를 역설한 소크라테스에게 그리스 법정은 그가 신을 모독하고 젊은이들의 마음을 어지럽혔다며 사형 판결을 내렸다("이성의 사고, 이성적 대화는 신앙심을 위태롭게 하는 위험하고 이상한 짓이다!"). 프시케가 신화시대의 그리스인들과 어떤 인연을 맺게 될지는 아직 미지수다.

산꼭대기 절벽에서 떨고 있는 프시케를 부드러운 서풍의 신이 품어 꽃이 함박 핀 골짜기로 데려다준다. 아름다운 숲속으로 들어가니 그 속에 굉장한 궁전이 있다. 그녀는 보이지 않는 목소리들의 시중을 받으며 밤마다 찾아왔다가 날이 밝기 전에 떠나가는 정체 모를 이와 사랑을 나눈다. 그의 음성은 다정했고, 그녀는 아무 불편 없이 살았다. 때로 그의 모습을 보고 싶었지만, 그는 "내 정체를 알려 하지 말라."며 청을 들어주지 않았다. 가족들이 보고 싶어진 프시케는 그에게 언니를 만나게 해달라고 졸랐다. 그는 "행복하게 살고 싶다면 절대 언니들의 말에 넘어가선 안 되며, 자신의 모습을 보면 태어날 아이가 불행해질 것이다."라고 말한다.

'서풍'은 가을바람의 신으로 농사의 완성(결실)을 상징한다. 또한 서쪽은 해가 지는 쪽이므로 저승과 연관된다. 죽음의 정령은 어둠의 골짜기를 지나가지만 신화 속에서는 '꽃이 만발한 골짜기'로 전치되어 있다.[60] '굉장한 궁전'은 죽은 자의 휴식처를 뜻한다.[61] 가족에게 외면당하고 결혼할 대상을 만나지 못한 프시케는 죽은 존재와 마찬가지이므로 서풍의 품에 안겨 보통 사람은 접근할 수 없는 죽음의 궁전에 갈 수 있는 것이다.

'보이지 않음'은 정체를 나타내서는 안 될 무의식의 힘과 금지된 무엇을 뜻한다. 모습을 드러내지 않은 채 위로해주는 목소리는 생존과 연관된 어떤 이유로 인해 '정신'의 힘을 절실히 필요로 하던 당대 집단무의식의 소리다. 프시케가 주인공으로 등장했다는 것 자체가 당대인이 해결하지 못한 과거와 현재의 어떤 문제를 풀 열쇠를 그녀가 지니고 있다는 의미다.

시중드는 보이지 않는 목소리는 유아기의 보조 자아 역할을 해주던 어머니(모성신)의 표상이다. 언니들 때문에 엄마의 애정을 제대로 받지 못했던 프시케는 현실에 대한 전체적 인식을 감당하지 못하는 분열된 자아 상태에 머물러 있다. 아직 미성숙한 정신은 자기 자신과 타자의 실상을 온전히 인식하지 못한다. 아직은 나와 타자, 산 자와 죽은 자, 의식과 무의식을 중개할 수 있는 단계에 도달하지 못한 것이다.

프로이트의 관점에서 보면 꽃이 만발한 아름다운 골짜기는 음모陰毛가 무성한 성인의 성기를, 궁전은 질과 자궁을 의미한다. 꿈에서 '숲속의 궁전에 도달함'은 남녀의 성관계를 상징한다.[62] 깜깜한 밤중이라는 제한된 시간에 프시케는 정체불명의 '그'와 결합함으로써 무기력한 고립 상태에서 벗어나 모종의 활력을 얻게 된다. 이는 마치 낮에 억압되었던 욕동들이 잠잘 때 의식에 올라와 미묘한 양태의 꿈(소망 충족)을 생성하는 것과 유사하다. 금지된 성욕동은 오직 깊은 골짜기에 위치한 꿈속 궁전에서 허용된다. 그런데 비록 꿈일지라도 자아의식은 자신이 애정을 나누고 있는 대상이 누구인지 몰라야 한다. 그래야 그 행복이 허용되고 유지될 수 있다.

'정체를 알려 하지 말라'는 금기는 미성숙한 정신이 무의식의 금지된 욕동들과 갑자기 직면하면 혼란에 빠져 마비될 수 있다는 경고다. 정신(자아)과 본능욕동은 적절한 거리를 유지하면서 교류하면 서로 조화될 수 있다. 그러나 금기 규칙 없이 방임된 상황에서 미성숙한 영혼이 본능욕동의 강렬한 기운에 접촉되면 강한 자극을 감당하지 못해 마비되거나 자기를 상실하는 후유증에 시달리게 된다.

대상의 본모습을 알려 들지 말라는 요구는 무의식적 환상에 의해 유지되는 애정 관계는 의식이 환상의 베일을 걷어내고 대상의 실체를 확인하는 순간 깨져버릴 수 있다는 메시지다. 프시케는 비록 금기를 따르고 있기는 하지만 그의 실상을 알고 싶어 하며, 자신이 경험한 좋은 것들을 언니들에게 알려주기를 원한다.

숨겨진 진실을 알게 된 대가

프시케는 궁으로 언니들을 데려와 자신의 행복한 생활에 대해 이야기한다. 질투를 느낀 언니들은 프시케로 하여금 의심을 품게 만든다. "정체를 숨기는 그는 괴물이야. 너와 네 아이를 잡아먹을지 모르니 그의 정체를 확인한 즉시 죽여야 돼." 언니들의 말에 마음이 흔들리고 호기심이 발동한 프시케는 등불과 칼을 준비해 잠든 그에게 촛불을 들이댄다. 그런데 뜻밖에도 그 자리에는 에로스가 있다. 프시케는 아름다운 에로스의 모습에 넋을 잃는다. 그 순간 떨어진 촛농에 잠이 깬 에로스는 "의심이 있는 곳에 사랑이 머무를 수 없다."라는 원망의 말을 남기고 사라진다. 그러자 궁전도 사라지고 허허벌판만 남는다.

프시케는 감각 너머의 세계를, 언니들은 아프로디테가 지배하던 감각적 세속 세계를 대변한다. 두 세계 가운데 어느 쪽이 더 매력 있는가? 누가 누구를 질투하게 되는가?

기존 생활에서 무언가 결핍을 느꼈기에 프시케는 언니들을 보고 싶어 한 것일 수 있다. 언니들은 프시케와 만난 뒤 동생의 생활에 부러움을 느

피에트로 테네라니, '버림받은 프시케', 1819

프시케와 에로스가 서로 조화로운 관계였을 때 나타나는 풍성한 삶의 기운들(궁전, 정원)은 에로스가 떠나자 모두 사라져버린다. 진실을 있는 그대로 보고 싶어 하는 정신이 고유의 힘을 발휘하려면 에로스의 협조를 받아야 한다. 현실을 애정 없이 이성의 눈으로만 냉정히 보면 아름답고 아늑하게 지각되던 삶은 더 이상 존재하지 않기 때문이다. 이제 이성은 애욕 및 성환상과의 결합 없이 현실을 자신의 관점으로만 대면하며 살아가는 것이 얼마나 무미건조한지 혹독히 경험하게 될 것이다.

낀다. 이질적인 두 존재의 만남은 급기야 파국적 결과를 가져온다. 언니들은 프시케처럼 서풍에 실려 궁전으로 가려다 골짜기에 떨어져 죽고 프시케는 밤의 남자에게 버림받는다.

신화시대의 그리스인은 인간의 행복은 자신의 분수를 알고 지키는 데서 온다고 믿었다. 인간이 자신의 유한함을 겸허히 인정하고 신이 되려는 오만을 품지 않는다면 비극적 상황에 처하지 않을 수 있다. 신과 소통하고 싶어 하면서도 신과 인간 본질의 차이를 수용하는 것이 신화적 사고의 핵심이다. 그런데 철학자들이 출현하면서 인간을 보는 기존 관점에 큰 변화가 생긴다. 고대 철학자들에게 정신 활동의 본질은 신의 영원불변하는 본질에 대한 인식이다. 정신(이성)을 통해 신의 본질을 인식한 자는 신성과 합일되어 유한한 존재에서 신적 존재로 도약하게 된다. 심지어 죽음불안에서도 벗어날 수 있다.

신화적 사고와 이성적 사고가 충돌해 갈등과 혼란을 겪던 문화 변동기의 그리스인에게 에로스의 삶을 살 것인가, 프시케의 삶을 살 것인가는 중요한 주제였을 것이다. 아직 미성숙한 소녀 상태의 영혼이 성애의 진면목과 접촉하면 그 마력에 함입되어버린다. '정신'이 자신의 고유성을 유지하기 위해서는 에로스의 본모습을 보지 말아야 하며, 항상 같이 있어서도 안 된다. 둘에게 허용된 시간은 깜깜한 밤뿐이다. 하지만 프시케는 의심·등불·칼을 가지고 에로스의 정체를 확인한다. 의심·등불·칼은 정신(이성)의 전형적 특성이다. 칼은 정확한 분별력을, 등불은 의식의 빛을 의미한다. 프시케는 의심을 품은 채 의식의 빛으로 어둠 속 에로스의 정체를 정확히 분별하려 했던 것이다.

변화무쌍한 열정을 지닌 자신을 신뢰하며 금기를 잘 지켜줄 것이라는 믿음이 깨지자 실망한 에로스는 프시케를 떠나고 만다. 이는 이성과 애욕이 적절한 거리를 유지하지 못한 채 융합되거나 너무 멀어지면 파국이 초래

될 수 있음을 단적으로 드러낸다. '의심이 있는 곳에 사랑이 머무를 수 없다'는 에로스의 말은 조화되기 힘든 이성과 애욕의 관계를 표현한 것이다.

프시케와 에로스가 서로 조화로운 관계였을 때 나타나는 풍성한 삶의 기운들(궁전, 정원)은 에로스가 떠나자 모두 사라져버린다. 진실을 있는 그대로 보고 싶어 하는 정신이 고유의 힘을 발휘하려면 에로스의 협조를 받아야 한다. 현실을 애정 없이 이성의 눈으로만 냉정히 보면 아름답고 아늑하게 지각되던 삶은 더 이상 존재하지 않기 때문이다. 이제 이성은 애욕 및 성환상과의 결합 없이 현실을 자신의 관점으로만 대면하며 살아가는 것이 얼마나 무미건조한지 혹독히 경험하게 될 것이다.

프로이트에 의하면 뜻밖의 강렬한 사랑을 일으키고 유지시키는 것은 의식의 배후에 억압된 무의식의 유아 성환상이다. 그런데 그것의 정체가 적나라하게 의식되면 유아 성환상과 성감정은 사라지고 더 이상 짜릿한 행복감은 느껴지지 않는다. 한번 열정적 사랑을 경험해본 정신에게 사랑 없는 상태란 허전하고 우울할 뿐이다.

프시케가 미지의 대상과 궁전에서 꿈같은 사랑을 나누던 시기는 일종의 유아성욕 단계다. 대상의 정체를 확인한 후 금기를 어겼다고 비난받아 절망하는 것은 오이디푸스 콤플렉스에 빠진 상태와 흡사하다. 오이디푸스기 여아는 아버지가 가장 사랑하는 대상이 자신이 아니라는 사실에 충격을 받는다. 그 시기부터 아버지는 욕망하거나 결합하면 결코 안 되는 금기 대상으로 전환되어 꿈에 괴물로 등장한다.

프시케가 에로스와 다시 결합하려면 먼저 에로스를 감당할 수 있도록 자신을 변화시키는 과정을 겪어야 한다. 그래야만 애욕과 앎의 욕구를 균형 있게 통합하는 상태에 도달할 수 있다.

열정적 사랑이란 대상에 대한 환상과 적절한 거리 조절에 의해 유지된다. 정신이 사랑에 너무 밀착하면 사랑의 강렬한 매력 앞에서 마비된다.

그래서 프시케가 '가냘픈 여성'으로 형상화된 것이다. 너무나 아름다운 에로스 앞에서 프시케는 넋을 잃고 무기력해진다.

끊임없는 의심으로 진실을 규명해가는 것은 이성의 특성이다. 이에 비해 에로스는 (성)환상에서 비롯된 전적인 믿음을 준다. 이런 측면에서 보면 이성과 에로스는 병존하기 어렵다. 그러나 숨겨진 진실을 끝까지 알고 싶어 하는 욕망조차도 일종의 가치 있는 무언가와 결합하려는 에로스에서 기인한다. 프시케는 에로스와 결합해야 더 강렬한 추동력과 결실을 산출할 수 있다.

프시케에게 주어진 과제들

프시케는 절망하여 강물에 몸을 던졌지만 목숨을 건진다. 프시케는 아프로디테를 찾아가 용서를 구하며 에로스를 만나게 해달라고 간곡히 부탁한다. 에로스가 자신의 명령을 어기고 프시케를 사랑한 것에 화가 난 아프로디테는 프시케를 학대하고 힘든 일들을 시킨다.

프시케는 그리스어로 '나비'라는 의미를 가진다. 나비는 느릿느릿 기어다니는 애벌레 시기를 거쳐 오랜 기간 번데기로 있다가 어느 순간 허물을 벗고 아름다운 날개를 펼치며 세상으로 나온다. 애벌레가 번데기를 거쳐 나비로 변신하듯 프시케도 신성한 날갯짓을 하기 위해 성숙을 향한 힘든 과정을 거쳐야 한다.

프시케와 에로스, 프시케와 아프로디테의 관계 양태는 이성(생각)이 주는 위안과 감각적 아름다움이 주는 환희를 삶에서 어떻게 조율할 것인지에 대한 고대 그리스인의 관점을 반영한다. 프시케와 에로스는 기약 없이 분리되어 있을 때는 각각 고통에 시달린다. 그러나 양자는 아직 서로 조화롭게 결합하거나 교류할 능력을 갖추지 못했다. 그들이 결합하려면 그들에게 거리두기를 요구한 대타자(아프로디테, 시대정신)의 마음을 변화시켜야 한다. 그리스인들이 프시케에게 요구한 에로스와의 결합 조건은 무엇인가?

신화 속 아프로디테는 아름다움을 과시하며 찬양받기를 즐기는 자기애 인격으로 표현된다. 자기애 인격 어머니에게 있어서 아들의 마음을 빼앗아 자신의 명령을 어기게 만든 프시케는 결코 용서할 수 없는 존재다. 그런 자기애 인격자의 마음을 바꾸려면 충분한 보상을 제공해야 한다. 미의 여신의 분노를 위로해줄 그 보상책들은 무엇인가?

곡식 분류하기

아프로디테는 보리, 밀, 좁쌀이 섞여 있는 곡물더미를 저녁때까지 종류별로 분류하라고 명령한다. 힘들어하는 프시케에게 수많은 개미들이 나타나 도와준 뒤 사라진다.

아름다움은 먹고사는 문제를 해결해주지 못한다. 곡식을 필요에 맞게 분류하는 것은 식량 부족(굶주림)에 대한 고대인의 불안을 이성의 힘이 해결해줄 수 있는지 확인하려는 시도다. 이성은 과연 집단의 식량 문제를 해결해줄 수 있는가?

농사를 힘써 지어보지 못한 프시케에게 곡물을 종류별로 분류하는 활동은 낯설고 버겁다. 그런데 홀연 개미 떼가 나타나 그녀를 도와준다. '개미'는 부지런함으로 생계를 꾸려나가는 힘의 표상이다. 나아가 개미는 집단의 규율을 엄격히 준수하며, 각각의 개체는 힘이 약하지만 집단 차원에서는 큰 힘을 발휘할 수 있는 존재다. 개미의 도움은 개인의 감각에 의존하기보다 성실성과 집단 규율에 따라 힘을 모으면 식량 문제를 해결할 수 있다는 의미다.

황금 양털 가져오기

> 두 번째는 사나운 양의 황금색 털을 깎아 오는 일이다. 낙심한 프시케에게 서풍이 나타나 낮에 강을 건너 양 떼가 머물던 곳의 나무를 흔들면 나뭇가지에 묻은 양털을 안전하게 주워올 수 있다고 말해준다.

'양털'은 추위를 막아 생명을 보호해주는 옷의 재료다. 꿈에서 옷은 외부의 거친 자극으로부터 인간을 보호해주는 보호막의 상징이다. 이는 고대인의 걱정거리인 배고픔에 이어 추위에 대한 해결책을 제시하라는 요구이다.

털은 피부와 접촉해 있으며 피부는 생명력을 가늠하는 척도다. 따스한 생명 기운의 상징인 황금 양털을 소유한 자는 집단의 생명을 보호해줄 지도자가 될 수 있다. 그리스 영웅 이아손 역시 왕이 되기 위해 거대한 용이 지키는 황금 양털을 가지러 갔다. 1년 내내 잠을 자지 않는 용이 지키는 황금 양털은 왕과 백성들이 안심하고 생명력을 맡겨두는 토템일 수 있다. 그래서 그것을 가져오는 자는 곧 백성들의 응축된 생명력을 지닌 신성한 대상이 된다. 즉 '정신'은 미의 여신이 제공하지 못하는 힘(생명 보호)을 그리스인에게 보충해주어 안심하고 신뢰할 수 있는 대상으로 자리매김할 수 있다.

난처해하는 프시케에게 이번에도 조력자가 나타난다. 조력자 '서풍'(제피로스)은 가을바람으로 추수(성숙, 완성)와 낙엽(죽음)을 주재하는 신이다. 위기에 처한 자는 조력자와 성심껏 접촉해 그의 능력을 자기 것으로 내면화해야 한다.

꿈에서 어떤 대상이 지닌 '일부'는 그 대상 전체의 전치다. 즉 양의 털을 모아 가져오는 행위는 양 떼를 자신의 소유로 만드는 의례다. 겉은 순해 보이지만 '사나운 양 떼'는 당대 그리스인들이 통제해야 했던 외부 부족을 의미할 수 있다. 이들은 그리스가 필요로 하는 귀한 물품이나 힘(황금 양털)을 소유하고 있지만 공격성을 숨기고 있다. 프시케는 서풍의 말을 숙지해 양처럼 순해 보이지만 속은 사나운 집단과 안전하게 교류하는 방법을 익힌다. 그 방법은 양의 몸에서 털을 직접 깎는 것이 아니라 그들이 머문 자리에 떨어져 있는 양털을 주워오는 것이다. 사나운 양 떼에게서 황금 양털을 직접 얻으려 하지 말고 간접적으로 얻어내라는 서풍의 말은 타자(자연)와 조화롭게 관계하는 법을 일러주는 탁월한 지혜의 목소리로 들린다.

옷은 입는 자의 재산과 신분을 나타내기도 하므로 황금 양털은 부富의 상징이기도 하다. 즉 두 번째 요구의 의미는 사나운 외부 민족이 지닌 재물을 보복당하지 않고 얻어내는 능력을 보이라는 뜻으로 해석할 수 있다.

생명수 길어 오기

아프로디테가 천 길 계곡으로 떨어지는 폭포에서 물을 길어 오라고 한다. 이때 독수리 한 마리가 날아와 부리로 물 항아리를 채가더니 폭포에서 물을 떠다 준다.

'물'은 생명 유지의 필수 요소다. '폭포수'는 오염되지 않은 강한 생명력을, '높은 곳'은 고대인에게 신성한 기운이 있는 곳을 뜻했다. 천 길 계곡으로 떨어지는 폭포수는 무시무시한 굉음을 냈기에 보통 사람은 감히 접근하지 못했다. 그곳에 접근하려면 하늘에 오르는 능력이 필요하지만 '관능적 미'에게는 그런 능력이 없다. 나비처럼 가벼운 영혼만이 그곳에 올라 조력자의 도움으로 청정한 생명수를 보충할 수 있다. 즉 관능적 아름다움은 영혼의 힘과 결합해야 신성한 생명수를 마시고 활력과 미를 유지할 수 있게 된다.

조력자로 나타난 '독수리'는 신성한 하늘과 접촉하는 새들의 왕이다. 독수리는 지상의 큰 동물도 발톱으로 움켜잡아 날아오르는 힘을 지닌다. 독수리의 도움을 받았다는 것은 '생각하는 정신'이 하늘 높이 날아 신성한 생명력과 접속하는 비범한 힘을 갖췄다는 의미다. 이제 프시케는 더 이상 나비처럼 나약한 생명이 아니며 강력한 물보라를 일으키는 천 길 폭포수의 에너지를 사용할 수 있는 존재다.

미의 비밀 상자 가져오기

이번에는 지하세계에 내려가 페르세포네가 지닌 '미의 상자'를 얻어 오는 일이다. 프시케는 온갖 위협을 이겨내고 지하계 여왕 페르세포네를 만난다. 그녀는 아름다움의 비밀이 들어 있는 상자를 내주며 "지상에 도달하기 전까지는 절대 열어보아선 안 된다."라고 말한다.

'아름다움을 유지시켜주는 비법'이 들어 있는 그 비밀 상자는 뜻밖에도 저승계의 여왕 페르세포네가 소유하고 있다. 왜 페르세포네인가? 그녀는 1년 중 3분의 1은 지하계에, 3분의 2는 지상계에 거주한다. 페르세포네는 겨울에는 지하에서 죽은 듯 잠들어 있다가 봄에 지상으로 나와 허물을 벗고 더 생생한 피부를 드러내는 뱀처럼 죽음과 부활을 반복하는 존재다. 끊임없이 유지되는 아름다움의 비밀을 알아내기 위해서는 죽음과 갱생을 반복하는 여신 페르세포네를 만나야 한다.

'관능적 아름다움'은 생명체가 맞이한 전성기의 표상이다. 하지만 그 기간이 짧아 인간의 아름다움은 잠시 피어났다가 사라진다. 어찌해야 아름다움을 오래 유지할 수 있을까? 이것이야말로 그리스인들이 고심했지만 해결하지 못한 근본 문제다. 미의 여신 아프로디테는 지하계의 페르세포네를 만날 수가 없다. 저승계에 접촉하려면 죽음, 즉 미의 상실을 각오해야 하기 때문이다. 그래서 저승 탐험은 육체의 미에 무관심한 영혼(정신)에게나 가능하다. 프시케가 에로스와 재결합하려면 생사에 연연하지 않고 죽음과 접촉하는 용기와 힘으로 마지막 과제를 기필코 수행해야 한다.

애욕과 미를 일시에 소멸시키는 저승세계에 접촉해 영원한 아름다움의 비법을 알아내는 일은 오직 프시케(영혼)만이 할 수 있다.[63] 영혼은 육체의 만족이나 죽음을 초월할 수 있기 때문이다.

아프로디테의 아름다움은 가시적(감각적)이지만 프시케는 눈에 보이지 않는 아름다움을 지닌다. 프시케는 초감각적 힘(대상)과 교류하는 능력, 초자연적 이성 능력을 상징한다. 페르세포네는 죽음을 무릅쓰고 지하계에 온 프시케에게 아름다움이 담긴 상자를 주면서 지상에 도달하기 전까지는 상자를 열지 말라는 금기를 전한다. 이와 유사한 금기는 이미 에로스가 요구한 바 있다.

이성적 영혼과 열정적 사랑의 결합

그러나 호기심을 못 참고 상자를 열자 영원한 잠이 프시케를 덮친다. 그때 에로스가 나타나 잠든 프시케에게 입맞춤한다. 그리고 그녀를 올림포스로 데려가 제우스에게 어머니 아프로디테의 노여움을 풀어달라고 간청한다. 제우스의 설득으로 아프로디테는 둘의 결혼을 허락한다. 프시케는 신들의 영생 음료(넥타르)를 마시고 신이 되며, 둘은 올림포스 신들의 축복을 받으며 결혼식을 올린다. 시간이 흘러 딸 볼룹타스(환희의 여신)가 태어난다.

프시케는 에로스와 페르세포네의 금기를 모두 어겼다. 첫 번째로 금기를 어겼을 때에는 뼈아픈 상실과 혹독한 시련을 겪었고, 두 번째로 금기를 어긴 결과는 죽음(영원한 잠)이다.[64]

안토니오 카노바, '에로스의 입맞춤으로 되살아난 프시케', 1793

'영원한 잠'은 죽음의 표상이지만 때로 더 강한 생명의 탄생을 야기한다. 영원한 잠에 빠졌다가 다시 깨어난 프시케는 죽음·아름다움·영원성의 비밀을 깊이 체득한 비범한 존재로 전환된다. 아프로디테의 시기심도 누그러진다. 이제 프시케는 나비처럼 연약한 존재가 아니라 거대한 날개로 하늘 높이 비상하여 세상을 두루 관조하는 지혜의 여신이다.

아이러니하게도 호기심의 화신인 프시케가 죽는 그 순간, 그토록 만나고 싶었던 에로스가 출현해 프시케를 살려내고 안정된 결합을 이룬다. 신들은 프시케에게 영생 음료를 마시게 하고 자신들의 세계에 머무르도록 허락한다. 육체의 관능미와 쾌락을 누리다 죽을 수밖에 없는 존재로 간주되던 인간은 프시케가 신이 된 이후 영원성과 접속하는 능력을 지닌 대단한 존재로 도약한다.

프시케와 에로스 사이에서 태어난 '환희의 여신'은 인간의 온전한 행복은 애욕(리비도)과 신성한 영혼(자아, 이성)이 조화롭게 결합한 상태에서만 얻을 수 있다는 생각을 반영한다. 인간은 이성과 관능미를 함께 지닌 대상과 결합해야 진정한 기쁨을 느끼는 존재다. 영혼이 병든(자존감이 파괴된) 대상과의 성 결합은 쾌락보다 불안, 수치, 혼란을 초래할 수 있다.

첫 만남에서는 에로스가 프시케에게 반했고, 다음에는 프시케가 에로스에게 반했으나 둘은 오랜 이별을 겪어야 했다. 헤어져 있는 동안 아프로디테가 요구하는 시험들을 열심히 치러냄으로써 정신의 성장과 변환을 이룬 프시케는 밤의 궁전이 아닌 밝은 신들의 세계에서 에로스와 조화로운 결혼 생활을 영위하게 된다. 프시케가 에로스의 본모습을 처음 생생히 대면했을 때는 에로스의 강한 매력에 놀란 나머지 촛농을 떨어뜨려 관계를 깨뜨렸다. 이는 순수성을 추구해온 사춘기 소녀가 이성의 매력을 처음 접했을 때의 반응과 유사하다. 그러나 힘든 시험들을 용기 있게 거쳐낸 뒤의 프시케에게는 에로스와 결합해도 자신의 능력과 개성을 상실하지 않을 독립된 힘이 생긴 것이다.

지하계 모험은 인간이 두려워하는 무의식에 접촉해 잠재된 상처·불안·지혜·에너지 등을 정신에 통합해내는 작업이다. 이 과업을 수행하던 중 프시케는 무의식의 강력한 기운에 함입되어 영원한 잠(마비된 자아상태)에 빠진다. 그러나 에로스(생명욕동)의 도움을 받아 부활함으로써 아프로디테(육체의 아름다움)가 갖지 못한 비범한 힘을 지닌 존재로 상징계에 자리 잡는다.

'영원한 잠'은 죽음의 표상이지만 때로 더 강한 생명의 탄생을 야기한다. 영원한 잠에 빠졌다가 다시 깨어난 프시케는 죽음·아름다움·영원성의 비밀을 깊이 체득한 비범한 존재로 전환된다. 아프로디테의 시기심도 누그러진다. 이제 프시케는 나비처럼 연약한 존재가 아니라 거대한 날개로 하늘 높이 비상하여 세상을 두루 관조하는 지혜의 여신이다. 프시케와 에로스, 정신의 행복과 열정적 사랑의 결합이야말로 그리스인들이 도달하고 싶어 한 최상의 경지인 것이다.

프시케 신화 속의 집단무의식

그리스 예술가들은 프시케를 젊고 아름다운 처녀 이미지로 형상화했다.[65] 신화 속 프시케는 순진함과 순수함, 호기심, 의심, 현실감 부족 등의 특징을 지닌다. 그녀는 타인(언니들)의 말에 쉽게 현혹되며, 타인에게 감각적 쾌락을 주지 못하기 때문에 그녀를 예찬하는 수많은 사람들 중 누구도 그녀와 접촉하거나 함께 살고 싶어 하지는 않는다. 현실에 무관심하고 무능력한 프시케는 쾌락과 이익에 웃고 우는 세속의 행복과는 동떨어져 있다.

무기력하고 자폐적인 프시케는 에로스를 만나야 비로소 활력과 현실적 능력을 획득할 수 있다. 곡물 분류하기, 황금 양털 가져오기, 생명수 길어오기, 아름다워지는 비밀 알아내기 등 현실에서 그녀가 할 수 있는 일은 무궁무진하다.

에로스 또한 프시케와 결합해야 소년(마마보이)에서 자립적 성인으로 성숙할 수 있다. 어머니에게 종속된 삶을 살다가 프시케를 만난 뒤 비로소 원하는 대로 판단하고 행동했던 에로스의 모습에 주목해보자. 프시케는 에로스에게 '대상애object love'를 유발함으로써 어머니에게 고착된 원초적 유아 성환상으로부터 에로스를 분리·독립시켜주는 역할을 한다. 격렬한 사랑 감정은 종종 불안을 유발하기에 이성(정신)과 결합해야 비로소 조화로운 사랑으로 성숙할 수 있는 것이다.

그런데 고대 그리스인이 보기에 프시케의 앎에 대한 지나친 욕구(호기심)는 상황에 따라 불행의 원인이 될 수 있다. 환상과 적절한 무지에 의해 유지되는 인간의 자기도취적 행복은 앎에 의해 자신의 초라한 실상이 적나라하게 노출되는 순간 깨져버리기 때문이다.[66] 프시케 신화는 삶의 안정과 활력을 위해 감각적 쾌락과 정신의 기쁨을 '조화롭게' 결합해야 한다는 고대 그리스인의 집단무의식을 반영한다. 애욕과 이성은 인간 정신이 균형 있게 성장하는 데 함께 필요한 무엇이다. 어느 하나에만 편집적으로 몰두하면 비극이 초래된다. 그래서 고대 그리스인들은 이 둘 사이의 조화를 이루는 방법, 프시케(주체적 자아)를 성장시키는 방법을 신화 속에 표현해 후대에 전한다.

프로이트에 의하면 강렬한 사랑 감정의 근원은 '유아성욕'에 있다. 에로스의 화살은 무의식에 잠재된 유아 성환상과 성욕동을 특정 대상에게 부착하거나 철수하게끔 한다. 화살에 담긴 리비도가 어떤 대상에게 부착되면 애욕이 일어나 그 대상과 열정적으로 결합하고 싶어진다. 성장한 남녀가 현실에서 이성적 대화와 감성적 교류를 통해 온전히 결합하면 유아 성욕동과 성환상에 사로잡혀 살던 소년 소녀는 비로소 무의식의 환상을 의식의 현실과 통합해 성숙한 어른이 된다. 열정적인 유아의 부분지각적 환상과 복합적인 현실이 서로 조율되고 통합되어가는 과정을 온전히 거치지 못한 인간은 아무리 나이를 먹더라도 주관적 상상계에 갇혀 정신의 성장을 이루기 어렵다.

프시케에게 힘든 과제를 부과하는 아프로디테는 일견 냉혹해 보인다. 그러나 주인공이 통과의례 과정을 다 거치고 나면 힘든 과제를 부여했던 운명적 힘은 연약하고 상처 입은 자아(주체)를 범인凡人에서 영웅으로, 아이에서 성인으로 성장할 수 있도록 간접 도움을 준 조력자로 그 의미가 전환된다. 보통 사람이 삶에서 겪는 고통과 상처의 의미 역시 이와 같다. 우리가 타자의 부담스러운 요구와 냉엄한 외부 현실을 대면하는 힘든 과정을 거쳐 정신의 성장을 이룬 후에 돌이켜보면 과거의 상처와 고통이 우리 자신을 성장시킨 귀한 원동력이었음을 깨닫곤 한다. 그러나 통과해야 할 시험을 중도에 포기하여 성숙함에 도달하는 데 실패하면 자신에게 고통을 준 과거 대상은 인생을 망친 '나쁜 대상'으로 영원히 남게 된다.

권위자가 부과하는 통과의례에는 기존 사회 집단의 한계·결핍·소망이 반영되어 있다. 가령 아프로디테가 부과한 시험은 육체적 쾌락과 아름다움이 해결할 수 없는 인생 문제들을 정신(이성)의 힘으로 해결할 수 있음을 드러내라는 요구를 담고 있다.

프시케는 그녀에게 요구된 현실 과제들을 열심히 수행하여 당대 집단의 필요와 소망을 어느 정도 충족시킴으로써 인류 문화를 성장시킨 새로운 구원자 모델이다.

7

나르키소스와 에코

자기애 환상의 굴레에 갇힌 자의 비극

"인류가 욕망(리비도)의 방향을 자기로부터 타인을 향해 돌린 것은 인류 정신발달사에서 일어난 기적이다." —지그문트 프로이트

"자기대상 관계가 결여되면 자기가 병리적으로 구조화되고 자기와 자존감이 취약해져 타자와 관계를 맺을 수 없는 비극적 인간이 된다." —하인츠 코헛

많은 정신분석가들은 말한다. "현대는 자기애 인격narcissistic personality의 시대다." 자기중심주의가 확산되는 환경에서 자기 문제에 골몰하는 양육자에게 방치되거나 형식적 돌봄을 받은 아이들이 많아진 탓이다. 이와 더불어 모든 정신질환의 뿌리에 자기애 결핍과 자기 취약성이 있음을 강조하는 임상 현장의 목소리가 부각된다. '자기애 인격'을 정면으로 다루고 있는 나르키소스 신화는 그런 측면에서 어느 신화보다 오늘날의 우리와 가깝다.

연약한 모성과 나르키소스의 피해의식

강의 신 케피소스와 개울의 님프 리리오페 사이에서 나르키소스가 태어난다. 리

리오페가 예언자 테이레시아스에게 "아이가 오래 살 수 있는가?" 묻자, "자신의 아름다움을 자각하지 않는 한 그렇다."라고 답한다.[67]

나르키소스는 강의 신 케피소스가 굽이치는 흐름으로 리리오페를 껴안아 물속에서 겁탈하여 잉태된다. '강'과 '개울'은 생명 에너지(권력)의 무게(위계)에서 큰 차이를 지닌다. 즉 아버지에 비해 어머니의 힘이 확연히 약하다. 가뭄처럼 열악한 환경에서 바짝 말라 소멸될 수도 있는 개울의 님프가 과연 자식을 위해 흠뻑 베풀어줄 모성 에너지를 가졌을지도 의문이다. 타자를 몸과 마음에 품어 생장시키는 능력은 자존감 및 자기self의 크기와 연관된다. 얕은 개울의 님프를 어머니로 둔 아이는 애정을 흠뻑 받아보지 못했기에 타인의 마음을 담아주며 관계하는 능력이 약하고 부정적 외부 자극에 민감하다.

리리오페는 왜 하필 자식의 수명에 대해 물었을까? 신화 속 주인공의 보통 부모는 자식이 집단에서 얼마나 훌륭한 존재가 될 것인지 궁금해한다. 그에 비해 리리오페의 관심은 소박하다. 자식의 사회적 성공보다 생존이 우선인 이유는 대상 상실에 대한 불안, 자식과 분리될지 모른다는 불안 때문이다("귀여운 자식으로 무탈하게 영원히 내 곁에 있어만 다오!"). 분리불안을 가신 어머니는 아이를 자기 곁에 둔 채 외부 세계와의 접촉을 제한한다("밖은 위험하니 집에서 놀거라."). 주목할 것은 그러한 마음과 태도가 애정을 베푸는 차원이 아닌 어머니 자신의 불안과 결핍에서 기인한다는 점이다.

개울은 조금만 가물어도 물(생명력)이 메말라 소진되기에 늘 불안하다. 작은 개울은 커다란 강이나 빗물 등 자신을 보충해주는 누군가를 늘 필요로 한다. 이 점에서 리리오페는 대상 상실이나 부정적 외부 자극에 의해 자기가 오염되고 자존감이 고갈될까 봐 늘 근심하는 자기애 인격의 표상이다. 이런 존재는 심리적 안정과 만족을 위해 아이가 곁에서 늘 자신을 바라봐주기를 바란다.

아이는 연약한 어머니가 심란해할까 봐 자신의 욕구를 마음껏 표현하지 못하고 민감한 간섭에 시달리며 어머니의 기쁨과 생명력을 보충하는 데 자기 에너지를 과잉 지출함으로써 피해의식에 시달리게 된다. 아울러 자부심이 고갈되고 자기가 위축된 상태(과소자기)에 대한 방어로 자기 자신을 대단한 존재라고 여기거나(과대자기 환상) 친밀하게 접근해오는 타인에게 두려움을 갖게 된다("보잘것없는 내 본모습을 그가 알게 되면 크게 실망할 텐데 창피당하면 어쩌지.").

이처럼 어머니에 의해, 어머니를 위해 삶을 과도하게 통제당하거나 애정을 온전히 받지 못한 아이는 취약한 '과대자기'를 갖게 되고 타인에게 상처 입는 것이 두려워 친밀 관계를 맺기 어렵다. 자신의 생명 에너지가 누군가(어머니)에게 이용당했고 계속 이용당하리라는 피해의식이 어린 시절부터 내면에 쌓였기 때문이다. '자신의 아름다움을 알게 되기 전까지'라는 예언자의 말은 '자신의 과대자기 환상에 도취되어 세상과 인연을 끊게 되기 전까지'라는 의미다.

타인을 사랑하지 못하는 이유

나르키소스가 16세가 되자 소년 소녀들이 그에게 구애한다. 그런데 그는 자만심이 너무 강해 그들과 접촉할 수 없다.

현실에서 이성과 접촉하지 못하는 사람은 자만심이 강한 것이 아니라 자존감이 취약한 것이다. 자기애 인격을 지닌 어머니에게 양육된 자녀는 조건 없이 베푸는 넉넉한 애정 관계를 경험해본 적이 없기 때문에 청소년이 되어도 사랑이라는 감정이 무엇인지 알지 못한다. 편안하고 자연스럽게 정서를 교감하거나 소통해보지 못했기에 타인이 자신에게 무엇을 바라는지 알 수가 없다. 그가 기억하는 것은 단지 어머니가 자신에게 무언가를 필요로 할 때만 관심을 보였다는 지각뿐이다. 그래서 자신에게 구애하며 다가오는 이성들에 대해 부담감을 느낀다("내게 또 원하는 게 뭐야. 날 이용하려 들지 마!").

자기애 인격자는 자기만족감을 지닌 듯 보이기에 매력적인 대상으로 여겨진다. 프로이트는 여성과 고양이가 타인을 필요로 하지 않는 듯 보이는 자기애 특성 때문에 매력을 풍긴다고 본다.[68] 남성 자기애 인격자의 경우는 어떠한가? 그는 타자에게 무시당하는 수치감에서 벗어나기 위해 자신을 부단히 가꾸어 관심을 끌기도 한다.

일반적으로 사춘기 소년은 어머니에게서 정신적으로 분리·독립하고 남성적 성 정체성을 정립하기 위해 이성과 여러 유형의 친밀 관계를 맺어야 한다. 그런데 나르키소스에게는 이성과 친밀 관계를 맺는 것이 너무나 어렵다("내게 접근하지 마! 날 이용하려 들지 마! 자기가 필요할 때만 내게 다가오고, 내가 원할 때는 무관심하게 외면하는 못 믿을 인간들아!").[69]

'자기'와 '자기애'가 약한 사람은 자신의 열등감을 보충하기 위해 자아를 팽창시키며 과대자기 환상에 고착한다. 그 결과 자신이 위대한 존재인 양 착각하며 타인을 평가절하하고 무시한다. 이는 양육자가 어리고 힘없던 그를 바라보던 감정과 정확히 일치한다. 스스로 에너지를 생성해 타인에게 베풀지 못하고 타인의 에너지를 자신을 위해 쓰게 만듦으로써 자존감을 보충하는 자기애 인격자에게 타인은 자신의 필요에 부합하는 딱 그만큼만 가치를 지닌 일종의 소모품과 같다.

거대자기 느낌은 원래 양육자에게 관심과 애정을 충분히 받은 유아가 자연스럽게 느끼는 자아전능 감정이다. 자아전능감을 만끽한 아이는 자존감이 견실해져서 더 이상 거대자기 욕구에 집착하지 않게 되며 자신이 받았던 것처럼 타인에게 진정한 관심과 애정을 쏟는다. 자신이 지닌 충만감과 기쁨을 애정 대상에게 나누어주고 싶은 것이다. 그러나 유아 시절 헌신적 사랑과 돌봄을 받지 못한 경우에는 취약한 자존감 때문에 성장해서도 자기애 보충 수단으로 과대자기 환상·감정·태도를 반복하려 든다.[70] 이런 과대자기와 과도한 자만심은 배후에 열등감과 약한 자기를 감추고 있다. 타인에게 힘없고 하찮은 존재로 여겨질까 두려워 자신을 존귀한 존재로 환상화하면 오히려 외부 대상들이 하찮게 느껴져 관계욕구가 사라진다. 이런 상태는 '왕자병', '공주병'이라고 불리기도 한다.

이런 왕자·공주의 내면세계는 현실 대상들과의 관계에서 채워진 좋은 경험 흔적들이 하나도 없기에 공허한 상태다. 그래서 그 누구와 관계해도 마음에서 꺼내줄 사랑 에너지가 별로 없다. '대상애'가 발달하지 못했기에 타인에게 진정한 관심과 애정을 줄 수 없고 공감 능력도 없다. 좋은 관계와 유익한 결실을 맺기 힘들기 때문에 대인 관계를 회피하게 된다.

자기애 인격과 의존성 인격의 만남

> 숲의 님프 에코가 사냥 나온 나르키소스를 보고 사랑에 빠진다. 그러나 에코는 제우스의 외도를 도운 죄로 헤라에게 저주를 받았기에 자신이 관심 갖는 상대에게 먼저 말 걸지 못하고 대답을 할 수도 없다. 단지 마지막으로 들은 단어만 되풀이할 뿐이다. 에코는 몸만 있을 뿐 자기 심정을 토로할 목소리가 없다.

나르키소스 신화에 왜 에코가 등장하게 된 것일까? 이들 사이에는 어떤 연관성이 있는 것일까? 에코는 주체적 목소리를 지니지 못한 정신성의 상징이다. 그녀는 자신의 욕구와 주장을 당당하게 표현하는 참자기를 발현시키지 못한 채 중요한 대상의 말에 전적으로 순응하며 사는 거짓자기 내지 의존성 인격이다. 노예제도가 있던 고대 그리스에서 노예는 자기 자신이 가치 있는 존재라는 감각을 갖지 못하기 때문에 고귀한 존재인 주인의 말(소리)을 흡수(내사)하여 자존감을 보충한다. 하찮은 노예에게서 나온 말은 주인이 경청할 가치를 지니지 못한다. 그래서 주인은 노예로 하여금 노예 자신의 말이 아니라 주인의 말 중 끝말만 짧게 반복하는 양태로 의사 표현을 하게 한다. 이를테면 "내 명령을 실행하라."에 "실행하라."라고, "짐의 말을 명심하라."에 "명심하라."라고 답하는 식이다.

에코는 타자의 사랑을 외면하는 나르키소스를 대단한 가치를 지닌 존재로 생각한다. 그래서 그를 기쁘게 해주려고 늘 그 뒤를 따라다닌다. 주인의 관심을 바라듯이 그의 사랑을 간절히 바란다. 하지만 미약한 자존감으로 인해 그에게 다가가 유혹하거나 친밀하게 접촉하지 못하는 자기애 장애를 지닌다. 에코는 제우스의 외도를 도운 적이 있다. 신들의 왕 제우스는 아버지의 상징이다. 아버지의 외도를 도운 것은 명령에 순종하는 의존성 인격이기 때문일 수 있고, 아버지의 결핍을 보충해주고 싶은 열망을 지녔기 때문일 수도 있다. 결국 에코는 금지된 행위에 참여한 죄로 모권적 초자아(헤라)에게 가혹한 처벌을 받는다.

에코에게 내려진 벌의 내용이 매우 인상적이다. 관심 갖는 상대에게 먼저 말 걸지 못할 뿐만 아니라 상대의 말에 제대로 내답할 수도 없다. 단지 마지막으로 들은 단어를 되풀이할 뿐이다. 이는 주인과 노예 사이에서 이루어지는 위계적 의사 표현 방식이며, 정신분석의 눈으로 보면 자기애가 결여된 인간이 높은 가치를 지닌 대상 내지 이상화 대상을 접할 때 보이는 반응과도 유사하다.

자신의 진심을 표현하지 못함은 상대를 유혹하는 (혀와 말의) 힘을 마비시켜 누구의 관심과 애정도 받지 못하게 하는 '거세' 형벌에 해당한다. 에코가 금기를 어겼거나 금지된 대상과 접촉한 죄를 저질렀다는 의미일 수 있다. 마음속 욕망을 말로 표현해 간접적으로 충족하는 신체 기관인 '혀'는 쾌락과 욕망을 일으키는 힘을 지닌 남근의 전치이기도 하다.

에코는 신체(혀)와 언어(속마음 표현) 능력이 마비되었을 뿐 아니라 주체성도 갖추지 못한 존재다. 자신의 언어가 아닌 타인의 언어만 반복하는 것은 '주체적 나'가 없기 때문이다. 자존감이 취약한 자기애 인격과 의존성 인격은 스스로 자기 자신의 가치를 생성하지 못한 채 가치 있다고 여겨지는 다른 대상의 특성을 내사하여 결핍을 보충하려 한다. 그에게는 '진정한 나'가 없다.

진정으로 존중받고 사랑받은 경험이 결여되어 친밀 관계를 두려워하는 자기애 인격자에게는 에코같이 거리를 두면서 자기 말을 가치 있는 것으로서 반영해주고 사랑해주는 인격이 최상의 짝일 수 있다.

그런데 자기 심정을 표현하는 주체적 목소리를 지니지 못한 존재가 타자에게 온전한 거울 대상이 될 수 있는가? 노예는 주인의 결여를 일부만 반영하고 보충해줄 뿐 전체를 온전히 이해하거나 반영하지는 못한다. 의존성 인격 및 자기애 인격자는 서로의 결핍을 다소 채워줄 수는 있지만 서로의 정신을 발달시켜주지는 못한다. 이는 신화 속에서 에코와 나르키소스의 만남을 통해 그려진다.

> 에코는 나르키소스에게 사랑과 유혹의 말을 던지고 싶었으나 운명은 그것을 금했다. 나르키소스가 "누가 있소, 이곳에?"라고 외치자, 에코는 "이곳에."라고 답했다. 그가 "내게로 돌아오시오. 왜 나에게서 도망갑니까? 우리 함께합시다!"라고 외치자 에코가 답했다. "우리 함께합시다." 그런 다음 에코는 나르키소스의 목을 껴안으려는 자세로 숲에서 나왔다.

에코는 자기 자신이 아닌 욕망하는 대상의 마음을 거울처럼 반영해주는 언어와 행위에 몰입한다. 타자의 욕망을 반영하는 데 전념하는 그녀는 주체적 욕망과 주체성을 포기한 인격이다. 주체성을 포기한 보상으로 욕망하는 대상에게 사랑받기를 원하며, 이를 삶의 기쁨과 목표로 삼는다. 욕망을 드러내는 혀를 마음대로 움직이지 못하는 에코는 거부당하는 공포 때문에 욕망하는 대상의 주변을 맴돌 뿐 결코 가까이 접촉하지 못한다. 이에 비해 자기애 인격자는 자신에게 결핍된 헌신적 사랑을 보충해주려 주변을 맴도는 대상에게 한순간 관심을 가진다. 그래서 용기를 내어 "함께하자."라고 말한다. 자신을 욕망하는 듯한 나르키소스의 말과 태도에 에코는 용기 내어 나르키소스를 포옹하려 한다.

"이 팔을 치우시오. 나를 만지지 마시오! 당신에게 나를 허락하느니 죽는 게 낫지!"

대상과 관계하고 싶어 하던 태도에서 돌변해 극단적으로 거부하며 회피하는 자의 심리는 무엇인가? 신화적 사고를 지닌 고대인에게 이런 반응은 격이 매우 낮거나 중대한 죄를 지어 타인을 오염시킬 수 있는 대상(죄인, 병자)이 접근할 때 일어난다. 그런데 에코는 단지 나르키소스를 몹시 사랑하는 여인일 뿐이다.

유아기에 방치당하거나 침범당한 상처가 심은 자, '자기'가 약하고 민감한 자는 갑작스럽거나 강한 자극에 대해 유난히 놀라는 반응을 보인다. 크게 놀라면 그 어떤 관계와 자극도 수용할 수 없는 공황 상태에 빠진다. 유아기 분열성 자리에 고착된 인격은 누군가와 친밀 관계를 맺고 싶은 흥분이 일어남과 동시에 그 느낌을 비난하며 관계를 파괴시키는 '내적 파괴자inner destructor'가 작동한다. 그로 인해 분열성 인격은 현실에서 그 누구와도 친밀한 관계를 맺을 수 없다.[71]

타자와의 갑작스러운 친밀 관계나 성 접촉을 불안해하는 이유는 타인과 가까워질 경우 대상에게 함입되어 '나'가 사라질 것 같은 함입(삼켜짐) 불안 때문이다. 또는 자신 안의 억압된 공격성이 무심결에 타인을 파괴할지 모른다는 불안과 죄책감에 대한 방어일 수 있다. 유아기에 경험한 변덕스러운 양육자의 태도로 인해 타인을 신뢰하지 못하기 때문일 수도 있다. 애정이 샘솟다가 메마르기를 반복하는 자기가 취약한 어머니는 자식에게 풍성한 사랑 경험을 제공할 수 없다. 그로 인해 자식 역시 자기가 취약해져서 낯선 대상과 애정 관계를 맺지 못한다. 나르키소스는 혼자 외롭게 숲속을 헤맨다.

그 말에 에코는 수치감에 동굴로 숨어버렸다. 사랑은 더 커져만 가고 고통으로 수척해진 몸은 이윽고 사라져 목소리만 숲의 메아리로 남았다.

수치감 때문에 동굴에 숨어 지내며 나르키소스를 그리워하는 에코의 모습에는 사랑 관계로부터 쉽게 철수하는 분열성 성격의 특성도 담겨 있다. 분열성 성격은 스스로 타인을 (무의식적으로) 불쾌하게 만들거나 역으로 타인이 자신에게 상처를 주게 만들어 친밀 관계를 모두 파괴한다. 사랑하는 대상에게 거부당해 '자기'가 위축된 자의 목소리를 상상해보자. 상처는 삶을 위축시키고 무기력하게 만든다. 세상에 대한 욕망이 침체되고 기억력도 감퇴하고 몸도 목소리도 가라앉는다. 세상으로부터 철수한 상태에서는 더 이상 어떤 좋은 소리도 울리지 않는다.[72]

나르키소스에게 실망한 사랑의 피해자들은 기도를 올린다. "나르키소스가 자기 자신만을 사랑하게 하여 자신을 사랑하는 일을 극복하지 못하게 하소서! 이루지 못한 사랑의 고통을 나르키소스도 겪게 하소서." 복수의 여신 네메시스가 이 기도에 응한다.

고대 그리스인은 죄 지은 자에게는 그가 행한 것과 똑같은 벌을 주어야 한다(눈에는 눈, 이에는 이)고 생각했다. 즉 자신이 타인으로 인해 고통을 겪으면 상대에게 똑같이 되갚아주려 했던 것이다.

분열된 정신구조를 지닌 경계선 인격은 사랑하는 대상에게 버림받는 모욕을 당할 경우 그 대상을 '전적으로 나쁜 대상'으로 지각하며 박해불안과 시기심에 상대의 모든 것을 파괴하려 든다. 그야말로 복수의 화신이 되는 것이다. 상대방이 사랑을 왜 거절할 수밖에 없는지에 대한 이해 능력이 부족한 탓에 대상에 대한 편집적 부분지각(편집망상)에 빠져 분노와 파괴욕동을 투사하고 비난해댄다.

대상과의 친밀 관계를 감당하지 못해 회피하는 사람은 자기애 인격과 분열성 성격이 대표적이다. 자기애 인격은 상대에게 의도적으로 상처 주려는 나쁜 감정 때문이 아니라 타인을 사랑할 정서 능력이 결여된 탓에 친밀 관계를 맺지 못한다. 자신의 무능이 드러나 창피를 당할까 봐 거부하는 것이다. 자기애 인격자는 타인이 자신의 어떤 태도로 인해 얼마만큼 상처를 입고 고통스러워하는지 정서적으로 공감하지 못한다. 그는 자신이 느끼고 싶은 만큼만, 타인의 감정 일부만을 언뜻 지각할 뿐이다.

분열성 성격은 자신이 누군가를 온전히 사랑하지도 사랑받지도 못한다고 느낀다. 그래서 그는 사랑을 하고 싶지만 가까이 오는 대상을 거부하거나 공격성을 분출해 자신에게서 멀어지게 만든다.[73] 이는 상대가 싫어서가 아니라 자기 안의 파괴성이 상대방에게 치명적 상처를 줄지도 모른다는 불안 때문이다.

사람들은 자신의 특정한 관점으로 타인을 이해하고 평가하기 때문에 서로 다른 성격을 지닌 개인 사이에서 생겨나는 상처의 원인을 쉽게 파악하지 못한다. 그로 인해 서로 다른 성격 유형들 사이에서 끊임없이 오해와 비극이 일어나는 것이다.

자기 이미지와의 대면

햇빛에 반사되어 은빛으로 반짝이는 연못가에 온 나르키소스는 물을 마시기 위해 고개를 숙이다가 어떤 모습을 보고는 사랑에 빠지고 만다.

왜 '물'인가? 나르키소스의 어머니는 개울의 님프다. 인간은 어머니의 자궁 속 양수에 동동 떠 있다가 양수가 터지면서 자궁 밖으로 나온다. 그렇다면 고개 숙여 들여다본 그가 일순간 넋을 잃은 물속의 어떤 모습은 어머니 몸과 하나 되어 가장 좋았던 순간의 '자기' 상태일 수 있다. 아울러 (비록 짧은 순간이지만) 자신을 사랑스레 응시하던 '그분'의 표상이다. 나르키소스가 물속의 대상을 응시하며 반한 것일 수도 있지만, 반대로 물속(무의식)의 그가 나르키소스를 바라보며 유혹한(끌어당긴) 것일 수도 있다("내 안의 너를 바라봐. 너의 모든 게 그 자체로 너무 아름다워!").

자기 자신에게 도취해본 적이 있는가? 어떤 상황에서였는가? 그때의 느낌은 어떠했는가? 프로이트는 이 상태를 자아전능 환상과 감정에 도취했던 유아기 자기애 단계의 마음이라 해석한다. 코헛은 자신을 이 세상에서 가장 대단한 존재라고 느끼던 유아기 '거대자기'로, 라캉은 주관적 상상계 내지 유아기 거울단계에서 이미지의 매력에 도취되는 상태로 이해한다. 자신의 존재 가치를 빛내줄 사람, 자신이 닮고 싶은 이상적 장점을 지닌 사람, 자기의 아픔을 공감하며 위로해주는 사람에게만 관심을 갖는 자기애 인격자가 자기 자신에게 도취되는 순간은 가장 행복한 순간이다. 그는 아무도 자신의 소중한 그 순간을 침해하지 못하도록 외부에 대한 관심을 철회하고 오직 자신에게 몰두한다.

자기도취가 강한 자는 상대적으로 현실자아가 미숙하여 현실 관계에서 종종 상처와 실패를 경험한다. 외부 대상과의 관계가 실패하는 이유는 눈

카라바조, '나르키소스', 1597-1599

물에 비친 자기 모습은 무의식에 있는 유아기의 거대자기가 외부로 투사된 결과다. 그것은 어찌 보면 자신에게서 나온 모습이지만 유아 시절에 '거울을 보며 도취했던 '나'의 이미지', 아기를 응시하던 어머니의 눈 속에 있던 '존귀한 나'의 표상이 시공간을 초월해 투사되어 발현된 일종의 환상이다. 나르키소스는 지금 환상화된 자신을 바라보며 도취된 것이다. 거대한 에너지를 지닌 '무의식의 나'와 대면하는 그 순간, 그에게는 그 어떤 외부 대상도 비집고 들어올 수 없다.

앞에 있는 대상을 보면서도 대상 자체가 아니라 자신이 보고 싶은 것만 보기 때문이다. 외부의 대상들은 단지 그의 결핍을 해소해주는 수단일 뿐이기에 그는 대상 전체가 아니라 대상의 특성 가운데 자신에게 유익함과 유쾌함을 주고 자신을 빛나게 해줄 요소만을 주목(부분지각)한다. 대상이 자신에게 주는 효능이 중요한 것일 뿐 대상 자체는 그에게 아무 의미도 가치도 없다.

나르키소스는 의아해하며 그 모습을 쳐다보다가 마법에 걸린 듯 매료되어 조각상처럼 멈추어버렸다.

엄마의 눈, 코, 입, 표정, 젖가슴 등을 부분지각하며 조각난 신체 이미지와 더불어 살던 영유아는 생후 6개월 무렵부터 거울을 보면서 갑자기 '나'라는 통일된 신체 이미지를 지각하게 된다(거울단계). 연속성이 느껴지는 나를 최초로 발견하는 그 순간은 황홀하다("내 맘대로 할 수 있는 힘이 '나'에게 있구나!"). 라캉은 그 순간에 도취되면 거울에 반영된 거울 이미지 내지 '이상화된 자기 이미지'가 곧 자기 자신이라 착각하게 된다고 말한다. 즉 이미지의 세계인 상상계에 고착된다. '매료되어 조각상처럼 멈추었다'는 것은 시간을 망각하는 무시간 상태에 빠졌다는 것이다. 이는 무시간성을 지닌 무의식을 체험할 때의 전형적인 반응이다. 리비도가 무의식을 역동시키는 무엇에 집중되면 다른 모든 것들은 관심에서 멀어지며 오직 그것에만 온 관심과 욕망이 쏠린다.

별처럼 빛나는 두 눈, 단정한 머리칼, 부드러운 뺨, 상아처럼 새하얀 목, 홍조 띤 살빛…. 그 모든 것이 그를 매료시켰다. 그리고 그것이 그를 더욱 매력적이게 만들었다.

이것은 아기를 존귀하고 사랑스럽게 바라보는 엄마의 눈에 비친 아기의 모습이다. 엄마의 눈 속 아이 이미지는 아이에게 내사되어 자신에 대한 '거대자기상'으로 자리 잡는다. 그래서 자기 자신을 가장 귀하고 사랑스러운 아이로 지각한다. 이 표상은 성장하면서 그가 만나 관계하는 대상들의 질에 따라 끊임없이 변해간다("저 사람은 나를 하찮게 대하네." "저분은 나에게 관심이 없네!" "열심히 노력하니까 비로소 사람들이 내 능력을 인정해주네.").

유아의 눈으로 계속 자신을 바라보는 것도 문제다. 유아는 현실을 전체적으로 지각하는 능력이 없고 자신이 보고 싶은 대로 부분지각하기 때문이다. 신화 속 얼굴 묘사는 유아기 거울단계에서 이상화된 대상, 부분지각된 대상(환상)의 표상이다.

인지 능력이 미발달된 유아기에 경험된 긍정적 부분지각과 부분대상은 무의식에 저장되어 있다가 성장한 후에 현실이 몹시 불만족스러울 때 정신을 끌어당겨 유아 상태로 퇴행시킨다. 아울러 자기도취 욕망을 일으키는 무의식적 원인이자 모델object a이 된다. 외부 세계의 대상들이 낯설고 두렵게 느껴진 나르키소스는 리비도(욕망 에너지)를 외부 대상들로부터 자신에게로 철수한다. 그러고는 유아기에 자신을 흥분시켰던 대상의 얼굴 내지는 그분이 자신을 소중하고 사랑스럽게 바라보던 모습을 퇴행적으로 다시 경험한다. 그토록 열망했던 '무의식 속의 그 대상'을 눈앞에서 대면하는 체험은 인간이 생각할 수 있는 가장 강력한 흥분과 열락이다. 나르키소스는 그 상태를 결코 벗어나고 싶어 하지 않는다.

'모든 것이 그를 다 매료시켰다'는 것은 '전적으로 좋은 대상' 내지 '흥분시키는 대상', '세상에서 가장 존귀한 대상'(거대자기)으로 보였다는 의미다. 나르키소스는 분열된 정신구조로 세상을 양극화해 보고 있는 것이다. 물에 비친 자기 모습은 무의식에 있는 유아기의 거대자기가 외부로 투사된 결과다. 그것은 어찌 보면 자신에게서 나온 모습이지만 유아 시절에 '거울을 보며 도취했던 '나'의 이미지', 아기를 응시하던 어머니의 눈 속에 있던 '존귀한 나'의 표상이 시공간을 초월해 투사되어 발현된 일종의 환상이다. 나르키소스는 지금 환상화된 자신을 바라보며 도취된 것이다. 거대한 에너지를 지닌 '무의식의 나'와 대면하는 그 순간, 그에게는 그 어떤 외부 대상도 비집고 들어올 수 없다.

환상의 굴레에 갇힌 나르키소스

> 사랑받는 자가 사랑하는 자가 되고 / 찾아 나선 자가 찾음 받는 자가 되고 / (…) / 그는 수없이 물속의 자기 모습에 입 맞추고 안으려 했으나 / 그 소년이 항상 피하고 있음을 알게 되고 / 자신이 보고 있는 자가 누구인지 모른 채 그를 잡으려 했고 / 그 환상이 그의 눈을 속이고 괴롭혔다.[74]

자기애 인격자가 사랑하는 '그 대상'은 무엇인가? 그것은 무의식에 억압된 최초 부분지각 대상들과 거대자기 환상이 외부로 투사되어 생긴 일종의 환각이다. 리비도가 자신을 놀라게 한 에코(여성들)에게서 철수한 순간, 나르키소스는 가장 안온했던 과거 시절로 퇴행하여 유년기 자기 이미지에 매료된다.

정신분석 임상 현장에서 내담자는 분석가를 대할 때 무심결에 전이환상이 일어난다. 자신이 보고 싶은 그 대상(환상)을 분석가에게 투사하여 지각하는 것이다. 하지만 자신이 현재 전이환상에 빠져 있다는 사실을 인지하지 못한다. 그의 자아는 자신이 눈앞에서 바라보고 있는 대상이 분석가인지 '무의식의 그분'인지 모른다. 그 대상의 진정한 정체를 모를뿐더러 알고 싶어 하지도 않는다. 오직 자기의 기대와 소망이 투사된 대상을 보며 영원히 도취 상태에 머물고 싶어 한다. 그런데 '그것'은 무의식적 소망에서 기인한 환상이기에 결코 현실적인 관계를 맺을 수 없다. 즉 환상임을 모르기에 사랑의 흥분과 기쁨을 강렬히 느낄 수 있지만, 환상이기에 결코 현실에서 만족을 얻을 수 없는 상태에 빠진다.

> 왜 항상 피하고 있는 형상을 잡으려 하는가? / 네가 찾고 있는 그것은 어디에도 없다. / 네가 돌아서면 네 사랑하는 소년도 돌아설 것이다. / 환상은 실체가 없는 그림자일 뿐이다. / 그것은 너와 함께 와서 너와 함께 머무르고, / 네가 가버리면 그것도 따라서 가버린다. (…)
> 그는 그곳을 떠날 수 없었다. 엎드린 채 불만족하며 헛되이 공허한 형상만 쳐다보았다. 자신의 눈동자 속에 빠져버린 것이다. 그는 몸을 일으켜 숲을 향해 외쳤다.
> "어떤 사랑이, 누구의 사랑이 이보다 더 잔인할 수 있는가? 내가 보는 그는 매력적이지만 그 매력과 모습이 나를 피하고 있다! 나는 그를 사랑하건만 그를 발견할 수는 없다!"[75]

나르키소스의 한탄은 에코의 그것과 유사하다. 나르키소스와 물에 비친 이미지 대상은 나르키소스와 메아리(에코)처럼 적절한 거리를 두어야 정서적·청각적 울림이 일어나는 관계다. 그 거리를 밀치고 융합하려 하는 순간 수면에 비친 이미지도 메아리도 더 이상 존재하지 않게 된다.

의식의 현실에서 결코 붙잡을 수 없는 거울 대상은 어머니의 눈에 비친, 세상에서 가장 아름답고 소중한 아기 때의 나다. 이것은 심리적 현실에는 존재하지만 객관적 현실에는 존재하지 않는다. 또한 무의식에 실재하기에 늘 나와 함께 있지만 의식의 현실 대상이 아니기에 마음껏 만날 수가 없다.

간절히 사랑하지만 접촉할 수 없는 그는 무의식 속 '그분$_{\text{object a}}$'(욕망 대상, 거대자기)의 투사물이다. 의식의 나와 무의식의 나가 분열되어 있음을 모르는 나르키소스는 비극적 현실에 비통해한다. 나르키소스는 비로소 누군가와 사랑 관계를 맺지 못하는 고통, 결실 없이 좌절되는 사랑의 고통을 겪는다. 사랑받기를 간절히 원하지만 상대의 반응을 온전히 얻지 못하는 사랑. 이것은 자기애 인격자가 어릴 때부터 양육자와의 관계에서 반복적으로 겪어온 좌절당한 사랑 양태다.

> 바다나 산, 도시의 성벽, 문이나 장벽이 우리를 가르는 것도 아니요, / 수면의 그 얇은 막이 우리를 가른다. / 그는 내가 그를 잡기를 간절히 바란다. / 내 입술이 그에게 입 맞추려 나를 낮추면 그도 나를 향해 다가온다. / (…) / 네가 누구인지 그곳에서 나와라! 왜 너는 나를 이처럼 괴롭히는가? / 내가 너에게 이르면 너는 어디로 가느냐?[76]

나르키소스는 왜 '물속 대상'을 사랑하게 되었을까? 어째서 생생한 실재 대상들을 거부한 채 이미지에만 그토록 애착하게 되었는가? 클라인 학파에서는 나르키소스가 자기 이미지에 도취된 현상을 투사동일시와 연관해 설명한다. 나르키소스는 수면에 비친 이미지에 자기의 전부를 투사동일시하여 귀속시켰다. 동시에 그 이미지가 자신에게 속한다는 것을 부인했다. 그로 인해 의식 차원에서 나르키소스는 자신과 연관짓지 못한 어떤 낯선 젊은이와 사랑에 빠진 것이다. 자기 내부에서 기인한 투사 형성물을 외부의 타자로 착각하는 정신현상은 망상이다. 냉엄한 현실을 대면하기 힘들어하는 인간은 나르키소스처럼 망상에 의존해 망상과 더불어 살아갈 수밖에 없다.[77]

이미지의 영역인 상상계에서 빠져나오면 '그'(이미지)는 어찌되는가? 수면의 그는 현실의 나르키소스와 매우 다른 존재다. 그런데 그 사실을 나르키소스는 모른다. 그 자신이 이미 현실계도 상징계도 아닌 자기애적 상상계 속에 갇혀 지내는 존재이기 때문이다. 나르키소스는 유년기에 어머니에게서 채우지 못한 거대자기 환상의 굴레에서 벗어나지 못해 애정 관계를 맺는 사춘기 현실에 적응할 수 없게 된 인격이다. 생존을 위해 어린 시절의 상상계로 퇴행해 환상들과 더불어 만족감을 얻으려 하지만 이내 좌절되어버리고 더 이상 갈 곳이 없다. 즉 나르키소스는 영웅이 가야 하는 냉엄한 현실계와 어두운 지하계로 용기 있게 나아가지 못한 채 어머니의 세계(연못, 개울)에 묶인 비극적 존재다.

신화 속의 '그'는 왜 나르키소스를 피하는 것일까? 자기애 인격자의 사랑은 타인을 자신의 욕망과 시선으로 박제해버리기에 상대에게 부담을 준다. 그래서 자기애 인격자와 교제하는 사람은 그의 욕망에 부응하려 노력하다가 이내 에너지가 고갈되어 그를 피하게 된다.

> 너는 우정 이상으로 나에게 희망을 약속하고 있다. / 내가 팔을 뻗으면 너도 뻗고, 내 미소를 따라 너도 미소 짓고 / 내가 눈물 흘릴 때, 너의 눈물을 본다. / 네가 말하는 것을 나는 듣지 못하지만.[78]

나의 정서와 행동을 그대로 반영하는 대상은 유아기의 거울 반응을 해준 어머니다. 나르키소스는 청년기의 현실 대상관계로부터 철수하여 어머니와 융합해 시내던 유아기(생후 12개월)로 퇴행한 것이다. 이는 그 시절에 경험해야 할 모성성이 결핍되었거나 과잉 충족되었다는 징후다.

"그는 나 자신이다!"

> 마침내 나는 진실을 발견했다. / 그는 나 자신이다! / 나는 그것을 느끼고, 나는 나의 모습을 안다. / 나는 나 자신에 대한 사랑으로 불타고 있다. / 내가 고통받고 있는 그 불길은 내가 질렀다. / 나는 무엇을 해야 하나? / 나는 사랑을 줄 것인가?

받을 것인가? / 나는 무엇을 청해야 하나? 네가 원하는 것은 나에게 있고.[79]

이 신화소에서 나르키소스의 인식에 뚜렷한 변화가 일어난다. 처음에 그는 수면에 비친 자기 이미지에 멍하니 도취된 상태였다. 그리고 그 대상과 능동적으로 관계를 맺어보려 했지만 접촉할 수 없음을 한탄했다. 그런 다음에는 그가 바로 자기 자신임을 발견한다. 이 과정은 자기애 상태에 빠져 있던 나르키소스가 자신의 상태를 점증적으로 성찰해가는 단계를 나타낸다.

인간은 혼자서는 자신이 누구인지 알 수 없다. 자신이 어떤 존재인지 자각하려면 일차적으로 거울이 필요하다. 나르키소스가 수면에 비친 자기 이미지를 만난 것은 자기를 인식하기 위한 과정의 입구를 찾은 것이다. 이를 계기로 그는 일련의 심란해하는 과정을 거쳐 이미지(상상계)의 나와 실재하는 나의 차이를 비로소 지각하게 된다. 즉 자기애 상태에서 벗어나 타자들과의 복잡한 관계 속에서 자신을 형성해가는 상징계(현실계)로 입문하기 위한 통과의례다.

'그는 나 자신이다'라는 각성은 상상계의 주관적 환상에서 벗어나 현실의 그를 객관적으로 처음 대면하는 순간이다. 이 순간을 견디지 못하는 사람은 다시 황급히 상상계로 퇴행하고 만다. 그런데 나르키소스는 더욱 깊은 자기 인식의 길로 용감히 나아간다. "나는 나의 모습을 안다." "내가 고통 받고 있는 그 불길은 내가 질렀다." 이 표현들은 그가 자기애 단계에서 벗어나 깊은 자기 인식에 진입했음을 의미한다.

나르키소스가 보여주듯 인간은 자기애 상태에서 좀처럼 벗어나기 어렵다. 우리 안에는 무의식의 환상(심리적 현실, 상상계)에 집착하여 현실(상징계)의 대상들과 온전한 애정 관계를 맺지 못하는 나르키소스(자기애 인격)적 요소가 잠재되어 있기 때문이다.

내가 나의 사랑으로부터 떨어질 수만 있다면. / 다른 사람이 알면 나의 바람은 얼마나 이상할까?

이는 평생 동안 자기애 상태로 살다가 자신의 진면목을 알게 된 자의 절규다. 자존감이 미약한 자기애 인격자는 자신의 내면 상태를 타인에게 노출되지 않도록 숨겨야 하는 부담감이 크다. 그는 자신의 언행이 타인에게 이상하게 보인다는 사실에 민감해한다. 타인의 눈에 비친 자기 상태를 반성하는 이 신화소는 어느덧 자기를 객관적으로 지각하는 '관찰 자아'가 형성되었다는 기표다.

서로 다른 대상들이 관계하며 공존하는 상징계에서 외부 대상과의 사랑이 아닌 자기와의 사랑에 집착하는 것은 퇴행이자 현실 부적응의 징후다. 외부 세계와의 대면을 두려워하는 많은 청소년들이 그에 대한 방어로 자기 사랑에 빠져드는 경우가 있다. 그들은 자위와 몽상에 탐닉하고 게임에 빠진다. 그것은 당장은 평안하고 안전하지만 외부 경험을 흡수하고 소화해야만 이루어지는 자아 성장을 중단시킨다. 그래서 시간이 지날수록 비극이 깊어져가는 '치명적 사랑'이 된다.

나르키소스의 죽음에 대한 해석

나의 슬픔은 내 모든 기력을 빼앗아갔다. / 나는 이렇게 어린 나이에 죽어야 한다. / 죽음은 내게서 모든 고통을 앗아갈 것이다. / 나는 죽음이 그렇게 두렵지 않다. / 단지 내가 사랑하는 그 소년도 나와 함께 죽어야 한다는 사실이 애석할 뿐이다. / 우리는 함께 죽어야 한다![80]

사랑하는 대상이 현실에서는 접촉할 수 없는 환상 이미지임을 자각하는 순간 나르키소스에게는 갑작스런 대상 상실로 인한 우울감이 밀려든다. 그는 더 이상 살 수 없다. 불안한 외부 세계로부터 철수시킨 리비도(욕망 에너지)를 그에게 모두 투여했는데 그는 관계할 수 없는 '나의 이미지'일 뿐이다. 더 이상 상처 없이 욕망을 투여할 대상을 찾을 수 없다! 더 이상 안식처를 만날 수 없는 나에게 남은 길은 무엇인가? 아무런 고통도 지각되지 않는 상태인 죽음이다! 그런데 내가 죽을지라도 내 눈에 보이는 '그'(나)는 가엾다! 나는 세상이 낯설고 두려워 접촉하고 싶지 않지만, '내 앞의 그'는 행복했으면 좋겠다! 그마저 나와 함께 소멸되어야 한다는 사실이 애처롭다. 사랑하는 '나$_{I}$'와 사랑 대상인 '나$_{Me}$'가 함께 죽어야 하다니! 내가 그를 '회복'시킬 수 없다는 것이 가슴 아프다.

현실 대상들에게 가치를 느끼지 못해 관계 일반에서 철수하고 자아에 집착해온 나르키소스는 자아가 영속적 실재가 아닌 일련의 이미지(자기표상과 대상표상) 구성체임을 자각한다. 그 순간 욕망을 부착할 대상이 모호해지고 무기력해지며 죽음욕동이 엄습한다.

자기도취적 전능환상 상태에 있다가 '나'의 실상을 직면하는 순간 그의 연약한 자기는 드러난 무의식의 진실이 낯설고 섬뜩해 도저히 감당해낼 수 없다. 그는 더 이상 현실계에 존재할 마땅한 자리를 찾을 수 없다. 이 고통에서 벗어날 길은 사유와 지각 기능을 마비(파괴)시켜 정신증에 함입되거나 목숨을 끊는 것뿐이다.

자기 자신에게 과도하게 집착해온 자의 마음 이면에는 한 번도 안정된 애정을 주지 않은 최초 대상(엄마)에 대한 깊은 실망과 분노가 숨어 있다. 그 분노의 배후에는 어머니와 세상을 향한 모든 욕망 활동을 거두어가려는 죽음욕동이 도사리고 있다. 외부 대상과의 관계에서 철수한 나르키소스는 이미 외부 세계와 나를 연결시키는 고리들을 모두 끊어놓아 삶에서 어떤 의미도 지각하지 못하는 자폐(죽음) 상태다.

그는 물에 비친 모습을 향해 다시 돌아섰다. 눈물로 인해 그 모습은 흐려지고 사라졌다. 그는 외쳤다. "어디로 가는 것이냐? 거기 서라. 너를 사랑하는 나를 버리지 마라. 나는 너를 만질 수 없다. 항상 내가 너를 바라보게 해다오! 보는 것만으로도 나의 불쌍한 사랑은 자란다!"

나르키소스는 삶에 대한 마지막 미련을 드러낸다. 수면에 비친 그가 보여준 사랑스러운 시선·표정·이미지에 취했던 순간들은 나르키소스가 지녔던 행복의 전부다. 하지만 그것의 실상을 자각한 이상 그 행복은 더 이상 유지될 수 없다.[81]

퇴행적 환상에 탐닉할 때 인간은 몽롱한 기쁨을 느낀다. 그 상태는 현실의 쾌락과 다른 일종의 환상적 열락이다. 열락의 순간에는 현실에 대한 의식의 모든 판단과 지각이 마비되고 미련도 사라진다. 내 곁에서 나를 보듬어주던 옛 시절의 욕망 대상, 성환상, 과대자기와 함께 있고 싶은 마음뿐이다. 그러나 그것에 몰입하면 현실계의 의미 규칙들이 무의미해져서 치명적 파국이나 죽음욕동에 함몰된다.

나르키소스는 사랑의 열기로 서서히 무너져 힘과 강건함과 아름다움을 잃었다. 나르키소스가 "아, 슬프다!"라고 외치자 에코도 "아, 슬프다!" 하고 답했다.

자기 실상을 깨닫고 자기애 환상이 깨지는 순간 지금까지 삶을 유지시켜주었던 욕망과 아름다움은 홀연 사라진다. 그것은 그동안 외면해왔던 분열된 '무의식의 나', 있는 그대로의 '현실의 나'를 비로소 직면하는 순간이다. 이는 자만심이 하늘까지 치솟던 오이디푸스 왕이 자신의 정체를 확인한 뒤 견딜 수 없어 자기 눈을 찌른 상태와 유사하다. 리어왕이 자신을 기쁘게 하던 딸들의 달콤한 애정 표현이 거짓이었음을 깨닫고 비극적인 현실에서 벗어날 수 없음을 애통해하는 순간이기도 하다.

분열된 자기가 조금씩 통합되고 자아가 발달하려면 좋음과 나쁨, 아름다움과 추함이 혼재하는 현실의 양가적 실상을 꾸준히 직면하고 인식해야 한다. 자신을 이 세상에서 가장 존귀하고 아름다운 존재로 착각하는 과대자기 환상을 떠나보내고, 그로 인해 닥쳐오는 슬픔·상실감·공허감·불안을 견뎌내야 한다. 그래야만 비로소 자기애 인격구조에서 새로운 인격구조로의 변환을 이루어낼 수 있다. 나르키소스의 죽음은 곧 자기애 환상이 극에 달했다가 깨진 비극 상태에서 서서히 극복·애도되는 과정이다.

욕망하는 대상의 말을 반복할 뿐인 에코는 힘 있는 대상의 말을 내사하여 그 대상과의 공생적 융합을 바라는 의존성 모방형 인격(as if 인격)의 표상이다.[82] 또한 주체적이고 통합된 현실자아를 갖지 못했다는 점에서 일종의 거짓자기다. 그녀에게는 '나'가 없기 때문에 자신의 존재를 확인시켜주고 삶의 방향을 안내해줄 힘 있는 외부 대상의 말씀·목소리가 절실히 필요하다.

자기애 인격과 모방적 인격은 노예제가 있던 고대인들의 삶을 고려하면 따로 떼어 생각할 수 없는 한 쌍이다. 자기애 인격자는 자존감을 유지하기 위해 자기 말의 가치를 존중해주고 일부를 반영해주는 모방적 인격을 필요로 한다. 나르키소스와 에코는 정신의 궁합이 다소 조화를 이루기는 하지만 결코 진정으로 소통하는 관계를 실현하지는 못한다.

"안녕, 친구여. 헛된 연인이여!"라고 나르키소스는 마지막 말을 건넸다. 에코 역시 그에게 같은 인사를 했다. 그의 죽음을 슬퍼하는 강의 님프, 숲의 님프들이 그의 시체를 찾았지만 보이지 않았다. 다만 흰 꽃잎이 둘러 있고 중간에 노란 꽃잎이 하나 있는 꽃 한 송이를 발견했다.

니콜라 푸생, '에코와 나르키소스', 1627

분열된 자기가 조금씩 통합되고 자아가 발달하려면 좋음과 나쁨, 아름다움과 추함이 혼재하는 현실의 양가적 실상을 꾸준히 직면하고 인식해야 한다. 자신을 이 세상에서 가장 존귀하고 아름다운 존재로 착각하는 과대자기 환상을 떠나보내고, 그로 인해 닥쳐오는 슬픔·상실감·공허감·불안을 견뎌내야 한다. 그래야만 비로소 자기애 인격구조에서 새로운 인격구조로의 변환을 이루어낼 수 있다. 나르키소스의 죽음은 곧 자기애 환상이 극에 달했다가 깨진 비극 상태에서 서서히 극복·애도되는 과정이다.

'헛된 연인'은 누구를 지칭하는가? 그것은 나르키소스의 무의식에서 욕망을 일으키던 원인이자 모델이며 최초의 사랑 대상인 '어린 시절 잠시 애착했던 어머니'다. 결국 나르키소스는 무의식의 연인으로 늘 함께 지내온 '그분'과 마음의 작별을 한 것이다. 이제 그는 과거의 그가 아니다. 나르키소스는 더 이상 존재하지 않는다.

그의 죽음은 다양한 해석이 가능하다. 프로이트의 관점으로는 애정을 주다가 돌연 중단한 어머니 환상으로 심란해하다가 결국 어머니 곁(연못가)에서 삶을 마친 것이라 볼 수 있다. 그러나 융의 관점으로 보면 나르키소스와 자기 이미지의 만남은 유아적 엄마 환상에서 벗어나게 해주는 긍정적 사건이며, 그의 죽음은 정신의 새로운 성장을 의미한다.

나르키소스가 죽고 나서 피어난 꽃(수선화) 한 송이는 식물의 죽음과 부활처럼 인격의 중대한 변환이 이루어졌다는 상징이다. 꽃은 암술(여성기)과 수술(남근)이 한곳에 모여 있기에 왕성한 생명력(리비도)을 자랑한다. 물가에 핀 꽃은 개울의 님프인 어머니의 곁을 떠나지 못한 인격의 상징인가, 원시적 자기애를 극복한 상징인가?

자기애 환상의 굴레를 넘어서

나르키소스와 에코는 노예제를 기반으로 한 고대 그리스인의 생활 특성에서 파생된 정신적 문제를 표현한다. 자기애 인격은 노예를 대하는 주인의 성격으로, 의존성 모방형 인격은 주인을 대하는 노예의 성격으로 적합하다. 그러나 평등한 시민들 사이의 공동체 정신과는 충돌하기 때문에 영웅의 모델이 아닌 반성의 모델이 된다.[83]

이러한 관점의 연장선상에서 나르키소스가 에코의 포옹을 거부하고 자기와 사랑에 빠진 행위를 분석해볼 수 있다. 에코는 신(왕, 주인)의 소리에 순종하는 문화의 상징이며, 나르키소스는 이미지(자기표상, 대상표상)의 힘에 도취했던 자아중심 문화의 상징이다. 나르키소스-에코 신화는 신의 목소리에 절대 복종하며 지내던 문화로부터 인간(자기) 자신에게 몰입하는 문화로 이행해가는 과도기에 출현한 것으로 추정된다.

인류사는 원초적 소리 문화에서 이미지 문화를 거쳐 문자언어 문화로 발전했다. 이것을 개인 정신의 발달 과정에 대입해보자. 소리는 주관(나)과 객관(타자)을 구분하지 못한 채 융합되어 살던 생후 12개월 이전 시기에 엄마-아이 관계에서 핵심적인 역할을 한다. 이미지는 타자와 구분되는 '나'를 최초로 지각하는 거울단계(생후 6개월 이후)부터 자아가 발달해가는 내내 일정한 기능과 위치를 계속 유지한다. 문자언어는 언어를 배워 내면화하기 시작하는 남근기(4-7세)부터 중요해지며 성인기 문화의 중심을 이룬다.

인간에게는 고통스럽고 힘들고 슬프지만 아이에서 소년을 거쳐 어른이 되기 위해 반드시 필요한 정신의 변형 과정이 있다. 그것은 '자기애' 상태를 넘어 타자를 자신과 동등하게 또는 자신보다 더 사랑하는 정신성으로의 변환이다. 이를 성취하기 위해서는 엄마-유아 관계에서 경험된 원시적 자아전능(거대자기) 환상에서 벗어나는 고통스런 통과의례를 거쳐야 한다. 유아적 환상을 떠나보내고 '과대자기인 나'에 대한 애착이 포기되어야 타인의 마음을 이해하고 타인에게 기쁨을 선사하는 성숙한 사랑 관계를 이룰 수 있다.

정신의 진화 과정에서 가장 획기적인 것은 인류가 효율적 생존 전략으로서 자기애 상태를 포기하고 타인을 향해 리비도를 부착했다는 사실이다. 삶욕동·성욕동·욕망의 방향이 타자를 향하지 못하면 나르키소스처럼 비극을 겪게 된다. 이런 깨달음의 과정을 드러내는 나르키소스 신화는 정신의 험난한 발달 과정을 상징으로 보여주는 신화로 해석할 수도 있다.

정신이 새롭게 발달하려면 험난한 통과의례와 이를 완수할 수 있도록 도와주는 조력자가 필요하다. 그렇다면 나르키소스의 정신발달을 도운 조력자는 누구인가? 예언자 테이레시아스, 어머니 리리오페, 아버지 케피소스가 그의 정신발달에 기여한 흔적은 찾기 어렵다. 오히려 나르키소스에게 거부당해 그를 저주한 자들과 '복수의 여신'이 나르키소스로 하여금 거울단계에서 벗어나게 하는 데 우회적으로 기여한다.

고대 그리스인이 신화 속 나르키소스에게 부여한 통과의례는 무엇인가? 아테나 신전 입구에는 "너 자신을 알라."라는 문구가 새겨져 있다. 이는 인간이 영원불멸의 신이 아니라 죽을 수밖에 없는 유한한 존재임을 겸손히 자각하라는 뜻이었다. 이 구절을 소크라테스는 "사유를 통해 영원한 대상에 접속해 영생을 누리는 신적 능력인 이성이 너 자신에게 있음을 자각하라."라는 의미로 재해석했다. 이제 우리는 나르키소스 신화를 통해 이를 다음과 같이 새롭게 해석할 수 있다.

"너 자신을 진정으로 알기 위해서는 목숨을 걸고 기필코 자기애 환상의 굴레를 넘어서야 한다!"

7장

북유럽 신화

1

발드르

빛의 신이 죽었다가 살아나야 하는 이유

수메르 신화에서 길가메시는 태양신 샤마시의 도움으로 죽음 위기를 벗어난다. 샤마시는 이집트에서는 태양신 아텐, 유대교 신화에서는 불의 신(화산신) 야훼, 일본에서는 태양 여신 아마테라스로 등장한다. 그리고 얼음으로 덮인 북유럽에서는 독특한 운명을 지닌 빛의 신 발드르로 현시된다.

서양에서는 도전자가 샤먼 왕과 대결할 때 먼저 '겨우살이'를 꺾는 풍습이 있었다.[1] 겨우살이는 참나무에 기생하며 병을 낫게 해준다고 여겨졌던 식물이다. 숲과 신전과 집단의 생명을 지켜오던 샤먼 왕은 겨우살이의 비범한 힘을 소유한 도전자와의 대결에서 필연적으로 살해당한다. 겨우살이와 기존 샤먼 왕이 지녔던 신성한 에너지를 모두 흡수하여 신적 능력을 얻은 도전자는 집단의 새 왕으로 등극한다.

그런데 이 묘한 풍습의 근원으로 추정되는 북유럽 신화에서 겨우살이를 꺾은 자는 빛나는 영웅이 아닌 영악한 존재 로키다. 신들의 왕 오딘의 의형제로 이방 혈통을 지닌 로키는 장님 호드의 손을 빌려 겨우살이 가지로 빛의 신 발드르를 살해한다.

이처럼 어둠(죽음)의 힘이 빛(생명)의 신을 살해하는 것은 이집트 신화에서 세트가 오시리스를 살해하고 기독교에서 유대 민중과 헤롯 왕이 예수를 죽이는 것과 유사한 상징 의미를 지닌다. 우리는 발드르의 죽음과 부활에서 어떠한 심리적 의미와 정신분석의 단서를 추출해낼 수 있을까?

스칸디나비아에 거주하던 원시 부족들은 이 세상이 '이그드라실'이라는 거대한 나무(우주목)에 의해 지탱되는 3계와 아홉 나라로 구성된다고 믿었다. 제1계에는 ① 오딘 등 에시르 신족이 사는 평화의 나라 '아스가르드' ② 프레이르, 프레이야 등 바니르 신족의 나라 '바나하임' ③ 하얀 빛의 요정이 사는 나라 '아르브하임'이 있다. 제2계에는 ④ 초록의 인간계인 '미드가르드' ⑤ 빙설의 거인국인 '요툰하임' ⑥ 사악한 검은 요정이 사는 나라인 '스바르트알프하임'이, 제3계에는 ⑦ 저승세계인 '헬' ⑧ 북쪽 끝 추위의 세계인 '니플하임' ⑨ 남쪽 끝 불꽃(더위)의 세계 '무스펠하임'이 있다.

에시르 신족이 신화의 주역이 되고 아홉 나라의 등장인물이 섞여 북유럽 신화가 구성되는데, 에시르 신족의 왕 오딘의 자식 중 하나가 빛의 신 발드르다. 구전되던 발드르 신화가 문자로 기록된 것이 유럽에 기독교 유일신과 그 아들 예수에 관한 신앙이 널리 퍼져 있던 시기라는 점을 염두에 두고 이 신화를 음미해보자.

태초의 사건들

신들의 왕 오딘과 그의 두 형제는 힘을 합쳐 거인 이미르를 죽이고 그 시체로 세계를 만들었다. 이미르의 몸통으로 대지를, 피로 바다를, 머리는 바위, 머리털은 나무, 두개골은 하늘, 뇌수로는 구름을 만들었다.

세상 만물의 근원이 된 '거인'의 정체는 무엇인가? 거인 이미르는 원시 인류가 의존한 최초 대상인 모신으로 추정된다. 원시인의 심성과 유사한 유아의 심성에 주목하면 '거대함'의 심리적 근원을 이해할 수 있다. 젖먹이 유아는 엄마의 거대한 몸에 가치 있는 온갖 것들이 다 들어 있다고 상상한다. 주관지각과 객관지각 사이의 경계가 모호하며 부분적 유사성을 전체적 동일성으로 착각하곤 했던 원시 인류에게 세상 만물을 만들어내는 태초의 거대 대상은 어머니의 몸이다. 남근에 대한 묘사가 없다는 것은 유아가 남녀 성 차이를 지각하기 이전의 중성적인 어머니, 즉 태초 어머니(자연)임을 상징한다. 성 차이 지각 이전의 먹여주고 돌봐주는 어머니는 성 차이 지각 이후의 들뜬 욕망을 일으키는 어머니와 특성과 의미가 매우 다르다.

거대한 최초 대상을 살해한 후 만물을 창조하는 행위는 인류가 자연본능에 융합된 유아적 영혼에서 벗어나 의식의 사유와 언어로 자연에 이름을 붙이며 능동적으로 분별하는 상징계(아버지의 세계)로 전환해가는 과정을 상징한다. 또한 '거인 이미르'는 원시시대 최초 사회 집단의 우두머리이자 풍습에 따라 살해당한 수장의 상징이기도 하다. 본능욕동을 외부로 투사하여 대상을 환상적으로 지각했던 원시 인류에게 집단 구성원의 생존을 좌우하는 권능을 지닌 수장은 늘 거대한 존재로 지각되었다. 그의 몸에는 우주의 생명력(마나, 원기)이 담겨 있기에 그 몸의 피(생명, 정액)가 대지(지모신)에 뿌려지면 수태 작용이 일어나 생명체가 생성된다.

수렵시대에 인간이 동물과 치열한 생존 경쟁을 했듯 무리를 이끌던 최초 거인은 신세대 도전자에 의해 살해당하는 것이 자연스러운 순리였다. 기존 지배자를 제거한 자는 집단이 믿고 의지할 새 수장이 된다. 북유럽 신화에서는 오딘을 중심으로 한 세 형제가 새로운 수장(신, 수호자)으로 등장한다.

셋은 완전성을 의미할 뿐 아니라 사회적 관계를 생성하는 최소 단위다. 즉 세 형제의 등장은 성장한 다수의 남성이 모계제의 수장을 살해하고 세상을 언어적(상징적)으로 분별하는 가부장적 의식 세계를 구축했다는 의미로 볼 수 있다. 부권적 세계로의 전환은 모권적 대상과 대결해 그 대상을 살해해야만 가능하다. 이 전환은 인류 정신발달사에서 매우 중요한 의미를 지닌다.[2]

신세대에 의한 거인 살해와 거인의 몸을 활용한 세상 창조는 시간 의식 없이 지내던 상태(영유아, 정신증자)로부터 이성(의식)의 힘으로 세상을 분별하고 경계짓는 상태로의 전환을 나타낸다.

원시 인류의 눈에 거인(지도자)의 '두개골'은 높은 하늘, '넓은 몸'은 대지, 머리의 '딱딱함'은 바위와 각각 유사성을 지닌다. '머리털'은 나무의 울창한 가지나 잎, '핏물'은 출렁이는 바다와 유사하다. 모종의 유사성을 지닌 서로 다른 두 대상을 마치 동일한 것인 양 연결·대체하는 것은 신화적 사고의 주요 특성이다.

권력을 차지한 신족과 권좌에서 밀려난 거인족 사이에 큰 싸움이 있었다.

현재 권력을 차지한 신족은 의식의 힘을 상징하며, 권력에서 밀려나 어둠에 묻힌 거인족은 무의식의 힘을 상징한다. 의식과 무의식의 대립은 구조적인 것이기에 신족과 거인족의 싸움은 종결되기 어렵다.

거인족은 유아기의 양육자나 원시시대의 샤먼 왕처럼 자립 능력이 없는 군중(유아)에게 심리적으로 절대적 가치를 지닌 태초 대상을 상징한다. 또한 신족은 언어 규범의 힘·경계·질서를 지닌 아동기(오이디푸스기)의 부모 내지 권위자를 상징한다. 다시 말해 거인족은 원초적 '본능id'의 힘을, 신족은 분별하는 '자아ego'의 힘을 표상한다. 그렇다면 거인족과 신족의 싸움은 본능욕동과 자아의식 사이의 대립·갈등이다.

인류에게는 본능 에너지와 자아 에너지가 모두 필요하기에 둘은 적절히 타협·공존해야 한다. 지혜로운 신족(자아)이 야수적인 거인족(본능)을 적절히 제압(통제)하는 것이 문명사회의 삶과 정신의 균형을 위해 가장 조화로운 상태라고 볼 수 있다. 인간은 자아의식이 발생한 후부터는 자아를 중심으로 살아왔지만 이따금씩 무의식(본능)이 엄습하곤 한다. 그럴 경우 자아가 무력해져 태초 상태로 퇴행하고 싶은 욕구가 발생한다.

인류가 '태초 거인'(부모)과 본능으로 소통하던 영유아기에서 '분별력 있는 신족'(자아)이 주도권을 잡는 상태로 나아가기 위해서는 치열한 전쟁을 거쳐야 한다.[3]

새 지도자의 탄생과 불길한 꿈

신들의 왕 오딘과 여신 프리그 사이에서 가장 잘생기고 성품 좋은 발드르가 태어났다.

오딘은 전쟁에서 승리하여 신들의 왕으로 군림하고 있었지만 집단을 보호하고 고양하기 위해서는 신족과 거인족 사이의 싸움을 중재해줄 제3의 대상이 필요하다. 그런 상황에서 오딘과 프리그 사이에서 발드르가 태어난 것이다.

계속 보고 싶고 함께 있고 싶은 마음을 일으키는 잘생긴 외모와 좋은 성품을 지닌 발드르는 집단 구성원을 살맛나게 만드는 기운을 지닌 삶욕동의 모델이며 기쁨과 희망을 주는 광명의 신이자 생명을 소생하게 하는 신이다. 그를 바라보고 그와 접촉하는 것만으로도 인접법칙에 의해 생의 활력과 기쁨이 일어난다.

발드르는 누구에게나 관대하고 너그러우며 친절하고 다정한 성품을 지녔다. 이런 좋은 특성들은 그가 3계 아홉 나라의 갈등을 중재하여 새로운 통합을 이루어낼 매개자라는 징표다. 즉 그는 본능의 쾌락원칙 요구, 현실세계의 현실원칙 요구, 초자아의 도덕원칙 요구를 조화롭게 해소해주는 자아의 표상이다. 그는 본능충동을 통제하지 못해 싸움이 끊이지 않던 원시 집단에 평화를 가져다줄 계몽 능력을 지닌 '자아의 신'인 것이다.

신들의 사랑을 받던 발드르는 어느 날 소름 끼치는 악령들이 나타나 저주를 퍼붓는 불길한 꿈을 꾼다.

원시 인류는 정령들이 서로의 정신과 신체를 넘나들며 영향을 끼친다고 믿었다. 그래서 꿈 내용은 곧 외부 정령이 몽자의 정신에 들어와 미래의 일을 직접 전해준 것으로 지각된다. 이는 투사와 내사가 심해 주관적 지각과 외부 현실 사이의 차이를 제대로 인식하지 못하는 유아나 정신증자의 심리 상태와 유사하다. '소름 끼치는 악령'은 원시 인류가 접촉을 꺼렸던 '죽음 정령'을 상징한다. 악령들은 '저주의 말'을 퍼부음으로써 말의 주술적 위력으로 몽자를 죽음에 이르게 하는 치명적 상처를 줄 수 있었다. 생명의 빛을 내뿜는 존재에게 이런 꿈은 어떤 의미를 지니는 것일까?

파국적 분쟁을 해결하기 위해서는 분열된 세력을 통합할 능력을 지닌 중재자가 필요하다. 그런 위대한 존재를 출현시키기 위해서는 어떤 선행조건이 필요하다. 고대 인류가 깨달은 비밀스러운 조건은 무엇일까? 그것은 구원자이자 중재자 자신의 죽음이다. 집단을 불안하게 하던 모든 고질적 재앙을 대신 감당해내는 자의 희생적 죽음이야말로 집단에 내재된 묵은 갈등을 해소하고 구원자를 부활시킬 힘을 지닌 주술이다. 즉 당대 북유럽의 민족무의식이 구원자이자 중재자인 발드르로 하여금 자신의 죽음을 예견하는 꿈을 꾸게 한 것이다.

발드르의 꿈은 단기적으로는 그 집단에 불길한 징조다. 집단정신에 융합해 지내던 시대에 왕이나 주요 인물의 꿈은 개인적 의미가 아닌 집단의 현 상태와 미래를 상징한다. 발드르의 꿈은 집단의 안녕이 외부 악령에 의해 위협받을 것이니 그에 대비하라는 무의식의 메시지다. 이 꿈이 불길함의 표상이 될지 새옹지마와 갱생의 상징이 될지는 꿈을 해석하는 자의 지혜와 향후 반응에 달려 있다.

꿈 이야기를 들은 오딘은 신들을 불러 모아 발드르에게 해를 입힐 수 있는 모든 것을 열거하게 했다. 어머니 프리그는 발드르를 죽음으로부터 지키기 위해 온 세계를 다니면서 쇠를 비롯한 모든 금속 정령 및 물, 불, 돌, 흙, 독, 짐승, 새, 병균 등 위협이 될 만한 모든 정령들로부터 발드르를 해치지 않겠다는 서약을 받아낸다.

고대인에게 꿈은 우월한 힘을 지닌 정령이 몽자를 매개로 집단 전체에 전하는 상징 메시지다. 오딘은 지혜를 짜내고 프리그는 직접 돌아다니며 거친 기운을 내뿜는 정령들에게 발드르를 해치지 말아달라는 부탁을 한다.

오딘과 프리그가 이토록 신경을 쓴다는 것은 발드르가 집단 구성원의 삶에 특별한 의미를 지닌 대상이라는 징표다. 발드르의 정체는 무엇인가? '빛의 신'은 오딘을 대체할 새 지도자, 집단 구성원이 원하는 새 구원자다. 가장 잘생기고(빛나고) 성품 좋은(따사로운) 신이라는 묘사가 암시하듯 그는 어둠과 죽음의 공포를 해소해주며 집단의 생명을 맡겨두기에 가장 안전한 대상이다. 그런 대상의 죽음은 곧 집단의 생명력과 희망이 소멸되는 것과도 같기에 그를 해칠 수 있는 모든 대상들과의 접촉을 막는 엄격한 터부를 정하거나 정령들을 향해 정성껏 제사를 올려야 한다.

맹세의 효력을 시험하기 위해 온갖 무기로 발드르를 찌르고 때려도 발드르에게 상처 입힐 수 없었다. 사랑하는 발드르의 죽음을 앞으로 걱정하지 않아도 된다는 사실에 신들은 모두 기뻐했다. 발드르에게 온갖 것을 던지는 놀이를 했고, 웃음소리가 끊이지 않았다.

고대인에게 있어서 그 무엇도 상처 입힐 수 없는 존재란 기꺼이 집단의 생명력을 맡기고 동일시하고픈 완벽한 신의 표상이다. 발드르를 예리한 무기로 찌르는 놀이는 죽지 않는 신이라는 사실을 증명해보라며 로마 병사들이 예수의 몸을 창으로 찌르고 비웃던 장면과 유사하다.

물론 상처 입힐 수 있는 모든 대상에게 발드르와의 접촉을 금지하는 방책을 쓸 수도 있을 것이다. 그러나 그런 방법은 모든 존재와 무차별적으로 접촉하여 막힌 생명 흐름을 소통시키는 매개자에게 적절하지 않다. 그렇기에 오딘과 프리그는 파괴욕동(공격성)을 지닌 위험한 대상(정령)들에게 발드르를 해치지 않겠다는 약속을 받아낸 뒤 그 효력을 확인한 것이다. 집단의 생명력을 맡겨둘 발드르의 힘과 능력을 확인할 때마다 집단의 구성원들은 한껏 기뻐할 수밖에 없다. 발드르는 험한 자극에도 상처 입지 않는 '강한 자아'를 지닌 이상화 대상이다.

온갖 물건을 던지고 찌르는 것은 외부 대상을 향해 공격성을 분출하는 행위다. 내부의 공격성을 외부 대상에게 분출하는 행위는 정신발달에 중요한 기여를 한다. 타고난 공격성을 자연스레 분출했을 때 주변 환경(양육자)이 수용하고 버텨주고 보복하지 않는 경험을 통해 개인은 참자기를 형성할 수 있다. 그런 뒤에는 공격성이 창조성으로 전환된다.[4] 반면에 공격성 분출이 막히고 포기되면 자신의 욕망과 생각을 숨기고 대상(환경)의 눈치를 살피는 거짓자기 인격이 형성되어 진정한 기쁨과 활력을 느끼지 못하는 삶을 살아가게 된다. 제대로 분출되지 못한 공격성 에너지가 정신 내부로 향하여 자아 기능을 파괴해버리기 때문이다.[5] 타자의 정신에 접촉해 소통하는 정신 기능을 온전히 발달시키려면 무엇보다 양육자가 유아의 공격성과 원초불안을 담아주는 용기container 역할을 잘해내야 한다. 집단 구성원의 날카로운 공격성과 불안을 보복 없이 담아주며 버텨주는 발드르는 정신분석의 관점에서도 든든한 지도자의 모델이다.

연약한 겨우살이에 찔려 죽은 발드르

그런데 이 흥겨운 놀이를 즐기지 못하는 신이 둘 있었다. 하나는 발드르의 동생이자 장님인 호드였고, 또 하나는 오딘의 의형제이자 시기심 많은 로키였다. 로키는 노파로 변신해 프리그를 찾아가 신들이 이상한 놀이를 하며 웃고 떠드는 이유를 물었다. 프리그는 의심 없이 그 이유를 말해주었다. "발드르가 불길한 꿈을 꾸어 내가 세상 만물을 찾아다니며 아들을 해치지 않겠다는 맹세를 받았고 신들이 그 맹세를 확인하는 것이랍니다."

"모두에게서 맹세를 받았나요?"

"네. 그런데 딱 하나, 서쪽 벌판에서 자라는 겨우살이는 어리고 약해 보여 그냥 무시했답니다."

고대인에게 '장님'은 현실을 온전히 분별하지 못하며 타자에게 조종당하기 쉬운 존재로 인식된다. 세상을 온전히 지각하지 못하는 그는 타인과 관계 맺는 능력이 미숙하고 삶을 향유하지 못하며 발드르처럼 사랑받는 대상을 시기한다. 로키는 출신 때문에 집단의 중심에 서지 못한 분노를 지닌 자다. 로키는 본래 요툰 거인족이었지만 총명하고 잘생긴 외모로 인해 오딘과 의형제를 맺고 에시르 신들과 교제한 특이한 존재다.

신족과 거인족 가운데 어디에도 온전히 안주하지 못하는 로키와 눈이 멀어 삶을 즐길 수 없는 호드는 빛을 주는 발드르에게서 기쁨과 에너지를 받을 수 없다. 아울러 동료들과 놀이하면서 융합하는 기쁨을 누리지도 못한다. 이들은 당대 사회에서 소외되어 적절한 위치나 만족을 누리지 못하는 이들의 상징이다.

발드르의 안전을 유지하는 비밀을 낯선 대상에게 발설한 프리그의 행동은 미래에 일어날 심각한 비극의 원인이 된다. 악령이 숨어 있을 위험성이 높은 낯선 자와 접촉하거나 중요한 정보를 발설하는 것은 금기다. 프리그의 행위는 금기를 어긴 것과 같다.

연약해 보여 신들이 무시한 겨우살이는 역으로 집단의 생명력을 숨겨두기에 가장 적합한 대상이다. 또한 자연의 활력이 잠든 겨울에도 생명력을 유지한다. 겉으로 가장 안전해 보이는 대상이 때로 가장 위험할 수 있고, 별것 아닌 듯 보이는 겨우살이 역시 뜻밖의 거대한 힘을 숨기고 있을 수 있다. 이처럼 무의식은 때로 무시무시하고 대단한 것을 평화롭고 사소한 것으로 변장(전치)시킨다.

로키는 서둘러 서쪽 황무지로 가서 참나무 줄기에 뿌리박은 겨우살이 가지를 꺾었다. 신들의 나라로 돌아온 그는 가지 끝을 뾰족하게 깎은 뒤 신들의 놀이가 벌어지는 곳으로 가서 장님 호드에게 말했다.
"모두가 즐거워하는데 너도 한번 던져보지 그래."
"형이 어디 있는지 보이지 않고, 저에겐 아무 무기도 없어요."
로키는 겨우살이 가지를 손에 쥐여 주고 발드르가 있는 곳을 알려주었다. 오른손을 쳐들어 로키가 알려준 방향으로 힘껏 겨우살이를 던지자 순식간에 심장을 꿰뚫린 발드르가 쓰러져 죽었다. 침묵이 덮쳤고 로키는 그곳을 빠져나갔다.

프로이트가 강조했듯이 인간의 방어기제는 강력하지만 결코 완벽하지 않다. 무의식의 그림자 부분에 외부의 부정적 자극이 접촉해 침투할 경우 강한 기폭 작용이 일어나 무의식이 의식으로 강력히 치솟는다. 이 경우

발드르의 죽음

프로이트가 강조했듯이 인간의 방어기제는 강력하지만 결코 완벽하지 않다. 무의식의 그림자 부분에 외부의 부정적 자극이 접촉해 침투할 경우 강한 기폭 작용이 일어나 무의식이 의식으로 강력히 치솟는다. 이 경우 기존의 방어막에 균열과 구멍이 생겨 정신이 교란되거나 붕괴된다. 무적의 전사 아킬레우스, 천하장사 헤라클레스에게도 치명적 약점이 있듯이 빛의 신 발드르의 보호막도 완벽하지 않다.

기존의 방어막에 균열과 구멍이 생겨 정신이 교란되거나 붕괴된다.[6] 생존을 위해 강력한 방어기제가 작동되면 반드시 후유증을 겪는다. 무적의 전사 아킬레우스, 천하장사 헤라클레스에게도 치명적 약점이 있듯이 빛의 신 발드르의 보호막도 완벽하지 않다.

겉보기에는 작고 연약해 보이지만 겨우살이에는 병든 생명을 회복시키는 신성한 약효와 생명력이 내장되어 있다. 이방인에 의해 신성한 참나무에 기생하는 겨우살이(황금색 가지)가 꺾이면 신성한 숲과 신전에 모셔진 신 그리고 집단의 생명을 수호하던 샤먼 왕이 죽게 된다.[7] 신성한 참나무에 뿌리내린 겨우살이는 집단 생명력이 보관된 신성한 약재이지만 이방인이 꺾으면 부정적 에너지로 변질된다.

발드르의 금발과 겨우살이의 황금색은 유사하다. 또한 발드르의 생명을 소생시키는 빛과 겨우살이의 치유력은 '생명을 살리는 힘'이라는 유사성을 지닌다. 유사한 정령들끼리는 서로 (관)통한다. 겨우살이는 빛의 신과 동일시되어 주술적 방어막을 뚫고 발드르 속으로 침투할 수 있다.

신과 영웅의 죽음에는 늘 어떤 깊은 의미가 담겨 있다. 그리스 신화에서 페르세포네가 지하계에 갇혀 있는 겨울 동안에는 지상 식물이 얼어 죽듯이 빛의 신이 죽어 지하계로 떠남은 우울한 겨울이 오랫동안 지속될 것임을 암시한다.

> 아들의 죽음에 넋을 잃은 프리그가 울음을 터뜨리자 모든 신들이 함께 울었다. 프리그가 말했다. "저승계로 가 몸값을 지불하고 발드르를 찾아올 자는 없나요?" 오딘의 또 다른 아들 헤르모드가 자원해 세상 끝의 저승계로 떠났다.

죽은 아들을 되살리려는 어머니의 시도가 성공하려면 반드시 비범한 조력자의 도움을 받아야 하며 산 자가 죽은 자의 세계에 다녀와야 한다.

지하계를 모험한 바리데기, 이자나기, 오오쿠니누시, 이슈타르, 데메테르, 헤라클레스는 생명력의 숨겨진 근원(인류무의식)에 접속해 현재 집단의 병을 치유하는 주술사의 상징이다. 주술적 사고에서는 삶과 죽음을 관리하는 정령(신)과 접촉하여 허락을 받아내면 죽음으로부터 부활이 가능하다. 가령 몸값을 충분히 지불하면, 즉 저승의 신이 원하는 제물을 바친다면 죽은 자도 부활할 수 있다.[8]

발드르의 시신은 배 한가운데 제단에 실렸다. 무녀가 주문을 외우자 모래 위 둥근 받침목에 있던 배가 바다로 구르기 시작했다. 이 광경을 보던 아내 난나가 충격으로 쓰러져 죽었다. 신들은 난나를 발드르 곁에 눕히고 발드르가 타던 말을 토막 내어 발드르 부부의 시신 주위에 뿌리며 명복을 빌었다. 오딘은 자신이 아끼던 황금 반지 드라우프니르를 시신 위에 올려놓는다. 제단에 불이 붙자 배는 삽시간에 불길에 휩싸이며 바다로 사라졌다.

장례 장면이 이처럼 상세히 묘사되는 신화는 드물다. 무녀는 주문을 외워 망자가 무사히 지하계에 도달한 후 갱생하게 해달라는 소망을 저승의 정령에게 전달한다. 망자가 외롭지 않게 부인과 아끼던 말을 가까이 둔다. 불태워 바다로 보내는 이유는 죽은 자를 산 자로부터 멀리 격리시켜 죽음 기운의 전염을 막으려는 것이다. 바다는 꺼져가는 생명체를 포용해 회복시키는 모성 에너지의 상징이다.[9]

'황금 반지'는 삶과 죽음을 조절해 영생할 수 있게 하는 신기한 힘을 지닌 보물이다. 고대인에게 반지는 그것을 소유하고 있던 주인을 상징한다. 왕의 권능을 상징하는 반지를 발드르의 시신 위에 올려둔 것은 발드르가 다시 살아날 것이라는 깊은 믿음과 소망의 표현이다.

라그나로크 이후의 재탄생

헤르모드는 소용돌이치는 얼음 강을 건너 저승세계 여왕 헬을 만나 말한다. "모든 신들과 세상 모든 정령들이 발드르의 죽음을 슬퍼하며 부활을 기다리고 있습니다. 자비를 베푸소서."
헬이 말한다. "과연 발드르가 모두의 사랑을 받는지 의심스럽군. 내기를 하지. 만약 세상 만물이 발드르를 위해 눈물을 흘린다면 발드르를 신들의 세계로 돌려보내겠어."
저승계 입구에서 헤르모드를 배웅하며 발드르는 오딘이 준 황금 반지를 되돌려 보낸다.

헬이 제안한 내기는 분열된 정신구조를 지녔던 고대 인류에게 인간의 한계와 세상의 이치를 알려주는 메시지와도 같다. 그 대상이 설령 빛의 신일지라도 '모든 존재'에게 진심 어린 애도를 받는다는 것은 불가능해 보인다. 세상에는 빛을 활용하는 능력을 상실해 죽음욕동에 함입된 존재도 있고 빛나는 대상의 죽음을 기뻐하는 시기심 그득한 존재도 있기 때문이다.

신들의 나라로 귀향한 헤르모드의 보고를 접한 신들은 흥분에 빠진다. 신과 대다수 정령들은 발드르가 이 세상의 유일한 희망이라는 사실을 잘 알고 있기에 기꺼이 그를 위해 목 놓아 울었다. 그런데 어느 초라한 농가의 문을 두드리자 노파가 나와 말한다. "발드르는 나를 위해 해준 일이 아무것도 없어. 내 눈에 눈물 따위는 없어. 그깟 애송이를 위해 거짓을 행할 내가 아니야." 신들의 간곡한 탄원에도 노파는 끝내 그들의 애원을 뿌리쳤다.

북유럽 신화에서 거인족과 대비되는 신족은 통합된 자아를 지닌 문명인을 상징한다. 신족에 동화되지 못한 거인족 로키는 분열된 자아 때문에 세상의 좋음을 파괴하고 싶어 하는 파괴욕동의 상징이다. 세상에는 자아의 의지와 계획을 뒤집는 뜻밖의 사건과 부조리가 흔하며, 이는 그림자 무의식(로키)의 힘에서 기인한다. 대립과 갈등이 상존하는 이 세상은 결코 모든 존재가 한마음으로 동참하는 통합된 세계가 아니다.

어딘가에 소속되는 것을 거부하고 누구와도 친밀 관계를 맺지 못한 채 집단 내에 분란을 일으키는 로키는 반사회적 인격의 전형이다. 반사회적 인격자는 집단과 타인에게 고마워하거나 공감하거나 눈물 흘리지 않는다. 오직 권력와의 대결에서 상대를 이기고 싶은 욕구, 힘을 행사하고 싶은 욕구로 가득하다. 또한 자신의 욕구를 위해 거리낌 없이 거짓말을 한다.[10]

그 노파가 로키임을 간파한 신들은 분노한다. 하지만 발드르는 어쩔 수 없이 죽은 자들의 세계에 그대로 머무르게 되었고, 해가 떠오르지 않는 겨울이 3년이나 계속되었다. 그로 인해 신족과 거인족과 인간 사이에 전쟁이 일어났다. 전쟁은 오랫동안 지속되었고 결국 북유럽의 아홉 세계는 신들의 종말인 '라그나로크'를 맞이해 모두 멸망했다.

'노파'는 의식 세계에서 추방된 무의식(부정적 본능 에너지)의 거대한 힘을 상징한다. 또한 오래된 과거 내지 죽음의 표상이기도 하다. 로키의 변장술은 꿈에 자주 사용되는 특성인 동시에 원시 인류가 생각한 정령(신)들의 특성이었다. 원시 인류는 외부 정령(아니마)을 내사하여 융합하는 특성을 지녔기에 대상에 따라 곰·토끼·호랑이로의 정신적인 변형이 가능하다. 투사와 내사가 수시로 작동되는 원시 인류는 오늘날의 정신증자처럼 주관적 환각과 객관적 현실을 엄밀히 구분하지 못했다.

복수는 또 다른 복수를 낳는다. 격노한 신족이 로키를 붙잡아 동굴 속 바위에 쇠사슬로 묶어놓자 복수심에 불탄 로키는 옛날에 거인족 여인과의 관계에서 낳은 세 자식을 불러들여 전쟁을 일으킨다.

오딘을 중심으로 한 신족과 로키를 중심으로 한 거인족의 대결은 무엇을 의미하는가? 외견상으로는 선과 악의 대결이지만 그 이면에는 다층적인 의미가 숨어 있다. 이는 생명력을 지키려는 힘과 해체하려는 힘, 삶욕동과 죽음욕동, 부정적 무의식 에너지와 자아의식 에너지, 편집·분열된 정신성에 의해 지각된 '전적으로 좋은 대상'과 '전적으로 나쁜 대상'의 대립이다. 파괴욕동이 주요 대상과의 좋은 관계 경험을 통해 중화되지 못한 채 민족의 정신에 쌓여 있으면 내부와 외부의 좋은 대상들이 모두 파괴되어 분노와 공허만 남게 된다.

하지만 멸망의 땅이 갈라지면서 발드르는 벌을 받아 지하계에 온 동생 호드와 부인 난나와 함께 죽은 자의 세계에서 나오게 되고, 살아남은 몇몇 신들과 만난다. 이후 바다로부터 새로운 땅이 생기고 태양이 다시 솟아 새로운 세상이 열렸다. 신비로운 숲 호드미미르에 한 쌍의 인간 여자와 남자가 걸어 나와 새 인류가 시작되었다.

발드르는 북유럽 신화 속 여러 신들 가운데 하나지만, 세계 멸망 후에 부활하여 인류의 미래에 등불이 될 가장 중요한 신으로 부각된다. 발드르처럼 전적으로 사랑받다가 살해당한 후 세상이 위태로울 때 또는 세상의 종말 이후에 부활하여 세상을 새롭게 건설하는 모습은 신과 인간, 인간과 만물 사이를 중재하는 신과 영웅의 핵심 특성이다. '죽었다가 부활하는 신'은 겨울에 죽었다가 봄에 되살아나는 자연 생명력의 변천을 반영한다.

생명력이 강한 대상 가까이에 있어야만 삶의 불안을 진정시킬 수 있었

로렌즈 프롤리치, '리프와 리프트라시르'(삽화)**, 1895**

모든 생명체가 멸망한 이후 새로운 세계에 등장하는 여자는 '리프'(생명, 삶), 남자는 '리프트라시르'(리프를 사랑하는 자, 즉 삶의 열정·의지)다. 이런 이름을 가진 인간 한 쌍, 겨울에도 빛을 내며 생명을 치유하는 겨우살이, 부활한 빛의 신 발드르는 모두 삶욕동을 활성화한다는 유사성을 지닌다.

던 경계선 인격의 원시 인류에게 자연이 얼어붙는 겨울은 죽음공포가 엄습하는 기간이었을 것이다. 비록 살해당했지만 이내 부활하는 빛의 신 발드르에 대한 당대인의 신화적 연상은 죽음공포를 버텨내는 원동력으로 작용했을 것이다.

모든 생명체가 멸망한 이후 새로운 세계에 등장하는 여자는 '리프'(생명, 삶), 남자는 '리프트라시르'(리프를 사랑하는 자, 즉 삶의 열정·의지)다. 이런 이름을 가진 인간 한 쌍, 겨울에도 빛을 내며 생명을 치유하는 겨우살이, 부활한 빛의 신 발드르는 모두 삶욕동을 활성화한다는 유사성을 지닌다.

집단의 운명을 바꿔놓을 희생양

북극과 가까운 스칸디나비아 반도 지역은 짙게 깔린 구름과 음산한 안개, 지리적 특징 때문에 해가 짧고 자주 볼 수 없다. 정신의 불균형을 자율 운동으로 조절하는 '자기'의 작용에 의해 북유럽 민족은 본능적으로 그들에게 결핍된 따스한 열기와 밝은 빛을 갈망했을 것이다. '발드르'라는 빛의 신은 이러한 정신적 배경 속에서 탄생했을 것이다.

북유럽 신화에서 주목할 점은 주요 신 대부분이 살해당한다는 것이다. 거인 이미르를 살해하는 것으로 만물이 시작되고, 발드르 살해로 혹한의 겨울이 시작되며, 전쟁으로 신족과 거인족이 모두 멸망한 뒤 발드르가 부활하며 새 인류가 출현한다. 살해당했다가 부활하는 신들(오시리스, 디오니소스, 발드르)은 자연의 생명 리듬을 반영한다.

발드르는 인류의 오래된 갈등과 죄를 대신 짊어지고 살해당한 젊은 구원자 예수를 연상시킨다. 발드르가 나무 기둥에 묶여 신들과 찌르기 놀이를 하다가 겨우살이 가지에 관통당해 죽는 장면은 예수가 창에 찔리고 대못에 박혀 살해당한 것과 유사하다. 그렇다면 빛의 신 발드르는 예수보다 앞서서 고대 스칸디나비아 민족의 공포를 해소하고 정신을 갱생시키기 위해 속죄양(대속자) 역할을 했던 신과 왕(들)의 원형 표상일 수 있다. 고대 인류는 집단의 나쁜 기운과 재난이 신·왕·대속자에게 옮겨진 뒤 그가 죽어야 비로소 정화(치유)될 수 있다고 믿었기 때문이다.

중요한 대상의 죽음일수록 당대 인류의 재난과 불안을 떠안고 정화시키는 힘이 컸을 것으로 추정된다. 그렇다면 발드르의 죽음은 고대 북유럽 민족의 운명을 좌우할 심각한 난제를 극복하기 위해 집단이 대속자 의례를 필요로 했다는 의미일 수 있다.

III

신화와 민족무의식

MYTHOLOGY AND PSYCHOANALYSIS

1

원시 인류의 정신성과 '왕 살해' 모티프

제임스 조지 프레이저는 인류가 원시시대부터 근대에 이르기까지 지녀온 왕 살해, 신 살해, 대속자 살해, 희생양 살해 풍습이 집단의 생명력을 보존하려는 목적을 지닌 주술적 사고에서 기인한다고 보았다. 위력을 떨치던 왕이 그보다 강한 생명력을 지닌 신세대 왕에게 살해당해야만 집단은 안전해지고 융성한다. 이 명제는 인류사에 등장했던 신들에게도 동일하게 적용된다. 집단의 생명을 안전하게 보호하지 못한 수많은 신들은 정복자 집단의 신들에게 살해되고 그 민족과 더불어 역사에서 사라져 인류무의식에 묻혀 있다.

왕 살해, 신 살해는 그리스와 북유럽 신화에 매우 두드러지게 표현되어 있고 수메르, 이집트, 일본 신화에도 담겨 있으며 한국, 중국 신화에는 완곡하게 표현되어 있다. 인류사에 오랜 세월 반복되어온 이 관점은 다양하게 변화된 양태로 오늘날에도 존재한다. 특히 기독교에서 신으로 숭배되는 예수의 십자가 처형과 부활은 상징화되어 널리 전파된 상태다.

프레이저가 주목한 왕 살해 주제에 주목하여 이 책에서 소개한 각 민족의 신화들을 음미해보자. 한국의 창세신화 및 단군 신화와 중국 창세신화에서는 그리스 신화와 달리 왕 살해 내용이 발견되지 않는다. 그러나 영웅(건국)신화에서는 기존 권력자를 힘으로 제압하여 왕이 되는 과정이 공통적으로 드러난다. 주몽은 새로운 나라를 세우는 과정에서 토착 세력의 수장과 세 번의 힘겨루기 후 그를 제압함으로써 왕이 된다. 이는 일본의 스사노오, 오오쿠니누시도 동일하다. 중국의 예 신화에서는 아홉 태양을 화살로 처치하는 행위가 왕 살해의 상징일 수 있다. 순의 경우만 왕 살해 요소가 등장하지 않고, 요 임금의 두 딸과 결합해 기존 왕과 조화롭게 공존한다.

이 지점에서 전오이디푸스기와 오이디푸스기의 심리 특성 차이가 드러난다. 창세신화는 자궁 속 태아(혼돈, 카오스, 알)로 머물다가 출생한 후 '나'라는 무엇(자아의식)이 형성되기까지의 정신 상태를 반영한다. 이 시기에는 아직 자아의식이 온전히 형성되지 못했기에 세상 만물을 분별하거나 옳고 그름을 따지지 못한다. 이때 거인 어머니(가이아)나 거인 아버지(반고)의 존재가 출현하는 것은 자연스럽다. 이들은 남녀 성 차이를 지각하기 이전의 유아에게 비친 거대한 부모상이다.

유아는 거대한 어머니 몸속에 세상의 온갖 신기한 것들이 다 들어 있다는 환상과 함께 그 모든 것을 한껏 누리고 싶은 욕구를 지닌다. 원시 인류 역시 어머니 또는 어머니 대리자(아버지)의 몸이 변형된 곳에서 온갖 곡식과 생명과 자연현상들이 발생한다고 보았다.

원시 인류의 분열된 정신구조와 경험구조는 창세신화 속에서 밝음과 암흑, 구세주와 괴물, 혼돈과 질서 등의 대립 이미지로 드러난다. 왕 살해 및 신 살해 풍습은 절대적으로 안전하고 힘 있는 보호자를 갈망하는 동시에 자신을 제대로 보호해주지 못하는 무능한 보호자로 인한 멸절불안으로부터 벗어나고픈 원시 인류(구강기 유아)의 심리를 반영한다.

일부를 제외한 영웅신화에서는 프로이트가 주목한 아동이 오이디푸스 콤플렉스 과정을 거치며 겪는 뜻밖의 힘든 사건들을 반영한다. 괴물이나 이전 왕과의 대립 등은 아동이 사회의 규범을 요구받는 과정에서 겪는 감정, 즉 아버지의 규범 요구로 본능욕구를 억압해야만 하는 과정에서 겪는 갈등과 상처가 다양한 형상으로 상징화되어 있다. 따라서 구강기를 반영하는 창세신화보다는 영웅신화가 개화된 정신성의 표상이다. 구강기 자기애 단계에 고착된 정신성을 보여주는 나르키소스 신화에서는 남녀 성 차이를 지각한 이후 오이디푸스기에 발생하는 애정 욕망과 갈등이 드러나지 않는다. 이에 비해 프시케와 에로스, 오이디푸스 신화에는 남녀 성 차이 지각 이후의 애정 욕망과 3자 관계 갈등과 시련, 왕 살해, 거세당하는 사건들이 담겨 있다.

창세신화에 드러난 각 민족의 탄생 과정을 비교해보면 민족들 간의 구강기 욕구의 차이가 명료해질 수 있다. 또한 신화 속 영웅들의 정신성 유형을 비교해보면 민족들 간의 오이디푸스 욕구의 차이가 드러날 것이다.

2

창세신화와 동서양 세계관의 차이

만물이 최초로 생성되는 과정을 담은 창세신화는 동서양의 차이가 매우 확연하다. 중국의 창세신 반고는 저절로 노쇠해져 죽은 뒤 몸에서 만물이 자연스레 생성된다. 이에 비해 일본의 창세신 이자나기와 이자나미는 성관계를 통해 산, 들판, 계곡, 곡물, 바람, 파도, 불의 신을 창조하며 선대의 신들과 대립해 싸우지는 않는다. 한국의 창세가에서는 우주와 만물이 최초 형성되던 때부터 미륵·천지왕이 존재해 우주와 인간 세상을 조화롭게 다스리는데, 이 신들이 자연 만물을 직접 창조하지는 않는다.

그리스 신화의 우라노스와 북유럽 신화의 이미르는 모두 신세대 신에게 거세되어 권력을 넘기거나 살해된다. 북유럽의 오딘은 형제들과 연합해 태초신인 거인 이미르를 살해하고, 이미르의 신체 각 부분을 절단하여 하늘·대지·바다·호수 등의 자연을 창조한다. 바빌로니아에서는 '만신의 어머니' 거인 티아마트가 젊은 신들에 의해 살해당한다. 이처럼 동양에서는 자연 만물이 최초 신의 자발적 변형에 의해 생겨나지만 서양에서는 최초 신이 신세대 신에게 살해되면서 새로운 창조 활동이 일어난다.

이러한 차이는 각기 다르게 형성되어온 동서양의 세계관 및 사고구조에서 기인한다. 동양은 출생, 결혼, 과업 성취, 노화·죽음·재탄생 등의 인간사와 자연현상들을 음양오행의 상생-상극 관계에 의한 움직임으로 이해한다. 이에 비해 서양은 경쟁적 대립 긴장 상태가 '살해'라는 행위를 통해 해소되고 발전해가는 변증법적 세계관을 나타낸다.

동양의 창세신화가 우주 전체를 유기적으로 연결해 조화롭게 바라보는 농경시대의 통합적 사고를 반영한다면 서양의 창세신화에서는 생존 갈등과 힘 대결 과정을 통해 집단이 발전해가는 수렵시대의 사고관을 볼 수 있다.

3

영웅신화와 민족무의식의 콤플렉스들

정신분석학에서는 크게 어머니 콤플렉스와 아버지 콤플렉스의 강약과 혼합 비율을 통해 각 민족의 정신성을 구분한다. 가령 어떤 영웅(민족)은 어머니 결핍이 심하고, 어떤 영웅은 아버지 결핍이 크다. 모성성과 부성성이 동시에 결핍된 경우에는 그 민족과 개인에게 영웅적 능력이 발현되지 못하며, 오래 존속하거나 번영할 수도 없다. 최초 양육자(어머니)와의 관계가 심하게 박탈된 영웅(민족)은 그 정신이 원초 상태에 고착되어 자신을 보살펴주는 모성적 지도자에게 전적으로 의존하는 구강기형 성격을 지니게 된다. 이에 비해 남근기 아버지 콤플렉스가 심한 영웅은 권위자에게 협조하면서 저항하는 신경증적 특성을 지니게 된다. 아버지 콤플렉스를 보여주는 대표적 사례는 수메르의 길가메시, 한국의 주몽, 일본의 오오쿠니누시, 중국의 순, 그리스의 페르세우스·테세우스·오이디푸스다. 이들은 사생아 또는 서자로 태어났거나 아버지의 힘이 어머니보다 약했거나 아버지에게 버림받은 콤플렉스를 지닌다. 그로 인해 아버지(기존 관습, 상징계)와의 관계가 온전했더라면 겪지 않아도 되었을 갈등에 시달린다. 사춘기 이후에 이들이 겪는 시련은 콤플렉스를 극복하고 스스로 새로운 아버지상을 정립하는 과정이다. 콤플렉스는 결코 자력으로 해소되기 어렵다. 거기엔 반드시 기존 아버지보다 비범한 힘을 지닌 조력자와 접촉해 그의 에너지를 흡수·소화해내는 과정이 필요하다. 순의 경우 덕망 높은 요 임금을 내면화함으로써 부성성을 보충해 든든한 아버지를 갈망하던 당대 중국인의 결핍을 해소하는 모델이 된다.

일본의 스사노오, 중국의 예와 순, 그리스의 헤라클레스는 모성성 결핍이 두드러진 사례다. 스사노오는 공격성을 통제하지 못하는 반사회적 행동을 하고, 예는 아내와의 관계에 만족하지 못한다. 순은 험악한 부모 형제에 대한 분노를 표현하지 못한 채 순응하는 거짓자기 성격을 지녔으며, 헤라클레스는 처자식을 살해하는 광기를 드러낸다.

바리데기, 나르키소스의 경우는 탄생 초기에 부모 모두에게서 온전한 관심을 받지 못했다. 그로 인해 이들은 현실 사회에서 '이상화 대상'으로 경배되는 동일시 모델이 되는 데 실패할 뿐 아니라 스스로 그렇게 되기를 거부하는 존재가 된다.

유년기에 아버지 관계의 결핍이 확연한 영웅들은 결여된 부성성을 보충해주는 비범한 조력자를 만나 그 결핍을 보충했기 때문에 통과의례를 완수하고 민족의 고질적 문제를 해결할 수 있었다. 여기서는 영웅들의 통과의례, 조력자, 과업, 최후 등에 따른 민족의 소망과 결핍에 대하여 간략히 정리해볼 것이다. 또한 오이디푸스 욕구와 왕 살해를 중심으로 각 신화 속 영웅들의 정신성을 비교할 것이다.

통과의례와 민족무의식

통과의례란 그 집단이 직면한 난제와 대결하기 위한 능력을 키워주는 고된 시험 과정을 의미한다. 가령 아동이 소년이 되려면 오이디푸스 콤플렉스를 거쳐야 하고, 소년이 성인이 되려면 사회적 관계를 맺고 자신의 위치를 확립·유지할 심신의 능력을 습득했다는 객관적 징표를 보여야 한다. 신화 속 등장인물들도 번데기에서 나비가 탄생하듯이 통과의례를 거침으로써 비범한 영웅으로 탈바꿈한다.

수메르 신화 속 길가메시는 죽음과 삶의 의미를 깨달은 현명한 왕이 되기 위한 통과의례를 거친다. 암흑 속을 뚫고 나가기, 술 파는 여신의 유혹을 이겨내기, 죽음의 강을 온몸으로 건너기, 현자를 찾아내 소통하기, 7일간 깨어 있기, 불로초 지키기 등이다. 이 과정에서 영생을 소망하던 길가메시는 **인간이 극복할 수 없는 운명적 한계가 있음**을 깨닫는다. 그 결과 그는 과대자기의 오만에서 벗어나 주어진 현실을 있는 그대로 긍정적으로 지각·수용하며, 민족에게 유익한 규칙들을 정립하여 영원히 기억될 지도자가 된다.

통과의례 이전의 주몽과 오호나무치는 형제들의 살해 위협을 피해 도망치고, 순은 부모에게 내쫓겨 고향을 떠난다. 힘 있는 대상들로부터 받는 상처와 박해불안에서 벗어나기 위해 세 인물 모두 운명적으로 기존 세계를 떠나 낯선 세계와 대면한다. 우연하고 가혹해 보이는 운명의 배후에는 각 집단이 해결하지 못한 문제를 누군가로 하여금 풀게 하기 위한 집단무의식의 교묘한 예지·조율·욕망이 율동한다. 중국 신화 속 순에게 주어진 통과의례는 곡물창고 지붕 수리, 우물 수리, 술 마시고 취하지 않기, 폭풍우 치는 어두운 숲에서 탈출하기였다. 이것은 중국인의 생존을 위한 식량과 식수원을 안정적으로 확보하고, 다수의 타민족들과 가깝게 교류하되 속지 않으며, 사나운 적(외부 민족)들이 우글대는 국경 밖에서도 살아남을 수 있도록 강한 힘과 지혜를 확립하라는 요구였다. 다민족 국가인 중국을 이민족의 침략으로부터 전쟁 없이 지켜내는 것은 당대 백성들이 왕에게 바랐던 일차 소망이었을 것이다. 여러 나라들이 치열하게 싸우던 춘추전국시대부터 공자를 비롯한 한족 유학자들이 칭송해온 순 임금은 이민족들과의 불편한 동거 상황에서도 대립하지 않고 인내하며 화합을 이룬 이상적 모델이다.

일본 신화 속 오오쿠니누시에게 던져진 과제는 독사·벌·지네와 함께 지내기, 불타는 숲속에서 화살을 찾아내 가져오기다. 이는 무서운 독과 힘을 지닌 세력들로 인한 멸절불안과 박해불안을 회피하지 말고 대면하여 극복하라는 요구이자 극단의 위험 상황에서도 자기 목숨을 지켜낼 수 있는 지혜와 강한 남성적 힘(화살, 남근)을 확립하라는 요구였다. 시험을 부과하는 대타자 스사노오는 자신의 문제(모성 콤플렉스)에 얽매여 국가 건설을 완수하지 못한 존재다. 오오쿠니누시는 대타자의 욕망과 요구에 이끌려 자신도 모르게 대타자의 결여를 보충하는 대리자 역할을 한다. 국가 조직이 불안정해 죽음불안에 시달리던 당대 일본인의 소망을 실현한 것이다.

그리스 영웅들의 통과의례는 매우 전투적이다. 페르세우스의 메두사 살해와 바다 괴물 살해, 테세우스의 미궁 괴물 살해, 오이디푸스의 아버지 살해, 헤라클레스의 열두 가지 과제 등은 집단의 구원자가 되려면 무엇보다 '전투 능력'이 있어야 함을 강조한다. 왕 살해 문화의 전형은 그리스 신화 속에서 극명하게 드러난다. 이는 당대 그리스인들에게 가장 절실했던 요소가 '싸워서 적을 이기는 힘'을 소유하는 것이었음을 나타낸다.

전 세계 신화 속 영웅들은 통과의례를 거친 후에 비범한 능력과 보물을 획득한다. 이 보물들은 칼, 활, 방패, 날개 달린 신발, 메두사의 머리 등 민족의 안전을 확립하는 데 기여하는 것과 씨앗, 영생초, 생명수, 여인, 소, 말, 악기, 거울, 치료술, 현자의 말씀 등 삶의 풍요를 제공하는 것으로 구분할 수 있다. 전자는 불안정한 생존 환경이 일으킨 죽음공포와 박해불안에서 벗어나고 싶어 했던 당대 민족의 욕구를 반영한다. 후자는 원시 상태에서 문명사회로 진입하여 삶을 질적으로 향상시키고 풍요를 누리고자 한 욕망을 드러낸다.

영웅의 정신발달 과정

조지프 캠벨은 영웅의 정신발달 과정을 '분리-입문-귀환' 세 단계로 구분한다.[1] '분리'란 그동안 익숙하게 적응하며 지내던 기존 대상, 환경, 일상 세계로부터 떠나는 것이다. 일차적으로 분리되어야 할 '대상'은 최초의 의존 대상이던 어머니다. 영웅은 헌신적 돌봄을 베푸는 어머니와 익숙한 환경 곁에 있는 한 냉엄한 요구를 해대고 뜻밖의 상처를 주기도 하는 현실 세계를 알려고 애쓰거나 관계 맺으려 노력하는 삶을 살지 않게 된다. 그로 인해 갑자기 부정적으로 변한 외부 세계의 상황에 대해 적절한 해결책도, 대결할 능력도 지니지 못한 채 고통받게 된다.

주몽이 이복형제들의 위협에서 벗어나려 새로운 지역으로 탈출하는 행위, 오호나무치가 이복형제들의 박해를 피해 지하세계로 들어가는 행위, 권력자가 어머니에게 구애하는 상황을 견디지 못한 페르세우스가 메두사의 목을 베러 고향을 떠나는 행위, 오이디푸스가 자신의 운명을 전하는 신탁을 듣고 고국을 떠나는 행위, 길가메시가 훔바바와 대결하기 위해 어머니 곁을 떠나는 행위는 모두 분리에 해당한다.

분리는 또한 기존의 습관, 정신구조, 관습 등이 지닌 시대적 한계와 결함을 자각하고 그것에서 벗어나는 활동이다. 미래의 영웅이 될 개인은 일상의 터전이 갑자기 균열되고 요동치는 재난 사태에 처하며, 그것이 당대 사회가 그동안 외면해온 깊은 결함에서 비롯되었음을 깨닫는다. 그는 이 재난을 '무의식을 대면하라'는 소명 신호로 느낀다. 보통 사람은 억압된 무의식의 부정적 요소들을 대면하고 감당하는 데 불편과 불안을 느끼기에 소명을 회피한다. 그러나 탄생 무렵부터 집단에서 거부당해온 영웅에게 있어서 집단의 문제를 해결하는 임무는 곧 자기를 속박해온 운명의 굴레를 벗어날 기회이기도 하다. 그는 집단에서 소외된 억울한 삶을 살면서 기존 체제의 결함을 오랫동안 체감해온 자다. 그리하여 기존 사회의 울타리로부터 과감히 분리하여 낯선 세계를 향해 모험을 떠난다.

'입문'이란 일상과 전혀 다른 미지의 세계로 진입하는 것, 즉 힘의 원천에 대한 통찰을 의미한다. 가령 바리데기는 자신의 운명을 바꾸기 위해 수많은 산과 강을 건너 죽은 자만이 갈 수 있으며 생명을 살리는 원기가 있는 서천세계로 들어간다. 길가메시는 영생하는 현자 우트나피쉬팀을 만나러 끝을 알 수 없는 암흑세계를 지나고 지옥의 강을 건넌다. 오오쿠니누시와 헤라클레스는 지하계로 들어가며, 테세우스는 조국의 운명을 좌우하는 미궁 속으로 들어간다.

입문하는 과정에서 영웅은 괴상한 대상들을 만나고 뜻밖의 사태와 맞닥뜨린다. 신화에 출현하는 괴상한 대상은 출생 이전부터 늘 영웅의 배후에서 영향을 미치던 부정적 무의식(그림자, 콤플렉스, 아니마) 또는 긍정적 무의식(자기, 원형)의 표상이다. 부정적 무의식과 대면하고 대결하는 과정에서 아직 인류무의식(자기)의 에너지를 사용하는 방법과 능력을 습득하지 못한 주인공은 괴물의 힘에 압도되어 쓰러진다. 그런데 절박한 순간에 긍정적 무의식의 에너지를 지닌 뜻밖의 조력자가 나타나 새로운 힘과 무기를 제공한다.

비범한 능력과 보물 무기를 취득한 영웅은 고향으로 '귀환'하여 결함을 지닌 기성 제도와 치열한 대결을 벌인다. 그리고 마침내 조력자에게서 흡수한 힘으로 정신 내외부의 괴물(늙은 왕)을 처치하고 자신과 집단을 곤경에서 구하는 영웅(새로운 왕)으로 등극한다.

조력자의 존재이유

조력자는 주인공이 미처 깨닫지 못한 정신의 잠재 에너지를 환기시키고 보충해주는 역할을 한다. 여성성과 남성성에 주목해 분석한다면 신화 속 조력자 유형은 '여성', '다수의 여성', '남성', '다수의 남성', '제2 여성 조력자의 부재' 유형 등으로 분류할 수 있다. 이를 융이 주목한 '사회적 성'의 배후에 소외된 '본래의 성', 자아와 자기 사이에서 자아실현 과정을 매개하는 아니마-아니무스 개념으로 이해하는 것도 유용하다.

이 경우 각 민족이 보충하고 싶어 한 아니마(여성 에너지) 원형상은 생명을 창조하고 거두어가고 부활시키는 태모신(가이아, 데메테르, 이자나미), 매혹적인 아니마(아프로디테, 시두리, 안드로메다), 지혜의 아니마(여화, 순의 두 부인, 스세리비메, 아테나, 아리아드네), 모성적인 아니마(웅녀, 여화, 서왕모, 닌순, 이시스, 프리그, 다나에), 부정적 아니마(메데이아, 메두사) 등으로 구분할 수 있다. 아니무스의 표상은 대립되는 요소들을 하나로 통합한 신들의 왕(미륵, 천지왕, 이자나기, 제우스, 아누, 오딘), 지혜의 아니무스(우트나피쉬팀, 무장승, 아폴론, 샤마시), 육체의 힘을 표상하는 아니무스(주몽, 예, 스사노오, 헤라클레스, 페르세우스), 부정적 아니무스(미노타우로스, 바다 괴물, 로키, 머리가 여럿인 괴물) 등 여러 유형으로 구분된다.

일본 영웅 스사노오에게는 태양 여신 아마테라스와 이즈모 지역 산신령의 딸이, 오오쿠니누시에게는 이나바 공주, 조개 여신, 스세리비메 등 다수의 아니마가 조력자로 등장한다. 중국 영웅 예에게는 강의 신 하백의 아내와 서왕모, 순에게는 요 임금의 두 공주가 비범한 힘을 제공하는 조력자로 출현한다. 일본과 중국의 영웅은 모두 최소 두 여성이 조력자로 등장한다. 이에 비해 한국의 주몽에게는 세 남성 동료가, 바리데기에게는 남성성(아니무스)의 상징인 석가세존과 무장승이 조력자로 등장한다.

수메르의 영웅 길가메시에게는 친구 엔키두와 현자 우트나피쉬팀이, 그리스의 프시케에게는 에로스와 서풍의 신이 남성 조력자로 등장한다. 이집트의 오시리스에게는 이시스 여신이, 그리스의 테세우스에게는 아리아드네, 페르세우스에게는 아테나 여신과 안드로메다가 여성 조력자로 등장한다.

일본과 중국의 영웅들이 두 명 이상의 여성 조력자를 지닌다는 것은 돌봄을 베푸는 모성적 대상관계와 쾌락을 주는 여성적 대상관계가 당대 민족에게 결핍되어 있다는 의미다. 그래서 정신의 안정과 통합을 위해 많은 여성 에너지(아니마)의 보충이 필요했던 것이다. 오오쿠니누시와 순이 두 여성의 도움을 필요로 했음에는 다중의 의미가 있을 것이다. 일차적으로 이는 모계제의 반영일 수 있다. 모계제에서는 공주의 배우자가 그 나라의 왕 자리를 얻기 때문에 공주와 결혼하려는 남성들 사이의 치열한 경쟁이 벌어졌다.

성욕동의 맥락에서 볼 때 '두 여성'은 당대의 많은 일본 남성들이 구강기의 모성적인 여성과 남근기의 성욕망 대상으로서의 여성을 현실에서 모두 보충하고 싶어 했음을 나타내는 표상이다. 순 시대의 중국 민족은 홍수와 가뭄으로 인한 굶주림 불안에 시달렸기에 안전한 울타리인 '모국'을 상징하는 모성적 여성을 원했을 것이다. 이것이 채워지면 성쾌락을 주는 매력적 여성을 원하게 된다.

이에 비해 주몽 신화에는 모험을 떠나기 이전 시기의 어머니 외에 어떤 여성 조력자도 등장하지 않으며 동성의 세 동료만 출현한다. 이는 국가의 틀을 형성한 초기의 고구려인에게 동성 간 단합에 의한 전투력의 보충이 가장 절실했다는 의미로 해석할 수 있다. 이를 정신분석적 관점에서 보면 당대의 집단정신이 어머니 애착에서 분리되지 못해 아직 제2 여성(부인, 연인)의 가치를 온전히 인정하지도 향유하지도 못하는 상태에 있었기 때문으로 볼 수 있다. 또는 부모에 대한 효만 강조할 뿐 여성성의 가치는 존중하지 않았던 조선시대 가부장적 집단의식의 검열로 본래의 신화가 왜곡된 결과일 수도 있다.

바리데기 신화의 석가세존은 보호자이자 이상화 대상, 무장승은 보호자이자 성 대상 역할을 한다. 조선시대의 여성과 무녀가 소외당하고 비하된 성 정체성의 굴레에서 벗어나 활력을 회복하려면 본래의 성 에너지인 아니무스를 자아에 통합하는 과정을 거쳐야만 한다. 기존 집단에서 버림받은 주몽이 자존감의 위기를 겪을 때 정신 내부에서 떠올려 힘을 보충한 '천제'는 원시시대부터 숭배된 부성적 이상화 대상이다. 천제는 곧 '자기'(인류무의식) 속에 내재된 초시간적·초공간적 원형의 상징이며 주몽은 위기 순간에 인류의 원형 에너지를 활용해 민족의 곤경을 극복해낸 모델이다. 바리데기에게 죽은 대타자를 되살리는 기적의 힘을 준 석가여래와 무장승 역시 여성과 무속 집단의 정신에 내재된 최상의 아니무스이자 원형 에너지의 상징이다.

메소포타미아 문명을 대변하는 길가메시 신화에는 조력자로서 어머니 닌순 여신 외에 친구 엔키두, 태양신 샤마시, 현자 우트나피쉬팀이 등장한다. 엔키두는 본능의 전투력을, 태양신은 자연의 힘을, 우트나피쉬팀은 지혜의 힘을 상징한다. 이는 기원전 12세기경의 수메르인이 왕에게 절실히 바란 이상적 능력이었을 것이다. 한편 길가메시는 조력자가 될 수도 있는 여신 이슈타르의 청혼을 거부한다. 이런 반응은 이전 시대에 숭배되었던 여신이 집단 번영에 유익하지 않은 부정적 아니마로 변화되었다는 징표다. 또는 모계제와 연관된 모권적 조력자의 힘을 더 이상 필요로 하지 않는다는 의미로도 해석된다.

그리스의 테세우스는 아버지가 남긴 신비의 검을 찾아내 사용한다. 외견상 그에게 힘을 준 조력자는 검을 전해준 아버지와 미궁에서 벗어나는 방법을 알려준 아리아드네다. 이를 융의 인류무의식 차원에서 분석해보면 바위 밑에 숨겨진 신비의 검은 자기의 원형 에너지가 담긴 보물의 상징이다. 그 보물을 전한 아버지는 개인의 아버지가 아닌 인류의 아버지

원형이며 아리아드네는 그리스인 내부에 잠재된 모성적이고 지혜로운 아니마의 상징이다. 테세우스는 그 아니마의 에너지를 사용할 수 있었기에 곤경을 이겨낼 수 있었다.

개인무의식 차원에서 테세우스가 사춘기에 비로소 만나게 된 아버지는 당대 사춘기 소년들이 후견자로 소망했을 '자상하고 든든한 아버지상'이라고 볼 수 있다. 지혜롭고 헌신적인 여인 아리아드네는 당대 남성들이 필요로 했던 여인상이었을 것이다. 그런데 묘하게도 테세우스는 두 조력자와 좋은 관계를 맺지 못한다. 그의 실수로 아버지가 죽고 여인은 섬에 버려진다. 그래서인지 그는 두 조력자로부터 받은 힘을 활용해 과업을 이룬 뒤 결국 그 힘들을 모두 잃어버려 불행에 빠진다.

나르키소스를 후대에 중요한 깨달음을 전해주는 영웅의 한 표상으로 본다면 그의 조력자는 에코와 수면 위의 '자기 이미지'다. 우정 및 애정 관계를 통해 집단 구성원들이 단합하여 폴리스를 수호해야 했던 고대 그리스에서 자기애 인격은 집단의 안녕을 방해하는 매우 부정적인 정신성이었을 것이다. 자기애 인격자인 나르키소스가 자신의 진면목을 깨닫게 되는 계기는 주인공의 말을 복제하는 에코나 수면에 비친 이미지가 아니라 기존 정신 상태를 뿌리부터 뒤흔드는 강렬한 대상애착, 그리고 죽을 만큼 고통스러운 관계 좌절 체험이다. 이처럼 고통과 비극도 때로는 큰 깨달음에 이르게 해주는 조력자 기능을 한다.

이집트 신화에서 오시리스와 호루스를 매개해 과거 시대 권위자와 신세대 주역 사이의 에너지 소통을 도운 조력자는 이시스 여신이다. 그녀는 죽은 왕을 회복·부활시키는 아니마 에너지 및 원형 에너지의 화신이자 아들을 보호하고 성장시키는 모성 에너지의 상징이다. 아들이 아버지와 긍정적 관계를 맺어 집단무의식의 지혜와 에너지를 민족을 위해 발현(순환)시키는 영웅이 되려면 아내이자 어머니, 즉 여성성과 모성성을 내포한 아니마의 조력이 반드시 필요하다. 이것은 현대의 정신분석학자들이 오랜 탐구와 임상 체험 끝에 얻어낸 핵심 지혜인데, 그것이 이미 3000년 전의 신화 속에 상징화되어 있었다는 사실이 놀랍다.

그리스 신화 속 영웅들은 주로 사나운 적과 대결할 때 제우스·아폴론 등 아버지신에게 특별한 도움을 받는다.[2] 이는 신화시대의 그리스인들이 아버지의 에너지와 아버지성의 정립을 집단의 안정적 유지에 가장 중요한 요소로 보았기 때문일 것이다.[3] 그리스 영웅들이 과업을 성취할 때 여성 조력자의 역할이 부각되는 경우는 드물다. 예외였던 메데이아는 악녀로 변하고, 아리아드네는 테세우스에게서 버려진다. 그리스 신화는 일본(오오쿠니누시)과 중국(순, 예), 수메르(길가메시)에 비해 여성에게 비범한 조력자 지위를 부여하지 않으려는 남성·아버지 중심적 관점을 드러낸다.

과업에 내재된 불안의 유형

영웅들은 당대의 상징계가 해결하지 못한 집단의 문제와 무의식의 콤플렉스를 극복해내는 과업을 수행한다. 주몽과 오오쿠니누시는 가족과 당대 상징계에서 제공받지 못했던 든든한 부성(이상화된 권위자상)을 형성하고 발달시킨 모델이다. 순은 힘 있고 존경스러운 아버지상인 요 임금이 그 시대에 이미 존재했기 때문에 선대왕의 정신력을 계승할 수 있었다. 거기에 순은 어릴 적부터 재혼 가족(이방 민족과의 동거)의 불편과 피해를 직접 겪으며 감당해온 과거사를 자원으로 활용하여 소외된 자(힘없는 민족들)의 불안을 덜어주는 자상한 아버지(왕)의 상징이 된다.

주몽, 순, 오오쿠니누시는 모두 어려서부터 청소년기에 이르기까지 힘센 주위 대상들로부터 생명을 위협받으며 박해불안에 시달렸다. 그 불안이 이들을 일상생활에 안주하지 못하고 험난한 모험의 길로 향하게 만든 추동력이었을 것이다. 불안은 그 자체로 고통이지만 치유의 길을 모색하게 하는 동인이 되기도 한다.

태어날 때부터 버림받은 바리데기에게는 유기불안과 부모에게 자신의 존재 가치를 인정받지 못할까 봐 두려워하는 자기불안이 컸을 것이다. 유기불안과 자기불안이 심한 존재는 세속의 생활에서 기쁨을 향유하기 힘들다. 그래서 바리는 병든 영혼을 치유해주고 이승에서 맺힌 한을 위로해 저승에서 영원한 안식을 얻도록 도와주는 무당신이 된 것이다. 예나 지금이나 정신치료사의 내면에는 바리데기처럼 유년기에 겪은 짙은 상처를 해소하기 위해 애써온 험난한 모험 흔적이 담겨 있다.

당대 민중을 괴롭혔던 아홉 태양(왕족들의 분란)과 괴물(콤플렉스)들을 온 힘을 다해 제거해주었음에도 그 공적을 권위자나 국가로부터 인정받지 못한 예는 무엇을 상징하는가? 권위자의 심기를 불편하게 만든 자는 권위자에게 거부당하는 불안에 시달리고, 괴물을 죽인 자는 괴물로부터의 박해불안에 시달린다. 예는 후대 민중에 의해 박해불안을 일으키는 잡귀들을 몰아내는 수호신으로 추대된다. 예 신화는 국가를 위해 목숨 바쳐 헌신해도 아무런 보상을 받지 못한 채 방치된 당대 중국 민족의 상태를 반영한다.

스사노오 신화소에는 정신 내부에 억압된 파괴욕동을 천상계(권력 집단)에서 절제 없이 '행동화'하고 금지된 성 행동을 표출한 것에 대해 처벌당하는 거세불안이 담겨 있다. 금지된 욕망에 대해 거세 처벌을 받는 불안은 강의 신 하백의 부인을 사랑한 예, 해모수와 합궁하여 아버지에게 처벌받은 유화, 선대왕(아버지)의 아내와 결혼한 오이디푸스 등과 공통된 정서다.

원시 인류에게 최우선 관심사는 생명 보존과 연관된 죽음공포와 타자에게 공격당하는 박해불안을 해소하는 것이었으리라 추정된다.[4] 국가 건립은 정신적·신체적으로 든든한 울타리를 확립해 민족의 원초불안을 해소하는 작업이다. 순은 성군으로 칭송되던 요에 의해 이미 확립된 좋은 아버지상과 국가를 계승했다는 점에서 새 나라와 새 질서를 정립한 주몽이나 오오쿠니누시와 다르다.

길가메시는 신과 신탁에 전적으로 의존하던 이전 시대의 정신성(죽음공포)에서 벗어나는 새로운 길을 개척하여 수메르 민족에게 전달하는 과업을 완수했다. 이를 위해 그는 저승의 강을 건너 현자를 찾아가 인생의 목적과 육신의 죽음을 피할 수 없는 인간의 한계에 대해 깊은 깨달음을 얻는다.

페르세우스의 과업은 아들의 정신 성장을 방해하는 유혹적 어머니(다나에)와 무시무시한 모권적 어머니(메두사)의 굴레를 벗어나 아버지의 상징계로 나아가는 주체적 독립성을 확립하는 것이다.[5] 그가 대결하여 처치한 무서운 괴물들은 각각 당대 그리스인들이 대면하기 두려워 회피했던 그림자와 콤플렉스의 상징이다. 영웅이 성취한 과업들은 이처럼 당대인의 심리적 불안 및 소망 요소와 연관된다.

평생에 걸쳐 집단의 문제(그림자, 콤플렉스)들을 해결하는 데 생명 에너지를 쏟는 헤라클레스는 천하무적의 힘을 지녔다. 그런데 정작 그 자신은 박해불안과 박해망상에 시달려 치명적 실수를 저지르는 불안한 인격체다. 해결되지 못한 분노와 반사회적 망상 때문에 내면의 신에게 징벌당한 그는 죄책감을 완화하려는 목적으로 당대 사회가 해결하지 못한 난제(콤플렉스)와 대결하는 과업을 수행하게 된다. 영웅적 행동의 추동력은 이처럼 뜻밖의 내적 요인에서 비롯되기도 한다.

테세우스는 이웃 나라 크레타에 공물을 바치던 아테네인을 불안의 진원지인 미궁에서 탈출시켜 집단정신의 발전을 이루어낸다. 미궁과 미궁 속 괴물은 아테네인이 감당하기 힘들어 억압했던 과거 시대의 공포가 외부로 투사되어 형성된 대상일 수도 있다. 테세우스는 용감하게 미궁에 직접 들어가 괴물을 제거함으로써 무의식의 콤플렉스와 대면·대결하여 불안을 극복해내는 정신분석 치료의 상징적 모델이 된다.

또한 테세우스가 미궁에 들어가 괴물을 처치하고 탈출하는 과정은 야소가미들에게 박해당하던 오호나무치가 지하계로 들어가 험난한 시험들을 통과하고 스사노오를 제압한 후 보물을 갖고 나오는 과정과 유사하다.

영웅의 최후

중국의 창세신 반고는 자연스레 죽어 새로운 생명체를 생성하며, 일본의 이자나미는 자신의 역할을 다할 무렵 불의 신에게 화상을 입고 지하계로 물러나 사후세계를 관리한다. 이자나기는 자신이 창조한 아마테라스와 스사노오에게 인류를 맡기고 중심에서 멀어진다. 한국의 태초신(천제, 옥황상제, 천지왕, 환인, 미륵)은 인류 삶에 직접 관여하기보다 후세의 신(환웅, 단군, 대별왕·소별왕, 석가)에게 통치권을 부여하고 배후로 물러난다.[6] 이 과정에서 갈등과 권력 투쟁, 살해 행위는 나타나지 않는다. 이에 비해 그리스에서는 우라노스-크로노스-제우스의 관계처럼 창세신이 신세대 신에게 살해당하는 특성을 보인다.[7] 그리고 살해당한 창세신이 인류의 삶에 어떤 영향을 미치는지는 모호한 상태로 남는다.

그렇다면 신화 속에서 민족을 위해 비범한 능력으로 헌신하던 영웅들의 최후는 어떠한가?

주몽은 40세에 분명치 않은 원인으로 죽고, 순과 두 부인 역시 객지에서 알 수 없는 원인으로 갑자기 사망한다. 오오쿠니누시는 천상계 세력과의 힘 대결에서 패배해 권력을 넘겨준다. 바리데기는 이승에서의 부귀영화를 거부한 채 죽은 영혼을 인도하는 '오구신'이 되고, 스사노오는 지상계를 잠시 다스리다 지하계로 들어간다. 예는 정성을 쏟았던 수제자에게 살해당하고, 오시리스는 동생 세트에게 살해된다. 테세우스는 동료에게 속아 권력을 빼앗긴 후 살해당한다. 헤라클레스는 독 묻은 옷에 살이 타 죽고, 오이디푸스는 자식과 백성에게 버림받은 뒤 세상을 저주하다 피신한 신전에서 숨을 거둔다. 오직 길가메시만이 죽음의 불가피성을 깨닫고 주어진 왕 역할에 헌신하다 죽은 뒤 후대의 경배를 받는다.

영웅들의 최후는 이처럼 현세에서의 편안한 행복과 무관하다는 공통성을 지닌다. 외견상 영웅의 최후는 비극적으로 보인다. 그러나 죽은 대상에 대한 상실감과 슬픔이 이상화된 동일시를 일으켜 후대인의 정신에 영원히 기억된다. 민족의 영웅이란 위기에 처한 집단을 구원해준 어떤 비범한 힘에 대한 기억과 더불어 현세에서 과도하게 고통받는 영혼을 위로해 회복시키고픈 욕구가 만들어낸 각 민족의 정신적 자화상이다.

방어기제 유형

방어기제란 자신을 안전하게 보존하려는 유기체의 생존 본능에 의해 자동으로 작동되는 생명 보호 활동이다. 각 시대 각 민족의 생존 환경이 어느 정도 위험했는가에 따라 방어기제 유형과 강도는 달라진다. 가장 강력하고 원시적인 방어는 자생 능력이 적어 심한 불안에 시달리는 유아와 정신증자의 분열, 투사, 투사동일시, 내사, 내사동일시, 원시적 이상화, 평가절하, 해리 등이다. 다음 단계는 경험 내용 가운데 좋은 자극만 수용·지각·기억하는 성격장애자의 부인, 투사, 내사 등으로 구성된다. 문명화된 방어기제로는 신경증자와 보통 사람의 억압, 전치, 반동형성, 주지화, 승화 등이 있다.

현대의 자아심리학자는 내담자의 방어기제 유형에 주목하여 자아 발달 상태를 진단한다. 그리고 인간의 방어기제를 원시적 유형에서 가장 성숙한 유형에 이르기까지 다양한 등급으로 분류한다. 원시적 방어를 가장 극명히 드러내는 영웅은 헤라클레스다. 신화 속 헤라클레스는 정신이 둘로 분열되어 있어 긍정적인 정신 부분으로 대상을 바라보면 그 대상이 절대적 신, 주인, 애정 대상으로 지각된다. 반면 부정적 정신 부분으로 대상을 보면 공포를 주는 괴물, 적으로 지각되어 박해망상 속에서 음악 교사와 처자식을 살해한다. 그에게는 원시적 분열·투사·내사, 원시적 이상화와 평가절하가 해리 상태에서 다중으로 작동된다. 그가 담대하게 여러 괴물을 해치울 수 있었던 것은 타자에 대한 부정적 투사와 평가절하 기제가 함께 작동되었기 때문이다.

스사노오, 예, 테세우스, 헤라클레스, 페르세우스에게 여러 유형의 괴물들이 나타난 것은 그가 속한 민족의 '그림자 투사' 및 '파괴욕동 투사'가 일어나 낯선 외부 대상이 흉측하고 무시무시한 괴물로 지각(환상화)되었기 때문이다. 현대의 정신분석 관점으로는 일종의 편집증적 망상 상태라고 볼 수 있지만 생명을 위협받던 고대 사회에서는 편집증적 지각을 지녀야만 외부의 적과 필사적으로 싸우게 하는 생리적·심리적 에너지가 작동되었을 것이다.

부인과 잘 지내지 못하고 관계를 비극으로 끝맺는 테세우스와 예에게는 타자와 진정으로 소통하기 힘든 자기애 인격 내지 친밀 관계를 불안해하는 분열성 인격의 거리두기와 철수 방어가 드러난다. 페르세우스는 투사동일시로 상대방을 꼼짝 못하게 만드는 괴력을 지닌 메두사(다나에의 부정적 짝)로부터 자신을 지키고 그와 대적하기 위해 거리두기와 상징적 객관화(거울 방패)로 방어하고 지혜(칼)로 살해한다. 이는 정신분석 세팅에서 분석 수행자가 무의식의 병인과 치열하게 대결하는 모습과 유사하다.

너무도 열악한 환경에 있었던 순은 비참한 현실을 있는 그대로 인식하면 견딜 수 없기에 거짓자기 방어가 작동된 것으로 추정된다. 박해하는 가족을 좋은 대상이라고 환상화해야 무사히 살아낼 수 있기 때문이다. 또한 바리데기와 마찬가지로 자신에게 상처 준 대상을 공격하고 싶은 욕구를 정반대 행위인 '효'로 전환시키는 반동형성 방어가 나타난다.

길가메시는 초기에 분열·투사, 원시적 이상화와 평가절하가 작동되어 어머니를 과도하게 이상화하고 백성들을 지나치게 무시한다. 분열된 정신구조의 특성상 정신 내부의 좋은 성질들이 어머니를 향해 많이 투사될수록 상대적으로 백성들에게는 부정적 요소들이 투사될 수밖에 없다. 그로 인해 길가메시는 백성들로부터 원성을 듣게 되지만 분열된 자아구조로 인해 사태의 원인을 온전히 자각하지 못한다. 또한 길가메시에게는 자신에게 상처 줄 위험성을 지닌 대상에 대한 평가절하가 작동되어 이슈타르 여신을 과하게 무시하고 거부한다. 그러나 심연 세계에서 현자 우트나피쉬팀과의 만남을 통해 정신의 발달을 이룬 말년의 길가메시는 통합된 자아 기능으로 백성을 배려하는 지도자 역할을 수행하여 존경받는 영웅이 된다.

오이디푸스는 금지된 욕망들에 대한 억압 및 사고와 감정의 분리방어를 지닌다. 이 분리로 인해 그는 감정 동요 없이 국가 재난을 일으킨 자를 색출하는 지적 탐색 작업을 집요하게 수행한다. 분리방어로 인해 사고가 감정과 연결되지 못했기 때문에 그는 범인에 대해 더 이상 알려 하지 말라는 예언자의 강력한 충고, 이오카스테의 간절한 만류, 목자의 호소 등이 전하는 '정서적 언어'를 이해하지 못했다. 그로 인해 예언자를 화나게 해 비극적인 메시지를 뱉게 만들었고, 아내이자 어머니인 이오카스테를 자살로 몰고 간다. 이 모든 현상은 사고와 정서를 분리시키는 오이디푸스의 강박적이고 무의식적인 방어기제에서 기인한다. 또한 오랜 기간 억압되었던 소망이 무의식에서 의식으로 회귀하여 무심결에 아버지 살해와 어머니와의 근친상간을 저지르게 된다.

공격성을 통제하지 못한 채 마구 분출하는 영웅(스사노오, 헤라클레스 등)

은 편집·분열 자리에 고착된 인격이며, 타자를 과도하게 배려하고 회복시키려 헌신하는 영웅(바리데기, 순, 오시리스, 이시스)은 우울 자리의 정신성을 반영한다. 후자는 보다 성숙한 정신성의 표상이다. 그리고 문명적 방어기제인 억압 및 반동형성을 사용하는 바리데기, 오이디푸스, 말년의 길가메시는 문헌 신화로 기록될 당시 해당 민족이 유년기 무의식과 대결해 자기실현을 이루고 싶어 하는 청년기 정신성을 상당 부분 지닌 상태임을 나타낸다.

영웅들의 정신 특성

영웅들의 삶은 대부분 출생 이전에 부모나 집단이 지녔던 문제들(조상이 풀지 못한 콤플렉스, 당대 상징계의 결함)에 의해 내내 영향을 받는다. 주몽의 그림자는 그의 출생과 연관된 해모수와 유화, 금와와 유화 사이의 미묘한 관계다. 스사노오에게는 어머니의 부재와 부모의 대립 그리고 아버지와의 갈등이, 순의 경우는 어머니의 조기 사망과 계모(이민족)의 핍박이 자아가 대면해야 할 그림자에 해당한다.

바리데기는 유교 문화의 남존여비 사상이, 오이디푸스와 페르세우스는 아버지에게 버림받음이, 나르키소스는 어머니의 힘없음과 자존감 결여가, 오시리스와 길가메시는 지혜의 신 엔키와 권력의 신 엔릴 사이의 대립이, 헤라클레스는 남편에 대한 헤라의 질투가, 테세우스는 든든한 아버지의 부재가 정신의 배후에서 부정적 영향을 미친다.

신화 속 영웅의 가족 내 위치는 대부분 사생아, 서자, 애매한 장자(전처의 아들), 막내 등으로 불안정하다. 고대인은 힘 있는 남성이 성적 매력을 분출하는 여성과 결합하여 아이를 출산하는 것을 집단의 보존에 유익하고 자연스러운 행위로 여겼다. 그로 인해 강력한 신체와 권력을 지닌 자(신, 왕)에게서는 많은 자손이 태어났다. 그중 오직 한 자식(장남)만이 왕위를 계승할 수 있는 특권적 지위를 갖기에 서자나 둘째 셋째 들은 태어나서 존중받는 초기 경험을 하기가 매우 어려웠을 것이다. 그래서 유아기(전오이디푸스기)부터 자존감에 상처를 지니게 된다. 또한 정체성이 혼란스럽고, 생존 능력을 강화해 존재 가치를 드러내고픈 절실한 욕망 및 불안이 컸을 것이다.

영웅의 정신성은 이처럼 그의 태생적인 위치에 따라 양태가 달라진다. 오이디푸스 콤플렉스는 어머니와의 융합 및 애착이 큰 장남이나 외아들일수록 극심하다. 주몽은 어머니로부터 극진한 돌봄을 받아 자존감과 거대자기가 잘 형성되었지만 아버지와의 관계는 만족스럽지 못하다. 이 경우 자신을 냉대하는 상징계의 요구에 대해 긍정적으로 반응하기 어렵다. 주몽은 어머니 외에 친밀 관계를 맺은 여인의 존재가 모호하다(별거). 그의 삶에 만족을 주고 정신 에너지를 보충하는 데 필요한 아니마(여성 에너지)도 명확히 드러나지 않는다. 여성과의 관계가 드러나지 않은 것은 주몽(당대 한민족)의 모성 콤플렉스와 오이디푸스 콤플렉스가 컸음을 암시한다.

순은 자신을 못살게 굴던 아버지와 계모에게 효심을 다한다는 점에서 오이디푸스기 분노를 정반대로 변형시킨 반동형성 내지 부모에 대한 증오감을 부인하는 거짓자기 인격으로 보인다. 오오쿠니누시는 원아버지이자 권위자인 스사노오의 머리칼을 기둥에 묶고 대타자의 여인과 보물을 빼앗는 '적극적 공격'(거세)을 한다. 스사노오(원아버지)와 함께 지내던 여인(딸 내지 아내)과 성관계를 맺는 장면은 오이디푸스 욕구의 충족을 암시한다.

이처럼 한중일 신화 속 영웅이 드러내는 오이디푸스 욕구의 표현 강도와 양태는 각기 다르다. 신화에서 오이디푸스 콤플렉스의 표현이 가장 노골적인 민족은 일본이고, 가장 은폐적인 민족은 중국이며, 한국은 그 중간에 위치한다. 한중일 영웅들은 대부분 유년기에 부모나 아버지에게 버림받은 상처를 지님에도 불구하고 상처 준 대상들을 향한 분노가 억압·억제·반동형성으로 대체된다. 순을 비롯해 오이디푸스 욕구가 전혀 없는 듯이 표현된 동양 신화들은 농경 문화와 연관된 오이디푸스 욕구의 승화를 의미할 수도 있고, 욕구가 너무 강해서 초자아와 집단의식에 의해 심하게 검열·억압된 결과일 수도 있다. 그리스 신화에는 우라노스·크로노스·제우스부터 오이디푸스·테세우스·페르세우스 등에 이르기까지 유년기 상처를 주었던 부권적 대상에게 청년기가 되어서 보복하는 행동이 표면에 드러난다. 이는 유년기에 억압된 오이디푸스 욕구의 투사인 동시에 소망 충족 표현으로 해석된다.

영웅의 최후가 비극적으로 지각되는 정도는 그 민족의 문화가 오이디푸스 욕구를 직접적으로 분출하느냐 간접적으로 표현하느냐의 차이에 따라 다르다. 서양에서 아버지와 아들, 기존 권력자와 신세대 도전자 사이의 오이디푸스적 권력 투쟁은 노골적이다. 가령 오이디푸스와 그의 아버지, 페르세우스와 그의 외할아버지, 테세우스와 아버지, 오시리스와 세트, 세트와 호루스, 오딘의 분신인 발드르와 로키, 길가메시와 훔바바는 전형적인 오이디푸스적 투쟁 관계다. 이는 마치 각 민족의 무의식에 잠재된 오이디푸스 욕구의 힘을 신화 속 영웅을 통해 입증하는 꿈속 드라마 같다. 또는 '경기'라는 명목으로 원초 욕망을 한껏 표출하는 격투기 챔피언(왕) 대 도전자의 타이틀선을 보는 느낌이다. 대다수 챔피언의 최후는 비참해 보인다.

이에 비해 동양은 유교 문화가 전해진 곳에서 효와 충의 이념(규범의식)으로 오이디푸스 욕구의 강력한 억제와 승화를 유도해왔다. 그래서 아버지와 아들, 기존 왕과 새 영웅 사이의 권력 교체 과정이 (중국의 예와 그의 제자 봉몽을 제외하면) 외견상 덜 파국적이다. 환인·환웅·단군, 금와와 주몽, 주몽과 유리, 요와 순, 이자나기와 스사노오, 스사노오와 오오쿠니누시는 서양의 영웅들보다 승화된 관계를 나타낸다. 중국 신화에서 예가 말년에 아끼던 제자에게 살해당한 내용이나 순 임금이 알려지지 않은 이유로 두 부인과 함께 갑자기 타지에서 죽는 신화소는 타자(신세대)의 오이디푸스 욕구로 인해 아버지(대타자) 위치에 있던 영웅 자신이 희생된 경우로 추정된다. 그러나 동양 신화 전체로 볼 때 오이디푸스 욕구로 인한 긴장과 그로 인한 이야기 전개 비중은 탄생 순간부터 부모 살해 신탁이 초점으로 등장하는 서양 신화에 비해 매우 적은 편이다.

그리스 창세신화에서 크로노스가 우라노스를 거세하고 제우스가 크로노스를 거세하는 관계는 이어지는 영웅신화 속 권력자와 신세대 영웅의 관계에서 반복된다. 이런 신화소들은 서양의 민족정신에 프로이트가 주목한 오이디푸스 욕구(아버지 살해 욕구)가 보편적으로 잠재되어 있다는 징표로 해석할 수 있다.

프레이저가 《황금가지》에서 주목한 '왕 살해'는 생명력 보존과 고양을 위해 새로운 도전자의 등장을 수용해온 집단의 생존 원리였다. 서양에서 오이디푸스 콤플렉스는 고대부터 오랜 기간 존속했던 왕 살해, 신 살해 풍속과 연관하여 집단 유지에 기여하는 긍정적 기능을 했다. 오이디푸스 콤플렉스는 아동기에 아버지와의 갈등과 동일시를 통해 어머니와 융합되었던 정신성을 새롭게 전환·발달시키는 과정이다. 그와 유사하게 왕 살해는 살해당하는 왕이 집단의 유지와 발전을 위해, 자식과 신세대의 삶을 위해 자신의 생명이 희생될 수 있음을 인정하는 것이다.

동양 특히 한국에서 왕 살해, 아버지 살해는 유독 반인륜적 행위로 해석되어 그 흔적이 말소된 상태다. 왕 살해 요소에 대한 철저한 검열·부인·억압은 프로이트가 《토템과 터부》에서 언급했듯이 과도하게 억압된 무의식에서 비롯한 신경증적 과민 반응일 수도 있다.

맺는말

고전 정신분석은 꿈, 신화, 예술작품, 증상에 반영된 '저자의 무의식'을 해석하는 데 주력했다. 신화의 창작자는 개인의식이 아직 발달하지 않아 집단정신을 공유하며 살던 옛 시대의 집단(씨족, 부족, 민족, 인류)이다. 따라서 신화에 등장하는 영웅의 행태는 곧 그 집단의 정신성을 상징한다.

고대 인류는 집단정신에 융합되어 살았지만 현대인은 개개인의 주체적 사고와 욕망 충족을 중시하는 문화 속에 산다. 이런 차이로 인해 우리가 고대 인류의 집단정신에 접속해 신화 속 상징들의 심리적 의미를 공감적으로 이해하는 것은 매우 어렵다. 현대의 독자가 고대 상징과 심리적으로 공명하려면 고대인의 정신을 이해하는 데 필요한 조건들을 하나씩 소화해가는 작업이 필요하다. 이 책은 고대 신화의 심리적 의미를 현대인이 공감하며 이해하기 위해 필요한 사항들을 소개하고, 그에 근거해 각 민족의 신화를 구체적으로 어떻게 음미할 수 있는지 보여주려 했다.

프로이트, 융, 현대정신분석학의 관점과 개념을 함께 활용해 신화 텍스트의 심리적 의미를 해석한 이 책의 시도는 장점과 단점을 함께 지닐 것이다. 장점은 여러 학파의 관점과 개념을 다중으로 활용했기에 신화를 이해하는 기준과 도구가 다원화되어 민족정신 간의 비교가 다채롭다는 데 있다. 아울러 신화 속 상징들의 의미를 특정 이론과 개념에 의거해 기계적으로 번역하는 환원주의와 일반화 오류를 완화할 수 있다.

하지만 정신분석에 익숙지 않은 독자가 여러 정신분석 학파의 관점과 개념들을 책 한 권으로 전부 소화하는 것은 부담스러울 수 있다. 또한 프로이트의 유년기 무의식과 융의 인류무의식은 서로를 보완하는 듯 보이지만, 두 분석가가 정신을 이해하는 그림(정신 해부도)과 전제는 서로 많이 다르다. 융에 익숙한 독자와 프로이트에 익숙한 독자는 혼합된 개념 때문에 약간의 혼란을 겪을 수 있다.

그럼에도 불구하고 신화의 잠재된 의미에 대한 심리적 심층 해석은 21세기 한국인의 정신과 삶에 다양한 응용 가치를 지닌다. 현대에는 고대 사회에서 신화가 지녔던 기능과 힘을 필요로 하는 사람이 점증하는 추세다. 가령 오늘날은 사회 구성원이 신뢰하는 보편 진리와 권위 모델이 불분명하다. 현대인은 개개인의 취향에 따라 삶의 에너지를 제공할 것 같은 이상화 대상을 여기저기서 발견하고 동일시하여 자신의 정신성을 구성한다. 그런데 닮고 싶은 이상적 대상이 현실에 부재하거나 모호할 경우 자아 정체성이 혼란스러워질 뿐 아니라 자아 강도가 약해져서 사소한 부정적 자극에도 정신이 불안정해지는 현상이 빈번해진다. 이런 현대인은 어디에서 자기 정신을 응집시키고 안정시켜줄 모델을 만날 수 있는가?

한국 민족은 수많은 위기 상황을 버텨내며 수천 년간 정체성을 유지했다는 점에서 강한 원초자아를 지닌다. 특히 근현대에 우리 민족이 겪은 정신적·육체적 시련은 신화 속 영웅들에게 운명처럼 주어졌던 곤경에 못지않다. 일제강점기 때에는 민족 고유의 힘을 지닌 주요 전통 요소들이 억압되었다. 타국에 의한 해방과 3년에 걸친 신탁통치는 우리의 자긍심과 긍정적 에너지의 회복을 지연시켰다. 설상가상으로 남북한 각각에 단독 정부가 수립되고 한국전쟁이 발발했다. 동족상쟁으로 정신적·물질적 터전이 모두 말소된 상태에서 당시의 한국인은 무엇에 의지해 정신의 안정을 도모할 수 있었는가?

위기에 처한 인간일수록 강력한 힘을 지닌 구원자를 갈망하게 된다. 당대 한국인에게 지각된 구원자의 모델은 미국을 중심으로 한 서양 문물이었다. 그때부터 한국의 정책과 한국인의 정신은 서양 문물이 지닌 힘을 이상화하며 필사적으로 수입해 모방하고 내면화하는 노력을 기울여왔다. 그 결실로 한국은 오늘날 경제적으로 부흥한 선진국의 대열에 근접해 있다. 그런데 정신성은 어떠한가?

힘 있는 대상을 내사·모방하여 형성된 인격을 정신분석에서는 '모방형 인격as-if personality'이라 칭한다. 이 인격은 자신이 동일시한 이상적 대상들과 유사하게 생각하고 말하고 행동한다. 그래서 겉으로는 종종 세련되고 활기찬 인격처럼 보인다. 그런데 그 속에 자부심, 자아 정체성, 주체적 창조성, 개성은 존재하지 않는다. 이 인격은 힘 있는 이상화 대상 곁에서 에너지를 흡수할 수 있는 한 안정된 생활을 할 수 있다. 그러나 그에게는 자신이 어떤 존재인지에 대한 주체적 자기인식 능력이 부족하다. 그는 내면에서 독립된 힘과 지혜와 의미를 스스로 생성해내지 못해 늘 타자 의존적이고 불안정하다.

민족 간 교류가 활발한 세계화 환경에서 현대인은 타민족이 지닌 장점들을 빠르게 흡수(모방, 선택적 동일시)한 후 세계인에게 흥미를 끌 창조물을 생성해내야 문화적·경제적으로 성공할 수 있다. 이런 환경에서 개인과 민족에게 요구되는 주요 능력 중 하나는 타자의 장점을 열린 마음으로 흡수하여 창조적으로 재구성하는 자아 기능이다. 이런 자아 능력을 어찌해야 지닐 수 있는가? 나에게는 오늘날 우리에게 주어진 이 물음이 다음과 같이 들린다. "어찌해야 신화 속 영웅처럼 될 수 있는가?" 치열한 경쟁 사회에서 기존 권력들과 대결해 승리하고 새로운 왕으로 등극하려면 어떤 힘을 키워야 하는가?

영웅신화의 숨겨진 의미를 탐색하는 이 책에는 현대인이 자신에게 주어진 과업과 대결하는 데 필요한 무기와 열쇠가 담겨 있다. 일반인은 좀처럼 접근하려 들지 않기에 무의식 탐험가만이 발견해 얻게 되는 희귀한 열쇠!

강한 자아를 형성하기 위해서는 좋은 환경과 심오한 지혜가 담긴 전통과의 접속이 필요하다. 오늘날 한국인이 자신의 실상을 자각하기 위해 주목해야 할 요소는 '전통'이다. 일제강점기, 신탁통치, 한국전쟁 그리고 급속한 경제성장 과정에서 우리의 전통은 신문화에 의해 100년 넘게 억압되고 비하되었다. 이러한 상황에서 한국인은 자신의 정체성을 어떤 기준(거울)을 통해 자각하는가? 한국인은 과연 안정되게 음미된 자아, 자부할 수 있는 전통을 바탕으로 타국의 문화를 흡수하고 소화해내는 주체적 자아 능력을 지녔는가? 아니면 근현대사의 격동적 시련 과정에서 전통이 파괴되어 생존을 위해 불가피하게 강대국의 문물을 무반성적으로 동일시, 모방하는 데 급급했던 '모방형 인격'인가? 이를 온전히 판단하려면 한국인의 정신이 형성·발달되어온 과정에 대한 정신분석학, 역사학, 인류학, 민속학, 철학의 통합 연구가 필요하다.

우리 자신에게 진실로 물어보자. 경제적으로 풍요로워진 오늘날의 한국인은 과연 자신의 정신성을 얼마나 주체적으로 깊이 있게 정리하고 있는가? 한국인은 자신의 망각된 과거 흔적들(무의식의 상처, 그림자, 콤플렉스)을 제대로 대면하고 보충·극복하는 과정을 거쳐왔는가? 한국인은 숱한 역사적 고난 속에서 자존감이 꺾였던 상처, 수치감, 원한 감정을 용기 있게 대면하면서 그것을 소화해내려고 애쓰며 이겨낸 영웅들의 신화와 공명할 준비가 되어 있는가?

일본인은 자국의 전통을 주체적으로 보존하고, 중국인은 예로부터 선구적 문화를 꽃피운 중심 국가였다는 자부심을 지닌다. 오늘날 중국과 일본이 자국 신화에 대단한 의미를 부여하고 미화된 해석을 하는 것은 유럽과 미국이 기독교 신화를 전 세계에 가장 탁월한 보편 진리로 전파했던 과거 행태와 유사하다. 국가 간 정치·경제적 경쟁 관계 속에서 오늘날 신화는 강대국들이 국제 관계의 중심에 위치한 자국 문화 전통의 우월한 정체성을 과시하기 위해 이용하는 권력 기표다. 그런데 오늘날 한국인은 전통문화와 신화를 자신의 정체성과 연관해 진지하게 주목하지 않는다. 현대 한국인에게는 자기 정체성의 뿌리를 알고 싶다는 욕구가 경제 원칙에 부응해야 하는 현실 삶에서 주요 관심사로 역동하지 않는다. 사회적·물질적 성공과 감각적 만족으로 보상받는 대중문화의 거대 흐름에 함입되어 앎에 대한 욕구 자체가 가치를 얻지 못한 채 무뎌졌기 때문이다. 이런 환경에서는 우리 고유의 텍스트를 통해 현재 정신의 결핍을 보충해주고 한계를 확장시키는 심오한 지혜와 만나기 어렵다.

그렇다면 각국 영웅신화의 무의식적 의미를 조명한 이 책은 정신성의 확장이나 현실 문제 해결에 어떤 기여를 할 수 있는가? 이 물음에 대해 나는 신화 속 영웅들의 일대기가 곧 우리 자신과 우리가 현실에서 접하는 여러 인간 유형의 본질을 드러내는 보편 상징이자 거울임에 주목하라고 권하고 싶다.

신화 속 주인공이 어린 시절에 가혹한 시련을 겪고 불행한 정신 상태에서 모험과 통과의례를 통해 민족의 고통을 감당해내고 치유하는 영웅적 정신성으로 성장할 수 있었던 이유는 전통(대타자)과 당대 집단정신의 심각한 결함(그림자, 콤플렉스)을 일찍부터 몸소 고통스레 체험했기 때문이다. 무의식에 은폐된 결함들이 일으키는 뜻밖의 섬뜩한 부작용에서 벗어나기 위해 영웅은 험난한 모험과 각고의 노력 끝에 민족무의식에 접속하여 비범한 에너지를 체득하는 뜻밖의 체험을 한다. 우리가 나아가야 할 삶의 태도와 방향을 안내해주는 도구로서 전 세계 영웅들이 고난과 대결하며 정신의 성장을 이루어내는 과정을 전해주는 정신분석적 신화 분석만큼 탁월한 나침반이 있는가?

다양한 문화와 세계관이 혼재된 오늘날 모호해진 보편 진리로 인해 정체성에 혼란을 겪을 수밖에 없는 우리에게 이 신화 분석 텍스트는 은연중에 정체성을 응집시키는 신비한 기표 작용을 한다. 이 책을 통해 신화 속 무의식에 접속하고 공명해본 독자는 이미 인류의 거대한 지혜의 바다에 영혼을 담근 것이다.

주

서문

1 철학은 주로 추상적 사고 활동을 통해 인간의 본질을 거시적으로 개념화하며, 정신분석학은 개인의 내면을 미시적으로 탐색한다. 이에 비해 인류학은 각 민족의 제반 생활 양태를 구체적으로 관찰하고 비교·서술하는 동시에 각 풍습의 의미를 '인류'라는 거시적 차원에서 묻고 종합적으로 이해하게 도와준다. 그런 의미에서 나는 인류학을 제3의 눈, 제3의 관점이라 칭했다.

2 "신화소는 신화를 구성하는 의미 있는 단위이다. 그것은 그 자체로서 의미를 가진 요소이지만, 그것들이 결합하면 새로운 또 다른 의미를 갖게 된다. 신화에 숨어 있는 일상 의미와 다른 의미를 찾기 위해서는 신화를 해체하여 의미를 지닌 '구성적 단위'로 재구성하는 과정을 거쳐야 한다."(클로드 레비-스트로스, 《신화학 1》, 한길사, 2005, 20-21, 58-59쪽) 신화소는 "알에서 아기가 태어났다." 또는 "아기가 바다(또는 산이나 들)에 버려졌다."처럼 신화 속에 포함된 구체적 사건들의 관계를 가능하게 해주는 '최소한의 복합 구문'이다. 신화는 여러 신화소의 연쇄와 관계, 결합과 대립으로 구성되고 작동된다. 신화소를 분석하면, 그 민족의 논리와 사유를 지배하는 선험적 요소와 관계 및 구조를 규명할 수 있다. 융 학파의 관점에서 보면 신화소는 전 세계 신화에서 공통적으로 발견되는 주제들을 형성하는 정신 요소(원형)를 담은 신화 요소(탄생, 결혼, 죽음, 부활 등)라 할 수 있다(이유경, 〈창조신화에 관한 분석심리학적 이해〉, 《세계의 창조신화》, 동방미디어, 2001, 295쪽). 프로이트의 관점에서 보면 신화소는 무의식의 내용을 담고(표현하고) 있으며 무의식의 심연으로 들어갈 수 있게 하는 단서(입구)를 지닌 신화 요소를 의미한다. 이 책에서는 신화의 무의식적 의미를 발굴하기 위해 레비-스트로스, 융, 프로이트의 관점을 두루 수용하여 신화소를 다각도로 음미하고 해석할 것이다.

3 조지프 캠벨, 《네가 바로 그것이다》, 해바라기, 2004, 38쪽. "신화의 기능은 삶의 다양한 단계들의 위기를 통과할 수 있게 하며, 출생으로부터 죽음에 이르는 주요 과정을 통전적으로 이해하게 한다."

4 지그문트 프로이트, 《무의식에 관하여》, 열린책들, 1997, 192쪽.

5 융에 의하면 문명적(과학적) 사고에 적응하며 사는 현대인은 '원시인의 심성'과 단절되어 있기에 그들의 상징을 이해하는 것이 쉽지 않다(카를 구스타프 융, 《인간과 상징》, 열린책들, 1996,

83-95쪽). 유아적 사고와 공명하는 활동을 하는 정신분석가, 예술가, 놀이치료사, 아기를 키우는 부모, 그리고 신화학이나 인류학에 익숙할수록 원시 상징의 의미를 직관적으로 이해하는 데 보다 유연할 수 있다.

6 조지프 캠벨, 《신의 가면 I: 원시신화》, 까치, 2003, 제2장 참조. 캠벨은 프로이트의 '유년기 무의식' 개념과 융의 '인류무의식' 개념 모두를 신화의 의미 해석에 적극적으로 적용한다. 그는 인류의 태초 시기부터 고대와 근현대에 이르기까지 인류에게 각인되고 유전된 다중의 '자극 반응층'이 각 민족의 인류무의식에 존재하며, 그로부터 각기 다른 유형의 신화(살해에 익숙하고 주술적인 수렵인의 신화, 신비적인 농경인의 신화)가 생성되었음을 드러낸다.

I 신화 해석을 위한 정신분석의 기초

1 J. Laplanche & J.-B. Pontalis, "Symbolism," *The Language of Psychoanalysis*, W. W. Norton & Company, 1973, pp.442-444.

2 오바야시 다료, 《신화학 입문》, 새문사, 1996, 54-55쪽. "만물이 형성되는 태초에 세상의 모든 본질적인 것들이 마련된다. (…) 원시 신화는 항상 최초의 사건을 전하는 것에 중점을 둔다. (…) 태초에 있었던 사건에 의해 오늘날의 사물이나 질서가 결정된다." 앞의 내용과 유사하게 정신분석학에서도 정신이 처음 형성되는 시기인 유년기의 사건들에 주목하며, 망각된 그때의 경험 흔적들이 현재의 정신에 어떤 영향을 미쳤는지 탐구한다.

3 이 의문에 대한 전형적인 정신분석학적 답변은 프로이트, 〈두려운 낯설음〉(《창조적인 작가와 몽상》, 열린책들, 1996, 132, 138쪽)에 담겨 있다. 가령 '인생의 최초 시기'에 받았던 친숙한 자극들이 억압되었다가 갑자기 의식에 솟구칠 경우 그것은 억압 작용에 의해 변형되어 괴기스럽게 느껴진다. 미적 검열 작업이 덜 수행된 고대 신화는 무의식을 자극해 괴상한 느낌을 줄 수 있다.

4 신화와 꿈, 증상, 예술작품 사이의 밀접한 연관성에 관한 프로이트의 관점과 분석은 여러 글에 분산되어 있다. 《꿈의 해석》, 《창조적인 작가와 몽상》, 《토템과 터부》, 《인간 모세와 유일신교》, 〈세 상자의 모티프〉, 〈불의 소유와 그 통제〉, 〈레오나르도 다빈치의 유년기 기억〉 등을 참조할 것.

5 이 정리는 필자의 프로이트 연구 내용과 디디에 앙지외의 논문을 종합한 것이다. 디디에 앙지외, 〈프로이트와 신화〉, 《세계사상》, 동문선, 1997, 47-93쪽 참조.

6 지그문트 프로이트, 〈편집증 환자 슈레버〉, 《늑대인간》, 열린책들, 1996, 369쪽. "꿈과 신경

증에서 우리는 아이를 다시 만나게 된다. 그리고 아이와 함께 아이가 생각하는 방법과 정서 생활의 독특함을 만나게 된다. 이제 이 명제에 다음을 덧붙이게 될 것이다. 우리는 야만인, 즉 원시인도 만나게 된다. 원시인은 고고학과 민속학 연구를 통해 우리에게 실체를 드러내고 있다."

7 카를 구스타프 융, 〈무의식에의 접근〉, 《인간과 상징》, 열린책들, 1996, 95, 102쪽. 융을 계승한 신화 분석가로는 마리-루이제 폰 프란츠, 에리히 노이만 등이 유명하다.

8 카를 구스타프 융, 《원형과 무의식》, 솔, 2002, 190-194쪽, 주 29.

9 미국정신분석학회, 《정신분석 용어사전》, 한국심리치료연구소, 2002, 252쪽.

10 M. Klein. "Some Reflections on The Oresteia", *Envy and Gratitude and Other Works, 1946-1963*, Free Press, 1984, pp.275-299. 이 논문에서 클라인은 '아들이 어머니를 살해하게 된 현상의 원인'을 다음과 같이 해석한다. 촉발 원인은 자신이 동일시해온 아버지(아가멤논)가 어머니에게 살해당하자 아들의 자아가 손상된 것이며, 근본 원인은 그동안 묻혀 있던 편집·분열 자리에 의한 가학적 초자아의 박해환상과 박해불안이 아들(오레스테스)에게 엄습한 것이다.

11 줄리아 크리스테바, 《사랑의 정신분석》, 민음사, 1999, 30, 58, 70, 84쪽 참조.

12 이부영, 《한국민담의 심층분석: 분석심리학적 접근》, 집문당, 2000.

13 김광일, 〈한국 신화의 정신분석학적 연구: 오이디푸스 복합〉, 《한국전통문화의 정신분석》, 교문사, 1991.

14 김광일, 〈한국 신화 속의 오이디푸스〉, 위의 책, 35-36쪽.

15 김광일, 〈신화와 정신병〉, 위의 책, 87-105쪽. 어떤 신화 이론의 타당성을 검증하는 가장 중요한 근거는 임상 자료다. 신화에 대한 정신분석학적 해석이 학문적 힘을 지니려면 임상 체험과의 섭백이 요구된다.

16 〈심청전〉에 나오는 꿈들에 대한 조두영의 해석은 정통 프로이트적 정신분석의 완숙성을 드러낸다. 조두영, 《프로이트와 한국문학》, 일조각, 1999; 《목석의 울음》, 서울대학교출판부, 2004.

17 이창재, 〈신화 해석을 위한 정신분석 관점 및 개념 고찰〉, 기호학회, 2006; 〈한중일 영웅신화의 공통성과 차이성에 대한 정신분석〉, 비교민속학회, 2007; 〈신화 속 영웅의 정신발달 조건과 주몽 신화에 대한 정신분석〉, 한국정신분석학회, 2008; 〈일본신화 스사노오에 대한 정신분석〉, 라캉과현대정신분석학회, 2009.

18 지그문트 프로이트, 〈정신적 기능의 두 가지 원칙〉, 〈억압에 관하여〉, 〈무의식에 관하여〉, 《무의식에 관하여》, 열린책들, 1997, 18, 140, 192쪽. 자기보존 본능에 의해 후천적으로 계

발된 2차 정신 과정인 의식은 늘 외부 현실 상황을 고려하여 내적 욕구를 조절하는 '현실원칙'에 의거해 작동된다. 이에 비해 무의식의 내용들은 '쾌락원칙'을 따르는 본능적 1차 정신 과정에 의해 작동된다. 무의식은 외부 세계의 눈치를 보지 않으며, 자체의 법칙에 의해 작동되고 유지된다. 그로 인해 어떤 경험 흔적이든 무의식에 들어오는 순간, 원상태 그대로 평생 보존되는 것이다.

19 프로이트는 유년기를 구강기, 항문기, 남근기로 구분한다. 전오이디푸스기와 오이디푸스기의 구분은 남근기 이전 시기와 남근기, 또는 엄마-유아 사이의 원초적 2자 관계 시기와 아버지에 의해 사회적 존재로의 변화를 요구받는 상징적 3자 관계 시기(아동기)를 지칭한다. 지그문트 프로이트, 〈오이디푸스 콤플렉스의 해소〉, 〈성욕에 관한 세 편의 에세이〉, 《성욕에 관한 세 편의 에세이》, 열린책들, 1999, 49-51, 285-320쪽; 이창재, 《프로이트와의 대화》, 학지사, 2004, 7장 오이디푸스 콤플렉스; 필리프 쥘리앵, 《노아의 외투: 아버지에 관한 라캉의 세 가지 견해》, 한길사, 1998, 70-94쪽; 로버트 M. 영, 《오이디푸스 콤플렉스》, 이제이북스, 2004.

20 성격 발달 유형과 자아 발달 양태는 개인의 성욕동이 어느 시기에 과잉 자극을 받아 억압·고착되었느냐에 따라 달라진다. 프로이트는 인간은 누구나 오이디푸스 갈등으로 인해 억압된 무의식을 지니지만, 그 강도와 환상 유형(히스테리형·강박형·공포증형)은 개인마다 다를 수 있다고 본다.

21 본능은 고정된 대상에게 고정된 행동을 유발하는 생물학적 특성을 지칭하며, 욕동은 문화적 전환성을 지닌 유동적 본능을 지칭한다. 인간은 본능과 욕동을 함께 지니는 유일한 '생리적·심리적 존재'다.

22 "본능은 지속적인 충격을 주는 힘이다. 더욱이 외부 작용이 아니라 신체 내부 작용이기 때문에, 피하는 것이 불가능하다." 지그문트 프로이트, 〈본능과 본능의 변화〉, 《무의식에 관하여》, 열린책들, 1997, 104쪽.

23 지그문트 프로이트, 〈자아와 이드〉, 《쾌락원칙을 넘어서》, 열린책들, 1999, 110쪽. "자아는 이드에서 칼로 자르듯 분리되어 있진 않다. 자아의 하부 일부는 이드와 합병된다. 억압된 것 역시 이드와 합병되어 이드의 일부를 구성한다. (…) 억압된 것은 억압으로 인해 자아와 단절되어 있지만, '이드를 통해' 자아와 의사소통할 수 있다."

24 위의 책, 129쪽.

25 이창재, 〈성욕동 발달과 문화적 성숙 사이의 관계〉, 철학연구회 편, 《성과 철학》, 철학과현실사, 2003, 283-293쪽; 지그문트 프로이트, 〈자아와 이드〉, 《쾌락원칙을 넘어서》, 열린책들, 1999, 117, 139, 151쪽; 〈본능과 본능의 변형〉, 《무의식에 관하여》, 열린책들, 1997, 113-

114쪽. 자아 경험의 본능적 전환에 의해 형성된 가장 독특한 인간적 본능이 성욕동이다. 프로이트는 성욕동의 전환성과 '2단계 발달성'에 의해 인간에게만 문화와 더불어 신경증이 발생됨을 주목한다.

26 프로이트의 예술작품 및 신화 분석의 초점은 작품 창조의 무의식적 내용과 동기가 유아성욕과 오이디푸스 갈등 및 이에 대한 충족에 있음을 드러내는 데 모아진다. 지그문트 프로이트, 〈레오나르도 다빈치의 유년기 기억〉, 《예술과 정신분석》, 열린책들, 1998, 31-113쪽 참조. 김광일은 각 민족의 신화가 오이디푸스 콤플렉스를 다양한 양태로 반영한다고 본다. 이 무의식에 대해 어느 정도 자아 통합이 이루어진 문화권에서는 오이디푸스 욕구에 대한 변형과 차단이 비교적 덜한 데 비해, 초자아와 도덕적 금기에 대한 압력이 강한 민족의 신화에는 오이디푸스 갈등의 내용이 차단되거나 심하게 변형되어 있다. 김광일, 〈한국 신화의 정신분석학적 연구〉, 《한국전통문화의 정신분석》, 교문사, 1991, 56-60쪽.

27 지그문트 프로이트, 《쾌락원칙을 넘어서》, 열린책들, 1999의 '죽음본능론', 〈자아와 이드〉에 나오는 '3원적 정신구조론' 참조.

28 마리-루이제 폰 프란츠, 〈개성화의 과정〉, 《인간과 상징》, 열린책들, 1996, 161쪽 그림 참조; 이부영, 《분석심리학(개정증보판)》, 일조각, 2000, 59쪽.

29 카를 구스타프 융, 《원형과 무의식》, 솔, 2003, 156-159쪽.

30 지그문트 프로이트, 〈토테미즘의 유아적 재현〉, 《토템과 터부》, 경진사, 1993, 195, 209(주 178), 224-225, 229쪽. 이 책에서 프로이트는 다윈의 진화론을 정신분석학과 접맥하려 한다. 〈편집증 환자 슈레버〉(《늑대인간》, 열린책들, 1996, 369쪽) 맨 끝에 덧붙인 글에서는 자신의 견해가 융과 유사함을 언급한다. "편집증 환자 분석을 통해 나는 융의 주장이 타당함을 발견했다. 융은 인류가 신화를 만들어내는 힘이 사라지지 않았고, 신경증에선 지금도 먼 과거와 동일한 정신적 산물이 만들어지고 있다고 주장했다. (…) 나는 개체의 문제에 적용했던 정신분석 명제들을 인류의 문제로 넓힐 때가 곧 오리라 생각한다." 한편 융은 말년 작품인 《인간과 상징》에서 "태아의 형성 과정이 역사 이전의 진화 과정을 반복하듯이 마음도 역사 이전의 단계를 밟으면서 발달한다. 꿈은 (…) 유아기와 함께 선사시대의 '회상'을 불러일으킨다는 내용을 프로이트도 이미 파악했다."라고 언급한다. 카를 구스타프 융, 《인간과 상징》, 열린책들, 1996, 99쪽.

31 "원형들은 자체로는 인식될 수 없지만, 출생·결혼·모성애·죽음·이별 같은 인생사의 보편 경험을 둘러싼 행위들에서 인식될 수 있다."(앤드루 새뮤얼 외, 《융 분석비평사전》, 동문선, 2000, 45쪽.) 융의 원형론은 아리스토텔레스의 실체 관념을 연상케 한다. 실체란 내재된 본질 목적을 지닌 독립적 존재이며, 잠재된 본질인 '가능태'에서 본질이 현실에서 실현되는 '현실태'

로 움직여가는 목적론적 존재다. 이때 외부 세계의 환경은 개별적 실체의 본질이 실현되는 것을 촉진하거나 방해할 수는 있어도 본질 자체에 영향을 미치지는 못한다. 마찬가지로 비록 의식과 무의식으로 분열된 인간 정신이 (재)통합 상태를 향해 수만 년 동안 진화해왔을지라도 통합해야 할 핵심 대상인 집단무의식의 원형들 자체가 변한 것은 아니다.

32 개성화는 진정한 자신이 되는 것이며, 집단적 관계를 전제한 인격 발달을 목표로 한다. 또한 집단적 특질을 더 완전하게 성취하는 것을 의미한다. 자아가 약한 사람이 개성화를 시도하면 자아 팽창과 무의식에 압도되어 위험해질 수 있다. 카를 구스타프 융, 위의 책, 261쪽; 앤드루 새뮤얼 외, 위의 책, 122쪽.

33 융에게 영웅의 원형은 그림자, 아니마-아니무스, '자기'를 정신의 발달 과정에 맞게 차례로 대면하여 통합하는 이미지로 나타난다. 이 원형은 각 민족의 신화나 역사 속에서 예수, 부처, 단군 등으로 형상화된다. 그런데 이런 영웅 이미지들은 이미 존재하던 영웅의 원형이 역사 속 인물을 통해 구현된 '의식적 표상'일 뿐이다. 의식적 표상과 원형은 다르다. 원형은 태초부터 선천적으로 존재해오는 것이며, 결코 의식적 경험에 의해 그 본질이 변화되지 않는다. 단지 그것이 현실화되기 위해서는 정신의 역사적 진화 과정을 필요로 한다. 그런데 융이 말하는 집단무의식에 유전되는 역사란 의식의 역사가 아니라 동물적 교감을 하던 태곳적 '선사시대의 흔적'들을 지칭한다. 즉 의식의 경험들은 결코 원형에 흡수되거나 유전될 수 없다. 카를 구스타프 융, 위의 책, 67쪽.

34 '전형'이란 인생의 본질적인 사건 및 관념을 지칭한다. 가령 출생, 고향 떠남, 통과의례, 사랑, 결혼 및 출산, 직업 선택, 권위와의 대결, 진리와의 만남 등이 이에 해당한다. 이것들에는 각각에 해당하는 선험적 원형이 있다.

35 이부영, 《분석심리학(개정증보판)》, 일조각, 2000, 123쪽 참조.

36 클라인과 위니콧이 이 용어를 사용하지는 않았다. 이 용어는 클라인의 '박해하는 모성적 초자아', 위니콧의 아기의 불안을 품어주고 헌신적으로 돌봐주는 '보통의 좋은 엄마' 개념을 반영하면서 프로이트-융 비교를 명료화하기 위해 필자가 고안한 것이다. 클라인의 '좋은 젖가슴'과 '나쁜 젖가슴' 환상은 신화 속의 자애로운 모신과 공포감을 주는 모신으로 연결된다. 대립되는 두 모신은 '모성적 무의식'과 '모권적 무의식'을 반영한다. 이경재, 《신화해석학》, 다산글방, 2002, 258-260쪽 참조.

37 프로이트의 동료 겸 제자였다가 1924년에 결별한 오토 랑크는 출생 과정 및 직후에 태아가 느끼는 격심한 불안과 상처가 평생 동안 지속되는 불안의 원형이라고 본다. 탄생 초기 몇 개월간의 유아불안을 가장 세밀하게 분석한 정신분석가는 클라인이다.

38 대상관계론에서 '대상'이란 상식적 의미의 일반적 대상을 지칭하는 것이 아니라 유아의 정

신 형성과 발달에 중대한 영향을 미치는 '외부 대상'과 '내적 대상'을 뜻한다. 주로 엄마 내지 엄마를 대리하는 대상이 이에 해당한다. 그리고 유아의 최초 대상은 젖가슴, 눈 등의 '부분대상'이다. 제이 그린버그, 스테판 밋첼, 《정신분석학적 대상관계이론》, 현대정신분석연구소, 1999, 30-36쪽.

39 유아에게 '엄마의 몸'은 단순한 하나의 몸이 아니라 중요한 모든 것을 담고 있는 신비한 세상이다. 그 속에는 아버지의 남근을 비롯해 맛있는 음식 등 값진 것들이 들어 있다. 유아에게 시기심이 발동하면 엄마 몸을 파괴하거나 오물로 가득 채우는 환상을 만들어낸다. 엄마 몸에 대한 선천적 환상들은 원시 인류의 모성신 이미지에 반영되기도 한다. M. Klein, "The Importance of Symbol Formation in the Development of the Ego," *The Selected Melanie Klein*, edited by Juliet Mitchell, Free Press, 1987, pp.96-98.

40 모권적 초자아란 괴롭히고 박해하는 내적 대상(나쁜 양심)을 지칭한다. 그것은 희생물을 집어삼키는 구강기의 파괴적 구강욕동과 구강환상에서 기인한다. 구강기에 고착된 정신분열증자들은 내면의 명령을 거부할 경우 자신의 몸을 물어뜯고 찢고 탐욕스럽게 집어삼키는 끔찍한 구강기 환상에 시달린다. 위의 책, pp.122-123.

41 '부분대상'이란 시공간적으로 하나로 통합되지 못한 단편적 이미지들을 지칭한다. 가령 깨무는 이빨을 지닌 젖가슴, 집어삼키려 드는 거대한 입, 성교하는 부모상, 노려보는 커다란 눈, 거대한 팔, 거대한 남근, 광대한 엄마의 몸 등과 같은 이미지다. 이런 유아적 부분대상 이미지들은 신화 속 인물들의 특징 묘사에서 종종 발견된다.

42 M. Klein, "The Psychogenesis of Manic-Depressive States," Ibid., p.118.

43 Ibid., pp.122-123. '편집·분열 자리'에서의 모권적 초자아가 죄책감과 무관한 일방적이며 가학적인 초자아인 데 비해 '우울 자리'에서의 초자아는 가혹성과 더불어 '좋은 어머니상'을 함께 지닌다는 차이를 지닌다.

44 Ibid., p.98. "상징과 환상을 풍부하게 형성하려면 충분한 양의 불안이 필요하다."

45 도널드 위니콧, 〈참자기와 거짓자기〉, 《성숙 과정과 촉진적 환경》, 한국심리치료연구소, 2000, 211-216쪽.

46 위니콧의 '환경적 엄마'란 여성적 모성성의 비형식적·비분별적·비규범적 수용성 등을 지칭한다. 내면에 '좋은 엄마'를 내면화한 개인은 자신을 둘러싼 형식적 틀이 부재하는 상태에 처할지라도 불안이 아니라 삶의 따스함을 느낄 수 있는 정서적 힘을 갖추고 있다. 마음껏 신뢰하며 의존했던 유아기 '환경 엄마'가 정신 내부에 자리 잡고 있기 때문이다. 신화 속의 형상이 명료치 않은 신들(지모신, 디오니소스, 귀신 등)은 '환경 엄마'의 상징으로 볼 수 있다.

47 도널드 위니콧, 〈부모-유아 관계 이론〉, 같은 책, 55-78쪽; 마델레인 데이비스 , 데이비드

윌브릿지, 《울타리와 공간》, 한국심리치료연구소, 1997, 119-161쪽 참조.

48 가령 유아가 흥겨워 엄마를 바라볼 때 엄마가 슬픔에 젖어 있거나 반대로 유아가 고통스러워할 때 엄마가 싱글벙글 웃으며 유아를 바라보면 유아는 자기 상태를 온전히 반영하는 거울로 엄마를 사용할 수 없게 된다. 유아는 공감·반영해주는 엄마 속에서 자기 자신을 발견해야 자기애가 충족되어 자기가 발달하는데, 자신이 아닌 엄마의 감정과 이미지만을 보게 될 경우 그것을 자신의 것으로 착각하는 엄마의 노예가 되고 된다.

49 도널드 위니콧, 《박탈과 비행》, 한국심리치료연구소, 2001, 19-41쪽.

50 하인즈 코헛, 《자기의 분석》, 한국심리치료연구소, 1999, 21-40쪽 참조.

51 앨런 시걸, 《하인즈 코헛과 자기심리학》, 한국심리치료연구소, 2002, 110, 119, 141쪽 참조.

52 라캉의 언어 개념을 이해하려면 언어학자 소쉬르의 이론을 비롯한 구조주의 언어 이론에 대한 선이해가 필요하다. 그가 말하는 '언어'는 언어 체계와 언어의 '의미화 작용'을 총칭한다. 의미의 언어적 생성 원리와 증상의 무의식적 생성 원리 사이의 연관성을 이해하는 것이 라캉의 핵심 주제이며, 이를 이해하기 위해서는 '기표-기의' 관계론, 은유와 연관된 연합관계론, 환유와 연관된 연사관계론에 주목해야 한다. 이창재, 〈의미의 기원에 대한 니체, 소쉬르, 프로이트의 해석〉, 《정신분석과 철학》, 학지사, 2005 참조.

53 프레이저와 비교되는 신화학자는 조지프 캠벨이다. 캠벨은 인류의 신경계에는 인류가 출현한 후 첫 60만 년간 위태롭게 떠돌아다니던 '수렵인의 생활' 흔적, 비교적 안전하고 분별 있는 생활을 하던 약 8000년간의 '농경 생활' 흔적이 병존한다고 말한다. 수렵인의 삶의 양식은 짐승세계의 서로 죽이고 죽임당하는 '살해 기술'에 근거하며, 죽음을 살아 있는 인간에게 위험하고 부정적 영향을 미치는 것으로 지각해 단절적 태도를 취했다. 이에 비해 농경인은 죽음을 생명의 자연스런 단계이자 재생을 위해 씨 뿌리는 순간으로 해석하여 긍정적으로 대한다. 수렵 부족은 주술적 사고를, 농경 부족은 신비적(종교적) 사고를 했다. 현대 인류의 지각과 자극에 대한 반응 행동은 이 두 유형의 사고에 무의식적으로 영향 받는다. 조지프 캠벨, 《신의 가면 I: 원시신화》, 까치, 2003, 50-53, 150-155쪽.

54 인도에는 이런 속담이 있다. "우주는 신들에게 복종하고, 신들은 주문mantras에 복종하며, 주문은 브라만에 복종한다. 따라서 브라만(계급)이 우리의 신이다." 제임스 조지 프레이저, 《황금가지》, 한겨레출판사, 2003, 3장 107-108쪽.

55 유사법칙에 근거한 주술은 동종同種주술 또는 모방주술이라 지칭하고, 접촉법칙에 근거한 주술은 감염주술이라 부른다. 동종주술은 유사성에 따른 관념들의 결합, 즉 유사한 사물을 동일하다고 상정하는 사고에서 기인한다. 감염주술은 근접성에 따른 관념들의 결합, 즉 한 번 접촉한 사물은 항상 접촉하고 있는 것으로 상정하는 사고에서 비롯된 것이다. 두 주술은

어떤 비밀스러운 공감 작용을 통해 보이지 않는 영혼의 기운 같은 것으로 상호 전달되는 충동을 통해 멀리 떨어진 사물과도 상호작용한다고 가정한다. 위의 책, 83-85쪽.

56 위의 책, 113쪽.

57 인접 주술의 예로, 누군가를 때리고 미안함을 느낄 때 때린 자신의 손에 침을 뱉고 비난하면 손에 내린 그 징벌이 상처 입은 자에게 감응되어 그의 고통이 즉시 사라진다는 믿음이 있다. 위의 책, 96, 100쪽.

58 위의 책, 846쪽.

59 죽어가는 신은 때로 민족 전체의 누적된 불행과 죄악을 떠맡아 영원히 짊어지고 감으로써 민족을 결백하고 행복하게 만들어준다. 위의 책, 3권 1장, 641-643쪽.

60 지그문트 프로이트, 《토템과 터부》, 경진사, 1993, 116쪽.

61 주술적 수단으로는 주문, 부적, 독경, 의례(제사, 기우제, 풍어제, 액막이 의례 등) 그리고 특정한 몸짓과 행동이 있다.

62 서로 다른 두 대상 내지 표상 사이에서 연상 작용을 일으키는(매개하는) 두 가지 원리는 유사성과 인접성이다. 유사성은 은유적 연상을 일으키고, 인접성은 환유적 의미 연상을 생성한다. 두 연상 원리는 서로 다른 두 대상 사이의 모종의 접촉을 반영한다. 가령 꿈에서 서로 다른 두 대상이 인접해 있다는 것은 직접적이며 긴밀한 접촉을 의미하고, 두 대상이 유사하다는 것은 심리적(비유적) 접촉을 의미한다.

63 그런데 주술의 본질이 연상 이론만으로 모두 설명되지는 않는다. 지그문트 프로이트, 위의 책, 122-123쪽.

64 프로이트는 이 상태를 리비도가 아직 타자 일반을 향해 집중되기 전, 리비도가 자아에 집중되는 '자기애 단계'에서 유아가 지니는 일종의 자아전능 감정과 같다고 본다. 이것은 아이가 배고플 때 자신의 분신이자 대리자아인 엄마가 이를 재빨리 파악하여 즉시 음식을 제공해 만족시켜주는 상태가 지속됨으로써 갖게 되는 사고다.

65 지그문트 프로이트, 위의 책, 124-125쪽.

66 위의 책, 125쪽.

67 위의 책, 132-133쪽.

68 위의 책, 126쪽.

69 위의 책, 129쪽.

70 강박신경증도 증상이 다양하여 정신증에 가까운 강박증이 있고, 정상인에 가까운 강박증이 있다. 프로이트가 예로 드는 '사유의 전능'은 사유와 현실 사이의 경계 구분 지각이 모호하고 현실에 대한 부분지각을 마치 전체지각인 양 착각하는 경계선 인격자나 언어와 사유

의 내용을 곧 현실로 착각하는 정신증자에 가깝다. 보통의 강박신경증자는 자주 생각의 세계에 빠져 지내지만, 그 생각이 현실과 다름을 지각하는 자아 능력을 지니고 있기 때문에 '사유의 전능' 특성을 지닌다고 일의적으로 규정하기는 어렵다.

71 지그문트 프로이트, 위의 책, 129쪽. 강박 의례 행위와 무의식적 사고 사이의 관계는 많은 경우 유사원리보다 철저한 변장술인 전치원리에 근거한다. 전치원리에 대해서는 《꿈의 해석》 6장의 내용이 유익하다.

72 위의 책, 135쪽.

73 프로이트도 클라인 이전에 이미 슈레버의 편집증 사례처럼 정신이 두 개로 분열되어 각각 외부로 투사되면 좋은 신과 나쁜 악령이 생겨난다는 것을 인지하고 있다. 위의 책, 137쪽.

74 프로이트의 《토템과 터부》, 《인간 모세와 유일신교》는 인류학과 정신분석을 결합하여 종교의 본질을 분석해낸 기념비적인 글이다.

75 원시 인류는 금기를 어기면 자신의 조상과 토템 대상에게 큰 재난이 일어난다고 믿었다. 지그문트 프로이트, 위의 책, 173쪽.

76 기독교의 성체 예배나 연례 축제에서 십자가에 못 박혀 죽은 예수의 성스러운 몸과 피를 상징하는 빵과 포도주를 먹고 마시는 것은 원시 인류의 토템 의례가 반영된 대표적 사례다.

77 "토템을 죽이거나 먹지 말라, 동일 토템을 섬기는 공동체 구성원끼리는 성관계하지 말라."는 금기의 본래 의미는 다음과 같다. "아버지를 살해하여 먹거나, 어머니와 근친상간하려는 욕구를 행동으로 표출하지 말라." 이는 현대인의 내면에서 강력히 작동되는 초자아의 오이디푸스 욕구에 대한 제1의 금지 명령과 동일하다. 지그문트 프로이트, 위의 책, 412-430쪽.

78 위의 책, 219-220쪽.

79 조지프 캠벨은 "인간은 무의식적으로 항상 어머니를 취하고, 아버지를 살해한다."라는 프로이트의 이론에 동의하여 원시 민족들의 신화와 성인식 의례, 기독교의 성찬식에 오이디푸스 욕구(아버지 살해)의 재현과 원형적 아버지의 자기희생 측면이 반영되어 있다고 본다. 조지프 캠벨, 《천의 얼굴을 가진 영웅》, 민음사, 2004, 15, 181-183, 444쪽 참조.

80 제임스 조지 프레이저, 위의 책, 84-85쪽.

81 투사동일시에 대한 상세한 연구가 이루어진 오늘날에는 정신분석가와 내담자 사이에서 이와 유사한 경험들이 매일 생생히 일어난다. 불교의 수도자들은 이를 객진번뇌, 즉 "우연히 접촉한 세속의 대상이 일으킨 먼지(영의 기운)로 인해 번뇌가 일어난다."라고 표현한다.

82 "입과 다른 통로의 공격욕동이 항문과 소변 충동으로부터 나온다. 이것은 위험한 물질(배설물)을 '자기'의 밖으로 배출하여 엄마의 내부로 집어넣는 것을 목표로 한다. 이때 증오로 축출된 해로운 배설물과 함께 자아의 분열된 부분 또한 엄마 내부로 투사된다. 이 배설물

과 자기의 나쁜 부분들은 대상에게 상처를 입힐 뿐만 아니라 대상을 통제하고 소유한다. 엄마가 자기의 나쁜 부분들을 지니는 한, 아이에게 엄마는 자신과 별도의 개체가 아니라 '(자신의) 나쁜 자기'(박해자)로 느껴진다. (…) 이 투사동일시는 엄마를 상처 주거나 통제하려는 충동에서 기인한다." M. Klein. "Note on Some Schizoid Mechanisms", Ibid., pp.183, 186, 197, 198.

클라인은 투사동일시가 '분열성 자리'의 유아나 분열성 인격자가 자기 정신의 내용물과 정신 조직의 한 부분을 외부 대상 속으로 강제로 집어넣어 상대를 해치거나 조종하고 좋은 대상일 경우 자기 정신을 맡기려 함을 주목한다. 투사동일시가 많이 이루어질수록 자아가 약해지고 불안해진다. 이에 비해 비온은 투사동일시가 타자와의 '원초적 소통 기능'을 지님을 주목한다. 오늘날 투사동일시 작용은 클라인 학파를 넘어 경계선 인격장애를 치료하는 자아심리학파 분석가(컨버그)들에게도 보편 지식으로 통용된다. Betty Joseph, "Projective Identification," *Melinie Klein Today*, Routledge, 1988, p.138; 제임스 그로츠타인, 《흑암의 빛줄기》, 한국심리치료연구소, 2011, 260-263쪽 참조.

83 오늘날 격투기 경기나 싸움꾼 사이에서 일어나는 '기 싸움'은 원시 인류의 투사동일시 작용의 한 사례로 볼 수 있다.

84 강력한 투사동일시 기운을 지니고 활용하는 존재가 힘 있는 정령이고, 타자의 투사동일시에 휘둘리는 존재가 약한 정령이다. 호랑이가 내쏘는 강한 기운에 인간은 심신이 마비되어 잡아먹힌다. 이 경우 '호랑이'는 특정한 동물이 아니라 강력한 생명력과 투사동일시 기운을 지닌 신령 내지 악령으로 지각된다.

85 오늘날 경계선 인격을 지닌 이들 역시 자신의 생활환경에서 힘 있는 누군가를 발견해내 원시적 이상화인 내사와 동일시를 함으로써 그로부터 얻은 정신 에너지로 생활의 안정을 꾀한다. 분열과 투사동일시가 과잉 작동되면 자기상自己像과 대상상對象像이 분화되지 않아(융합되어), 자기와 대상(자기표상과 대상표상, 나와 타자) 사이의 경계 및 구별이 모호해진다. 그로 인해 이상화하고 융합했던 대상이 병들거나 상처 입으면 자신도 병들고 상처 입은 것처럼 지각되어 정신이 불안해진다. 그래서 '나'의 외재화된 분신인 대상의 삶을 엄격히 통제(보호/살해)하려 들게 된다. 대상의 병이 심각할 경우 오염되는 불안이 심해져 나쁜 대상으로부터 자기의 좋은 부분을 지키기 위해 병든 대상을 분열(살해/격리)시키거나, 힘 있는 새 대상에게 관심을 돌리게 된다(Glen O. Gabbard and Sallye M. Wilkinson, "Splitting," *Management of Countertransference with Borderline Patients*, Jason Aronson Book, 2000. pp.175-179; 오토 컨버그, 《경계선 장애와 병리적 나르시시즘》, 학지사, 2008, 36-54쪽). 경계선 인격자는 또한 유기불안이 심하고 대상 항상성이 결여되어 있기에 자신의 정신을 응집시켜주던 힘 있는 대상이 갑자기 사라지

면 자아 정체성이 균열되어 큰 혼란에 빠진다. 이상화 대상이 (병이든 피살이든) 갑자기 사라지는 상황은 세상과 자기가 소멸되는 상황으로 지각된다. 그래서 영원히 함께 있어주는 영생 대상이 구세주로 지각된다(제임스 F. 매스터슨, 《참자기》, 한국심리치료연구소, 2000, 109-113쪽 참조).

86 유아와 원시 인류는 자기 심신의 고통이 내부 요인이 아니라 나쁜 외부 대상의 악의적인 공격에 의해 생긴 것으로 지각한다. 가령 유아는 '배고픔'의 고통이 생길 때 음식을 먹지 못해서 생긴 현상이라 생각하지 않고 나쁜 대상이 자기 몸을 공격해서 생긴 현상이라 지각한다.

87 Glen O. Gabbard and Sallye M. Wilkinson, *Management of Countertransference with Borderline Patients*, Jason Aronson Book, 2000, pp.175-179.

88 Margaret S. Mahler, "A study of the Separation-Individuation Process," *Essential Papers on Borderline Disorders: One Hundred Years at the Border*, Ed. by Michael H. Stone, NYU Press, 1986, pp.442-443.

89 제임스 조지 프레이저, 《황금가지》, 한겨레출판사, 2001, 84, 897쪽.

90 원시 인류처럼 자신의 영혼과 생명을 이상적인 외부 대상에게 맡기는 것(외재화externalization)은 경계선 인격의 주요 특성이다. John G. Grunderson and M. Singer, "Defining Borderline Patients: An Overview", Ibid., Ed. by Michael H. Stone, NYU Press, 1986, p.463. 현대의 관점에서 보면 주술적 사고를 지녔던 철학시대 이전의 고대인은 '정신증 요소를 지닌 경계선 인격'으로 진단된다.

91 오늘날 이런 인격을 '모방형 인격'이라 칭한다. 힘 있게 느껴지는 스타 연예인이나 정치인, 운동선수 등의 외모나 일거수일투족을 내사하여 따라하며 힘을 얻는 인격체들이 현대에도 상당히 많다. 모방형 인격의 주된 문제는 내사한 내용물이 정신 내면에서 온전히 소화(통합)되지 못한 채 있기에 이상화했던 대상이 멀리 떠나거나 죽을 경우 그 내사물이 '그 대상'을 대체하지 못하므로 불안과 공황 상태에 빠져 급히 새로운 내사 대상을 찾아야 한다는 점이다.

92 카를 구스타프 융, 〈리비도의 변환〉, 《상징과 리비도》, 솔, 2005, 210쪽.

93 위의 책, 49, 55쪽.

94 양자 모두 '추상적 사고'를 하지 못하며, 구체적인 감각적 사고만 한다. 또한 현실이나 대상에 대해 특정한 부분지각을 전체지각인 양 착각하는 공통성을 지닌다. 위의 책, 210쪽.

95 위의 책, 216, 228쪽.

96 위의 책, 155-157쪽.

97 위의 책, 228-229쪽.

98 '본래의 나'였지만 분열되어 망각된 요소에 자아의식이 접촉하는 순간 강렬한 심리적 전율

(충격)이 일어난다. 그때 무의식에 있던 기존 요소(환상)와 자아 사이의 관계에 의미 변환이 일어나는데, 그것이 근친살해·근친상간으로 상징화되기도 한다. 이러한 극적 변형 체험은 전형적으로 집단정신을 기존의 침체 상태에서 분리하고 새롭게 변화시키는 '영웅'에게만 주어진다.

99 카를 구스타프 융, 《영웅과 어머니 원형》, 솔, 2006, 160쪽; 장영란, 《사라진 여신들의 역사, 위대한 어머니 여신》, 살림, 2004, 74-80쪽.

100 에리히 노이만, 《의식의 기원사》, 분석심리학연구소, 2010, 210-223쪽.

101 카를 구스타프 융, 《인간과 상징》, 열린책들, 1996, 91, 102쪽.

102 지그문트 프로이트, 〈토템과 터부〉, 《종교의 기원》, 열린책들, 1998, 425-427쪽.

103 오토 컨버그, 《대상관계 이론과 임상적 정신분석》, 한국심리치료연구소, 2003, 62-81쪽.

104 지그문트 프로이트, 《성욕에 관한 세 편의 에세이》, 열린책들, 1996, 317-320쪽. 〈인간 모세와 유일신교〉, 《종교의 기원》, 열린책들, 1998, 102-112쪽. 프로이트는 개인정신의 발달 과정이 민족정신의 발달 과정과 유사하며, 신경증의 발생 과정과 신화·종교의 발생 과정도 그 구조가 동일함을 강조한다. 필리스 타이슨, 로버트 타이슨, 《정신분석적 발달이론의 통합》, 지니, 2013 참조.

105 지그문트 프로이트, 〈인간 모세와 유일신교〉, 《종교의 기원》, 열린책들, 1998, 112, 136-141쪽.

106 프로이트는 심리적 사실을 객관적 사실과 온전히 구별하지 못하거나 심리적 사실에 과도한 가치를 부여해 집착하는 사람을 넓은 의미의 신경증자로 분류한다. 그런데 프로이트는 정신분석가가 주목하여 해석하려는 대상의 종류, 그 대상이 놓여 있는 맥락, 해석자의 정신 발달 상태에 따라 해석되는 대상의 의미가 변한다는 사후작용을 고려하기 때문에 인간 정신세계에 대한 '객관적 사실' 규정은 종종 애매해진다. 이 점에서 정신분석의 인과론은 자연과학의 인과론과 다르다. 위의 책, 63-64쪽.

107 캠벨은 1960년대까지 알려진 정신분석가들의 이론을 최대한 활용했다. 그는 클라인의 '무의식적 환상론'을 참조하여 유아의 파괴적 엄마 환상과 원시 인류의 식인 풍습, 사람을 잡아먹는 마녀, 파괴의 여신 신화를 연결한다. 조지프 캠벨, 《신의 가면 I: 원시 신화》, 까치, 2003, 80-88쪽; 《신화와 함께하는 삶》, 한숲, 2004, 252쪽.

108 프로이트의 정신분석은 의식-무의식의 관계를 다룬 지형학적 정신구조론, 욕동의 생리적·심리적 증감에 주목하는 경제론, 욕동과 자아의 발달 과정과 발달 조건에 주목하는 발달론 관점을 함께 지닌다. 범인이 영웅으로 변환되는 과정을 총체적으로 이해하려면 이 세 관점에 모두 주목해야 한다. 이창재, 《정신분석과 철학》, 학지사, 2005, 3장 참조.

109 지그문트 프로이트, 〈인간 모세와 유일신교〉, 앞의 책, 112쪽, 136-141쪽 참조.

110 딜런 에반스, 《라캉 정신분석 사전》, 인간사랑, 1998, 202쪽. 대타자는 동화될 수 없는 특이성을 지닌 '다른 주체', 그 주체와의 관계를 중개하는 언어와 법인 상징계를 동시에 지칭한다. 아이에게 최초의 대타자는 아이의 원초적 몸짓을 메시지로 사후에 확인하는 어머니다. 이 대타자는 결코 완벽하지 않으며 '결여'를 지닌다. 이런 대타자가 아이를 향해 어떤 무의식적 욕망의 태도를 취하는가에 따라 아이의 정신성은 큰 영향을 받는다.

111 지그문트 프로이트, 〈오이디푸스 콤플렉스의 해소〉, 《성욕에 관한 세 편의 에세이》, 열린책들, 1996; 이창재, 〈오이디푸스 콤플렉스〉, 《프로이트와의 대화》, 학지사, 2004 참조.

112 라캉은 이를 '타대상object a'이라 칭한다. 딜런 에반스, 앞의 책, 400-402쪽.

113 프로이트는 가장 강력한 힘을 제공하는 동일시 대상인 '아버지신' 관념은 자식들에게 살해당한 옛날의 아버지가 인류의 무의식에서 영속적 죄책감과 공포를 유발하는 데서 비롯된 것이라고 해석한다. 이 공포감과 죄책감은 방어 작용에 의해 전적인 신뢰와 경배로 전환된다. 그리고 살해당한 아버지 흔적은 자식을 위해 기꺼이 자신을 희생하는 존경스런 아버지상으로 전도된다. 지그문트 프로이트, 앞의 책, 121-126쪽.

114 카를 구스타프 융, 〈리비도의 개념에 대하여〉, 《상징과 리비도》, 솔, 2005, 202-203, 210쪽. 신화는 성애적 관심에 집착하는 아동기의 신경증보다 유아기 불안·환상 내지 태곳적 무의식을 드러내는 분열증적 사고와 유사성을 보인다. 분열증자는 도덕적 거세불안 이전에 세계 전체와의 관계 단절을 유발하는 생사불안, 박해불안에 시달린다. 융의 관점은 남근기의 오이디푸스 욕구 처리 문제 이전에 유아기의 엄마 관계가 정신발달의 근본 문제라고 보는 현대 대상관계론의 관점과 유사하다.

115 영웅이 태어날 때부터 지닌 결함과 그로 인한 위기는 비범한 조력자의 도움으로 보충·극복된다. 이 조력자는 영웅이 자각하지 못했던 새로운 힘과 정체성을 부여하여 결국 영웅과 동일시되는 존재이기도 하다. 가령 잠재적 영웅은 조력자의 도움을 통해 자기의 문제와 그 해결책을 인식해가면서 세상이 해결을 요구하는 문제들과 부딪혀나가므로 조력자는 실상 영웅 자신의 '자기' 에너지를 상징하는 것이다(조지프 헨더슨, 〈고대 신화와 현대인〉, 《인간과 상징》, 열린책들, 1996, 111-112쪽 참조). 예를 들면, 방황하던 길가메시는 조력자 우트나피쉬팀이 준 지혜의 에너지를 흡수하여 현명한 영웅상을 구현한다. 영웅이 된 후의 시점에서 과거사를 회고해보면 위대해진 길가메시의 내면에는 이미 우트나피쉬팀이 담겨 있다. 즉 조력자는 미래의 영웅을 탄생시키기 위해 존립하는 특성을 지닌다는 점에서 인류 정신의 핵에 위치한 '자기'의 외적 표상이라 할 수 있다. 영웅이란 당대의 자아와 초시간적 자기의 분열된 관계를 연결·소통시켜 자기(인류무의식)의 에너지를 자아가 사용할 수 있게 된 이상적 인간

의 모델이다.

116 조지프 캠벨, 《천의 얼굴을 가진 영웅》, 민음사, 1999, 441쪽.

117 위의 책, 441-442쪽. "영웅이 최후에 배신당해 살해되거나 희생물이 되거나 모두에게 버림받고 고난 속에 전전하다가 쓸쓸히 죽는 건 인간 영혼이 성장하다가 원초 통일성으로 회귀하는 여행 과정을 상징한다." 진 쿠퍼, 《그림으로 보는 세계 문화 상징 사전》, 까치, 1994, 166쪽.

118 신성한 자연 생명의 순환을 위해 왕을 주기적으로 살해하는 풍습은 왕권국가 이전 시대에는 전 세계적으로 시행되었으며, 아프리카에서는 20세기 초까지 지속되었다. 조지프 캠벨, 《원시신화》, 까치, 2003, 192-196쪽.

119 카를 구스타프 융, 〈무의식에의 접근〉, 《인간과 상징》, 열린책들, 1996, 98-99쪽.

II 신화와 정신분석

1. 수메르 신화

1 김산해, 《최초의 신화 길가메시 서사시》, 휴머니스트, 2010, 384쪽. 길가메시 신화소들은 대부분 이 책에서 선별했다.

2 위의 책, 387쪽

3 위의 책, 382쪽.

4 일본의 문화인류학자 나카자와 신이치는 신화의 핵심 기능이 공동체 내부의 어떤 구조적 결함 때문에 막혀버린 소통을 뚫어주는 매개체들을 다중으로 보여주는 데 있다고 해석한다. 가령 신데렐라는 귀한 자와 천한 자 사이를 매개한다. 길가메시 신화에서도 고대 도시 우루크의 집단정신을 대변하는 길가메시가 타자와 소통하지 못한 채 막혀 있는 요소는 무엇인지, 그것이 신화에서 어떤 양태로 전개되는지에 주목해 보아야 한다.

5 고구려의 시조 주몽은 형제간의 권력 다툼에서 살아남고자 고국을 떠나며, 유대교 신화에서 아담과 이브는 죄를 지어 낙원에서 지상으로 추방된다. 고향에서 쫓겨나게 되는 죄목은 부모 살해, (실패한) 왕 살해, 근친상간 등이다.

6 일본 신화에는 아마테라스의 후손(사제, 무사 계급)이 오오쿠니누시(생산자, 상인)가 세운 지상 나라의 통치권을 무력으로 탈취하는 과정이 구체적으로 드러난다. 한국의 단군 신화를 비롯해 대다수 민족의 신화에는 천신이 지상에 내려오는 과정에서 벌어진 지상 민족과의 대

결 과정이 생략(검열)되어 있는데 길가메시 신화에는 두 계열의 신(권력자)들 사이에서 벌어지는 권력 대립이 상징으로 표현되어 있다. 하늘에서 땅으로 하강한 환웅-단군 신화의 경우 외부(산동, 만주, 시베리아)에서 한반도로 이주해온 종족(우랄 알타이족)이, 기존에 정착해 살고 있던 종족을 힘으로 제압하는 과정이 생략 혹은 말소된 것으로 해석할 수도 있다.

7 헤겔의 '주인-노예 변증법'에 의하면 주인(힘센 정복자, 신)의 노동을 노예(피정복민, 인간)가 완벽히 대체할 경우 노동을 통해 발달되는 현실 지각력과 자기 인식력 때문에 미래의 어느 시기에는 노예의 힘이 주인의 힘보다 강해져서 권력의 위계가 역전된다. 이는 신화 속의 신과 인간의 관계에도 반영되어 미묘한 긴장을 일으킨다. 커지는 인류의 힘을 경계하는 신의 모습은 대홍수 신화, 에펠탑 신화, 프로메테우스를 처벌한 제우스, 아라크네 신화 등으로 나타난다.

8 자기 자신과 외부 현실에 대해 과도하게 긍정적으로 지각하는 '조적방어'는 자신의 결함을 직면하기가 버거울 때 작동되는 방어기제다. 조적방어를 지닌 사람은 과대자기 상태에서 과도한 행동을 하다가 자신의 결함과 직면할 수밖에 없는 불가피한 상황이 되면 심각한 우울 상태에 함입된다.

9 제임스 조지 프레이저, 《황금가지》, 한겨레출판사, 2003, 384, 392-403쪽.

10 어쩌면 엔키두는 백성들로부터의 탄핵 위기에 몰린 길가메시 왕을 대속하는 희생 제물로 선택된 뒤 집단을 위해 죽기 전에 극진히 대우받는 차원에서 신성하고 매혹적인 여사제와 성관계를 맺게 된 것일 수도 있다.

11 왕이 집단의 안녕에 위배되는 행위를 했을 때 왕을 대리해 희생양 역할을 하는 대속자는 왕과 밀접한 관계나 유사성을 지녀야 한다. 자신과 동등한 존재로 대한다는 것은 대리 왕처럼 왕과 유사한 존재로 만든다는 의미로 해석될 수도 있다.

12 이 구절에서 고대 인류의 동성애 풍습이 연상된다. 이들은 진정한 사랑은 자신과 동등한 힘과 가치를 지닌 존재들 사이에서 이루어진다고 보았다. 아리스토텔레스는 《니코마코스 윤리학》에서 이렇게 적었다. "우정은 남녀 간의 사랑보다 더 영원하고 고귀하다."

13 앨런 시걸, 《하인즈 코헛과 자기심리학》, 한국심리치료연구소, 2002, 142쪽. 길가메시에게 엔키두는 자신과 동등한 존재 가치를 느끼는 유일한 쌍둥이 자기대상이다.

14 '곁에 둔다'는 말은 고대의 주술적 사고와 연관해 주목해야 할 표상이다. 백성은 자기 정신의 소중한 부분과 생명을 가장 신뢰할 수 있는 대상(왕, 제사장, 토템)에게 투사(투사동일시)하여 맡겨둔다. 그리고 좋은 가치들로 충만해 보이는 그 대상이 자신의 모든 것을 알아서 다 판단해줄 것으로 생각한다. 또는 그 대상을 내사하여 그 대상의 모방자, 추종자, 찬양자, 헌신자가 된다(왕, 신, 토템 동물과의 동일시). 그 대상은 자기 정신의 좋은 부분과 생명을 맡아주

는 존재이기에, 늘 그 대상을 경외하고 자랑스러워하며 곁에 있어야 정신이 안정된다.
자기애 인격자는 타인의 관심과 존중을 받지 못하는 상황을 유독 못 견디며 타인에게 주목받을 재능과 힘을 열심히 계발하려 한다. 이에 비해 경계선 인격자는 자기와 대상이 다른 존재임을 인식하지 않고, 힘 있는 대상을 내사해 모방하고 융합하려 든다. 자기애 성격자 길가메시는 경계선 인격구조의 백성이 그들 마음속의 별(생명력, 좋음)을 그에게 투사(투사동일시)하기를 바란다. 그를 경배하는 백성들이 그에게 맡긴 생명의 기운으로 자신의 자아전능감이 팽창됨을 향유하는 것이다. 왕과 백성 사이의 이런 심리적 관계 역동은 원시 심성을 지닌 현대의 밀교 집단에서 그대로 재현된다. 신도들은 지도자(교주)를 자신의 불안을 해소해주는 전적으로 좋은, 전능한 대상으로 환상화한다. 그리고 지도자는 그 신도들이 보낸 기운에 의해 과대자기, 과대망상, 자아팽창 상태에 빠지게 된다.

15 인류학적으로는 다음과 같이 해석할 수 있다. "메소포타미아 북부와 이란 서북부에 아시아 계절풍이 강력히 불어온다. 이 영향으로 쿠르드 고원 지역은 초목이 자라 광대한 삼나무 숲을 이루었다. 길가메시 신화 속 삼나무 숲은 지금의 자그로스산맥이다. 잦은 관개수로 공사 및 보수 공사는 많은 나무를 필요로 하였으나 우루크에는 삼나무가 자생하지 않아 삼나무를 구하기 위한 우루크의 노력이 길가메시와 엔키두의 삼나무 숲 모험으로 나타난 것이다." 김산해, 앞의 책, 112, 113쪽의 각주 11, 12.

16 새로운 동반자 엔키두를 얻은 즉시 훔바바 살해 욕구가 일어난 것은 엔키와 엔릴의 태곳적 권력 갈등이 무의식에서 회귀하여 당대에 재연된 것일 수 있다. 이는 프로메테우스와 제우스 사이의 갈등이 종결되지 않은 채 인류사에서 이성과 종교의 갈등으로 반복 회귀하는 사태와도 유사하다. 적자와 서자 간의 권력 차별로 인한 억울함을 해소하고자 엔키와 프로메테우스는 인간을 창조한 뒤 영웅적 후손에게 공을 들여 그 정신에 자신의 욕망을 각인(내면화)시켰을 수 있다. 보이지 않는 대타자의 욕망은 무의식적 힘이 되어 영웅으로 하여금 모험적 행동을 하게 만든다. 서자인 엔키가 인간을 창조했다는 점에 주목해야 하는데, 이는 수메르 민족의 시조가 서자 출신이었음을 의미한다. 선조의 권능(지혜, 창조력)과 더불어 서자 콤플렉스가 후손인 길가메시에게 전승되어 메소포타미아 전역의 제1 권력자 위치에 오르고픈 욕구와 행동을 유발했을 수 있다.

17 줄리언 제인스, 《의식의 기원》, 한길사, 2005. 신의 명령을 어기면 잔인한 내적 처벌을 받는다.

18 그런데 훔바바를 무기력하게 만든 거센 바람은 본래 바람의 신 엔릴의 특성이다. 이처럼 신의 이름과 특성이 다른 경우는 각기 다른 신화소들이 본래의 신화를 각색 한 후대 각색자의 '어떤 원인'(검열)에 의해 변형(압축)된 혼합 형상일 수 있다. 그 원인은 다양할 것인데, 우선은 이 신화를 처음 창조한 최초 수메르인의 삶에 가장 중요하게 간주되던 자연 정령이

바람신(엔릴)이었다가 나중에는 태양신(샤마시)으로 바뀌게 된 것을 첫 번째로 꼽을 수 있을 것이다. 또는 길가메시 신화의 여러 판본 가운데 필자가 참조한 것이 최초의 신화와 약간 다른 데서 기인할 수도 있다. 태양신이 하위 신 가운데 가장 중요한 신으로 부각된 것은 수메르와 이집트의 역사에서 좀 더 후대이다.

19 심리학자 제인스는 원시 인류의 정신에 신의 음성이 들렸다는 단서를 신화 속 주인공들의 행동을 주시하면 여러 곳에서 발견할 수 있다고 주장한다. 가령 신화 속 인물이 어떤 행동을 하다가 잠시 멈추고 머뭇거리는 장면은 그의 행동을 명령하고 안내하던 신의 목소리가 그에게 다른 명령을 내리기 때문이라는 것이다. 오늘날 정신증자의 내면에서 들리는 환청은 원시 인류의 양원적bicameral 뇌[신의 영역(집행부, 우뇌)과 인간의 영역(실행부, 좌뇌)]에서 들렸던 신의 목소리와 유사하다. 줄리언 제인스, 앞의 책, 103-107쪽.

20 제임스 조지 프레이저, 앞의 책, 314, 686-687쪽.

21 줄리언 제인스, 앞의 책, 247, 264쪽. 도시국가들 간의 교역 증대, 문자 사용 증가, 자연재해와 전쟁의 빈발 속에서 신의 목소리에 순종하던 양원적 정신이 힘을 발휘하지 못하자 인류는 스스로 생각하고 선택하는 '의식적 정신'으로 전환한다.

22 신화인류학의 눈으로 이 신화소를 분석해보면 신(토템) 살해가 행해지는 공동체 제례 때 '여신의 배우자 두무지의 상징인 황소'를 잡아 그 신체 일부를 이슈타르의 얼굴에 던지는 행동은 두무지와 이슈타르의 결합을 상징한다. 이슈타르와 두무지의 성적 합일은 이슈타르 대신 볼모로 가을에서 겨울까지 지하계에 갇혀 있어야 하는 두무지가 봄에 지상으로 갱생하여 여신과 결합해 만물을 풍성하게 수태하고 출산하게 만든다는 믿음의 표현이다. 아울러 대지의 흙과 인간의 피(물)가 결합하여 얼어붙은 땅과 메마른 가뭄을 이겨내고 풍요를 이루기를 바라는 우루크인들의 마음과 고대인의 주술적 사고가 결합된 신 살해 의례이기도 하다.

23 셰익스피어의 작품에서도 자신을 신뢰하던 사촌인 왕을 살해한 맥베드는 "아무리 씻어도 이 피 묻은(죄로 물든) 손은 깨끗해질 수 없다."라고 말하며 파멸된다.

24 조지프 헨더슨, 〈고대 신화와 현대인〉, 《인간과 상징》, 열린책들, 1996, 113-114쪽 참조. 융 학파의 관점을 참조할 경우 길가메시와 엔키두는 전형적인 '쌍둥이 영웅' 모델에 해당한다. "쌍둥이 영웅은 둘이서 하나의 인격을 구성하며, 서로가 서로에게 속해 있으며, 인간의 양면(외향과 행동력/내향과 반성력)을 표상한다. 두 영웅은 힘을 합해 앞을 막는 모든 것을 무찔러서 오랜 기간 무적 상태인데, 오만해져 그 힘을 남용하다가 신세를 망치게 된다. 넘어서는 안 될 선을 넘고는, 응징당해 죽게 된다."

25 그레그 베일리 외, 《미솔로지카 2》, 생각의나무, 2009, 105쪽.

26 정신분석 임상 상황에서 경계선 인격자가 쏘아대는 투사동일시를 정신분석가가 담아주고

공감해주고 보복하지 않으면서 분열된 요소들을 하나씩 직면시켜 소통해주면 병리성이 완화되고 분열된 인격 요소가 통합된다. 고대 민족의 무의식 속 전갈인간 역시 길가메시에게 이러한 치유 능력을 원하는 것이라 생각된다.

27 정신분석에서 끝을 알 수 없는 무의식으로부터 탈출구를 찾아 열심히 나아가는 과정을 거친 후 현실(의식 세계)로 회귀하면 무의식의 구조가 바뀐 상태에서 현실을 새롭게 지각하게 된다.

28 '그분'을 프로이트는 아동에게 지각된 최초 성적 쾌락의 대상인 이성의 부모로 이해하며, 라캉은 이것을 욕망의 무의식적 원인이자 모델인 '타대상'이라 칭한다.

29 부처는 궁극적 깨달음에 도달하기 직전에 무의식에서 투사되어 환각으로 밀려든 세 가지 시험을 치렀다. 그 가운데 첫 번째가 아름다운 여신의 성 향락 유혹이었다. 이 시험을 영웅이 반드시 대면하고 교류하여 정신에 통합해내야 하는 아니마 결합 과제로 해석한 융의 관점은 여인과의 쾌락 욕구를 반드시 극복해야만 하는 부정적 욕망으로만 해석해온 전통적 관점에 대비되는 획기적인 것이었다.

30 인간을 창조한 엔키는 일명 '에아Ea'라 불리는 물의 신이다. 빗장을 걸고 대양을 지키는 신에게 붙여진 숫자 40은 신들의 아버지 안(아누)의 60, 신들의 왕 엔릴의 50에 이어 서열 3위임을 가리키며, 60의 3분의 2에 해당한다. 즉 엔키(에아)는 안(아누)이 가진 유전자의 3분의 2를 갖고 태어난 신이다. 길가메시 역시 3분의 2는 신, 3분의 1은 인간이다. 그는 신도 인간도 아니기에 존재의 구조적 불균형과 갈등으로 방랑할 수밖에 없는 존재다. 엔키와 길가메시는 3분의 2만 신이라는 유사성을 지니며, '3분의 2'는 '샤나비'라 불린다. 불가피하게 지상의 통치권을 엔릴에게 물려주고 바다의 신이 된 엔키는 자신과 유사성을 지닌 길가메시가 바다를 건너 영생자를 만나는 꿈을 실현할 수 있도록 '우르샤나비'를 보내준 것일 수 있다. 또는 우르샤나비가 엔키의 분신일 수 있다. 김산해, 앞의 책, 277쪽.

31 구조 율동은 상부 구조와 하부 구조 양태를 지칭하기도 하고, 전 세계 신화들 사이의 구조적 유사성을 지칭하기도 한다. 가령 중국의 영웅신화 속 예는 하늘왕에게 외면당하고 부인과 애인에게 버림받은 뒤 삶의 의욕을 잃고 서왕모에게 찾아가 불사약을 얻어낸다. 그러나 그 약은 아내 항아가 혼자 먹고 천상세계로 올라가버린다. 불로초를 아내 항아에게 빼앗긴 예 그리고 영생초를 뱀에게 도둑맞은 길가메시의 이야기에는 구조적 유사성이 있다.

32 앨런 시걸, 앞의 책, 115쪽. 영생초의 상실이 영생초를 선물한 대상의 상실로 연결되고, 그 순간 상실한 이상화 대상과 관계했던 소중한 기억들이 길가메시의 정신에 '변형적으로 내면화'되어 이상화 대상이 수행하던 심리 기능을 떠안게 된 것이다. 즉 현자 우트나피쉬팀의 기운, 이미지, 언어가 길가메시의 정신으로 옮겨와 자리 잡게 된 것이다.

2. 한국 신화

1 신동훈, 《살아 있는 우리 신화》, 한겨레신문사, 2004, 16-24쪽 참조; 최원오, 《이승과 저승을 잇는 한국 신화》, 여름언덕, 2004, 19-24쪽; 한반도 북부지역(함경도 함흥)에서 무녀들의 입으로 전해진 창세가 중 〈김쌍돌이본〉. 지금까지 채록된 한국 창세신화는 함경도 함흥의 '창세가', 경기도 오산의 '시루말', 제주도의 '천지왕본풀이' 등이다. 무녀들은 창세가를 집단의 재난이나 개인의 병을 치료하는 굿 의례에서 사용했다. 한국의 창세신화는 다음 8가지 신화소로 구성된다. ① 천지개벽 ② 창세신의 거신적 성격 ③ 물과 불의 근본 ④ 인간 창조 ⑤ 인간세상 차지 경쟁 ⑥ 일월 조정 ⑦ 사냥, 화식, 수목, 암석, 칠성신앙 등의 기원 ⑧ 천부 지모의 결합과 민족 시조 출생.

2 네 기둥을 세워 인간과 자연 생명체들이 살 안전한 공간을 마련하는 내용은 중국의 창세신 여와 신화와 동일하다.

3 "하늘에 해가 둘, 달이 둘 솟으니, 낮에는 석 자 세 치씩 타들어가고, 밤에는 석 자 세 치씩 얼어서 인간이 살기가 힘들었다. 그래서 세상을 관리하는 분이 해와 달을 하나씩 쏘아 없애고 살기 좋은 세상을 만든다." 함경도 함흥의 창세가 중 일부.

4 이지영, 《한국의 신화 이야기》, 사군자, 2003, 29-30쪽(《삼국유사》, 《제왕운기》에 기록됨).

5 김광일, 〈한국 신화 속의 오이디푸스〉, 《한국전통문화의 정신분석》, 교문사, 1991, 35-36쪽.

6 왕 살해 풍습은 힘의 강약에 의해 생존 여부가 좌우되던 수렵·채취 시대에 생겨 오래 유지되다가 농경 문화가 정착되고 왕위 세습제가 생겨난 후 '대리자 살해'로 바뀌어갔다. 제임스 조지 프레이저, 《황금가지》, 한겨레출판사, 2001, 296-329쪽 참조.

7 이 책의 역자이자 문화인류학자인 임봉길은 레비-스트로스 신화론의 핵심이 신화가 '이항대립 요소'와 두 대립항의 '매개 요소'로 구성됨을 구조로 보여주었다는 데 있다고 해설한다. 원시 인류는 이항대립으로 세상을 분별 지각하고 그들 사이의 매개 요소를 찾아내어 세상을 구조화한다. 단군 신화에서는 태백산과 신단수가 하늘과 땅을 매개하고, 쑥과 마늘은 곰과 인간을 매개하며, '굴 속'은 곰이 여인이 되도록 매개한다. 환웅은 이 매개항이 있어야만 짐승과 결합할 수 있다. 단군 신화는 먼저 짐승이 인간으로 변형되고, 신(환웅)이 인간으로 변한 후, 신과 인간이 성관계를 매개로 '새로운 인간'(단군)을 만드는 구조를 지닌다. 고대 한국인은 신성과 동물성의 결합으로 인성이 창출되었다고 이해한 것이다. 클로드 레비-스트로스, 《신화학 2》, 한길사, 2008, 22-25쪽.

8 신은희, 〈단군신화와 서양신화의 비교연구: 여성학적 해석을 중심으로〉, 《종교문화연구》 제4호, 한신인문학연구소, 2002.

9 이지영, 《한국의 신화 이야기》, 사군자, 2003, 56-86쪽; 요시다 아츠히코 외, 《우리가 알아야 할 세계 신화 101》, 이손, 2002, 300-308쪽 참조.

10 조현설, 《동아시아 건국 신화의 역사와 논리》, 문학과지성사, 2003, 245-249쪽.

11 융의 관점에서 보면 결혼이 깨진 것은 정신의 균형과 통합에 문제가 생겼음을 상징한다. 그러나 해모수의 떠남은 유화가 하백에게 쫓겨나는 것으로 이어지고, 그 쫓겨남은 금와와의 만남과 주몽을 낳는 결과로 이어진다는 점에서 정신의 새로운 발달을 의미한다. 홍태한, 〈한국무속신화에 나타난 여성 주인공의 성격〉, 동아시아고대학회 편, 《동아시아 여성신화》, 집문당, 2003, 286-287쪽.

12 캠벨에 의하면 자식에게 왕위를 계승하는 것은 기원전 1500년 무렵부터, 즉 '왕조 국가' 이후에나 시작된 것으로 60만 년의 원시 인류 시대와 8000년의 문화 시대를 통틀어 보면 매우 역사가 짧은 전통이다. 초기의 부족 사회나 도시국가에서는 자식이 아니라 집단을 이끌 카리스마적 힘을 지닌 자에게 왕위가 이양되었다. 서로 다른 성씨를 지닌 해부루-금와의 왕위 이양은 이런 차원에서 해석해볼 수 있다. 또는 주몽 신화를 문자로 기록한 고려가 왕조 국가였던 탓에 '양자'라는 설정을 덧붙인 것일 수도 있다.

13 지그문트 프로이트, 〈가족 로맨스〉, 《성욕에 관한 세 편의 에세이》, 열린책들, 1996, 59쪽.

14 금와의 경우 양자로 삼아 왕위를 물려준 양아버지가 금지된 관계의 당사자일 가능성이 높다. 즉 신화 속 양아버지는 친아버지의 변장이다.

15 융의 관점에서 보면 '친모로부터 버려짐'은 영웅의 원형적 신화소다.

16 코헛에 의하면 유아기에 어머니 체험이 부족하여 자기애가 결핍된 사람은 자신을 대단히 가치 있는 존재로 여기며 돌봐주는, 어머니 같은 '과대적 자기대상grandiose self object'에 대한 '대상 허기'에 시달리게 된다. 하인즈 코헛, 《자기의 분석》, 한국심리치료연구소, 1999, 1-3장 참조.

17 모성적 여성의 '입'이 꿰매진 상태는 리비도의 생산적 에너지가 억압된 상태를 뜻한다. 입술을 잘라주어 말을 하게 했다는 것은 리비도 에너지를 순환시켜 모성신의 수태 능력과 양육 능력을 회복시킨 것이다. 또는 속에 쌓인 분노를 분출하게 해준 것으로 해석할 수도 있다. 카를 구스타프 융, 〈리비도의 변환〉, 《상징과 리비도》, 솔, 2005, 236-240쪽.

18 신화학자 조현설은 주몽 신화가 "괴력난신은 말하지 않는다."는 유가적 세계관과 민족 자존심을 높이려는 당대의 필요 때문에 《삼국사기》에 신화를 수록한 김부식에 의해 변개되었을 가능성이 있다고 본다. 조현설, 《동아시아 건국신화의 역사와 논리》, 문학과지성사, 2005, 266-269쪽.

19 조지프 캠벨, 《천의 얼굴을 가진 영웅》, 민음사, 1999, 350-353쪽.

20 제임스 조지 프레이저, 앞의 책, 296-322쪽 참조.

21 동물이 아기를 보호하는 것은 영웅신화에 보편적으로 등장하는 신화소다. 조지프 캠벨, 《신의 가면 II: 동양신화》, 까치, 2002, 438쪽.

22 지그문트 프로이트, 〈꼬마 한스의 공포증 분석〉, 《꼬마 한스와 도라》, 열린책들, 1998, 69쪽.

23 여기서 '자기'는 위니콧과 코헛의 개념이다. 세상의 온갖 자극들을 담아내고 소화·요리해내는 다용도 그릇에 해당하는 '자기'의 기본 구조는 유아기에 좋은 엄마-유아 관계를 경험함으로써 형성된다.

24 말, 산짐승 등은 원시 인류의 토템 대상이다. 이 경우 알은 말 토템과 산짐승 토템을 섬기는 부족의 보호를 받은 것으로 해석할 수 있다. 그리고 알을 보호해준 토템 부족의 누군가가 주몽의 진짜 아버지일 수 있다. 하지만 우리나라의 북방 부족은 호랑이나 곰을 수호신으로 삼았고, 말에 관한 내용은 알려져 있지 않기에 이 해석은 타당성이 적다. 융의 관점에서 보면 말·야수·산은 모성신의 상징이다. 모성신은 영웅을 출산하여 늙은 지배자를 새로운 지배 원리로 대체한다. 이유경, 《원형과 신화》, 이끌리오, 2004, 190, 209-210쪽.

25 3은 동서양 모두에서 완전성의 상징으로 등장한다. 고구려의 삼족오, 주역의 삼생만물三生萬物, 기독교의 삼위일체, 포세이돈의 삼지창, 인도의 '세 개의 눈을 지닌 여신' 등이 그 예다.

26 이유경, 〈창조신화에 관한 분석심리학적 이해〉, 《세계의 창조신화》, 동방미디어, 2001, 318-332쪽; 〈영웅신화에 관한 분석심리학적 이해〉, 《세계의 영웅신화》, 2002, 340-353쪽 참조.

27 미르치아 엘리아데, 《이미지와 상징》, 까치, 1998, 91쪽.

28 위니콧, 〈참자기와 거짓자기〉, 《성숙 과정과 촉진적 환경》, 한국심리치료연구소, 2000, 214-215쪽.

29 아버지는 ① 본받을 대상 ② 자아 이상ego ideal의 일부 ③ 초자아의 선행 모델 ④ 모자 사이의 양자 관계에서 분리하여 삼자 관계로 진입하는 것을 돕는 대상 ⑤ 성 정체성을 갖게 하는 대상 역할을 한다. 아버지가 부재하거나 제대로 아버지 노릇을 해주지 않은 남아는 실제의 아버지와 다른 신화적 아버지상을 형성하고 그에 맞추어 인생을 산다. 그 경우 아버지상에는 이상화시킨 아버지와 '나를 버린 자'라는 양극단이 같이 섞여 있게 마련이다. 또는 아버지상이 둘로 쪼개져 '못난 아버지'와 '핍박자'로 등장하기도 한다. 이 경우 어머니에 대한 애착이 강하며 어머니를 잃을까 봐 두려워한다. 그리고 '동성애'가 엄마에게서 자기가 떨어져나가는 것을 막아주는 역할을 한다. 조두영, 《목석의 울음: 손창섭 문학의 정신분석》, 서울대학교출판부, 2004, 42-48쪽.

30 김광일, 《한국전통문화의 정신분석》, 교문사, 1991, 126쪽.

31 지그문트 프로이트, 〈5세 소년의 공포증 분석: 한스〉, 《꼬마 한스와 도라》, 열린책들, 1999.

32 일본의 건국 영웅 오오쿠니누시는 두 명의 공주가 준 에너지로 비범한 힘과 보물을 얻게 된다. 중국의 영웅 '순'도 두 아내의 도움으로 위대한 왕이 될 수 있었다. 그리스 영웅 테세우스에게는 아리아드네가, 페르세우스에게는 여신 아테나가 비범한 에너지를 제공하는 조력자로 등장한다. 이때 신화에 등장하는 여인은 개인 인격이라기보다 여성적 생명력(아니마, 태모신)의 상징 내지 모계 사회 현실에서 힘(권력)을 주는 대상이라고 볼 수 있다. 모계 사회에서는 여성의 남편(또는 사위)이 그 여성이 속한 나라의 왕이 되기 때문이다.

33 조두영, 앞의 책, 48쪽.

34 지그문트 프로이트, 〈가족 로맨스〉, 《성욕에 관한 세 편의 에세이》, 열린책들, 1996.

35 서양에서 물고기는 그리스도, '진정한 자기', 개인 성장(의 약속), 리비도, 탐욕을 상징한다. 한국에서는 행운, 성공, 출세, 사랑, 성취 등을 상징한다. 에릭 애크로이드, 《심층심리학적 꿈 상징 사전》, 한국심리치료연구소, 1997, 207쪽.

36 "적의 능력이 영웅의 힘에 벅찰 경우 전리품의 가로채기로 나타난다." 이 전리품은 영웅을 보호한다(캠벨, 《천의 얼굴을 가진 영웅》, 317쪽). 프로메테우스가 제우스의 불을 훔치고, 영웅들이 신의 소유물인 영생의 약초를 훔치는 행위 등, 어떤 값진 것을 훔치는 행위는 영웅신화의 중요한 신화소다(융, 《상징과 리비도》, 253쪽). 한국 창세신화에서 석가는 미륵이, 소별왕은 대별왕이 신통력으로 피워놓은 꽃을 훔친다.

37 코헛은 성숙한 '자기'를 지니려면, 모성적 힘과 이상적 아버지성을 지닌 강력한 '자기대상'의 힘을 개성 있는 방식으로 자기 속에 변형적 내재화transformative internationalization해야 한다고 주장한다(앨런 시걸, 《하인즈 코헛과 자기심리학》, 한국심리치료연구소, 2002, 72, 116쪽). 경쟁자의 힘을 '복사'하는 것은 도덕적 차원과 자아 발달 차원 모두에서 병리적이다. 그러나 '변형'을 거친 내재화는 집단과 개성의 발날을 위한 긍정적 방법일 수 있다. 힘과 경륜이 부족한 민족은 강대국의 문물을 변형하여 자국의 것으로 흡수해야 한다.

38 조지프 캠벨, 《천의 얼굴을 가진 영웅》, 민음사, 1999, 441-442쪽.

39 지그문트 프로이트, 《꿈의 해석》(하), 열린책들, 1997, 685-686, 699쪽.

40 이집트의 호루스 신화 등 몇몇을 제외하고 전 세계 대부분의 영웅신화에는 긍정적으로든 부정적으로든 어머니 외의 여성과의 만남이 표현되어 있다. 프로이트는 남자가 영웅이 되고 싶어 하는 욕구 이면에는 어린 시절의 애정 대상이던 어머니에게 자신의 힘과 가치를 인정받고 싶은 욕구가 숨겨져 있다고 해석한다. "어머니, 이제 저는 아버지보다 더 강하고 위대한 남자입니다. 이래도 내가 아닌 아버지를 가장 소중한 대상으로 선택하시겠습니까!" 이런 유년기의 오이디푸스 콤플렉스를 극복해 성숙한 영웅이 되기 위해서는 반드시 어머

니가 아닌 다른 여성과의 만족스러운 결합이 필요하다. 융의 관점에서도 어머니 외의 여성과 결합하지 못한 영웅은 내면의 짝(여성성) 에너지인 아니마를 정신에 통합하지 못해 정신의 불균형을 겪게 된다.

41 바리데기 관련 신화소는 다음 책을 참조했다. 이지영, 《한국의 신화 이야기》, 사군자, 2003, 232-251쪽; 최원호, 《한국 신화: 이승과 저승을 잇는 다리》, 여름언덕, 2004, 124-154쪽; 신동흔, 《살아 있는 우리 신화》, 한겨레신문사, 2004, 91-110쪽.

42 지그문트 프로이트, 〈인간 모세와 유일신교〉, 앞의 책, 16쪽.

43 영웅의 개인적 부모상과 초개인적 부모상은 서로 대립적 특성을 지닌다. 에리히 노이만, 《의식의 기원사》, 분석심리학연구소, 2010, 165쪽.

44 지그문트 프로이트, 《종교의 기원》, 열린책들, 1998, 17-20쪽. 영웅의 운명은 두 가정 사이에서 전개된다. 아이가 태어나는 첫 가정은 귀족 가문이나 왕가다. 아이가 자라는 두 번째 가정은 비천하거나 몰락한 집안이다. 후자가 실제 가정이고, 전자는 영웅의 존재 가치를 높이기 위해 꾸며진 가정이다. 바리의 경우 왕-왕비는 꾸며진 부모이고 소외된 곳에 사는 노부부가 실제 부모에 해당한다.

45 삼국시대부터 고려시대까지 1200년간 불교를 삶의 중심에 두었던 한민족의 민족무의식이 불교와 무속을 억압한 500년간의 조선시대를 거치며 어떤 변화를 겪었을지 프로이트의 2단계 심리성적(리비도-자아) 발달론을 참조해 해석해볼 필요가 있다.

46 사후작용이란 과거에 받은 어떤 충격(과잉 자극)이 곧바로 병을 일으키는 것이 아니라 잠재 병인으로 있다가 나중에 우연히 어떤 부정적 자극과 결합될 때 갑자기 증상을 일으키는 것을 의미한다. 장 라플랑슈 외, 《정신분석 사전》, 열린책들, 2005, 185-187쪽.

47 남성들에게 매력을 내뿜는 히스테리 성격의 여성 역시 성 정체성 혼란을 겪는다. 그러한 여성들은 어린 시절 처음 남녀 성 차이를 지각할 때 자신이 남근을 지니지 못했다는 사실에 대해 큰 결핍감을 느꼈던 존재다. 그리고 자신이 남근을 지닌 존재가 되기를 바라며 거대 남근을 지닌 아버지를 욕망 대상으로 선택하고 동일시한다. 그로 인해 아버지 같은 남성적 요소, 부모의 말씀을 수용하여 어머니와 동일시한 결과 어머니 같은 여성적 요소도 지닌다. 여자들과의 관계에서는 남성적 성격이 발현되고, '아버지 같은 남자'와의 관계에서는 여아 같은 여성적 욕망이 일어난다. 히스테리는 아버지의 욕망(결핍)을 채우는 데 자신의 욕망과 생명 에너지를 다 바쳐 헌신하며, 그에게 사랑받는 기쁨으로 사는 존재다. 그녀에겐 늘 아버지의 욕망이 우선시되기에 고유의 욕망과 주체성을 갖지 못한다. 아버지의 결함을 보충하기 위해 목숨을 건다는 측면에서 바리데기는 히스테리의 특성을 지닌다.

48 지그문트 프로이트, 《꿈의 해석》(상), 열린책들, 1997, 204-209쪽.

49 에리히 노이만, 《의식의 기원사》, 분석심리학연구소, 2010, 185쪽.

50 부모의 생명을 구하기 위해 바리는 아홉 개울, 아홉 고개, 아흐레의 일을 거칠 뿐 아니라 최종적으로 9년간 힘든 일을 하고 나서야 치유 능력을 지닌 무당으로 변형된다. 김광년, 〈'9'의 상징적 의미〉, 《대순회보》 102호, 2009년.

51 오구신은 죽은 사람의 영혼을 저승으로 인도하는 신(샤먼)이다. 무속에서는 오구굿을 통해 죽은 사람이 생전에 이루지 못한 소원이나 원한을 풀어주고 죄업을 씻어 극락 천도를 기원한다.

3. 중국 신화

1 반고 신화가 처음 출현한 시기는 대략 3세기 무렵, 즉 통일된 왕권 국가였던 수나라 때로 추정된다. 물론 반고 신화에는 집단무의식이 반영되어 있지만 다민족으로 구성된 백성들의 분산된 정신을 하나로 응집시키고 국민의 자부심과 민족 정체성을 높이기 위해 국가의 집단의식 차원에서 생성한 이야기의 비율 역시 높을 것이다.

2 중국 명리학은 우주에서 만물이 생성되는 이치를 다음과 같이 설명한다. 태초에 태극·존재가 있었고, 그것에서 음양陰陽이 생겨나고, 음양의 운동에서 우주의 근원 질료인 지수화풍地水火風과 오행[金木水火土]이 생겨난다. 이 음양오행이 상호 역동하여 만물과 자연 현상과 인간 운세가 생겨난다.

3 "반고 신화는 네 가지 불변적 신화소에 의해 구성된다. ① 혼돈 ② 반고의 탄생 ③ 천지개벽 ④ 반고 신체의 변화. 이는 세계 창세신화들에서 공통으로 발견되는 '혼돈, 우주 거인, 천지개벽, 사체화생死體化生'의 모티브에 상응한다. (…) 그것은 무정형의 혼돈이 거인 반고로 육화되고, 공간이 분할되면서 천지가 개벽되고, 반고의 몸이 해체되면서 만물이 탄생되며, 파괴와 창조가 짝패처럼 수행되는 '창세의 매 단계' 상황을 의미한다." 정재서, 〈중국 창조신화의 역사적 변이 양상과 의미〉, 《창조신화의 세계》, 소명출판, 2002, 223-226쪽.

4 요시다 아츠히코 외, 《우리가 알아야 할 세계 신화 101》, 이손, 2002, 271-273쪽.

5 에리히 노이만, 《의식의 기원사》, 분석심리학연구소, 2010, 36-37쪽.

6 이유경, 〈창조신화에 관한 분석심리학적 이해〉, 《세계의 창조신화》, 동방미디어, 2001, 318-320쪽.

7 위의 책, 328쪽.

8 김선자, 〈중국의 영웅신화〉, 《중국신화의 이해》, 아카넷, 2002, 93-100쪽. "날마다 한 개의 태양이 함지에서 목욕하고 나면 세 발 달린 까마귀가 그 태양을 업고 하늘로 날아간다. 그러면 하루가 시작되고, 10개의 태양이 번갈아 날면, 하루가 진다." 예태일·전발평 편저, 《산

해경》, 안티쿠스, 2010, 19쪽.

9 제임스 조지 프레이저, 《황금가지》, 한겨레출판사, 2003, 286쪽.

10 지그문트 프로이트, 《종교의 기원》, 열린책들, 1998, 404쪽.

11 오토 컨버그, 《대상관계 이론과 임상적 정신분석》, 한국심리치료연구소, 2003, 68-71쪽.

12 M. Klein, "The Psychogenesis of Manic-Depressive State," *The Selected Melanie Klein*, edited by Juliet Mitchell, Free Press, 1986, p.116, 123.

13 M. Klein, "A Study of Envy and Gratitude," Ibid., p.213.

14 조지프 캠벨, 《신화의 세계》, 까치, 2002, 15-16쪽.

15 그리스의 헤라클레스 신화에도 '괴물 히드라'가 등장한다. 구영과 히드라는 아홉 머리와 질긴 목숨을 지녔으며 불(독)을 내뿜는다는 점에서 매우 유사하다.

16 오토 컨버그, 《내면세계와 외부 현실》, 한국심리치료연구소, 2001, 186쪽.

17 브루스 핑크, 《라캉과 정신의학》, 민음사, 2002, 208-209, 216-217쪽.

18 제임스 조지 프레이저, 앞의 책, 296-297쪽.

19 김선자, 《변신 이야기》, 살림, 2003, 40쪽. 예는 잡신을 잡아먹는 '종규鐘馗'로 변신해 인간을 보호하는 수호천사 역할을 계속한다.

20 에리히 노이만, 앞의 책, 184-185쪽. 융은 영웅의 모성 콤플렉스와의 투쟁에 주목하고, 프로이트는 아버지 콤플렉스와의 투쟁에 주목한다.

21 홍상훈, 《안티쿠스》 통권5호, 안티쿠스, 2005년 10-11월, 27-31쪽.

22 맹자는 순을 동이계 민족 출신으로 보았다. 이것이 사실이라면 그는 한민족과 같은 뿌리일 수도 있으나, 확인된 바는 없다.

23 계모와 이복동생들의 무의식적 의미는 의식의 의미와 매우 다를 수도 있다. 프로이트의 《가족 로맨스》에 의하면 계모란 다른 형제들만 예뻐하고 자신은 방치하거나 구박한다고 느껴지기에 아이가 미워하는 진짜 엄마일 가능성도 높다. 그 경우 의붓동생 역시 엄마의 애정을 빼앗아가기 때문에 증오스러운 진짜 동생을 상징한다.

24 오호십육국시대에는 3국의 왕만이 한족 출신이었다.

25 순이 자신을 박대하던 가족에게 효심을 보인 이유는 부모에게 결코 부정적 감정을 드러낼 수 없는 의존성 성격 때문일 수 있다. 의존성 성격자는 자신이 의존해야 할 대상이 아무리 자신을 박대해도 꾹 참고 지낸다.

26 거짓자기에게는 생존이 최우선이다. 그래서 위협적인 환경이나 권력 앞에 늘 순응하고 비위를 맞추려든다. 그의 무의식에는 분열된 공격성과 분노가 매우 크기에 외부 투사가 일어나 늘 박해불안이 강하다. 그러므로 또다시 생존을 위해 거짓자기 태도 내지 반동형성 태도

를 취하는 악순환이 반복된다.

27 계모와 그 자식들과 아버지로부터 학대받다가 공주와 결혼해 행복을 찾는 성공담은 서양의 신데렐라 이야기와 구조가 유사하다. 두 주인공은 나쁜 가족들에게 시달리다가 조력자를 만나 정신의 변형을 겪는다.

28 M. Klein, "Some Reflection on the Oresteia," *Envy and Gratitude and Other Works, 1946-1963*, Free Press, 1975, pp.291-292. 보통 사람은 가족을 살해하지 못한다. 그러나 박해망상과 박해불안이 일어나면, 자식이 부모를 또는 부모가 자식을 살해할 수 있음을 클라인은 편집·분열 자리의 유아 심리를 매개로 설명한다. 가족들이 순을 살해하려 한 것은 순이 자신을 죽일지 모른다는 박해환상과 박해불안 때문이다.

29 첫 번째와 두 번째 통과의례에 모두 옷이 등장하는 것에 주목해보자. 고대 인류는 주술적 사고의 유사(모방)법칙과 인접(전염)법칙에 의거해 새무늬 옷, 용무늬 옷을 입으면 새와 용이 지닌 에너지가 '그 옷'을 접촉한 사람에게 옮겨올 뿐 아니라 실제로 그 에너지를 사용할 수 있다고 믿었다. 오늘날 고가의 명품 옷을 구입하는 사람들 가운데 원시적 내사 기제가 강하게 작동되는 인격 유형의 경우 해당 제품을 만든 장인과 브랜드의 힘을 흡수하여 대단한 활기를 체험하기도 한다.

30 요는 순에게 왕위를 물려준 다음 100세 가까이 생존했다. 그가 순의 국정활동 배후에서 관여했다고 전해지기도 한다. 순은 요에게 자기 내면의 좋은 가치를 모두 부여한 뒤 그에게 의지한 의존성 성격자일 수도 있다. 의존성 성격자는 혼자서는 중요한 일을 결정하지 못하며 다른 중요한 대상이 대신 결정해주기를 바란다. 그는 자신을 칭찬해주는 든든한 대상(전능한 유아기 엄마)만 있으면 온 정성을 다해 그 대상이 원하는 공적인 일을 수행해낼 수 있다. 순을 뒷받침하는 데 힘썼던 요와 그의 섭정을 기꺼이 수용한 순은 성격적으로도 공적 파트너로서도 절묘한 관계라 할 수 있다.

4. 일본 신화

1 일본 신 계보 :

┌→ 이자나기: (하늘) → 아마테라스[일향계, 정치·제사, 승자] ┐
최초신들 (지상) 스사노오[전사] ┐ 오오쿠니누시[생산자] ＼ … 천황
└→ 이자나미: (지하) ← 스사노오[이즈모계, 전사, 패자]

2 현재의 일장기는 19세기에 일본 국기로 정착되었다. 일본 최초 역사서인 6세기경의 《고사기古事記》 기록에 따르면 '채색 비단 바탕에 금색 원'이 사용되었다. 태양 빛은 보는 주체의

심리적 필요에 따라 금빛으로도 붉은 빛으로도 지각된다.

3 여기서 인용한 일본 신화의 내용은 다음의 책들을 참고했다. 요시다 아츠히코, 후루카와 노리코, 《일본의 신화》, 황금부엉이, 2005; 요시다 아츠히코 외, 《우리가 알아야 할 세계 신화 101》, 이손, 2002, 324-326쪽; 노성환, 《일본신화의 연구》, 보고사, 2002, 82-100쪽. 스사노오 신화는 8세기의 일본 문헌 《일본서기》와 《고사기》에 처음 기록되었다. 최초의 기록물은 왕권 강화를 목적으로 집필되었기에 신화의 원래 내용과 정취가 이미 상당 부분 훼손되었다고 평가받는다. 원본이 명확하지 않은 것이다. 이 책에서는 신화 내용 가운데 무의식의 단서를 드러낸 신화소들을 찾아내 해석하는 데 치중했다.

4 요시다 아츠히코, 후루카와 노리코, 앞의 책, 40-41쪽.

5 "창세는 세 차례에 걸쳐 이룩되는데, 이는 '창조신화, 홍수 신화, 남매혼 신화'로 구성된다. 창조신화는 1차적 창조 내용을 갖추고, 홍수 신화에서는 제1창조를 부정하거나 창조된 세계가 파괴되며, 남매혼 신화는 파괴된 세계를 새롭게 이어가는 제2의 창조신화이다. 여기서 가장 중요한 것이 생명의 존속이고, 이에 필요한 것이 '인간의 번식'이며, 이는 반드시 근친상간 문제를 다루게 된다."(김현선, 〈한국과 일본의 창세신화 비교연구〉, 《창조신화의 세계》, 소명출판, 2002, 108-109쪽.) 이자나기-이자나미 신화는 남매혼 신화의 변형이다.

6 요시다 아츠히코, 후루카와 노리코, 앞의 책, 52-56쪽 참조.

7 노성환, 앞의 책, 72-77쪽.

8 Mario Jacoby, *Individuation & Narcissism*, Routledge, 1995, pp.158-162.

9 지그문트 프로이트, 〈토템과 터부〉, 《종교의 기원》, 열린책들, 1998, 244-254쪽.

10 아마테라스가 남성 일반에게 힘을 보충해주는 긍정적 아니마의 표상이라면, 지하계의 이자나미는 부정적 아니마의 표상이다. 그녀는 배우자의 삶을 좌지우지하여 자신과 유사한 상태 내지 자신의 소유물로 만들려 한다. 상대가 말을 듣지 않으면 잔인하게 보복하는 무시무시한 파괴성도 드러낸다. 이런 특성은 오늘날 경계선 인격의 특성과 유사하다.

11 대부분의 서양 신화와 한국의 영웅신화는 어머니와 아들의 관계에 주목한다. 이에 비해 일본 신화는 아버지와 딸의 상호보완적 관계에 주목하는 신화소를 지닌다.

12 오이디푸스기 아동에게 아버지의 남근은 심리적으로 아버지가 지닌 거대한 힘과 연결된다. 쾌락보다 배고픔과 죽음불안 해소가 더욱 시급했던 원시 인류에게 남근은 활기찬 생명력, 자신을 보호할 수 있는 힘의 상징으로 지각되었을 것이다.

13 도널드 위니캇, 〈반사회적 경향성〉, 《박탈과 비행》, 한국심리치료연구소, 2001, 74-84쪽.

14 김화경, 《일본의 신화》, 문학과지성사, 2002, 51쪽.

15 도널드 위니캇, 〈공격성의 뿌리〉, 앞의 책, 31-39쪽.

16 M. Klein, "Infantile Anxiety-Situations Reflected in a Work of Art and in the Creative Impulse," *The Selected Melanie Klein*, edited by Juliet Mitchell, Free Press, 1987, p.77.

17 요시다 아츠히코, 후루카와 노리코, 앞의 책, 73쪽.

18 위의 책, 74쪽.

19 지그문트 프로이트, 〈늑대인간〉, 《늑대인간》, 열린책들, 1996, 229쪽.

20 제임스 조지 프레이저, 《황금가지》, 한겨레출판사, 2003, 641, 673쪽.

21 위의 책, 163-166쪽.

22 요시다 아츠히코, 후루카와 노리코, 앞의 책, 82쪽.

23 에리히 노이만, 《의식의 기원사》, 분석심리학연구소, 2010, 58-61, 323쪽.

24 M. Klein, "A Study of Envy and Gratitude," Ibid., pp.212-213.

25 M. Klein, "Some Reflections on the Oresteia," *Envy and Gratitude and Other Works, 1946-1963*, Free Press, 1975, pp.275-299.

26 Mario Jacoby, Ibid., p.159.

27 제임스 조지 프레이저, 앞의 책, 409쪽.

28 마가렛 S. 말러 외, 《유아의 심리적 탄생》, 한국심리치료연구소, 1997, 18-19쪽.

29 카를 구스타프 융, 《상징과 리비도》, 솔, 2005, 54쪽.

30 제임스 조지 프레이저, 앞의 책, 886-889쪽.

31 위의 책, 673쪽.

32 노이만은 괴물의 정체와 유형을 영웅이 극복해야 할 모성 콤플렉스 또는 부성 콤플렉스로 구분한다. 스사노오 신화의 경우 여성을 제물로 삼는 점에서 괴물은 부정적 아버지 표상일 수도 있고, 집단을 침체시킨 구시대 지배자라는 점에서 모성 콤플렉스(태모신)의 표상일 수도 있다. 에리히 노이만, 앞의 책, 183-203쪽 참조.

33 프로이트는 본래 친밀했던 어떤 감정이 억압된 이후 의식에 다시 떠오를 경우 공포감으로 변질된다고 본다. 클라인은 유아기 파괴욕동이 박해불안과 공포감을 유발한다고 보았으며, 위니콧과 코헛은 자기가 파괴되는 멸절불안, 자기애적 상처, 수치감 등을 공포감의 원인으로 본다. 8은 성스러움과 성적 의미를 함께 지닌 3이 양쪽으로 겹쳐진 이미지일 수도 있다.

34 나카자와 신이치, 《곰에서 왕으로》, 동아시아, 2003, 224-230쪽.

35 Mario Jacoby, Ibid., p.160.

36 나카자와 신이치, 《신화, 인류 최고의 철학》, 동아시아, 2003, 149, 195쪽.

37 위의 책, 147-149쪽.

38 영웅은 정신의 성숙도에 따라 장난꾸러기(트릭스터), 산토끼, 붉은 뿔, 쌍둥이로 유형화된

다. 이 중 토끼는 '인간적 성숙함'은 지니지 못했지만, 둔갑술의 도사이며 인류 문화의 창시자다. 또한 의료 기술과 연관된 문화 영웅이자 구세주의 상징이다. 토끼는 또한 본능적·유아적 욕구를 극복하여 하나의 사회적 존재가 됨을 상징하기도 한다. 이 신화소 이후 오오쿠니누시는 경쟁자들과의 경주에서 승리하는 붉은 뿔 영웅의 모습이 되며, 마지막에는 동맹자와 결합해 적들을 모두 제압하는 쌍둥이 영웅상을 드러낸다. 조지프 헨더슨, 〈고대 신화와 현대인〉, 《인간과 상징》, 열린책들, 1996, 112-113쪽.

39 '자패紫貝'라는 조개 내지 연석燕石은 예로부터 병에 걸리게 한 원인을 밖으로 끌어내는 신비의 작용을 한다고 믿어져왔다. 나카자와 신이치, 《신화, 인류 최고의 철학》, 동아시아, 2003, 60-65쪽.

40 제임스 조지 프레이저, 앞의 책, 389쪽.

41 나카자와 신이치, 《곰에서 왕으로》, 동아시아, 2003, 199-204쪽.

42 근친결혼은 모계제의 흔적이다. 모계제 사회에서는 여성을 중심으로 혈통과 재산, 권력 계승이 이루어진다. 가령 왕위는 아들이 아닌 사위에게 주어진다. 이런 상황 에서 다른 부족의 남자에게 왕위를 넘겨주지 않으려면 근친결혼이 불가피하다. 심지어 왕비가 죽을 경우 왕이 왕위를 유지하려면 자신의 딸과 결혼해야 했다. 제임스 조지 프레이저, 앞의 책 2권 14장.

43 위의 책, 389, 398-399쪽.

44 위의 책, 66, 768쪽.

45 노성환, 《한일 왕권 신화》, 울산대학교출판부, 1996, 115쪽.

46 도널드 위니콧, 《성숙과정과 촉진적 환경》, 한국심리치료연구소, 2000, 214-215쪽.

47 오토 컨버그, 《대상관계 이론과 임상적 정신분석》, 한국심리치료연구소, 2003, 69-71쪽.

48 제임스 조지 프레이저, 앞의 책, 121, 144쪽.

49 카를 구스타프 융, 《상징과 리비도》, 솔, 2005.

50 그리스 창조신화에서는 권력자의 아내이자 새 영웅의 어머니(가이아, 레아, 헤라)가 권력 이동에서 중요한 역할을 한다. 이에 비해 영웅신화에서는 권력자의 딸(아리아드네, 메데이아, 다나에, 스세리비메 등)이 아버지를 배신하고 젊은 연인을 선택함으로써 권력이 이동된다.

51 지그문트 프로이트, 《종교의 기원》, 열린책들, 1998, 281-298쪽.

52 노성환, 《일본신화의 연구》, 보고사, 2002, 117쪽.

5. 이집트 신화

1 오시리스 신화의 내용은 다음의 두 책을 참고했다. 조지 하트, 《이집트 신화》, 범우사, 2002;

J.F. 비얼레인, 《세계의 유사신화》, 세종서적, 1996, 290-296쪽.

2 Miriam Lichtheim ed., "The Great Hymn to Osiris On the State of Amenmose," *Ancient Egyptian Literature, Volume II: The New Kingdom*, University of California Press, 1976, p.82; 신화아카데미 편, 《세계의 영웅신화》, 동방미디어, 2002, 34쪽에서 재인용.

3 나카자와 신이치, 《신화, 인류 최고의 철학》, 동아시아, 2003, 107-108, 147-149쪽. 신화 속 영웅의 가장 큰 역할은 기존 집단의 어떤 문제로 인해 불통 상태에 있는 집단 내부와 외부를 매개해 소통을 원활히 해주는 것이다.

4 지그문트 프로이트, 《종교의 기원》, 열린책들, 1998, 406-410쪽.

5 오시리스의 시신을 14조각으로 토막 낸 것은 이집트 여러 도시들이 각각 통일국가의 시조인 오시리스의 몸을 갖고 있다고 주장했던 당대 현실을 반영하기도 한다. 당대인에게는 시신의 일부만 가져도 성스러운 기운이 그 도시를 보호해준다는 믿음이 있었다.

6 J.F. 비얼레인, 앞의 책, 295-296쪽.

7 호루스를 살리는 이시스의 표상은 북유럽 신화 속 발데르와 프리그의 관계와 유사하다. 발데르와 호루스는 모두 빛의 신이며 죽었다가 되살아나는 삶욕동(남근)의 표상이다. 죽은 발데르를 프리그가 살려내려 노력하듯이 이시스는 태양신에게 기도해 죽은 호루스를 살려낸다. 오오쿠니누시도 야소가미에게 살해당했을 때 어머니가 조개 여신에게 기도해 살려낸다. 죽은 자식을 부활시켜 영웅(구원자)으로 만드는 역할은 이처럼 전 세계 공통으로 어머니신(생명 여신, 아니마, 태모신)의 몫이다.

8 에리히 노이만, 《의식의 기원사》, 분석심리학연구소, 2010, 185쪽; 융, 《영웅과 어머니 원형》, 솔, 2006, 145-146쪽. 융은 호루스와 세트의 싸움을 태양 영웅과 '고래 용'의 싸움으로 해석한다. 용과의 싸움은 곧 부정적 어머니를 극복하는 것을 의미한다. 그 결과 어머니는 아들에게 배신(목 베임)당하게 된다.

9 나카자와 신이치, 《곰에서 왕으로》, 동아시아, 2003, 198-227쪽; 《신화, 인류 최고의 철학》, 동아시아, 2003, 192-195쪽 참조. 샤먼 왕은 일종의 혹독한 고행과 탈의식 상태에서 육신의 죽음을 체험했다가 다시 살아나는 비법을 깊이 깨달은 자라야 한다.

10 미셸 푸코, 《성의 역사》(제2권, 쾌락의 활용), 나남, 1990, 203-270쪽 참조.

11 지그문트 프로이트, 〈마조히즘의 경제적 문제〉, 《쾌락원칙을 넘어서》, 열린책들, 1997, 181쪽.

6. 그리스 신화

1 요시다 아츠히코 외, 《우리가 알아야 할 세계 신화 101》, 이손, 2002, 86-89쪽 참조.

2 감각적 콘크리트 사고를 지녔던 원시 인류는 '추상적·상징적·주체적·반성적 사고' 능력이 미발달했기에 현대의 정신증자처럼 중요 대상에게서 들은 '말'을 '하나의 언어적 의미'로 이해하기보다 마치 사물(실재)처럼 지각하고 그 말대로 움직인다. 심지어 꿈꾼 내용도 현실에서 그대로 행동으로 재현한다. Hanna Segal, "The function of dream," *The Dream Discourse Today*, Routledge, 1993 참조.

3 한국독서치료학회에서 필자에게 정신분석 수업을 수강한 이혜란의 크로노스 신화 해석 보고서 내용을 일부 반영했다.

4 오이디푸스 신화 가운데 정신분석적 측면에서 의미가 깊은 신화소만 선별했다.

5 "아들은 아버지를 시해하지만, 결국 아버지와 아들은 하나다. (…) 이것이 바로 세계의 종말이자 갱생의 비밀이다." 조지프 캠벨, 《천의 얼굴을 가진 영웅》, 민음사, 2004, 441-442쪽.

6 에리히 노이만, 《의식의 기원사》, 분석심리학연구소, 2010, 165쪽.

7 카를 구스타프 융, 《영웅과 어머니 원형》, 솔, 2006, 27쪽.

8 오이디푸스의 경우 아들들이 먼저 죽지만, 다행히 딸 안티고네가 장님이자 절름발이인 아버지의 지팡이 역할을 충실히 수행한다.

9 현대의 정신증자는 반성적·분석적·종합적·주체적 사유 및 상징화 능력이 미발달되었거나 파괴(마비)되어 있기 때문에 추상적 내용의 수수께끼를 풀지 못한다. 단지 구체적이고 감각적인 사고만 반복한다.

10 이병욱은 오이디푸스 신화를 유아(전오이디푸스기, 편집·분열 자리)가 원초 엄마(스핑크스) 환상을 지녔던 상태로부터 아동기(오이디푸스기)의 근친상간적 어머니(이오카스테)에 애착하는 상태로 정신이 발달하여 '신경증적 문명인'이 되는 과정이라고 해석한다. 즉 클라인이 발견한 스핑크스 콤플렉스가 프로이트가 발견한 오이디푸스 콤플렉스로 대체되는 과정이 오이디푸스 신화의 핵심이라고 본다(이병욱, 〈스핑크스와 오이디푸스〉, 《한국정신분석학회지》 18권 2호, 2007).

11 오이디푸스의 지팡이는 노인의 일반적 지팡이와 다른 유별난 운명을 의미하기도 한다. 문명을 건설하긴 하지만 유년기의 부은 발(거세), 즉 구조화된 신경증적 정신 때문에 사유 활동이 비대해져서 죽음으로써만 진정한 안식에 도달할 수 있다는 비극적 말로를 암시한다. 그의 지팡이는 상처와 결함, 비범한 지혜, 신경증을 다중으로 의미한다(이병욱, 위의 글).

12 "고통은 적의 주술적 영향, 금기 위반, 불길한 장소와의 접촉, 신의 분노, 지고한 존재의 분노에서 비롯된다고 믿어졌다. (…) 재난의 원인이 주술사나 사제에 의해 밝혀지면, '고통'은 견딜 만한 것이 된다." 미르치아 엘리아데, 《영원회귀의 신화》, 이학사, 2003, 102쪽.

13 병의 정체와 치유법을 제대로 알아내려면 인류는 그로부터 2000년 후 프로이트의 출현을 기다려야 한다.

14 오이디푸스의 지성에는 중대한 결함이 있다. 그는 타인의 비언어적 표현의 의미는 이해하지 못한 채 간과하고, 오직 언어적 진실을 청취하는 데만 관심을 가진다. '정서적 몸짓 언어'에 둔감하고 문자언어에만 관심을 집중하는 자는 사고와 정서가 분리된 채 사고에만 집중하는 강박신경증자다. 강박적 정신기제 때문에 오이디푸스는 예언자의 침묵, 왕비의 간곡한 만류, 옛 양치기의 침묵이 주는 메시지를 충분히 파악하지 못한다. '진실을 말로 표현해 알게 되면 모든 것이 가치 있게 해결된다'는 관점을 밀고 나간(자아중심주의) 오이디푸스는 그로 인해 뜻밖의 비극에 처한다.

15 니체는 오직 학문적 관점에 의거해서 삶을 인식하려는 철학자 소크라테스의 '앎에의 의지'는 인생을 다채롭게 인식하지도 향유하지도 못하게 만들기 때문에 건강한 삶의 욕구가 아닌 병리성의 징후라고 해석한다. 그리스의 비극과 신화에 내재된 삶에 대한 통찰과 지혜는 소크라테스의 학문중심주의에 의해 소멸한다. 프리드리히 니체, 《비극의 탄생》, 청하, 1982, 91-111쪽 참조.

16 자아는 과연 무의식의 진실을 방어 없이 어느 정도 감당할 수 있는 것인가? 자신이 생각으로 믿는 정신 능력과 실제로 정신이 감당할 수 있는 능력은 큰 차이가 있다. 자신이 보고 싶고 알아도 괜찮은 사실들만 지각하며 사는 사람이 방어 없이 '실재 자체, 무의식의 진실'을 갑자기 직면하거나 수용하면 뜻밖의 사태가 발생할 수 있다.

17 이것은 정확히 '트라우마'를 겪은 자의 심리 상태다. 앎에 대한 욕구가 현격히 감퇴하고 기억력과 사고력도 떨어지며 세상에 대한 욕망과 관계 의욕도 생리적·심리적으로 침체된다.

18 이 글은 융 학파 신화 분석가의 오이디푸스 신화 해석을 필자가 발췌·요약·보충한 것이다. 이유경, 《원형과 신화》, 이끌리오, 2004, 209-211쪽 참조.

19 인도의 칼리, 그리스의 데메테르, 일본의 이자나미를 예로 들 수 있다.

20 서시적 인류무의식 차원에서 보면 인생에서 일어난 모든 스캔들에는 당시 정신성의 어떤 결핍을 보완하기 위한 발달적 의미가 담겨 있다. 에리히 노이만, 《의식의 기원사》, 분석심리학연구소, 2010, 187쪽.

21 주몽, 스사노오, 오오쿠니누시, 순, 크로노스와 제우스, 오시리스 등 대부분의 영웅들이 '모성 인격'의 도움을 받아 영웅의 능력을 발현시키고 과업을 성취한다.

22 페르세우스 신화는 다음 책들을 참조해 신화소를 선별했다. 오비디우스, 《오비드 신화집》, 솔, 1993, 171-192쪽; 요시다 아츠히코 외, 《우리가 알아야 할 세계 신화 101》, 이손, 2002, 110-113쪽; 낸시 헤더웨이, 《세계 신화 사전》, 세종서적, 2004, 400-404쪽.

23 탑에 갇힌 라푼젤, 연못에 갇힌 유화, 덩굴로 덮인 성의 잠자는 공주 등은 모두 자아 발달이 정지된 존재의 상징이다.

24 신화와 정신분석을 주제로 한 강의에서 어느 여성 수강생은 탑에 갇힌 다나에에 대해 이렇게 말했다. "탑은 아버지의 굴레 같아요. 크로노스가 자식을 삼키듯이 딸을 아버지의 욕망 충족 대상으로 삼는 느낌이에요. 제 아버지는 딸이 신체적으로 성숙해지자 알 수 없는 존재로 변해가는 것에 대해 두려움을 나타냈어요. 딸들 모두를 연애도 못 하게 속박했고요. 그 결과 저는 중년이 된 지금도 남자가 불편해요!"

25 물의 정령인 유화가 하늘신 해모수 또는 '햇빛'과 결합한 후 주몽을 낳고, 다나에가 하늘신 제우스와 결합해 페르세우스를 낳은 것은 동일한 신화소다.

26 "비는 하늘과 땅 사이의 신성한 결혼을 상징한다. (…) (인도 신 인드라는) 수액과 피를 돌게 하고 습기에게 명령해 풍요를 보장한다. 그는 천 개의 고환을 가진 신, 여인을 수태시키는 자다." 미르치아 엘리아데, 《신화, 꿈, 신비》, 숲, 2006, 173-174쪽.

27 프로이트에 의하면, 신화에서 친부모와 양부모가 출현할 때 둘 중 '키워준 부모'가 미천한 위치에 있어서 못마땅하더라도 실제 부모일 가능성이 높다. 인간은 늘 동일시할 만한 이상화 대상을 필요로 한다. 그런데 부모가 이상화 대상 역할을 하지 못하는 경우 현실의 아버지(딕티스, 아크리시오스)를 부인하고 신들의 왕 제우스를 자신의 아버지라고 환상화했을 수 있다. 기독교에서는 하느님을 '진정한 아버지'라 칭하며, 실제 아버지는 '육신의 아버지'라 비하한다.

28 드니즈 라숑, 《강박증: 의무의 감옥》, 아난케, 2007, 65-92쪽 참조.

29 신화인류학의 관점에 의하면 메두사는 본래 생식과 성을 주관하는 지모신이었는데 모계 사회에서 부계 사회로 이행한 뒤 과거에 숭배되던 지모신을 남성적 질서에 종속시키기 위해 사악한 괴물로 변형한 것이다. 시대 환경에 큰 변혁이 생기면 새 시대의 관점에 의해 이전 시대의 신들은 소멸되거나 새 신에게 종속된 존재나 괴물로 변형된다.

30 아버지(포세이돈)와 금지된 관계를 한 죄로 추악하게 변한 메두사 그리고 아버지(제우스, 황금 비)와 금지된 관계를 한 죄로 고향에서 추방된 다나에는 서로 유사성을 지닌다.

31 융은 '괴물'과의 대결을 '어머니 콤플렉스'와의 대결로, 프로이트는 '아버지 콤플렉스'와의 대결로 본다. 메두사와의 대결은 아이를 엄마의 욕망에 순응하는 존재로 만듦으로써 아이의 개성을 집어삼키는 '남근 엄마의 병리적 욕망'과의 투쟁이다. 아울러 과거 시대의 대타자였던 모계제 문화가 남긴 부정적 콤플렉스와의 대결이기도 하다.

32 바바라 크리드는 메두사의 머리를 이빨 달린 입으로 변신해 애인의 남근을 먹어치우는 질(바기나 덴타타Vagina dentata)로 해석한다. 지옥으로 통하는 그것은 '무시무시한 어머니의 질'을 뜻하며, 영웅은 그 질의 어둡고 신비한 심연 속에서 거세공포과 멸절불안을 일으키는 이빨 달린 질(식인 마녀, 구강 가학적 엄마, 거세하는 여자 성기)을 파괴하는 존재다. 바바라 크리드,

《여성괴물, 억압과 위반 사이》, 여성문화이론연구소, 2008, 202-230쪽 참조. 코헛은 메두사의 머리 뒤에 '거세당한(섬뜩한) 여성의 성기'가 달려 있고, 그 뒤엔 자신의 잠재적 정신증 소인(자기불안, 자기애 성격장애) 때문에 아이에게 어떤 반응·반영도 해주지 못하는 어머니의 얼굴이 있다고 본다. 하인즈 코헛, 《자기의 회복》, 한국심리치료연구소, 2006, 187쪽.

33 무의식의 도착된 욕망을 상징하는 메두사의 머리와 대결하는 유일한 방법은 진실과 지혜 여신의 방패를 사용하는 것이다. 폴 디엘, 《그리스 신화의 상징성》, 현대미학사, 1994, 124-128쪽.

34 위의 책, 118-119쪽. 저자는 메두사를 정신이 싸워야 할 내부 적의 상징으로 본다. 정신은 사회적·성적 욕구의 도착된 힘 때문에 괴물같이 변질된다. 정신이 이런 도착 상태에서 벗어나려면 메두사를 정복해야 한다.

35 위의 책, 125-127쪽.

36 일본 신화에서 창세 여신 이자나미가 시대적 역할을 다하고 죽자 그녀를 대체하는 새로운 여신 아마테라스가 출현해 주목받는 것과 유사하다.

37 우리의 현실에는 도덕의 질서를 벗어나는 일들이 상식보다 훨씬 많이 존재한다. 현실에는 도덕규범을 준수하는 보통의 신경증적 인간, 도덕규범의 영향에서 때때로 벗어나는 성격장애자, 그리고 전혀 영향받지 않는 정신증적 인간으로 구분된다. 성상담센터에 전화로 문의되는 수많은 사례들처럼 우리 사회에는 사회 유지 차원에서 알려지지 않은 친족 사이의 근친상간 사례가 꽤 많다. 근친상간을 저지르는 인간은 이미 '아버지의 규범'이 작동되지 않는 정신증에 함입된 상태다. 메두사는 옛 이야기가 아니라 우리 사회가 대면하고 해결해야 할 문제들에 대한 상징이기도 하다.

38 프랑스의 탈구조주의 철학자 데리다의 말이다. 낸시 헤더웨이, 《세계 신화 사전》, 세종서적, 2004, 403-404쪽.

39 바다의 신 포세이돈이 아이트라와 동침해 테세우스를 잉태했다는 신화본도 있다. 이 경우 포세이돈은 고유명사라기보다는 '해상 권력을 가진 자'라는 의미로 봐야 할 것이다.

40 여왕 파시파에는 빼어난 수공예 능력을 지닌 다이달로스에게 부탁해 자신을 암소로 보이게끔 변장시킨 후 포세이돈의 흰 황소를 발정시켜 성 결합한 끝에 미노타우로스를 낳았다.

41 안티오페와의 결혼은 아테네 기득권 세력과의 결합을 의미하며, 파이드라와의 결혼은 크레타인과의 결속을 의미한다.

42 테세우스의 말년 모습은 전형적인 '쌍둥이 영웅'의 양태를 반영한다. 쌍둥이 영웅은 서로의 부족한 점을 보완하므로 무적이다. 하지만 오만해져서 그 힘을 함부로 사용하다가 넘어서는 안 될 선을 넘으면 신세를 망치게 된다. 조지프 헨더슨, 〈고대 신화와 현대인〉, 《인간

과 상징》, 열린책들, 1996, 113-114쪽 참조.

43 미궁에 들어가 식인 괴물에게 잡아먹히는 죽음 체험을 해야만 기존 정신성이 변화되고 생사를 초월하는 전사의 정신성이 형성된다. 그리고 타계(자연)의 힘을 흡수해 인간 사회에서 활용할 수 있게 된다. 나카자와 신이치, 《대칭성 인류학》, 동아시아, 2005, 53-56쪽; 《곰에서 왕으로》, 동아시아, 2002, 199-216쪽 참조.

44 페어베언은 정신을 중심적 자아, 리비도적 자아, 반리비도적 자아의 세 부분으로 구분한다. 중심적 자아는 아이가 감당할 수 있는 긍정적인 엄마 모습을 의식에서 지각하고, 무의식 영역에서 작동하는 리비도적 자아는 아이가 감당할 수 없었던 '흥분시키는 대상'(애타게 만드는 엄마)에 연결되며, 반리비도적 자아는 '유아의 관계욕구를 거절하는 대상'(엄마)과 연결된다. 신화 속 헤라클레스는 이 세 자아의 특성과 연관된 각기 다른 세 모습을 번갈아가며 드러낸다. 로널드 페어베언, 《성격에 관한 정신분석학적 연구》, 한국심리치료연구소, 2003, 139-149쪽 참조.

45 낸시 헤더웨이, 《세계 신화 사전》, 세종서적, 2004, 404-415쪽; 요시다 아츠히코 외, 《우리가 알아야 할 세계 신화 101》, 이손, 2002, 118-121쪽.

46 에리히 노이만, 앞의 책, 165쪽.

47 비온의 관점을 통해 보면 헤라클레스는 유아기에 엄마의 담아주기 경험의 부재로 인해 불안과 고통 일반에 대한 지각 및 사고 기능이 마비되어 타자의 명령을 반성 없이 무조건 수행한 유사 정신증 인격일 수 있다. 이러한 인격은 좌절이 일어날 때 견뎌내는 능력이 결여되어 대화로 문제를 풀지 못하고 헤라클레스처럼 분노 감정을 곧바로 행동으로 분출한다(행동화). 윌프레드 비온, 《주의와 해석》, NUN, 2011, 24-40쪽 참조.

48 클라인에 의하면 편집·분열 자리에 고착된 분열성 성격자는 분열방어를 통해 원초불안을 분산하는 과정에서 감정 일반을 마비시킨다. 그 결과 감정이 극히 둔해지며, 무의식에서는 불안이 심하지만 의식으로는 불안을 지각하지 못하는 상태가 된다. 아울러 투사와 내사, 투사동일시가 과도하기 때문에 자아가 매우 약해져 욕동과 감정 통제에 자주 실패한다. 작은 부정적 자극에도 박해불안이 엄습해 '행동화' 실수를 저지르게 된다. 헤라클레스는 분열성·편집성 인격의 표상이며, 그의 성격적 특성은 신화 전체에서 반복된다. M. Klein, "Note on Some Schizoid Mechanisms," *The Selected Melanie Klein*, edited by Juliet Mitchell, Free Press, 1987, pp.194-197; 윌리엄 마이쓰너, 《편집증과 심리치료》, 한국심리치료연구소, 1998, 138, 146-147쪽.

49 이에 대한 설명은 어머니를 살해한 (그리스 영웅 아가멤논의 아들) 오레스테이아에 대한 클라인의 심리 분석이 탁월하다. 그는 친족을 살해하는 광기가 엄마에게 온전히 사랑받지 못

한 편집·분열 자리의 유아 심리인 박해불안과 박해망상에서 기인한다고 본다. M. Klein, "Some Reflections on the Oresteia," *Envy and Gratitude and Other Works, 1946-1963*, Free Press, 1975, pp.276-281. 크리스테바는 모친 살해를 박해불안이 아닌 상징화 능력을 얻기 위한 필요조건으로 이해한다. 줄리아 크리스테바, 《정신병, 모친 살해, 그리고 창조성: 멜라니 클라인》, 아난케, 2006, 243-245쪽.

50 줄리언 제인스, 《의식의 기원》, 한길사, 2005, 105-107쪽. 프로이트 이후 현대인에게 고대인이 듣던 신의 목소리는 곧 무의식의 소리로 해석된다.

51 로널드 페어베언, 앞의 책, 34-37쪽.

52 윌리엄 마이스너, 앞의 책, 147쪽.

53 아이와 어른의 지각 차이를 주목해보자. 아이는 원하는 돌봄을 받지 못할 때나 배가 고플 때 그것을 단순한 결핍 상태로 지각하는 것이 아니라 나쁜 누군가가 자신을 고통스럽게 공격하고 있는 것으로 지각한다. 그래서 만족이 주어지지 않는 박탈 상태가 공격하는 대상에 의해 박해당하는 환각으로 나타나는 것이다. 이것이 바로 편집증의 증상이다. 외부 세계와의 관계에서 만족이 주어지지 않을 때 결핍을 느끼는 편집증자는 외부 세계가 자신을 지금 이 순간 공격하고 있다고 오인한다. 편집자리에 고착된 유아의 지각과 사고 양태는 원시 인류와 유사하다.

54 시대 환경이 크게 변화하면 과거 신들의 위상과 가치가 변화하는 것이 일반적이다. 본능욕동과 감정의 임의적 분출을 제한하고 금지하는 사회규범이 정착된 이후 에로스의 위상은 만물을 결합해 새로운 존재를 탄생시키는 창세신의 전능한 위치에서 열정적 관계를 맺게 하는 특정 기능을 지닌 신의 위치로 변형된다. 아프로디테가 남편이 아닌 금지된 대상과 사랑(불륜)을 나눈 결과로 에로스가 태어났다는 것은 문명화 이후 에로스의 특성이 '금지되고 억압된 사랑 욕망'과 연관됨을 암시한다.

55 그리스 최초 서사시인 《일리아스》가 기록된 기원전 1000년경 '프시케'라는 말은 '호흡', '피' 같은 생명의 실체를 의미했다. 그러다 비극작가의 시대 이후부터 '영혼', '의식적 정신 nous'을 의미하게 된다(줄리언 제인스, 앞의 책, 99-100쪽). 철학자의 등장 이후 플라톤은 프시케를 지닌 철학자가 왕이 되는 것이 가장 이상적인 국가 구조라고 주장한다.

56 "이상적인 성격은 공격욕이 성욕과 통합될 때 형성된다. (…) 이런 통합은 오직 자아 기능에 의해서야 가능해진다." 안나 프로이트, 《안나 프로이트의 하버드 강좌》, 하나의학사, 2000, 96-97쪽.

57 지그문트 프로이트, 〈세 상자의 모티브〉, 《창조적인 작가와 몽상》, 열린책들, 1998, 68쪽, 73-77쪽.

58 플라톤의 《소크라테스의 변명》에서 소크라테스는 인간이 죽으면 불멸하는 영혼이 영원성을 지닌 대상들에 대한 지혜를 습득하고 경험하는 데 육체의 방해를 덜 받게 된다고 표현한다. 아리스토텔레스는 《영혼에 관하여》에서 이 세상에는 식물적 영혼, 동물적 영혼, 이성적 영혼의 세 종류가 있다고 표현한다. 아리스토텔레스에게 이성적 영혼은 영원성을 지닌 형상(존재의 본질, 궁극 목적)을 인식하는 힘을 의미한다. 소크라테스, 플라톤, 아리스토텔레스 모두 프시케를 영원성에 접속하는 힘으로 생각한다. 철학자들에 의해 인간은 신의 목소리, 정령의 기운, 주술적 사고, 예언자의 신탁, 아름다움을 통해서가 아니라 '이성적 영혼'을 통해 신과 소통할 수 있는 유일한 자연계 존재로 해석된다.

59 니체는 인간에게 필요한 '미적 환상'의 가치를 망각하는 소크라테스의 과도한 앎에의 욕구, 인식 중심적 태도가 삶에 대한 의지에 기여하기보다 죽음 의지에 기여한다고 비판한다. 현실에서 삶을 즐길 수 있는 조건과 능력을 지니지 못한 사람만이 현실의 고통에서 벗어나기 위한 자구책으로 영혼의 형이상학적 위안에 몰입한다는 것이다. 영혼을 통해 영원한 진리에 접속하면 진리가 지닌 완전성을 흡수해 영원한 생명을 얻을 수 있다고 보는 형이상학적 관점은 고통에 빠진 자를 회복시키는 힘을 지닌다. 그러나 그 관점과 관념을 평생 붙잡고 사는 자는 죽음 의지에 함입되어 삶을 즐기는 힘을 상실한 자다. 프리드리히 니체, 《비극의 탄생》, 청하, 1982, 100-118쪽 참조.

60 바리데기 신화에 등장하는 '서천 꽃밭'도 죽음의 골짜기를 미화해 전치시킨 이미지다.

61 인류학자 나카자와 신이치는 신데렐라를 당대 집단의 사회적·정신적 불균형을 해소하기 위해 산 자와 죽은 자, 가장 낮은 것과 가장 높은 것을 매개해주는 상징으로 해석한다. 신데렐라에게 궁전은 소외된 자와 죽은 자를 위한 휴식처다. 가족에게 외면당했고 한쪽 구두를 잃어버려 발을 절뚝거리는 신데렐라가 두 발로 걷기 힘든 '죽은 여인'의 상징이듯 프시케도 입과 성기의 만족 그리고 미적 환상에 몰입해 살던 고대 그리스인에게는 죽은 여인의 상징일 수 있다. 나카자와 신이치, 《신화, 인류 최고의 철학》, 동아시아, 2003, 107-178쪽 참조.

62 지그문트 프로이트, 《꿈의 해석》, 열린책들, 2004, 465-468쪽 참조.

63 저승세계를 방문한 그리스 영웅(헤라클레스, 아이네이스 등) 가운데 여성은 프시케가 유일하다. 메소포타미아 지역에서는 이슈타르가 남편 두무지를 구하고자 저승세계를 방문한다. 두무지는 페르세포네처럼 겨울에는 지하계에, 봄과 여름에는 지상계에 거주할 수 있는 존재로 묘사된다. 한국 신화에서는 바리데기가 부모의 생명을 구하기 위해 서천세계(저승)로 가서 생명꽃과 생명수를 구해온다. 이처럼 저승계와 접촉하는 주체의 성별과 그 동기에는 각 신화마다 공통점과 차이점이 있다. 대부분의 경우 중요한 대상을 죽음에서 구해내기 위해 저승계와 접촉한다. 프시케가 아름다움을 유지하는 비밀을 알기 위해 저승계에 방문했

다는 사실은 그리스인의 미에 대한 집착을 반영한다. 당대인이 두려워하던 집단 경계 밖의 세계(미지의 타계)와 접촉하여 교류하는 일은 샤먼이 맡는다. 이러한 샤먼의 역할은 영혼이 행할 수 있는 가장 심오한 경지다.

64 금기 위반은 세계 도처의 신화에서 등장한다. 가령 일본 신화에서 이자나기가 죽은 부인 이자나미를 구하려 저승계에 갔을 때, 기다리는 동안 절대 자기 모습을 보지 말라는 당부를 어겨 좋았던 관계를 깨뜨린다.

65 프로이트는 과도하게 아름다운 이미지는 무의식의 무언가를 감추기 위한 변장이라 본다. 어쩌면 냉랭하고 이해하기 힘들며 때로 열정이 느껴지지 않고 보이지 않는 '영혼'과 친숙한 관계를 맺고 싶었기에 순진한 여성으로 이미지화한 것일 수 있다.

66 니체는 인간의 가장 현명한 태도는 인간 자신과 세상에 대한 '환상'과 '진실'을 상황에 맞게 적절히 배합하며 유희하는 것이라고 역설한다. 인간이 자기 자신의 정체를 적나라하게 알려고 들면 그 진실을 감당하지 못해 비극에 빠질 위험이 크다(프리드리히 니체, 《권력에의 의지》, 청하, 1988, 아포리즘 515, 853, 1041, 1067번 참조). '인간의 정체를 말하라'고 다그친 인간 왕에게 지혜를 지닌 숲의 신 실레노스는 "죽을 수밖에 없는 동물이며, 신체적·지적으로 유한한 힘을 지닌 데 비해 욕심과 자만심이 비대하여 비극에 빠질 수밖에 없는 가련한 운명의 존재가 인간이다."라고 알려준다. 이런 곤혹스러운 진실에 대한 앎은 삶을 무력화하기에 인간에게는 적절한 환상이 필요하다(프리드리히 니체, 《비극의 탄생》, 청하, 1982, 아포리즘 3, 4, 7번).

67 오비디우스, 《오비드 신화집》, 솔, 1993, 119-128쪽 참조.

68 지그문트 프로이트, 〈나르시시즘에 관한 서론〉, 《무의식에 관하여》, 열린책들, 1997, 68쪽.

69 프로이트는 나르시시즘의 본질을 리비도가 외부 세계에서 철수해 자아에 집중함으로써 생기는 과대망상으로 본다. 위의 책, 48쪽.

70 하인즈 코헛, 앞의 책, 18-27쪽 참조.

71 로널드 페어베언, 앞의 책, 36-39쪽.

72 주체성 없이 힘 있는 대상의 말과 행동을 내사하여 그대로 따라하는 인격을 '모방형 인격'이라 한다. 자립성 없이 대상 의존적인 이 인격은 동일시하여 흉내 낼 대상이 없는 경우 정신이 해체되어 에코처럼 위태롭게 된다.

73 페어베언, 앞의 책, 38쪽.

74 오비디우스, 앞의 책, 124-125쪽.

75 위의 책, 125쪽.

76 위의 책, 126쪽.

77 존 스타이너, 《정신적 은신처》, NUN, 2013, 22쪽 참조.

78 오비디우스, 앞의 책, 126쪽.

79 위의 책, 126-127쪽.

80 위의 책, 127쪽.

81 환상에 도취되는 것도 환상에 대한 자각도 모두 인간의 의지로 선택할 수 없는 일이다. 융은 이런 현상이 정신 내부의 '자기'(인류무의식)가 일으키는, 거시적 목적(개성화, 자기실현)을 향한 활동의 산물이라고 본다.

82 모방적 인격은 힘 있는 대상들의 특성을 무반성적으로 즉각 내사(아기가 엄마 젖을 꿀꺽 삼키듯이)하여 마치 내사된 그것이 자신의 특성(소유물)인 양 착각한다. 그러나 힘 있는 대상들에게서 내사된 그 내용물은 자아에 의해 소화되거나 통합되지 못한 상태로 머물 뿐이므로 원래 대상이 곁에서 사라지면 어떤 효능도 발휘하지 못하게 된다. 모방적 인격은 정신의 발달을 이루지 못하는 영원한 흉내 내기, 의태, 유사 인격일 뿐이다.

83 고대 그리스인이 나르키소스 신화를 통해 정리하려 했던 정신발달 과제는 인간 안에 숨겨진 과도한 '자기애적 환상'을 자각하고 그 부작용에서 벗어나는 것이다. 이 주관적 환상(상상계)을 벗어나지 못하면 그리스 공동체가 붕괴될 뿐 아니라 개개인 역시 각자의 심리적 현실 속에 고립될 수밖에 없기 때문이다.

7. 북유럽 신화

1 프레이저는 이 풍습이 발데르 신화와 연관된다고 본다. 제임스 조지 프레이저, 《황금가지》, 한겨레신문사, 2003, 68, 886-889쪽.

2 노이만은 '태초 거인 살해'를 인류의 자아의식 발달을 위한 원상 부모(엉겨 있는 부모)의 분리, 단일체로부터 대극의 분리, 하늘과 땅의 분리로 해석한다. 의식의 인식은 세상을 대극으로 나눔으로써만 가능하기 때문이다. 에리히 노이만, 《의식의 기원사》, 분석심리학연구소, 2010, 137-145쪽.

3 위의 책, 160쪽.

4 도널드 위니콧, 《박탈과 비행》, 한국심리치료연구소, 2001, 29-39쪽.

5 유아는 자신이 감당하기 힘든 원초불안과 공격성(시기심)과 이질적 경험 내용을 투사동일시를 통해 최초 양육자에게 집어넣는다. 이를 양육자가 수용해 담아주고 소화해 부드럽게 되돌려주는 상호작용을 하지 않으면 그것들은 소화되지 못한 질료(베타 요소) 상태로 마음에 남아 있게 된다. 담겨지지 못한 요소들이 유아 내부에 축적되면 이것을 감당할 수 없는 연약한 자아는 외부 대상과 연결되어 세상을 이해하고 싶은 욕구와 고통을 지각하는 자아기

능을 파괴해 마비시킨다. 발데르 신화 속 신들이 발데르를 향해 날카로운 물건을 던지는 행위는 유아의 투사동일시 작용과 흡사하다. Wilfred Bion, "Attack on Linking," *Melanie Klein Today*, Routledge, 1988, pp.95-98.

6 이것이 바로 신경증을 일으키는 트라우마의 발생 메커니즘이다. 내부 인물인 호드와 외부 자극인 로키가 어떤 유사성(분노가 많은 소외된 존재)으로 서로 연결되어 손을 잡으면, 완벽해 보이던 집단의 중심 대상과 집단 전체가 트라우마에 빠지는 뜻밖의 사건이 발생하는 것이다.

7 제임스 조지 프레이저, 《황금가지》, 한겨레출판사, 2003, 845-846쪽.

8 원시 인류의 병 치유법은 현대의 무당들이 병을 치유하는 모습에서 단서를 발견할 수 있다. 무당은 병 기운이 기승을 부리는 현재의 영혼을 마비(기절)시킨 후 정령들의 세계에 접촉하는 여행을 하게 한다. 병을 일으킨 그 정령에게 다가가 어찌해야 병을 낫게 해주겠는지 묻고, 원하는 바를 제물로 제공한 뒤 저주의 사슬에서 벗어나게 한다.

9 바다는 죽은 자를 받아들이는 동시에 회생시키는, 즉 '묘지인 동시에 자궁'인 태모신의 상징이다. 일본의 건국신 오오쿠니누시의 어머니는 바다의 조개 여신에게 부탁해 죽은 오오쿠니누시를 되살린다.

10 낸시 맥윌리엄스, 《정신분석적 진단》, 학지사, 2008, 218-220쪽.

III 신화와 민족무의식

1 조지프 캠벨, 《천의 얼굴을 가진 영웅》, 민음사, 2004, 44-50쪽. 캠벨은 출발Departure-입문Initiation-귀환Return으로 구분하고 있다. 첫째 단계인 '출발'은 곧 고향(엄마의 품)과의 '분리'이다.

2 제우스의 미리에서 태어나 제우스의 총애를 받던 지혜의 여신 아테나만이 예외적으로 여성성을 지닌 신으로서 영웅(페르세우스)을 돕는 긍정적 기능을 한다.

3 신석기시대와 농경시대 초기에 동서양 모두에서 지모신을 숭배하는 모계제 사회가 존속했다. 잦은 전쟁으로 강력한 왕권과 전투력이 중요해진 철기시대에 제도와 가치관이 전환되어 과거 여신들이 신화 속에서 격이 낮은 형태(남성 신의 아내, 딸, 괴물)로 변형된 것으로 추정된다. 여성 조력자의 가치를 인정하는 정도에는 각 민족마다 차이가 있는데, 길가메시가 이슈타르 여신을 외면하고 모욕 주는 모습은 여신이 힘을 발휘하던 시대의 종언을 단적으로 드러낸다.

4 개인의 정신(정서)발달 과정에 따라 불안의 양태도 달라진다. 이것은 인류의 발달 과정에도 유사하게 적용될 수 있다. 가령 인간은 초기 대상에 대한 절대적 의존 상태로부터 점차적으

로 분리·독립해가는 과정을 거친다. 이때 '대상'이 적절한 보호 역할을 해주지 못할 경우 유아는 발달 과정에서 '멸절·해체불안→박해불안→분리(대상상실)·우울불안→(금지된 욕망으로 인한) 초자아 불안' 등을 겪게 된다. 개인의 변천 과정으로부터 유추해보면 인류의 최초 문제는 생존불안의 해소였다는 사실을 알 수 있다. 인류의 안전이 확보된 이후에야 성욕망과 연관된 초자아 불안이 관심사로 등장한다. 지그문트 프로이트, 《억압, 증후 그리고 불안》, 열린책들, 1997; 리키 이매뉴얼, 《불안》, 이제이북스, 2003.

5 메두사는 파괴적 요소와 더불어 직면하지 못한 '유아 성환상'을 상징한다. 프로이트의 관점을 고려하면, 메두사는 사회에서 금지한 '유혹하는 어머니상'이 억압에 의해 정반대 특성을 지닌 괴물로 변형된 것이다. 클라인의 관점에서 메두사는 편집·분열 자리의 아기를 고통스럽게 만들거나 삼키려 드는 '나쁜 엄마'의 상징이다.

6 서양의 경우 인류의 삶에 직접 관여하는 신은 신들 사이의 대결에서 마지막으로 승리한 존재(제우스, 오딘)다. 인류가 배고픔을 해소하고 적을 퇴치하고 구성원들 사이의 대립을 해소하는 등 사회적 삶을 영위하는 데 직접 도움을 주는 중심 신들은 동서양 모두 창세신과 다르다. 곡물의 신, 태양의 신, 지혜의 신, 전쟁의 신, 정의의 신, 의술의 신, 미의 신 등은 인류가 필요로 하는 특정 힘을 지녔다. 가령 창세신의 원기(마나, 창조력)를 흡수하여 인류 창조에 간접적으로 관여한 신들의 왕 제우스는 태양신 아폴론과 자신이 창조한 지혜여신 아테나로 하여금 인류를 다스리게 만든다. 또는 인간으로 변신해 인간 여인들과 성관계하여 영웅을 낳는다. 예외적으로 유대 민족은 창세신 야훼가 태초부터 현세에 이르기까지 초시간적으로 유대 민족과 인류의 삶에 직접 개입해 주재한다고 믿는다.

7 신화인류학자 캠벨은 '살해 행위'가 60만 년간 지속되었던 인류 최초 시기인 수렵시대의 생활을 반영한다고 해석한다. 가령 그리스 창세신화에 등장한 살해 행위는 수렵 문화의 흔적을 반영하지만, 제우스 이후 신들의 모습은 농경 문화를 반영한다. 농경 문화는 살해보다 자연적 죽음을 선호한다. 조지프 캠벨, 《신의 가면 I: 원시신화》, 까치, 2003, 150-155쪽.

참고문헌

— 신화 관련 문헌

게르트 돔머무트 구드리히, 《신화》, 해냄, 2001.

그레그 베일리, 《미솔로지카 2》, 생각의나무, 2009.

김광년, 〈'9'의 상징적 의미〉, 《대순회보》 102호, 2009년 12월.

김광일, 《한국 전통문화의 정신분석》, 교문사, 1991.

김산해, 《최초의 신화 길가메시 서사시》, 휴머니스트, 2010.

김선자, 〈중국의 영웅신화〉, 《중국신화의 이해》, 아카넷, 2002.

_____, 《변신 이야기》, 살림, 2003.

김열규, 《동북아시아 샤머니즘과 신화론》, 아카넷, 2003.

김용환, 《민족, 문화, 인간, 인류학의 창조》, 강원대학교출판부, 2009.

김현자, 《신화, 신들의 역사 인간의 이미지》, 책세상, 2004.

김화경, 《일본의 신화》, 문학과지성사, 2002.

나카자와 신이치, 《곰에서 왕으로》, 동아시아, 2003.

_____________, 《나카자와 신이치의 예술인류학》, 동아시아, 2009.

_____________, 《대칭성 인류학》, 동아시아, 2005.

_____________, 《신화, 인류 최고의 철학》, 동아시아, 2003.

낸시 헤디웨이, 《세계 신화 사전》, 세종서적, 2004.

노성환, 《일본신화의 연구》, 보고사, 2002.

_____, 《한일왕권신화》, 울산대학교출판부, 1996.

데이비드 폰태너, 《상징의 비밀》, 문학동네, 1999.

동아시아고대학회 편, 《동아시아 여성신화》, 집문당, 2003.

디디에 앙지외, 〈프로이트와 신화〉, 《세계사상》, 동문선, 1997.

로버트 M. 영, 《오이디푸스 콤플렉스》, 이제이북스, 2002.

미르치아 엘리아데, 《신화, 꿈, 신비》, 숲, 2006.

_______________, 《영원회귀의 신화》, 이학사, 2003.

_______________, 《이미지와 상징》, 까치, 1998.

바바라 크리드, 《여성괴물, 억압과 위반 사이》, 여성문화이론연구소, 2008.

브로니슬라프 말리노프스키, 《원시신화론》, 민속원, 2001.

브루노 베텔하임, 《옛이야기의 매력 I, II》, 시공주니어, 1998.

서정오, 《우리가 정말 알아야 할 우리 신화》, 현암사, 2003.

소포클레스, 《오이디푸스왕》, 범우사, 1988.

신동훈, 《살아 있는 우리 신화》, 한겨레신문사, 2004.

신은희, 〈여성주의 입장에서 본 단군 신화 해석〉, 인터넷 자료.

앤드루 새뮤얼, 《융 분석비평사전》, 동문선, 2000.

에리히 노이만, 《의식의 기원사》, 분석심리학연구소, 2007.

예태일·전발평 편저, 《산해경》, 안티쿠스, 2008.

오바야시 다료, 《신화학 입문》, 새문사, 2003.

오비디우스, 《오비드 신화집》, 솔, 1993.

요시다 아츠히코, 《우리가 알아야 할 세계 신화 101》, 이손, 2002.

______________, 《일본의 신화》, 황금부엉이, 2005.

이경재, 《신화해석학》, 다산글방, 2002.

이병욱, 〈스핑크스와 오이디푸스〉, 《한국정신분석학회지》 18권 2호, 2007.

이부영, 《그림자》, 한길사, 1999.

______, 《분석심리학(개정증보판)》, 일조각, 2000.

______, 《아니마와 아니무스》, 한길사, 2001.

______, 《한국민담의 심층분석》, 집문당, 1995.

이유경, 〈영웅신화에 관한 분석심리학적 이해〉, 신화아카데미 편, 《세계의 영웅신화》, 동방미디어, 2002.

______, 〈창조신화에 관한 분석심리학적 이해〉, 신화아카데미 편, 《세계의 창조신화》, 동방미디어, 2001.

______, 《원형과 신화》, 이끌리오, 2004.

이지영, 《한국의 신화 이야기》, 사군자, 2003.

이창재, 〈'왕 살해' 풍속의 의미와 '원시 사고'의 특성에 대한 정신분석적 해석〉, 《비교민속학》 53집. 비교민속학회, 2014.

______, 〈꿈의 기원과 의미에 대한 정신분석적 해석: 프로이드와 현대정신분석 관점 비교〉, 《라캉과 현대정신분석》 9권 1호, 한국현대정신분석학회, 2007.

______, 〈동아시아 신화 해석을 위한 정신분석 관점 및 개념 고찰〉, 《기호학 연구》 1권 15호, 한

국기호학회, 2004.
_____, 〈신화 내 '영웅의 정신발달 조건'과 주몽신화의 정신분석적 의미〉, 《정신분석》 16권 2호, 한국정신분석학회, 2005.
_____, 〈일본 영웅신화 '스사노오'에 대한 정신분석〉, 《라캉과 현대정신분석》 7권 2호, 한국현대정신분석학회, 2005.
_____, 〈일본 영웅신화 '오쿠니누시'에 대한 정신분석〉, 《비교민속학》 32집, 비교민속학회, 2006.
_____, 〈탯줄 자르기의 정신분석적 의미〉, 《비교민속학》 54집, 비교민속학회, 2014.
_____, 〈한중일 영웅신화의 공통성과 차이성에 대한 정신분석적 비교〉, 《비교민속학》 30집, 비교민속학회, 2005.
전북대 인문학연구소, 《창조신화의 세계》, 소명출판, 2002.
전인초·정재서, 《중국신화의 이해》, 아카넷, 2002.
정재서, 〈중국 창조신화의 역사적 변이 양상과 의미〉, 《창조신화의 세계》, 소명출판, 2002.
_____, 《이야기 동양신화: 중국편》, 황금부엉이, 2004.
제임스 조지 프레이저, 《황금가지》, 한겨레출판사, 2001.
조두영, 〈심청전에 나오는 심청 일가의 꿈〉, 《프로이트와 한국문학》, 일조각, 1999.
_____, 《목석의 울음: 손창섭 문학의 정신분석》, 서울대학교출판부, 2004.
조지 하트, 《이집트 신화》, 범우사, 2002.
조지프 캠벨, 《네가 바로 그것이다》, 해바라기, 2004.
_________, 《신의 가면 I: 원시신화》, 까치, 2003.
_________, 《신의 가면 II: 동양신화》, 까치, 2002.
_________, 《신화와 함께하는 삶》, 한숲, 2004.
_________, 《신화의 세계》, 까치, 1998.
_________, 《신화의 이미지》, 살림, 2006.
_________, 《천의 얼굴을 가진 영웅》, 민음사, 1999.
조지프 헨더슨, 〈고대 신화와 현대인〉, 《인간과 상징》, 열린책들, 1996.
줄리아 크리스테바, 《정신병, 모친살해, 그리고 창조성: 멜라니 클라인》, 아난케, 2006.
줄리언 제인스, 《의식의 기원》, 한길사, 2005.
지그문트 프로이트, 〈세 상자의 모티브〉, 《창조적인 작가와 몽상》, 열린책들, 1999.
_______________, 〈인간 모세와 유일신교〉, 《종교의 기원》, 열린책들, 1998.
_______________, 〈토템과 터부〉, 《종교의 기원》, 열린책들, 1998.

진 쿠퍼, 《그림으로 보는 세계 문화 상징 사전》, 까치, 1994.
최원오, 《이승과 저승을 잇는 한국 신화》, 여름언덕, 2004.
카렌 암스트롱, 《신화의 역사》, 문학동네, 2005.
카를 구스타프 융, 《꿈에 나타난 개성화 과정의 상징》, 솔, 2002.
______________, 《상징과 리비도》, 솔, 2005.
______________, 《영웅과 어머니 원형》, 솔, 2006.
______________, 《원형과 무의식》, 솔, 2006.
______________, 《인간과 상징》, 열린책들, 1996.
클로드 레비-스트로스, 《신화학 1》, 한길사, 2005.
__________________, 《신화학 2》, 한길사, 2008.
__________________, 《야생의 사고》, 한길사, 1996.
폴 디엘, 《그리스 신화의 상징성》, 현대미학사, 1994.
필리프 쥘리앵, 《노아의 외투》, 한길사, 2000.
홍태한, 〈한국 무속신화에 나타난 여성 주인공의 성격〉, 《동아시아 여성신화》, 집문당, 2003.
J.F. 비얼레인, 《세계의 유사신화》, 세종서적, 1996.
K.K. 루스벤, 《신화》, 서울대학교출판부, 1987.

C.G. Jung, *The Essential Jung*, Princeton University Press, 1983.
J. Laplanche & J.-B. Pontalis, "Symbolism," in *The Language of Psychoanalysis*, W. W. Norton & Company, 1973.
Madelon Sprengnether, *The Spectral Mother: Freud, Feminism, and Psychoanalysis*, Cornell University Press, 1992.
Marija Gimbutas, *The Living Goddesses*, University of California Press, 2001.
Melanie Klein, "Some Reflections on The Oresteia," *Envy and Gratitude and Other Works, 1946-1963*, Free Press, 1975.

— 꿈 관련 문헌

레온 앨트먼, 《성, 꿈, 정신분석》, 민음사, 1995.
릴리 바이스, 《정신치료에서의 꿈 분석》, 하나의학사, 1987.
아르테미도로스, 《꿈의 열쇠》, 아르테, 2008.

에릭 애크로이드, 《심층심리학적 꿈 상징 사전》, 한국심리치료연구소, 1997.

지그문트 프로이트, 〈꿈〉, 《정신분석 강의》, 열린책들, 2002.

______________, 〈꿈에 관하여〉, 《꿈과 정신분석》, 계명대학교출판부, 1999.

______________, 《꿈의 해석》 상·하, 열린책들, 1997.

프레이저 보아, 《융 학파의 꿈해석》, 학지사, 2004.

Alexander Grinstein, "The Dream after Freud," *Psychoanalysis: The Major Concepts*, Yale University Press, 1995.

Anthony W. Bateman & Jeremy Holmes, "Dreams, symbols, imagination," *Introduction to Psychoanalysis: Contemporary Theory and Practice*, Routledge, 1995.

Charles Brenner, "Dreams in clinical psychoanalytic practice," *The Dream Discourse Today*, Routledge, 1993.

Harry Trosman, "Freud on Dreams and Dreaming," *Psychoanalysis: The Major Concepts*, Yale University Press, 1995.

James L. Fosshage, "The Organizing Functions of Dream Mentation," The Annual Meeting of the Rapaport-Klein Study Group, 2002. https://www.psychomedia.it/rapaport-klein/fosshage02.htm

John Frosch, "Psychoanalytic contributions to the relationship between dreams and psychosis–a critical survey," *International Journal of Psychoanalytic Psychotherapy*, Vol. V, 1976.

Paul H. Ornstein, "On Self-State Dreams in the Psychoanalytic Treatment Process," *The Interpretations of Dreams in Clinical Work*, International Universities Press, Inc., 1987.

Ralph R. Greenson, "The Exceptional Position of the Dream in Psychoanalytic Practice," *The Dream Discourse Today*, Routledge, 1993.

Sara Flanders (Ed.), *The Dream Discourse Today*, Routledge, 1993.

Susan Budd, "The Shark Behind the Sofa: the Psychoanalytic Theory of Dreams," *History Workshop Journal*, Volume 48, Issue 1, Autumn, Oxford University Press, 1999.

— 예술작품 분석 관련 문헌

안톤 에렌츠바이크, 《예술 창조의 심리학》, 창지사, 2003.

엘리자베스 라이트, 《무의식의 시학》, 인간사랑, 2002.

잭 스펙터, 《프로이트 예술미학》, 풀빛, 1998.
테리 이글턴, 《문학이론 입문》, 인간사랑, 2001.
프리드리히 니체, 《권력에의 의지》, 청하, 1988.
__________, 《비극의 탄생》, 청하, 1982.

Ellen Handler Spitz, *Art and Psyche: A Study in Psychoanalysis and Aesthetics*, Yale University Press, 1985.
Friedrich Nietzsche, "On Truth and Lying in an Extra-Moral Sense," *Friedrich Nietzsche on Rhetoric and Language*, edited and translated by Sander L. Gilman, et al., Oxford University Press, 1989.
Hanns Sachs, *The Creative Unconscious: Studies in the Psychoanalysis of Art*, Sci-Art, 1942.
Laurie Schneider Adams, *Art And Psychoanalysis*, Basic Books, 1993.
Melanie Klein, "Note on the Schizoid Mechanisms," *The Selected Melanie Klein*, edited by Juliet Mitchell Free Press, 1987.
Sarah Kofman, "Baubô: Theological Perversion and Fetishism," translated by Tracy B. Strong, *Nietzsche's New Seas: Explorations in Philosophy, Aesthetics, and Politics*, edited by Michael Allen Gillespie & Tracy B. Strong, The University of Chicago Press, 1988.

— 정신분석 관련 문헌

낸시 맥윌리엄스, 《정신분석적 진단》, 학지사, 2008.
대니 노버스, 《라캉과 프로이트의 임상정신분석》, 하나의학사, 2002.
대리언 리더, 《광기》, 까치, 2012.
도널드 위니캇, 《놀이와 현실》, 한국심리치료연구소, 1997.
__________, 《박탈과 비행》, 한국심리치료연구소, 2001.
__________, 《성장과정과 촉진적 환경》, 한국심리치료연구소, 2000.
__________, 《소아의학을 거쳐 정신분석학으로》, 한국심리치료연구소, 2011.
드니즈 라쇼, 《강박증: 의무의 감옥》, 아난케, 2007.
라비니아 고메즈, 《대상관계이론 입문》, 학지사, 2008.
로널드 페어베언, 《성격에 관한 정신분석학적 연구》, 한국심리치료연구소, 2003.
리차드 팔머, 《해석학이란 무엇인가》, 문예출판사, 1993.

리처드 체식, 《자기심리학과 나르시시즘 치료》, NUN, 2008.

리키 이매뉴얼, 《불안》, 이제이북스, 2003.

마가렛 S. 말러, 《유아의 심리적 탄생》, 한국심리치료연구소, 1997.

마거리트 세체하예, 《정신분열증 소녀의 수기》, 하나의학사, 1994.

마이클 아이건, 《정신증의 핵》, 한국심리치료연구소, 2009.

박찬부, 《라캉: 재현과 그 불만》, 문학과지성사, 2006.

브루스 핑크, 《라캉과 정신의학》, 민음사, 2002.

__________, 《라캉의 주체》, 도서출판b, 2010.

안나 프로이트, 《안나 프로이트의 하버드 강좌》, 하나의학사, 2000.

알랭 바니에, 《정신분석의 기본원리》, 솔, 1999.

앨런 시걸, 《하인즈 코헛과 자기심리학》, 한국심리치료연구소, 2002.

오토 컨버그, 《경계선장애와 병리적 나르시시즘》, 학지사, 2008.

__________, 《내면세계와 외부 현실》, 한국심리치료연구소, 2001.

__________, 《대상관계 이론과 임상적 정신분석》, 한국심리치료연구소, 2003.

__________, 《인격장애와 성도착에서의 공격성》, 한국심리치료연구소, 2008.

윌리엄 마이쓰너, 《편집증과 심리치료》, 한국심리치료연구소, 1998.

윌프레드 비온, 《주의와 해석》, NUN, 2011.

이창재, 〈병리적 정신현상의 원인론과 극복론: 사후 작용〉, 《철학과 현상학 연구》 15집, 한국현상학회, 2000.

______, 〈분노의 유형과 기원에 대한 정신분석적 접근〉, 《인간연구》 19호, 가톨릭대학교 인간학연구소, 2010.

______, 〈'사성제四聖諦'에 대한 정신분석적 해석〉, 《불교평론》 40호, 2009.

______, 〈성욕동 '발달'과 문화적 성숙 사이의 관계: 프로이트의 임상분석〉, 철학연구회 편, 《성과 철학》, 철학과현실사, 2003.

______, 〈예술작품의 기원과 의미에 대한 정신분석적 해석: 프로이드의 꿈작업과 초현실주의의 창조 기법을 중심으로〉, 《라캉과 현대정신분석》 10권 1호, 한국현대정신분석학회, 2008.

______, 〈'의미의 기원'에 대한 계보학적 고찰: 니체, 소쉬르, 프로이트를 중심으로〉, 《철학》 47집, 한국철학회, 1996.

______, 〈이분법적 사유와 탈이분법적 사유: 정신분석학 관점에서 본 고찰〉, 《철학연구》 46집, 1999.

______, 〈프로이트의 신경증 원인론: 외상, 환상, 사후작용〉, 《라캉과 현대정신분석》 6권 2호,

한국현대정신분석학회, 2004.
_____, 《예술작품과 정신분석》(공저), 학지사, 2010.
_____, 《정신분석과 철학》, 학지사, 2005.
_____, 《프로이트와의 대화》, 학지사, 2004.
자크 라캉, 〈프로이트의 무의식과 우리의 무의식〉, 《자크 라캉 세미나 11》, 새물결, 2008.
장 라플랑슈, 《정신분석 사전》, 열린책들, 2005.
장-다비드 나지오, 《정신분석학의 7가지 개념》, 백의, 1999.
제이 그린버그, 스테판 밋첼, 《정신분석학적 대상관계이론》, 현대정신분석연구소. 1999.
제임스 F. 매스터슨, 《참자기》, 한국심리치료연구소, 2000.
제임스 그로츠타인, 《흑암의 빛줄기》, 한국심리치료연구소, 2011.
조안 시밍턴, 《윌프레드 비온 입문》, NUN, 2008.
조엘 도르, 《프로이트·라캉 정신분석 임상》, 아난케, 2005.
존 스타이너, 《정신적 은신처》, NUN, 2013.
지그문트 프로이트, 《늑대인간》, 열린책들, 1996.
_______________, 《무의식에 관하여》, 열린책들, 1997.
_______________, 《문명 속의 불만》, 열린책들, 1997.
_______________, 《성욕에 관한 세 편의 에세이》, 열린책들, 1996.
_______________, 《억압, 증후 그리고 불안》, 열린책들, 1997.
_______________, 《정신분석강의》, 열린책들, 1998.
_______________, 《종교의 기원》, 열린책들, 1998.
_______________, 《쾌락원칙을 넘어서》, 열린책들, 1997.
찰스 브레너, 《정신분석 기법과 정신적 갈등》, 하나의학사, 1993.
찰스 오디에, 《상징의 실현화: 정신분열증 환자 치료의 새 방법》, 하나의학사, 1994.
찰스 웨너, 《발달정신병리학: 영아기부터 청소년기까지》, 중앙적성출판사, 1998.
페터 비트머, 《욕망의 전복》, 한울아카데미, 2000.
프랜시스 보드리, 〈성격〉, 《정신분석학의 주요개념 2》, 한국심리치료연구소, 2009.
프랭크 써머즈, 《대상관계 이론과 정신병리학》, 한국심리치료연구소, 2004.
필리스 타이슨, 로버트 타이슨, 《정신분석적 발달이론의 통합》, 산지니, 2013.
하인즈 코헛, 《자기의 분석》, 한국심리치료연구소, 1999.
__________, 《자기의 회복》, 한국심리치료연구소, 2006.
헤럴드 셰터, 《연쇄살인범 파일》, 휴먼앤북스, 2007.

R.D. 힌쉘우드, 《임상적 클라인》, 한국심리치료연구소, 2006.

Anna Freud, *The Ego and the Mechanisms of Defence*, Routledge, 1992.

Betty Joseph, "Projective Identification," *Melanie Klein Today*, Routledge, 1988.

Donald Winnicott, *Psycho-Analytic Explorations*, edited by Clare Winnicott, et al., Harvard University Press, 1989.

Elizabeth Wright, editor, *Feminism and Psychoanalysis*, Blackwell, 1992.

Franco De Masi, *Vulnerability to Psychosis*, translated by Philip Slotkin, Routledge, 2009.

Gerald Schoenewolf, *Turning Points in Analytic Therapy*, Jason Aronson, 1990.

Glen O. Gabbard & Sallye M. Wilkinson, "splitting," *Management of Countertransference with Borderline Patients*, Jason Aronson, 2000.

Hyman Spotnitz & Phyllis Meadow, *Treatment of the Narcissistic Neuroses*, Jason Aronson, 2005.

J.G. Gunderson & M.T. Singer, "Defining Borderline Patients: An Overview," *Essential Papers on Borderline Disorders*, edited by Michael H. Stone, NYU Press, 1986.

Jacques-Alain Miller, "Ordinary Psychosis Revisited," *Psychoanalytical Notebooks* No. 19, 2009.

José Carlos Calich, editor, *The Unconscious*, Routledge, 2007.

Judith Feher Gurewich, et al., editors, *The Subject and the Self*, Jason Aronson, 1996.

Margaret S. Mahler, "A Study of the Separation-Individuation Process," *Essential Papers on Borderline Disorders*, edited by Michael H. Stone, NYU Press, 1986.

Marie-Hélène Brousse, "Ordinary Psychosis In The Light Of Lacan's Theory Of Discourse," *Psychoanalytical Notebooks* No. 19, 2009.

Mario Jacoby, *Individuation and Narcissism*, Routledge, 1995.

Melanie Klein, "A Contribution to the Psychogenesis of Manic-Depressive States," *The Selected Melanie Klein*, edited by Juliet Mitchell, Free Press, 1987.

___________, "A Study of Envy and Gratitude," *The Selected Melanie Klein*, edited by Juliet Mitchell, Free Press, 1987.

___________, "Infantile Anxiety Situations Reflected in a Work of Art and in the Creative Impulse," *The Selected Melanie Klein*, edited by Juliet Mitchell, Free Press, 1987.

___________, "Notes on some Schizoid Mechanisms", *The Selected Melanie Klein*, edited by Juliet Mitchell, Free Press, 1987.

___________, "Some reflections on The Oresteia", in *Envy and Gratitude and Other Works,*

1946-1963, Free Press, 1975.

___________, "The Importance of Symbol Formation in the Development of the Ego", *The Selected Melanie Klein*, edited by Juliet Mitchell, Free Press, 1987.

Morris N. Eagle, *From Classical to Contemporary Psychoanalysis*, Routledge, 2011.

Peter L. Giovacchini, *Treatment of Primitive Mental States*, Jason Aronson, 1977.

Ping-Nie Pao, *Schizophrenic Disorders*, International Universities Press, 1979.

Robert Caper, *Immaterial Facts*, Jason Aronson, 1988.

Robert Wälder, "The Principle of Multiple Function: Observations on Over-Determination," *The Psychoanalytic Quarterly* Volume 5, Issue 1, 1936.

Thierry Bokanowski & Sergio Lewkowicz, editors, *On Freud's "Splitting of the Ego in the Process of Defence"*, Routledge, 2009.

Wilfred Bion, "Attacks on linking," *Melanie Klein Today*, Routledge, 1988.

찾아보기

ㄷ

ㄹ

ㅁ

ㅂ

ㅈ

ㅊ

ㅋ

ㅌ

ㅍ

ㅎ

신화와 정신분석

2023년 7월 12일 개정증보판 1쇄 발행

지은이　이창재

펴낸곳　도서출판 아를
등록　제406-2019-000044호 (2019년 5월 2일)
주소　10881 경기도 파주시 문발로 139, 407호
전화　031-942-1832
팩스　0303-3445-1832
이메일　press.arles@gmail.com

ISBN 979-11-980706-5-4 03180

• 책값은 뒤표지에 표시되어 있습니다.
• 잘못된 책은 구입하신 서점에서 교환해드립니다.

아를ARLES은 빈센트 반 고흐가 사랑한 남프랑스의 도시입니다.
아를 출판사의 책은 사유하는 일상의 기쁨, 아름다움을 발견하는 즐거움을 드립니다.
◦ 페이스북 @pressarles　◦ 인스타그램 @pressarles　◦ 트위터 @press_arles